中·国·近·现·代·高·等·教·育·文·物·丛·书

近代中国高等院校修业证书图鉴

院校修业证书图鉴

上

顾问◎郝平

主编◎程道德

副主编◎聂圣哲 李铁虎 汤蕉媛

国家图书馆出版社

图书在版编目（ＣＩＰ）数据

近代中国高等院校修业证书图鉴／程道德主编. --北京：国家图书馆出版社, 2010.7

（中国近现代高等教育文物丛书）

ISBN 978-7-5013-3842-9

Ⅰ. 近⋯ Ⅱ.程⋯ Ⅲ.高等学校—历史文物—中国—近代—图集 Ⅳ.G649.29-64

中国版本图书馆CIP数据核字（2010）第111537号

近代中国高等院校修业证书图鉴

程道德 主编

责任编辑	孙 彦
出 版	国家图书馆出版社 （100034 北京市西城区文津街7号） （原北京图书馆出版社）
发 行	010-66139745 66175620 66126153 66174391（传真） 66126156（门市部）
E-mail	btsfxb@nlc.gov.cn（邮购）
Website	www.nlcpress.com→投稿
经 销	新华书店
印 刷	北京嘉彩印刷有限公司
开 本	889×1194 毫米 1/16
印 张	31
版 次	2010年7月第1版 2010年7月第1次印刷
书 号	ISBN 978-7-5013-3842-9
定 价	580.00元（上、下册）

光緒三十三年十一月二十一日内閣奉

上諭朕欽奉慈禧端佑康頤昭豫莊誠壽恭欽獻崇熙皇太后懿旨國家興賢育才采取前代學制及東西各國成法創設各等學堂經諭令學務大臣等詳擬章程表經核定降旨頒行嗣戒之法亦甚備如不惟干預國家政治及離經畔道曾演說等事均經明白曉諭越矩踰閑不就成材所以品望甚厚乃比以來士習頗見澆漓每不以力學勉造通儒干預外事或倡率囂凌專心致志之意而惟恃學堂為進身之階漸染囂張之習馴至敗壞學風如此不獨中國前史所無此等習氣亦非泰西各國所有國家要政聖慎重主張兢兢以提倡學全體章程定有明文京外有關學務各衙門將學堂定章通行布告嚴切申明中外府尹督撫提學使臣有振興學務之責乃務使該員等嚴懲懲戒課功荒棄教育一切以故入洲應行視學官各分往任事課經講明徹察如有廢棄課業荒棄教員等不惟學務立即屏斥懲罰課務員一併重懲決不姑寬倘該府尹督撫提學使及管學教員等敢漫不經意坐視頹唐亦惟府尹督撫提學使及管學教員等是問儻該府尹督撫提學使敢罔顧大局一味徇情畏事致教育不興人才不出位安有學務之優否由由各省學堂凡各學堂畢業生文憑均將此旨列錄於前俾服法守欽此

"大学"如何"收藏"

——"中国近现代高等教育文物丛书"序

陈平原

我不做收藏，但深知收藏的价值。藏书画、藏善本、藏玉石、藏瓷器，既是一种颇为昂贵的"个人兴趣"，也是一种获利甚丰的"投资行为"。因此，谈论此等收藏之"价值"，用不着多费口舌，单说某藏品曾在某次拍卖会上得到热烈追捧，就足以打消一切疑虑。可还有另一种收藏，藏品本身并不怎么值钱，但蕴藏着丰富的历史文化信息，让人牵肠挂肚。这样的收藏，其潜在的"价值"，需要有心人去发掘与阐释。

北京大学法学院教授程道德先生半路出家，从"国际法"一转而为"近代书札"，二转而为"科举文化"，三转而为"高教文物"，如此曲折的收藏之路，因缘际会中，包含着某种独特的眼光与趣味（或许也有财力方面的考量）。我歆羡其收藏的不少珍品（如康有为、梁启超的手稿），对其锲而不舍地关注高教文物，更是钦佩不已。因为此类收藏需要投入很大精力，只有从学术文化的角度，才能理解其意义。换句话说，程先生的收藏趣味，不是投资家，更像在筹办专题博物馆。

饱含历史沧桑但仍气韵生动的名人墨迹，任谁都宝爱；至于那些平淡无奇的毕业文凭或教师聘书，除了当事人及其子孙，一般人不会特别在意。可当收藏家将他搜集的清光绪三十三年（1907）至1952年院系调整前，中国119所高等院校和专科学校的237件修业证书摊在你面前，并且一五一十地讲述这些证书的前世今生，你会有一种震撼感。这些毕业、结业、肄业证书，几乎涵盖了晚清至民国年间所有重要的公立大学、私立大学以及教会大学。精美的图版，配上编者的简要说明，隐约呈现了百年中国高等教育的坎坷历程。《近代中国高等院校修业证书图鉴》还只是"中国近现代高等教育文物丛书"中打头阵的，整套丛书三册合成后，当可做另类的"中国近现代大学史"阅读。

从1862年京师同文馆建立，到1952年院系调整，近代中国高等教育风起云涌，从无到有，从小到大，有太多值得追忆与感叹的往事。在政治史、教育史、文化史专家的宏大叙事之外，有这么些从实物出发的"管中窥豹"，对于今人之触摸历史，无疑大有助益。而这些文物，需要坐下来，细细品读。比如，京师大学堂及早年北大的毕业证书，详细开列该生历年各门功课；而傅增湘任总理（校长）的北洋女师范学堂，1907年颁发的毕业证书上，每门功课除开列成绩外，甚至还有任课老师的姓名及签章，这是我见到的最为复杂的毕业文凭。1926年清华学校研究院的毕业证书上，除校长及教务长外，专门标明导师王国维、梁启超、陈寅恪、赵元任，其中三人也有签章；1931年燕京大学的毕业证书，需要一个很长的"附注"，来说明为何要给多年前毕业的学生补发证书，其中牵涉校史的沿革；某西南联大学生1942年毕业，1946年才拿到证书，以及某中山大学学生，得到的是一张五年有效的"临时毕业证明书"，这些都缘于战争环境的限制；至于1949年各校的毕业证书，因政权交替，图案及关防新旧杂陈，煞是有趣。此外，不同时代毕业证书的图案设计，以及由谁签字，是单列校长，还是加上教务长、院长、系主任、甚至包括导师，这都见出时代风气的变迁。这样的毕业证书，说它可补文献记载之阙失，当不为过。

说实话，大学章程、校刊、学则、招生简章、同学录、纪念册等，各著名大学的图书馆与档案馆都会努力收藏，专家学者也不难查阅得到。程先生的功绩是将其汇于一编，亦属难得。尤为珍贵的是各式各样的学生证、注册证、校徽，还有1923年复旦大学毕业生张昌麟修业期满的"喜报"（八平方尺，印刷品），1931年"国立北京大学研究所国学门月讲听讲券"，1942年国立西南联大学生剧社锦旗，还有1950年北京大学中国语文学系冯文炳、章廷谦、游国恩等讲授"写作课"的进度表，让我大开眼界。至于同是教师聘书，为何北大的简要至极，只字不提薪水与工作量，而清华则责任与待遇分明，甚至明确规定"非得学校许可教职员不得在外兼差"，这里显然蕴含着两种不同的办事风格与办学理念。说大点，这两所名校的差异，单从聘书上，已能够见出端倪。

倘若有心在意，无论鉴赏者还是收藏者，面对这些高教文物，欣赏之余，都能长见识。何况是长期专注于高教文物的程道德先生，既有执教高校的先在经验，又念兹在兹，乐此不疲地浸淫其中，反复比较辨析，也使其对于近现代中国大学史的体认，并不逊于"术业有专攻"的校史专家。

有关中国大学的诸多文物，不仅是供人把玩，更是学者及大众进入历史的重要途径。在这方面，博物馆、档案馆固然是主力，可私人收藏同样功不可没。在我看来，个人的专题收藏是一种趣味，也是一种学问，更是一种社会责任。好东西落在你手里，你有责任善待它，让其发挥最大效用，服务于学界乃至整个社会。至于用什么方式，因人而异，有出借的，有捐献的，有展览的，也有整理出版的。程道德先生在为家乡安徽休宁捐献清代科举文物的同时，主编并刊行"中国近现代高等教育文物丛书"，值得特别赞许。正因此，作为收藏的门外汉，我乐于为此书作序，希望借此为"中国大学史"的写作与阅读"鼓且呼"。

2010年4月16日于京西圆明园花园

凡　例

一、本《图鉴》收入清末及民国时期119所高等院校和专科学校的修业证书237件。其中毕业证书138件，毕业证明书51件，结业证书3件，修业证明书27件，肄业证明书7件，转学证明书7件，教育部甄审及格证明书2件，国考证书及学士证各1件。附录民国时期军校毕业证书7件。

二、收录范围主要是民国时期的高等院校和专科学校。其中，民国北京政府时期主要有国立大学、省立大学、私立大学（包括教会大学）及公立专门学校；南京国民政府时期有国立大学、国立学院、省立大学、私立大学（包括教会大学）及国立专科学校。抗战时期沦陷区敌伪高等院校的修业证书概不采用。至于民国时期军事院校的毕业证书作为附录，收录于后。

三、编著内容：各院校的历史沿革；修业证书的内容及说明；各院校校长简介及少数毕业生毕业后状况的介绍。

四、高校按省市区划顺序排列，依次为：北京、天津、河北、山西、辽宁、吉林、黑龙江、上海、江苏、浙江、安徽、福建、江西、山东、河南、湖北、湖南、广东、广西、重庆、四川、贵州、云南、陕西、甘肃、新疆、台湾。至于内蒙古、宁夏、青海、西藏未列入，是因1949年前这些地区没有高等院校。同一省市高校的顺序排列，原则上按修业证书颁发或毕业生毕业的时间先后排序。唯全国十几所最知名的高校，一般排列在前。此外，由于版式的需要，个别院校在排序上略作调整。为便于查阅，教会学校在编排上相对集中。民国时期新疆学院毕业证书因未能征集到，故暂缺待补。

五、关于修业证书的起讫时间。入编《图鉴》的毕业证书时间最早的是光绪三十三年（1907），最晚的是1952年。本书收录证书的截止时间之所以定为1952年，主要是考虑民国时期高等院校在新旧交替中有个延续的问题，而1952年全国高校院系调整应是这个过渡期的终结。当时，私立院校，包括教会大学全部被撤销和合并，原有私立高校关防和毕业证书的使用，在1952年暑期后均予以废止。至于办学理念、教育体制、专业和课程设置等的改变，在中国高教史上1952年无疑是条明显的分水岭。

六、证书除三件（民国二十七年国立清华大学毕业证书、民国三十七年国立台湾大学毕业证书及民国三十八年国立北洋大学毕业证明书均依照片著录）外，全部为实物原件。证书和印章的尺寸大小，均按原件记录。

目　录

上　海

江 苏

浙　江

安　徽

福　建

附录：

中华民国北京政府、国民政府军事学校

北 京

一、北京大学（京师大学堂）

1. 京师大学堂

北京大学的前身——京师大学堂，创建于1898年，是19世纪末戊戌变法的产物。京师大学堂不但是中国近代中央政府建立的第一所综合性大学，而且具有统领全国各级学堂的行政职能，因而其"校长"被称作管学大臣，统管全国学务。到了1904年，京师大学堂统管全国学务的职能被取消，只限于专管大学堂，故"校长"的名称由"管学大臣"改为"总监督"。1912年，中华民国建立不久，京师大学堂更名为北京大学，此后其最高行政领导被称作北京大学校长。京师大学堂先后有11位"校长"：3位管学大臣分别是咸丰九年状元、光绪帝师孙家鼐及许景澄、张百熙；8位总监督是张亨嘉、曹广权（代理）、李家驹、朱益藩、刘廷琛、柯劭忞、劳乃宣和严复。其中业绩最为突出者应是孙家鼐和张百熙。

光绪三十三年（1907），京师大学堂参加毕业考试的优级师范科学生104人，列为最优等的18人，优等61人，中等21人，下等（不及格）4人。从此，京师大学堂培养的第一批师范科100名毕业生获得"金榜题名"，载入中国近代高教史册。

图录一：京师大学堂修业证书　光绪三十四年（1908）

纸本。高50厘米，宽64厘米。框边饰龙纹图案，四角篆书"京师大学堂"字样。刊于修业证书之首的是光绪三十三年慈禧"懿旨"。洋洋800余言之"懿旨"，开宗明义，宣示办学宗旨为"国家兴贤育才"，采取前代学制及东西各国成法，创设各等学堂。应"以圣教为宗，以艺能为辅，以礼法为范围，以明伦爱国为实效"。强调各等学堂必须严格实行各种规章制度，对违规者应"严惩"，管理失职者应"重处"。

修业证书首先介绍预备科第二类德文学生李景言第五学期期满，所习本类各学科平均分数为85分8厘，应即给发修业证书。左侧署京师大学堂总监督刘（廷琛），钤长方形朱文"刘"花押印（2×1.3厘米）；颁证日期"光绪三十四年十二月"，钤长方形满汉朱文"京师大学堂总监

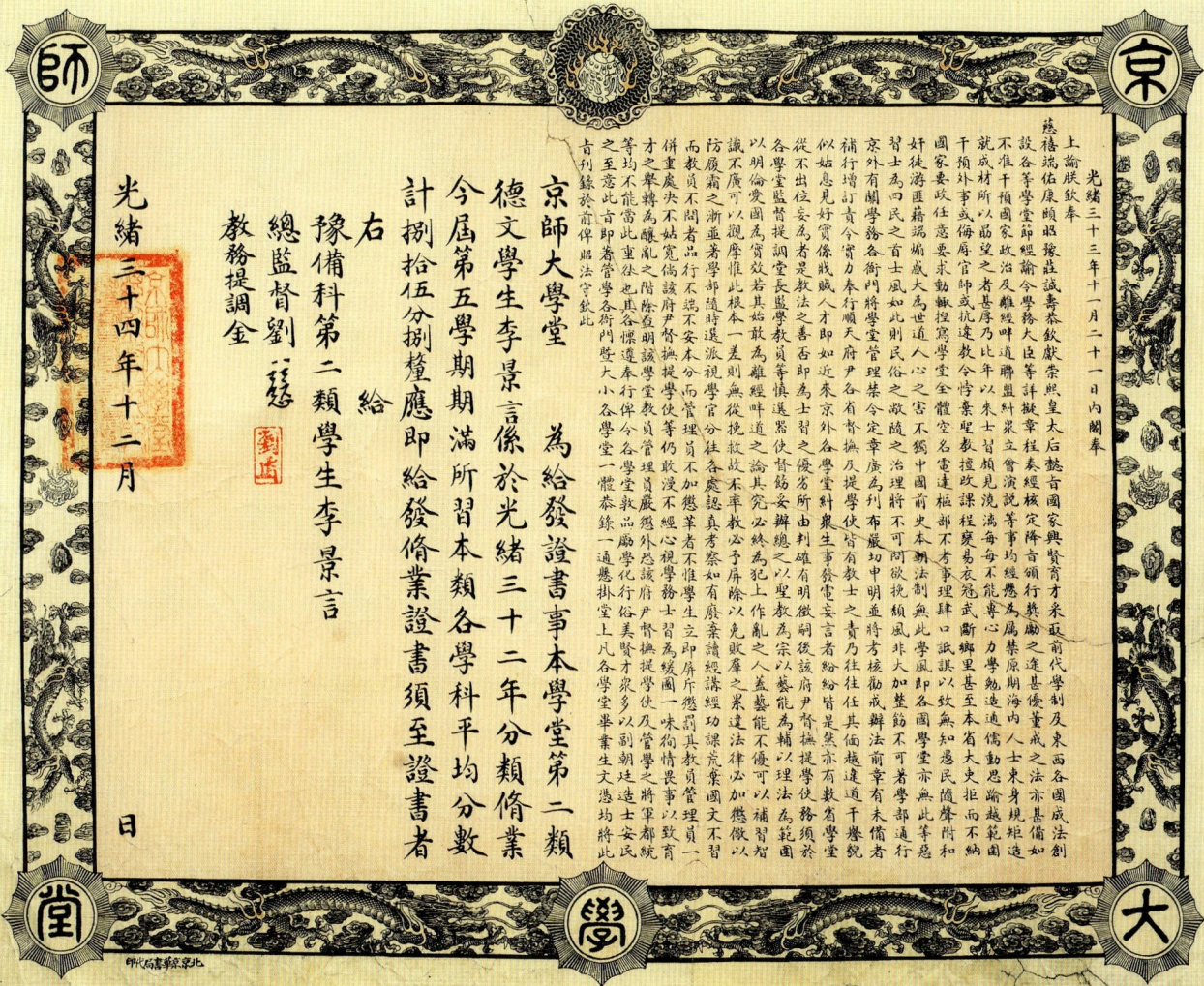

京師大學堂　為給發證書事本學堂第二類

德文學生李景言係於光緒三十二年分類修業

今屆第五學期期滿所習本類各學科平均分數

計捌拾伍分捌釐應即給發修業證書須至證書者

右　給

豫備科第二類學生李景言

總監督劉廷琛

教務提調金

光緒三十四年十二月　　日

圖錄一　京師大學堂修業證書

督关防"（9.6×5.85厘米）。

京师大学堂总监督刘廷琛于1869年出生于江西九江。光绪二十年（1894）进士，授翰林院编修。光绪三十四年（1908）至宣统二年（1910）任京师大学堂总监督，为京师大学堂第八任"校长"。

修业证书与毕业证书两者的区别在于：修业证书是指学生在校学习过程中某一阶段性的考核成绩及格所颁发的证书，如李景言的修业证书，是李氏在预科第五学期考核及格后所发给的证书。毕业证书是指学生在学校或训练班学习期满，经过考核，达到规定的要求，结束学习，发给的证书。学生李景言于光绪三十二年入学，经过三年预科的学习，于宣统元年预科毕业，毕业考核成绩为中等，毕业名次排列中等第18名。此时李景言领取的证书应是毕业文凭。

图录二：京师大学堂博物实习科毕业文凭　宣统元年（1909）

纸本。高50厘米，宽64厘米。框边饰龙纹图案，四角篆书"京师大学堂"字样。毕业文凭之首是慈禧"懿旨"；正中，介绍学生布青阳的年龄（24岁）、籍贯（云南楚雄府白盐井——今大姚县境人）和学习的分科成绩及毕业考试成绩。左侧署京师大学堂总监督刘（廷琛），钤长方形朱文"刘"花押印（2×1.3厘米）；颁证日期"宣统元年五月二十七日"，钤长方形汉满朱文"京师大学堂总监督关防"（9.6×5.85厘米）。

京师大学堂附设博物实习科开办于光绪三十三年六月（1907年7月）。该科教学宗旨是使学生掌握制造各种标本、模型和画图的技艺，为中学培养博物、生理等科的教师。分本科和简易科两种。本科三年毕业，简易科两年毕业。先举办简易科。布青阳是首批简易科学生。简易科课程有木炭画、铅笔实物写生、水彩画、用器画、油画、动物学、植物学、矿物学、生理学、兼习模型等。担任这些课程的教员是日本人野田升平，光绪三十三年（1907）至宣统二年（1910）任美术教员；（日）土田兔四造，光绪三十二年（1906）至宣统元年（1909）任东文兼习模型教员；叶基桢，光绪三十四年（1908）至宣统元年（1909）任生物教员。布青阳的学习成绩总平均为77分4厘。首届博物实习科参加毕业考试的学生25人，其中最优等1名，优等14名，中等8名（布青阳名列中等，属第三类），下等2名。

清末高等学堂的修业证书有三个特点：一是文凭边框一般饰以龙纹，以显示皇权之至尊，文凭之首是慈禧"懿旨"。二是文凭制作都较精美、大气。三是毕业生历届各科的考试成绩（有的文凭还介绍毕业生的品行和家庭前三代的状况）及各科授课教习姓名有明确刊载。在当时，这样的文凭实际起到了个人档案

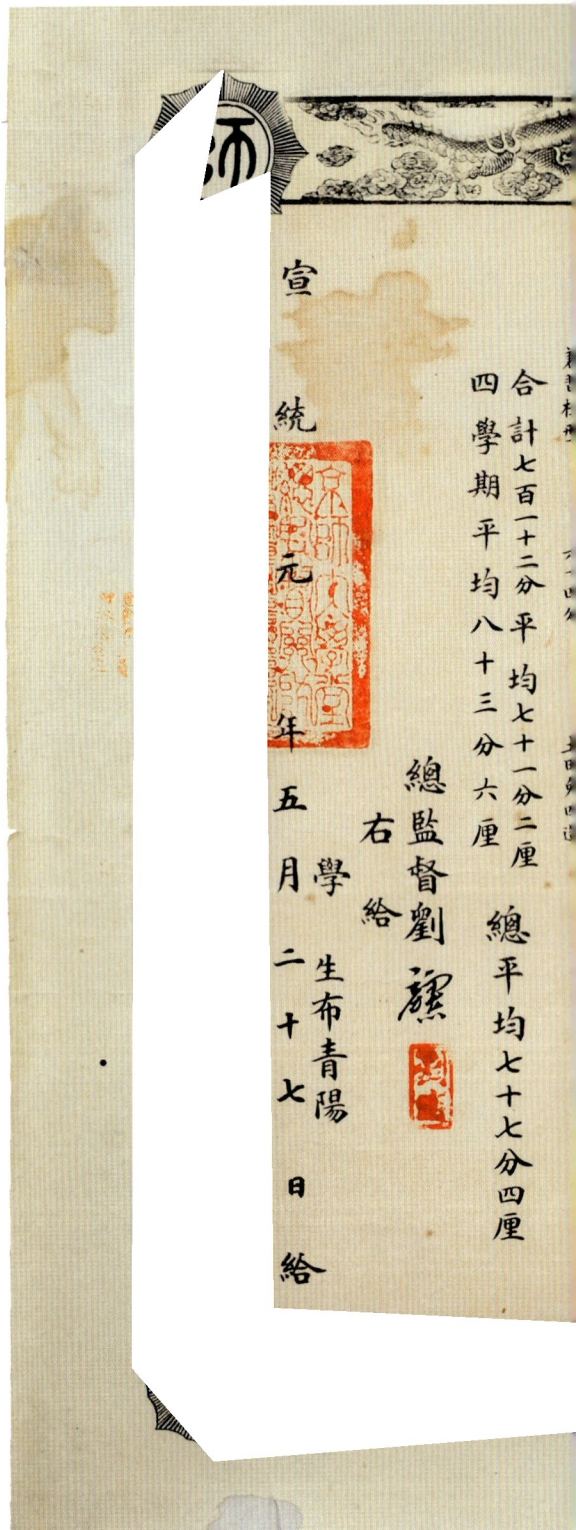

京　師　大　學　堂　為

給發文憑事照得本學堂附設博物實習科學生兩
年畢業經本學堂按照所習學科分科考試並將歷
期歷年考試分數與畢業考試分數平均核算今考
得第三類學生布青陽年二十四歲係雲南楚雄府
白鹽井人總平均分數在七十分以上相應給發畢
業文憑須至文憑列後者

各學科分數列後

學科

學科	分數	教員姓名
木炭畫	七十四分四	野田昇平
鉛筆實物寫生	七十四分四	野田昇平
水彩畫	七十二分	野田昇平
用器畫	七十一分二	野田昇平
油畫	七十二分	野田昇平

光緒三十三年十一月二十一日內閣奉

上諭（欽奉）

慈禧端佑康頤昭豫莊誠壽恭欽獻崇熙皇太后懿旨國家興賢育才采取前代學制及東西各國成法創設各等學堂而經畫令學務大臣等詳擬章程奏經核定降旨頒行獎勵之途甚優當罰之法亦甚備如不准干預國家政治及雄經畔道聯盟糾眾立會演說等事均經嚴諭越俎為厲禁原奏海內人士來身細知造就成材所以望成之者甚厚比年以來士習頗見流漓每每不能專心力學返通儒動恩諭越俎官師或抗顏授課至電撲金體紊亂謬以致淆改課程易衣冠武斷鄉里甚至大史抑而不納國家無政任意要求動輒瓶園干預外事或侵師長惟欲師生連懼以改扶以邪妹海匪指瑞頻竄大為世道人心之害不獨中國前史制無此學風即各國學堂亦無此等惡習即士為四民之首士習如此則民俗之敝隨之而治將不可問欲挽頹風非大加整飭不可著學部通行京外有關學務各衙門將學堂管理規則重加申布並將考核勸戒諸法前章有未備者補行增訂責令責行奉順天府尹各省督撫認真提調堂監督學長等實力監察不出位為要務如近來京外各學堂學科泉生事發電安言者紛紛皆是其有救士習之責乃在學使往往任其餉弛其不免者由判確有明確詞後調訪國家於各學堂提調其背撫尹背撫及官學之將軍都統等均不能當此重咎也其各儆遵毋忽除查明該學堂數員管理員一併重處決不姑寬倘該府尹背撫提學使及官學之將軍都統等均不能當咎乃能為輔以禮法以明倫愛國以實大史始敗救其義必終為犯上作亂之人蓋愛能不優可以補習智識不廣可以觀摩惟此根本一差則無挽救如有廢弛經綱諸員違紀法律必懲做以致傷不端不安本分而管理員不如懲革者派視學官分往考察如有廢弛經綱諸員違法者品行不端不安本分而管理員不如懲革者情畏事以致行之不奮之眾辦該除查明該學堂數品學化行俗美賢才眾多以勸趨進士安民之至意此古所謂學各衙門將大小各此重咎也其各儆遵毋忽除令各學堂畢業生文憑均將此亩列錄於前律昭法守欽此學堂一體恭錄一通懸掛令凡各學堂畢業生文憑均首列錄於前律昭法守欽此

図録二　京师大学堂博物实习科毕业文凭

的作用。

2. 国立北京大学

1912年5月3日，中华民国临时政府教育部颁令京师大学堂改称北京大学，任命原京师大学堂末任总监督严复为第一任校长。

全面抗日战争爆发后，北大、清华、南开三校在昆明组建国立西南联合大学，在校生保持3000人左右。抗战胜利后，三校分别返回北平和天津复校。北大复校后，除原有的文、理、法3个学院15个系之外，又增加了医学院、农学院、工学院3个学院18个系和一所文科研究所。学生3400人。胡适出任北大校长。

1949年北平解放，北京大学由中国人民解放军北平市军事管制委员会接管。当时由著名哲学史家、佛教史专家汤用彤先生担任校务委员会主席，主持北大的校务。1951年国务院任命著名经济学家马寅初为新中国成立后第一任北大校长。1952年全国院系调整，燕京大学并入北大，"燕园"成为北大的校园。此时北大共有12个系、33个专业，成为一所侧重于文理基础科学和科学研究的综合性大学。

图录三：国立北京大学毕业证书　民国六年（1917）

纸本。高43.1厘米，宽49.8厘米。黑宽带花纹框边。此件系法科法律学门学生任玉麟（浙江绍兴人，29岁）修业期满、考查成绩及格、准予毕业并授予学法士的毕业证书。证书正中偏左署国立北京大学校长蔡元培，钤正方形朱文"蔡元培印"（2×2厘米）；法科学长王建祖，钤圆形朱文"王建祖印"（直径1.3厘米）。左侧为颁证日期"中华民国六年六月二十二日"，钤长方形朱文"北京大学之章"（9.5×5.5厘米）。证书顶端贴有中华民国印花税票五枚（每枚面值壹角）。

蔡元培（1868—1940），杰出教育家、思想家。字鹤卿，号孑民，浙江绍兴人。光绪进士。早年赴德国留学。1916—1927年任北京大学校长；1929—1930年被任命为北京大学校长，但未到任。蔡元培先生是中国现代高等教育的主要开创者。他担任北大校长前后十年，使北大真正从旧式教育中解脱出来，开创了前所未有的新局

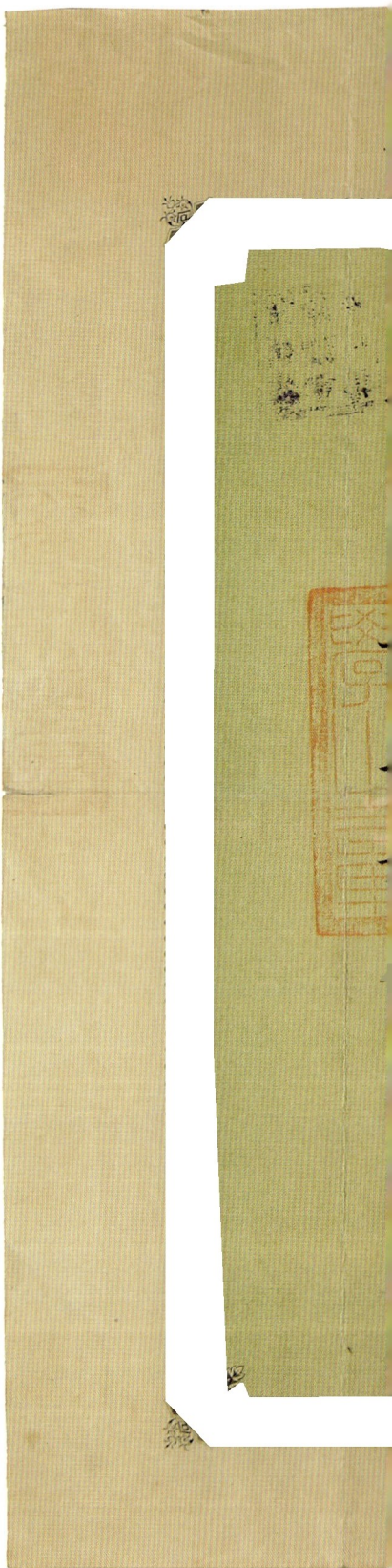

畢業證書

學生任王麐係浙江省紹興縣人

現年二十九歲在本校法科法律

學門修業期滿考查成績及格准予

畢業依大學令第十條得稱學士此證

國立北京大學校長蔡元培

法科學長王建祖

图录三　国立北京大学毕业证书

學門修業期滿考查成績及格准予畢

業依大學令第十條稱工科學士此證

國立北京大學校長蔡元培

中華民國八年十一月　二十九日

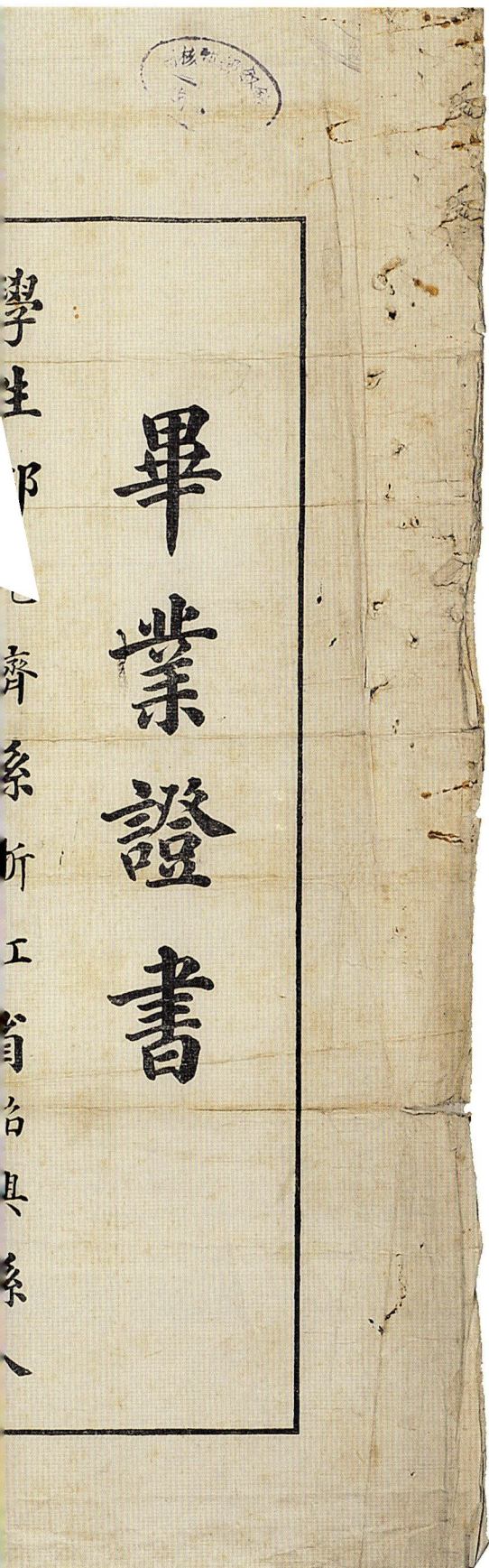

面，奠定了北大的学术地位，被誉为"中国最高学府"。蔡元培与北大是名人与名校最完美的结合，没有蔡元培，就不会有北大日后之辉煌，蔡元培被世人誉为"北大之父"当之无愧。

图录四：国立北京大学毕业证书　民国八年（1919）

纸本。高42.5厘米，宽47厘米。黑线条框边。此件系工科采矿冶金学门学生邵元济（浙江绍兴人，26岁）修业期满毕业并获工科学士学位的毕业证书。证书正中偏左署国立北京大学校长蔡元培，钤正方形朱文"蔡元培印"（2×2厘米）；左侧为颁证日期"中华民国八年十一月二十九日"，钤长方形朱文"北京大学之章"（9.5×5.5厘米）；正中上方贴有中华民国印花税票一枚（伍角）。

民国八年工科采矿冶金学门毕业生包括邵元济在内共30人。当时专业学科称作某某"门"，这个"门"则相当于"系"。1923年北大"采矿冶金学门"改称"采矿冶金学系"。北大原有工学院，1952年全国高校院系调整后，工学院并入清华大学，从此北大取消了工科，这种状况一直延续半个世纪后才得以恢复。

图录四　国立北京大学毕业证书

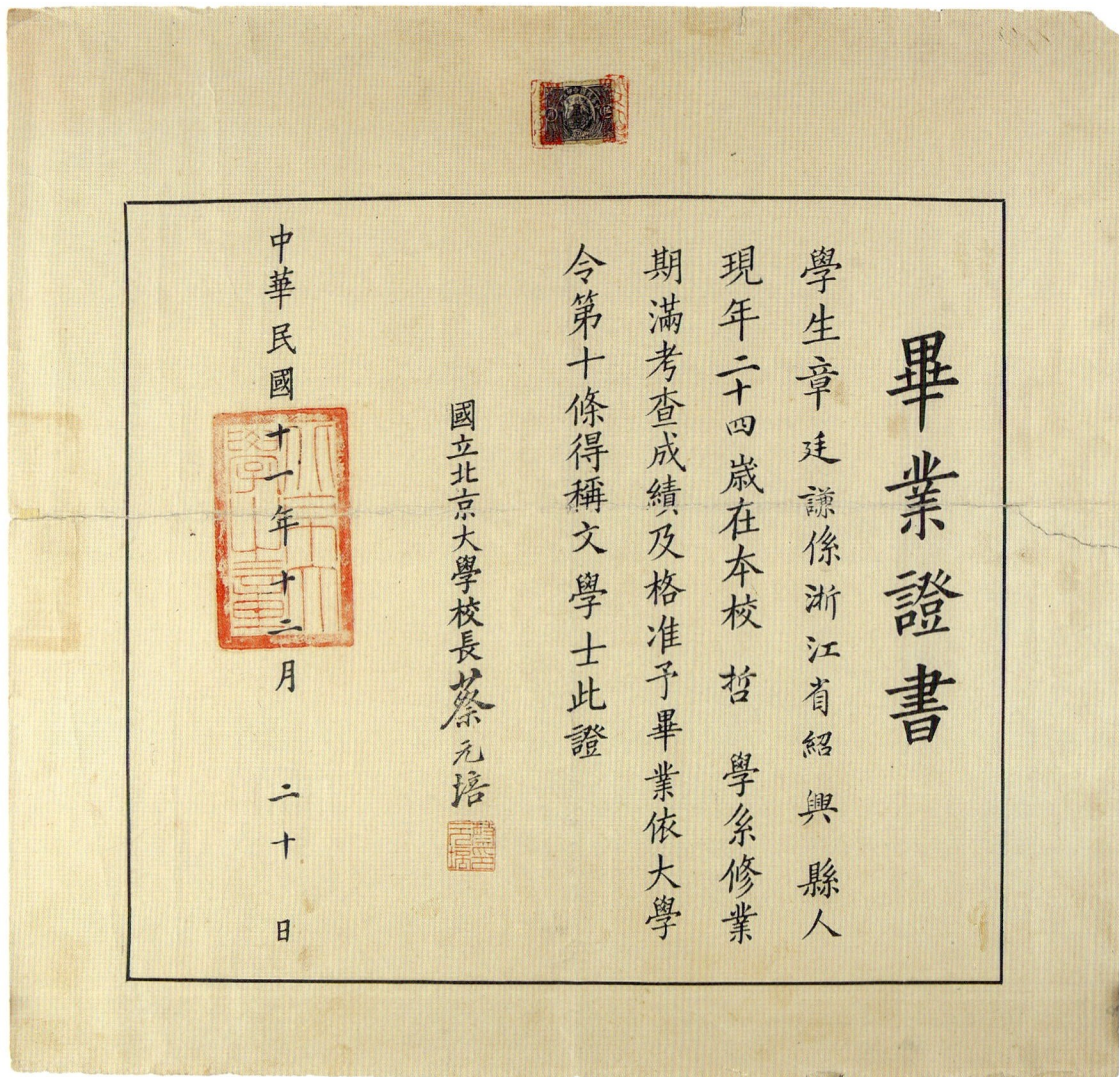

图录五（1） 国立北京大学毕业证书（正面）

图录五：国立北京大学毕业证书　民国十一年（1922）

纸本。高43.5厘米，宽47.2厘米。黑线条框边。此件系哲学系学生章廷谦（浙江绍兴人，24岁）修业期满、考查成绩及格、准予毕业并授予文学士学位的毕业证书。证书正中偏左署国立北京大学校长蔡元培，钤正方形朱文"蔡元培印"（2×2厘米）；左侧为颁证日期"中华民国十一年十二月二十日"，钤长方形朱文"北京大学之章"（9.5×5.5厘米）；上方贴有中华民国印花税票一枚（伍角）。

图录五（2）是章廷谦历年学科成绩表。第一学年修业科目成绩：科学概论85分、中国哲学史大纲及格、西洋哲学史大纲90分、经济学83分、生物学大意85分、社会学大意及格、英文100分、德文84分。第二学年修业科目有教育心理学、教育社会学、教育学史、伦理学说、社会心理学、印度史、欧洲文学史、中国美学史、中国文学史要论、人类学及人种学、现代政治、英

国立北京大学学生历年学科成绩表

表格标题：國立北京大學學生歷年學科成績表

本科哲學系學生章廷謙

中華民國　年　月　日

教務長　顧孟餘

註册部主任　吳惠靑

附註：全年每星期一小時作一單位

是年因教潮未舉行作為及格

第一學年　第二學年　第三學年　第四學年
科目　單位數　分科目　單位數　分　位　單分　數　位　單分　數

第一学年科目：
科學概論　2　85
鄉大哲學　2　格及
西洋哲學　3　90
經濟學　3　83
大生物學　2　85
大社會學　2　格及
英文　3　100
德文　3　84

第二学年科目：
敎育學　2　？
論理學　3　2
倫理學　3　1
印度史　1
中國文學　2
史要　3
人種學　3
現代政治　2
英文　4
德文　4
日文　3

第三学年科目：
師範教　2
劉代緣　2
兒童心理學　3
敎育學　2
社會問題　2
進化學說　2
75　85　90　71　80　85

第四學年　單位數分

図録五（2）　国立北京大学学生历年学科成绩表

文、德文、日文等14门课程，因当时北大闹教潮，未举行考试，各门课程成绩统作及格记册。第三学年修业科目成绩：中国近世哲学80分、近代哲学史71分、社会问题90分、教育学85分、儿童心理学75分、进化学说85分。成绩表左侧由北大教务长和注册部主任分别签字。

章廷谦（1901—1981），作家。字矛尘，笔名川岛、侔尘，浙江绍兴人。1922年北大哲学系毕业后留校，任校长室外文秘书，兼哲学系助教。1924年，与鲁迅、周作人、顾颉刚等创办《语丝》周刊。1926—1930年任北京中俄大学教授兼注册组主任、浙江大学农学院教授。1931—1946年应北大校长蒋梦麟之邀，任校长办公室秘书。1946年在昆明随北大返回北平，任中文系副教授、教授。

民国北京政府时期（1912—1928），国立高等院校毕业文凭的特点：边框，一般来说，由龙纹改为黑或蓝线条纹；证书必须贴"中华民国印花税票"（一般贴面值伍角税票）；证书内容比较简单，毕业生的历届学科成绩一般均另纸单独记录。

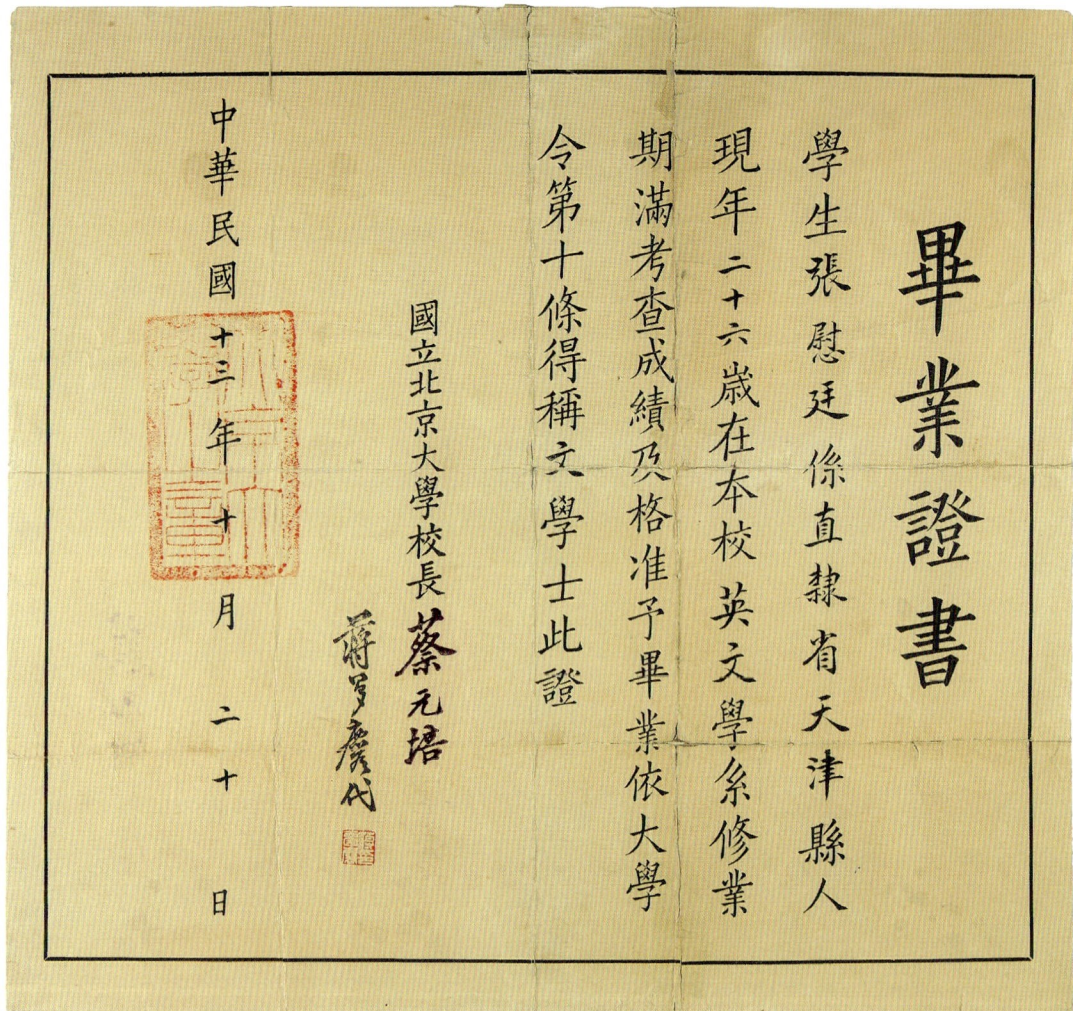

图录六　国立北京大学毕业证书

图录六：国立北京大学毕业证书　民国十三年（1924）

纸本。高36.2厘米，宽39.7厘米。黑细线条框边。此件系英文学系学生张慰廷（直隶天津人，26岁）修业期满、考查成绩及格、准予毕业并授予文学士的毕业证书。证书正中偏左署国立北京大学校长蔡元培（签名章）、蒋梦麟代，钤正方形白文"蒋梦麐印"（1.2×1.2厘米）；左侧为颁证日期"中华民国十三年十月二十日"，钤长方形朱文"北京大学之章"（9.5×5.5厘米）。

图录七：国立北京大学毕业证书　民国十九年（1930）

纸本。高44厘米，宽49厘米。黑粗线条框边，边框上方中间为孙中山头像，左右两旁为中华民国国旗和中国国民党党旗。此件系北大国文学系学生刘体仁（河北安次县——今廊坊市安次区人，26岁）修业期满、准予毕业的毕业证书。证书正中偏左钤长方形朱文"国立北京大学关防"（9×6厘米），署国立北京大学校长蒋梦麟，钤正方形"国立北京大学校长"朱文印（1.7×1.7厘米）；左侧为毕业日期"中华民国十九年九月二十日"，钤正方形朱文"教育部印"（7.5×7.5厘米）。左侧上方边框内贴有民国政府印花税票五枚（每枚面值壹角）；下方为教育部的验印日期："二十四年七月二十日发给"（笔误，应是民国二十年七月二十日）。

1928年，南京国民政府建立后，全国国立高等院校正式毕业证书的格式，基本上与上述刘体仁毕业证书的模式相同，并几十年未曾改变。由于保管不善，证书上的刘氏照片完全褪色，已无法辨认，但盖在照片上的北大钢戳仍依稀可见。

蒋梦麟（1886—1984），著名教育家、社会活动家。字兆贤，号孟邻，浙江余姚人。早年获美国哥伦比亚大学教育学博士。1919年受聘为北京大学教授，后任教务长，曾数度代蔡元培校长处理校务。从1930年算起，至1945年止，正式担任北大校长整整15个春秋。抗战期间，与梅贻琦、张伯苓同任西南联大常委。蒋梦麟在北大不仅有较高的学术地位，而且有着非凡的教育行政管理才干，提出"教授治学，学生求学，职员治事，校长治校"的16字方针，为北大教育事业的发展作出了卓越贡献。傅斯年曾这样评价蒋氏："人格魅力不如蔡元培，学问比不上胡适之，但办事比蔡先生和胡先生高明。"胡适评价蒋先生是一位"有魅力、有担当"的校长。蒋氏一生致力于中国现代教育事业，是中国现代教育的开创者之一。

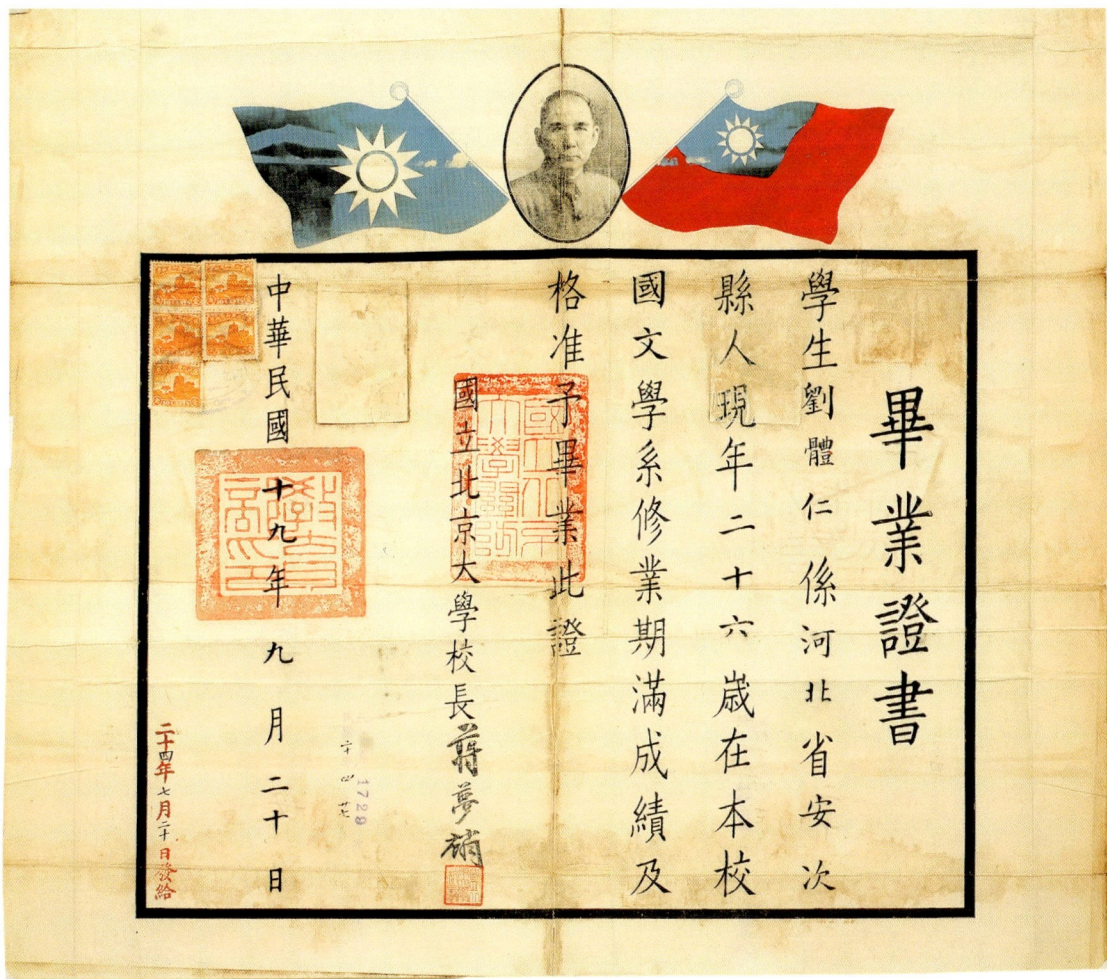

图录七　国立北京大学毕业证书

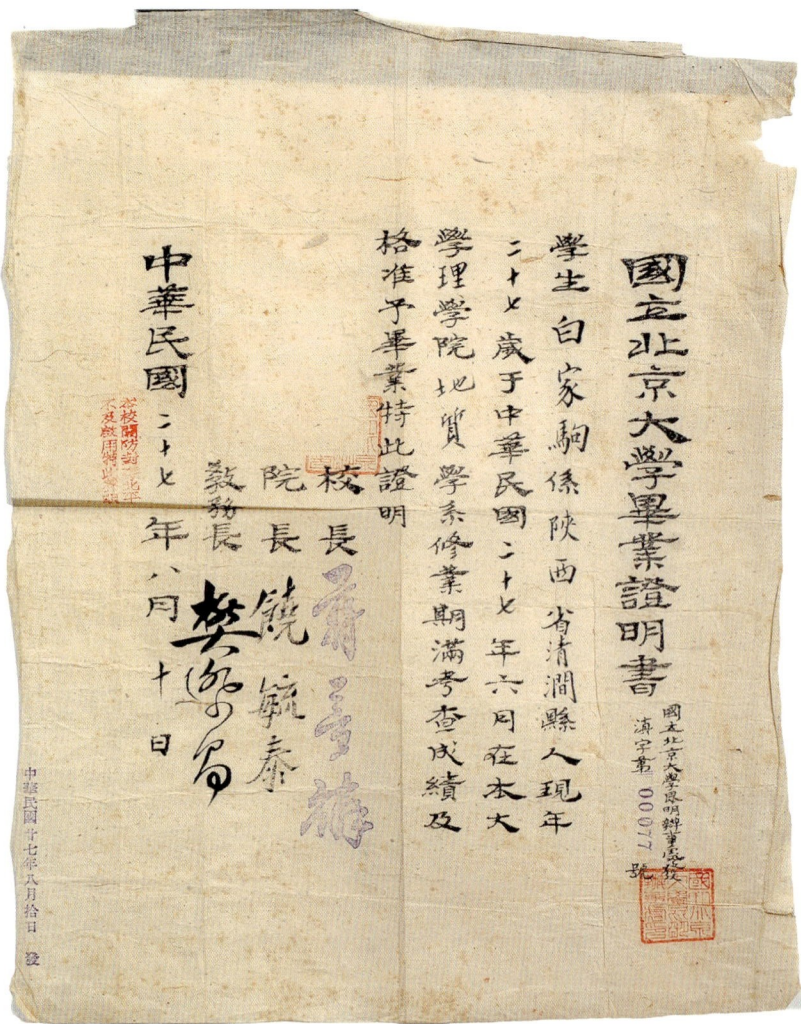

图录八　国立北京大学毕业证明书

图录八：国立北京大学毕业证明书　民国二十七年（1938）

纸本。高28.2厘米，宽22.5厘米。此件系理学院地质学系学生白家驹（陕西清涧县人，27岁）修业期满、考查成绩及格、准予毕业的临时毕业证明书。证书右侧下方为证书编号"滇字第00077号"、"国立北京大学昆明办事处发"，钤正方形朱文"国立北京大学昆明办事处印"（2×2厘米）。证书正中署校长蒋梦麟（签名章）、院长饶毓泰（手签）、教务长樊际昌（手签）；左侧为证明书开具日期"中华民国二十七年八月十日"。证书左侧有一条北大对未钤北大关防所作的声明："本校关防封存北平不及启用，特此声明"；左下侧为颁证日期"中华民国廿七年八月拾日发"。

毕业证明书，亦称临时毕业证明书，是在正式毕业证书未颁发前由学校发给毕业生的证明其毕业资格的文书。有效期一般规定为半年，有的规定为一年，个别学校不作期限规定。

图录九：国立北京大学毕业证明书　民国三十六年（1947）

纸本。高23.5厘米，宽25.8厘米。黑粗线条框边。证明书的文字内容是（从右至左）：国立北京大学毕业证明书，平字第360号，钤"国立北京大学教务处注册组"椭圆形蓝色印章。学生李宜厂（安徽合肥县人，25岁）于民国36年（1947）7月在本大学法学院政治学系修业期满、考查成绩及格准予毕业，特此证明。校长胡适（签名章），（法学院）院长周炳琳（签名章），教务长郑华炽（签名章）。证书左侧为颁证日期"中华民国三十六年八月"，钤长方形朱文"国立北京大学关防"（9×6厘米）；左侧上方贴有李宜厂毕业照，打盖"国立北京大学"圆形钢戳。

胡适（1891—1962），著名学者、思想家、教育家、文学家和社会活动家。五四新文化运动先驱之一。原名洪骍，字适之，安徽绩溪人。早年赴美国留学，获哥伦比亚大学博士学位。1917年应聘为北京大学教授。20世纪30年代任北大文学院院长；1945年10月至1948年12月任北京大学校长。1948年首届中央研究院院士。1958年从美国赴台北担任"中央研究院"院长。在文学、哲学、诸子学、历史、文献考证、古典文学、语言学、宗教等学术门类的研究方面，皆有颇多建树，是现代中国学术史上首开学术风气之先驱。胡氏著述等身，已出版《胡适全集》44卷，约2000多万字。他的学术成就博得中外学术界的高度评价，美、英等国给其颁发了35个荣誉博士学位，成为中国学术界获此殊荣之最。

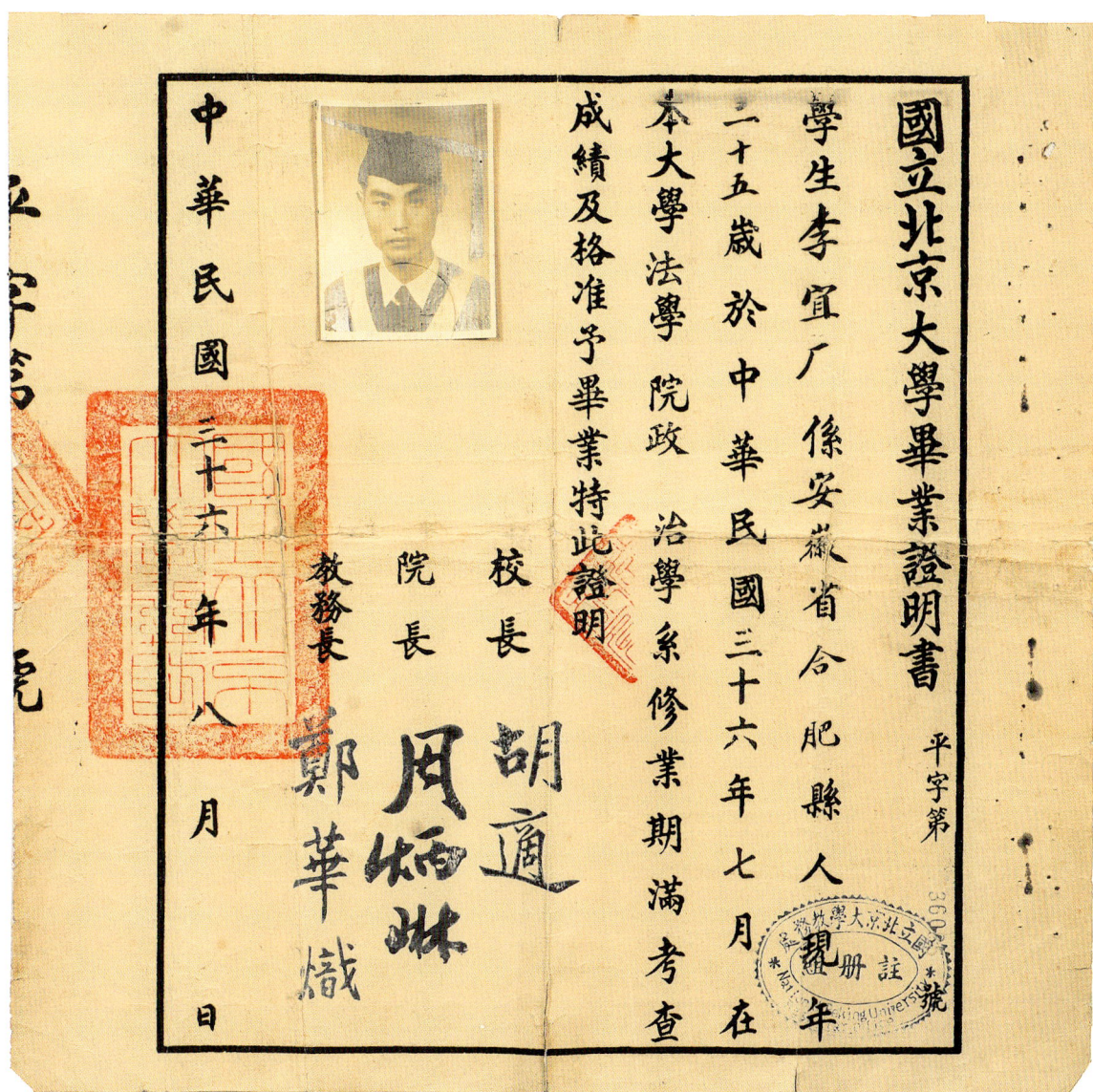

图录九 国立北京大学毕业证明书

国立北京大學證明書

學生鮑文蔚係江蘇省宜興縣人現年四十六歲於民國十五年六月在本校文學院英國文學系畢業其畢業資格曾經本校核准兹據該生呈以前領證書遺失依照規定手續呈請證明畢業資格前來經查案屬實特予證明此證

校長 胡適

中華民國三十六年八月　　日

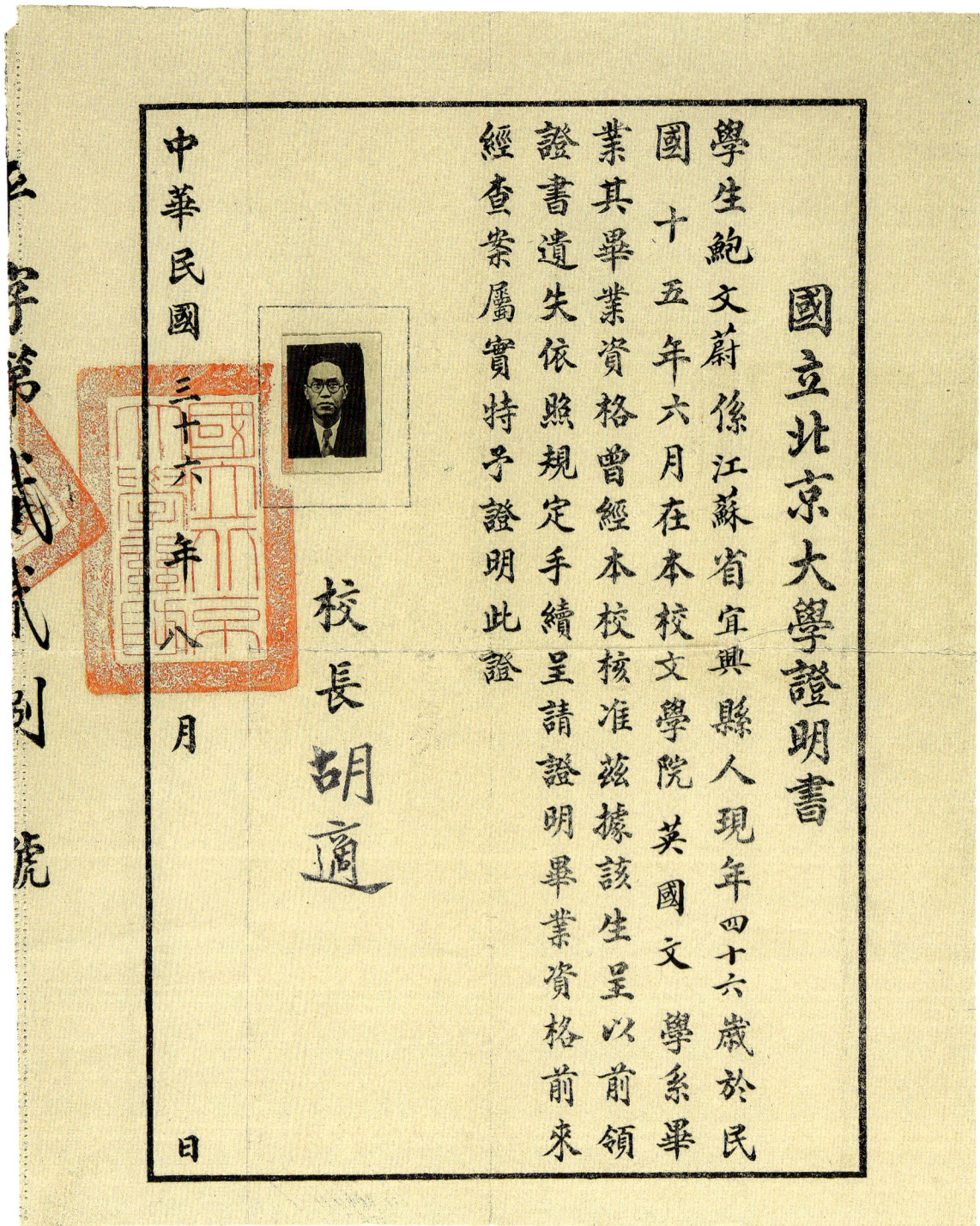

图录一〇　国立北京大学证明书

图录一〇：国立北京大学证明书　　民国三十六年（1947）

纸本。高32.8厘米，宽27厘米。黑线条框边。北大文学院英国文学系学生鲍文蔚（江苏宜兴县人，现年46岁）因毕业证书遗失，呈请北大证明其毕业资格，学校经查案属实，特予证明。证明书偏左侧署校长胡适（签名章）；靠左侧边框为证明书开具日期"中华民国三十六年八月"，钤长方形朱文"国立北京大学关防"（9×6厘米）；上方贴有鲍文蔚的半身照片。证书编号"平字第贰贰捌号"。

以上两件证明书，都是确认毕业生的毕业资格的证明文书，前者是在正式毕业证书未发之前所开具的临时毕业证明书；后者是毕业证书遗失，后来由北大补发证明其曾经修业期满所开具的毕业资格的证明凭据。两者都是确认该生毕业资格的证明，因而没有实质性的区别，但从图上可以看出，两者在形制和文句上有所不同。

图录一一：北京大学毕业证书　1951年

纸本。高38.8厘米，宽45.3厘米。红粗细双线条框边，浅黄花纹图案作底色，并刊有美术体"为人民服务"五个大字。此件系法学院法律学系学生游约伯（福建古田县人，26岁）修业四年期满、成绩及格、准予毕业的毕业证书。证书正中钤正方形朱文"北京大学印"（4×4厘米），署北京大学校长马寅初（签名章）；左下侧贴有游约伯半身照片，打盖"北京大学"圆

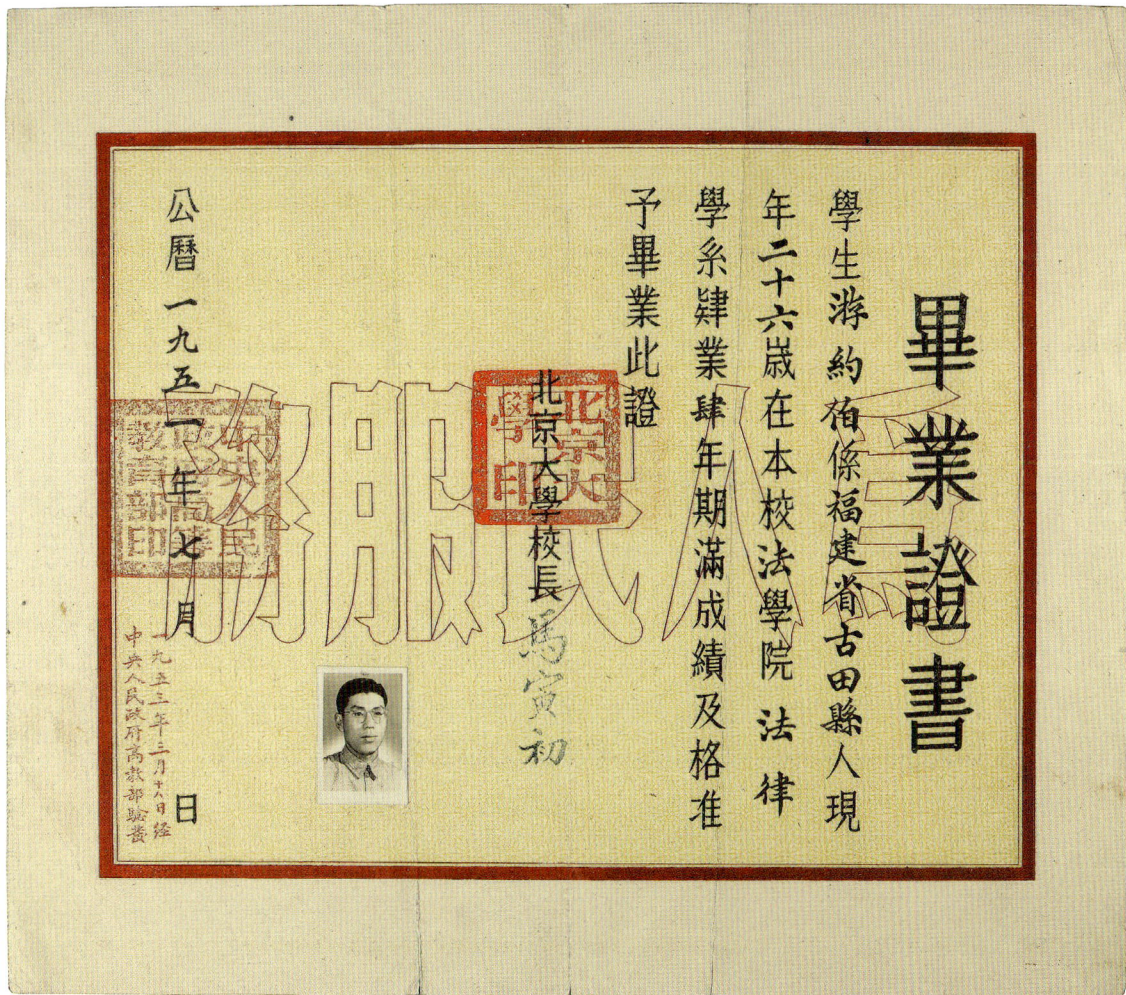

图录一一（1）　北京大学毕业证书（正面）

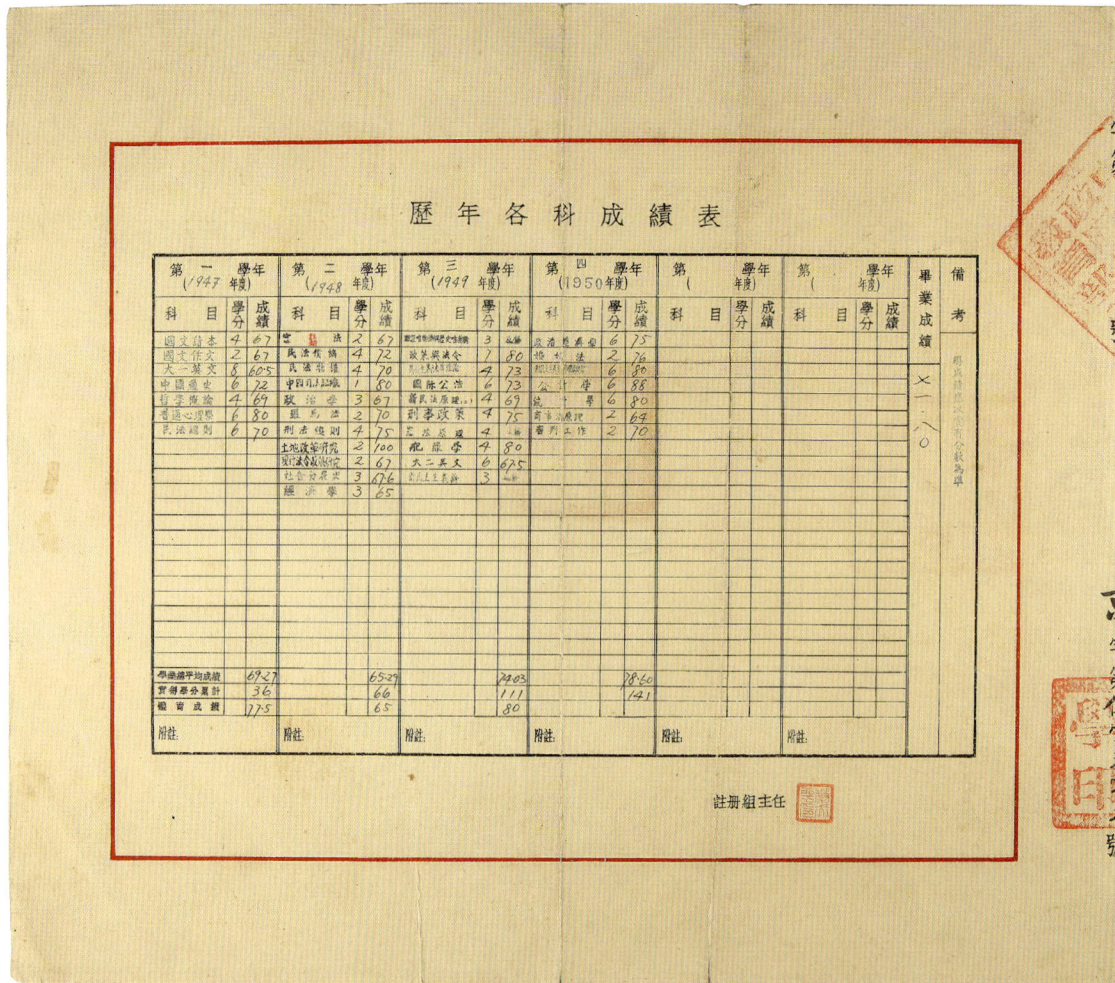

图录一一（2） 北京大学毕业证书（背面）

形钢戳；靠左侧边框为毕业日期"公历一九五一年七月"，钤正方形朱文 "中央人民政府高等教育部印"（5×5厘米）；左侧边框内下角为证书的验印日期"一九五三年三月十八日经中央人民政府高等教育部验发"。

1951年大学毕业的正式毕业证书有相当一部分由高教部核验，而高教部是1952年底从教育部划分出成立的，故凡由高教部验发的毕业证书一般都在1953年上半年验讫。因此，1951年毕业的学生领取到的正式毕业证书，一般要间隔两年左右。

证书的背面是游约伯的历年各科成绩表。四学年共修34门课程。第一学年（1947年度）学业总平均成绩69.27分；第二学年（1948年度）学业总平均成绩65.29分；第三学年（1949年度）学业总平均成绩74.03分；第四学年（1950年度）学业总平均成绩78.60分。

游约伯在校学习期间，正是新中国成立前后的新旧交替时期，反映在课程设置上增加了马列主义理论、新民主主义经济理论与实践、现行政策等课程。

马寅初（1882—1982），著名经济学家、人口理论和财政学专家、教育家。又名元善，浙江嵊县（今嵊州市）人。早年赴美国留学，获哥伦比亚大学经济学博士。1948年中央研究院院士，1955年中国科学院首批学部委员。1917年任北京大学第一任教务长；1951年出任北京大学校长、名誉校长。

20世纪50年代中期，马寅初以无畏的胆识和高度社会责任感，提出"新人口论"。他主张控制人口盲目增长的理论，对底子薄的中国经济的发展，具有深远的历史意义。

图录一二：北京大学医学院毕业证书　1952年

纸本。高38.6厘米，宽45厘米。深红双线条框边，浅黄花纹作底色，并刊有美术体"为人

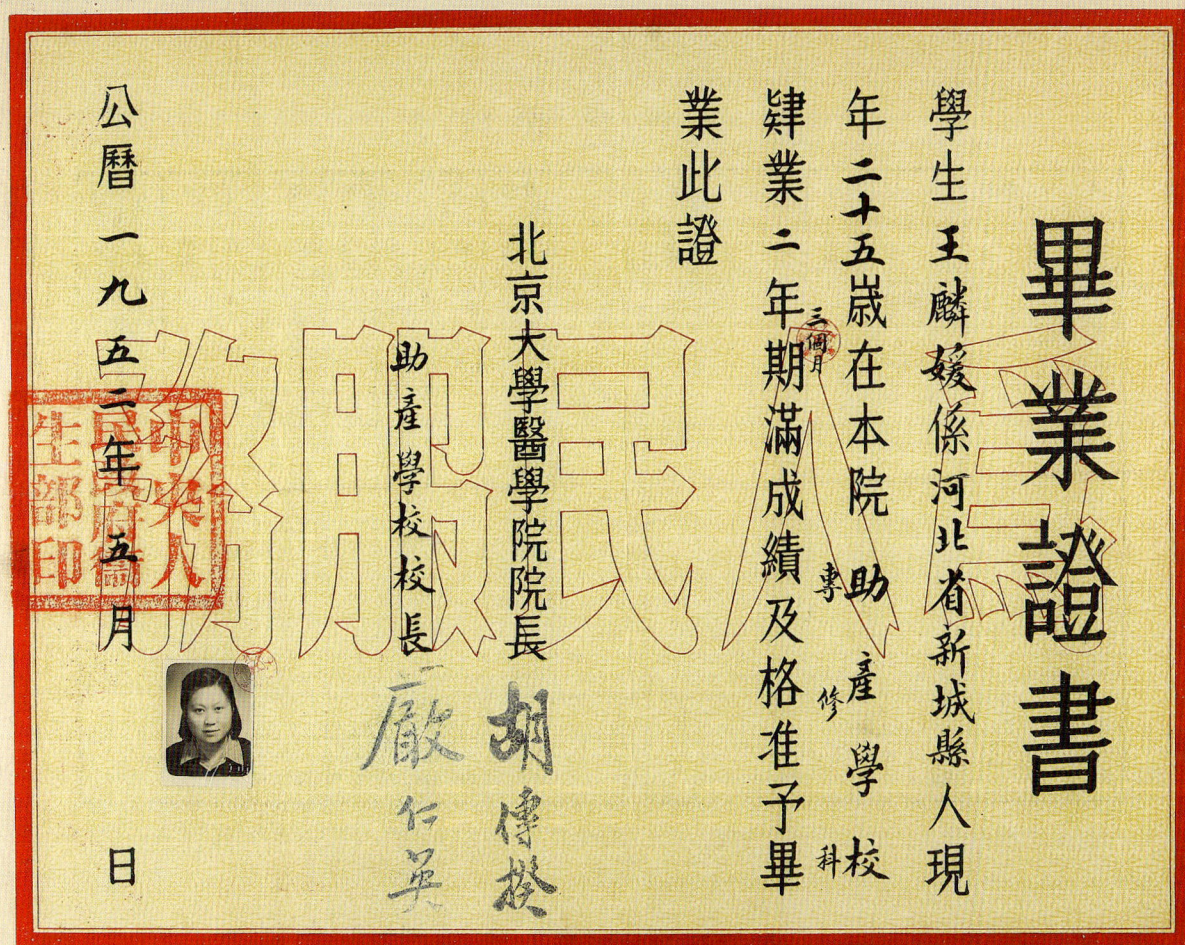

图录一二（1）　北京大学医学院毕业证书（正面）

歷年各科成績表

第一學年 (年度)		第二學年 (年度)		第（ ）學年 (年度)		第（ ）學年 (年度)		第（ ）學年 (年度)		第（ ）學年 (年度)		畢業成績	備考
科目	成績	科目	成績	科目	成績	科目	成績	科目	成績	科目	成績		
解剖生理學	80.13	化輪學	90									70.41	
眼 泡 學	67.6	兒科概要	66									畢業及技術測驗	
胎 稚 學	70.2	皮科病理	76									85.09	
救 急 學	85	外科學	80									各學年成績平均	
產科生理	71	內科概要	90									75.5	
產 褥 學		國 文	86.5									總平 77	
流 病 學	79.25	眼 科	80										
生 化 學	60												
皮膚花柳	60												
內科概要	77												
外科概要	70.5												
救 護	73												
國 文	74.83												
微生物學	90												
公民學	60												
助產教育史	60												
手 術	95												
國 文	75												
心理學	81												
學業總平均成績	73.6		78.36										
體育成績													
附註：		附註：		附註：		附註：		附註：		附註：			

註册組主任 李元章（印）

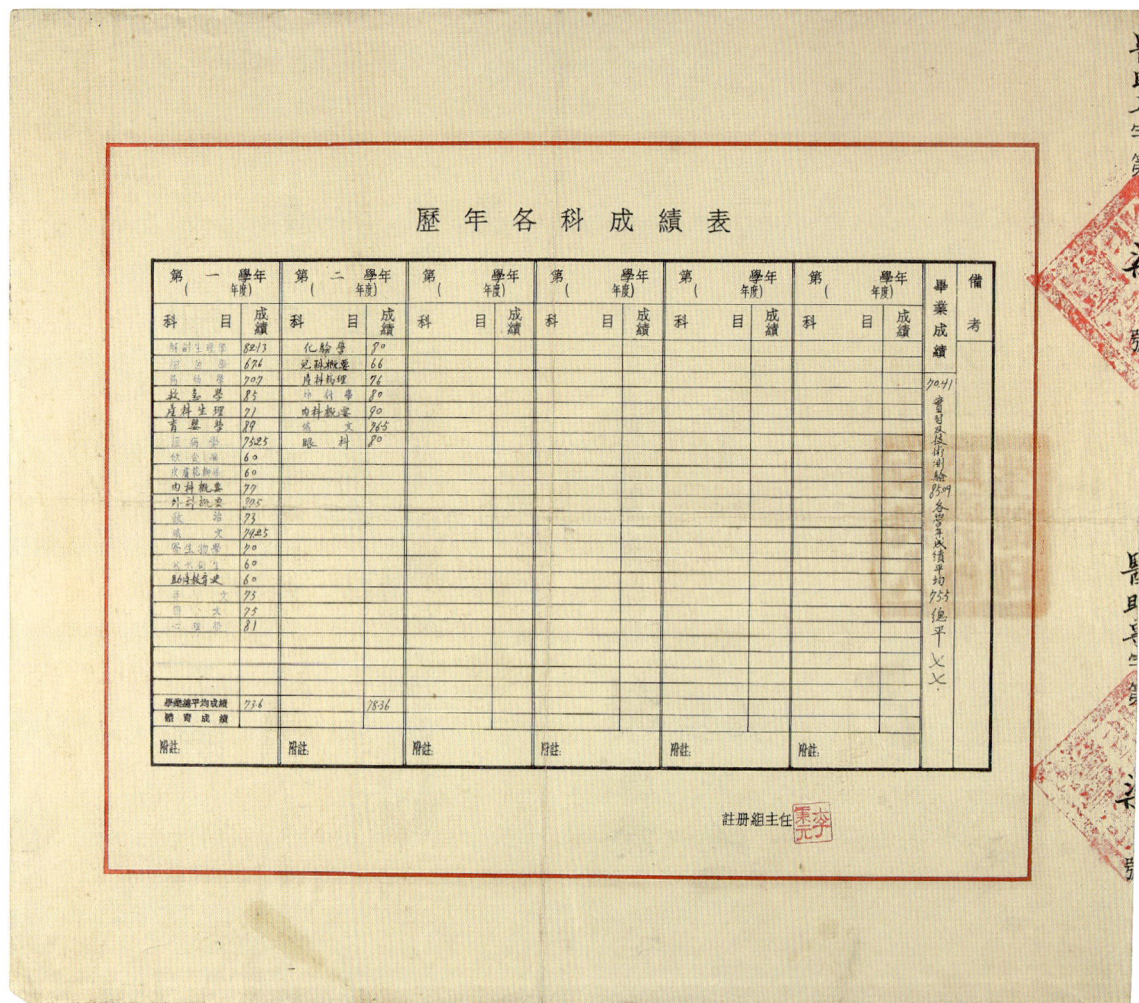

图录一二（2） 北京大学医学院毕业证书（背面）

民服务"五个大字。此件系北大医学院助产学校专修科学生王麟媛（女，河北新城县——今高碑店市人，25岁）修业期满、成绩及格、准予毕业的毕业证书。证书正中偏左署北京大学医学院院长胡传揆（签名章）、助产学校校长严仁英（签名章）；左侧为毕业日期"公历一九五二年五月"，钤正方形朱文"中央人民政府卫生部印"（7×7厘米）；左侧下方贴有王麟媛半身照，打盖"中央人民政府卫生部"圆形钢戳。证书编号"医助专字第柒号"。

证书的背面是王麟媛修业的历年各科成绩表。二学年共修24门课。第一学年学业总平均成绩73.6分。第二学年学业总平均成绩78.36分。各学年成绩平均75.5分，总平均77分。毕业成绩70.41分，实习及技术测验85.09分。

北京大学医学院的前身是北京医学专门学校。1924年改名北京医科大学。1928年又更名为国立北平大学医学院。1937年卢沟桥事变后，学校曾一度停办。1945年日本投降后，北京大学医学院设医学、牙科、药学3个系，1个附属医院，病床134张，可供200个学生实习。1952年全国高校院系调整，医学院分出独立建院，改名北京医学院。1985年改名北京医科大学。2000年成为北京大学医学部。

胡传揆（1901—1986），著名皮肤病性病学家、医学教育家。湖北江陵人。早年赴美进修医学。历任北京大学医学院教授、皮肤科主任、院长、附属医院院长，北京医学院院长、名誉院长、中华医学会副会长、中国医学科学院皮肤病研究所名誉所长、中华医学会皮肤科学会主任委员、中华皮肤科杂志总编辑以及北京生物医学工程学会理事长等职。他致力于梅毒防治和危害人们健康的头癣病的深入研究，成果卓著。北平解放后，承担了为千余名妓女治疗梅毒的任务，使她们获得了新生。20世纪60年代初，在北京和江西建立了医治头癣病试点；70年代中后期，他带领医疗队在湖北英山县普查了35万人，为近2万头癣病人治疗，使他们恢复了健康。

胡传揆教授重视医学教育，为中国医学培养了一大批人才。他逝世后，依照他生前的嘱托，其骨架已制成标本，陈列在校内供教学使用；他的积蓄捐助给学校作为皮肤科专项奖励基金。胡先生对医学的执著和无私奉献的精神，将永远是人们学习的榜样。

二、清华大学（清华学校）

　　清华大学的前身，是20世纪初用美国"退还"的"庚子赔款"创立的"游美预备学校"。1911年春，游美学务处和肄业馆全部迁入清华园，肄业馆正式更名为"清华学堂"。不久，震惊中外的辛亥革命爆发。1912年1月1日，中华民国成立。依据中华民国教育部关于《普通教育暂行办法通令》的规定，"清华学堂"改名为"清华学校"。1928年6月8日，国民革命军京津卫戍总司令阎锡山部进驻北京。18日，国民政府大学院接管北平各大学校。8月17日，"清华学校"改名为"国立清华大学"。抗战爆发后，与北大、南开联合办学，在昆明组成西南联合大学。抗战胜利后，迁回原址复校。1949年北平解放后，5月，叶企孙出任清华大学校务委员会主任。

　　此外，台湾新竹1955年设立一所清华大学，包括理、工、文3所学院。两地学校均相互承认。

　　图录一三：清华学校毕业证书　民国十二年（1923）

　　纸本。高41.5厘米，宽52.5厘米。细黑线条框边。此件系清华学校高等科学生张钰哲（福建闽侯人，21岁）肄习完毕、考试及格、准予毕业的毕业证书。证书左侧署清华学校校长曹云祥，钤长方形"清华学校校长"朱文印（1.9×1厘米）；靠左侧边框为颁证日期"中华民国十二年六月二十一日"，钤长方形朱文"清华学校校长关防"（9.7×5.8厘米）。

　　校长曹云祥于1881年出生于浙江嘉兴。1911年入美国耶鲁大学，后又上哈佛大学，攻读商业管理学，并获硕士学位。1919年任中国驻丹麦公使馆一等秘书及代理公使。1922年，清华学生赶走三位不称职的校长之后，北京政府外交部派曹云祥出任清华学校校长。曹校长从1922年4月到任，至1927年12月离任，历时五年零八个月。曹氏对清华的重大贡献之一，就是在他任内实现了改办大学部和国学研究院的两大举措。

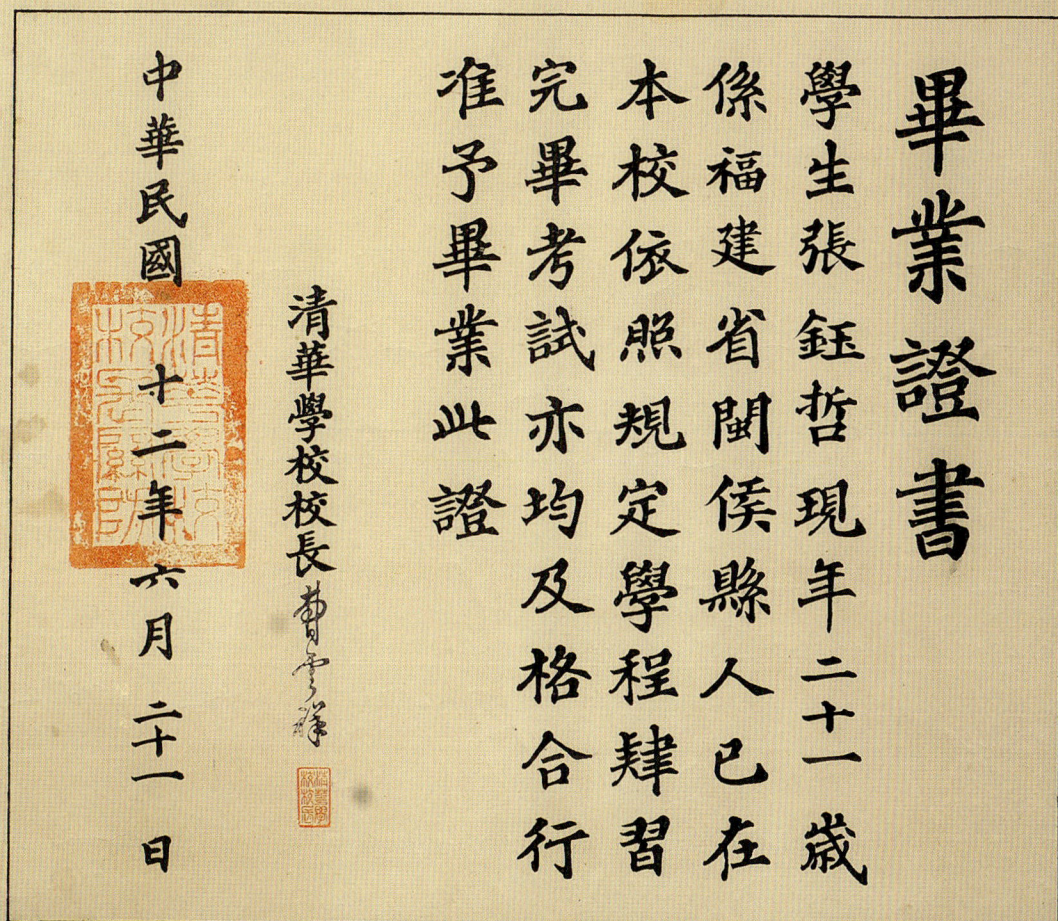

图录一三　清华学校毕业证书

　　张钰哲（1902—1986），著名天文学家。福建闽侯人。早年获芝加哥大学博士学位。1955年中国科学院首批学部委员。历任中央研究院天文研究所所长、中科院紫金山天文台台长、国家科委天文学科组组长、中国天文学会理事长。长期致力于小行星和彗星的研究，业绩卓著，享誉海内外。1978年8月1日，《国际小行星通报》宣布：决定将1976年10月23日哈佛大学天文台发现的2051号小行星定名为"张"（Chang），以"表示对张钰哲的敬意"。

清華學校研究院畢業證書

研究生李鴻樾係湖南省瀏陽縣人

在本校研究院國學門研究一年期

滿經導師審查成績認為合格特給

予畢業證書此證

校　長曹雲祥

教務長梅貽琦

導師王國維

　　梁啓超

　　陳寅恪

　　趙元任

　　李濟

中華民國十五年六月廿五日

图录一四　清华学校研究院毕业证书

图录一四：清华学校研究院毕业证书 民国十五年（1926）

纸本。高46厘米，宽52厘米。黑细线条框边。此件系清华学校国学门研究生李鸿樾（湖南浏阳人）修业期满的毕业证书。证书正中署校长曹云祥，钤正方形朱文"曹云祥印"（1.5×1.5厘米）；教务长梅贻琦，钤正方形朱文"梅贻琦印"（2×2厘米）；导师王国维，钤正方形朱文"王国维印"（1×1厘米）；梁启超，钤正方形朱文"梁启超印"（1.7×1.7厘米）；陈寅恪；赵元任，钤正方形朱文"元任之印"（1×1厘米）；（讲师）李济。靠左侧边框为颁证日期"中华民国十五年六月廿五日"，钤长方形朱文"清华学校校长关防"（9×5.2厘米）。证书上方贴有中华民国印花税票五枚（每枚面值壹角）。

1925年9月14日，清华国学研究院正式开学。清华国学研究院仅历时4年，于1929年夏停办。国学研究院每年招收一期学生，共办四期，前后四届共招收72人。研究院无论在办学理念，或培养高素质的国学人才方面，都是卓有成效的。它开办时间不算长，但影响很大，在中国高等教育史上占有重要的学术地位。

李鸿樾（1896—1974），湖南浏阳三口乡筱野垅村人。1925年考入清华国学研究院学习。他在王国维指导下，一年的时间，出色地完成了"古文字学"课题的研究，于1926年6月毕业。毕业后，相继在省立一师、浏阳公学、长郡中学等校任教。在浏阳县立中学执教期间，不少学生交不出书籍伙食费，他慷慨解囊，胡耀邦、杨勇等一批贫困学生，均得到他的照顾和支持。从1939年起，先后出任浏阳简易乡村师范学校、浏阳狮山中学校长。李鸿樾学识深厚，廉洁奉公，关爱师生。在简易乡村师范学校任职时，正值日寇进犯，国难当头，学校经费拮据。他四处奔走求助，并将学校一度迁往沩江农村，才使教学免于停顿。

浏阳解放后，他不顾年高体弱，先后执教于浏阳一中、三口农业中学。1962年底，时任团中央第一书记的胡耀邦挂职回湖南工作期间，一次到三口乡视察时，特邀请他的恩师李鸿樾叙旧，倾表感谢之情。

图录一五：国立清华大学毕业证书　民国二十七年（1938）

纸本。设有细线条框边。边框上方中间为孙中山头像，左右两旁为中华民国国旗和中国国民党党旗。此件系清华工学院土木工程学系毕业生袁随善（江苏武进人，23岁）修业期满、成绩及格、准予毕业并授予工学学士学位的毕业证书。证书正中钤正方形"教育部印"（朱文），署国立清华大学校长梅贻琦，钤正方形"梅贻琦印"（白文）；教务长潘光旦，钤正方形"潘光旦印"（朱文）；工学院院长施嘉炀，钤正方形"施嘉炀印"（朱文）。靠左侧边框为毕业日期"中华民国二十七年八月"，钤长方形"国立清华大学昆明办事处印"（朱文）。证书左侧上方贴有二枚（伍角和壹角）民国政府印花税票；下方贴有袁随善半身照片。

袁随善于1938年清华毕业后，40年代中期赴英国利物浦大学留学。1946年获利物浦大学肄业证书，由于成绩优异，在利物浦大学实习一年后回国。

梅贻琦（1889—1962），著名教育家，中国现代教育的开创者之一。字月涵，天津人。第一批庚款留美学生，获工学学士学位。历任清华大学物理系教授、教务长、校长。抗战期间为西南联合大学三位常委之一，负责主持联大的日常校务。梅氏无论在大陆或在台湾，几乎一生

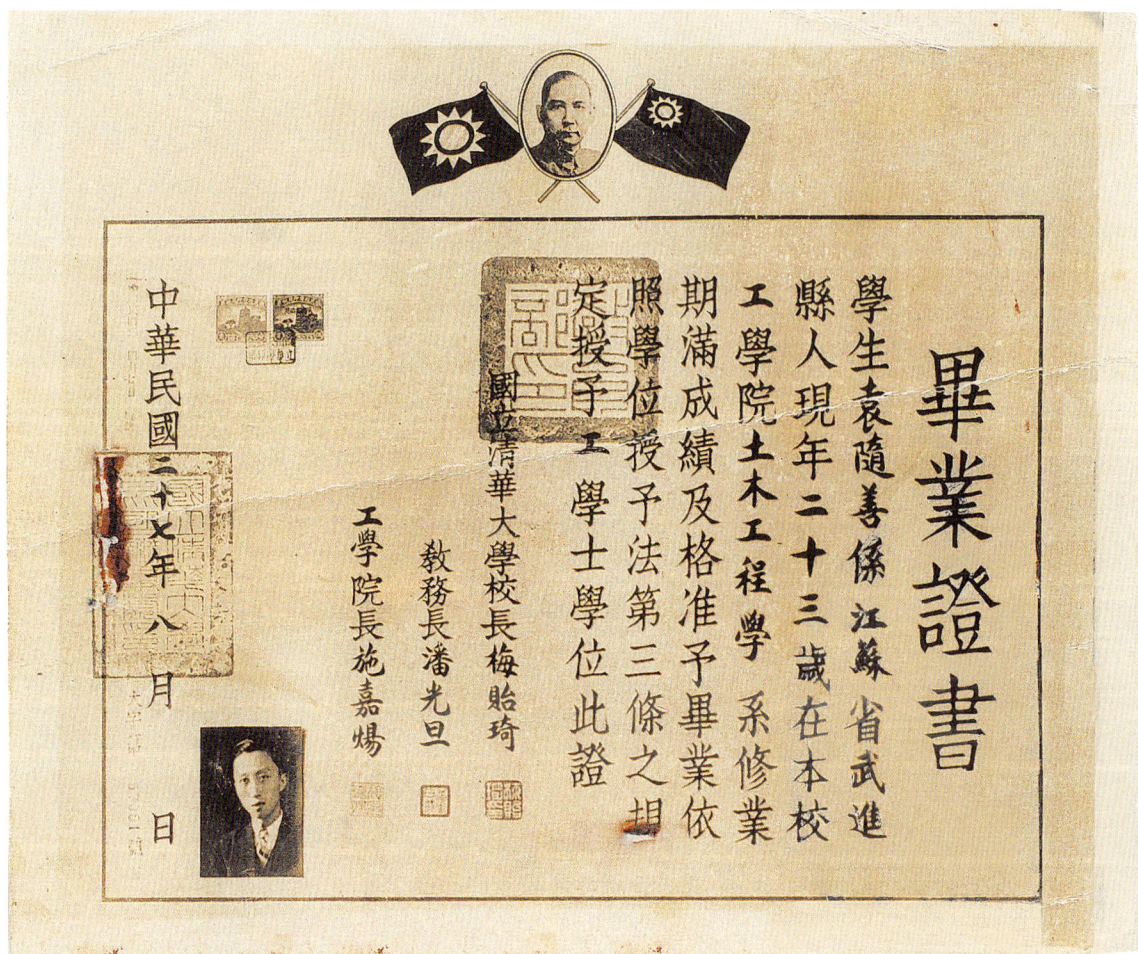

图录一五　国立清华大学毕业证书

都在担任清华大学校长。昔日国立清华大学的辉煌是与梅贻琦的名字紧紧相连的。

图录一六：国立清华大学毕业证书　民国三十八年（1949）

纸本。高28.5厘米，宽34.1厘米。细黑线条框边。此件系法学院经济学系学生曲元芳（山东福山县——今为烟台市福山区人，25岁）肄业期满、成绩合格、准予毕业并授予法学学士学位的毕业证书。证书正中钤长方形朱文"国立清华大学关防"（9×6厘米），署国立清华大学校务委员会主席叶企孙，钤正方形朱文"叶企孙印"（1.7×1.7厘米）；法学院院长陈岱孙，钤正方形朱文"陈岱孙印"（1.3×1.3厘米）。证书左上侧贴华北税务总局改用中华民国旧税票一枚（伍圆），加盖菱形"印花"蓝色印章；下侧贴有曲元芳毕业照，打盖"清华大学"圆形钢戳；靠左侧边框为毕业日期"中华民国三十八年七月"，钤长方形朱文"华北高等教育委员会之钤记"（9.8×6.5厘米）。证书编号"新清复字第壹伍陆号"。

叶企孙（1898—1977），著名物理学家。原名鸿春，上海人。早年赴美留学，获哈佛大学博士学位。1935年第一届中央研究院评议员、中央研究院总干事，1948年首届中央研究院院

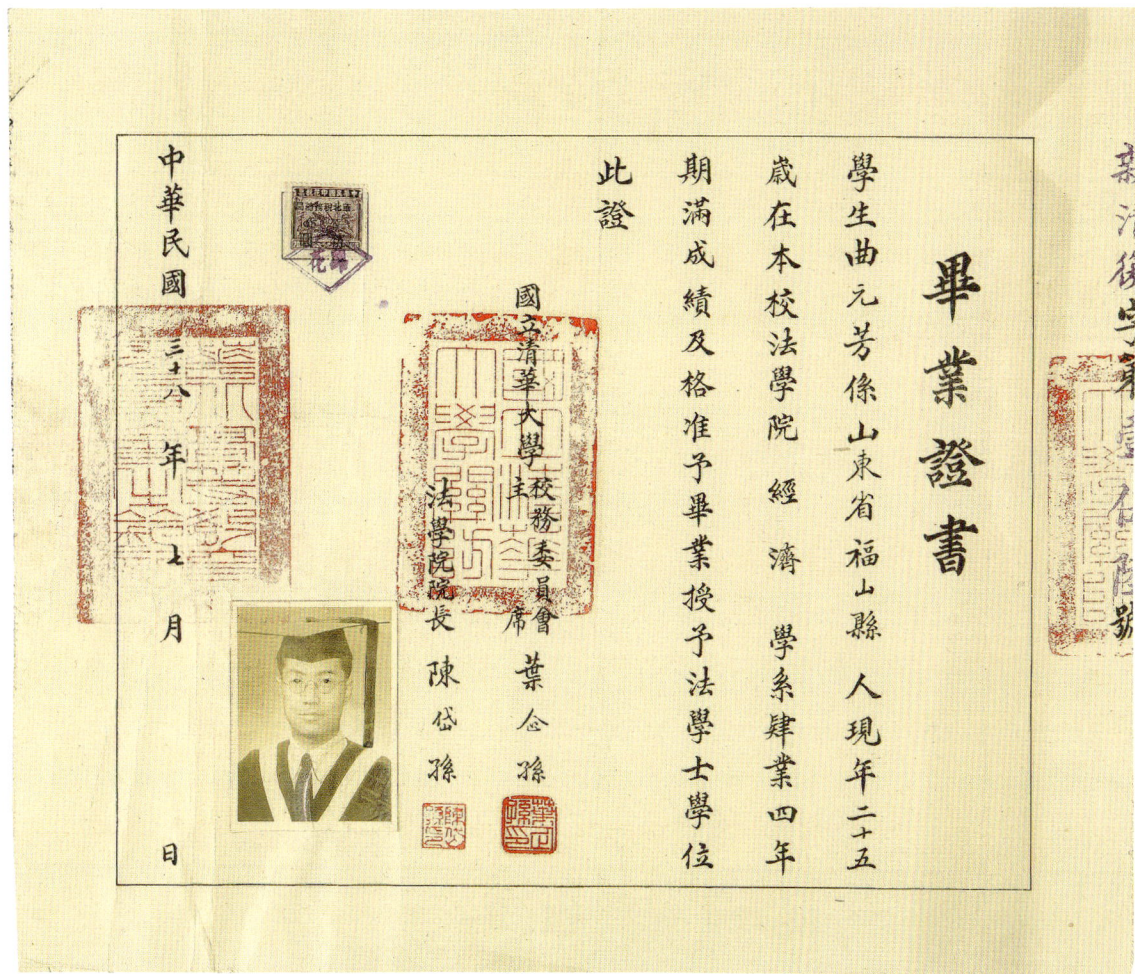

图录一六　国立清华大学毕业证书

電機工程學系肄業⋯⋯⋯⋯年其浩

成績及格准予畢業此證

清華大學 校務委員會 主任委員 葉企孫

副主任委員 周培源

工學院院長 施嘉煬

公曆一九五二年七月　　日

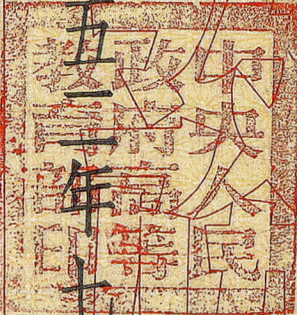

士，1955年中国科学院首批学部委员。历任清华大学教授、物理系主任、理学院院长、校务委员会主任（1949年5月至1952年6月）、北京大学物理系教授、中科院自然科学史研究室副主任。中国核物理学主要奠基人，中国研究磁场学第一人。

图录一七：清华大学毕业证书　1952年

纸本。高39.2厘米，宽44.8厘米。红色粗细双线条框边，浅黄花纹图案作底色，并刊有美术体"为人民服务"五个大字。此件系清华工学院电机工程学系学生梁廷元（广西隆安人，27岁）肄业期满、成绩及格、准予毕业的毕业证书。证书右侧下方为证书编号"第1652号"；正中偏左钤正方形朱文"清华大学印"（6×6厘米），署清华大学校务委员会主任委员叶企孙（签名章）；副主任委员周培源（签名章）；工学院院长施嘉炀（签名章）。靠左侧边框为毕业日期"公历一九五二年七月"，钤正方形朱文"中央人民政府高等教育部印"（7×7厘米）。证书上方框内贴有梁廷元半身照，打盖"清华"圆形钢戳。

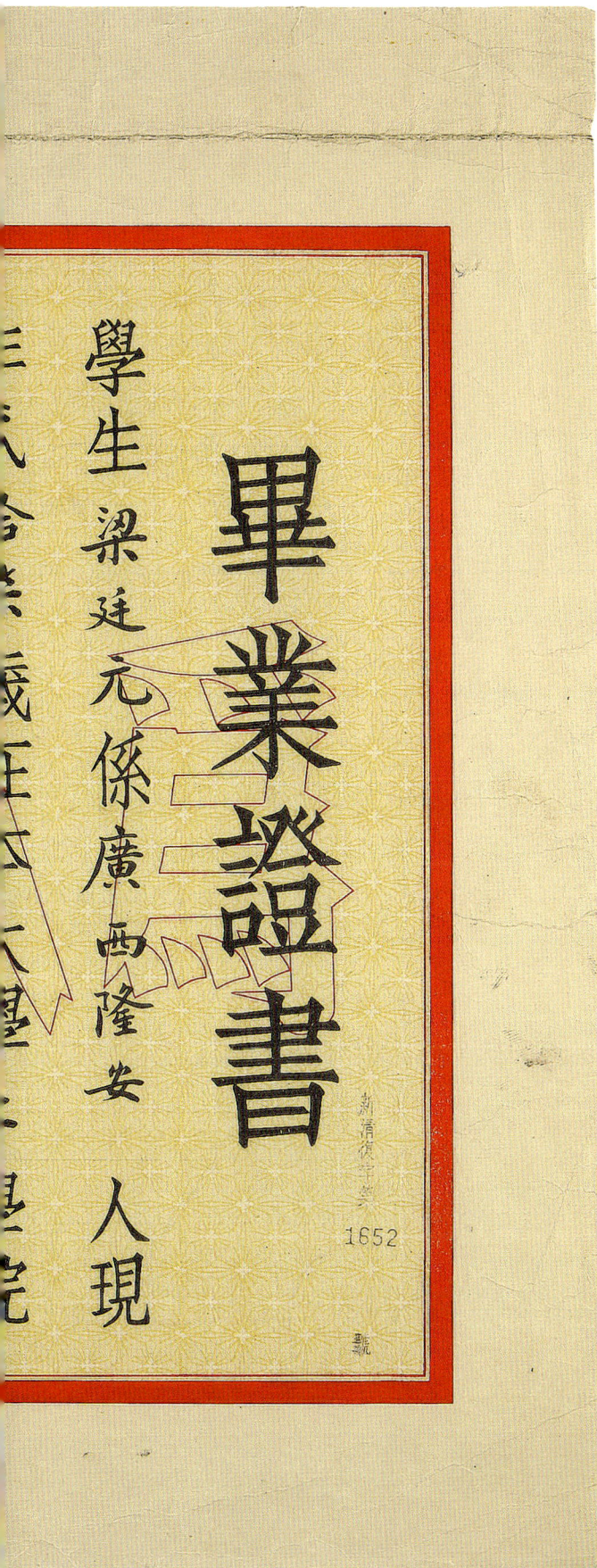

图录一七　清华大学毕业证书

三、北京师范大学（北京高等师范学校）

北京师范大学的前身是1902年创办的京师大学堂师范馆。1908年11月14日，脱离京师大学堂，成为独立的京师优级师范学堂。1912年5月15日，优级师范学堂改称国立北京高等师范学校。1923年7月1日，升格为北京师范大学，首任校长范源廉。1929年重新组建国立北平师范大学，校长徐炳昶。1932年李蒸继任。1937年北平师范大学迁往大西北，与北平大学、北洋工学院等合组国立西北联合大学。后又独立为国立西北师范学院。1946年重新设立国立北平师范学院。1948年恢复北平师范大学名称。设文、理、教育3学院13系。

1949年改名北京师范大学。1952年高校院系调整后，原辅仁大学撤销并入北京师范大学。

图录一八：国立北京高等师范学校毕业证书　民国八年（1919）

纸本。高35厘米，宽48厘米。黑粗线条框边。此件系国文部学生王庭芝（直隶定县——今河北省定州市人，28岁）修业期满、考查成绩及格、准予毕业的毕业证书。证书正中偏左署国立北京高等师范学校校长陈宝泉，钤正方形白文"陈宝泉印"（1.8×1.7厘米）；左侧为颁证日期"中华民国八年六月十日"，钤长方形朱文"北京高等师范学校之章"（9.7×5.9厘米）。证书框内正中上方贴有中华民国印花税票一枚（伍角）。

陈宝泉（1874—1947），著名教育家。字筱庄，天津人。早年留学日本。1912年5月出任北京高等师范学校第一任校长，历时9年。陈校长对校舍建设、系科设置、延聘名师、设备购置以及制订学校的规章制度等方面，作出了卓有成效的贡献，从而奠定了我国高等师范教育的基础。陈氏还曾任民国北京政府教育部次长。

图录一九：国立北京师范大学毕业证书　民国十三年（1924）

纸本。高40.5厘米，宽44厘米。黑细条线框边。此件系高等师范科理化系学生王德玺（安徽怀远县人，26岁）修业期满、考查成绩及格、准予毕业的毕业证书。证书正中偏左署国立北京师范大学校长范源廉，钤正方形白文"范源廉印"（1.7×1.7厘米）；左侧为颁证日期"中华民

畢業證書

學生王庭芝係直隸省定縣人現年二十八歲在本校國文部修業期滿考查成績及格准予畢業此證

國立北京高等師範學校校長陳寶泉

中華民國八年六月十日

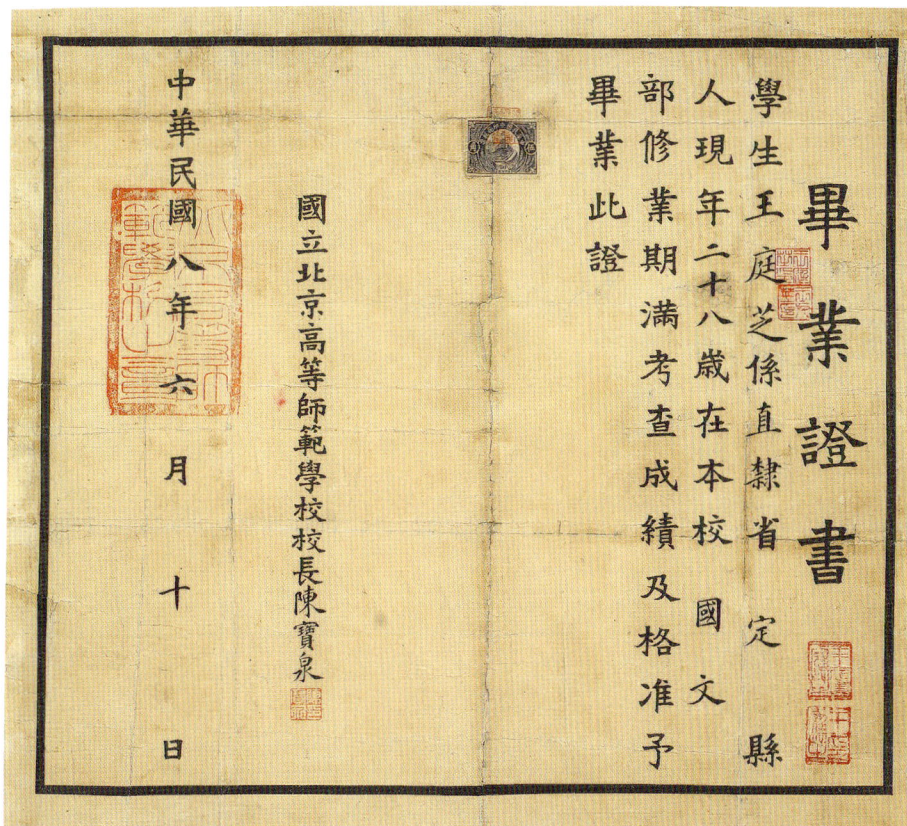

图录一八　国立北京高等师范学校毕业证书

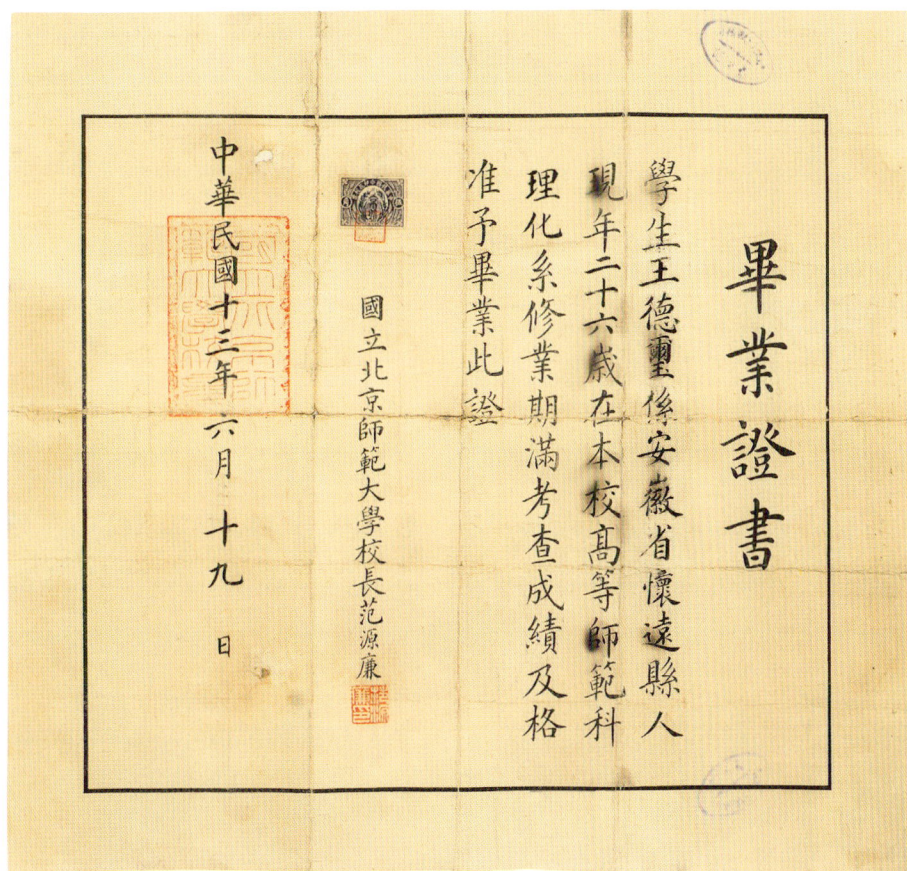

畢業證書

學生王德璽係安徽省懷遠縣人現年二十六歲在本校高等師範科理化系修業期滿考查成績及格准予畢業此證

國立北京師範大學校長范源廉

中華民國十三年六月十九日

图录一九　国立北京师范大学毕业证书

国十三年六月十七日"，钤长方形朱文"国立北京师范大学校章"（9.8×5.8厘米）；左上方贴有中华民国印花税票一枚（伍角）。

范源廉（1875—1927），著名教育家。字静生，湖南湘阴人。早年留学日本。回国后，1904年组织12名女生赴日本留学，开中国女子留学之先河。辛亥革命后，先后4次出任北京政府教育部总长。1923年11月出任更名后的北京师范大学首任校长。在任期间，主持修订了学校组织大纲及各种规章，在延聘名师、严格考试制度、美化校园环境、提倡人格教育等方面，卓有成效。由于办学经费竭蹶，"政府悍然不顾"，于1924年8月愤然辞职。

图录二〇：国立北平师范大学毕业证书　民国二十四年（1935）

纸本。高41厘米，宽51厘米。黑粗线条框边。边框上方中间为孙中山头像，左右两旁为中华民国国旗和中国国民党党旗。此件系理学院生物学系学生徐晋铭（河北乐亭县人，25岁）修业期满、成绩及格、准予毕业并授予理学学士学位的毕业证书。证书右侧下方为教育部验印编号"大字第37682号"及验印日期"中华民国廿五年十一月五日验讫"；正中偏左钤长方形朱文

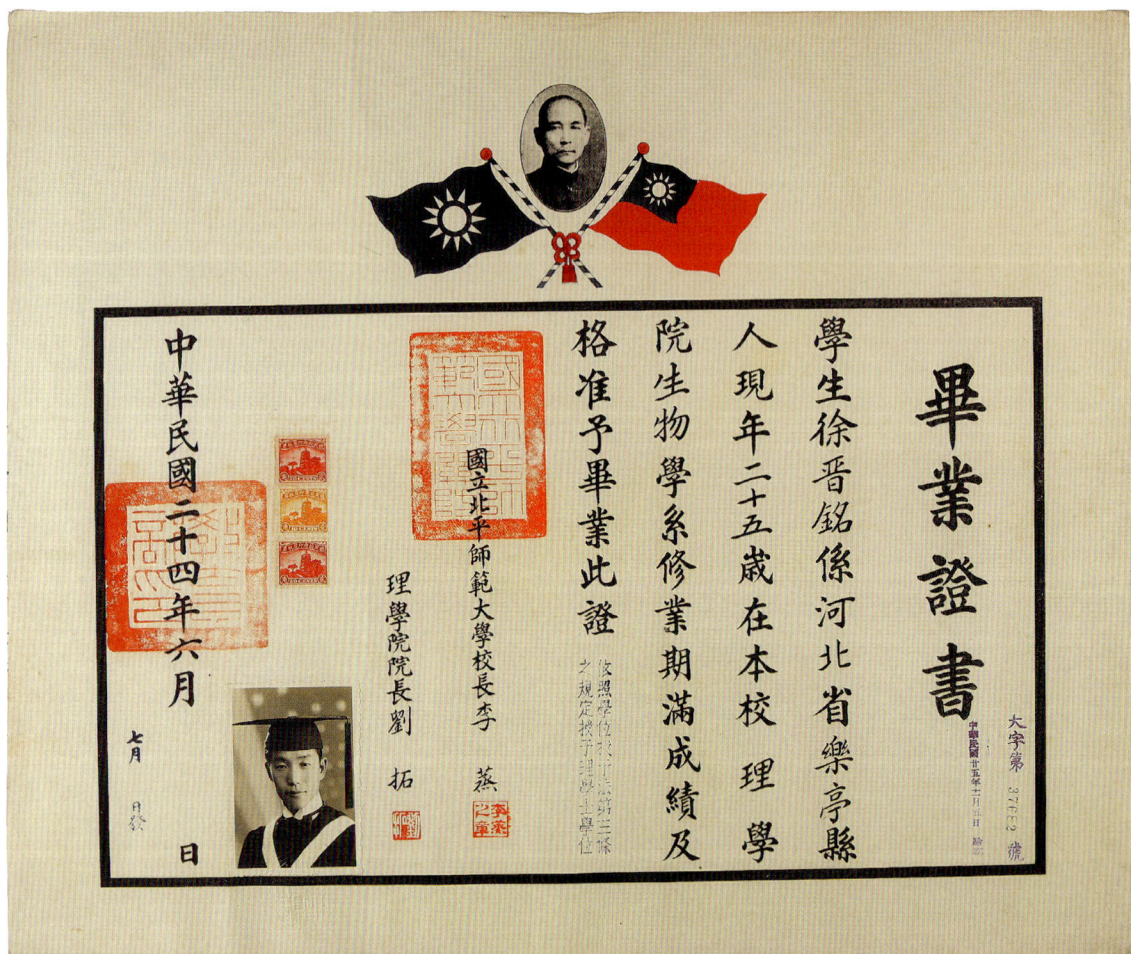

图录二〇　国立北平师范大学毕业证书

"国立北京师范大学关防"（9×6厘米），署国立北平师范大学校长李蒸，钤正方形朱文"李蒸之章"（2×2厘米）；理学院院长刘拓，钤正方形"刘拓"朱文印（1.2×1.2厘米）。左侧上方贴有国民政府印花税票三枚（每枚面值壹角）；下方为徐晋铭毕业照，打盖"国立北平师范大学"钢戳。靠左侧边框为毕业日期"中华民国二十四年六月"，钤正方形朱文"教育部印"（7.4×7.4厘米）。

李蒸（1895—1975），教育学家、民众教育专家。字云亭，河北滦县人。早年赴美留学，获哥伦比亚大学哲学博士学位。1928年回国后，先后任北京大学、北平大学等校讲师，江苏民众教育学院、南京中央大学教授。1932年至1945年出任北京师范大学校长。

图录二一：国立北平师范学院证明书　民国三十六年（1947）

纸本。高26.6厘米，宽17.4厘米。黑细线条框边。前国立北京女子高等师范学院本科第九期毕业生赵淑荣（女，河北房山县——今为北京市房山区人）于民国十年（1921）毕业，因毕业证书遗失，要求北平师院证明其学历。故北平师院为其开具证明。证明书正中署院长袁敦礼，钤正方形"袁敦礼"朱文印（1.5×1.5厘米）。靠左侧边框为证明书开具日期"中华民国叁拾陆年肆月拾日"，钤正方形朱文"国立北平师范学院钤记"（5.5×5.5厘米）；左侧上方贴有赵淑荣半身照片，并加盖"国立北平师范学院"圆形蓝色印章。证书编号"第壹叁贰号"。

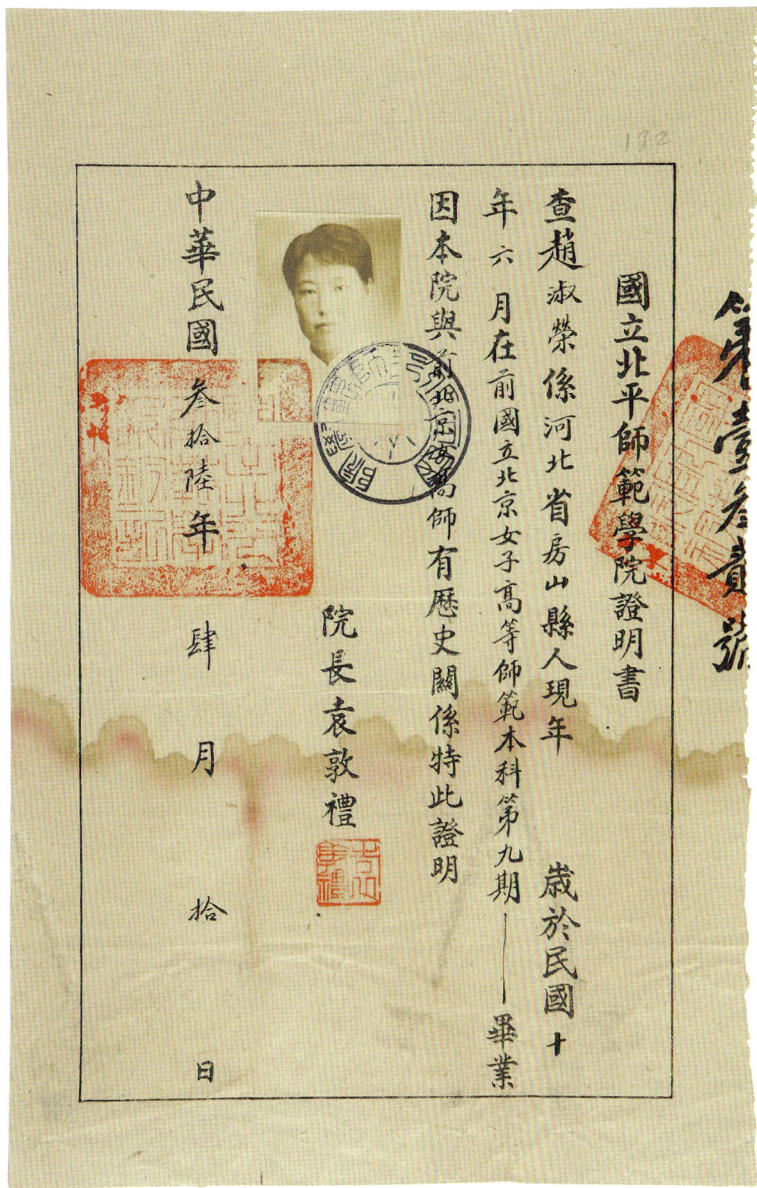

图录二一　国立北平师范学院证明书

　　上述证明书提出有关北平师范学院与前北京女子高等师范学院的"历史关系"问题，其历史沿革过程是：1919年国立北京女子高等师范学校成立，1924年改为国立北京女子师范大学，1931年并入国立北平师范大学。1946年北平师范大学改称北平师范学院。这就是前女高师与北平师院"历史关系"的渊源。

图录二二：国立北平师范学院毕业证明书　民国三十七年（1948）

纸本。高31厘米，宽23厘米。黑细线条框边。此件系北平师范学院国语专修科学生周彬

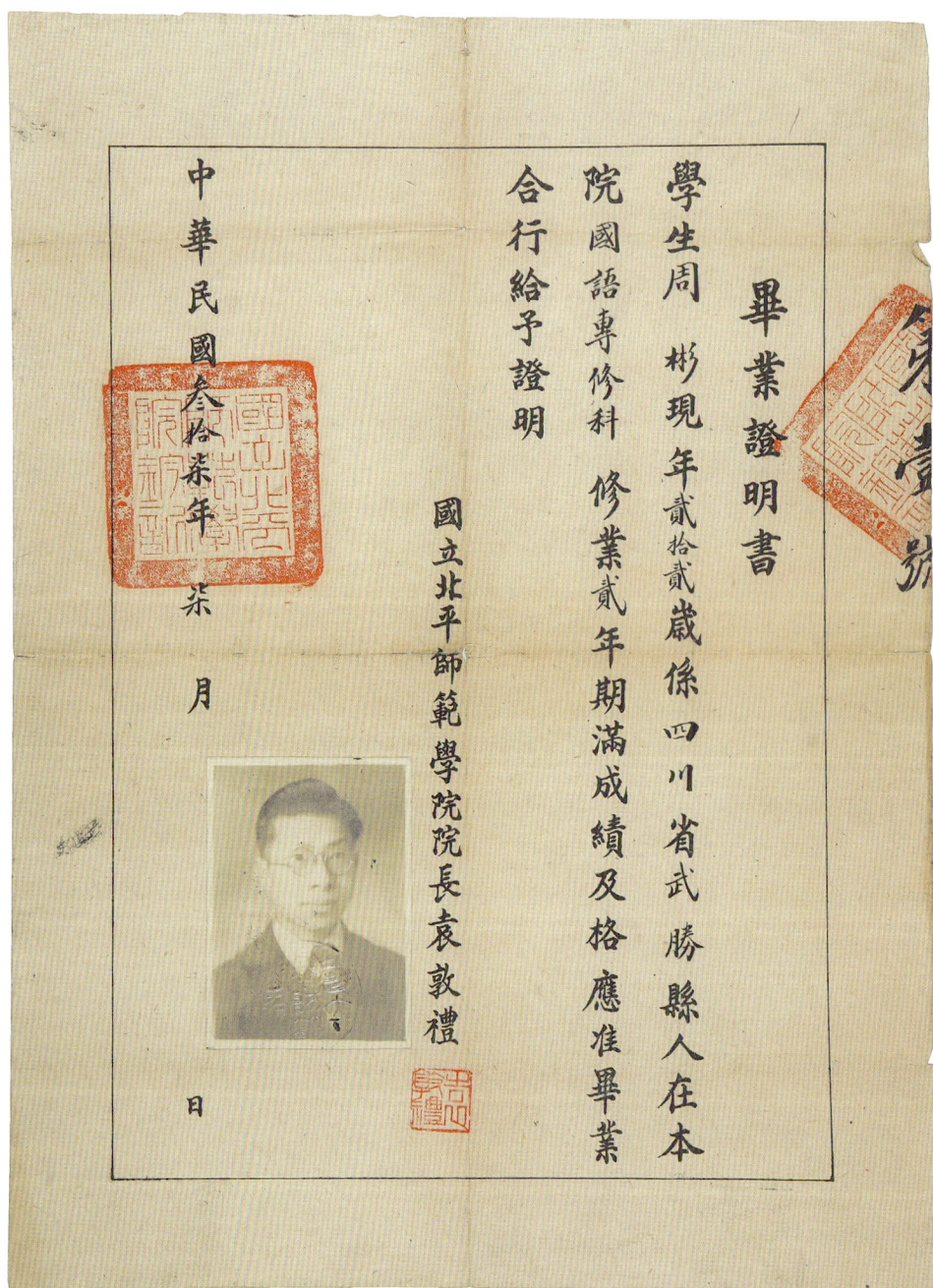

图录二二　国立北平师范学院毕业证明书

（四川武胜县人，22岁）修业期满、成绩及格、准予毕业的证明书。证书正中署国立北平师范学院院长袁敦礼，钤正方形"袁敦礼"朱文印（1.5×1.5厘米）；靠左侧边框为证明书开具日期"中华民国叁拾柒年柒月"，钤正方形朱文"国立北平师范学院钤记"（5.5×5.5厘米）。证书编号"第壹号"。

　　袁敦礼（1895—1968），教育家、体育理论及卫生学专家。字志仁，河北徐水人。早年赴美留学，获芝加哥大学理学学士、霍普金斯大学公共卫生学证书、哥伦比亚大学师范学院体育与健康教育硕士学位。1927年回国后，历任北京师范大学教务长、体育系主任，西北联合大学教务长，北平师范大学校长。袁先生是中国现代体育教育的先驱之一。

　　图录二三：国立北京师范大学毕业证书　1949年

纸本。高29厘米，宽33.5厘米。黑细线条框边。此件系理学院化学系学生郭铁铮（天津市

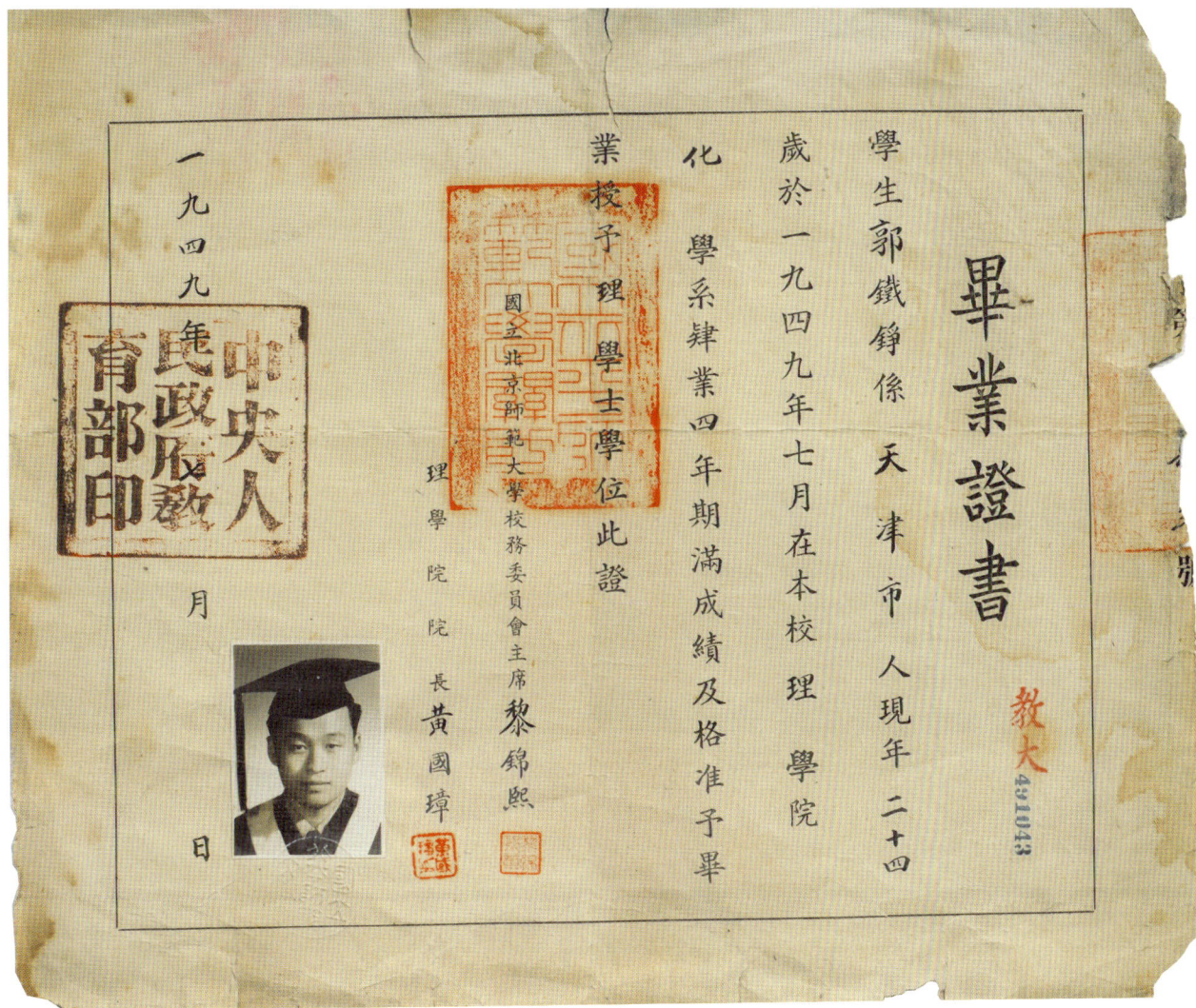

图录二三　国立北京师范大学毕业证书

人，24岁）肄业期满、成绩及格、准予毕业并授予理学院学士学位的毕业证书。证书右侧下方为教育部验印编号"教大491043"。正中钤长方形朱文印"国立北平师范大学关防"（9×6厘米），署国立北京师范大学校务委员会主席黎锦熙，钤正方形朱文"黎锦熙章"（1.1×1.1厘米）；理学院院长黄国璋，钤正方形朱文"黄国璋印"（1.2×1.2厘米）。靠左侧边框为毕业日期"一九四九年七月"，钤正方形朱文"中央人民政府教育部印"（7×7厘米）；左侧下方贴郭铁铮毕业照，并打盖"国立北平师范大学"圆形钢戳。

黎锦熙（1890—1978），著名语言文字学家、辞典编纂家、教育家。字劭西，湖南湘潭人。历任北京女师大、北大、燕大、西南联大、北师大教授。1928年至1929年、1945年至1946年、1949年至1950年出任北师大校长。1955年中科院首批学部委员，北师大中文系教授并兼任中国文字改革委员会委员。

四、中国人民大学（华北大学）

中国人民大学的前身是1937年11月1日在延安创办的陕北公学。校长成仿吾。陕北公学的办学宗旨和培养目标是"实施国防教育，培养抗战人才"，具有浓厚的军事和政治色彩。陕北公学学制较短，学员多数是从白区来的知识分子和青年学生，主要培养训练根据地政权建设和党的建设的干部。学校以其"忠诚、团结、紧张、活泼"的校风，在两年中培养了大约6000多名学生，为抗日根据地输送了大量的干部。

1939年7月7日，陕北公学和延安鲁迅艺术学院、延安工人学校、安吴堡战时青年训练班等四校合并，在延安组建华北联合大学，校长成仿吾。是年秋迁至河北阜平。1948年8月24日，华北联合大学与在河北邢台建立的北方大学在河北正定合并组成华北大学。校长吴玉章，副校长范文澜、成仿吾。1949年4月华北大学迁至北平。华北大学对建国后急需干部的培养以及新中国高等教育事业的发展，贡献很大。

中华人民共和国成立后，中共中央决定以华北大学为基础，组建中国人民大学。1950年2月19日中央人民政府委员会第六次会议任命吴玉章为中国人民大学第一任校长，胡锡奎、成仿吾为副校长。

中国人民大学是新中国诞生后成立的第一所新型大学。从1950年建校到1956年，人大逐渐发展成为一所以培养马列主义师资和财经、政法干部为主的综合性大学。经过几十年的发展，中国人民大学已成为一所以人文科学、经济和管理科学为主的综合性研究型的全国重点大学。

第一部四十九班学习

此證

校　長　贾天玉章

副校長　成行吾

中华民国三十六年六月二日

团结　榜样　虚心

图录二四　华北大学学习证书

图录二四：华北大学学习证书　民国三十八年（1949）

纸本。高20厘米，宽25.2厘米。红粗线条框边。证书刊有美术体"忠诚、团结、朴实、虚心"校训。此件系第一部47班学生马宣（河北省北平县——今北京市人，21岁）学习结业发给的学习证书。证书正中署校长吴玉章（签名章），副校长范文澜（签名章）、成仿吾（签名章）；左侧为颁证日期"中华民国三十八年六月二日"，钤长方形朱文"华北大学之印"（8.8×6.9厘米）。

为迎接中华人民共和国的成立，华北大学除本科外，还以办短训班的方式，为全国各地输送一大批干部。短训班半年一期，每期办一百个班左右。结业后的学员，发给结业证书。

吴玉章（1878—1966），无产阶级革命家、著名教育家、马克思主义历史学家、中国语言文字学家。原名永珊，号树人，四川荣县人。早年赴日本留学，参加同盟会。先后参加广州起义和南昌起义并兼任秘书长。20世纪20年代曾任成都高师和重庆中法大学校长；30年代曾任苏联科学院远东分院和莫斯科东方大学中国部主任。抗战期间，担任鲁迅艺术学院和延安大学校长、陕甘宁边区自然科学研究会会长、新文字协会会长。解放战争时期，创办华北大学。中华人民共和国成立后，1950年至1966年出任中国人民大学校长、中国文字改革协会会长、中国文字改革委员会主任等。吴老在毕生的教育实践中，形成了一整套具有自己特点的教育思想和理论。他强调办学要坚持理论与实际相结合，以革命理论指导办学；要依靠教师，尊师爱生，教学相长，建立同志式的师生关系；要采取多种形式，面向大众和工农；要有周密的计划、科学的管理和严格的纪律；教育需要有步骤地进行文字改革等等。吴老为中国革命和建设培养了几代人才，是当代中国革命文化教育事业的杰出代表。

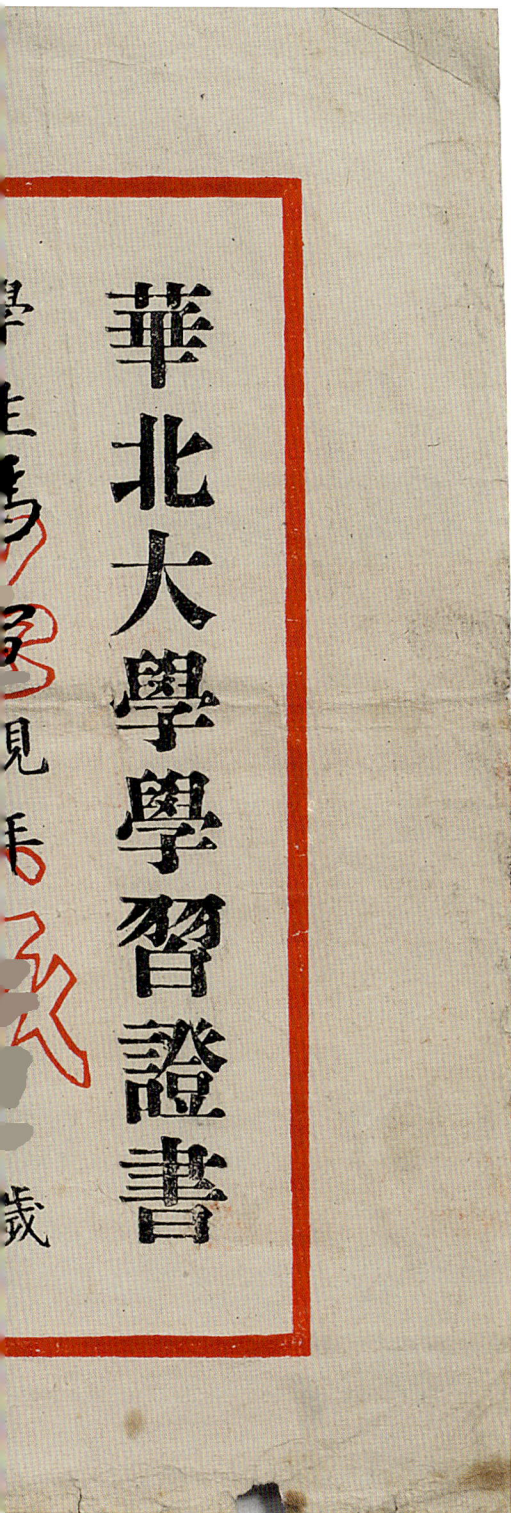

成仿吾（1897—1984），无产阶级革命家、教育家、文学家。原名成灏，湖南新化人。早年留学日本。五四运动时期，与郭沫若等组织"创造社"。历任广东大学教授、黄埔军校教官，陕北公学校长，华北联合大学校长，中国人民大学副校长、校长、名誉校长，东北师范大学、山东大学校长等。成仿吾先生是新中国教育事业的主要开拓者之一。

图录二五：中国人民大学毕业证书　1951年

纸本。高39.3厘米，宽44.8厘米。红粗细双线条框边，浅黄色花纹图案作证书底色，并刊有美术体"为人民服务"五个大字。此件系专修科财政银行工作者专修班学生张鸿恩（山西晋城县人，31岁）修业期满、成绩及格准予毕业的毕业证书。证书右侧下方为教育部验印编号"教专510226"号。正中署中国人民大学校长吴玉章（签名章），班主任张振山（签名章）。靠左侧边框为毕业日期"公历一九五一年六月"，钤正方形朱文"中央人民政府教育部印"（7×7

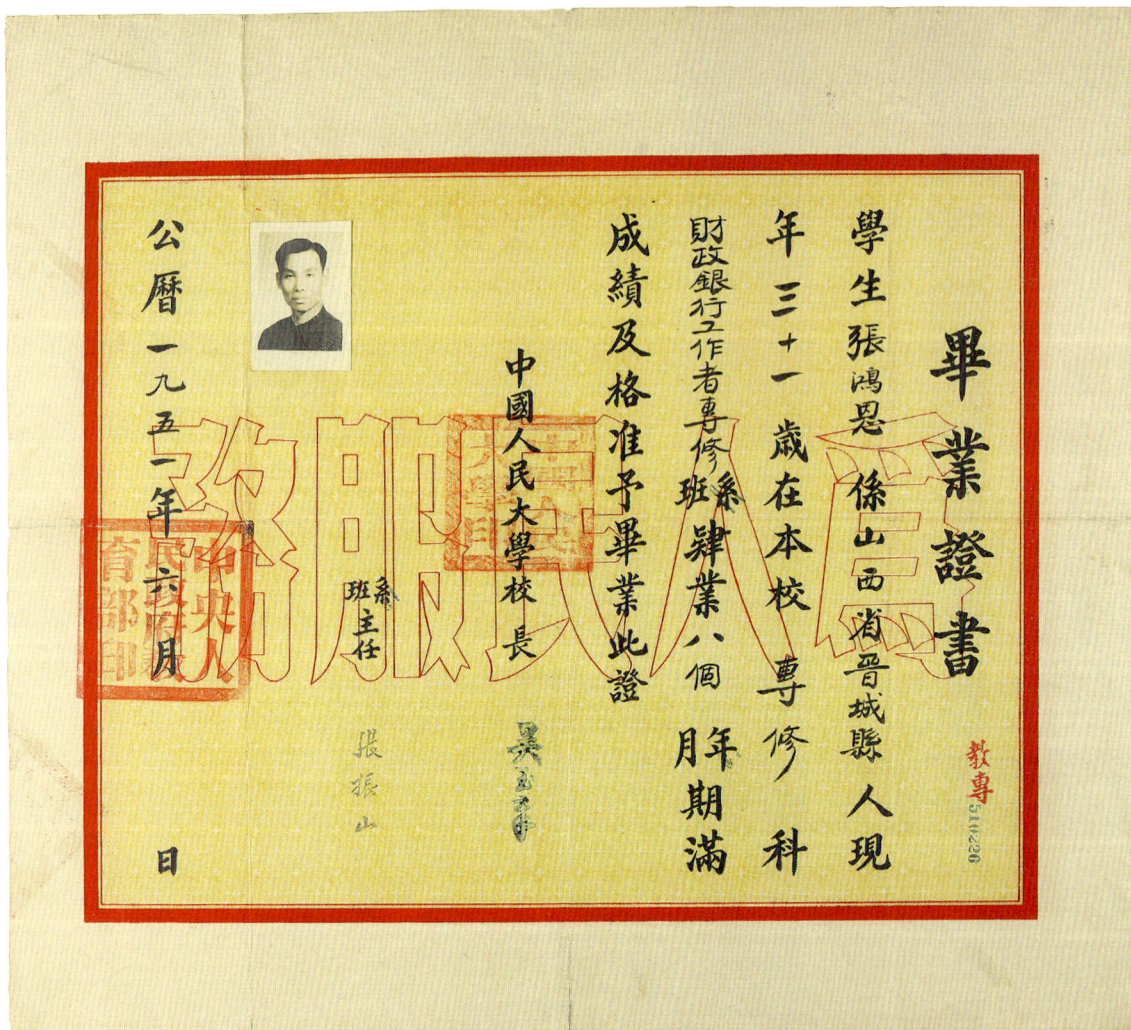

图录二五（1）　中国人民大学毕业证书（正面）

歷年各科成績表

图录二五（2）　中国人民大学毕业证书（背面）

厘米）。

　　证书背面为张鸿恩两个学期的各科成绩表。两个学期共修14门课，以五分制记分，其中有6门课每门均为5分，4门课每门为4分，4门课每门均为3分（及格）。新中国刚刚建立，百废待兴，需要大量的专业人才。中国人民大学等高校承担了加强各种专修科的教学任务。从上述14门课的特点来看，专业性较强。其中除设置两门马列主义基础理论课之外，余均为专业课，如货币流通与信用、财政学、簿记核算、中华人民共和国经济政策、工业企业经济活动分析、中国与苏联国家预算、国民经济各部门拨款、信用与结算组织、银行事务技术、核算检查与监督等。只有通过这种专业培训途径，才能应建国初期经济建设之急。

五、外交部俄文法政专门学校（外交部俄文专修馆）

　　中华民国北京政府外交部俄文法政专门学校的前身是东省铁路俄文学堂。1899年夏，为培养东清铁路（民国改称中东铁路）人才，在北京设立"东省铁路俄文学堂"。1912年中华民国成立后，改为北京政府外交部直辖俄文专修馆。俄文专修馆从1912年至1921年前后共开办10年，培养了一批对俄罗斯办理交涉的人才。

　　1921年北京政府外交部俄文专修馆改称俄文法政专门学校，其办学规模比专修馆要扩大得多，修业科目由16门课增加到26门课。其中俄文课程比重加大，约占总课程数的三分之一。从课程设置上看，该校着重培养办理对俄交涉的人才。1926年10月，俄文法政专门学校并入北京法政大学，设俄文法政系。1928年9月，北京法政大学并入国立北平大学后，改为俄文法政学院。1932年9月，俄文法政学院撤销并入北平大学商学院（1934年后改称法商学院），俄文专科特色至此尽失。

　　图录二六：外交部俄文专修馆毕业证书　民国九年〔1920〕

　　纸本。高54厘米，宽69.8厘米。褐色宽带花纹图案框边，四角刊篆书"俄文专修馆"字样。边框上方设圆形麦穗图案，其中刊有篆书"中华民国外交部俄文专修馆"正方形标识。证书以浅黄色小花纹作底色，刊篆书"毕业证书"字样。此件系俄文专修馆学生张厚玠（直隶南皮县——今河北南皮县人，24岁）肄业期满、成绩及格、准予毕业的毕业证书。证书偏左侧署代理部务外交次长陈箓，钤正方形"外交次长"朱文印（2.2×2.2厘米）；校长陆是元，钤长方形"外交部俄文专修馆校长"朱文印（2.7×1.3厘米）。靠左侧边框为颁证日期"中华民国九年七月一日"，钤"外交部俄文专修馆"朱文印（8×8厘米）。左侧为证书编号"第壹百拾贰号"，"右给学生张厚玠收执"。

　　张厚玠19岁考入俄文专修馆，学习5年，修16门课程：国文、俄文、法文、算学、历史、地理、法学通论、经济原理、财政学、国法学、行政法、刑法、民法、国际法、通商约章、体操等。

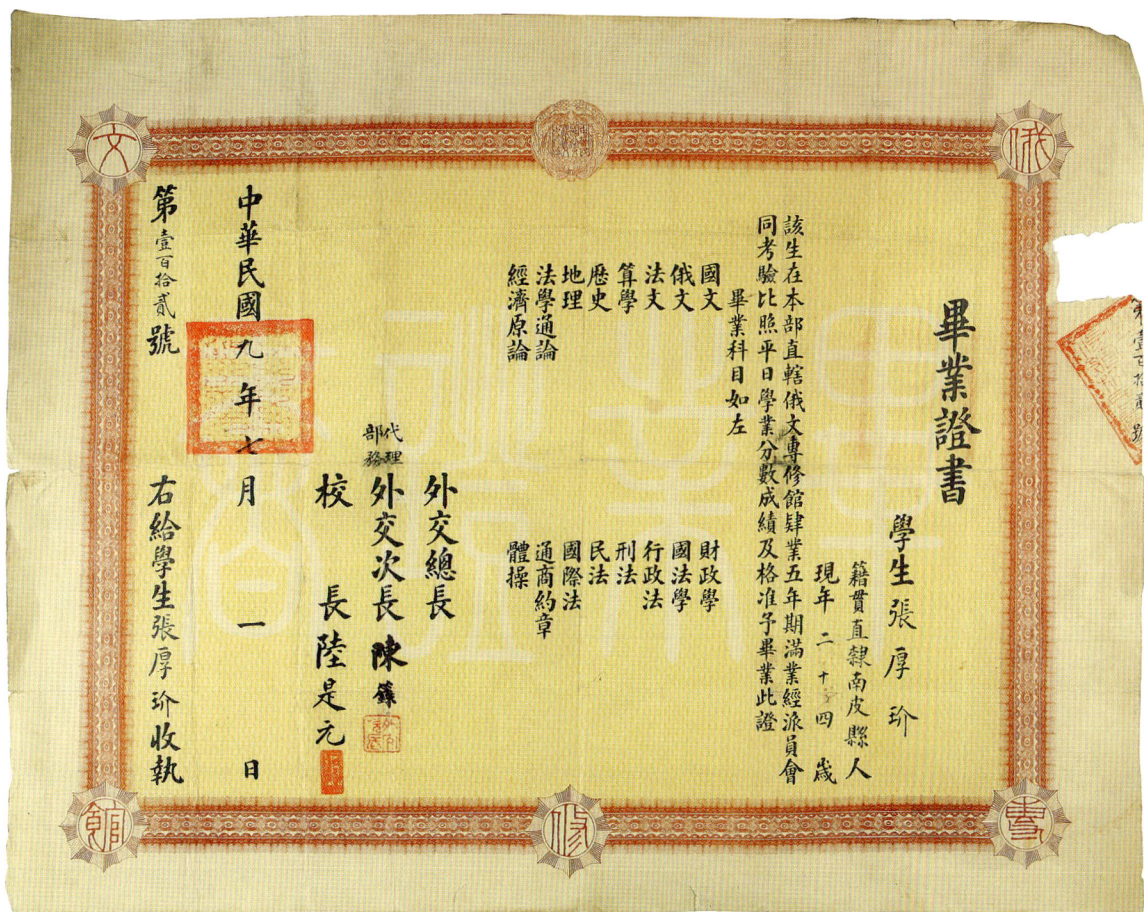

畢業證書

學生 張厚玠
籍貫直隷南皮縣人
現年二十四歲

該生在本部直轄俄文專修館肄業五年期滿業經派員會同考驗比照平日學業分數成績及格准予畢業此證

畢業科目如左

國文
俄文
法文
算學
歷史
地理
法學通論
經濟原論

財政學
國法學
行政法
刑法
民法
國際法
通商約章
體操

外交總長

部代理外交次長 陳籙

校長 陸是元

中華民國九年七月一日

第壹百拾貳號

右給學生張厚玠收執

图录二六 外交部俄文专修馆毕业证书

图录二七：外交部俄文法政专门学校毕业生陆庚成绩表 民国十四年（1925）

纸本。高45.3厘米，宽60.2厘米。此件系中华民国外交部直辖俄文法政专门学校毕业生陆庚历年修业各门课程的成绩表。陆庚于民国十年（1921）考入俄文法政专门学校，民国十四年（1925）毕业。其修业科目共26门，每门课的考核分数是：俄文85分零6毫、俄国文学史85分、俄文万国历史80分、俄文民法84分、俄文刑法76分5厘、民法95分、约章82分5厘、国际法80分7厘5毫、破产法90分、法院编制法87分、民事诉讼法70分、刑事诉讼法92分、俄文法学通论77分5厘、俄文国法学85分、俄文国际法82分5厘、俄文警察法88分、外交史87分、商法90分、经济原论77分5厘、法学通论60分、刑法77分5厘、比较宪法92分、行政法77分5厘、国文84分零9毫、法文75分7厘3毫、世界语75分。陆庚的总平均成绩82分2厘，属于中上等。用俄文讲授的课程有9门，由3位俄国教授担任；其他17门课由13位中国教授讲授。左侧为成绩表的颁发日期"中华民国十四年七月二十五日"，钤长方形朱文印"外交部俄文法政专门学校校长关防"（8.8×5.8厘米）。

这张成绩表应是毕业生陆庚的毕业证书的附件。陆氏的毕业证书虽不复存在，但证书的格

图录二七　外交部俄文法政专门学校毕业生陆庚成绩表

式，大体与外交部俄文专修馆毕业证书雷同。俄文专修馆的毕业证书和俄文法政专门学校的成绩表两者参照研究，可起互补作用，至少可以给我们提供北京政府外交部直辖的学校的课程设置及教学状况的一手资料。

六、北平交通管理学院（交通部邮电学校）

北平交通管理学院的前身是交通部邮电学校。交通部邮电学校的前身是宣统元年（1909）由清政府邮传部创办的铁路管理传习所。宣统三年（1911）改名交通传习所。民国五年（1916）12月，分设铁路管理学校和邮电学校，均为三年学制。民国九年（1920）交通总长叶恭绰提议将北京铁路、邮电两校与上海、唐山两工业专门学校合并组成交通大学。民国十年（1921）七月交大成立。在北京，由胡鸿猷担任交通大学北京学校主任并兼任铁路、邮电两校校长。两校学制为预科2年，本科4年。民国十二年（1923）北京两校又与沪、唐分离，组建北京交通大学，设铁路运输、商业管理2科。1928年6月北京交通大学改称第三交通大学；8月，改为交通大学交通管理学院分院。1929年2月，又改称北平交通管理学院；7月，易名为交通大学北平铁道管理学院。抗战爆发后，先后南迁湖南杨家滩、贵州平越县（今福泉市）。抗战胜利后返回北平。1946年定名国立北平铁道管理学院，院长陈佩琨。设有铁路管理、运输管理、业务管理、财务管理和材料管理5个系，另设中等技术科，分为行车、业务、电信3个班。

1949年1月北平解放，3月5日中共中央军委铁道部接管了这所学院，后又将私立北平铁路专科学校撤销后并入。同年6月，与唐山铁道工程学院、石家庄华北交通大学合并组建中国交通大学。不久又改名为北方交通大学。1952—1970年曾改名北京铁道学院。2003年，恢复北京交通大学校名。

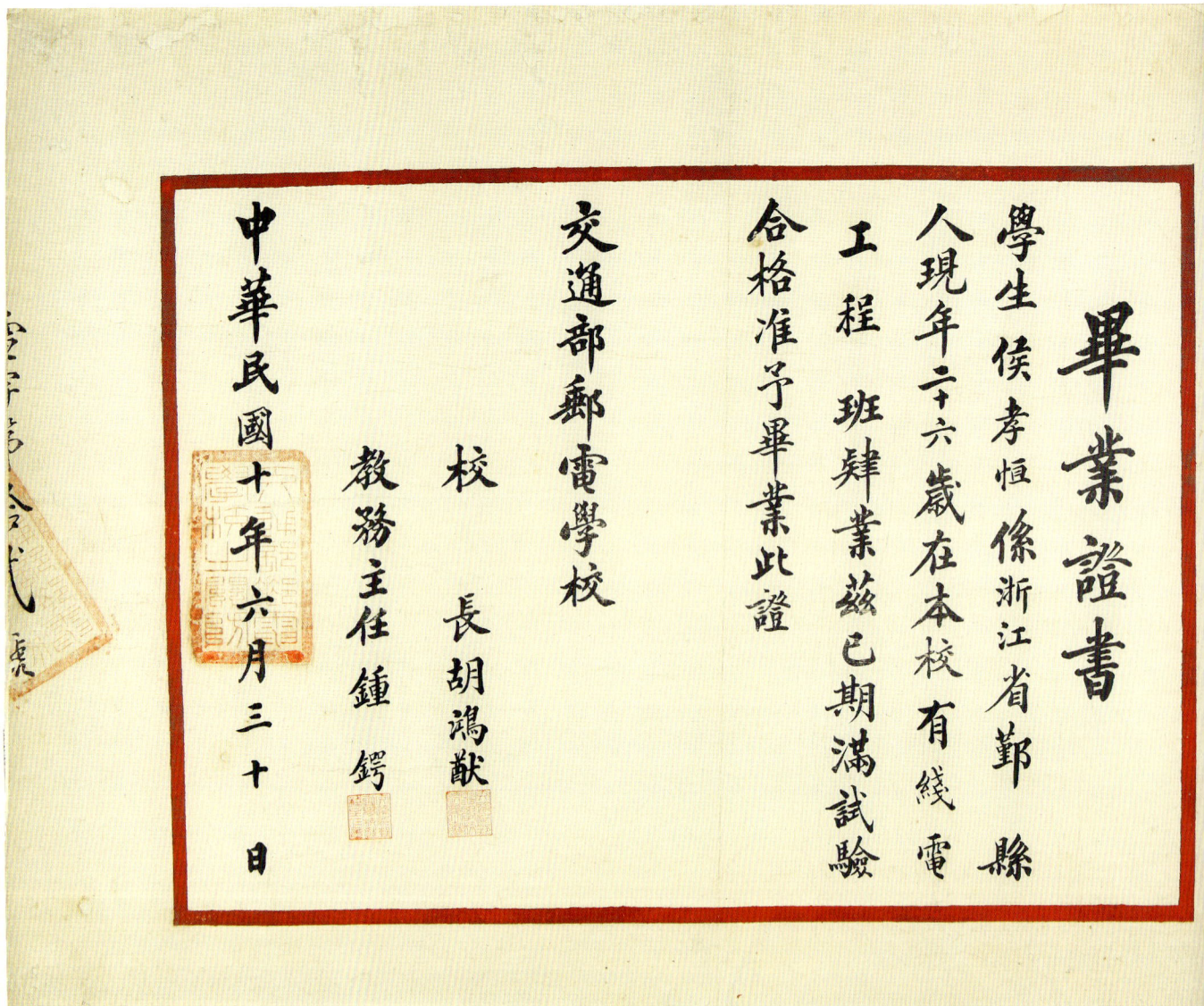

图录二八　交通部邮电学校毕业证书

图录二八：交通部邮电学校毕业证书　民国十年（1921）

纸本。高45厘米，宽58.6厘米。深红粗线条框边。此件系中华民国北京政府交通部邮电学校有线电班学生侯孝恒（浙江鄞县人，26岁）肄业期满、试验合格、准予毕业的毕业证书。证书正中偏左署交通部邮电学校校长胡鸿猷，钤正方形朱文"交通部邮电学校校长之章"（2×2厘米）；教务主任钟锷，钤正方形朱文"交通部邮电学校教务主任之章"（2×2厘米）。靠左侧边框为颁证日期"中华民国十年六月三十日"，钤长方形朱文"交通部邮电学校之关防"（9.2×5.5厘米）。证书编号"电字第拾贰号"。

科學	分數
英文	90
英公牘	87
微積分	85
電氣工程	83
電氣測定	90
美國電信工程	94
電信學	70
電信實驗	65
陸路工程	92
水線工程	82
線路測量	94
原動機	90
機械學	85
有線收發	99
電報簿記	92
法制經濟	85
郵政大要	96
勤學	98
總數	1577
平均	87.6
第一學期平均	88.1
第二學期平均	91.3
第三學期平均	89.7
第四學期平均	83.9
第五學期平均	79.1
總數均平	519.7
實得均平分數	86.6
等級	甲等

交通部郵電學校有線電工程班電信專修科學生侯孝恒畢業成績表

備考　電信實驗與歷次學期平均在X十分以上應已津等

中華民國十年六月三十日

校長

教務主任

附　侯孝恒毕业成绩表

附：交通部邮电学校有线电工程班电信专修科学生侯孝恒毕业成绩表。学科成绩：英文90分、英文公牍87分、微积分85分、电气工程83分、电气测定90分、美国电信工程94分、电信学70分、电信实验65分、陆路工程92分、水线工程82分、线路测量94分、原动机90分、机械学85分、有线收发99分、电报簿记92分、法制经济85分、邮政大要96分、勤学98分。侯孝恒毕业成绩各科实得平均分数86.6分，属甲等。

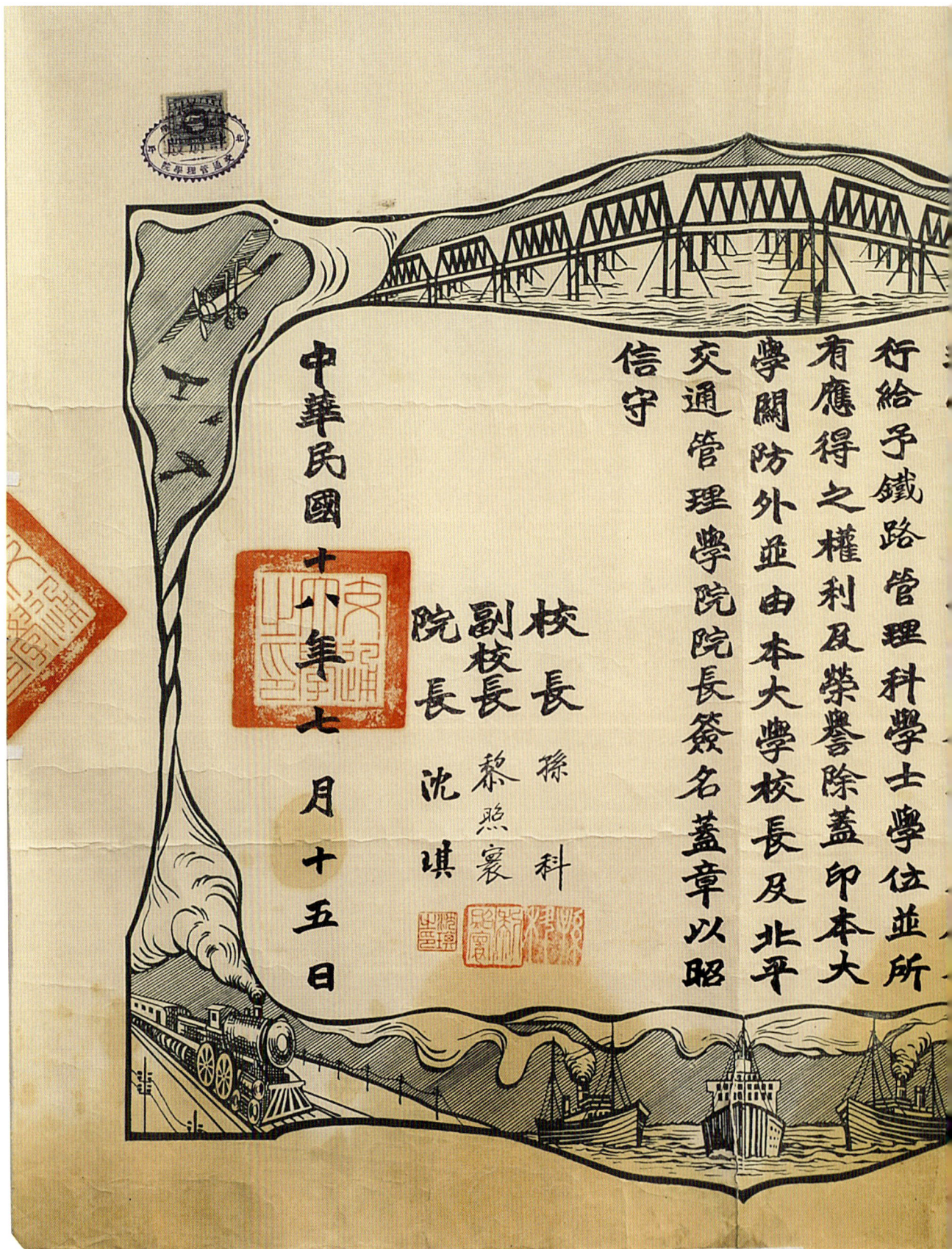

行給予鐵路管理科學士學位並所
有應得之權利及榮譽除蓋印本大
學關防外並由本大學校長及北平
交通管理學院院長簽名蓋章以昭
信守

中華民國十八年七月十五日

院長　沈琪
副校長　黎照寰
校長　孫科

图录二九　交通大学毕业文凭

胡鸿猷，江苏无锡人。早年于上海高等实业专门学校毕业后，赴美国留学，获本薛佛义大学经济科硕士学位。回国后，曾任北京高等师范学校、明德大学、交通部铁路管理学校教员。1921年至1922年出任交通大学北京学校主任，兼铁路管理学校和邮电学校校长。

图录二九：交通大学毕业文凭　民国十八年（1929）

纸本。高48厘米，宽55.5厘米。框边四周设计独特：上边框有草绿色铁路大桥、八架飞机；下边框有两列火车、三条轮船等组合图案。此件系北平交通管理学院学生董肇祥（江苏江都人，25岁）肄业期满、考核成绩及格、授予铁路管理科学士学位的毕业文凭。证书偏左侧署校长孙科，钤正方形"孙科"白文印（2.3×2.3厘米）；副校长黎照寰，钤正方形"黎照寰"朱文印（2.3×2.3厘米）；院长沈琪，钤正方形朱文"沈琪之印"（1.4×1.4厘米）。左侧框外上方贴有国民政府印花税票一枚（壹圆），加盖椭圆形"交通管理学院注册股"蓝色印章。左侧边框内为颁证日期"中华民国十八年七月十五日"，钤正方形朱文"交通大学之印"（6.6×6.6厘米）。证书编号"第七号"。

孙科（1891—1973），社会活动家。字哲生，广东香山（今中山）人。1916年获美国加利福尼亚大学学士学位。后进哥伦比亚大学研究院，主修政治、经济和理财，获硕士学位。回国后，历任中央银行董事，广东省建设厅厅长、市长、国民党青年部部长、国民政府铁道部部长兼交通大学校长（1928年11月至1930年9月）、考试院院长、立法院院长以及两度接任行政院院长等职。1973年9月13日病逝于台北。

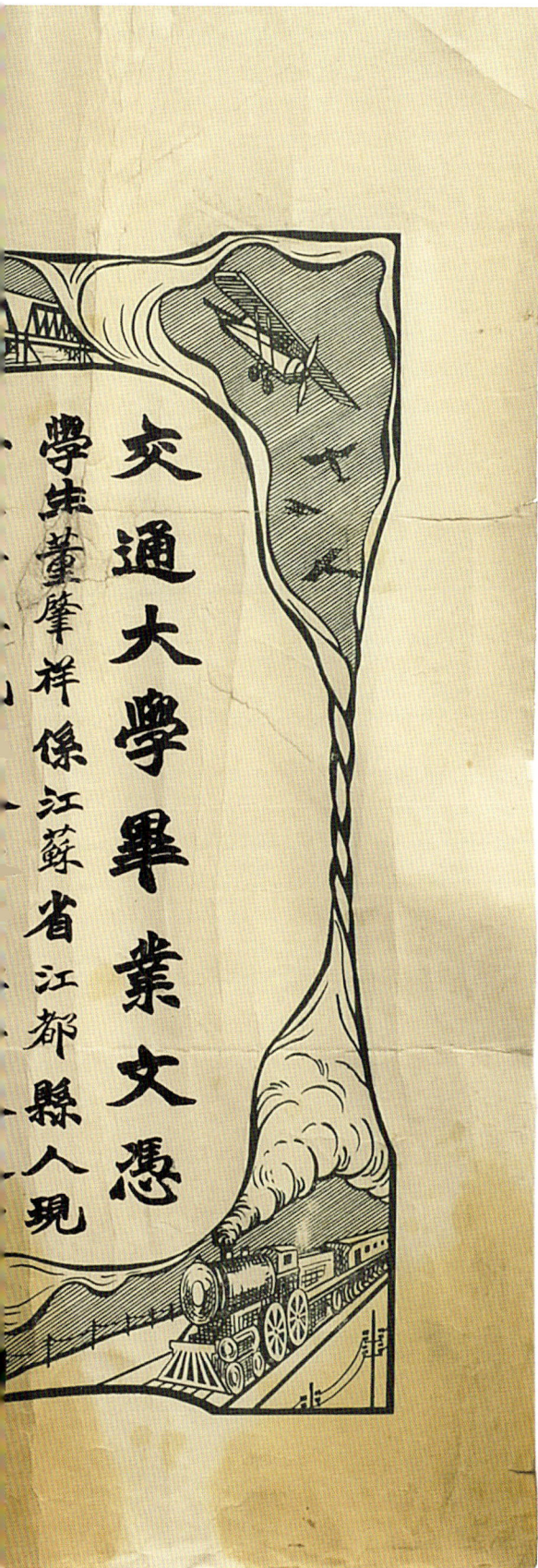

图录三○：北方交通大学毕业证书　1950年

纸本。高38.6厘米，宽45.2厘米。红粗细双线条框边，黄色小方格花纹作证书底色，并刊有美术体"为人民服务"五个大字。此件系北京铁道学院铁道运输学系学生孔庆钤（河北武清县人，26岁）肄业期满、成绩及格、准予毕业的毕业证书。证书右侧下方为中央人民政府教育部验印编号"教大001771号"。正中署北方交通大学校长茅以升，钤正方形"茅以升"朱文印（1.4×1.4厘米）；副校长金士宣，钤正方形朱文"金士宣印"（1.5×1.5厘米）；北京铁道学院院长刘炽晶，钤正方形朱文"刘炽晶印"（1.4×1.4厘米）。左侧上方贴有孔庆钤毕业照，并打盖"北方交通大学北京铁道学院"圆形钢戳。靠左侧边框为毕业日期"公历一九五○年七月"，钤正方形朱文"中央人民政府教育部印"（6.9×6.9厘米）。北方交通大学北京铁道学院证书编号"交京字第玖号"。

证书背面为孔庆钤历年各科成绩表。四学年共修42门课。第一学年（1946年度）学业总平均成绩81.8分；第二学年（1947年度）学业总平均成绩85.3分；第三学年（1948年度）学业总平

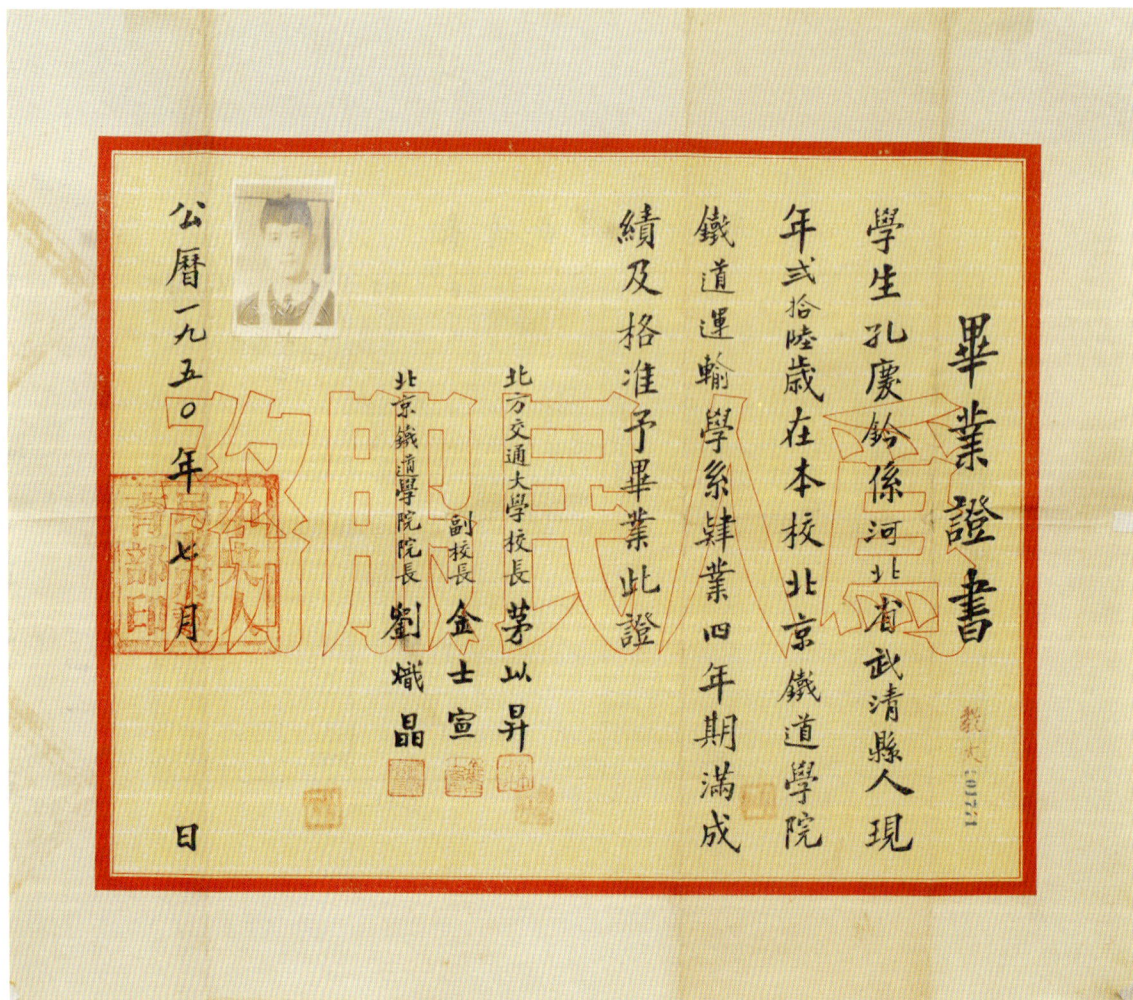

图录三○（1）　北方交通大学毕业证书（正面）

图录三〇（2） 北方交通大学毕业证书（背面）

均成绩86.2分；第四学年（1949年度）学业总平均成绩82分。孔庆铃四学年实得学分累计180.5学分、毕业成绩83.8分。

刘炽晶（1899—？），河北滦县人。1926年赴美国费城本雪文尼亚大学研究院学习铁路运输专业，获硕士学位。1931年回国，历任南京铁道部一等科员、专员，重庆交通部专员。1941年任交通大学贵州分校教授兼铁道管理系和运输系主任。1949年至1951年任国立北平铁道管理学院院务维持委员会主任委员、中国交通大学北平管理学院院务委员会主任、北方交通大学北京铁道学院院长。1951年8月之后，任北京铁道学院经济系教授。

七、中国大学（中国学院）

中国大学的前身是民国二年（1913）创建于北京的私立国民大学。1914年1月1日，经时任国务总理熊希龄的接洽，国民大学与上海吴淞公学合并，北京部分改称中国公学大学部，并经教育部认可。1917年3月5日，由于中国公学上海部分停办，北京部分改名中国大学。1930年10月，遵国民政府教育部令，中国大学改称中国学院，并随即立案。1937年8月，日军侵占北平后，中国学院仍在沦陷的北平办学，但不受日伪的控制，成为重庆国民政府承认在敌伪区办学的具有高等学校学历的院校之一。抗战胜利后，王正廷接替何其巩担任中国学院院长。1948年6月28日，恢复中国大学名称，成为一所多学科的综合性大学。

1949年北平解放后，3月26日，中国人民解放军北平市军事管制委员会接管中国大学。此时全校尚有教职工200余人，学生2700多名。4月19日决定停办中国大学。在校生除已有1455名分别考取华北军政大学、华北人民革命大学和参加南下工作团外，所余文、法2学院7系师生均并入华北大学，理学院3系师生并入北平师范大学。

国民大学—中国公学大学部—中国大学—中国学院—中国大学，在北京（北平）不间断地办学，历时37年。中国大学在民国时期在京办学时间之长，仅次于北大，在中国近代高等教育史上应占有较重要的一席之地。

图录三一：北京私立中国公学大学部毕业证书　民国五年（1916）

纸本。高38.8厘米，宽39.5厘米。黑粗线条框边。此件系大学预科法科学生孟兰椒（女，直隶定兴县人，23岁）修业期满、考查成绩及格、准予毕业的毕业证书。证书正中偏左署北京私立中国公学大学部校长王印川，钤正方形朱文"中国公学大学部校长之章"（2.6×2.6厘米）；学长聂权，钤正方形朱文"中国公学大学部学长之章"（2.6×2.6厘米）；教务长姚憾，钤正方形"桐城姚憾"朱文印（1.4×1.4厘米）。左侧上方贴有中华民国印花税票一枚（伍角），加盖正方形朱文"中国公学大学部学长之章"（2.6×2.6厘米）。靠左侧边框为颁证日期"中华民国五年四月十六日"，钤长方形朱文"北京私立中国公学大学部之章"（8×5.4厘米）。

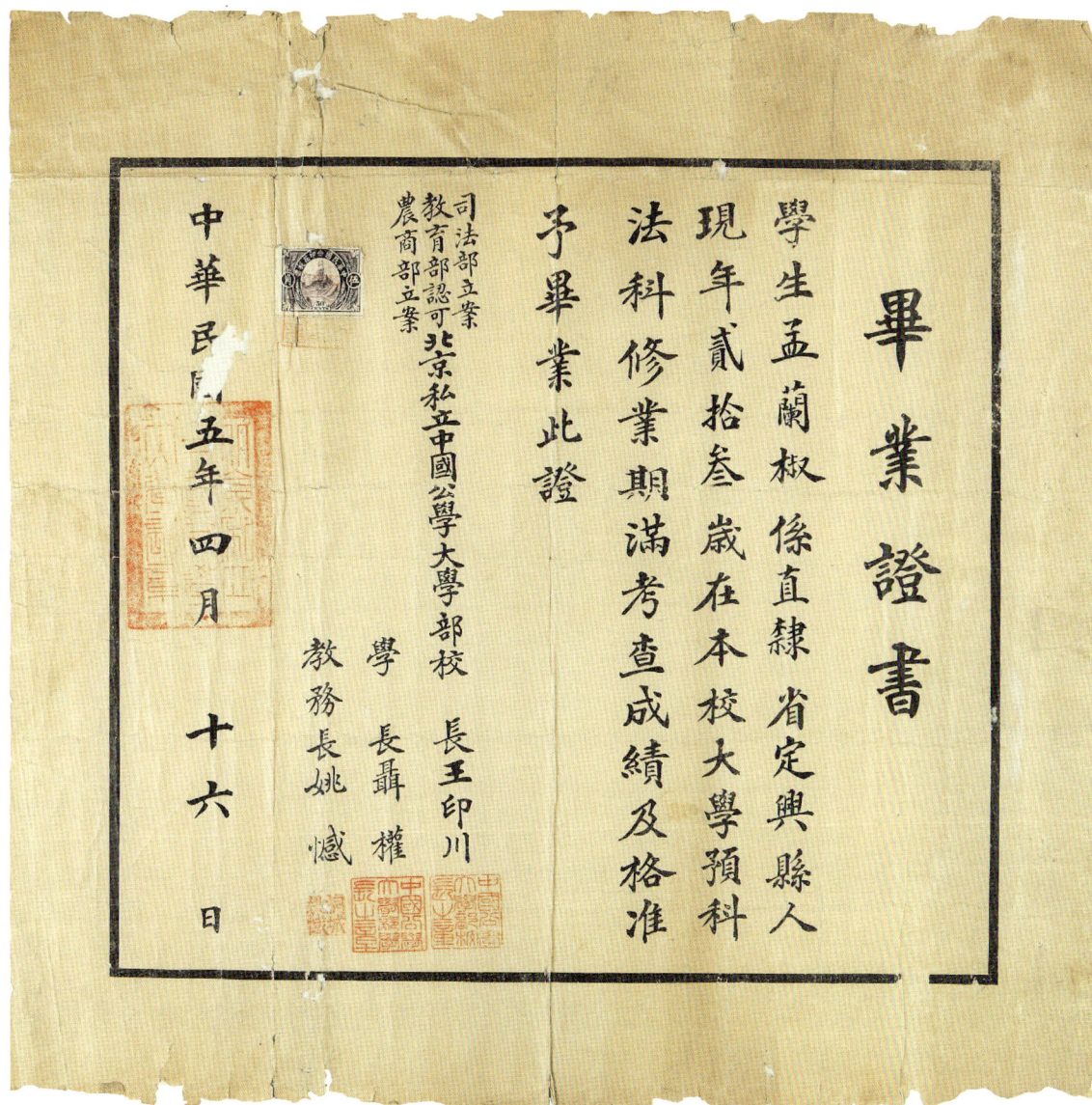

图录三一　北京私立中国公学大学部毕业证书

毕业证书

学生孟兰椒係直隶省定兴县人现年贰拾叁岁在本校大学预科法科修业期满考查成绩及格准予毕业此证

司法部立案
教育部認可北京私立中國公學大學部校　長王印川
農商部立案

学　長聶權

教務長姚憾

中华民国五年四月十六日

　　中国公学大学部北京部分，从1914年1月开办至1917年更改校名，历时三年有余。先后有三任校长：贾云鹏、林长民和王印川。

　　王印川（1879—1939），社会活动家。字月波，河南修武人。光绪二十九年（1903）举人。早年留学日本，毕业于早稻田大学。曾任河南高等学堂教务长、《民主报》编辑、众议院议员、约法会议议员、河南省省长、安徽省政府委员兼秘书长等职。1915年9月至1916年10月出任中国公学大学部校长。

图录三二：北京中国大学毕业证书　民国十一年（1922）

纸本。高35.5厘米，宽38.8厘米。黑粗线条框边，浅蓝色作证书底色，并刊篆书"北京中国大学"字样。此件系专门本科政治经济科学生陈声聪（福建长乐县人，25岁）修业期满、考查成绩及格、准予毕业的毕业证书。证书右侧上方加盖椭圆形"铨叙部甄核司查讫"蓝色印章；偏左侧署北京私立中国大学校长王正廷，钤正方形朱文"北京中国大学校长章"（2.5×2.5厘米）；左侧上方贴有中华民国印花税票一枚（伍角），加盖正方形朱文"北京中国大学校长章"（2.5×2.5厘米）。靠左侧边框为颁证日期"中华民国十一年十一月"，钤长方形朱文"北京私立中国大学之章"（8×5.5厘米）。

王正廷（1882—1961），外交活动家。字儒堂，浙江奉化人。1905年在日本加入中国同盟会。1907年赴美留学攻读法律，1910年毕业于耶鲁大学。回国后，1912年7月与张伯苓共同发起组织中华全国体育促进会，任理事长，并为奥林匹克委员会终身委员。1919年以中国全权代表的身份出席巴黎和会，主张拒签《巴黎和约》。历任国会参议院议员及副议长、海牙常设公断法院公断员、北京政府外交总长、国民政府外交部长、驻美大使等职。1921—1928年出任中国大学校长。1930年中国大学改称中国学院后，继任院长至1936年。抗战胜利后，接任中国学院院长和1948年改名后的中国大学校长。王正廷先后担任中国大学校长16年，为中国大学的发展作出了重大贡献。

图录三二　北京中国大学毕业证书

畢業證書

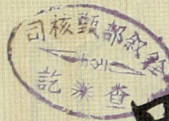

學生陳聲聰係福建省 長樂 縣人

現年貳拾伍 歲在本校專門本科政治經濟科

修業期滿考查成績及格准予畢業此證

北京私立中國大學校長王正廷

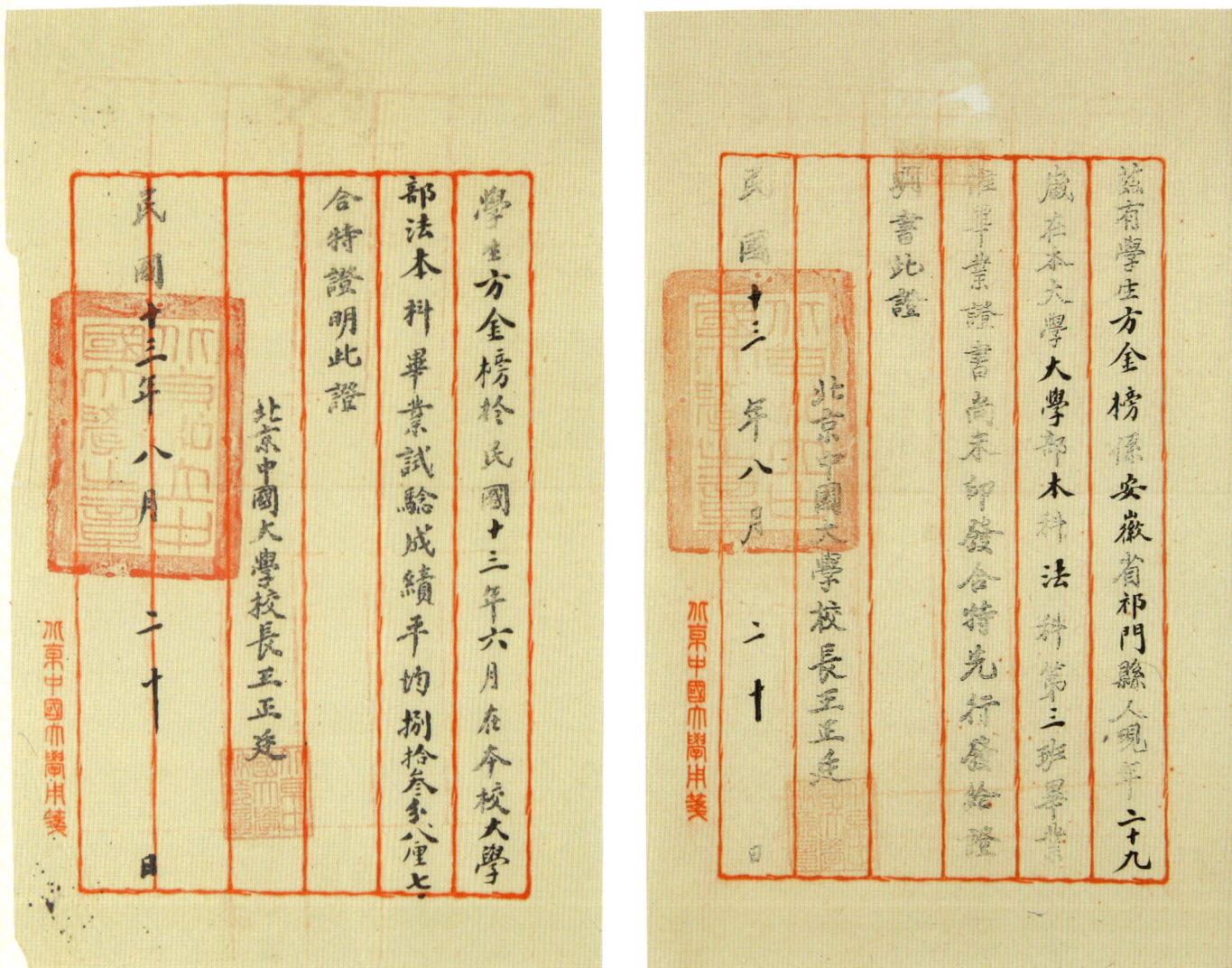

图录三三　北京中国大学毕业证明书暨毕业成绩证明书

图录三三：北京中国大学毕业证明书暨毕业成绩证明书　民国十三年（1924）

纸本。高27.2厘米，宽18.2厘米（二函）。北京中国大学用笺。毕业证明书内容为：大学部本科法科第三班学生方金榜（安徽祁门县人，29岁）于本校毕业，在正式毕业证书未颁发前，先行发给毕业证明书。证书正中偏左署北京中国大学校长王正廷，钤正方形朱文"北京中国大学校长章"（2.5×2.5厘米）；左侧为颁证日期"中华民国十三年八月二十日"，钤长方形朱文"北京私立中国大学之章"（8×5.5厘米）。另一函，证明方金榜试验成绩平均83分7厘7毫，并署校长王正廷和钤有上述相同内容和尺寸的两方印章。此成绩证明书实际是毕业证明书的附件，供录用单位了解该生的学业情况。毕业生方金榜的学业成绩属中上等。

图录三四：北京中国学院毕业证书　民国三十二年（1943）

　　纸本。高50厘米，宽38.5厘米。红粗线条框边。此件系法科财经学系学生张重农（河北宁河县人，24岁）修业期满、成绩及格、准予毕业并授予法学士学位的毕业证书。证书正中署中国学院院长何其巩（签名章）、教务长童德禧（签名章）、财经系主任胡从瑗（签名章）。左侧上方贴有中华民国印花税票三枚（每枚面值贰角），下方贴有张重农半身照片及打盖"北京私立中国学院"圆形钢戳。靠左侧边框为颁证日期"中华民国三十二年七月"，钤正方形朱文"北京私立中国学院钤记"（5.6×5.6厘米）。

　　何其巩（1899—1955），字克之，安徽桐城人。早年曾赴前苏联研究政治。回国后，历任国民军联军总司令部秘书长、北平特别市市长、安徽省政府委员兼教育厅厅长等职。1936年10月，王正廷院长出任中国驻美大使，12月5日何氏接任中国学院第二任院长。抗战爆发后，坚持在沦陷区办学。正如其所言："八年抗战，竭力苦撑，校内建设，日有增色。"八年抗战，何院长把一所只有学院规模的学校办成完全具备大学规格的学校，可以说是在沦陷区内私立办学创造了一个奇迹，为战后由中国学院升格中国大学奠定了坚实的基础。

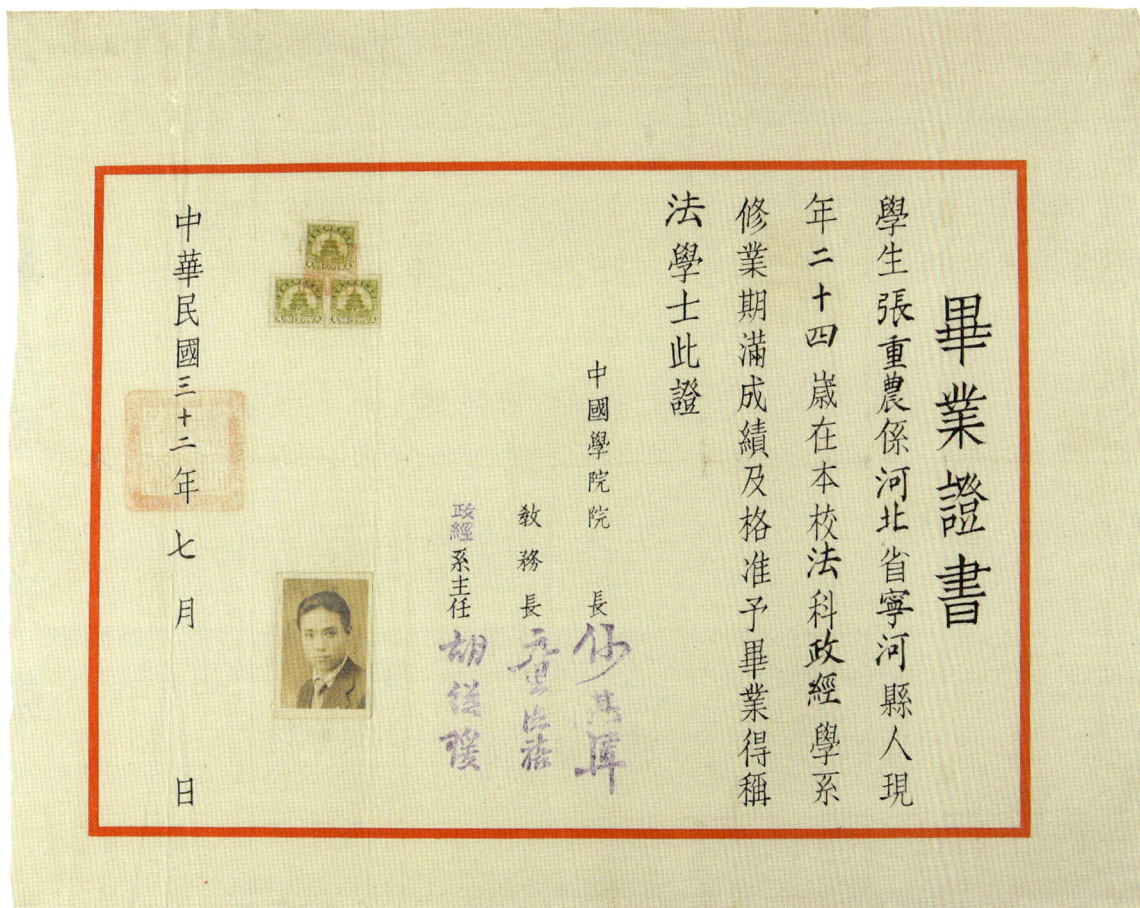

图录三四　北京中国学院毕业证明书

八、京师大学校

1927年6月18日，张作霖组织中华民国军政府，并在怀仁堂就任陆海军大元帅职。20日，任命潘复为内阁总理，刘哲为教育总长。8月6日，北京军政府大元帅令：北京大学、北京师范大学、北京工业大学、北京农业大学、北京医科大学、北京女子大学、北京女子师范大学、北京法政大学和北京艺术专门学校等9所国立高校合并组建国立京师大学校，校长由教育总长刘哲兼任。31日，教育部令公布京师大学校《组织总纲》17条，该校以教授高深学术，养成硕学闳才为宗旨。学校分设文、理、法、工、农、医6科；师范部，女子一、二部，商业专门部和艺术专门部五部；另设有国学研究馆。9月20日，在教育部礼堂举行总开学典礼。该校6科、师范和女子一、二部均修业4年，又预科2年；商业、美术两专门部修业为3年，又预科1年。

1928年春，国民革命军继续"北伐"，张作霖由于军事上的失利，又迫于日本人的压力，6月2日发出"出关通电"。6月4日张氏死于日本制造的"皇姑屯炸车事件"。从此，北京军政府寿终正寝。随着军政府的瓦解，京师大学校前后历时不足一年，也被撤销。

图录三五：国立京师大学校师范部旁听生修业证明书　民国十六年（1927）

纸本，国立京师大学师范部用笺。高27.2厘米，宽16.6厘米。此件系师范部旁听生贺荣升1927年2月至6月在前师范大学旁听4门课程成绩及格的证明书。证书正中署京师大学校师范部注册课主任康绍言；左侧为证书发给日期"中华民国十六年十月二十四日"，加盖椭圆形"京师大学校师范部注册课"蓝色印章。

附：江苏大学自然科学院学生成绩审查单。学生贺荣升旁听京师大学师范部本科课程：电磁学，4学分，核给学分为3学分，成绩及格；弹性学及音学2学分，核给学分为2学分，成绩及格；热力学及气体概论2学分，核给学分为2学分，成绩及格；预科课程文选2学分，核给学分为2学分，成绩及格。审查教授Y. H. Woo。审查日期"民国17年3月24日"，加盖椭圆形"江苏大学自然科学院"蓝色印章。

贺荣升于1928年考入江苏大学，此前在京师大学师范部旁听4门课程，考核成绩均及格，4门课程学分共10学分。其中电磁学课程京师大学定为4学分，而江苏大学审定为3学分，故四门课程学分的审查结果以9学分记入江苏大学自然科学院的计分册。

图录三五　国立京师大学校师范部旁听生修业证明书

附　江苏大学自然科学院学生成绩审查单

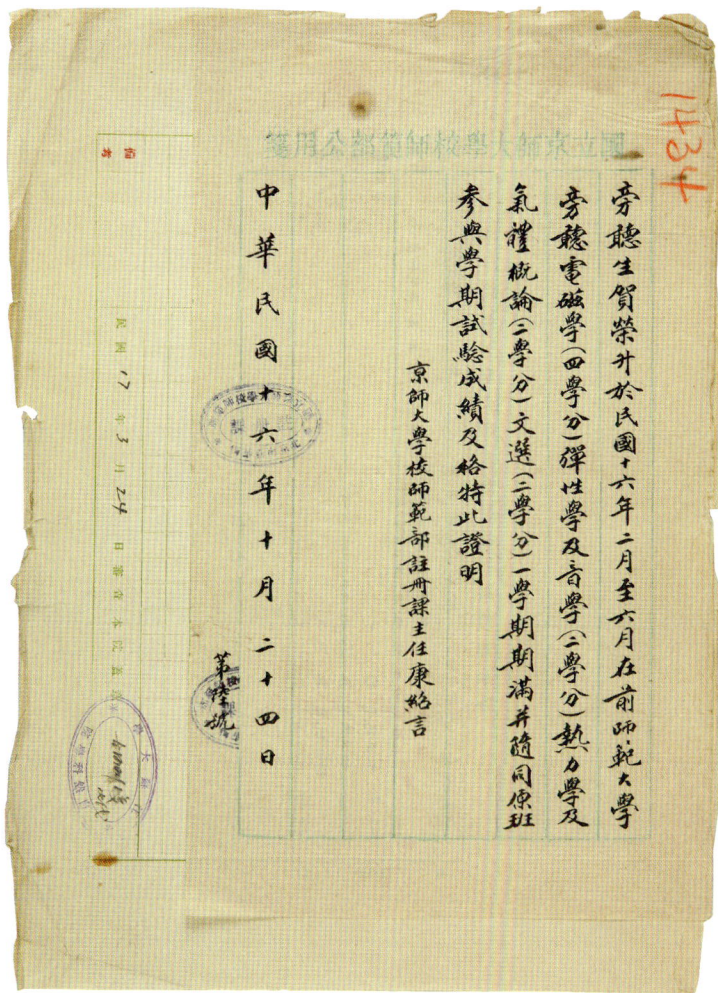

九、北平大学

1928年国民革命军占领北京，北京政府终结。国民政府定都南京，故"北京"改称"北平"。民国十七年（1928）7月19日，国民政府会议通过原北京国立大专学校合组为国立中华大学的决定。9月，国民政府又决议，将国立中华大学改称国立北平大学，任命李煜瀛（1881—1972，国民党元老，学者型社会活动家）为校长。当时国立北平大学拥有11所学院（囊括了原国立京师大学9所国立大专学校以及原天津北洋大学和保定河北大学）。1929年8月，北大学院独立，仍称北京大学；第一师范学院独立，改称北平师范大学；第二工学院独立，改称北洋工学院。1930年4月，北平大学所属8所学院是：法学院、工学院、医学院、农学院、女子学院、女子师范学院、俄文法政学院和艺术学院。1931年2月，奉教育部令，女子师范学院并入北平师范大学。1933年6月，艺术学院独立，另筹建北平艺术专科学校。此时，北平大学只有6所学院，即：法、工、农、医、商和女子文理学院。到了1934年7月，法、商两学院又合并成法商学院。抗战爆发后，北平大学迁往西安，与西迁的北平师大、天津北洋工学院等院校合组为国立西安临时大学。1938年又迁至城固，改名国立西北联合大学。翌年，西北联大又分为西北大学、西北师范学院、西北工学院、西北农学院和西北医学院。直至抗战胜利后，北平大学不曾恢复，更未返回北平，其前后存在的时间不过10年左右。

图录三六：国立北平大学毕业证书　民国二十三年（1934）

纸本。高39.5厘米，宽49.5厘米。蓝细线条框边，框外上方中间为孙中山头像，左右两旁为中华民国国旗和中国国民党党旗。此件系法学院政治系学生褚保宗（浙江杭县——今杭州市余杭区人，25岁）修业期满、成绩及格、准予毕业并授予法学士学位的毕业证书。证书右侧下方为教育部验印编号"大字第

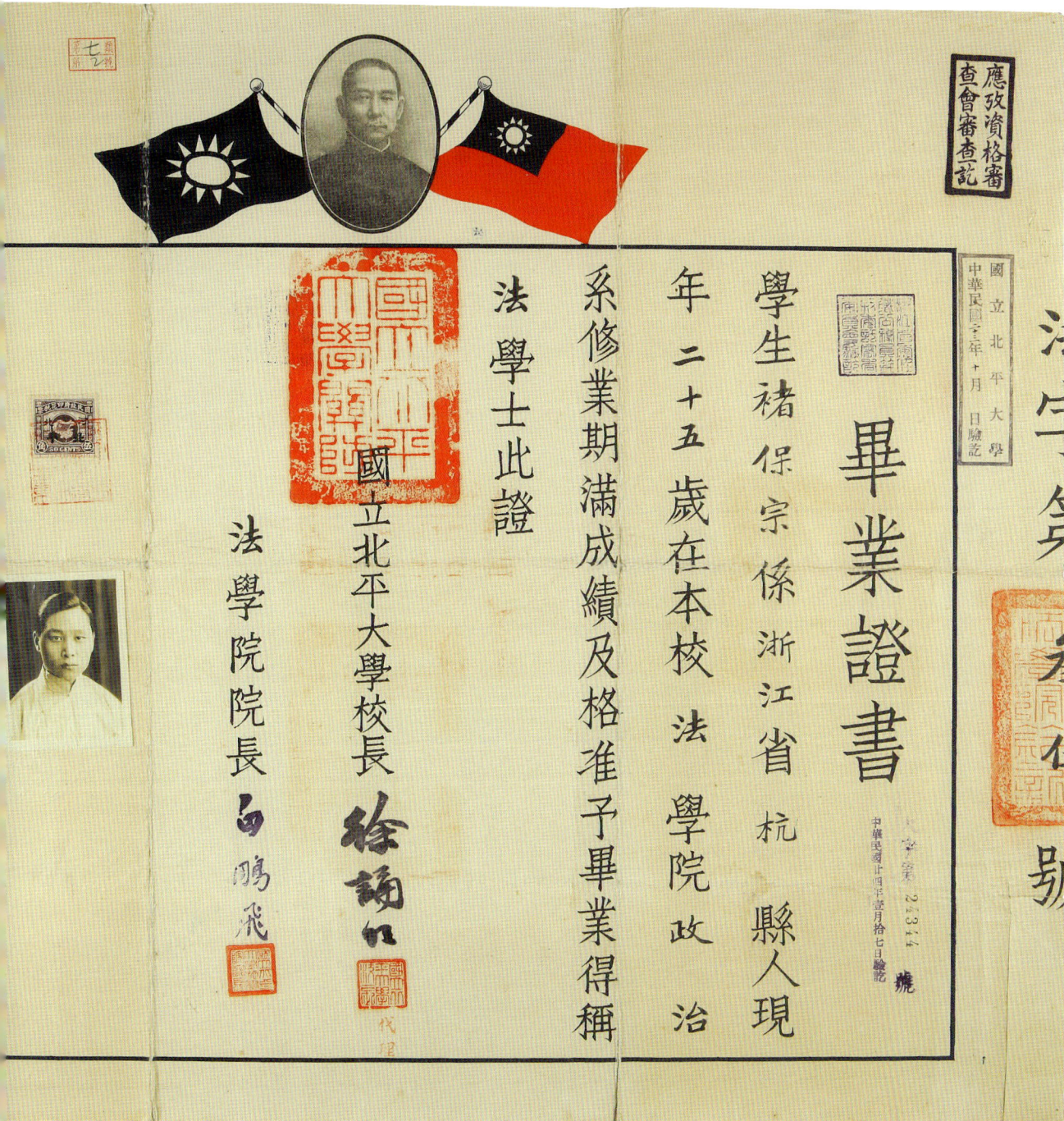

图录三六　国立北平大学毕业证书

24344号"及验印日期"中华民国二十四年一月十七日验讫";正中钤长方形"国立北平大学关防"朱文印（9×6厘米），署国立北平大学代理校长徐诵明（签名章），钤正方形"国立北平大学校长"朱文印（1.7×1.7厘米）；法学院院长白鹏飞（签名章），钤正方形"国立北平大学法学院院长"朱文印（1.7×1.7厘米）。左侧上方贴有国民政府印花税票一枚（伍角）和褚保宗半身照，并打盖"国立北平大学验讫"圆形钢戳。靠左侧边框为毕业日期"中华民国二十三年七月一日"，钤正方形朱文"教育部印"（7.4×7.4厘米）。证书右侧上方边框内外，加盖二枚长方形和一枚正方形蓝色印记，均为浙江省公务员考试资格审查验讫。证书编号"法字第叁伍号"。

民国时期，大学毕业后谋职当公务员，一般必须经过应考。在应考前，又必须经过应考资格审查的程序。由于过去大学没有建立学生个人的专门档案，毕业证书就成为应考者资格审查的主要凭据。

徐诵明（1890—1991），著名教育家、病理学家。字轼游，浙江省新昌县人。1918年日本九州大学医学院毕业。回国后，任北京医学专门学校教授，创建我国第一个病理学研究室。

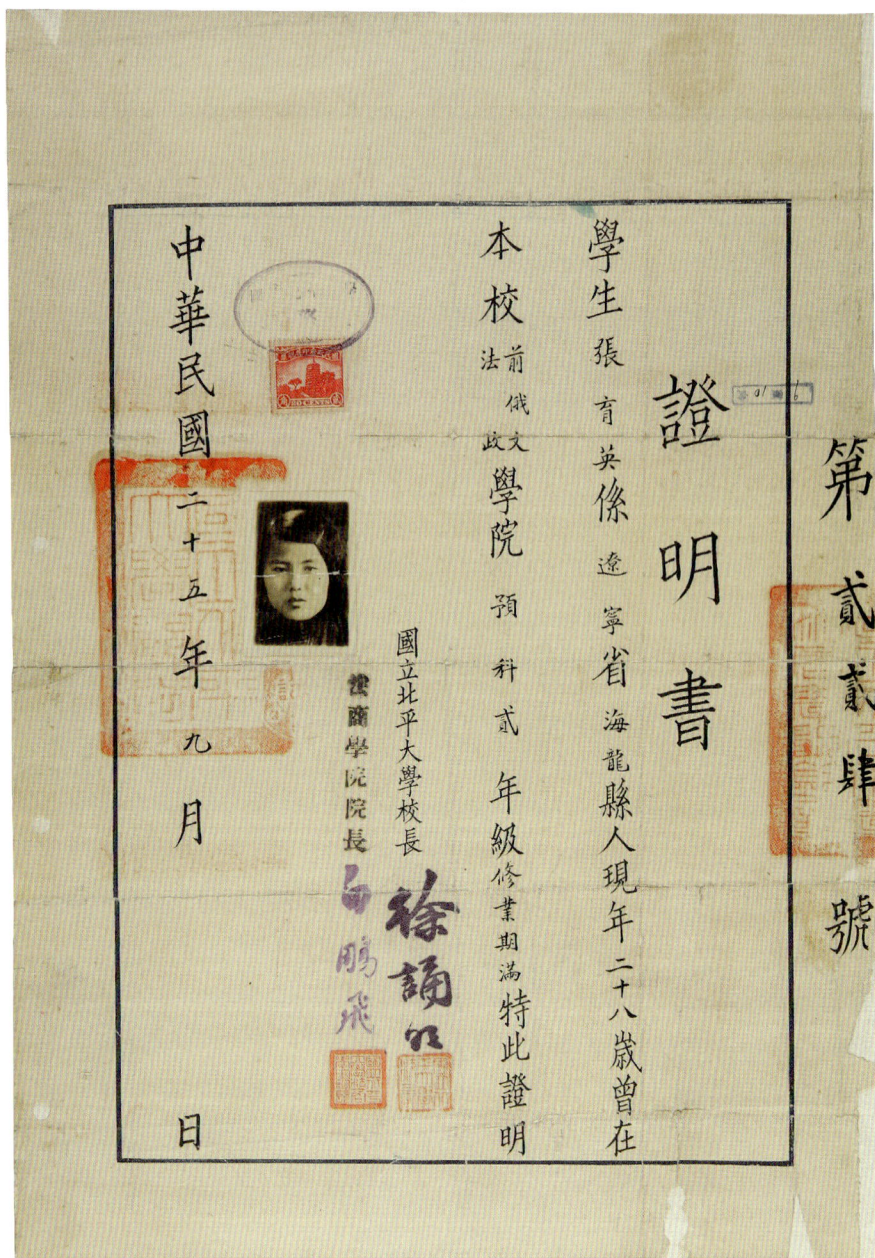

图录三十七　国立北平大学修业证明书

1928年8月，出任北平大学医学院院长。1932年至1937年任国立北平大学校长。徐校长延揽名师和进步教授，如范文澜、许寿裳等为国立北平大学女子文理学院院长。1943年任同济大学校长兼医学院院长。抗战胜利后，任沈阳医学院院长。由于他采取措施，迅速稳定了战后初期学校混乱的局面。1948年8月，拒绝教育部长朱家骅出任台湾大学校长的邀请，辗转到上海，迎接全国解放。中华人民共和国成立后，在浙江大学、北京医学院任教，被评为一级教授。

图录三七：国立北平大学修业证明书 民国二十五年（1936）

纸本。高38厘米，宽27.3厘米。蓝细线条框边。这是一份由北平大学开具的前俄文法政学院预科二年级学生张育英（女，辽宁海龙县——今为吉林省梅河口市人，现年28岁）修业期满的证明文书。证书正中署国立北平大学校长徐诵明（签名章），钤正方形"国立北平大学校长"朱文印（1.7×1.7厘米）；法商学院院长白鹏飞（签名章），钤正方形"国立北平大学法学院院长"朱文印（1.7×1.7厘米）。左侧上方贴有国民政府印花税票一枚（贰角），加盖椭圆形"国立北平大学验讫"蓝色印章，中间贴有张育英照片。靠左侧边框为证明书开具日期"中华民国二十五年九月"，钤长方形朱文"国立北平大学关防"（9×6厘米）。证书编号"第贰贰肆号"。

这是一张学生毕业数年后由原来的学校证明其以前学历资格的文书。张育英1929年考入北平大学俄文法政学院预科，1931年毕业。时隔5年后，由于张育英的毕业证书丢失，北平大学应张育英的要求，为她开具了学历资格证明书。证明书中用"前俄文法政学院"的称谓，是由于北平大学下设的俄文法政学院于1932年8月改为商学院，后来又与法学院合并，改称法商学院，"俄文法政学院"的称谓已不复存在。

一○、北京协和医学校（基督教会学校）

　　清光绪三十二年（1906），美英两国的基督教长老会、公理会、美以美会、圣公会、伦敦布道会和伦敦医学会共同创办了"协和医学堂"，并向清政府立案。民国元年（1912）改称协和医学校。1915年，美国洛克菲勒基金会经过数年的考察后，成立"中华医学基金会"，决定接办该校，筹组"北京协和医科大学"，并于1916年2月24日在美国纽约州立大学注册。1917年始办预科，1919年本科正式开学。1925年，北京政府教育部正式认可协和医科大学。为培养高水平的医学人才，该校实行8年学制，其中包括3年医预科。

　　1929年，根据国民政府教育部有关规定，该校以"私立北平协和医学院"名称立案。1937年全院设生理、解剖、生物、药物、病理、免疫、细菌、内科、外科、妇女和公共卫生11系，有教员128人，职员15人，学生156名。协和医学院实行严格的淘汰制，毕业生一般仅占入学人数的三分之一。截至1941年止，该院本科毕业生累计也只有318名，高级护士168名。

　　太平洋战争爆发后，由于美日处于战争状态，协和医学院被迫停办。抗战胜利后，直至1947年春恢复办学。

　　1949年1月北平解放后，协和医学院照旧办学。1951年1月，中央人民政府教育部和卫生部接管了协和医学院，改为国家公办的"中国协和医学院"。以后又先后改名为中国医科大学、首都医科大学和中国协和医科大学。2006年定名北京协和医学院（清华大学医学部）。

　　"老协和"近一个世纪以来，努力保持其高标准、高质量的办学方针，为我国医务界培养出像张孝骞、林巧稚、吴宪、汤非凡、诸福棠、黄家驷、钟惠澜、胡传揆、陈敏章、聂毓婵、王琇英、吴阶平、邓家栋、吴英恺、方圻等一批中国医学界泰斗，对我国医学教育和医学科学事业的发展有重大贡献。

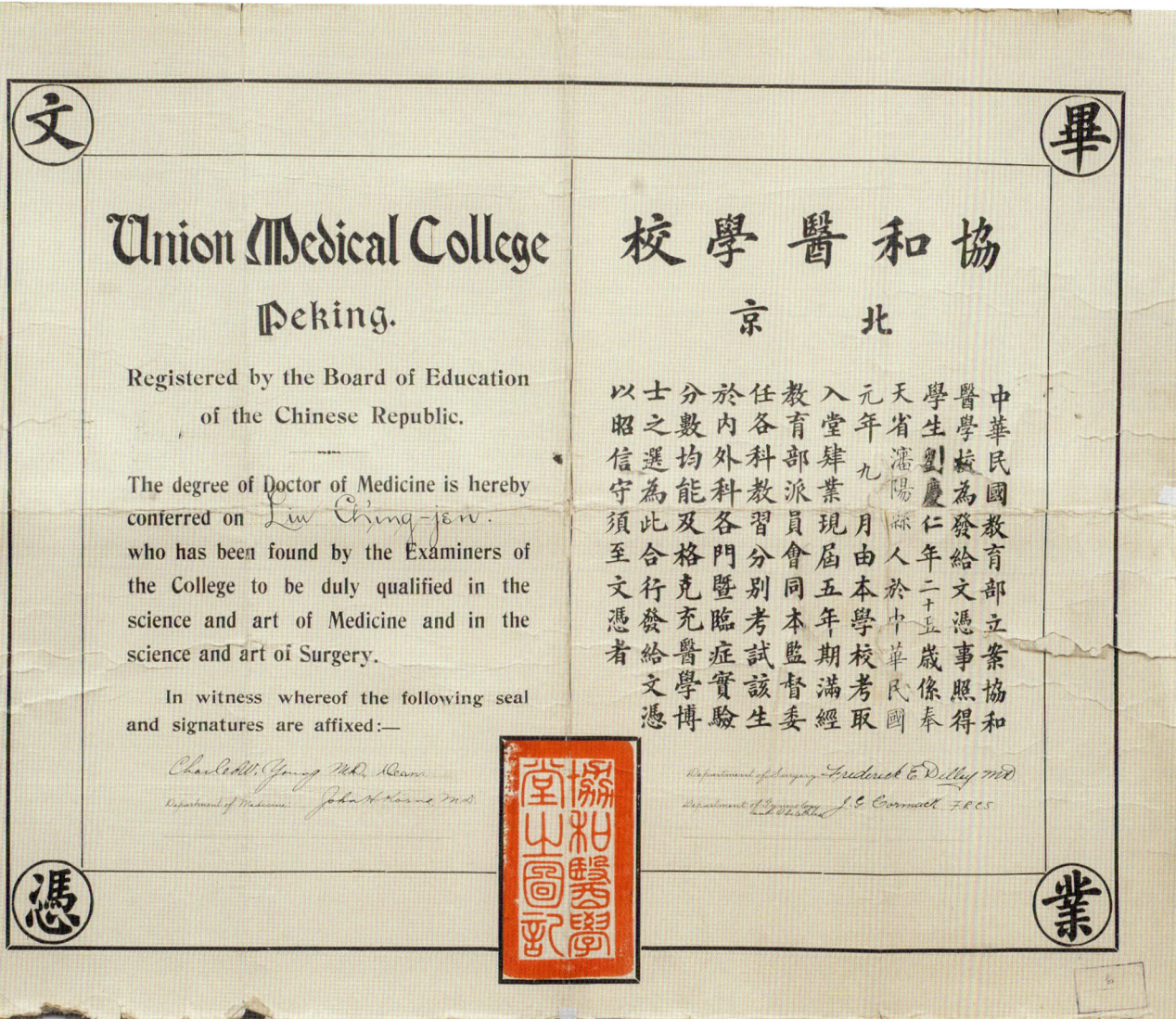

图录三八（1）　北京协和医学校毕业文凭

图录三八（1）：北京协和医学校毕业文凭　民国六年（1917）

　　纸本。高44.5厘米，宽56.5厘米。黑双线条框边，边框四角刊楷书"毕业文凭"字样。此件系医学本科生刘庆仁（奉天省沈阳县——今沈阳市人，25岁）肄业期满、各科及临症实验及格、授予医学博士称谓之毕业文凭。证书右边为中文版本，有外科系皇家医学博士 Frederick E. Dilleg（手签）；妇产系皇家外科医师学会会员 J. G. Gormack（手签）。左边为英文版本，有医学博士、教务长 Charles W. Young（手签）；医疗系医学博士 John H. Kosna（手签）。在中英文版骑缝处下端钤有长方形朱文"协和医学堂之图记"（8×8厘米）。

教育部為

發給執照事查京師協和醫學校係於前清光緒三十二年二月呈請學部立案開辦學生劉慶仁在學五年期滿畢業經該校照章考驗畢業得平均分數七十六分九一程度合格合行查照成案發給執照准其充當醫士須至執照者

計開

劉慶仁年二十五歲奉天瀋陽縣人

右給協和醫學校畢業生劉慶仁執此

中華民國六年六月二十七日

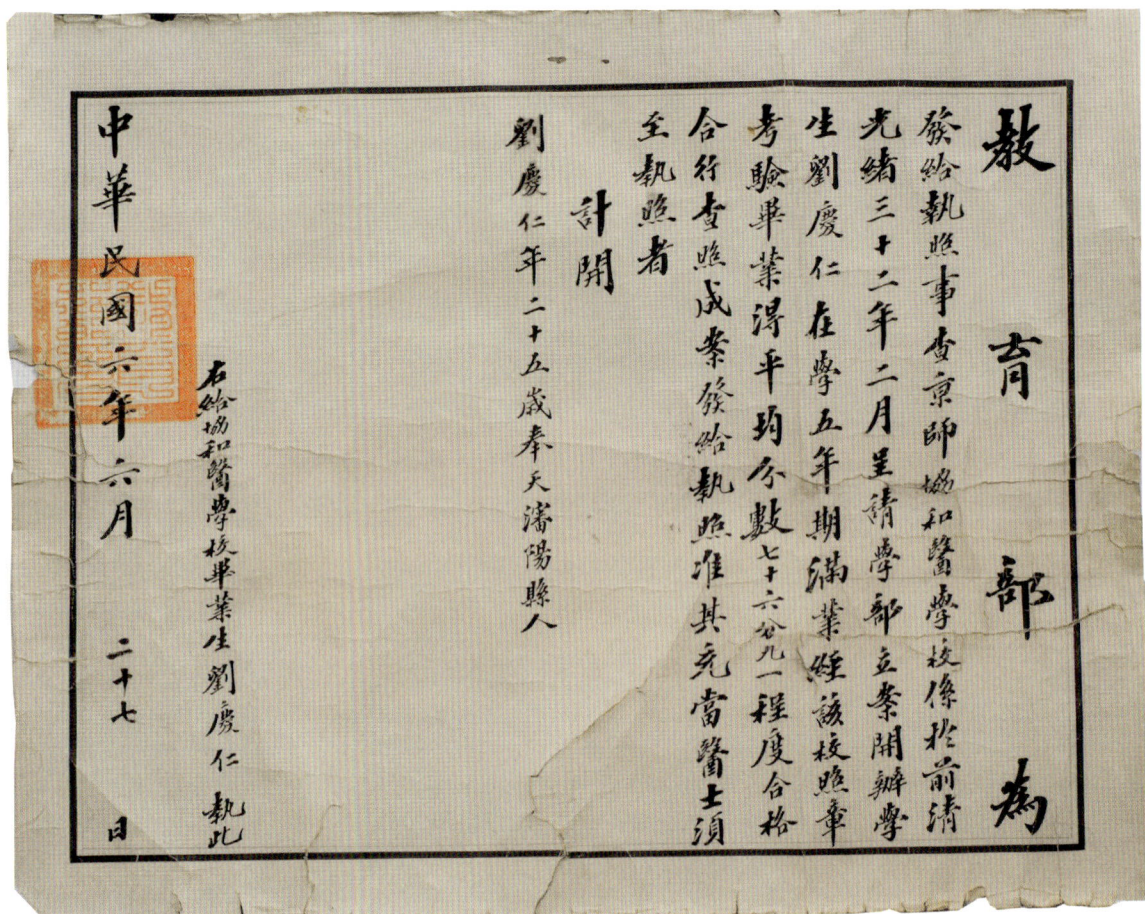

图录三八（2）　中华民国北京政府教育部执照

图录三八（2）：中华民国北京政府教育部执照　民国六年（1917）

纸本。高44.5厘米，宽56.5厘米。黑线条框边，此件系民国北京政府教育部颁发给协和医学校毕业生刘庆仁（奉天省沈阳县——今沈阳市人，25岁）修业五年期满、考验毕业合格、授予医士资格的证书。靠左侧边框为颁证日期"中华民国六年六月二十七日"，钤正方形朱文"教育部印"（10.3×6厘米）。

一一、燕京大学（汇文大学　基督教会学校）

　　燕京大学的前身是1904年美国基督教会创办的汇文大学堂。民国五年（1916）汇文大学和通州华北协和大学合并，但未确定校名。两年之后，民国八年（1919）下半年定校名为燕京大学，美国传教士司徒雷登出任燕大第一任校长。1928年南京国民政府成立后，要求收回中国教育主权，由中国人任校长。1929年吴雷川出任燕大校长，而美国人司徒雷登改任校务长。抗战爆发，燕大没有南迁，为免遭日寇骚扰，司徒雷登重新担任校长，学校悬挂美国国旗。太平洋战争爆发后，日军封锁学校，燕大停办。1942年部分撤离北平南下的学生，在四川成都办起燕京大学临时学校。1945年燕大在北平原址复校开课。1946年成都临时学校师生返回北平后，开办工学院。1951年2月12日，中央人民政府教育部接管燕大，改为公办。1952年高校院系调整，燕大被撤销，主体部分并入北大，"燕园"也就成为北京大学的新校址。

　　20世纪上半叶，燕京大学是中国最著名的教会大学之一。早在20年代末，燕大已是一所拥有文学院、理学院和法学院3个本科学院共18个系以及宗教学院和研究院的多学科的综合性大学。燕大的办学规模不大，通常在校生只有800余名，但教学水平和质量在国内属于一流。燕大的校训是"因真理，得自由，以服务"，它不仅给学生传授知识，也教会学生如何做人。名师出高徒，冰心、雷洁琼、费孝通、黄华、侯仁之、吴阶平以及王钟翰等一批名家都曾是燕大的高才生。

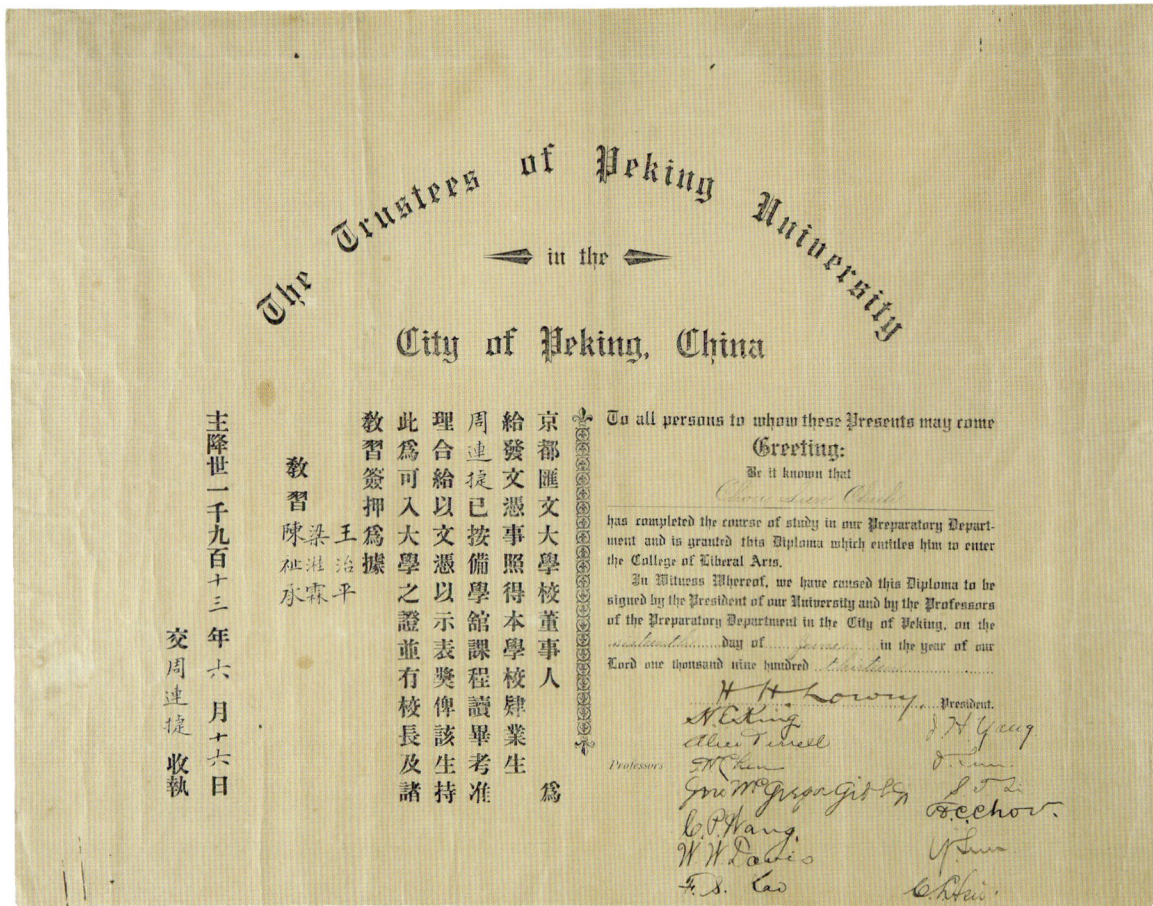

图录三九　京都汇文大学校毕业文凭

图录三九：京都汇文大学校毕业文凭　1913年

纸本。高28.5厘米，宽37.2厘米。此件系京都汇文大学预科学生周连捷备学馆课程读毕、考准理合给予毕业的毕业文凭。证书右边为英文版本，有校长H.H.Lowry亲笔签名及13位教员签名；左边为中文版本，署备学馆部分教习王治平（手签）、梁湘霖（手签）、陈祉承（手签）。左侧为颁证日期"主降世一千九百十三年六月十六日"，"交周连捷收执"。

周连捷于1913年6月16日预科毕业，并领取毕业证书。是年，周氏凭此证升入汇文大学本科，并予1917年6月6日大学本科毕业。图录四〇，就是周连捷汇文大学毕业后补发的毕业证书。

图录四〇：燕京大学毕业证书　民国二十年（1931）

纸本。高39.8厘米，宽48.2厘米。黑粗线条框边。学生周连捷在民国六年六月（1917年6月）毕业于北京汇文和通县协和两校合并后之大学，因当时校名未定，故未能颁发毕业证书。凡是在1917年至1919年期间毕业的，均在燕京大学校名确定后，以燕大名义补发给毕业证书。证书的左侧署北平私立燕京大学校长吴雷川，钤正方形"吴雷川"朱白文印（1.2×1.2厘米）；

校务长司徒雷登，钤正方形"司徒雷登"朱文印（1.4×1.3厘米）；左侧上方贴国民政府印花税票一枚（伍角），钤正方形"燕京大学"朱文印（3.1×3.1厘米）。靠左侧边框为补发证书日期"中华民国二十年六月十六日给"，钤正方形朱文"北京私立燕京大学钤记"（5.5×5.5厘米）。证书编号"燕字第叁号"。

吴雷川（1870—1944），教育家。名震春，字雷川，浙江杭州人。光绪进士，授翰林院编修。1926年任燕京大学教授兼副校长。1929年出任燕大校长。经他规划经营，使燕大成为较早向中国政府注册的教会大学。抗战爆发后，日军干涉燕大校政，他和青年教授坚决抵制，终因不肯屈服于日本人而被迫离开燕大。在抗战艰苦的日子里，吴氏生活拮据，宁可以鬻字维持生计，也不肯出来为日本人做事。吴先生毕生从事中国教育事业30余年，主持浙大、燕大等著名高校的校务，对中国近代高等教育的发展作出了贡献。

司徒雷登（1876—1962），美国人，生于浙江杭州。其父为美国来华传教士，早年司徒雷登被送回美国接受教育，获得博士学位。1905年返华，1908年任金陵神学院希腊文教授。1919年出任燕京大学首任校长。1928年司氏虽改任燕大校务长，但仍控制校务。1937年抗战爆发，

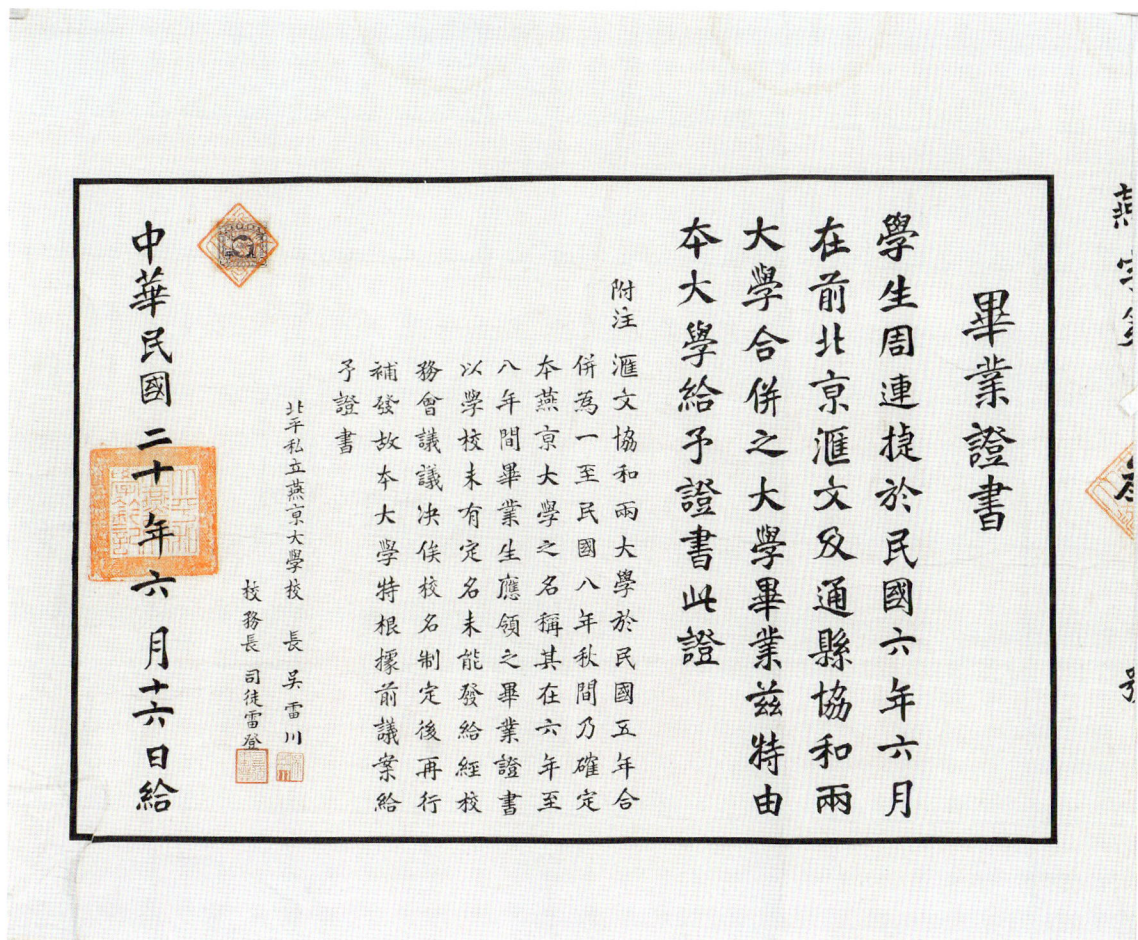

图录四〇　燕京大学毕业证书

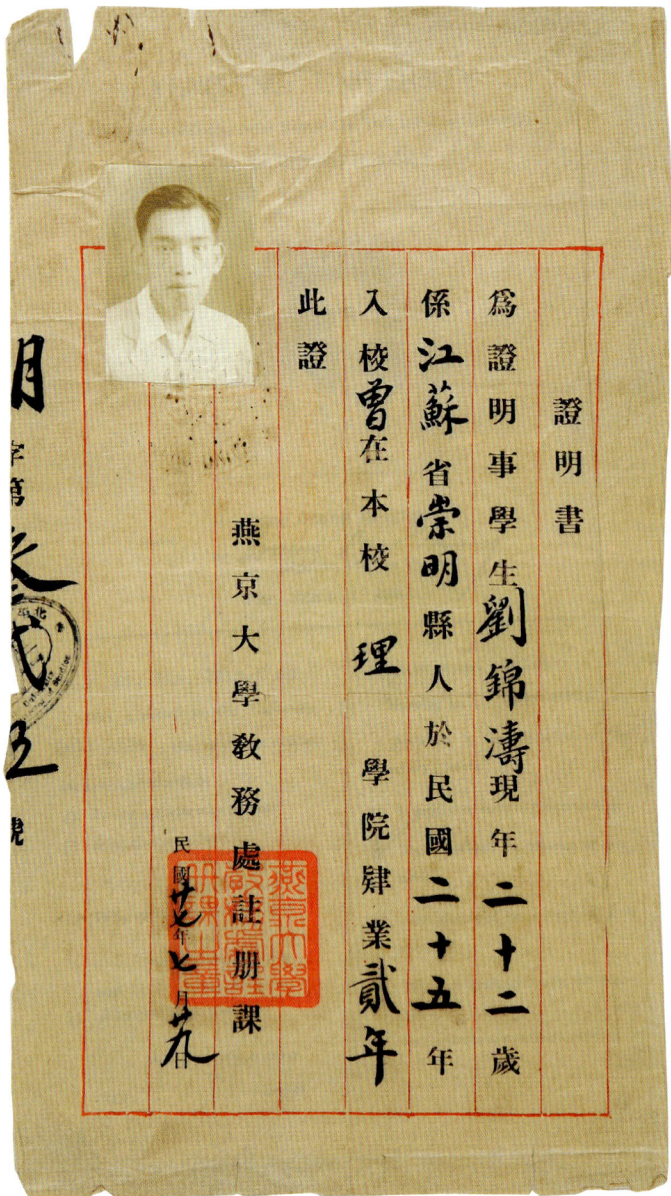

图录四一　燕京大学肄业证明书

他决定留在北平办学，在燕园升起美国星条旗，并特别在大门上贴上公告：不准日本人进入。太平洋战争爆发后，司徒雷登被日军拘禁在北平城内。1945年抗战胜利后，重任旧职。不久，他出任美国驻华大使。1949年8月2日，司徒雷登不得不踏上回美国的飞机，离开这片他曾经生活了50年的土地。司徒雷登在华的功过，正如郝平教授所言：一方面"为将燕京大学建设成为与北大、清华齐名的一流大学作出了突出贡献，并为20世纪中国政治、经济、外交、科技等各个领域培养了一大批杰出人才"；另一方面，"司徒雷登担任美国驻华大使期间，代表美国政府对华政策的立场，对国民党反动派发动内战持偏袒的态度"。

图录四一：燕京大学肄业证明书　民国二十七年（1938）

纸本。高28厘米，宽16.2厘米。此件系理学院学生刘锦涛（江苏崇明县——今属上海市崇明县人，22岁）修业二年的肄业证明书。证书署燕京大学教务处注册课，钤正方形朱文"燕京大学教务处注册课长之章"（3.7×3.7厘米）；开具证书的时间为"民国廿七年七月廿九日"；左上侧贴有刘锦涛半身照片，打盖"北平燕京大学"圆形钢戳。证书编号"第叁贰伍号"。

图录四二：燕京大学临时毕业证明书　民国三十七年（1948）

纸本。高28.8厘米，宽19厘米。红细线条框边。此件系文学院外国语文学系学生杨耀民（河北玉田县人，24岁）修业期满、成绩及格发给的临时毕业证明书。证书正中署私立燕京大学代校长陆志韦，钤正方形朱文"陆志韦印"（1.9×1.9厘米）；文学院院长梅贻宝，钤正方形朱文

"梅贻宝印"（1.2×1.2厘米）。靠左侧边框为证书开具日期 "中华民国三十七年六月二十九日"，钤正方形朱文"私立燕京大学钤记"（5.5×5.5）。编号"教登字第(民三七)零壹壹号"。

此临时毕业证明书是在正式毕业证书未发下之前为便于毕业生谋求职业，或考公务员或留学考试之需的毕业资格的凭证。按燕大的规定，临时毕业证书的有效期为一年，换取正式毕业证书时应予缴销。

陆志韦（1894—1970），著名心理学家、语言学家、教育家。名保琦，以字行，浙江吴兴（今湖州市吴兴区）人。早年获美国芝加哥大学哲学博士学位。1927年任燕京大学心理学教授兼系主任，后任文学院院长。1934年接替吴雷川出任燕京大学校长。抗战爆发后，司徒雷登任校长，陆志韦仍参与校政。太平洋战争爆发后，外籍教员被遣送山东潍县集中营；中国籍教员陆志韦等被抓捕关押在北平炮局日本宪兵队监狱。抗战胜利后，陆志韦在领导复校工作期间，以超人的精力、出色的组织能力和一丝不苟的负责精神，奇迹般地完成复校工作，燕大终于在1945年10月10日正式开学。随着内战的爆发，国内政治和经济危机四伏，陆先生支持爱国反蒋的学生运动，直至迎来北平的解放。1951年中央人民政府任命陆志韦为燕京大学校长。1952年高校院系调整，陆志韦任中科院语言研究所研究员、中国文字改革委员会委员、中国科学院首批学部委员。

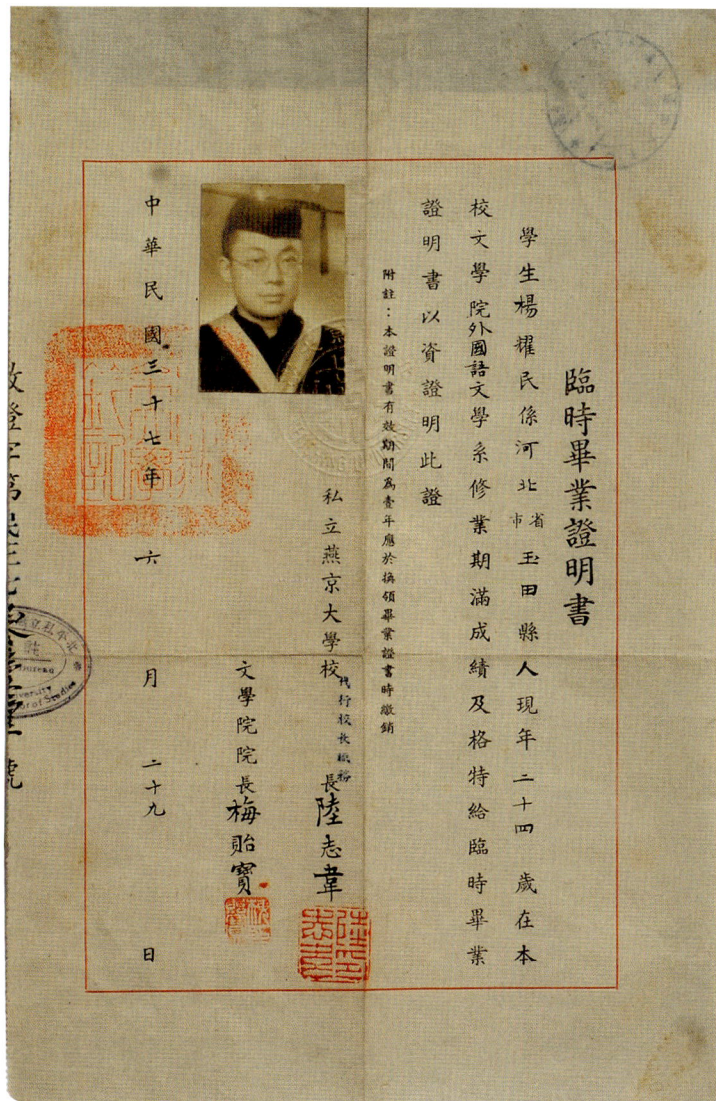

图录四二 燕京大学临时毕业证明书

一二、辅仁大学（天主教会学校）

　　辅仁大学的前身为中国天主教领袖英敛之于1917年创办的大学预科"辅仁社"。1925年由美国天主教本笃会正式创办，定名北京公教大学。1927年改名辅仁大学。1950年10月12日，中央人民政府教育部接管后改为公立。1952年全国高校院系调整，辅仁大学被撤销，并入北京师范大学。

　　辅仁大学在20世纪三四十年代已是一所拥有文、理、教（育）、农4院13系的多学科综合性大学。20多年来，辅大培育了一批在政界、文化教育、文学艺术及企业界的英才，如王光英、王光美、李德伦、王静芝（作家）、来新夏、史念海、史树青、邢其毅（化学家）等名家。辅仁大学作为天主教会创办的教会大学，其办学业绩，在国内外负有盛名，被世人誉为与北大、清华、燕大并称的北平"四大名校"之一。

　　此外，1960年台北设立了一所私立天主教会辅仁大学。

　　图录四三：北平辅仁大学毕业证书　民国二十五年（1936）

　　纸本。高41厘米，宽48.8厘米。深蓝粗线条框边。边框上方中间为孙中山头像，左右两旁为中华民国国旗和中国国民党党旗。此件系文学院史学系学生钱宝煜（天津人，25岁）修业期满、成绩及格、准予毕业并授予文学士学位的毕业证书。证书右侧下方为教育部验印编号"大字第43091号"及验印日期"中华民国廿六年叁月拾八日验讫"。正中偏左署私立北平辅仁大学校长陈垣（签名章），钤正方形"陈垣"白文印（1.3×1.3厘米）；文学院院长沈兼士（签名章），钤正方形白文"沈兼士印"（1.7×1.7厘米）。偏左侧上方贴国民政府印花税票三枚（每枚面值壹角），下方贴有钱宝煜半身照片，打盖"私立北平辅仁大学"圆形钢戳。靠左侧边框为颁证日期"中华民国二十五年六月"，钤正方形朱文"教育部印"（7.4×7.4厘米）。

　　证书背面的附注，记载学生钱宝煜四学年共得160学分，成绩分为341分，毕业平均成绩77分。按照该校学则的规定，凡修满至少132学分，始得毕业。成绩分划分为A、B、C、D、E五个等级，钱宝煜的成绩分属于C等。

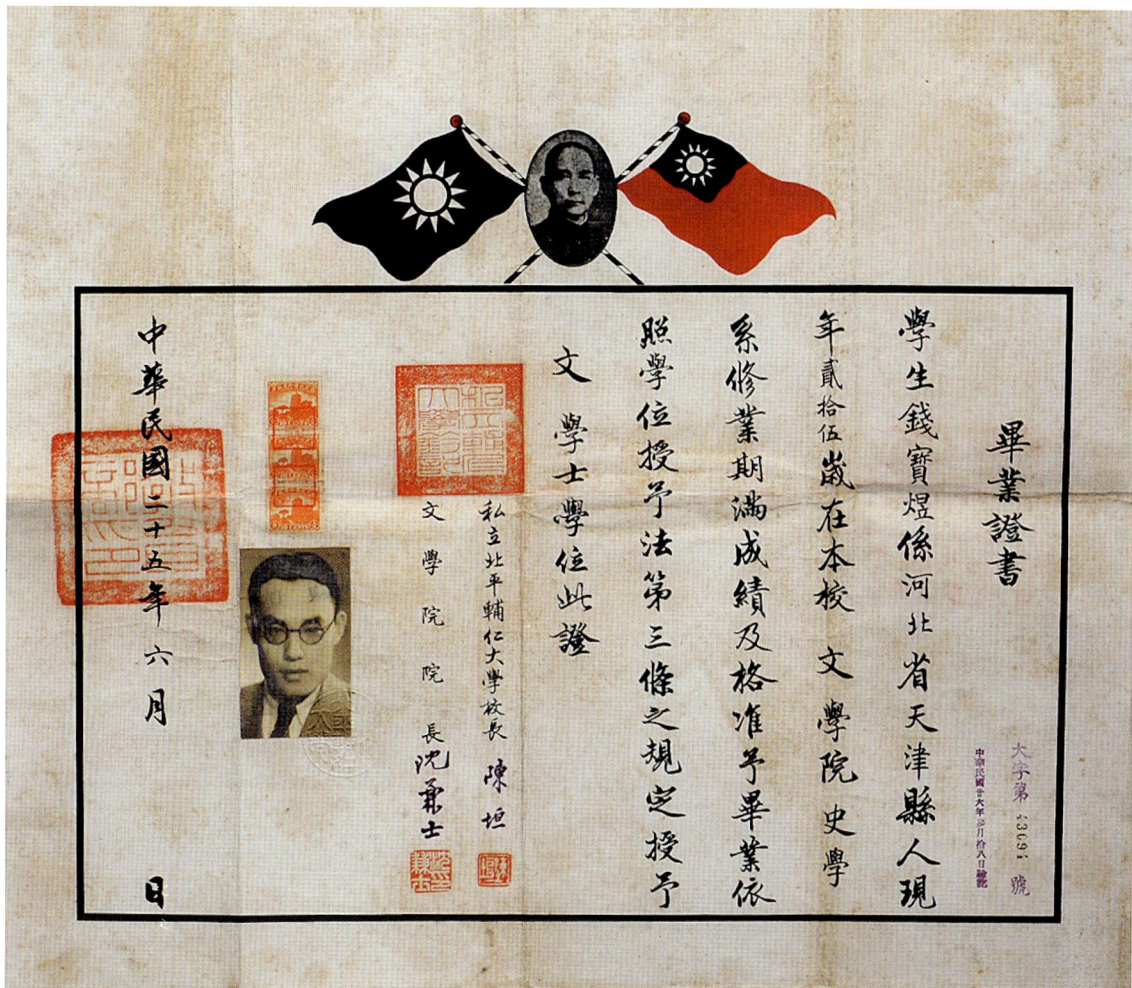

图录四三　北平辅仁大学毕业证书（上正面、下背面局部）

　　陈垣（1880—1971），著名教育家、历史学家。字援庵，广东新会人（今江门市新会区）。1929年出任辅仁大学校长，历时25年。北京沦陷期间，他不惧敌伪的威胁，坚持辅大不用日文教材，日语不作必修课，不挂日本国旗，从而成为沦陷区少有的不挂日伪旗帜的大学。陈垣先生有着44年执教的丰富实践，形成了一套颇具特色的办学思想、教学方法和治校方略。他长期坚持在教学第一线，培养了一批史学界的精英。在20世纪五六十年代，全国著名大学历史系主任，几乎都是他的学生。陈垣先生在高教领域辛勤耕耘70载（其中1952年至1971年出任北京师范大学校长），业绩卓著，不仅成为中国史学界的领军人物之一，而且是一位在中国现代教育史上有着重大影响的大学校长。

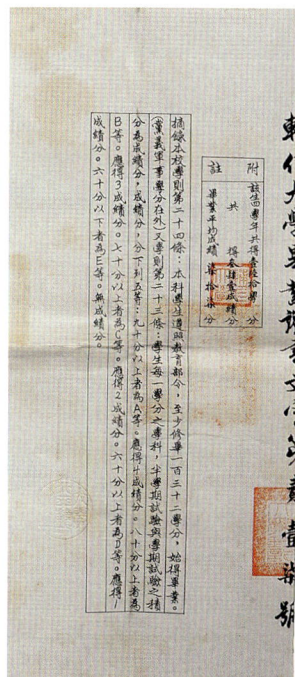

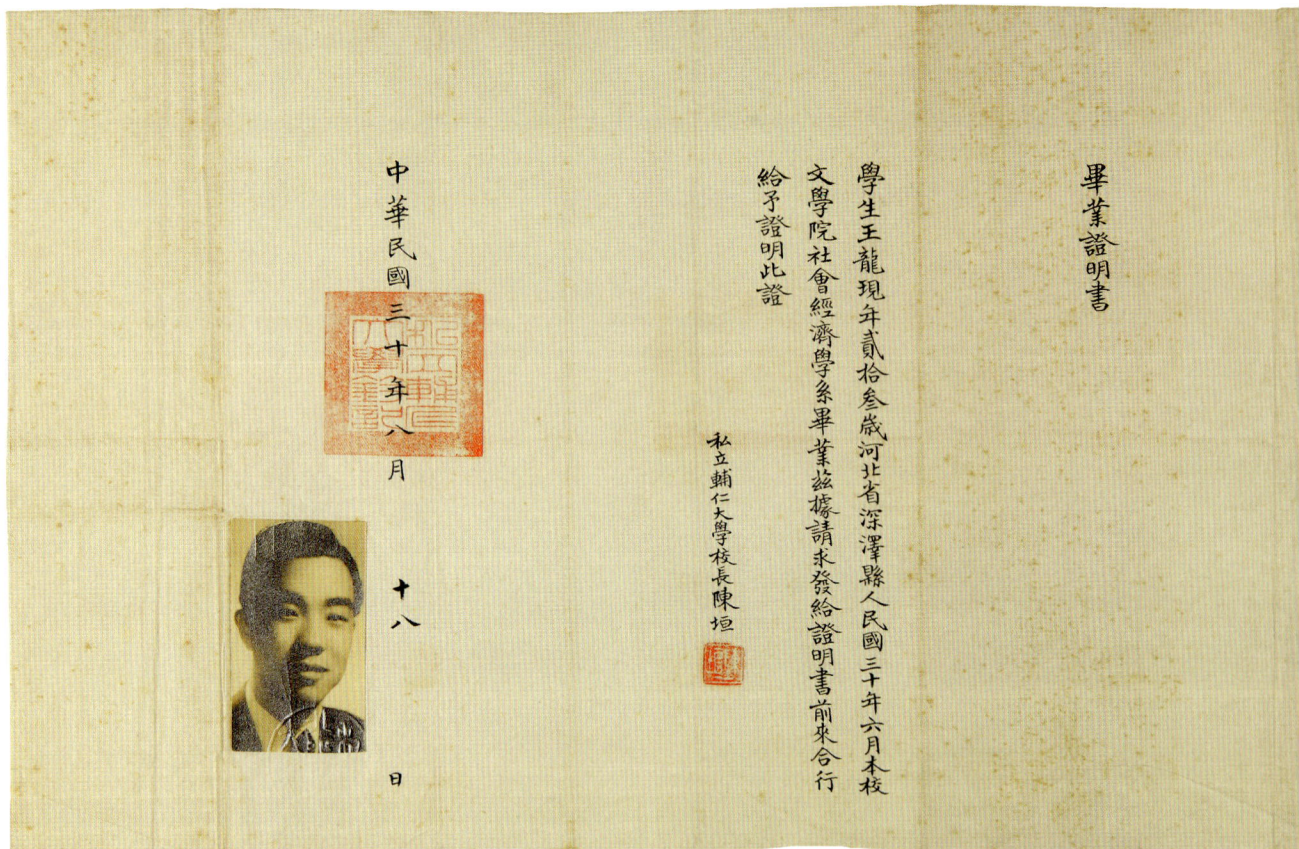

图录四四　北平辅仁大学毕业证明书

图录四四：北平辅仁大学毕业证明书　民国三十年（1941）

　　纸本。高28厘米，宽54.3厘米。此件系文学院社会经济学系学生王龙（河北深泽县人，23岁）于民国三十年六月修业期满发给的毕业证明书。证书正中署私立辅仁大学校长陈垣，钤正方形朱文印"陈垣"（1.3×1.3厘米）；左侧为证书开具日期"中华民国三十年八月十八日"，钤正方形朱文"私立辅仁大学钤记"（5.5×5.5厘米）；左侧下方贴有王龙半身照，并打盖"私立北平辅仁大学"圆形钢戳。

图录四五：北京辅仁大学毕业证书　1950年

纸本。高38.8厘米，宽45.2厘米。红粗细双线条框边，浅黄色花纹图案作证书底色，并刊有美术体"为人民服务"五个大字。此件系文学院经济学系学生杜洪祥（浙江慈溪县人，30岁）肄业期满、成绩及格准予毕业的毕业证书。证书右侧下方为教育部验印编号"教大001003号"；正中上方钤正方形朱文"私立辅仁大学钤记"（5.5×5.5厘米），署北京辅仁大学校长陈垣（签名章），钤正方形 "陈垣"朱文印（1.3×1.3厘米）；偏左下侧贴有杜洪祥半身照片，打盖"私立北平辅仁大学"圆形钢戳；靠左侧边框为毕业日期"公历一九五〇年六月"，钤正方形朱文"中央人民政府教育部印"（7×7厘米）。

中华人民共和国成立后，中央人民政府教育部接管了辅仁大学。因私立辅大改为公办是在1950年10月，而杜洪祥是于6月毕业，故仍沿用私立辅大印记。

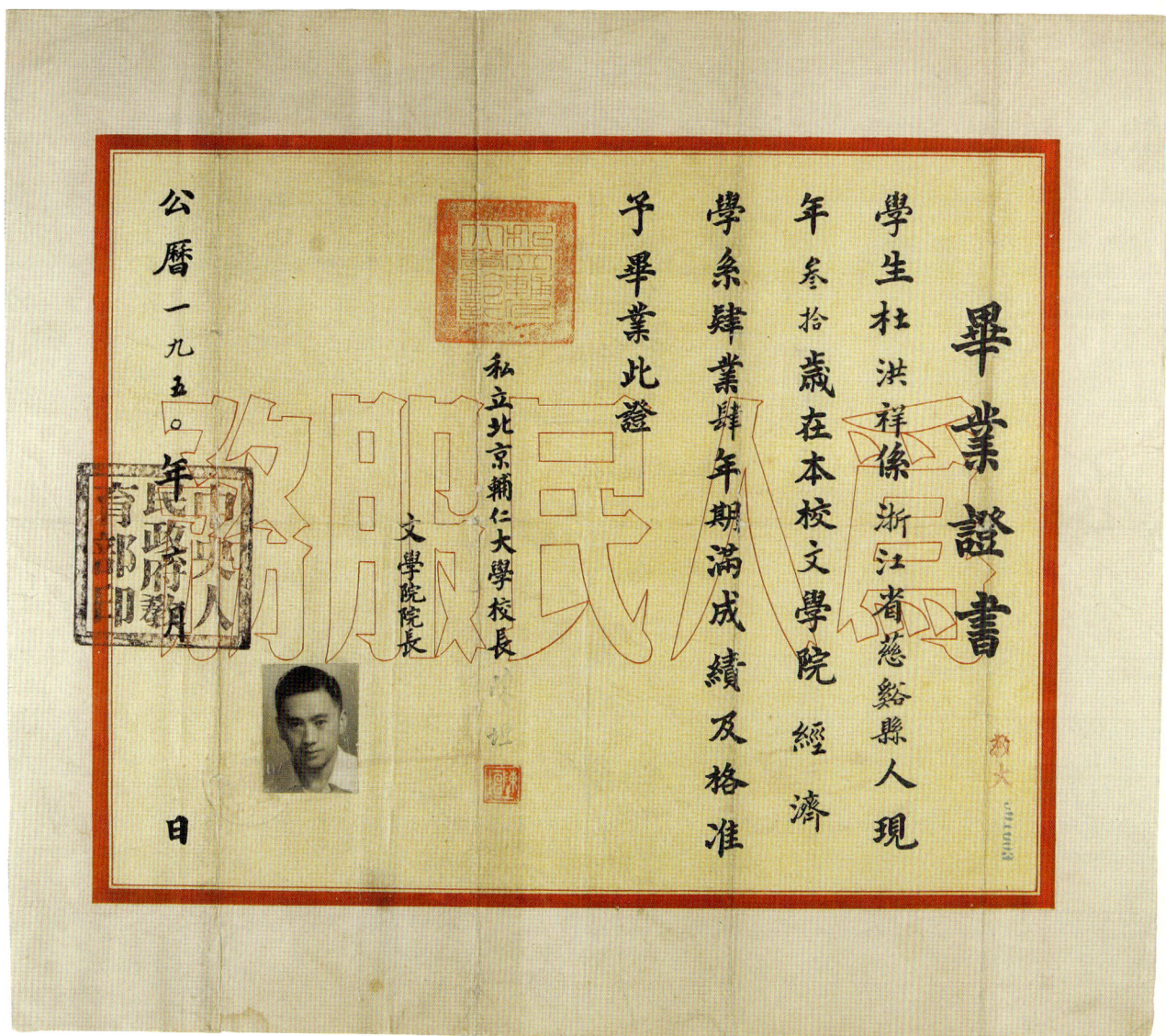

图录四五　北京辅仁大学毕业证书

一三、北京通才商业专门学校

北京通才商业专门学校是一所私立学校，由北京银行界主办，创立于民国九年（1920），校长陈福颐，校址在北京广安门大街。设预科、本科和专修科。预科课程有：修身、国文、算术及珠算、商业簿记、英语、应用化学、工学（包括工场管理法、机械工学）、经济大意、法学通论、商业通论、伦理及心理、体操。本科课程有：商业道德、商用文、商业算术、商业地理、商业历史、簿记、商品学、经济学、经济事情、财政学、统计学、会计学、法学、商业学、商业实践、英语、日语、体操、蒙藏语。学制：预科1年，本科3年。凡中学毕业或有同等学力者，均可报考。考试科目9门：国文、英文、算术、代数、几何、三角、理化、历史、地理。每学年分3学期，8月1日为学年之始，翌年7月30日为学年之终。本科生每学年学费及讲义费30元；预科生25元。

民国十六年（1927）私立通才商业专门学校并入畿辅大学；民国十七年（1928）畿辅大学更名为私立北京铁路大学。通才商业专门学校从开办到结束仅有7年。

图录四六：北京私立通才商业专门学校毕业证书　民国十一年（1922）

纸本。高49厘米，宽62厘米。褐色宽带三层花纹图案框边。此件系银行科高等班学生朱启锡（贵州紫江县人，25岁）修业期满、成绩及格、准予毕业的毕业证书。证书偏左署北京通才商业专门学校校长陈福颐（手签）、教务长张维镛（手签）；左侧上方贴有中华民国印花税票一枚（伍角）；靠左侧边框为颁证日期"中华民国拾壹年柒月壹日"，钤长方形朱文"北京通

图录四六　北京私立通才商业专门学校毕业证书

才商业专门学校钤记"（9×5.6厘米）。

　　陈福颐（1881—?），字瀛生，江苏淮阴（今淮安市淮阴区）人。早年赴日本留学，入东京高等商务学校。毕业后回国，历任江南高等商业学堂教务长、会办，邮政部图书馆总编辑，1913年任北京政府交通部经理司司长，随后出任北京通才商业专门学校校长。1925年1月，任交通部航政司司长，一年后去职。

一四、北平财政商业专科学校（基督教会学校）

　　北平财政商业专科学校的前身是北京基督教青年会于光绪三十三年（1907）创设的英文夜校。民国三年（1914）育才学校并入，改称财政商业专门学校，校长费起鹏。1924年学生达400余名。经国民政府教育部批准，1931年3月改名财政商业专科学校，1935年因其未达到专科学校的规格，改为才正高级商业职业学校。

　　图录四七：北平私立财政商业专科学校毕业证书　民国二十年（1931）

　　纸本。高39.6厘米，宽50厘米。深蓝宽带花纹图案框边，上方中间为孙中山头像，左右两旁为中华民国国旗和中国国民党党旗，边框内刊有美术体"毕业证书"字样。此件系学生田振坤（河北唐县人，25岁）修满规定学程、考核成绩及格、准予毕业的毕业证书。证书正中署校长宝广林，钤正方形朱文"宝广林印"（2×2厘米）、教务长陈兰生，钤正方形朱文"陈兰生印"（1.5×1.5厘米）。左侧为颁证日期"中华民国二十年六月二十日"，钤正方形朱文"北平财政商业专科学校之章"（9×6厘米）。靠左侧边框贴有国民政府印花税票一枚（伍角），加盖"北平私立财政商业专科学校"椭圆形印章；下方贴有田振坤半身照片，加盖学校椭圆形印章。

根据该校民国十一年的章程规定：学制4年。修业课程22门，即：英文会话、读本（英文轨范、康氏卫生读本、毕根氏读本、瑞氏卫生读本）、中文、习字、算术、珠算、体操、簿记学、地理、信件、英文文法、打字、公所练习、会计、历史、银行学、运输学、英文、英文文法作文、售货法、职业学、经济学。每学期学费，本会会员30元，非会员35元。

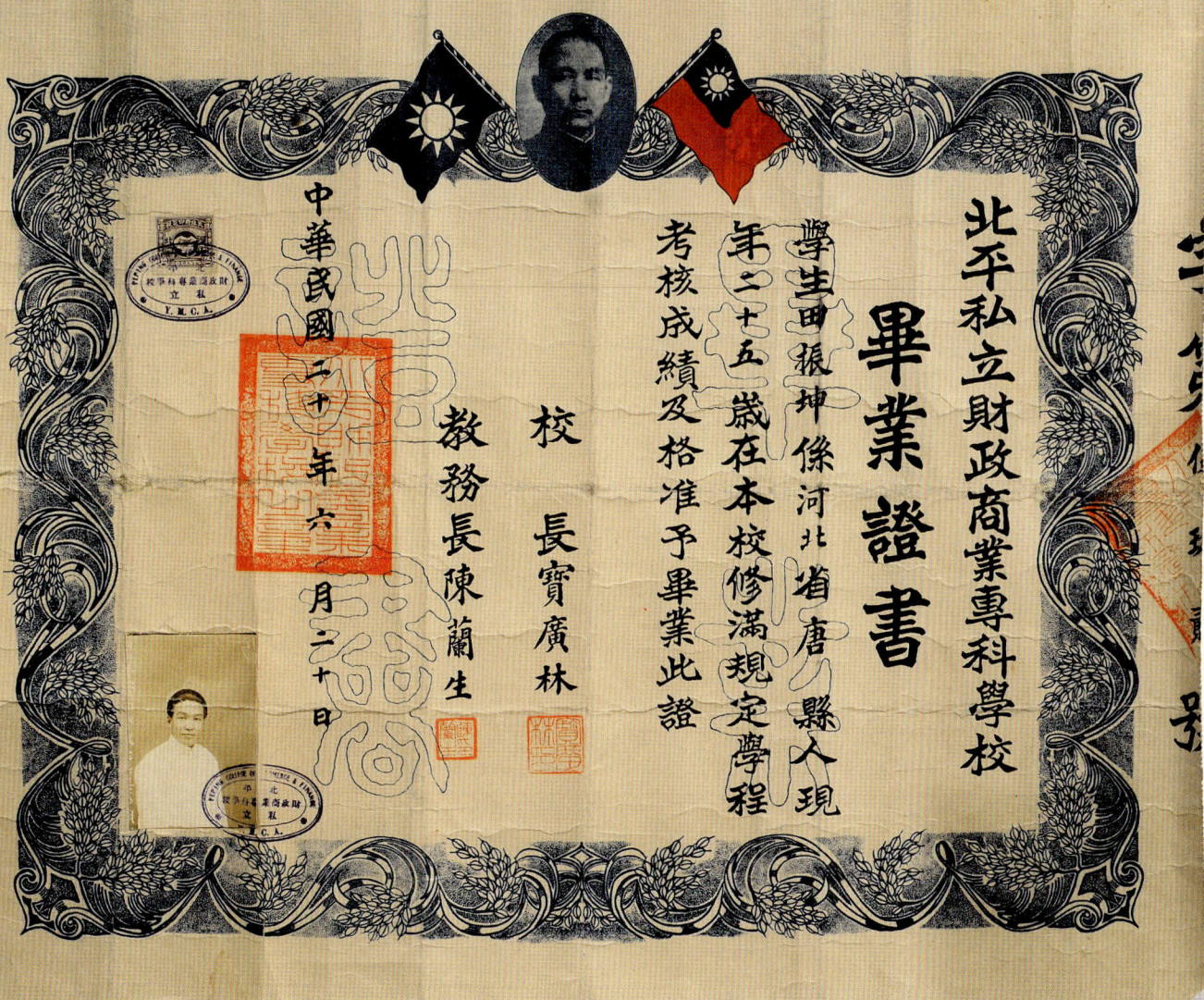

图录四七 北平私立财政商业专科学校毕业证书

一五、郁文大学

　　1923年6月，私立郁文大学在北京建立。一院在阜成门内大街；二院在德胜门内大街。设大学（本科）、专门（专科）和专修三部。1925年北京政府教育部准予试办，马叙伦任校长。1930年11月，改称私立郁文学院，院长凌昌炎。1931年有教职员83人、学生945名。由于迄未在南京国民政府教育部立案，于1935年遵教育部令停办。

　　图录四八：北京郁文大学毕业证书　民国十六年（1927）

　　纸本。高44.3厘米，宽51厘米。黑粗线条框边。此件系专门部法律本科第二班学生王清浦（河南滑县人，21岁）修业完毕、考查成绩及格、准予毕业的毕业证书。证书偏左侧署北京郁文大学校长马叙伦（签名章），钤正方形朱文"北京郁文大学校长印"（2×2厘米）；靠左侧边框为颁证日期"中华民国十六年六月"，钤长方形朱文"北京私立郁文大学之章"（7.5×5.9厘米）。证书正中上端贴有中华民国印花税票一枚（伍角）。证书编号"法字第陆拾柒号"。

　　马叙伦（1884—1970），教育家、语言文字学家、社会活动家。字夷初，号石翁，晚号石屋老人，浙江余杭（今杭州市余杭区）人。1909年加入南社。1911年在日本加入同盟会。早年与章太炎在上海创办《大共和日报》，任总编辑。曾任北京大学等高校文科教授、民国北京政府和国民政府教育部次长。1925年出任郁文大学校长。1949年后，历任教育部部长、高教部部长，全国政协副主席、民进中央主席。

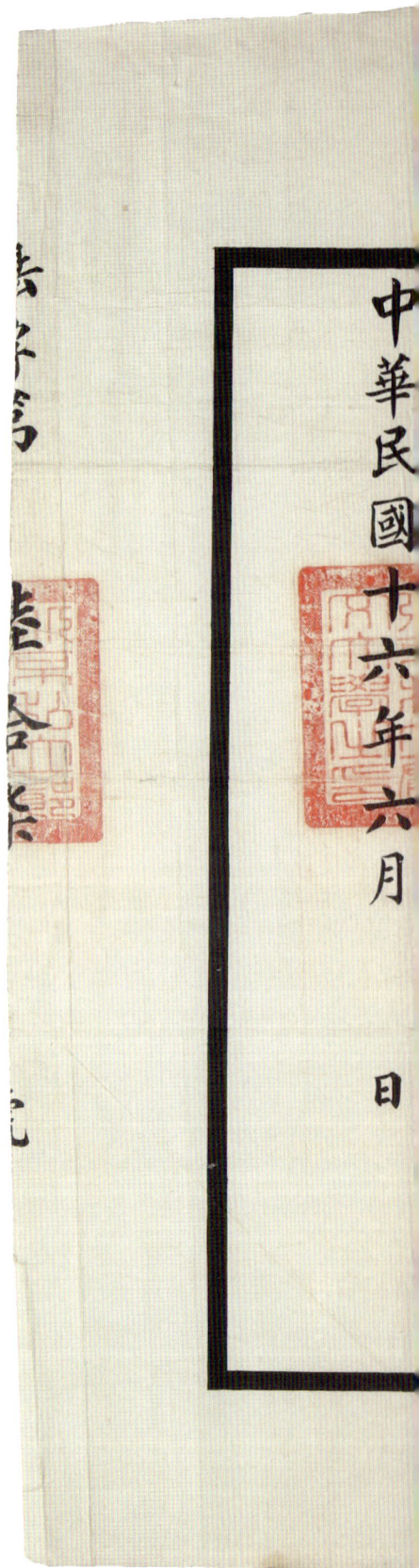

畢業證書

學生王清浦

河南省滑 縣人現年二十一歲

在本校專門部法律本科第二班

修業完畢考查成績及格准予畢

業此證

北京郁文大學校長馬叙倫

一六、铁路学院

私立北平铁路学院的前身是由关赓麟于民国十三年（1924）创办的私立畿辅大学。学校的宗旨为注重铁路科，兼办文法各科。1925年2月，北京政府交通部批准该校立案。1928年在国民政府时期，更名为私立北平铁路大学。1933年8月1日，又易名私立北平铁路学院。1936年，铁路学院改名为铁路专科学校。1937年8月，日本占领北平后，学校被"南满洲铁道株式会社"接收后停办。1945年日本投降后，该校于1948年复校。设路政和工程两科，修业期限仍为三年。有教职员50人，车务、电务、会计三组四班学生共370名。

1949年北平解放，军管会接收学校后该校停办，师生并入国立北平铁道管理学院。

从畿辅大学，经铁路大学、铁路学院到铁路专科学校，该校前后历经25个年头。

图录四九：北平私立铁路学院转学证明书　民国二十四年（1935）

纸本。高30.6厘米，宽33厘米。深蓝粗线条框边。此件是前北平铁路大学大学部土木工程科学生沈鎏（江苏吴江县人，23岁）修业四年转入铁路学院铁路管理系三年级的转学证明书。证书右侧下方为证书编号"转字第拾肆号"；偏左侧署私立铁路学院院长关赓麟（签名章），钤正方形朱文"私立铁路学院院长之章"（2.2×2.2厘米）。左侧上方贴国民政府印花税票二枚（每枚面值贰分，加盖"北平"、"河北"字样）；靠左侧边框为证书开具日期"中华民国二十四年八月二十四日"，钤正方形朱文"私立铁路学院钤记"（5.4×5.4厘米），下方贴有沈鎏半身照片，打盖"私立铁路学院"圆形钢戳。

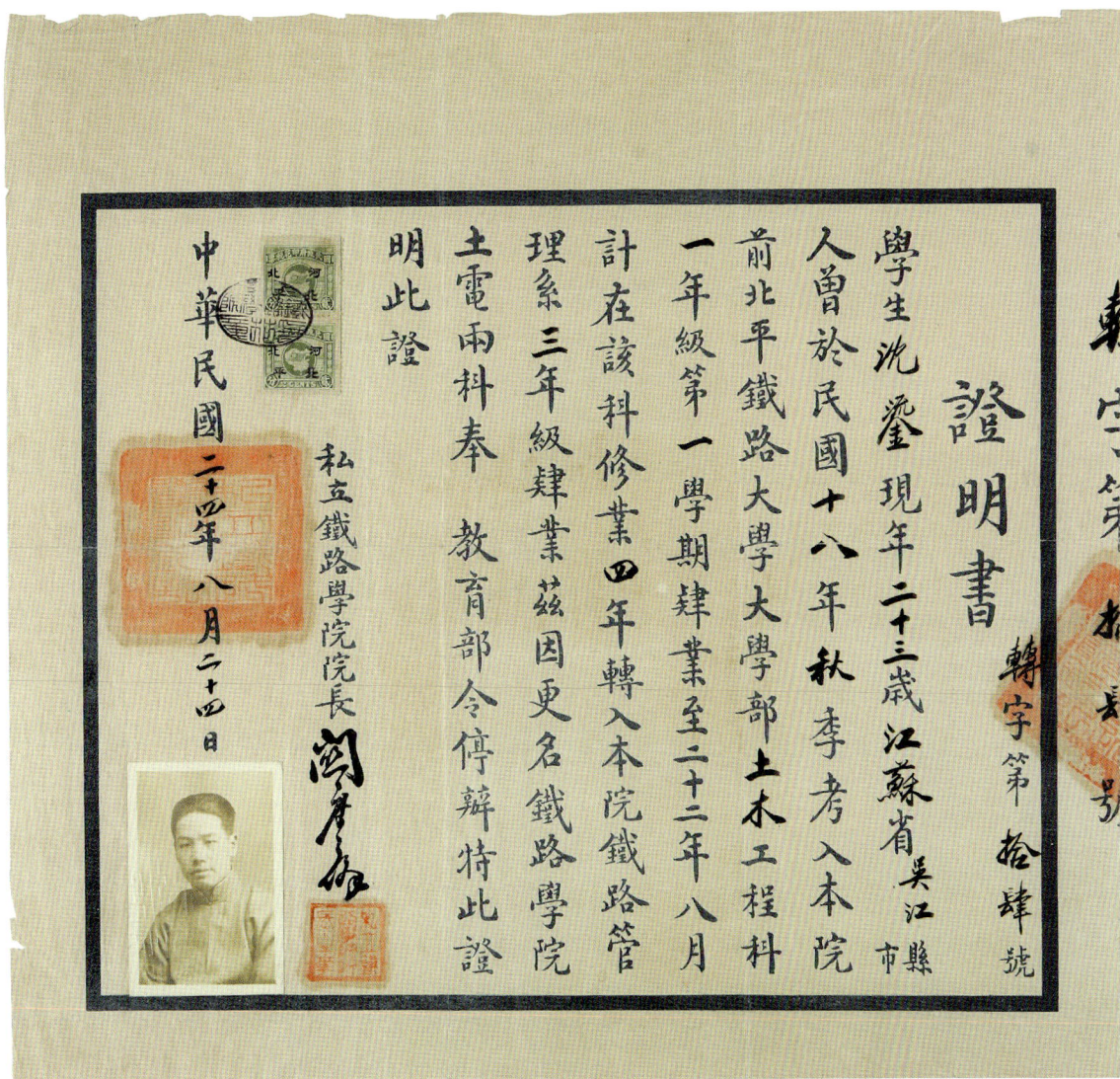

證明書

學生沈鎣現年二十三歲江蘇省吳江縣

人曾於民國十八年秋季考入本院

前北平鐵路大學大學部土木工程科

一年級第一學期肄業至二十二年八月

計在該科修業四年轉入本院鐵路管

理系三年級肄業茲因更名鐵路學院

土電兩科奉 教育部令停辦特此證

明此證

私立鐵路學院院長 關賡麟

中華民國二十四年八月二十四日

轉字第拾肆號

图录四九　北平私立铁路学院转学证明书

　　关赓麟（1880—?），铁路管理专家。字颖人，广东南海（今佛山市南海区）人。光绪进士。早年赴日本留学，入宏文师范速成班。回国后，历任京汉铁路局代局长、北京政府交通部路政司司长、粤汉川铁路局局长、国际联盟支那代表委员、交通部南洋大学校长、平汉铁路管理局局长、国民政府铁道部业务司司长等职。1924年创办私立畿辅大学，后继任铁路大学、铁路学院及铁路专科学校校长。

一七、华北学院

　　私立华北学院的前身是1922年由蔡元培在北京创办的私立华北大学。1930年11月，学院遵照《大学组织法》有关规定，只有文、法两科的华北大学改名华北学院，设政治、经济、法律、政治经济4系，以及银行会计、日文商业两专修科。1931年有教员65人，学生530名。1932年11月，华北学院在教育部立案。先后由宋哲元、何其巩等任院长。1937年8月日军占领北平后，华北学院被日军强行占据，学院被迫停办。

　　抗战胜利后，1946年冬华北学院复校，改称华北文法学院。李宗仁任学院董事长，王捷三任院长。设有政治、经济、法律、历史、中文、英文、俄文7系。1947年学院有教员90人，职员43人，学生1075名，又增设国际贸易和边疆政治两系。

　　1949年春，中国人民解放军北平市军管会接管了华北文法学院，随后该院被撤销，师生并入华北人民革命大学和华北大学（由解放区创办的综合性大学）。从此，私立华北大学—华北学院—华北文法学院前后经历了27年后宣告结束。

　　图录五〇：北平私立华北学院毕业证书　民国二十三年（1934）

　　纸本。高39.6厘米，宽48.5厘米。黑粗线条框边，边框上方中间为孙中山总理遗像，左右两旁为中华民国国旗和中国国民党党旗。此件系专门部法律科学生李清溪（河北深泽县人，22岁）修业期满、成绩及格、准予毕业的毕业证书。证书正中偏左署北平私立华北学院院长褚民谊，钤正方形朱文"北平华北学院院长之章"（2.5×2.5厘米）；教务长郑浩然，钤正方形朱文"华北学院教务长之章"（2.2×2.2厘米）。正中上方贴国民政府印花税票一枚（伍角）；靠左侧边框为颁证日期"中华民国二十三年七月"，钤正方形朱文"私立华北学院钤记"（5.2×5.2厘米）。

　　褚民谊（1884—1946），原名明遗，号重行，浙江吴兴（今湖州市吴兴区）人。早年加入

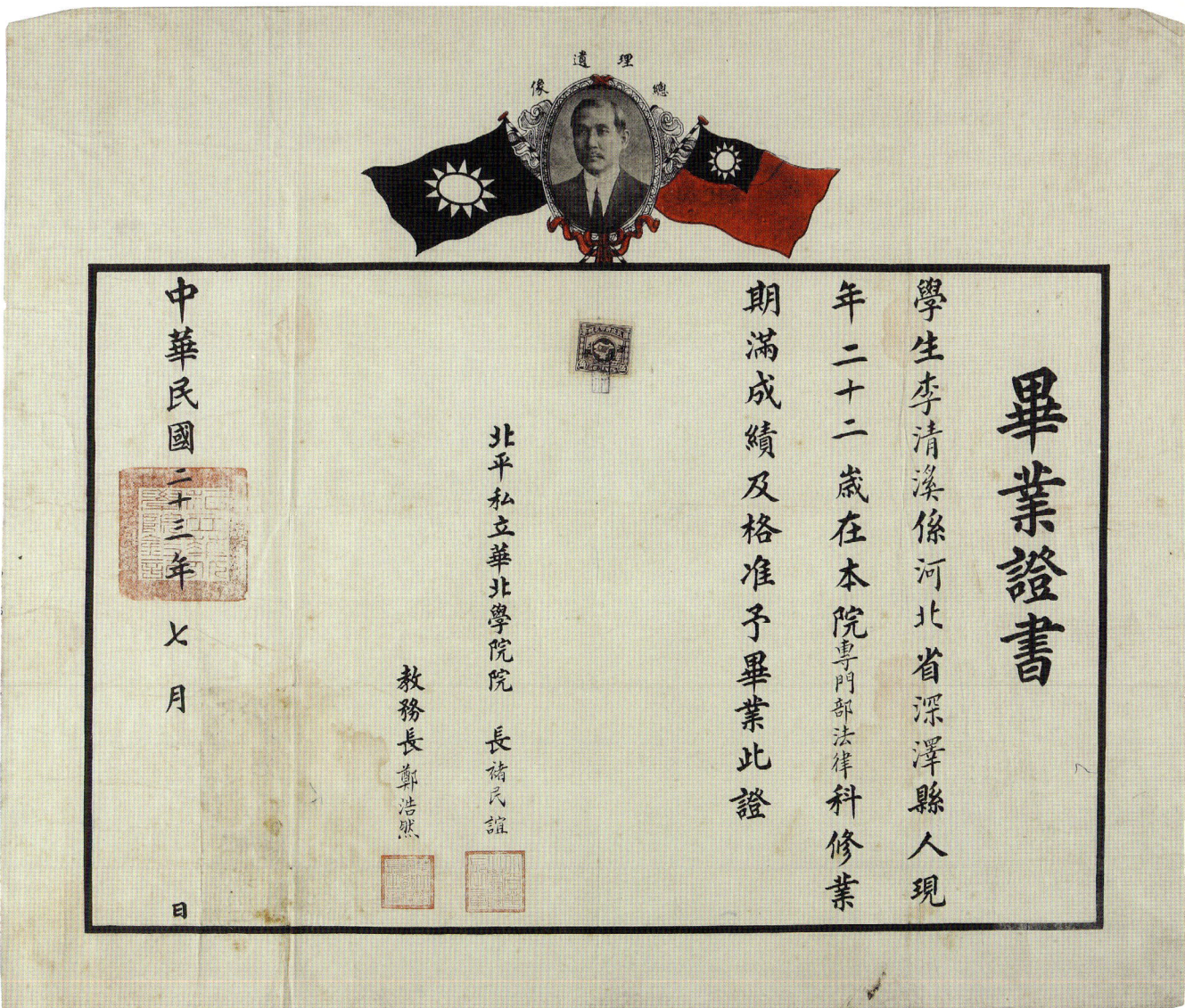

同盟会。1920年与吴敬恒、李煜瀛在法国创办里昂中法大学，任副校长。1924年获法国斯特拉斯堡大学医学博士学位。回国后，历任广东大学教授兼代理校长、中山大学校长、国立中法工业专业学校校长，国民党中央执行委员、中央监察委员，国民政府教育部大学委员会委员、行政院秘书长、华北学院院长等职。

抗战爆发后，跟随汪精卫叛国投敌。历任汪伪政府外交部部长和行政院副院长、驻日大使、汪伪宣传部长等职。抗战胜利后被国民政府逮捕，1946年被判处死刑。

一八、朝阳学院

朝阳学院的前身是由汪有龄、江庸等人于民国二年（1913）创办于北京的私立民国大学。1916年2月改名朝阳大学。1930年更名朝阳学院。1934年设法律、政治、经济银行、外交领事和边疆政治6系科，学生1700余名。

抗战爆发不久，日军占领北平，学院院长张知本决定举院西迁四川。1941年迁至巴县（今重庆市巴南区）兴隆场。学院设法律、经济二系，研究生、本科生和专科生共计800余名。抗战后期由居正接任院长。抗战胜利后，未结业的本科生迁返北平，石志泉任院长。1947年复校后的朝阳学院，设法科法律、经济两系，司法专修科和法科研究所。有教职员87人，学生1236名。

1949年北平解放后，华北人民政府司法部接管朝阳学院后不久，该院被撤销。

民国大学—朝阳大学—朝阳学院，前后历时37年。民国时期作为一所私立以法律专业为主的高等院校，为培养近代司法人才作出了自己的贡献。民国时期，朝阳学院在法学界负有"北有'朝阳'南有'东吴'（法学院）"之盛名。

图录五一：北平私立朝阳学院毕业证书　民国二十一年（1932）

纸本。高48.6厘米，宽42.7厘米。蓝色多层宽边花纹框边。边框上方中间为孙中山头像，左右两旁为中华民国国旗和中国国民党党旗。此件系专门部法律本科生陈致远（河北容城县人，26岁）修业期满，成绩及格、准予毕业的毕业证书。证书正中上方钤正方形朱文"北平私立朝阳大学印"（6.5×6.5厘米），印章左侧盖有"暂用旧印"戳记，署北平私立朝阳学院院长江庸（签名章），钤正方形"江庸"白文印（6.5×6.5厘米）；教务长王觐（签名章），钤正方形"王觐"白文印（2.2×2.2厘米）。证书左侧上下原贴有印花税票和陈致远的半身照片，但已脱落；靠左侧边框为毕业日期"中华民国二十一年六月"，钤正方形朱文"教育部印"（7.4×7.4厘米）；左侧边框下角为教育部验印编号"大字第12070号"及验印日期"中华民国廿贰年四月四日验"。

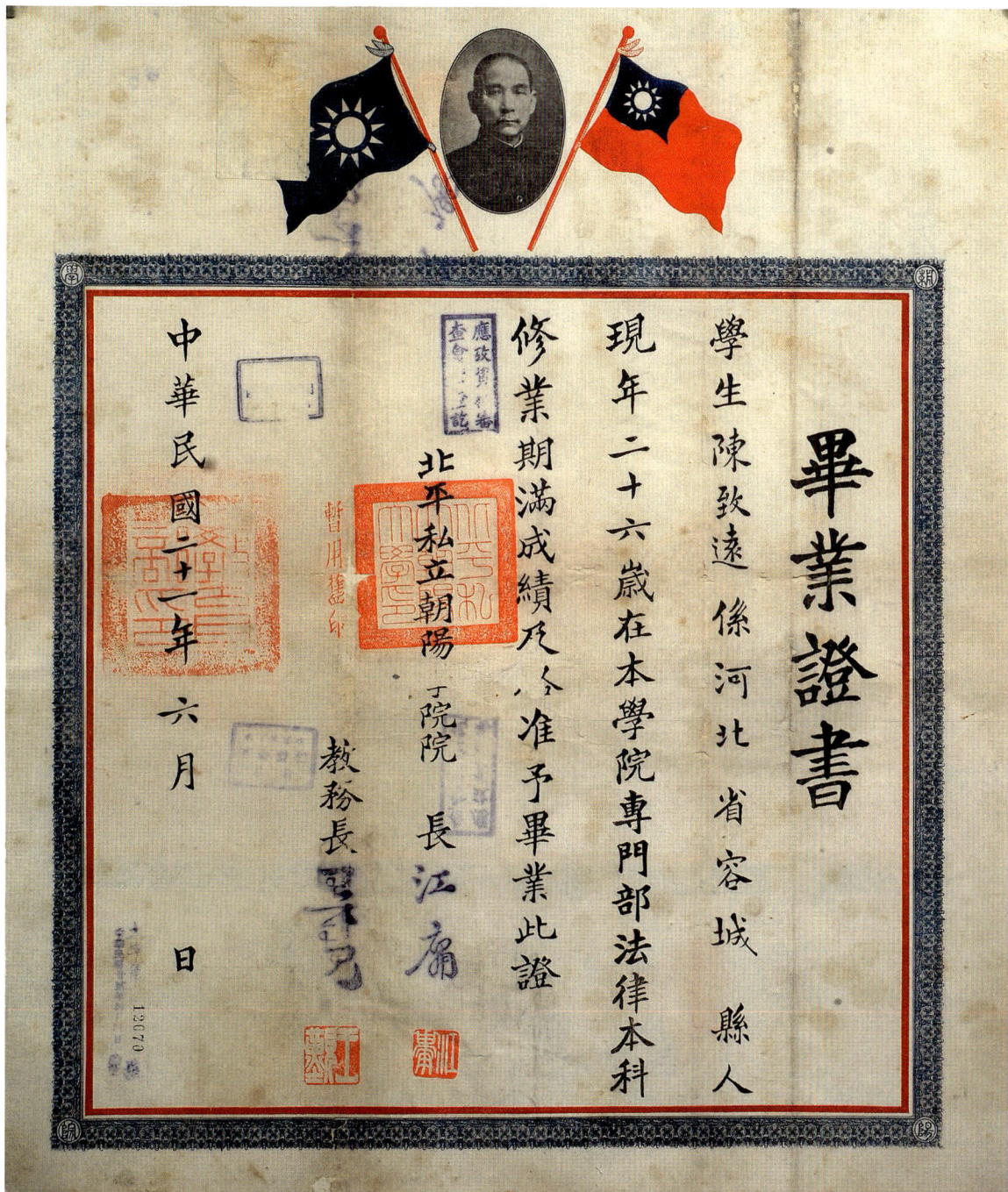

图录五一　北平私立朝阳学院毕业证书

1930年私立朝阳大学改为私立朝阳学院，由大学降为学院，从立案办理手续到治印，尚需时日，在新的印信未颁发前，陈致远的毕业证书只能"暂用旧印"。

江庸（1877—1960），著名法学教育家、社会活动家。字翊云，号趋庭，福建长汀人。早年留学日本早稻田大学。历任北京法政专门学校、北京法政大学、朝阳大学、朝阳学院等校校长。曾任北京政府大理院理长、司法部总长、修订法律馆总裁、国民政府司法院大法官等职。

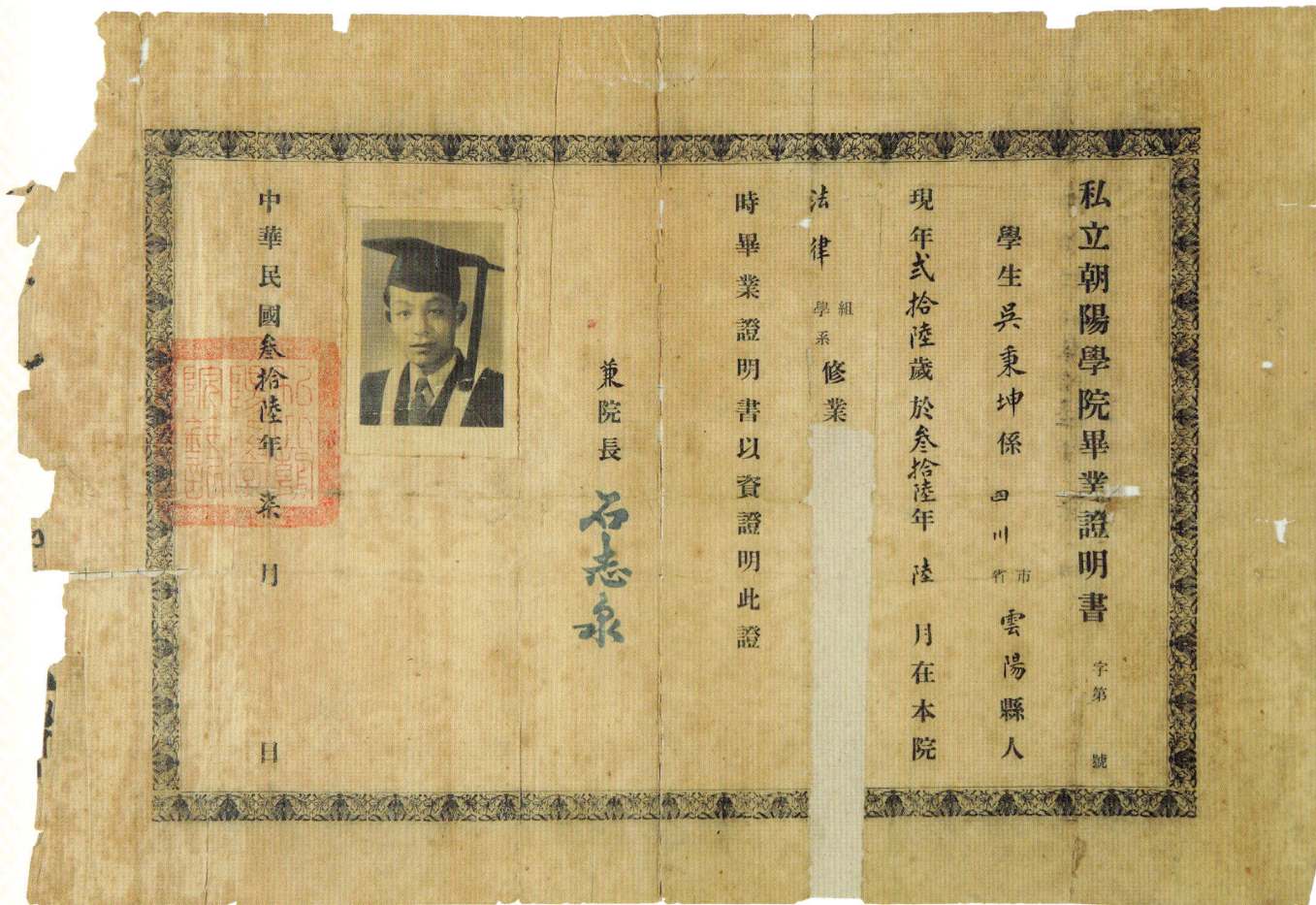

图录五二　私立朝阳学院毕业证明书

图录五二：私立朝阳学院毕业证明书　民国三十六年（1947）

纸本。高25.5厘米，宽38.5厘米。黑宽带花纹框边。此件系法律学系学生吴秉坤（四川云阳县人，26岁）修业期满、成绩及格发给的毕业证明书。证书正中偏左署兼院长石志泉（签名章）；左侧上方贴有吴秉坤毕业照，打盖"私立朝阳学院"圆形钢戳；靠左侧边框为颁证日期"中华民国叁拾陆年柒月"，钤方形朱文"私立朝阳学院钤记"（5.5×5.5厘米）。

石志泉（1885—1960），法学家、社会活动家。字友儒，湖北孝感人。早年赴日本留学，获法学学士学位。回国后，曾任北京政府修订法科馆副总裁、司法部次长等职。1924年至1932年期间，任朝阳大学法学院院长，国立北京政法大学教授，国立北平大学教授、系主任、教务长、院长，北京大学法律系讲师。1935年出任私立朝阳学院院长。抗战爆发后，未随学院南迁，但拒绝聘任伪职。抗战胜利后，任北平临时参议员、中国民主社会党首席监察委员、司法院副院长等职。1946—1948年兼任朝阳学院院长。1949年赴台湾。

图录五三：私立重庆朝阳学院证明书　民国三十六年（1947）

纸本。高26.7厘米，宽18.7厘米。重庆朝阳学院用笺，证书行文以毛笔书写。此件是一纸肄业证明书，证明法律系学生林国富（四川巴县人，22岁）曾在本学院肄业一年（林国富呈请学院开具肄业证明书，是为转学之需）。证书右下侧为证书编号"渝朝字第156号"；正中署院长居正（签名章）、副院长夏勤（签名章）。偏左侧上方贴有林国富半身照片，打盖"私立朝阳学院"圆形钢戳；左侧为开具证书日期"中华民国三十六年"，钤正方形朱文"私立重庆朝阳学院钤记"（5.5×5.5厘米）。

居正（1876—1951），社会活动家。原名之骏，字觉生，湖北广济（今武穴市）人。早年赴日本留学，加入同盟会。历任国民党中央执行委员会委员、中央党部总务部长、国民政府司法院院长兼最高法院院长等职。抗战后期，出任重庆朝阳学院院长。1948年4月，居正曾以国民党元老的身份，与蒋介石竞选总统，得269票，未当选。

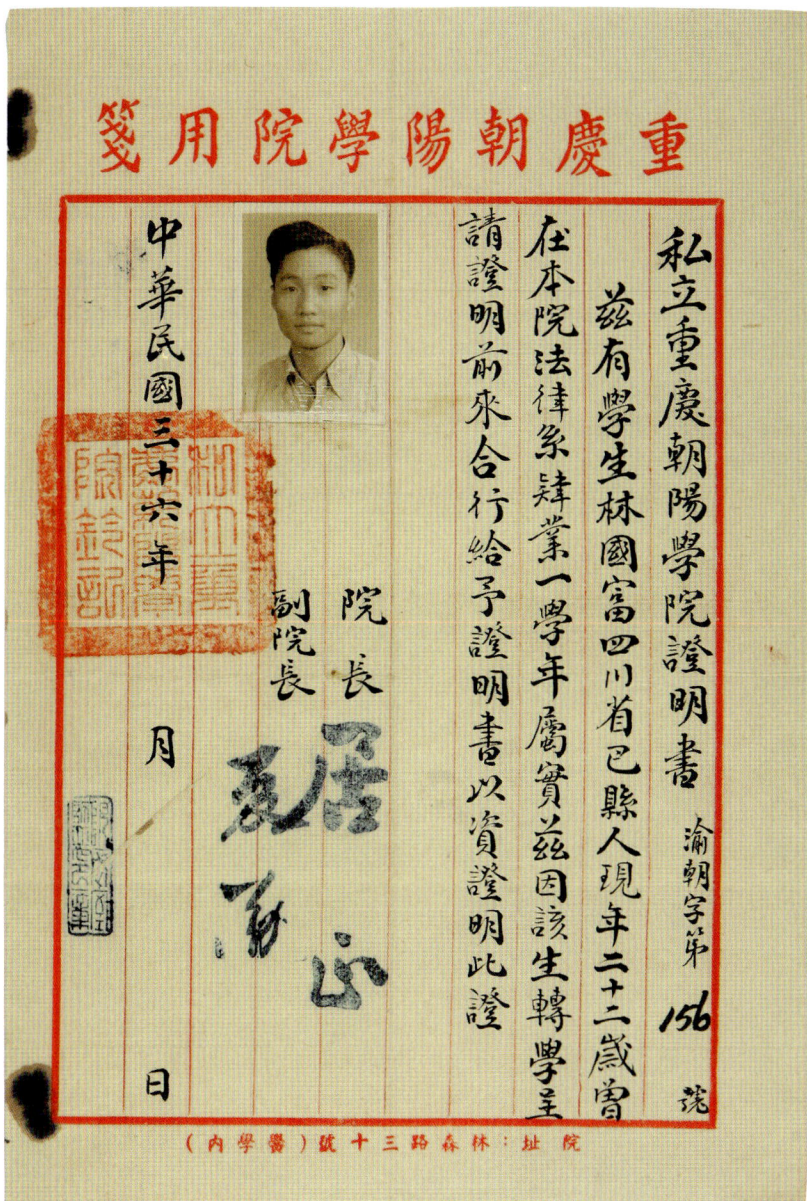

图录五三　私立重庆朝阳学院证明书

一九、中国政法大学

1949年6月，华北人民政府司法部接管朝阳学院并撤销该院后，为培养司法干部，迎接新中国的成立，着手筹备中国政法大学。8月9日，以前朝阳学院为基础组成的中国政法大学正式开学。校长由谢觉哉兼任。中国政法大学办学仅一年左右，于1950年并入中国人民大学。它和1952年成立的北京政法学院没有延续关系，而现今的中国政法大学是由原北京政法学院发展后更改的校名。因此，今日之法大实非昔日之法大，两者不应混同。

图录五四：中国政法大学肄业证明书　民国三十八年（1949）

纸本。高25.5厘米，宽18.7厘米，用信笺毛笔书写。此件是前私立朝阳学院司法组学生魏景武（河北安新县人，22岁）的肄业证明书。证书正中偏右盖长条朱文印"中国政法大学"，开具证明日期为民国三十八年八月二十三日；左侧上方贴魏景武半身照片，加盖椭圆形"中国政法大学秘书处"蓝色印章。

谢觉哉（1884—1971），无产阶级革命家、法学家。名维，字焕南，号觉斋，湖南宁乡人。历任陕甘宁边区高等法院院长、华北人民政府司法部长兼中国政法大学校长、中央人民政府内务部部长、中国政治法律学会副会长兼中央法政干部学校副校长、最高人民法院院长、全国政协副主席等职。

兹有前私立朝阳学院学生魏景武

现年弍拾弍嵗係河北省安新縣人原在該

学院习司法組弍年級肄業特予証明此證

中國政法大學 四八、八、廿三。

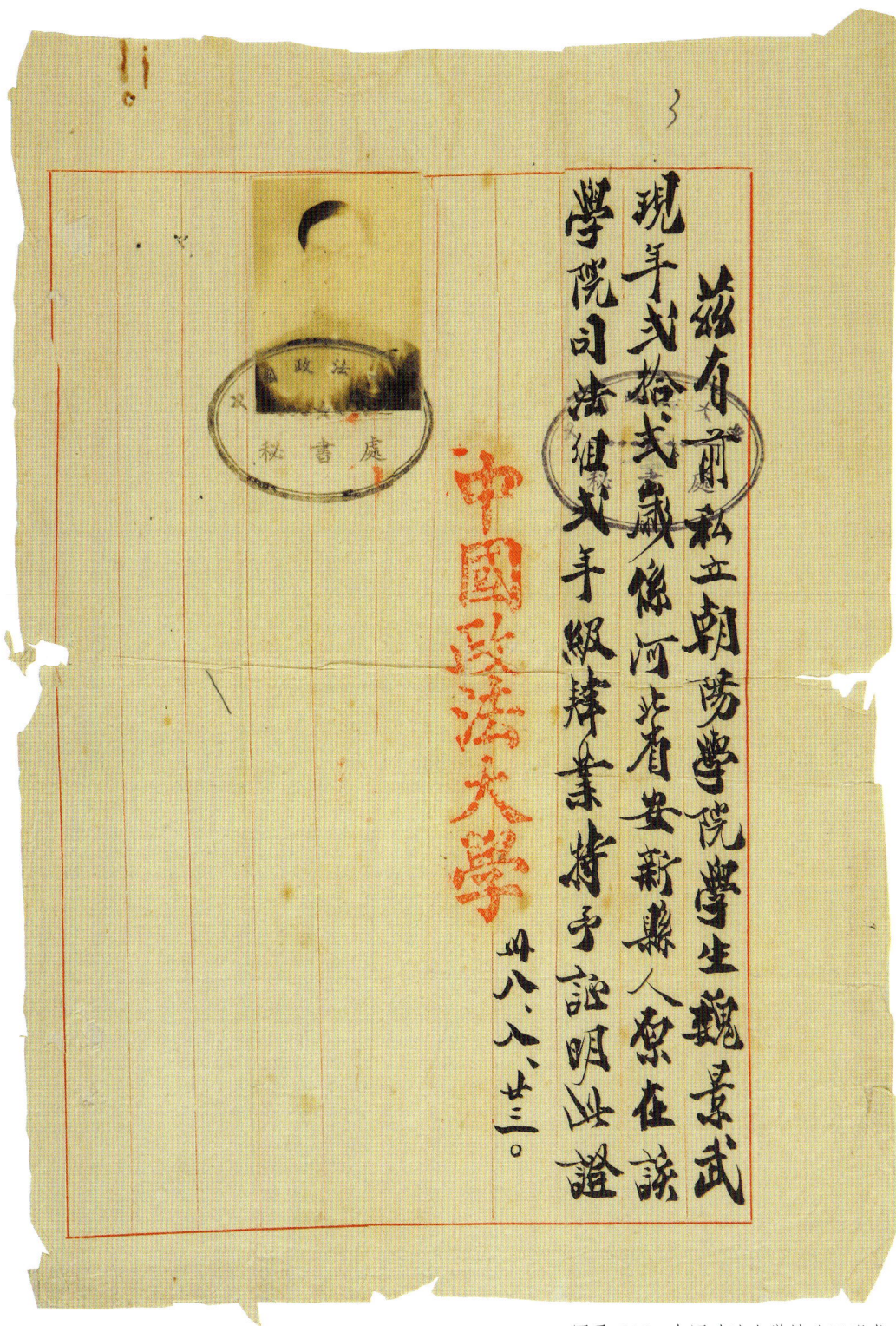

图录五四　中国政法大学肄业证明书

二〇、中法大学

1920年10月10日，私立中法大学在北京组建，校长蔡元培。1924年设有孔德学院、居礼学院、服尔德学院、陆谟克学院等4所学院。李煜瀛、李书华和李麟玉先后出任校长。1947年设文、理、医3学院8系，有教员92人，职员40人，在校生404名。

1949年北平解放，私立中法大学被北京市军管会接管。1950年改为公办，但不久即行停办，院系并入北京大学、南开大学等高校。

图录五五：北平私立中法大学证明书　民国三十八年（1949）

纸本。北平中法大学公用信笺，高28.8厘米，宽20.1厘米。此件是为文学院经济学系学生盛希敏（北平人，34岁）开具的学历资格证明书。证书右侧下方为证书编号"（37）学第肆壹叁号"；正中署校长李麟玉（签名章）；左侧为开具证明书日期"中华民国三十八年五月十八日"，钤方形朱文"私立中法大学钤记"（5.5×5.5厘米）。

李麟玉（1890—1975），化学家、教育家。字圣章，天津人。早年赴法国留学，获巴黎大学理学硕士学位和昂西化学院化学技师。历任北京中法大学居礼学院教授兼院长、北大化学系教授兼仪器部主任、北平研究院总务部代理部长兼化学研究所研究员、中法教育基金委员会委员等职。1928年出任中法大学校长。20世纪30年代，中法大学的规模进一步扩大，在课程设置、教学与科研上都有明显提高，尤其是文、理、医学院的学生后两年的学业必须在法国里昂完成，这为学生学业的提高提供了良好的环境。中法大学的业绩是与李麟玉主持校务密不可分的。

北平中法大学公用箋

中法大学證明書 字第 號 第 頁

〔37〕學第肆壹叁號

查學生盛希敏係北平人現年三十四歲於二十六學年度在本校文學院經濟學系畢業特此證明

校長 李麟玉

中華民國三十八年五月十八日

中華民國 年 月 日

東黄城根三十九號電報掛號三一二七

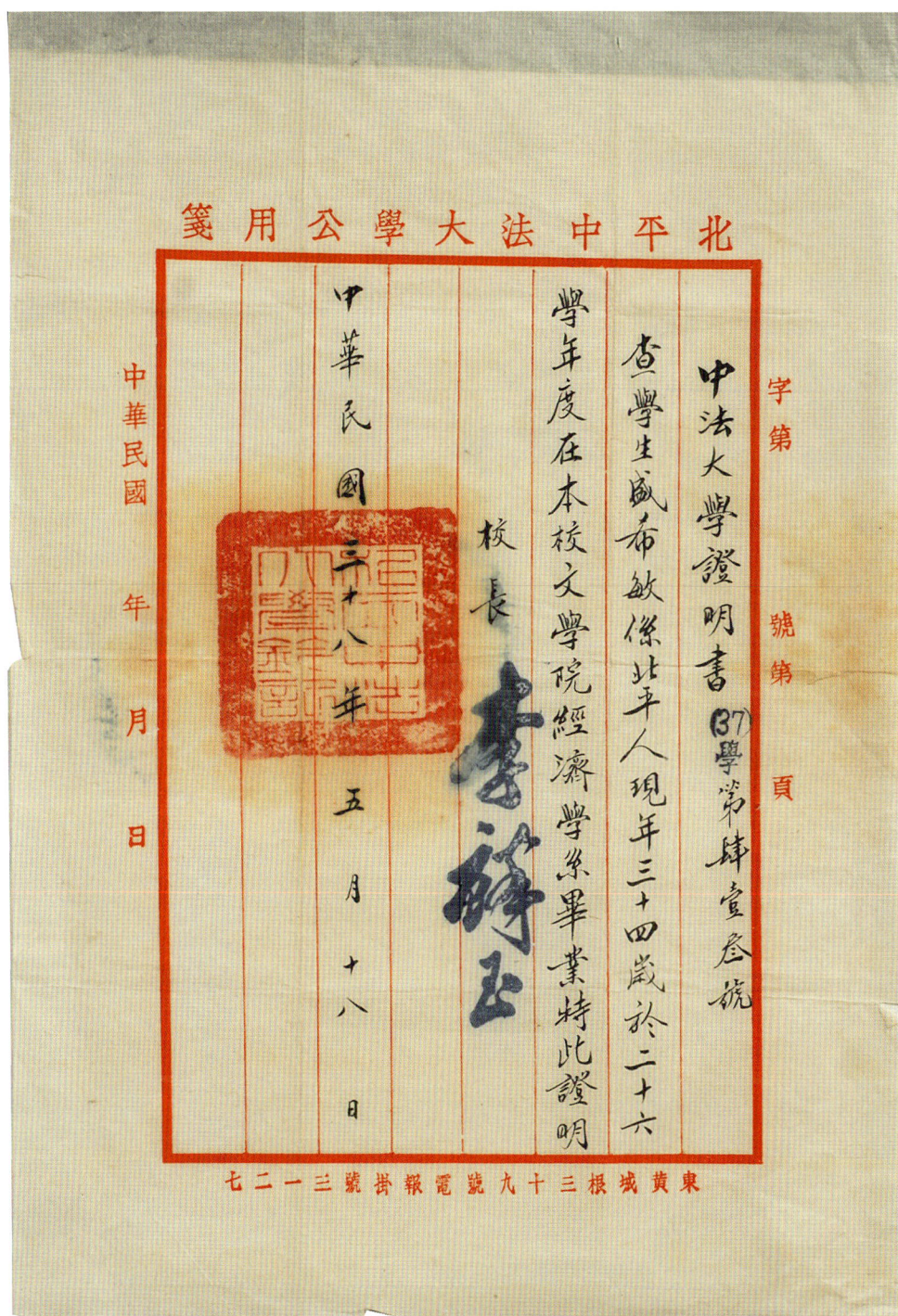

图录五五　北平私立中法大学证明书

二一、北京工业学院

北京工业学院是一所多科性的高等工业学校。它的前身是延安自然科学院。1952年1月,华北大学工学院改名为北京工业学院。1988年更名北京理工大学。

图录五六:北京工业学院毕业证书　1952年

纸本。高38.3厘米,宽44.8厘米。红粗细双线条框边,浅黄方格花纹图案作证书底色,并刊有美术体"为人民服务"五个大字。此件系机械专修科设计制图组学生程培(女,河北迁安县人,22岁)肄业期满、成绩及格、准予毕业的毕业证书。证书右侧下方为证书编号"(52)京证字第二一六号";正中钤正方形朱文"北京工业学院印"(5.8×5.8厘米),署北京工业学院副院长曾毅(签名章)。靠左侧边框为毕业日期"公历一九五二年八月",钤正方形朱文"中央人民政府高等教育部印"(7×7厘米);左侧上方贴有程培半身照片,并打盖"北京工业学院"圆形钢戳。

曾毅(1908—1959),原名晋增,河北蠡县人。1929年留学法国。回国后,任八路军129师东进纵队第五支队政治部副主任、邢台市委副书记等职。1948—1951年任晋察冀鲁豫边区北方大学工学院主任、华北大学工学院副院长;1952年至1954年任北京工业学院副院长;1954年8月至1959年先后任高教部教学指导司司长和中国科技大学党委副书记兼副校长。

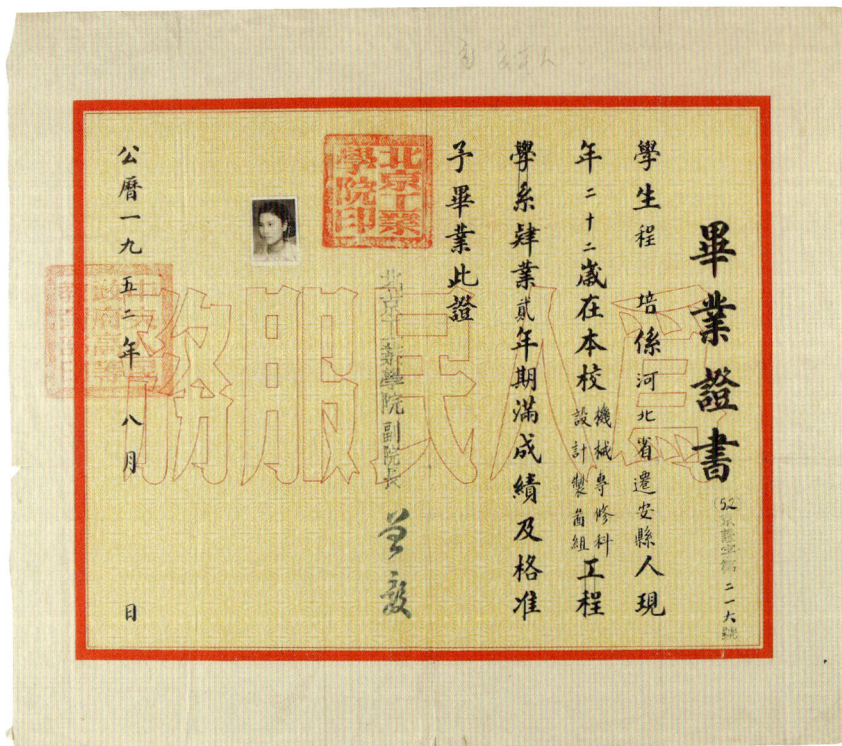

图录五六　北京工业学院毕业证书

天　津

二二、天津大学（北洋大学）

　　天津大学的前身是北洋大学。1895年，天津海关道盛宣怀创办的天津北洋西学堂，于1896年更名为北洋大学堂。它以美国大学为办学模式，全面系统地学习西学，成为近代中国第一代新式大学，被人誉为"东方康奈尔"。1899年，学堂第一批毕业生中获得中国近代第一张大学文凭（钦字第一号）的，是曾任中华民国第一任外交总长的王宠惠。

　　入民国后，1912年1月，北洋大学堂改名北洋大学校。1914年改称国立北洋大学，校长赵天麟，以"实事求是"为校训。1928年改为国立北平大学第二工学院；1929年又独立为国立北洋工学院。1937年迁往大西北。1938年与北平大学工学院等合组西北工学院，院址陕西城固。抗战胜利后，1946年在天津复校，恢复原来国立北洋大学的校名，校长茅以升。1948年设有理、工2学院12个系，校长张含英。

　　1949年天津解放后，刘锡瑛任北洋大学校务委员会主席。1951年9月22日，北洋大学与河北工学院合并，定名为天津大学。

1. 北洋大学

　　图录五七：国立北洋大学证明书　民国三十八年（1949）

　　纸本，国立北洋大学公用笺。此件系工学院土木系运输工程组学生崔锡培（江苏盐城人，28岁）的临时毕业证明书。证书右侧下方为证书编号"总临字第二六二号"；左侧上方贴有崔锡培毕业照；颁证日期为"中华民国三十八年二月廿八日"，钤长方形"国立北洋大学关防"（朱文）。

国立北洋大学笺用公

国立北洋大学证明书

继临字第二六二号

查学生崔锡培係江蘇省鹽城縣人現年二十八歲曾於民國三十七年六月在本校工學院土木系運輸工程組畢業前發之臨時畢業證書遺失特此證明

中華民國三十八年三月廿八日

图录五七　国立北洋大学证明书

图录五八：北洋大学毕业证书　1951年

纸本。高39.2厘米，宽44.5厘米。红粗细双线条框边，黄色小花纹图案作证书底色，并刊有美术体"为人民服务"五个大字。此件系工学院采矿工程学系金属组学生吴雨沛（河北乐亭人，24岁）肄业四年期满、成绩及格、准予毕业的毕业证书。证书正中钤正方形朱文"北洋大学印"（6×6厘米），署北洋大学校务委员会主席刘锡瑛（签名章）；工学院院长魏寿崑（签名章）。左侧上方贴有吴雨沛半身照片，打盖"北洋大学"钢戳。靠左侧边框为毕业日期"公历一九五一年六月"，钤正方形朱文"中央人民政府高等教育部印"（7×7厘米）；左侧边框外下角为验印日期"一九五三年三月廿七日经中央人民政府高等教育部验发"。证书编号"采

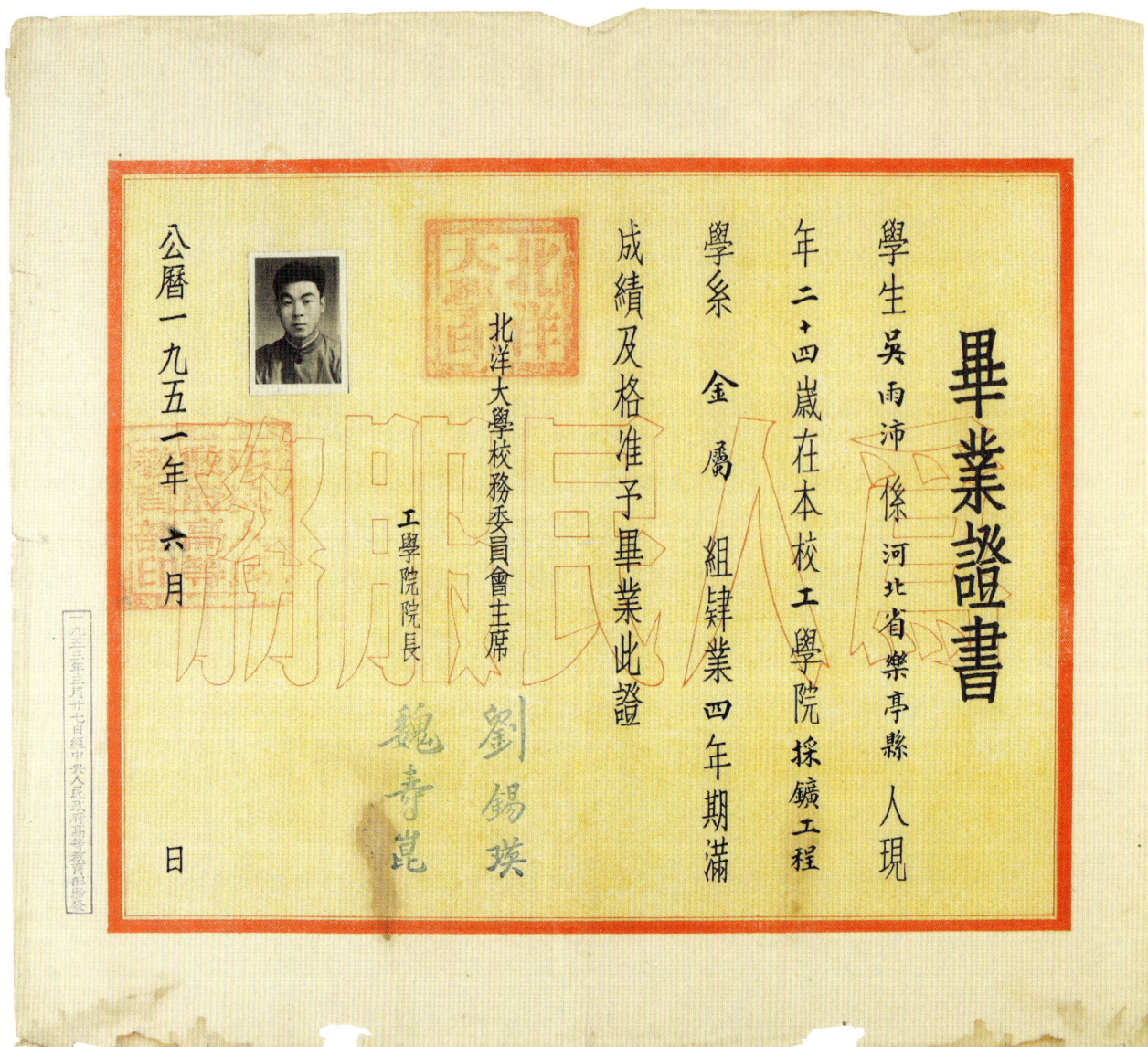

图录五八（1）　北洋大学毕业证书（正面）

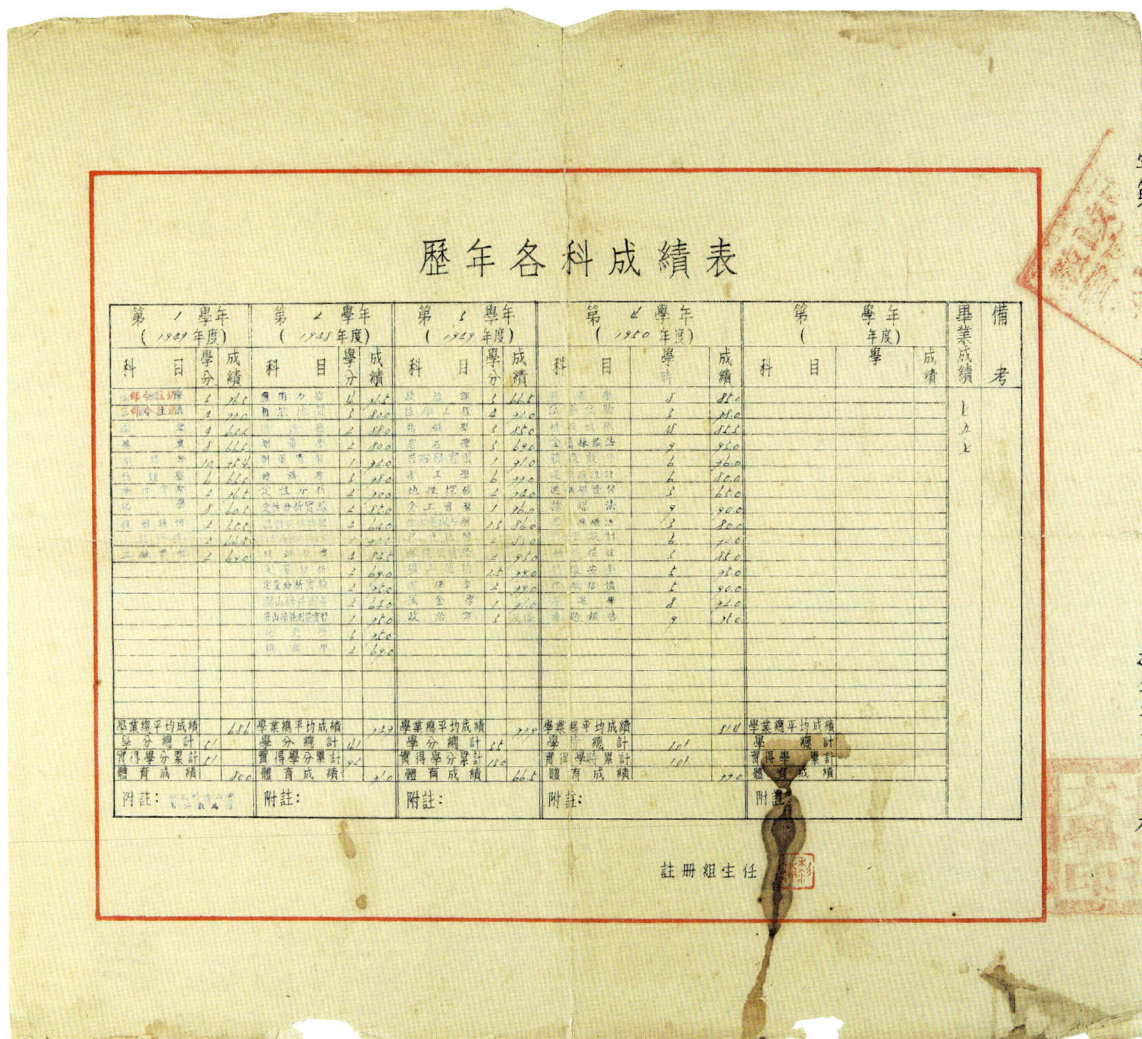

歷年各科成績表

金字第叁号"。

　　证书背面为吴雨沛历年各科成绩表。四学年共修业42门课。第一学年（1947年度）学业总平均成绩68.6分；第二学年（1948年）学业总平均成绩74.7分；第三学年（1949年）学业总平均成绩77.9分；第四学年（1950年）学业总平均成绩81.4分。毕业成绩75.7分。

　　吴雨沛毕业于1951年6月，而领取毕业证书是在1953年3月之后，间隔一年零九个月，其原因详见图录一一的文字说明。

　　刘锡瑛（1894—1966），电机学专家。字毓华，河北滦县人。1920年赴美留学，获电机硕士学位。回国后，历任东北大学工学院、北洋工学院、西北临时大学教授，西北工学院电机系主任、教务长，北洋大学教务长。1949年至1952年出任国立北洋大学、天津大学校务委员会主任（校长）。

2. 天津大学

图录五九：天津大学毕业证书　1952年

纸本。高38.3厘米，宽44.5厘米。红粗细双线条框边，以黄色小花纹图案作证书底色，并刊有美术体"为人民服务"五个大字。此件系纺织工程系学生李增敏（河北大城人，26岁）肄业三年期满、成绩及格、准予毕业的毕业证书。证书右侧边框下方为证书编号"（52）纺字第00009号"。正中钤正方形朱文"天津大学印"（6×6厘米），署天津大学校务委员会主席刘锡瑛（签名章）；副主席潘承孝（签名章）、赵玉振（签名章）。左侧上方贴有李增敏半身照片，打盖"天津大学"圆形钢戳；靠左侧边框为毕业日期"公历一九五二年七月"，钤"中华人民共和国高等教育部"圆形朱文印（直径5厘米）。

根据高等教育部（五三）人学马字第一六一号函，免予填写毕业生历年成绩并取消骑缝编号及盖印，故1953年后颁发的毕业证书背面不再填写毕业生的历年学习成绩，证书骑缝编号也改为证书正页编号。

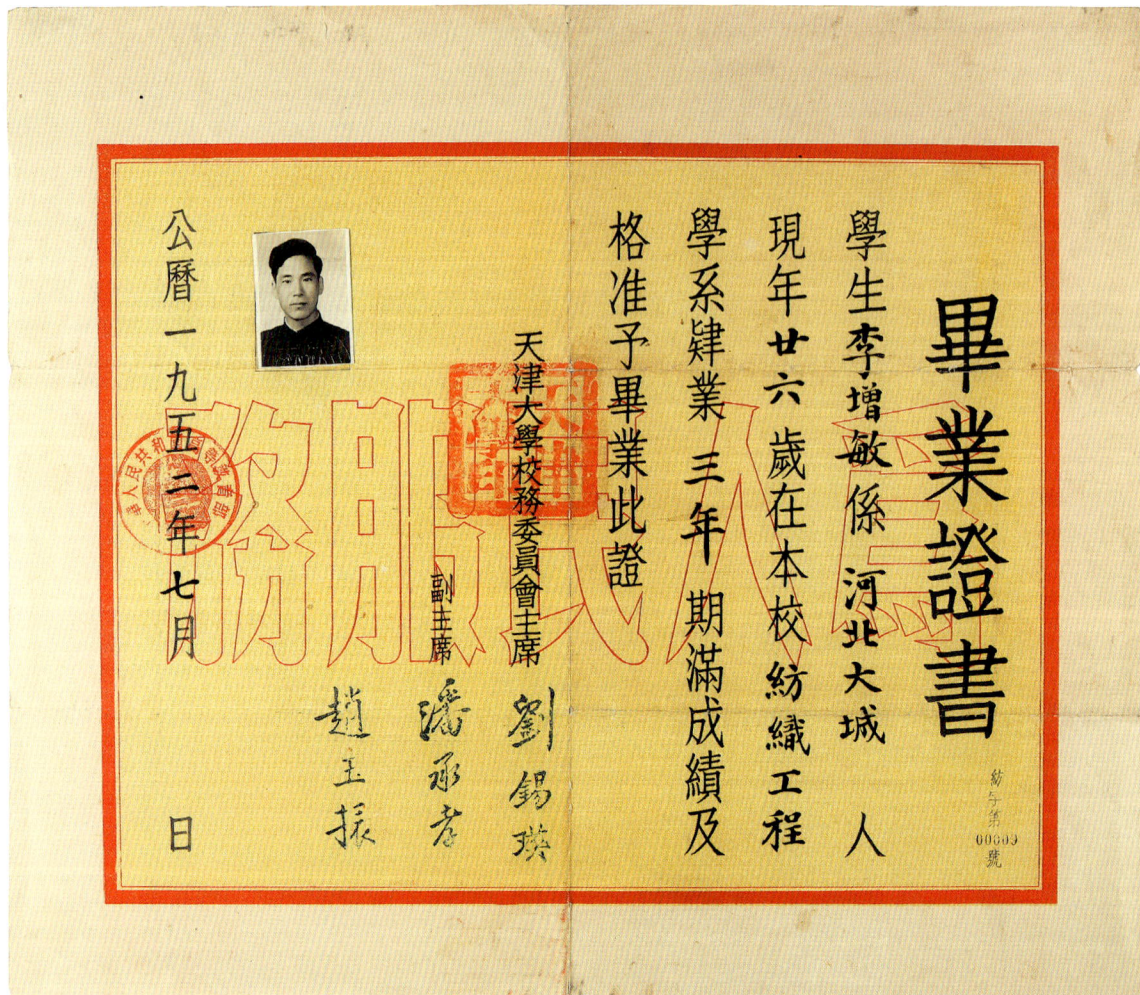

图录五九　天津大学毕业证书

二三、南开大学

南开大学的前身是教育家严修于1904年创办的敬业中学堂。入民国后，更名私立南开学校。1918年严修和张伯苓赴美考察高等教育回国后，于1919年建立私立南开学校大学部。设有文、理、商3科，招收了96名学生，其中，周恩来是文科第一期学生（学号62号）。1921年更名私立南开大学，张伯苓任校长。

抗战爆发不久，日军炮轰南开大学。南开大学成为抗战以来中国第一个罹难的高等学府。随后南迁，与北大、清华在长沙组成临时大学，后又迁往昆明，成立西南联合大学。

抗战胜利后，1946年4月，南开大学由私立改为国立。设有文学院、理学院、政治经济学院（即商学院）和工学院等4个学院16个系。另设有经济研究所、应用化学研究所及边疆人文研究室。1948年张伯苓校长离任，由何廉代理校长。

1949年1月，天津解放，由杨石先出任国立南开大学校务委员会主席。1952年全国高校院系调整，南开大学设有14个系，3个专修科，仍是一所兼具文理学科的综合性大学。

图录六〇：国立南开大学毕业证明书　民国三十七年（1948）

纸本。高28厘米，宽24.2厘米。黑细线条框边。此件系工学院化学工程学系学生邓佩鑫（湖南长沙市人，26岁）修业期满的临时毕业证明书。证书正中署国立南开大学校长张伯苓（签名章）；左侧下方贴有邓佩鑫半身照片，打盖"国立南开大学"圆形钢戳；靠左侧边框为证书开具日期"中华民国三十七年七月二十二日"，钤正方形朱文"国立南开大学关防"（9×6厘米）。证书编号"毕字第壹肆伍号"。

张伯苓（1876—1951），著名教育家。天津人。中国现代教育的开创者之一，南开大学的主要创始人。1919—1948年担任南开大学校长。张校长认为造成中国贫穷落后的原因有五条，即愚、弱、贫、散、私。所以在办学中，特别强调"德育为万事之本"，德、智、体、美四育并进，并手订"公允公能、日新月异"校训，为国家社会培养爱国为公、服务社会的人才。南开大学发展到今日成为全国著名高校，是与张公密不可分的，没有张伯苓，就没有今日之南

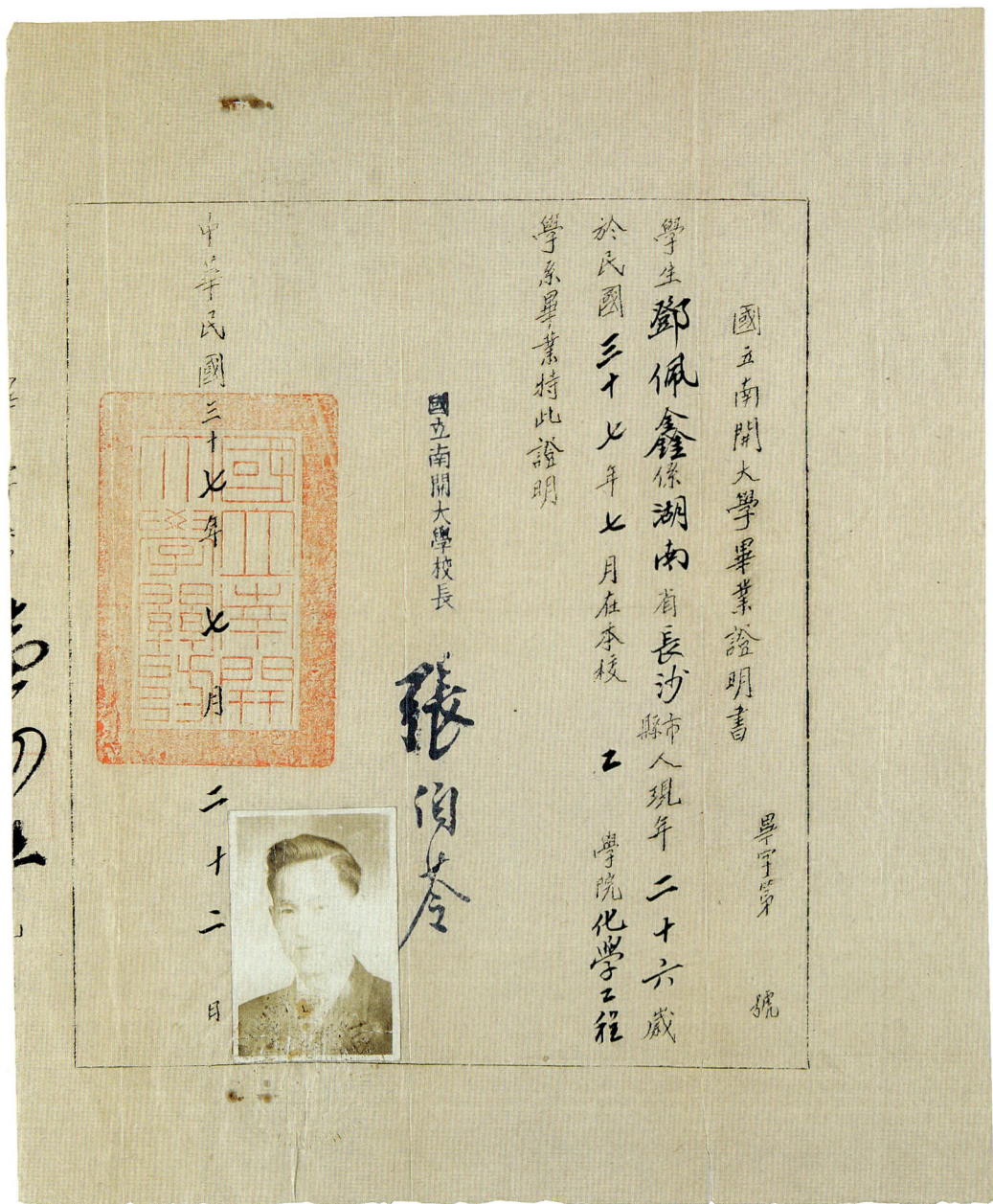

图录六〇　国立南开大学毕业证明书

开，故张氏被世人誉为"南开之父"。

图录六一：南开大学暑期学校证书　民国十二年（1923）

纸本。高24.2厘米，宽18厘米。此件系南开大学暑期学校"英文作文法"科学生王玉璋听讲期满、考试及格发给的结业证书。证书左侧为颁证日期"中华民国十二年八月"，署校长张伯

南开大学天津暑期学校證書

学員王玉璋于民國十二年八月在本大學暑期學校英文作文法一科聽講期滿并考試及格此證

中華民國十二年八月校長張伯苓

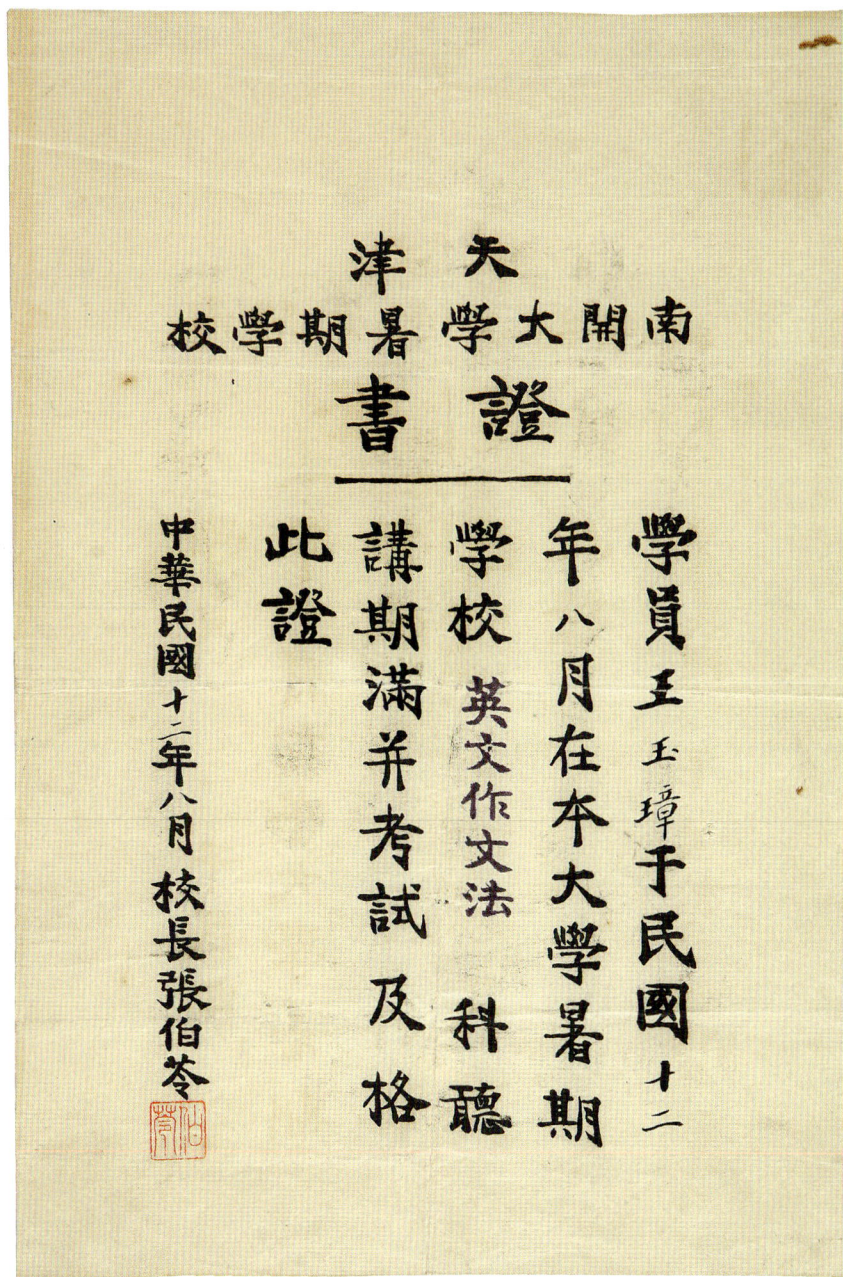

图录六一　南开大学暑期学校证书

苓，钤正方形"伯苓"朱文印（1.2×1.2厘米）。

在大学里，利用暑假举办各种形式的单科讲习班，不仅八十年前南开这样做，而八十多年后的今天一些高等名校更为盛行。这种班的特点是时间短，针对性强，单科学习效果较明显。当时南开开设的"英文作文法"讲习班，主要是针对国内学生举办的。

二四、津沽大学（天津工商学院 天主教会学校）

　　津沽大学的前身是法国天主教耶稣会于1921年创建的私立天津工商大学，法籍神甫于溥泽任校长。1933年改称天津工商学院，华南圭任院长，以"实事求是"为校训。1948年10月4日，改为私立津沽大学，校长刘乃仁。设文、工、商3学院10个系。

　　1951年9月5日，中央人民政府教育部接收后，津沽大学由私立改为国立，校长张国藩。设工、商、师范3学院12个系。1952年全国高校院系调整，津沽大学被撤销，原址组成天津师范学院。1958年天津师范学院改称天津师范大学。1960年定名河北大学至今。后校址迁至河北省保定市。

1. 天津工商学院

　　图录六二：私立天津工商学院毕业证明书　民国三十五年（1946）

　　纸本。高29.8厘米，宽37.5厘米。黑小花纹图案框边。此件系商科会计财政学系学生郑成业（天津市人，28岁）肄业期满、成绩及格、准予毕业所发给的临时毕业证明书。证书正中署私立天津工商学院院长刘迺仁，钤印两方：长方形"刘迺仁"朱文印（3.2×1.2厘米），正方形"天津工商学院院长"朱文印（1.9×1.9厘米）。左侧下方贴有郑成业半身照片，打盖"私立天津工商学院"圆形钢戳；靠左侧边框为颁证日期"中华民国三十五年六月"，钤正方形朱文

"天津工商学院校印"（6.5×6.5厘米）。证书编号"商字第陆壹肆号"。左侧边框外附有证明书英文参照。

刘迺仁（1904—1975），河北深县（今深州市）人。早年在河北献县天主教大修院攻读哲学，两年后入耶稣会。1930年赴上海神学院学习神学，三年后晋升神父，并至天津工商学院任职。历任学院训导长、院长。1948年工商学院改为津沽大学，任校长。1949年去香港，任天主教大修院修士导师。1961年协助于斌在台北创建辅仁大学。后曾一度任台北修道院院长和圣家堂耶稣会院长等职。

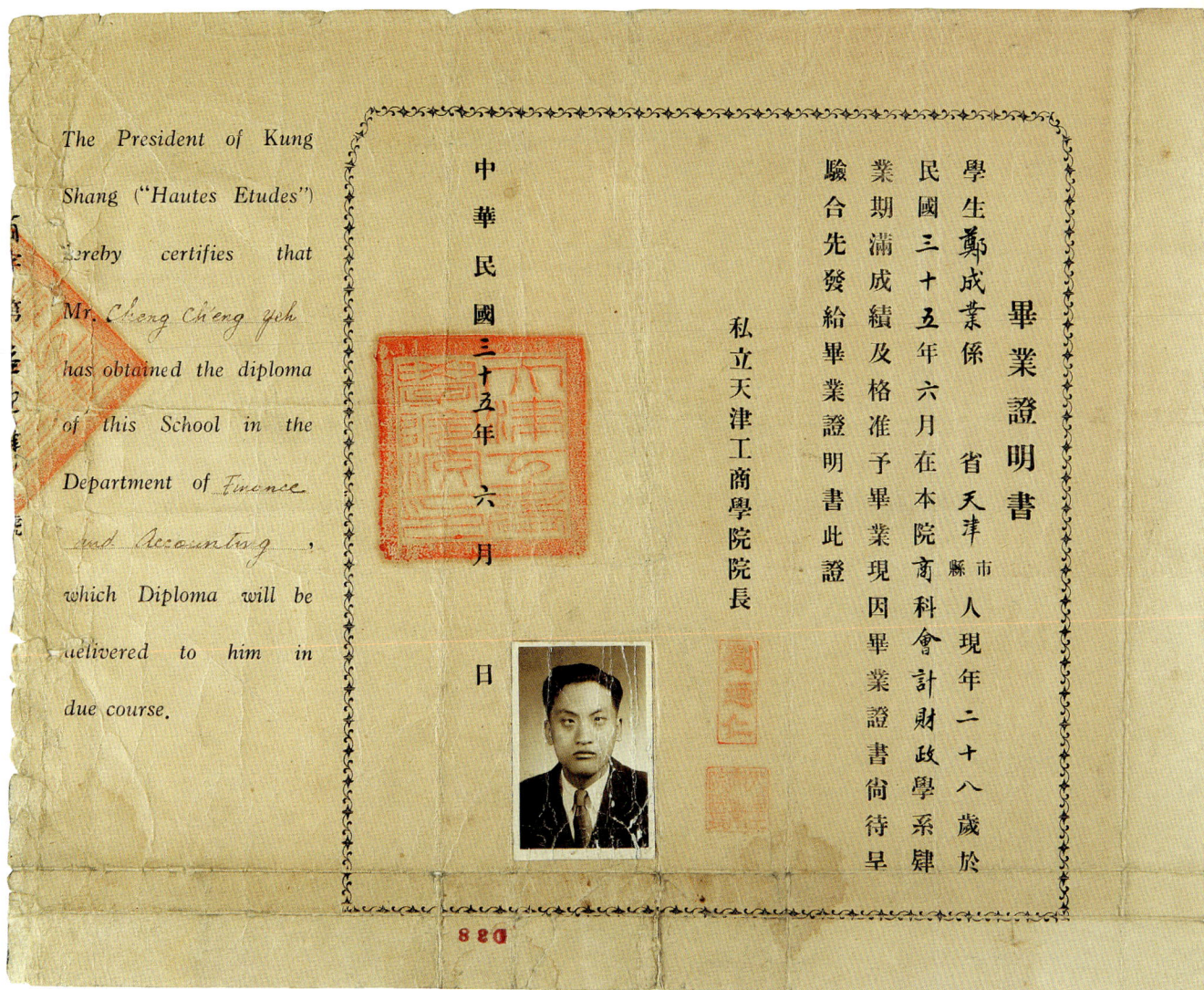

The President of Kung Shang ("Hautes Etudes") hereby certifies that Mr. *Cheng Chieng yoh* has obtained the diploma of this School in the Department of *Finance and Accounting*, which Diploma will be delivered to him in due course.

中華民國三十五年六月　日

私立天津工商學院院長

畢業證明書

學生鄭成業係 省天津 縣 市 人現年二十八歲於民國三十五年六月在本院商科會計財政學系肄業期滿成績及格准予畢業現因畢業證書尚待早驗合先發給畢業證明書此證

2. 津沽大学

图录六三：津沽大学毕业证书　1951年

纸本。高32厘米，宽45厘米。红粗细双线条框边，黄色花纹图案作证书底色，并刊有美术体"为人民服务"五个大字。此件系文学院中国文学系学生张玉贞（女，北京市人，22岁）肄业四年期满、成绩及格、准予毕业的毕业证书。证书右侧下方为证书验发日期"公历一九五三年四月七日经中央人民政府高等教育部验发"；正中钤正方形朱文"津沽大学印"（6×6厘米），署津沽大学校长张国藩（签名章）、副校长李宝震（签名章）。左侧上方贴有张玉贞半身照片，打盖"津沽大学"圆形钢戳；靠左侧边框为毕业日期"公历一九五一年六月"，钤正方形朱文"中央人民政府高等教育部印"（7×7厘米）。

由于高等教育部于1952年底成立，证书验发时间推迟一年零十个月。

证书背面是张玉贞历年各科成绩表。四学年共修35门课。第一学年（1947年年度）学业总平均成绩77.5分；第二学年（1948年度）学业总平均成绩82.2分；第三学年（1949年度）学业总

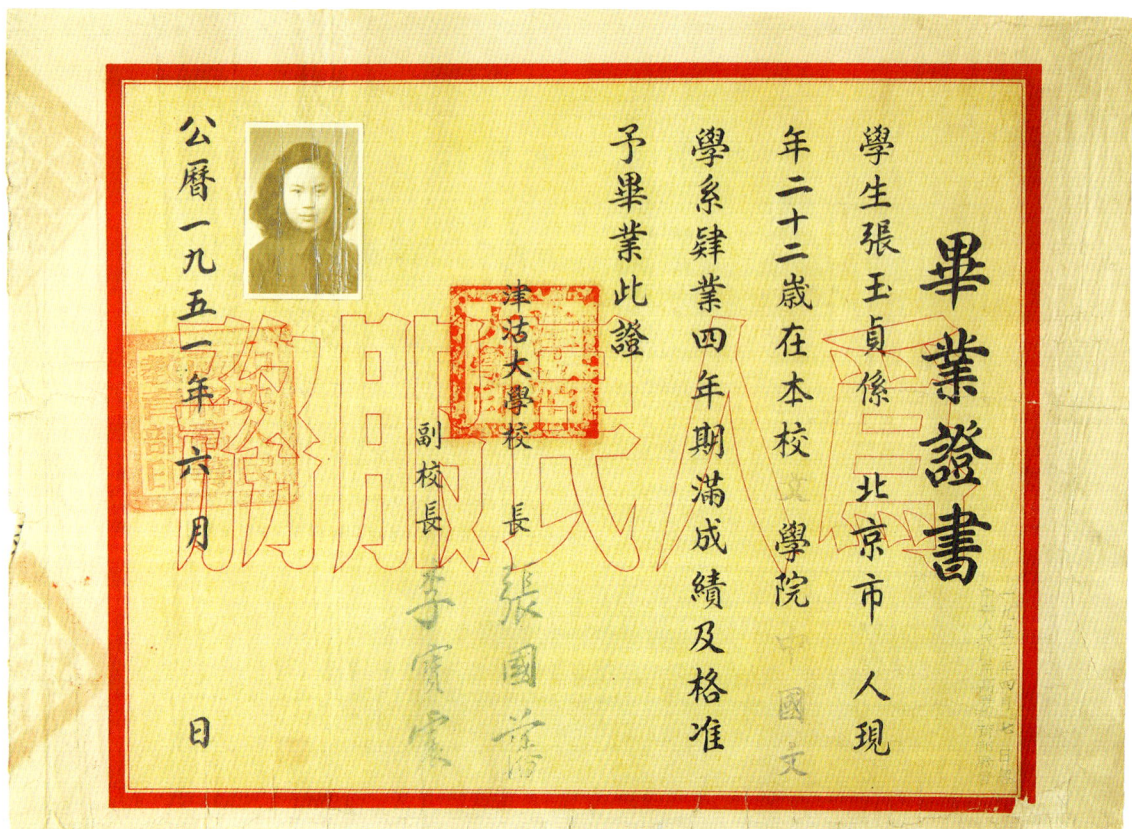

图录六三（1）　津沽大学毕业证书（正面）

歷 年 各 科 成 績 表

第一學年 (1947年度)			第二學年 (1948年度)			第三學年 (1949年度)			第四學年 (1950年度)			第（ ）學年 （ ）			第（ ）學年 （ ）			畢業成績	備考
科目	學分	成績	科目	學分	成績	科目	學分	成績	科目	學分	成績	科目	學分	成績	科目	學分	成績		
黨義讀	4	67	中國文學史	6	89	歷朝駢文	8	60	文藝學(二)	4	93							81.46	一九二一年畢業
英文	8	70	法學通論	2	90	卡士筆論	8	74	歷代文選	2	82								
國文	6	69	曲選	4	90	訓詁學	4	91	中等國文教學法	4	83								
中國通史	4	89	詩學淺說	4	65	詞選	4	82	政治經濟學	4	78								
社會學	4	91	楚漢韻讀	4	83	荀子	4	71	文教政策	2	78								
國學概論	4	70	文字學	4	85	魯迅研究	4	81	現代戲劇	4	84								
			歌選	4	76	李義山詩	4	93	畢業論文	6	合格								
			孟子	4	78	呂氏集	4	73	杜詩	3	90								
			中國哲學史	5	85	論語	4	80											
						現代文	4	78										
						文藝學	2	90										
學業總平均成績		77.50			82.20			80.70			85.45							
實得學分總計	40			47			42			28								
體育成績		90																
附註：			附註：			附註：			附註：			附註：			附註：			

註冊組主任

图录六三（2） 津沽大学毕业证书（背面）

平均成绩80.7分；第四学年（1950年度）学业总平均成绩85.4分。毕业成绩81.46分。

张国藩（1905—1975），著名物理学家、教育家。又名铁屏，湖北安陆人。1931年赴美留学攻读物理学，获艾奥瓦大学博士学位。回国后，历任北洋大学、西北工学院、沪江大学、北洋工学院及岭南大学教授。中华人民共和国成立后，定为一级教授，出任津沽大学校长。1952年之后任天津大学教授、副校长、校长，天津市科协主席、民盟中央主委等职。张国藩教授毕生从事教育和科学研究事业，在分子物理学和原子物理学、湍流理论两个领域，作出重要贡献。

二五、达仁学院

1939年1月由南开大学经济研究所留津人员在天津英租界创办私立达仁商学院。设3系，院长张士骏。1949年天津解放后，由祖吴椿任达仁学院院务委员会主任委员。1951年学院撤销，并入津沽大学。

图录六四：私立达仁学院毕业证明书　1951年

纸本。高26.5厘米，宽27.4厘米。黑粗细双线条框边。此件系学院附设会计统计专修夜班第九期会计组学生冯佩观（女，天津市人，32岁）修业期满、考查成绩及格的毕业证明书。证书右侧下方为证书编号"第541号"；偏左侧署院务委员会主任委员祖吴椿，钤正方形朱文"祖吴椿章"（1.5×1.5厘米）。左侧上方贴有冯佩观半身照片，打盖"天津私立达仁学院"圆形钢戳；靠左侧边框为颁证日期"一九五一年十一月"，钤正方形朱文"私立达仁学院印"（6×6厘米）。

20世纪50年代初期，为适应新中国经济建设的需要，私立院校举办各种形式的短期专修班，培训专业人员。专修夜班的培训对象主要是在职人员。

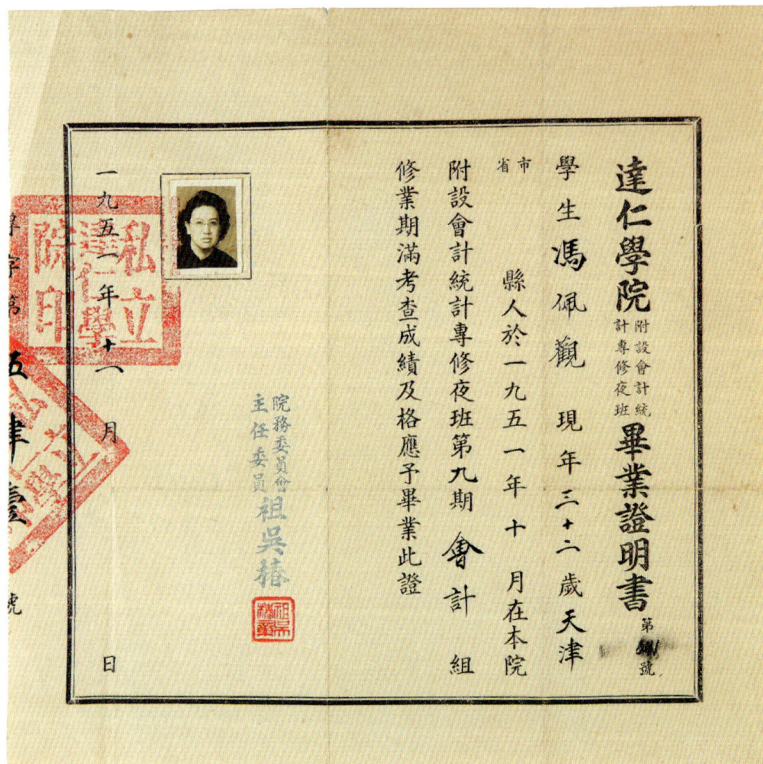

图录六四　私立达仁学院毕业证明书

河 北

二六、直隶高等师范学校

直隶高等师范学校的前身是袁世凯于光绪二十八年（1904）在保定创立的直隶师范学堂。宣统年间改为优级师范学堂。入民国，1912年改称为直隶高等师范学校。1922年学校并入河北大学（1921年成立）。从此，直隶高等师范学校不复存在。1931年河北大学撤销，文法科并入北平大学，农、医分别成立独立学院。至此，民国时期的河北大学也不复存在。

图录六五：直隶高等师范学校毕业证书　　民国三年（1914）

纸本。高36.5厘米，宽42.5厘米。黑细线条框边。此件系本科历史地理部学生成培咨（直隶大名县人，25岁）修业期满、考查成绩及格、准予毕业的毕业证书。靠证书右侧边框为直隶巡按使公署验讫证书日期"中华民国三年六月二十三日"，钤正方形朱文"直隶民政长印"（8×8厘米，暂用印）；偏左侧署直隶高等师范学校校长赵宪曾，钤正方形"校长"朱文印（1.3×1.3厘米）；靠左侧边框为毕业日期"中华民国三年六月二十日"，钤长方形朱文"直隶高等师范学校关防"（9.5×5.5厘米）。

一般公立学校的正式毕业证书均要呈报有关上级部门验印，验发时间，通常均须间隔数月，而此直隶高师的毕业证书呈报直隶巡按使公署验讫只用了3天，时间之短，确实罕见。

畢業證書

學生成培咨 係直隸 省 大名 縣

人現年二十五歲在本校本科歷

史地理部修業期滿考查成績及格

准予畢業此證

直隸高等師範學校校長 趙憲曾

二七、河北师范学院（北洋女师范学堂）

　　河北师范学院（今河北师范大学）的前身是北洋女师范学堂。该学堂是教育家傅增湘于1906年创办的，校址在天津三洋里。辛亥革命后，1912年改称直隶公立女子师范学校。1916年又改为直隶第一女子师范学校。1928年更名河北省立第一女子师范学校。1929年升格为河北省立女子师范学院，并以"崇实、明理、守法、合作"为校训。1931年设有6个系。抗战爆发后，内迁陕西，并入西安临时大学。1938年，又成为西北联合大学师范学院的组成部分。抗战胜利后，返回天津。1946年10月28日，河北省立女子师范学院恢复，设有家政、音乐、教育、英语、体育5个系，是全国15所高师院校之一。1949年8月1日改称河北省立师范学院，兼招男女生，设中文、教育、体育、艺术4个系，教育家杨秀峰兼任校长。1956年迁往石家庄，改名石家庄师范学院，1958年易名石家庄师范大学。1962年定名河北师范大学。

1. 北洋女师范学堂

　　图录六六：北洋女师范学堂毕业文凭　光绪三十三年（1907）

　　纸本。高50.8厘米，宽59.8厘米。红绿彩双龙戏珠图案框边。此件系北洋女师范学堂第一部简易科学生陆绍芬功课习毕、考列最优等发给的毕业文凭。修业课程有：修身、教育学、国文、文法、家政、算学、习字、地理、历史、东语（日语）、图画、音乐、体操等。任课教师为陈懋治、佐口美都子、邓毓怡、索兰卿、曹启骧、张相文、贝安纳、丰冈梅等。提调吴鼎昌，钤正方形白文"吴鼎昌印"（2×2厘米）。陆绍芬的分科和毕业考试成绩总平均84分。文凭正中上方钤长方形朱文"北洋女师范学堂关防"（8.8×5.4厘米）；左侧为颁证日期"光

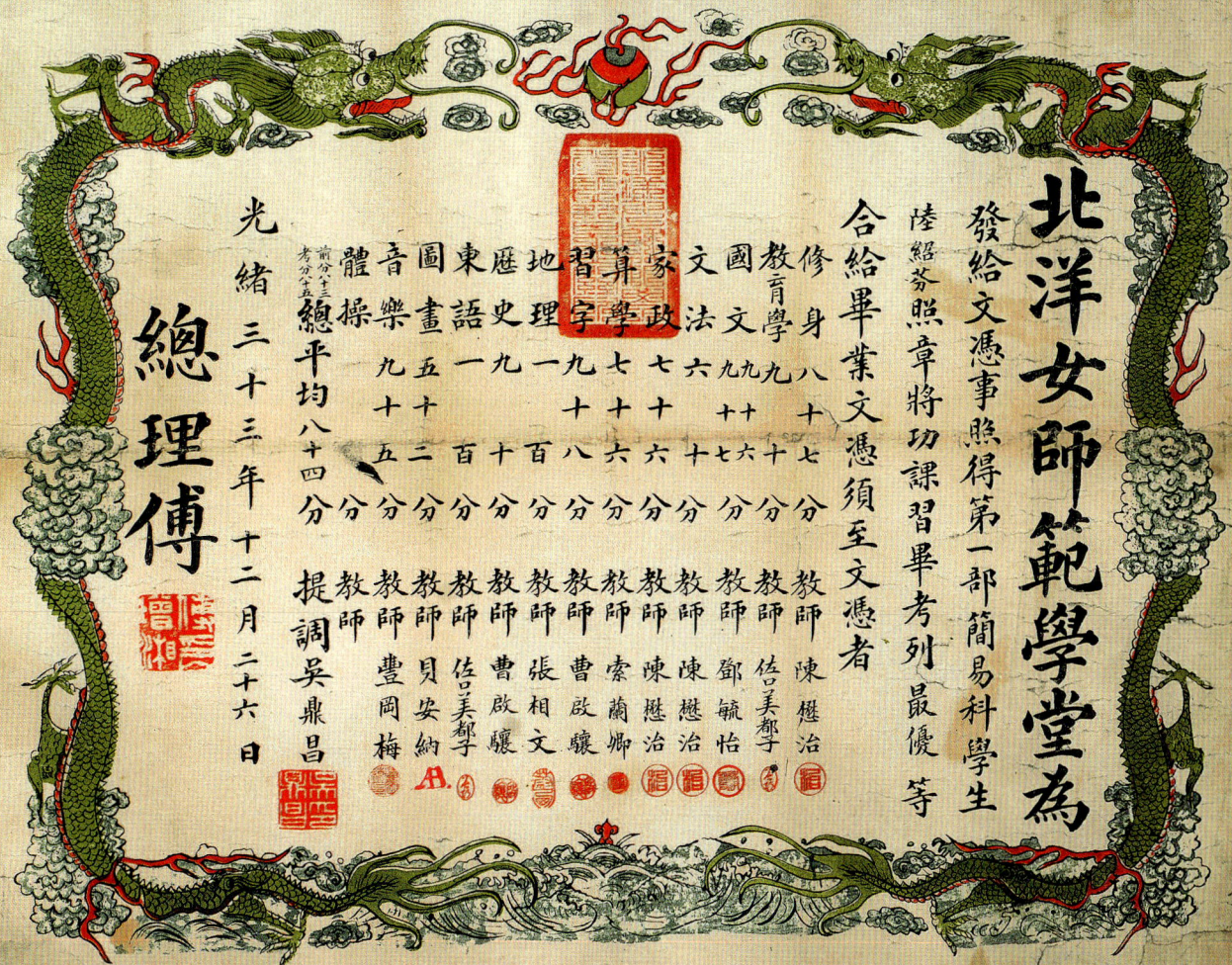

图录六六　北洋女师范学堂毕业文凭

绪三十三年十二月二十六日"，署总理傅（增湘），钤正方形白文"傅增湘印"（3.2×3.2厘米）。

傅增湘（1872—1949），著名版本目录学家、藏书家、教育家。字沅叔，自号藏园、藏园老人，四川江安人。光绪进士。1906年创办北洋女师范学堂，任总理（校长）。1908年8月任北京女子师范传习所所长。同年10月，兼任京师女子师范学堂（传习所改称）总理（校长）。入民国，曾任北京政府教育部总长、故宫博物院图书馆馆长。是开创中国女子高等师范教育的先驱。

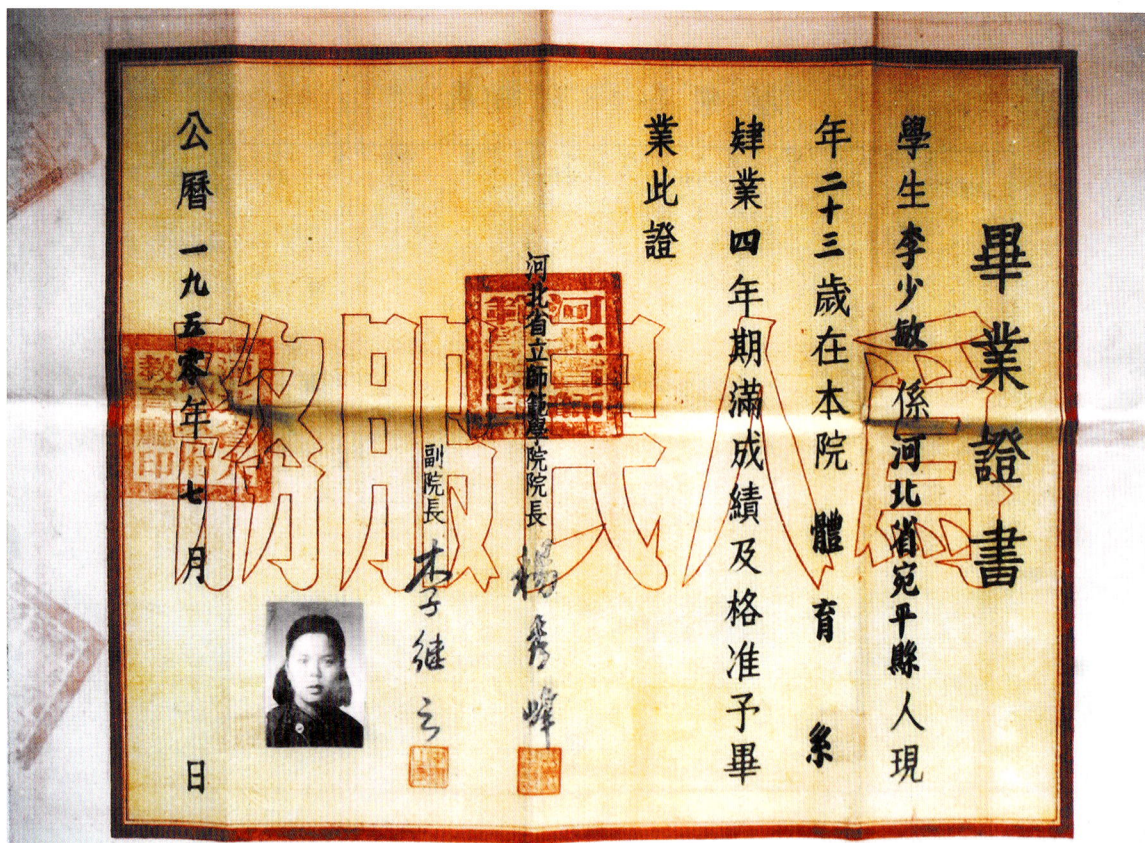

图录六七（1）　河北省立师范学院毕业证书（正面）

2. 河北师范学院

图录六七：河北省立师范学院毕业证书　1950年

纸本。高39厘米，宽49厘米。黑粗细双线条框边，黄色花纹图案作证书底色，并刊有美术体"为人民服务"五个大字。此件系体育系学生李少敏（女，河北宛平县人，23岁）肄业四年期满、成绩及格、准予毕业的毕业证书。证书正中钤正方形朱文"河北省师范学院印"（6×6厘米），署河北省立师范学院院长杨秀峰（签名章）、副院长李继之（签名章）。左侧下方贴有李少敏半身照片，打盖"河北省立师范学院"圆形钢戳；靠左侧边框为毕业日期"公历

图录六七（2） 河北省立师范学院毕业证书（背面）

一九五零年七月"，钤正方形朱文"河北省人民政府教育厅印"（6×6厘米）。证书编号"师字第零陆零号"。

证书背面为毕业生历年各科成绩表。李少敏四学年实得累计148学分、毕业成绩75.9分。

杨秀峰（1897—1983），无产阶级革命家和著名教育家。又名秀林，河北迁安人。早年赴法国留学。曾任北师大、天津法商学院教授。抗战期间，曾在冀西创办河北抗战学校，任院长。中华人民共和国成立后，在担任河北省人民政府主席期间，1949年至1952年兼任河北师范学院院长。杨秀峰曾主管全国教育工作，担任高等教育部、教育部部长，对新中国教育事业作出重要贡献。

图录六八：河北师范学院毕业证书　1952年

纸本。高39.1厘米，宽49.2厘米。红粗细双线条框边，黄色花纹图案作证书底色，并刊有美术体"为人民服务"五个大字。此件系体育系学生康佩兰（女，河北武邑县人，24岁）肄业四年期满、成绩及格、准予毕业的毕业证书。证书正中钤正方形朱文"河北师范学院印"（6×6厘米），署河北师范学院院长杨秀峰（签名章）、副院长李继之（签名章）。左侧上方贴有康佩兰半身照片，打盖"河北师范学院"圆形钢戳；靠左侧边框为毕业日期"公历一九五二年

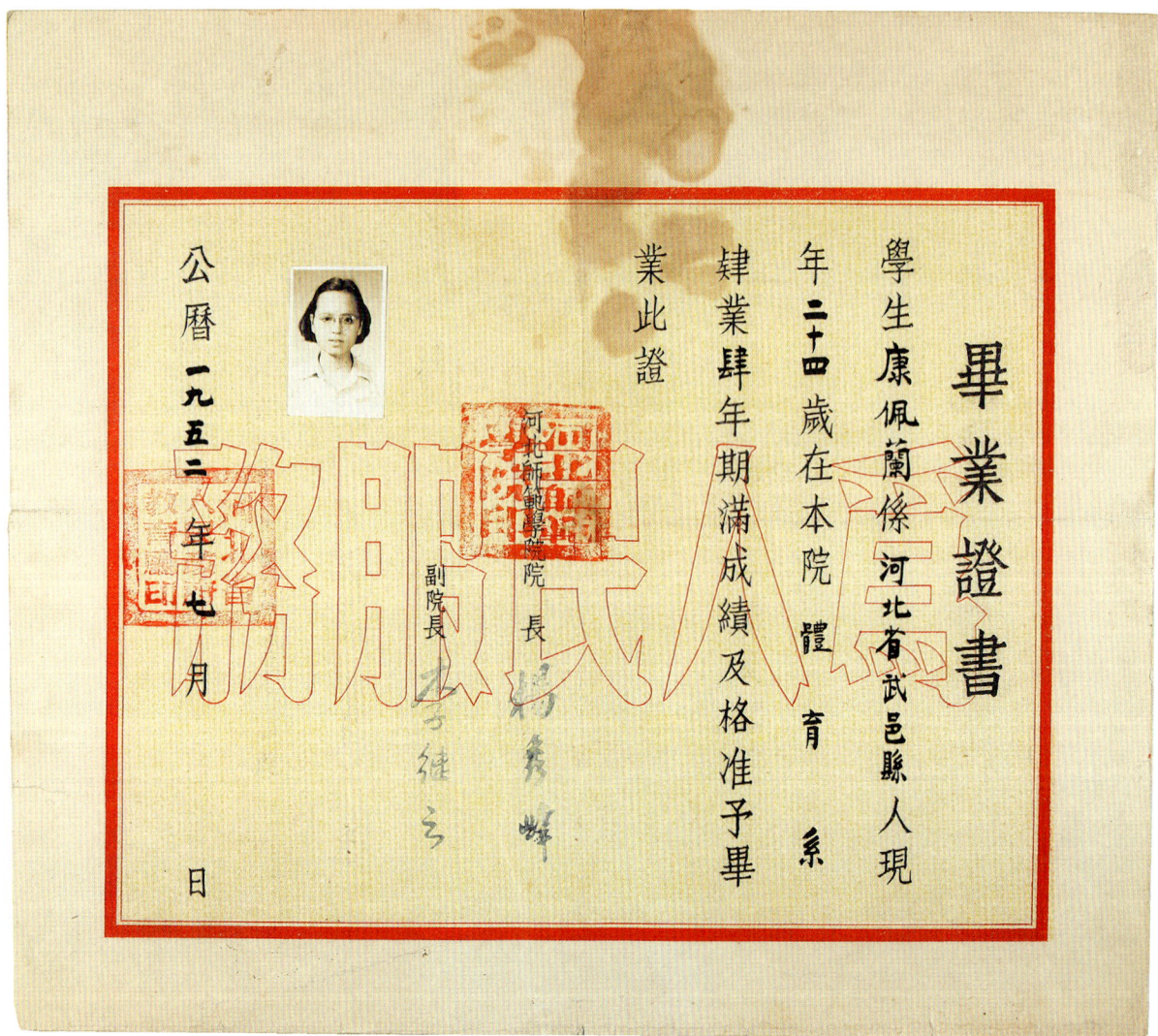

图录六八（1）　河北师范学院毕业证书（正面）

七月"，钤正方形朱文"河北省人民政府教育厅印"（6×6厘米）。证书编号"师字第零陆陆号"。

证书背面是康佩兰历年各科成绩表。四学年共修业44门课。第一学年（1948年度）学业总平均成绩76分；第二学年（1949年度）学业总平均成绩78分；第三学年（1950年度）学业总平均成绩78.8分；第四学年（1951年度）学业总平均成绩81分。毕业成绩78.5分。

图录六八（2） 河北师范学院毕业证书（背面）

二八、交通大学唐山工程学院

1905年唐山铁路学堂建立，1906年改为唐山路矿学堂。1912年改名唐山铁路学校，1914年又改为唐山工业专门学校，1921年成为交通大学唐山分校，1922年更名唐山大学。1928年先后改为唐山交通大学、第二交通大学。1929年又成为交通大学唐山工程学院。校训"精简求学，敦笃励志，果毅力行，忠恕任事"。1937年起，先后迁往湖南、贵州、四川。1946年在河北唐山复校，定名国立唐山工学院。1949年并入中国交通大学，1950年改名北方交通大学。1952年高校院系调整，改为唐山铁道学院。1964年迁往四川。1972年改称西南交通大学，校址定为成都。

图录六九：国立交通大学唐山工程学院毕业证书　民国二十八年（1939）

纸本。高40厘米，宽49.3厘米。蓝色宽带边双线条花纹图案框边，上方中间为孙中山头像，左右两旁为中华民国国旗和中国国民党党旗。此件系土木工程系学生史尔毅（河北玉田县人，23岁）修业期满、成绩及格、准予毕业并授予工学士学位的毕业证书。证书正中钤长方形朱文"国立唐山工学院关防"（9×6厘米，借用印），署国立交通大学唐山工程学院院长茅以升，钤正方形朱文"茅以升印"（2.5×2.5厘米）。左侧上方贴有中华民国印花税票一枚（伍佰圆），下方贴有史尔毅半身照片。靠左侧边框为毕业日期"中华民国二十八年九月"，钤正方形朱文"教育部印"（7.4×7.4厘米）；左侧边框下角为教育部验印编号"大字第05705号"及验印日期"中华民国卅七年五月廿九日"。

史尔毅毕业时间是1939年9月，而证书的领取时间却在时隔9年之后的1948年5月，其主要原因是抗战期间教育部对边远地区高校核验证书的时间延长。

茅以升（1896—1989），著名桥梁专家、教育家。字唐臣，江苏镇江人。早年获美国康奈尔大学土木工程硕士学位和加利基理工学院工学博士学位。回国后，先后任唐山交通大学教

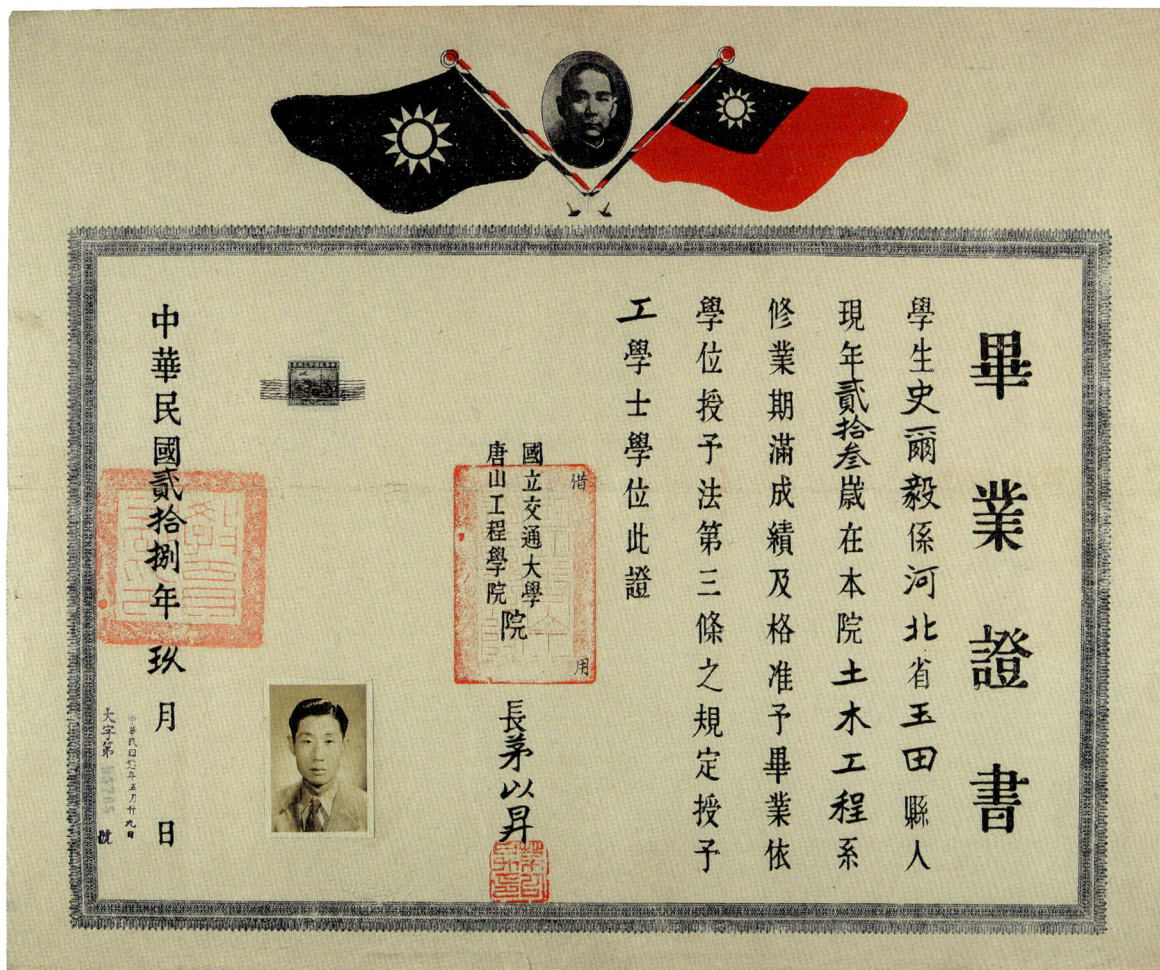

图录六九　国立交通大学唐山工程学院毕业证书

授、南京东南大学工科教授兼主任、河海工科大学校长、天津北洋大学教授兼校长。1938年2月至1942年1月出任交通大学唐山工程学院院长；1949年任中国交通大学校长；1950年任北方交通大学校长。是1948年首届中央研究院院士和1955年中科院首批学部委员。20世纪30年代成功地主持设计钱塘江大桥工程，博得海内外赞誉，在中国桥梁史上占有重要一席。

二九、北方大学

1945年11月，新华大学在晋冀鲁豫解放区邢台市建立，后改名为北方大学，校长范文澜。1948年8月，北方大学与华北联合大学合并为华北大学，校长吴玉章。校址河北正定，1949年迁往北平。1950年，以华北大学为基础，组建中国人民大学。

图录七〇：北方大学修业证书 民国三十六年（1947）

纸本。高25.8厘米，宽23.7厘米。此件系行政学院二班学生关建昌（山西平顺县人，33岁）修业期满的修业证书。证书正中署校长范文澜，钤正方形朱文"范文澜章"（1.7×1.7厘米）；行政学院主任薄怀奇，钤正方形朱文"薄怀奇印"（1.1×1.1厘米）。左侧为颁证日期"中华民国三十六年六月十五日"，钤长方形朱文"晋冀鲁豫边区北方大学印章"（10.4×6.9厘米）。

范文澜（1893—1969），著名历史学家。字仲沄、号芸台，浙江绍兴人。1917年北京大学毕业。曾任南开大学、北京大学、北京师范大学、辅仁大学教授，北平大学女子文理学院院长。1937年任河南大学教授。1940年到延安，任马列主义研究院副院长兼历史研究室主任。1946年春赴晋冀鲁豫边区任北方大学校长。1948年任华北大学副校长兼研究部主任。建国后，为1955年中国科学院的首批学部委员、中科院近代史研究所所长、中国史学会副会长。

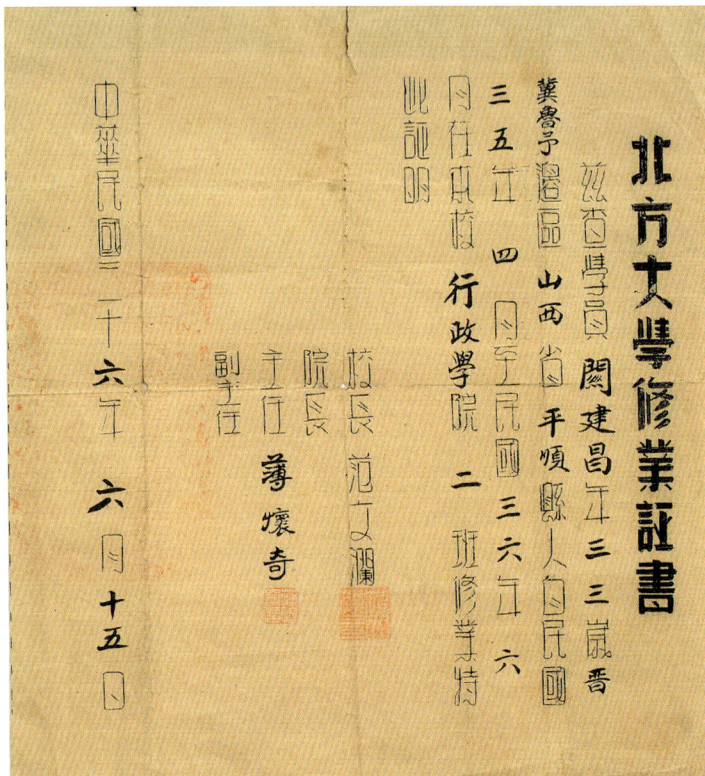

图录七〇 北方大学修业证书

山　西

三〇、山西大学

1902年创建的山西大学堂（山西大学的前身），是近代中国最早的三所公立大学之一。1912年改称山西大学校；1931年易名山西大学。1939年迁往陕西，后更名国立山西大学。抗战胜利后，返回太原。1949年春，中国大学理学院并入山西大学。中华人民共和国成立后，山西大学设文、理、医、工、法5个学院，是当时全国学科齐全、规模较大的一所综合性大学。1953年取消山西大学建制，文、理两院合并，改称山西师范学院，医、工两院各独立建院，法学院改称财经学院划归中国人民大学。1959年在太原又重新组建山西大学，并延续至今。

图录七一：山西大学毕业证书　民国九年（1920）

纸本。高40.3厘米，宽39.3厘米。黑宽带多层花纹图案框边，边框四角刊有楷书"山西大学"字样。此件系预科第一部学生章廷谦（浙江绍兴人，22岁）修业期满、考查成绩及格、准予毕业的毕业证书。证书正中为验印日期"中华民国九年五月十九日山西教育厅验讫"，钤方形朱文"山西教育厅印"（7.3×7.3厘米）。正中偏左署山西大学校长王录勋，钤正方形"山西大学校长"朱文印（1.2×1.2厘米）；预科学长苏体仁，钤正方形"山西大学预科学长"朱文印（1.7×1.7厘米）。靠左侧边框为毕业日期"中华民国九年三月"，钤长方形朱文"山西大学校之关防"（9.2×5.7厘米）。证书顶端贴有五枚（每枚面值壹角）中华民国印花税票。证书编号"大字第拾伍号"。

学生章廷谦预科毕业后，考入北京大学本科（哲学系），并于1922年毕业，该生后来成为文化名人。其简历见图录五文字介绍。

王录勋（1885—1960），著名水利学家、教育家。字猷辰，山西临汾人。早年留学英国，获伦敦皇家大学博士学位。1912年任山西大学物理系教授、工科学长。1918—1937年出任山西

图录七一 山西大学毕业证书

大学校长。王录勋早期主持校务，就开办了文科英文学门、法科政治学门、工科电气学门。30年代初，将文科改为文学院，法科改为法学院，工科改为工学院，各学门、学类，均改为学系。至1935年，山西大学已是一所拥有文、法、工、教（教育）、理等5个学院多学科的综合性大学。王录勋在山西大学执教和主持校务25年，在教学管理、学科建设等方面，成绩显著，功不可没。

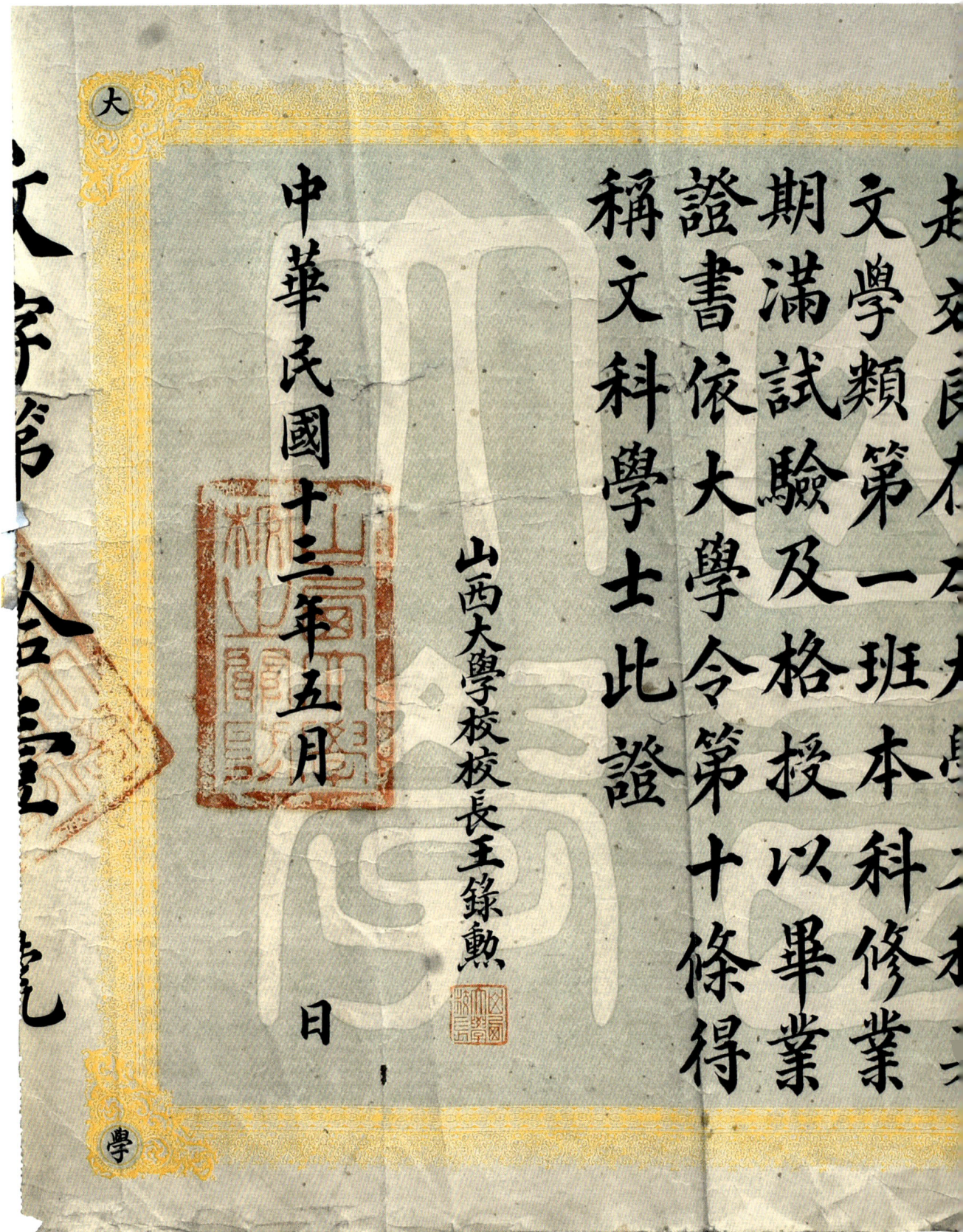

趙交民籍...

文學類第一班本科修業

期滿試驗及格授以畢業

證書依大學令第十條得

稱文科學士此證

山西大學校校長王錄勳

中華民國十三年五月　　日

图录七二：山西大学学士证　民国十三年（1924）

纸本。高38厘米，宽39厘米。黄彩花纹图案框边，边框四角刊有楷书"山西大学"字样。此件系山西大学文科英文学类第一班学生赵效良修业期满、试验及格、准予毕业并授予文科学士学位的学士证。证书正中偏左署山西大学校长王录勋，钤正方形"山西大学校长"朱文印（1.7×1.6厘米）；左侧为学士证颁发日期"中华民国十三年五月"，钤长方形朱文"山西大学校之关防"（9.7×5.7厘米）。证书编号"文字第拾壹号"。

大学本科毕业，授予学士学位，是现代大学学位制所确立的数种等级中的一种初级形式。民国初期，我国推行现代意义的学位制尚属初级阶段。从一些毕业证书的实物来看，授予本科毕业生学士学位与毕业证书一般都是两者兼顾、合为一纸，很少单独另颁学士证书。显然，山西大学早期的这种做法，在民国时期不具有普遍性。

图录七二　山西大学学士证

图录七三：山西大学毕业证书 1952年

纸本。高38.2厘米，宽42.3厘米。红粗细双线条框边，黄色花纹图案作证书底色，并刊有美术体"为人民服务"五个大字。此件系师范学院数学专修科学生张成业（山西洪洞县人，22岁）肄业期满、成绩及格、准予毕业的毕业证书。证书右侧边框下方为证书编号"（伍贰）山字第281号"；正中钤正方形朱文"山西大学印"（6×6厘米），署山西大学校长邓初民（签名章）、师范学院院长梁园东（签名章）。靠左侧边框为毕业日期"公历一九五二年六月"，钤正方形朱文"中央人民政府教育部印"（7×7厘米）。

邓初民（1889—1981），著名社会学家。曾名希禹，字昌叔，湖北石首人。早年留学日本东京法政大学。历任暨南大学、法政大学、广西大学、朝阳学院、香港达德学院教授。中华人民共和国成立后，历任山西省人民政府副主席、副省长、山西大学校长（1949年9月至1953年12月）、中国政治学会名誉会长，全国人大、政协常委，民盟中央副主席等职。著有《政治科学大纲》、《政治学》、《社会史简明教程》、《中国社会史教程》等。

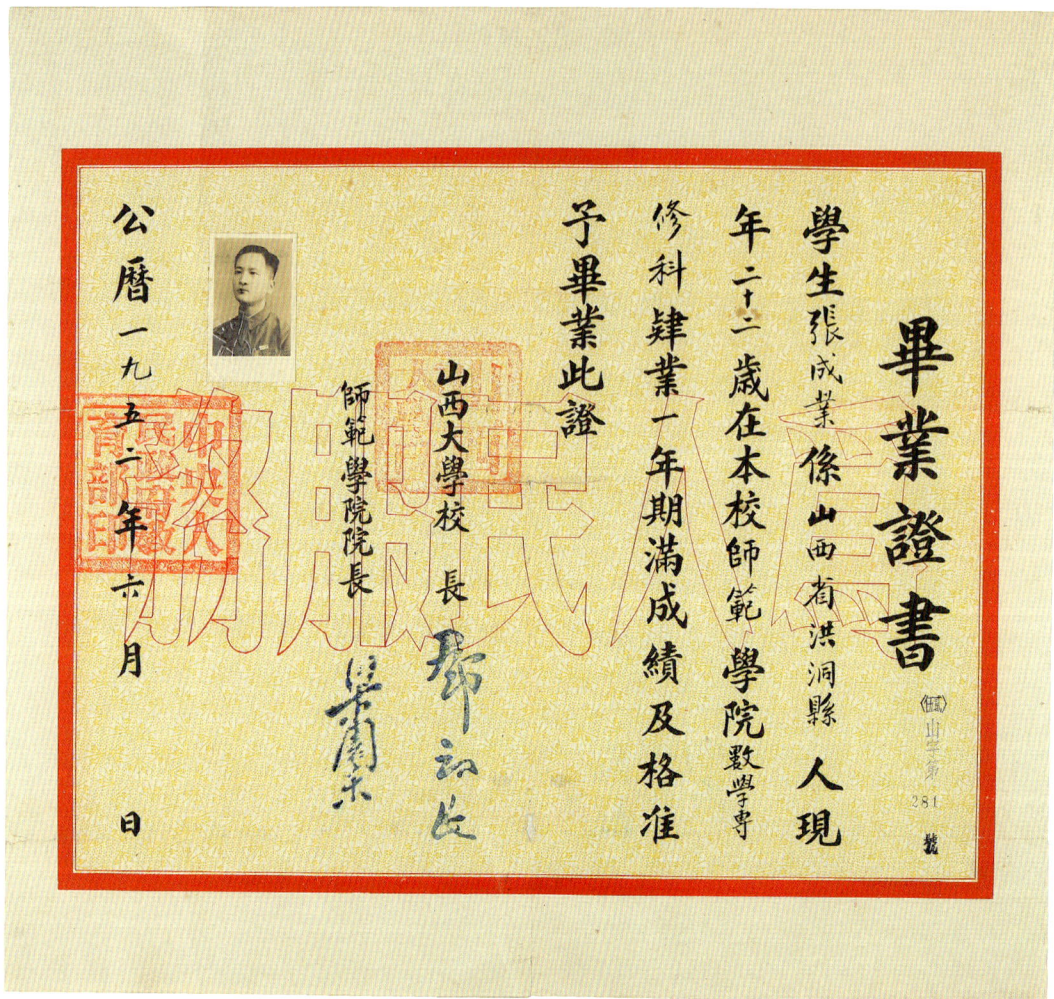

图录七三　山西大学毕业证书

辽 宁

三一、东北大学

1923年4月23日，私立东北大学在沈阳建立，校长王永江。设有文法科和理工科。1928年，张学良出任校长。1929年设有文、理、法、工和教育5个学院。1931年暂迁北平。1932年，锦州交通大学撤销并入，增设交通学院。1936年起，先后迁往河南开封、陕西西安和四川三台。1937年5月17日改为国立东北大学，校长臧启芳。校训"礼义廉耻，知行合一"。1943年设有文理、农工和法商3学院10系。1946年回迁沈阳，仅设工、农二学院。1948年4月再迁北平。1949年3月，又回迁东北，在长春与1946年在东北解放区创建的东北大学合并。1950年改称东北师范大学。

2000年，在沈阳以东北工学院为基础重组东北大学。

图录七四：私立东北大学（旅平）毕业证明书　民国二十四年（1935）

纸本。高30.2厘米，宽37厘米。黑线条框边。此件系法学院经济学系学生吴国梁（辽宁开原县人，25岁）修业四年期满、考核成绩及格、准予毕业的临时毕业证明书。证书右侧上方加盖椭圆形"教育部甄核司查讫"蓝色印章。证书偏左侧署东北大学代校长张学良，钤正方形朱文"校长之章"（1.2×1.2厘米）；法学院院长曹国卿，钤正方形朱文"曹国卿印"（1.2×1.2厘米）。左侧上方贴有国民政府印花税票一枚（壹角），盖"东北大学注册部"圆形印章；下方贴有吴国梁毕业照，打盖"东北大学"圆形钢戳。靠左侧边框为毕业日期"中华民国二十四年七月"，钤长方形朱文"东北大学关防"（8.5×5.5厘米）。证书编号"大字第玖伍贰号"。

张学良（1901—2001），著名爱国将领。字汉卿，辽宁海城人。1928年8月至

畢業證書

學生閻國樑係遼寧省開原縣籍現年二十五歲在本大學法學院經濟學系修業四年期滿考核成績及格准予畢業除將畢業證書呈請教育部驗印發還再行頒給外合行先發畢業證明書以資證明此證

東北大學校長張學良
院長曹國卿

中華民國二十四年七月　日

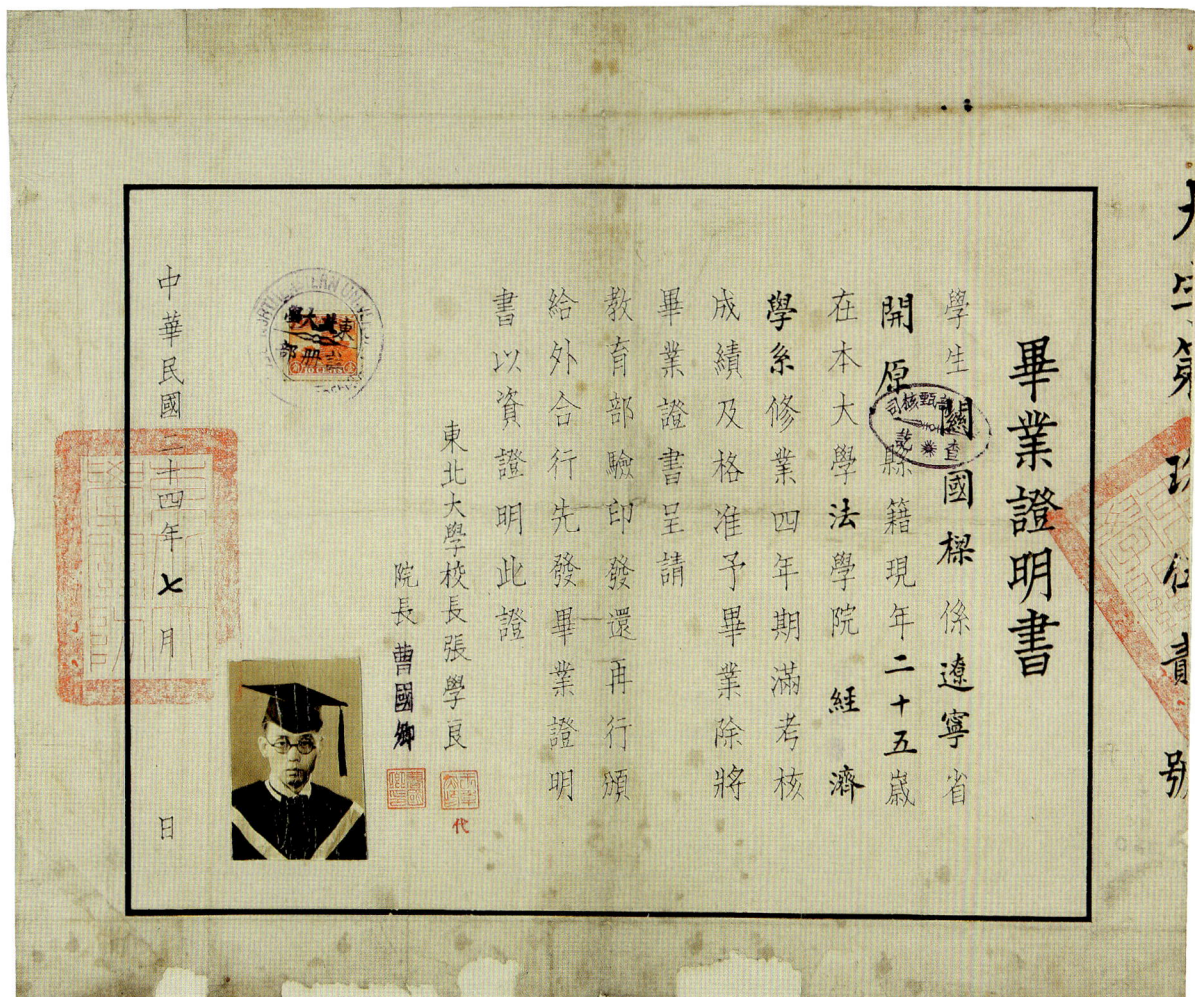

图录七四　私立东北大学（旅平）毕业证明书

1936年兼任东北大学校长。张校长是兴国御侮教育先行思想的实践者，其教育思想核心是爱国主义。他曾强调办学的"目的在于培养实用人才，建设新东北，以促成国家的现代化，而消弭邻邦的野心"。提倡爱校、爱乡、爱国、爱人类和智、德、体、群、美五育方针。他上任后，东北大学恢宏的建筑、完善的设备、充裕的资金、雄厚的师资以及良好的学风，处处呈现出一派繁荣的景象。东北大学的辉煌是与张学良密不可分的。

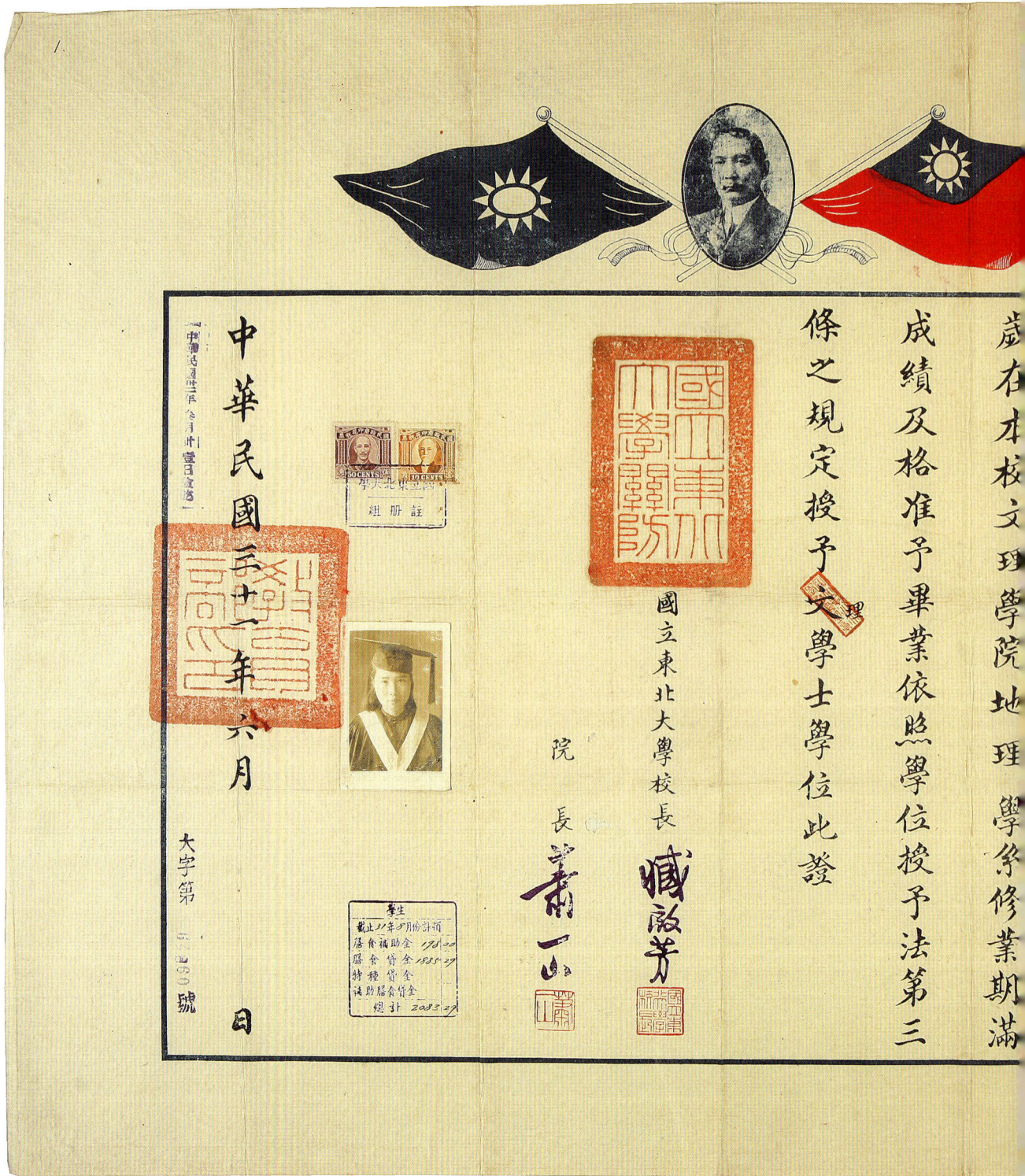

岁在本校文理学院地理学系修业期满

成绩及格准予毕业依照学位授予法第三

条之规定授予文学士学位此证

国立东北大学校长 臧启芳

院 长 萧一山

中华民国二十一年六月 日

大字第 五二六〇 號

图录七五　国立东北大学（旅川）毕业证书

毕

業

證

書

图录七五：国立东北大学（旅川）毕业证书　民国三十一年（1942）

纸本。高42.5厘米，宽54.3厘米。蓝线条框边。框外上方中间设孙中山头像，左右两旁为中华民国国旗和中国国民党党旗。此件系文理学院地理学系学生黄懋英（女，江西萍乡县人，23岁）修业期满、成绩及格、准予毕业并授予理学士学位的毕业证书。证书正中钤长方形朱文"国立东北大学关防"（9×6厘米），署国立东北大学校长臧启芳（签名章），钤正方形"国立东北大学校长"朱文印（1.7×1.7厘米）；文理学院院长萧一山（签名章），钤正方形"萧一山"朱文印（1.5×1.5厘米）。偏左侧上方贴有国民政府印花税票二枚（面值伍角和壹角），盖"国立东北大学注册组"蓝印章；中间贴有黄懋英毕业照，打盖"国立东北大学"圆形钢戳；下方记录黄懋英截至民国三十一年八月（1942年8月）止，领取膳食补助金198元和膳食贷金1885.29元，两项共计金额为2083.29元。靠左侧边框为毕业日期"中华民国三十一年六月"，钤正方形朱文"教育部印"（7.4×7.4厘米）。证书编号"大字第00860号"及验印日期"中华民国卅二年叁月卅壹日验讫"。

黄懋英1938年从沦陷区到大后方四川上学，经济拮据，虽膳食费有少量补助，但主要部分尚需自理，所以只能向学校贷款，四年共贷膳食费1885.29元。毕业证书上做了贷款数的记录，便于黄氏工作后还贷。按国民政府教育部于1938年2月颁布的《公立专科以上学校战区学生贷金暂行办法》的规定，贷金的"偿还期不能超过战事终了三年以后"。战后偿还贷金，实际很难执行。因为战时大后方物价上涨幅度很大，等到战争结束三年后再还，即使如数偿还，其钱数的折合，也不及贷时的几百分之一，还贷没有实际意义。因此，教育部于1943年取消贷金制，改为公费制。

臧启芳（1894—1961），字哲轩，号蛰轩，辽宁盖平（今盖州市）人。早年赴美国留学，研习经济学、财政学。1923年回国后，任中国大学经济系教授，东北大学文科教授、法学院院长。1937年4月至1947年4月出任东北大学校长。从"九一八"到抗战胜利，东北大学能在极其艰难的环境下生存下来，可以说是奇迹；而创造奇迹的人，当属张学良和臧启芳两位睿智者。

三二、中国医科大学

　　中国医科大学的前身是1931年创建于江西兴国县茶岭镇的中国工农红军卫生学校。1933年7月卫生学校迁至瑞金。后经长征，到达陕北。1937年改名八路军卫生学校。1940年卫生学校在延安更名为中国医科大学。医科班为4年制，药剂班为3年制。除39名教师外，许多知名的国际友人也参加了医大的教学、医疗工作。1946年7月，医大迁至东北佳木斯附近的兴山（今鹤岗市）。1948年11月迁往沈阳，接收合并了当时的沈阳医学院（原满洲医科大学）和辽宁医学院（原盛京医科大学）。

　　中华人民共和国成立后，医大规模进一步扩大，从关内各有关医药院校聘请名师，如吴执中、李佩琳、项全申、宋英士、杨克勤等。1956年9月，医大改称沈阳医学院。1978年3月，恢复原中国医科大学的校名。

　　图录七六：中国医科大学药学院毕业证书　1950年

　　纸本。高28厘米，宽33.5厘米。蓝宽带花鸟图案框边，边框内底版刊有毛泽东"救死扶伤，实行革命的人道主义"的题词。此件系药剂专修科第十九（甲）期学生潘义宦（旅顺市——今大连市旅顺口区人，21岁）修业期满、成绩及格、准予毕业的毕业证书。证书右侧下方为证书编号"第拾号"，上方贴有潘义宦半身照片，并打盖"中国医科大学"圆形钢戳。偏左侧署中国医科大学药学院院长龙伯坚（签名章）、副院长刘子瑜（签名章）。靠左侧边框为颁证日期"一九五〇年一月三十日"，钤正方形朱文"中国医科大学药学院印"（4.6×4.6厘米）。

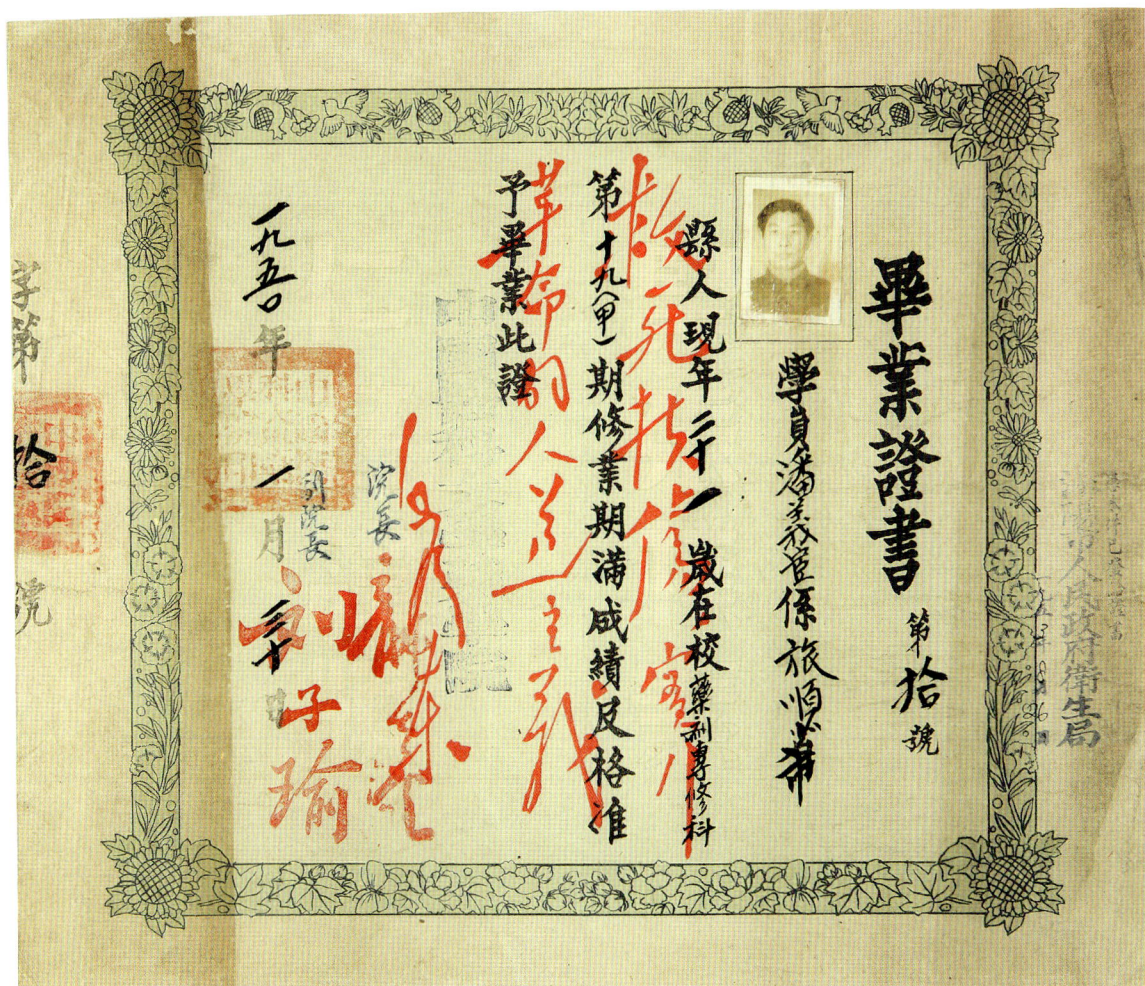

图录七六　中国医科大学药学院毕业证书

　　龙伯坚（1899—1983），中国医药学专家。原名毓莹，湖南攸县人。1934年获美国哈佛大学公共卫生硕士学位。历任湖南省卫生实验处处长、重庆国民政府卫生署保健处处长、西北七省卫生专员、湖南省临时政府卫生处处长等职。1949年之后，历任中国医科大学药学院院长、中南卫生部教材编辑委员会主任委员、湖南省政协常委等职。

图录七七：中国医科大学毕业证书　1951年

纸本。高34厘米，宽44厘米。饰金龙戏珠（地球仪）图案框边，上边框中间设毛泽东头像，下边框中部有篆书"中国医科大学"字样。框内底版刊有毛泽东"救死扶伤，实行革命的人道主义"的题词。此框边的设计，采用晚清和民国相结合的图案。龙纹体现至高无上的权力；毛泽东头像替代孙中山头像，体现人们对领袖的尊崇。这种设计图案，在新中国成立后的50年代初期是极为罕见的。此件系医科第四十期公共卫生科班学生刘铜（哈尔滨市人，24岁）修业期满、成绩及格、准予毕业的毕业证书。证书右侧下方为证书编号"第一九五三号"。左侧署中国医科大学兼校长王斌（签名章），钤正方形朱文"中国医科大学校长印"（2×2厘米）；兼副校长白希清（签名章）；副校长陈应谦（签名章）、阚森华（签名章），钤正方形朱文"中国医科大学副校长印"（2×2厘米）。左侧上方贴有刘铜半身照片，并打盖"中国医科大学"圆形钢戳（红十字标志内设有镰刀斧头图案）；靠左侧边框为颁证日期"一九五一年六月"，钤正方形朱文"中国

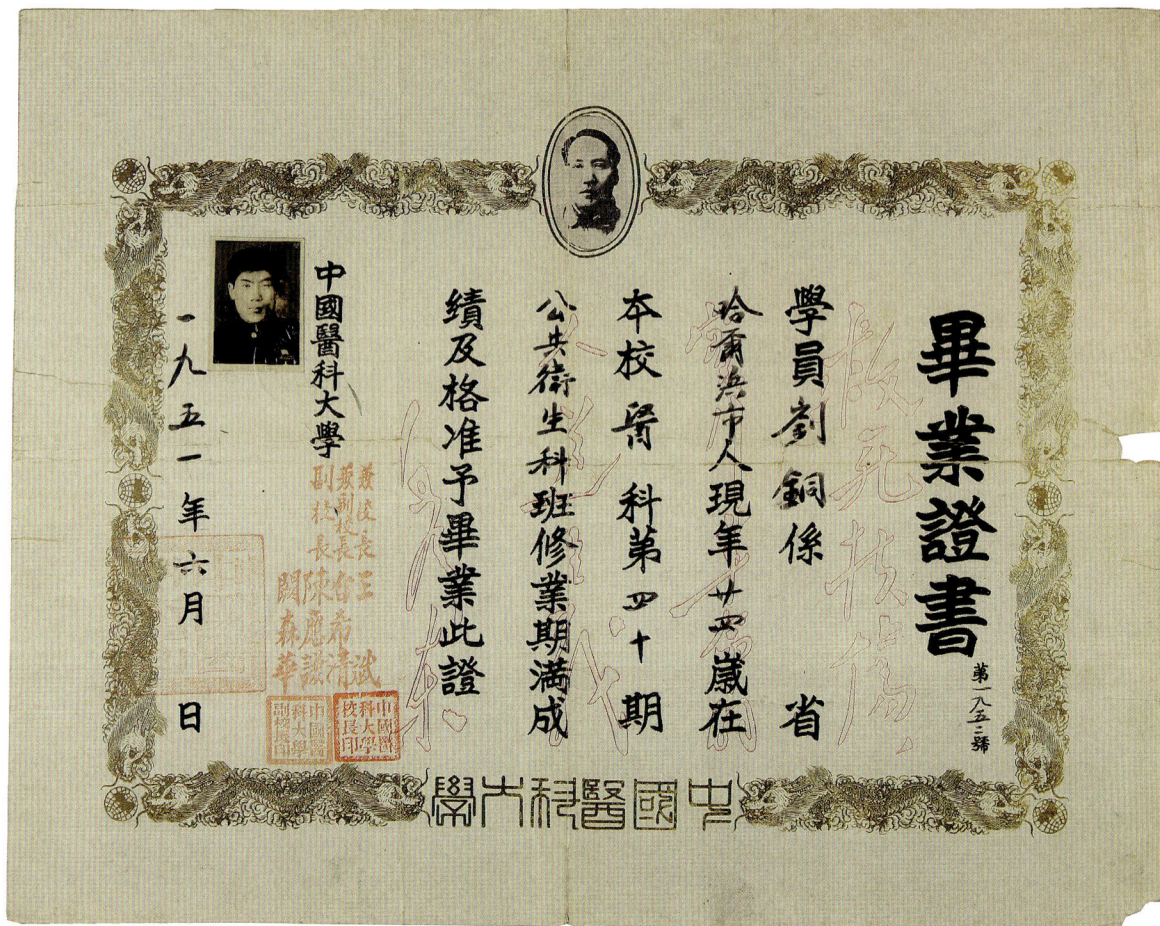

图录七七（1）　中国医科大学毕业证书（正面）

图录七七（2） 中国医科大学毕业证书（背面）

医科大学印"（6×6厘米）。证书背面为美术体八字校训：紧张、朴素、仁慈、谨慎。

白希清（1904—?），著名病理学专家。辽宁新民人。20世纪30年代初被派往英国格拉斯哥大学皇家医院进修病理学，后加入英国病理学会。回国后，历任北京协和医学院病理科讲师、盛京医科大学病理科教授、中国生理学会理事长、中国医科大学副校长、中国医科学院副院长、中华医学会会长等职。

三三、东北鲁迅文艺学院

1938年4月，鲁迅艺术文学院在陕西延安建立。1946年先后迁往东北解放区齐齐哈尔、佳木斯、哈尔滨。1948年11月，迁往沈阳，院长吕骥。1949年9月，改称东北鲁迅文艺学院，院长塞克。1953年撤销后，分别成立东北音乐专科学校（校长李劫夫）和东北美术专科学校（校长杨角）。1958年两校分别改名为东北音乐学院（今名沈阳音乐学院）和东北美术学院（今名鲁迅美术学院）。

图录七八：东北鲁迅文艺学院毕业证书　1951年

纸本。高49厘米，宽45厘米。红粗细双线条框边，以黄色小花纹图案作证书底色，刊有美术体"为人民服务"五个大字。此件系音乐部音乐系普通班学生柏林（黑龙（江）省齐齐哈尔市人，17岁）肄业期满、成绩及格、准予毕业的毕业证书。证书正中偏左署东北鲁迅文艺学院院长塞克，钤正方形朱文"塞克之印"（2.5×2.5厘米）；副院长王曼硕，钤正方形朱文"王曼硕印"（2×2厘米）；音乐部长安波，钤正方形朱文"安波印"（1.8×1.8厘米）；音乐系主任寄明，钤正方形朱文"寄明之印"（1.8×1.8厘米）。靠左侧边框为颁证日期"公历一九五一年柒月伍日"，钤正方形朱文"东北鲁迅文艺学院印"（5.9×5.9厘米）；左侧上方贴有柏林半身照片，打盖"东北鲁迅文艺学院"圆形钢戳。证书编号"鲁字第壹贰玖号"。

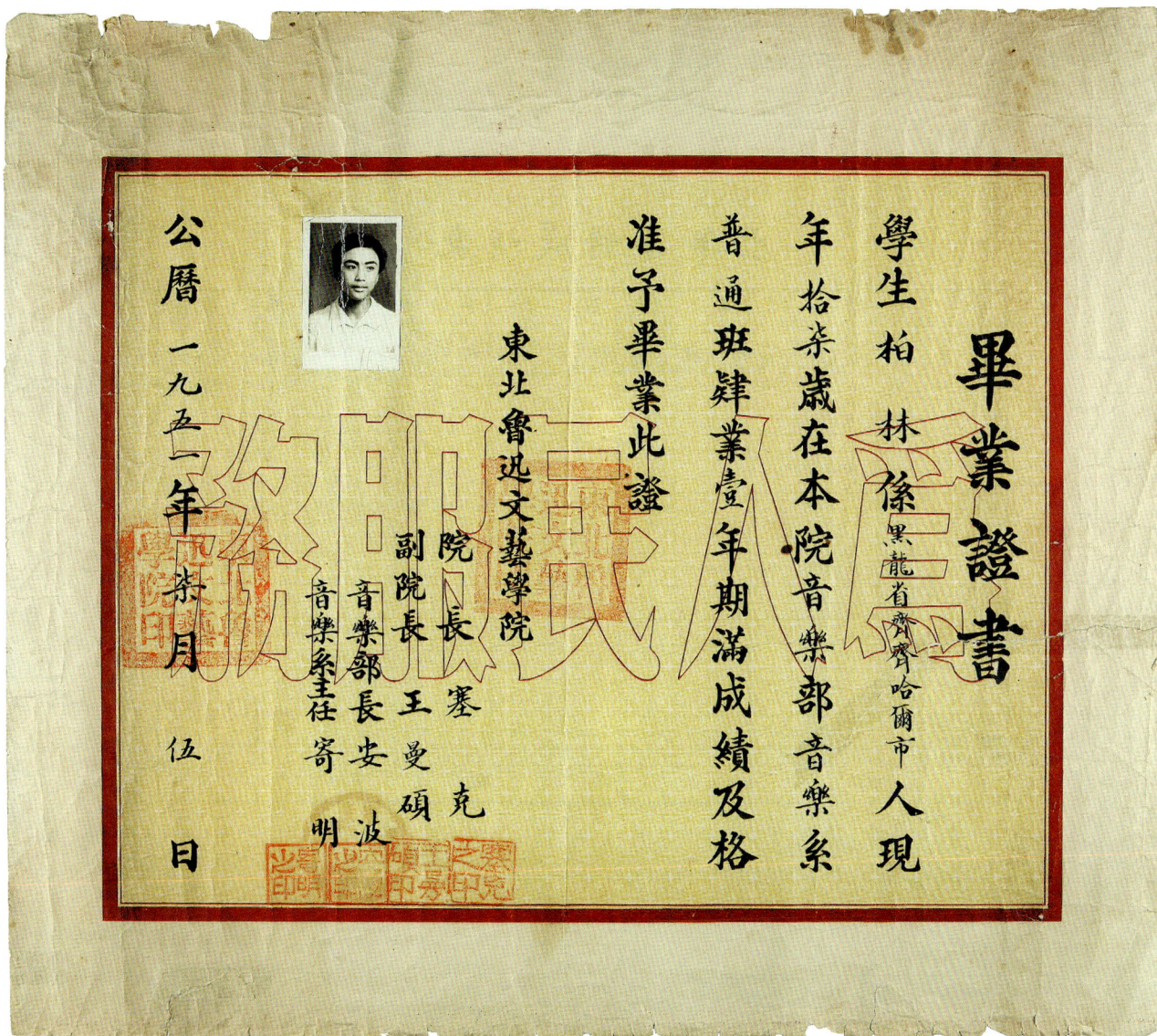

畢業證書

學生柏林係黑龍江省齊齊哈爾市人現
年拾柒歲在本院音樂部音樂系
普通班肄業壹年期滿成績及格
准予畢業此證

東北鲁迅文藝學院

院長 塞 克
副院長 王曼碩
音樂部長 安 波
音樂系主任 寄 明

公曆 一九五一年 柒月 伍 日

图录七八（1） 东北鲁迅文艺学院毕业证书（正面）

歷年各科成績表

第（一）學年度			第（　）學年度			第（　）學年度			第（　）學年度			第（　）學年度			第（　）學年度			備考 畢業成績
科目	學分	成績	科目	學分	成績	科目	學分	成績	科目	學分	成績	科目	學分	成績	科目	學分	成績	
普通樂理		76.6																
視唱		81																
鍵盤和聲		93.8																
鋼琴		70																
聲樂		83.6																
作曲法		89																
和聲學		85.6																
音樂史		70.6																
指揮		78																
國文		78																
學年總平均成績		80.8																
實得學分累計																		
體育成績																		
附註：			附註：			附註：			附註：			附註：						

图录七八（2）　东北鲁迅文艺学院毕业证书（背面）

　　证书背面为柏林一学年各科成绩表。10门课程总平均成绩80.8分。

　　塞克（1906—1988），导演、剧作家。原名陈凝秋，河北霸县（今霸州市）人。1928年随南国社在南京等地演出《南归》等剧，并出版诗集《追寻》。1929年导演话剧《哈尔滨之夜》。1934年创作话剧《流民三千万》。1935年创作了著名的《救国军歌》、《心头报》、《苦命人》、《跑关东》、《保卫卢沟桥》及《全面抗战》等歌词。曾与冼星海共同创作《东北救亡总会会歌》、《生产大合唱》等歌曲。1940年任延安青年艺术剧院院长。抗战胜利后，在热河、东北历任文联主任、教育厅副厅长、东北鲁迅文艺学院院长等职。

吉 林

三四、延边大学

延边大学创建于1949年3月，是一所以培养朝鲜族专门人才为重点、兼顾培养汉族及其他民族人才的综合性民族大学。首任校长朱德海。设有文学部、理工学部、医学部和农业专科。1957年学部制改为学院制。1958年工学院和农学院各自独立。1959年起，延边大学招收大约30%的汉族及其他民族学生。教学上，除使用朝鲜语之外，兼用汉语授课。

图录七九：延边大学毕业证书　1951年

纸本。高39厘米，宽45.5厘米。红粗细双线条框边，以黄色花纹图案作证书底色，并刊有美术体"为人民服务"五个大字。此件系医学部特科学生李尚奎（朝鲜咸镜北道吉州郡人，45岁）肄业期满、成绩及格、准予毕业的毕业证书。证书正中偏左署延边大学校长朱德海，钤正方形朱文"延边大学校长印"（2.5×2.5厘米）；副校长林民镐，钤正方形朱文"延边大学副校长印"（2.5×2.5厘米）；医学部长卢基舜，钤正方形朱文"延边大学医学部之印"（2×2厘米）。左侧为颁证日期"公历一九五一年一月十三日"，钤"延边大学"朱文印（6×6厘米）。证书编号"延医字第壹百拾贰号"。

证书背面是李尚奎1950年度学习课程考核成绩表。16门课程总平均成绩3.2分（五分制）。

朱德海（1911—1972），朝鲜族卓越的政治活动家。原名吴基涉，吉林延吉人（原籍朝鲜咸镜北道会宁郡，生于俄罗斯乌苏里斯克）。曾任延安朝鲜革命军政大学总务科长等职。新中国成立后，历任中共延边朝鲜族自治州委第一书记兼州长、吉林省副省长等职。1949年3月至1958年9月、1959年9月至1968年12月兼任延边大学校长。朱德海在校长任内，培养出大量各种专业技术人才和干部，尤其是优秀的民族干部。他为学校的建设和发展，以及中国朝鲜族高等教育事业，作出巨大贡献。1986年，延吉市修建了朱德海同志纪念碑。

畢業證書

學生李尚奎係咸鏡北道吉州郡人現
年四十五歲在本校醫學部特科肆
業壹年期滿成績及格准予畢業

此證

延邊大學校長　朱德海
副校長　林民鎬
醫學部長　盧基舜

公曆　一九五一年　一月　十三日

歷年各科成績表

備考	畢業成績		第（　）科	學年度學分	年成績度	科目	第（　）科	學年度學分	年度成績	科目	第（　）科	學年度學分	年度成績	科目	第（五）科	學年度學分	年度（1950）成績	科目

註冊組主任

图录七九　延边大学毕业证书（正、背）

三五、东北银行专门学校

1945年东北银行创立，1950年8月东北银行专门学校在长春建立，东北银行总行副行长申玉洁兼任校长。1952年10月，撤销并入沈阳东北财经学院。1959年迁往大连，重建辽宁财经学院。1985年更名东北财经大学。

图录八〇：东北银行专门学校毕业证书　1952年

纸本。高36厘米，宽44.5厘米。红粗细双线条框边，以黄花纹图案作证书底色，并刊有美术体"为人民服务"五个大字。此件系统计科学生汪自强（河南成皋县人，21岁）肄业期满、成绩及格、准予毕业的毕业证书。正中偏左钤正方形朱文"东北银行专门学校印"（5.5×5.5厘米），署东北银行专门学校校长申玉洁，钤正方形朱文"申玉洁印"（1.7×1.7厘米）；副校长章梦生，钤正方形朱文"章梦生印"（1.7×1.7厘米）；副校长王锦，钤正方形朱文"王锦印"（1.7×1.7厘米）；统计科科主任古鸿齐，钤方形"古鸿齐"朱文印（1.2×1.2厘米）。左侧为毕业日期"公历一九五二年八月"，钤正方形朱文"东北行政委员会教育局印"（6×6厘

畢業證書

學生汪自强係河南省城皋本縣人

現年二十一歲在本校統計

科肄業二年期滿成績及格

准予畢業此證

東北銀行專門學校校長 申玉潔

副校長 章夢生

副校長 王錦

統計科科主任 古鴻燾

公曆一九五二年八月　日

图录八〇（1）　东北银行专门学校毕业证书（正面）

歷年各科成績表

第 一 學 年						第 二 學 年						畢業成績	備 考
第 一 學 期 (1950 年度)			第 二 學 期 (1951 年度)			第 三 學 期 (1951 年度)			第 四 學 期 (1952 年度)				
科 目	每週時數	成績	科 目	每週時數	成績	科 目	每週時數	成績	科 目	每週時數	成績		
馬列主義國家學說			馬列主義國家學說		5	政治經濟學	8	5	辯證唯物主義與歷史唯物主義			優	
思想教育			政治經濟學	4		經濟統計	5	5	政治經濟學				
政治經濟學			普通統計學	4		統計學原理			工業統計學				
普通經濟學			貨幣銀行學			結算與短期信貸			商業統計學				
普通會計學			銀行會計學	4		政府預算會計			聯行會計				
統計數學			統計數學			聯行會計			政府預算會計				
會計數			國 文						銀行統計學				
國 文			俄 文	3					經濟活動分析				
俄 文	3								工業簿記教程				
珠 算									金庫業務及會計				
									國家預算與長期投資				
									銀行業務計劃簽查及監督				
學業總平均成績		4			5			5					
每週時數累計	35			30									
體育成績	2			2									
附註：			附註：			附註：			附註：				

教務處主任 [印]

图录八〇（2） 东北银行专门学校毕业证书（背面）

米）。证书编号"第叁陆号"。

　　证书背面为汪自强历年各科成绩表（五分制）。第一学年第一学期学业总平均成绩4分，第一学年第二学期学业总平均成绩5分；第二学年第一学期学业总平均成绩5分，第二学年第二学期课程有工业、商业、银行统计学等12门课，因学生参加"五反"工作，未举行考试。汪自强的毕业成绩为优。

黑龙江

三六、东北农学院

东北农学院的前身是1910年创立的奉天农业学堂。1929年并入东北大学成为农科。1935年伪满政府组建奉天高等农业学校。1938年成为奉天农业大学。1946年又成为东北大学农学院。1948年迁往北平。1949年春迁回沈阳，8月1日成立沈阳农学院。1950年10月，沈阳农学院迁到哈尔滨市，哈尔滨农学院撤销并入，改名为东北农学院。设农学、森林、畜牧、兽医、植物病虫害、土壤肥料、农业机具、农业行政等8个系和农业机械、林业机械、畜牧、农业行政4个专修科。此外，还办有预科、俄文研究班、俄文本科班、军事政治俄文专修班。1994年改名东北农业大学。

图录八一：东北农学院毕业证书　1951年

纸本。高27厘米，宽48.5厘米。紫红宽带花纹图案框边。此件系森林调查训练班第二期学生房聪尧（山东潍北县——今潍坊市人，22岁）学习期满、成绩及格、准予毕业的毕业证书。证书右侧下方为证书编号"第二九〇号"。正中偏左署东北农学院院长刘成栋，钤正方形朱文"刘成栋印"（2×2厘米）；副院长刘德本，钤正方形朱文"刘德本印"（2×2厘米）；副院长邓叔群，钤正方形朱文"邓叔群印"（2×2厘米）。偏左侧上方贴有房聪尧半身照片，打盖"东北农学院"圆形钢戳；左侧为毕业日期"公历一九五一年玖月壹日"，钤正方形朱文"东北农学院印"（6×6厘米）。

几点说明：1. 这是一张未经领取的毕业证书。因为证书骑缝编号与证书存根相连，显然房氏毕业后未领此证。

2. 存根填写房氏入学至毕业为一学年。这是笔误。房聪尧入学应是1951年春，学习6个月，于暑假毕业。

3. 这是一纸短训班的毕业证书，培训时间只有半年；而肄业证书，有的虽修业2年，但仍为肄业。至于肄业与毕业的区别，详见图录一文字解释。

邓叔群（1902—1970），著名真菌学家。又名子牧，福建福州人。早年赴美留学，获康奈尔大学植物病理学博士学位。曾任岭南大学、金陵大学、中央大学教授，中央研究院研究员。1948年赴东北解放区，先后任沈阳农学院教授，东北农学院教授、教育长、副院长。1955年回北京，当选为中国科学院首批学部委员，任中科院应用真菌研究所和微生物研究所副所长。长期从事粘菌和真菌的分类研究，尤其对高等真菌的分类，很有建树。

图录八一　东北农学院毕业证书

三七、东北铁路学院

东北铁路学院的前身是1946年10月在哈尔滨创办的东北铁路职工学校。1947年6月，改为东北铁路学院，设5个系。1952年改名哈尔滨铁道学院。1953年撤销后并入北京铁道学院。为今北京交通大学前身之一。

图录八二：东北铁路学院毕业证书　1951年

纸本。高38.5厘米，宽46厘米。红粗细双线条框边，以黄色小花纹图案作证书底色，并刊有美术体"为人民服务"五个大字。此件系电务工程系学生温德智（辽东盖平县——今辽宁盖平市人，25岁）肄业三年期满、成绩及格、准予毕业的毕业证书。证书正中偏左署东北铁路学院院长吕正操（签名章）、教育长孟华（签名章）、副教育长徐公振（签名章）。左侧为颁证日期"公历一九五一年九月一日"，钤正方形朱文"东北铁路学院之印"（6×6厘米）。证书编号"电字第贰拾陆号"。

证书背面为温德智历年各科成绩表。三学年共修21门课程，学业总平均成绩优。

畢業證書

學生溫德智係遼東省畫王縣人現

年貳拾伍歲在本院運務工程系肄業

叁年期滿成績及格准予畢業

此證

東北鐵路學院

院　長　昌石振

教育長　喜華

副教育長　徐公振

公曆 一九〇二 年 九 月 一 日

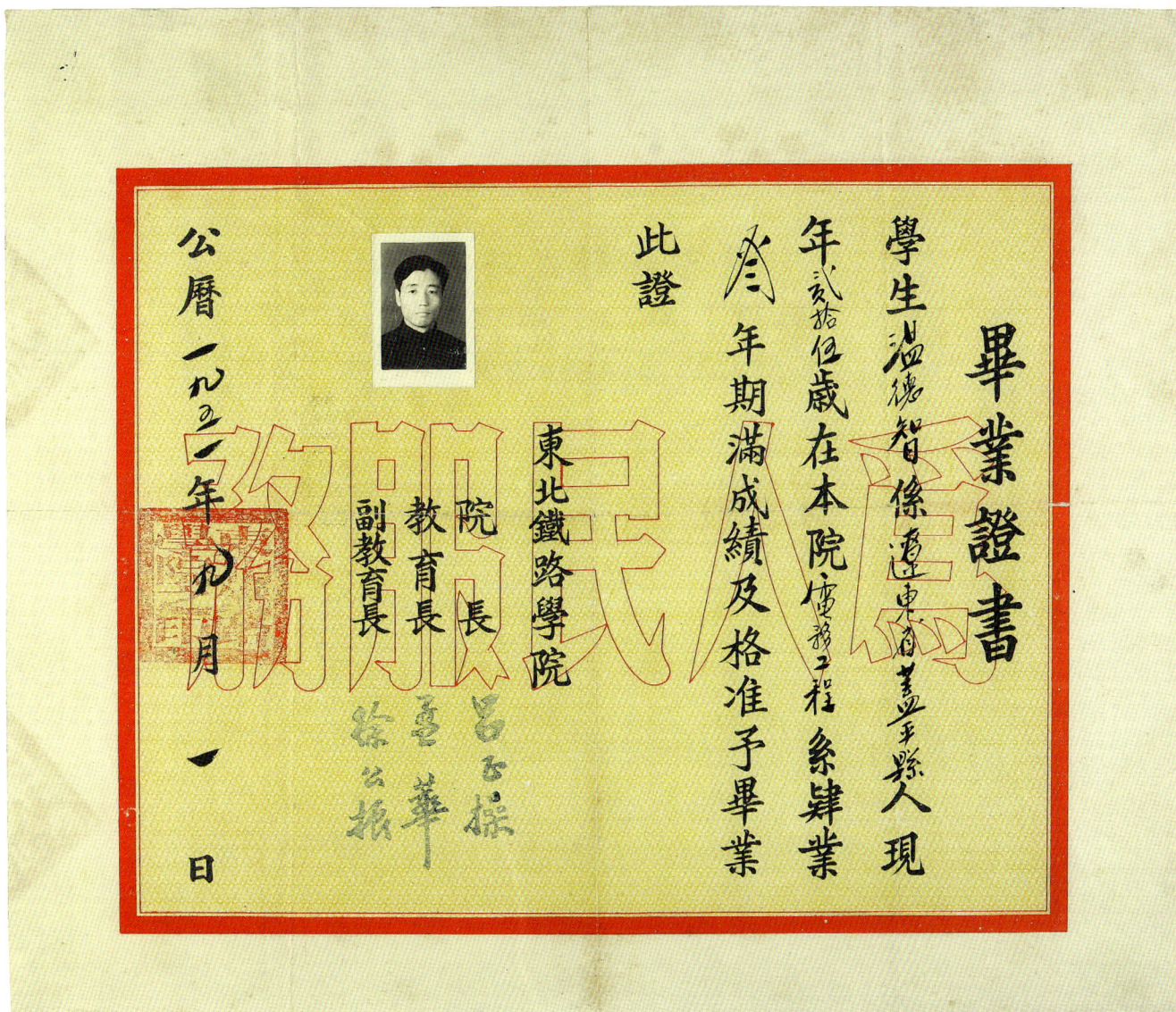

圖錄八二（１）　东北铁路学院毕业证书（正面）

图录八二（2）　东北铁路学院毕业证书（背面）

　　吕正操（1905—2009），军事家。辽宁海城人。1946年以后，历任东北军区副司令员兼东北铁路总局局长、东北人民政府铁道部部长兼东北铁路学院院长等职。中华人民共和国成立后，历任中央人民政府铁道部副部长、代部长，中国人民解放军铁道兵政治委员、全国人大常务委员会委员、全国政协副主席等职。1955年9月，被授予中国人民解放军上将军衔。

三八、哈尔滨外国语专门学校

哈尔滨外国语专门学校的前身是1944年在延安创建的外国语学校。1946年迁往东北解放区哈尔滨市，改称哈尔滨外国语学校。1948年改名哈尔滨外国语专门学校。1953年又改名为哈尔滨外国语专科学校。1956年更名哈尔滨外国语学院。1958年以哈尔滨外国语学院为基础，组建黑龙江大学。

图录八三：哈尔滨外国语专门学校毕业证书 1952年

纸本。高38.5厘米，宽45厘米。红粗细双线条框边，以黄色花纹图案作证书底色，并刊有

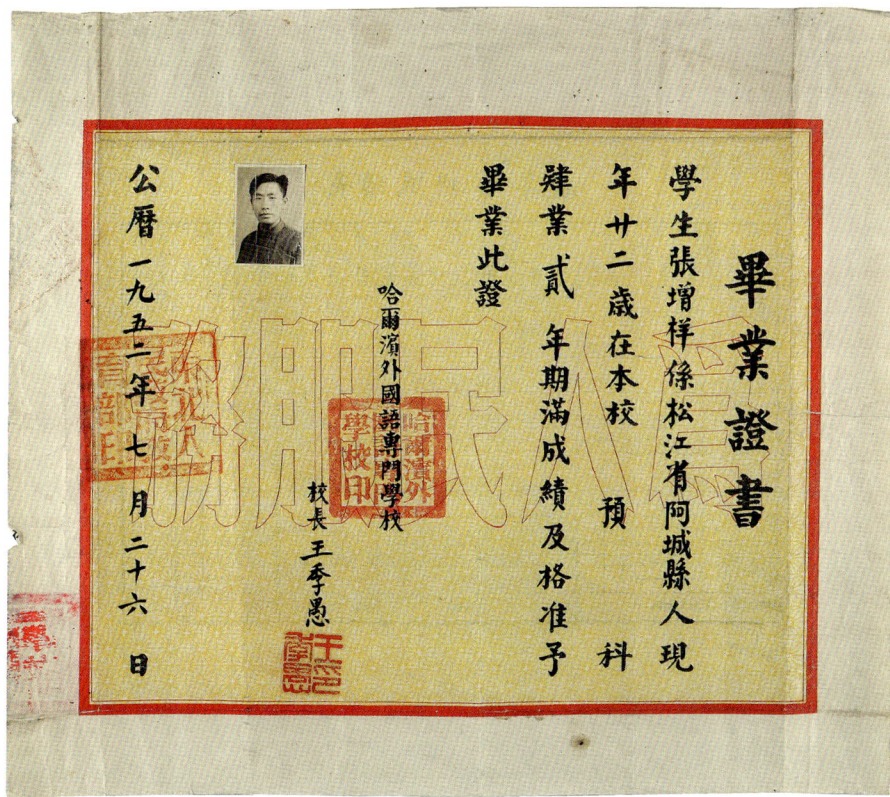

图录八三（1） 哈尔滨外国语专门学校毕业证书（正面）

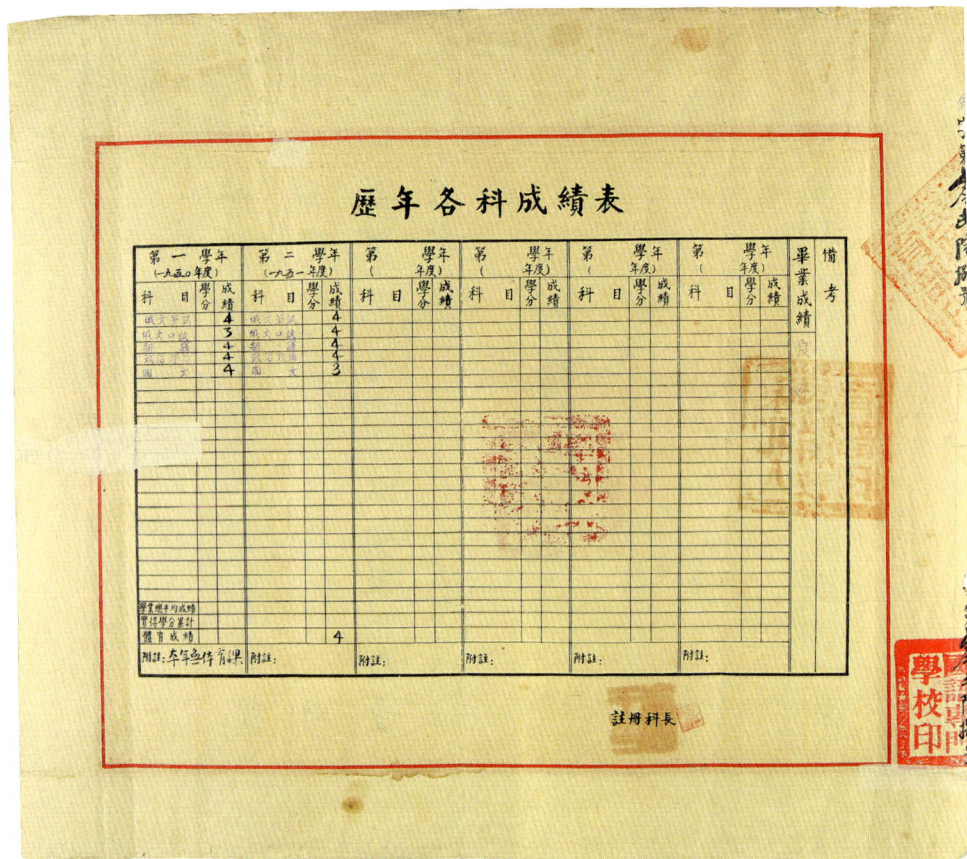

图录八三（2） 哈尔滨外国语专门学校毕业证书（背面）

美术体"为人民服务"五个大字。此件系预科学生张增祥（松江阿城县——今哈尔滨市阿城区人，22岁）肄业二年期满、成绩及格、准予毕业的毕业证书。证书正中偏左钤正方形朱文"哈尔滨外国语专门学校印"（5.5×5.5厘米），署哈尔滨外国语专门学校校长王季愚，钤正方形朱文"王季愚印"（2.5×2.5厘米）；左侧为毕业日期"公历一九五二年七月二十六日"，钤正方形朱文"东北人民政府教育部印"（7×7厘米）。证书编号"第零贰陆捌号"。

证书背面为张增祥二学年各科成绩表。张增祥二学年共修5门课程，毕业成绩为良好。

王季愚（1908—1981），文学翻译家。女，曾用名季子、西泠，四川安岳人。1936年参加"左联"。历任"鲁艺"研究室研究员，东北大学文学院副院长，东北外国语专门学校政治部主任、副校长、校长，哈尔滨外国语学院院长，黑龙江大学副校长，上海外国语学院院长。译有高尔基的《在人间》等。

上海

三九、交通大学（南洋大学）

　　交通大学的前身是1896年由盛宣怀创立于上海的南洋公学。1911年改称南洋大学堂。1921年改为交通大学上海分校，校长叶恭绰。1922年改为交通部南洋大学，校长卢炳田。1927年改名第一交通大学。1928年改称交通大学，校长蔡元培。校训"勤俭敬信"。1937年改隶教育部，更名国立交通大学，校长黎照寰。设理、工和管理3学院8系4科。抗战期间，交通大学主体迁往重庆。抗战胜利后，内迁的交通大学在上海复校，校长程孝刚。三四十年代，交通大学的办学水平享誉海内外，培养出一批科学家和优秀人才，如茅以升、钱学森、王安、江泽民等名人。

　　1949年5月，上海解放。50年代初，政府参照当时苏联专业化的教育模式对交通大学进行拆分，大量院系被调出，致使交通大学由具有相当规模的理、工、管的多学科大学转变成单一的工科大学。"文化大革命"结束后，上海交大率先在中国高校中进行改革，逐步恢复过去交大时期理、工、管三足鼎立的学科布局。

　　此外，1977年台湾新竹设立了一所交通大学。设理、工和管理3所学院。

　　图录八四：交通部南洋大学毕业文凭　民国十三年（1924）

　　纸本。高46.2厘米，宽56.3厘米。深蓝宽带花纹图案框边，上方篆书"南洋"二字，证书底版印有篆书"南洋大学毕业文凭"字样。此件系南洋大学机械工程科学生徐竞新（江苏南汇县人，22岁）肄业期满、考核成绩及格并获机械工程科学士学位的毕业文凭。证书正中偏左署校长陈杜衡，钤正方形朱文"交通部南洋大学校长之章"（2×2厘米）；教务长顾惟精，钤正方形朱文"交通部南洋大学教务长之章"（2.3×2.3厘米）；机械工程科科长周仁，钤方形朱文"交通部南洋大学机械工程科科长之印"（2.2×2.2厘米）。左侧为颁证日期"中华民国十三年六月三十日"，钤长方形朱文"交通部南洋大学之关防"（9.2×5.6厘米）；左侧贴有中华民国

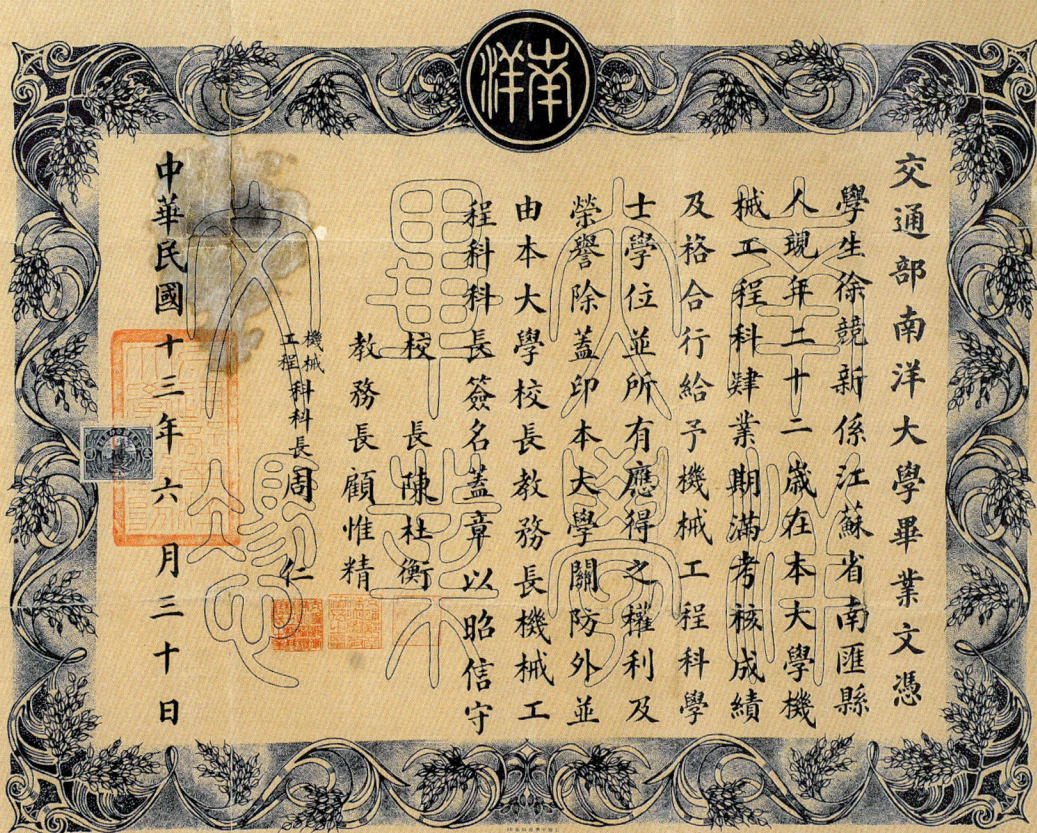

交通部南洋大學畢業文憑

學生徐競新係江蘇省南匯縣人現年二十二歲在本大學機械工程科肄業期滿考核成績及格合行給予機械工程科學士學位並所有應得之權利及榮譽除蓋印本大學關防外並由本大學校長教務長機械工程科科長簽名蓋章以昭信守

校長　陳杜衡

教務長　顧惟精

機械工程科科長　周仁

中華民國十三年六月三十日

图录八四　交通部南洋大学毕业文凭

印花税票一枚（伍角）。

　　陈杜衡（1864—？），字芳斋。直隶（今河北）青县人。早年由清政府选送英国格林书院专习炮术。回国后，历任烟台、南京、吴淞、广东各海军学校教务长，广东海军学校校长，天津大沽艺术学校校长等职，并授予海军少将衔。1923年5月至1924年11月出任交通部南洋大学校长。陈校长在任一年半期间，把前任张铸主任发起筹建而搁置了两年的体育馆、调养室，招标承建，并在任内竣工。新聘电机学专家顾惟精任教务长以及续聘周仁教授等一批名师，在教学与研究上取得可喜的成绩。1924年10月，冯玉祥发动北京政变，由于政治上的原因，是年11月卸任校长职务。

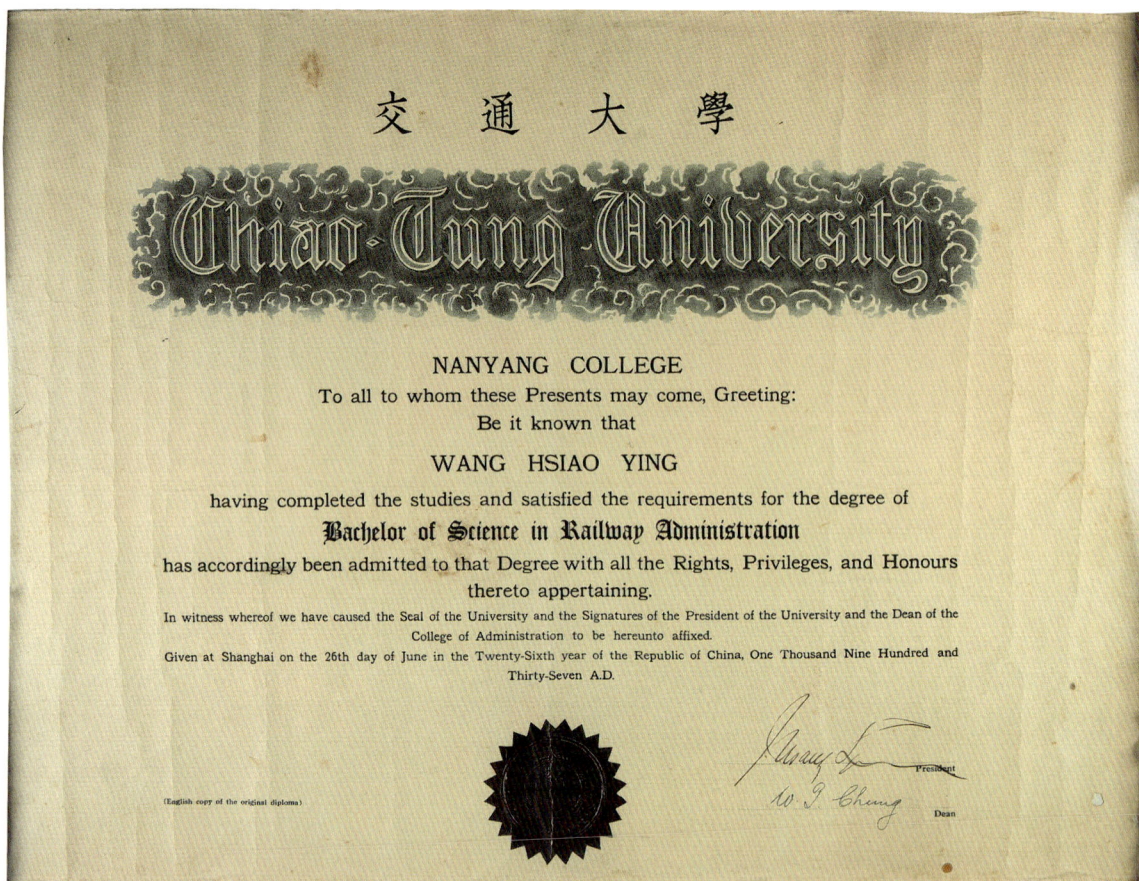

交 通 大 學

Chiao-Tung-University

NANYANG COLLEGE

To all to whom these Presents may come, Greeting:

Be it known that

WANG HSIAO YING

having completed the studies and satisfied the requirements for the degree of

Bachelor of Science in Railway Administration

has accordingly been admitted to that Degree with all the Rights, Privileges, and Honours thereto appertaining.

In witness whereof we have caused the Seal of the University and the Signatures of the President of the University and the Dean of the College of Administration to be hereunto affixed.

Given at Shanghai on the 26th day of June in the Twenty-Sixth year of the Republic of China, One Thousand Nine Hundred and Thirty-Seven A.D.

President

Dean

(English copy of the original diploma)

图录八五　交通大学（南洋学院）毕业证书（英文版）

图录八五：交通大学（南洋学院）毕业证书（英文版）　1937年

纸本。高42厘米，宽58厘米。证书的内容：学生王晓颖在本校管理学院修业期满、成绩及格准予毕业；已达到学位要求，授予铁路管理学士学位，并给予相应的权利、特权和荣誉。证书右侧下方署交通大学校长黎照寰（外文签字）、管理学院院长钟维成（外文签字）；下方正中打盖"交通大学"火漆印记（直径7厘米）。颁证日期"1937年（民国二十六年）6月26日"于上海。

图录八六：

交通大学肄业证明书 民国三十年（1941）

纸本。高27.3厘米，宽20.8厘米。此件系理学院化学系四年级学生吴杜荣（女，安徽盱眙县人，21岁）第四学年第一学期肄业的肄业证明书。证书偏左署校长黎照寰（签名章）；上方贴有吴杜荣半身照片，并打盖"交通大学"圆形钢戳（内设篆书"精勤敦笃，果毅志坚"八字校训）。左侧为颁证日期"中华民国三十年九月"，钤正方形朱文"交通大学之印"（6.5×6.5厘米）。

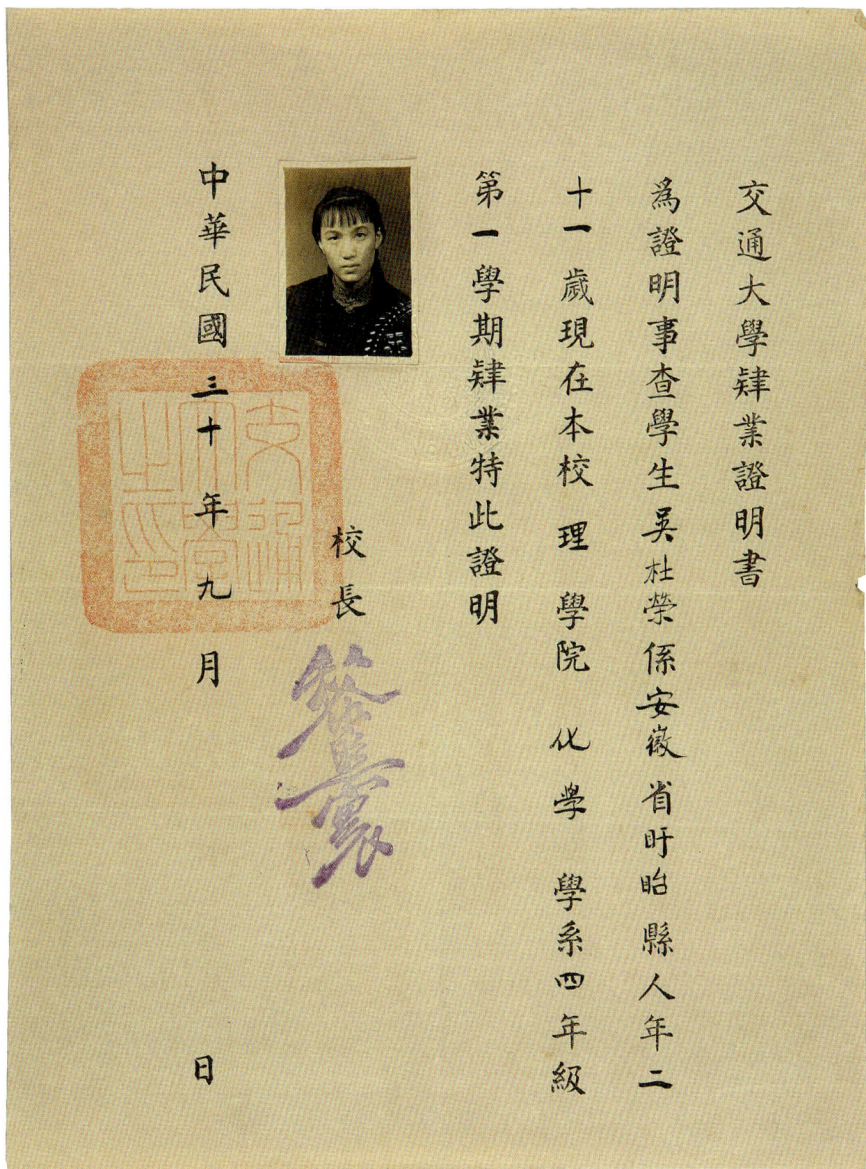

图录八六 交通大学肄业证明书

图录八七：私立南洋大学毕业证明书 民国三十一年（1942）

纸本。高27.3厘米，宽20.8厘米。此件系理学院化学系学生吴杜荣（女，安徽盱眙县人，22岁）的毕业证明书。证书正中钤条形"私立南洋大学"蓝印；上方贴有吴杜荣毕业照，并打盖"私立南洋大学"圆形钢戳（内设篆书"精勤敦笃，果毅志坚"八字校训）；左侧为颁证日期"中华民国三十一年八月"，钤正方形"私立南洋大学"朱文印（3.8×3.8厘米）。

上述两张证明书的校名虽截然不同，但均属于交通大学。其变化过程是：1937年10月，上海交大先从沦陷的徐家汇校区迁入法租界继续上课，后因形势紧张，国立交大的主体部分迁至

图录八七　私立南洋大学毕业证明书

私立南洋大学大学毕业证明书

为证明事查学生吴杜荣系安徽省盱眙县人现年二十二岁于本年四月在本大学理学院化学学系毕业特此证明

中华民国三十一年八月日

重庆，剩下部分学生仍留在法租界上课。学生吴杜荣就是留下的学生之一。为了给敌伪以错觉，学校校名印章及行文，均取消"国立"二字，似乎不是国立大学。民国三十年（1941年）吴杜荣的肄业证明书就未用"国立"称谓。太平洋战争爆发前夕，美日及中日形势进一步恶化，在法租界的交大于1941年9月16日被迫改组为"私立南洋大学"，以示与国立交大的严格区别。冠以"私立"二字区别于"国立"，以"南洋大学"取代"交通大学"，似乎与交大划清了界限。尽管如此，太平洋战争爆发后，私立南洋大学也未能幸免，于1942年8月遭汪伪政权接管，复名"国立交通大学"，延续至1945年8月日本投降。这张毕业证明书是"私立南洋大学"开具的最早也是最后的一批证书之一。

黎照寰（1888—1968），字曜生。广东南海（今佛山市南海区）人。1907年赴美留学，先后获纽约大学商科学士学位、哈佛大学理科学士学位和宾夕法尼亚大学政治科硕士学位。回国后，创办中国科学社和中国经济问题研究会。曾任中山文化教育馆总干事、铁道部次长等职。1930年10月至1944年秋出任交通大学校长。黎照寰担任校长14年，不仅继承和发扬了交大的优良办学传统，而且形成一套颇具特色的教育思想，使学校成为一所拥有理、工、管理多学科的大学。20世纪二三十年代，是交通大学的鼎盛时期，在国内外享有极大的盛誉。交大的校友周仁、王绳善曾称赞黎校长"本实事求是之心，为一劳永逸之计，虽有功而不居，实众目所共睹"。新中国成立后，历任全国政协委员、上海市政协副主席等职。

图录八八：国立交通大学毕业证明书　民国三十七年（1948）

纸本。高26.5厘米，宽21厘米。此件系工学院电机工程学系学生张之乾（江苏崇明县人，22岁）的临时毕业证明书。证书正中署校长王之卓（签名章）；上方贴有张之乾半身照片，打盖"交通大学"圆形钢戳（内设篆书"精勤敦笃，果毅志坚"八字校训）；左侧为颁证日期"中华民国三十七年八月"，钤长方形朱文"国立交通大学关防"（8.8×6厘米）。注册编号"注字第壹柒捌号"。

王之卓（1909—？），著名摄影测量和遥感学专家。河北丰润（今唐山市丰润区）人。1932年上海交通大学土木工程系毕业。1939年获德国柏林工业大学博士学位。回国后，历任中山大学教授、陆地测量局技术室主任等。1946年回母校任教授、工学院院长；1947年至1949年出任交通大学代理校长、校长。在其任期内，正值上海解放前夜，他能够在社会动荡的极其困难中维持办学局面，并竭力保护校产和人才，以保存完好的交大迎接解放及上海军管会的接管，作出了重要贡献。建国后，历任上海交大校务委员会常委、教授，青岛工学院教授、教务长，中国测绘学会理事长等。1980年当选中国科学院学部委员。

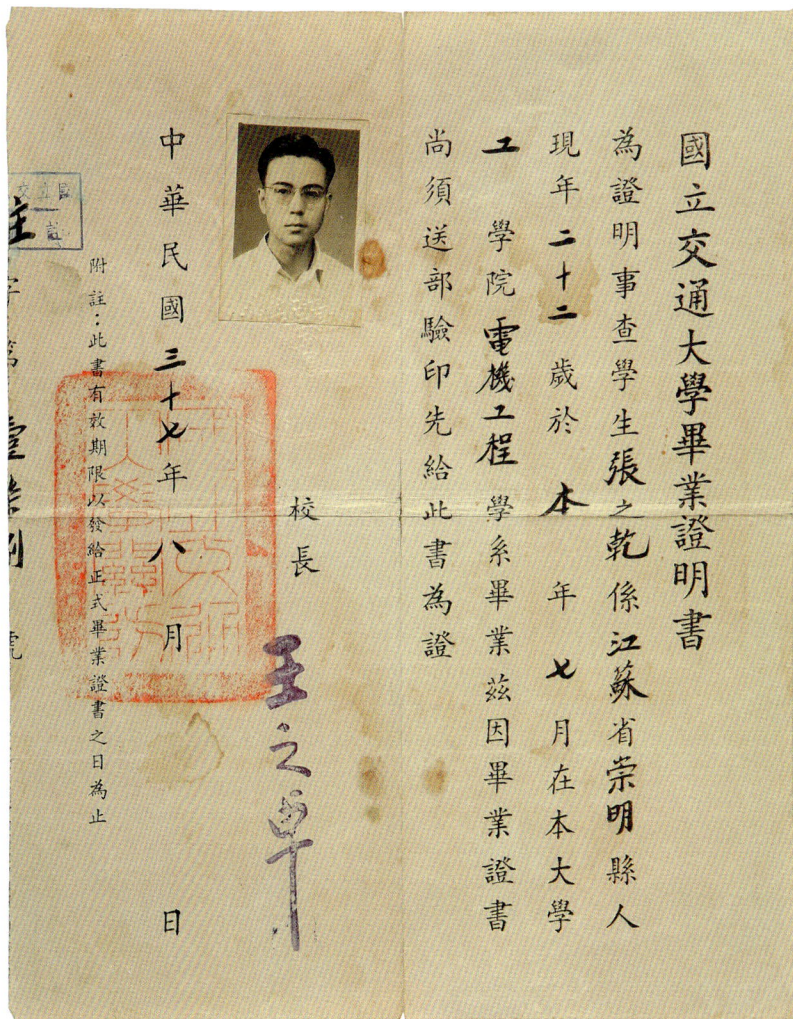

图录八八　国立交通大学
毕业证明书

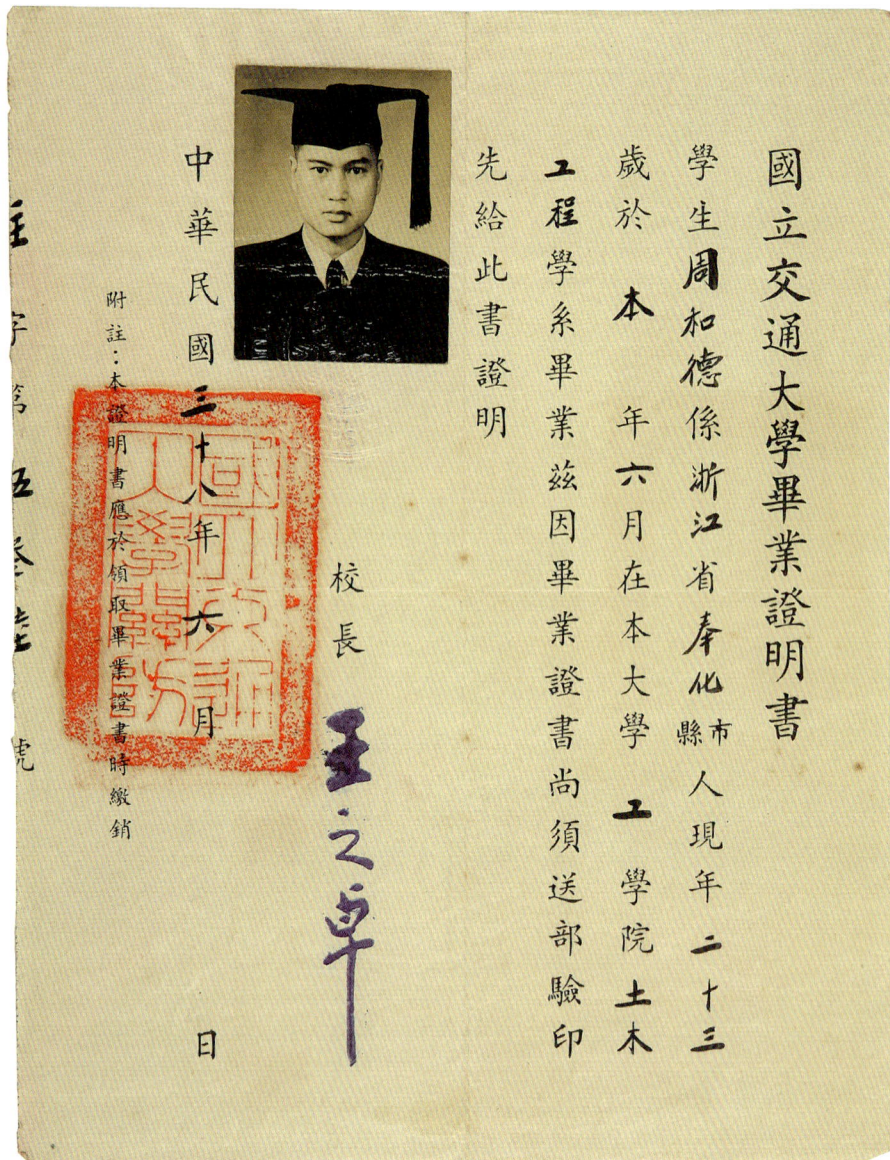

图录八九：国立交通大学毕业证明书　民国三十八年（1949）

纸本。高26.5厘米，宽21厘米。此件系工学院土木工程学系学生周和德（浙江奉化人，23岁）的临时毕业证明书。证书正中署校长王之卓（签名章），上方贴有周和德毕业照，并打盖"国立交通大学"圆形钢戳（内设篆书"精勤敦笃，果毅志坚"八字校训）；左侧为颁证日期"中华民国三十八年六月"，钤长方形朱文"国立交通大学关防"（8.8×6厘米）。注册编号"注字第伍叁陆号"。

上述两张临时毕业证明书的附注，对证明书的有效期未明确期限，"以发给正式毕业证书之日为止"。这与以往民国时期发给的毕业证明书作半年有效期的限定，显然有区别。其主要原因是当时正处于新旧政权交替之际，时局不稳，正式毕业证书呈送教育部核验时间究竟多长，很难预料，故在证明书的时效上不作限定。

四〇、复旦大学

复旦大学的前身是1905年由马相伯创立于上海的复旦公学。"复旦"二字选自《尚书大传·虞夏传》中的"日月光华，旦复旦兮"。它既有"复我震旦"的意思，又暗含"复兴中华"的深远意义。马相伯校长以此为校名，意在鼓励中国人应自主办学、振兴教育。1913年，李登辉任校长。1917年改名私立复旦大学。校训"博爱而笃志，切问而返思"。1929年设有文、理、法、商4学院17系。抗战爆发后，复旦大学主体西迁，先到江西，后至重庆。1940年增设农学院，遂为5学院22系。1941年11月25日，复旦大学渝校由私立改为国立，校长吴南轩。1946年，国立复旦大学迁回上海复校，校长章益。1949年后，定名为复旦大学，校长陈望道。

素有"江南第一学府"之誉的复旦大学，在坎坷中创建和发展，培养了一批杰出人才，如于右任、邵力子、陈寅恪、竺可桢、张志让、童第周等名家，他们为促进中国近现代化的进程作出了重要贡献。

图录九〇：私立复旦大学毕业证书　民国二十四年（1935）

纸本。高39厘米，宽49厘米。浅蓝宽边花纹图案框边，上方中间设孙中山头像，左右两旁为中华民国国旗和中国国民党党旗。此件系私立复旦大学法学院经济学系学生张剑萍（江苏上海县——今为上海市闵行区人，26岁）修业期满、成绩及格、准予毕业并获法学士学位的毕业证书。证书右侧下方为证书编号"大字第26129号"及验印日期"中华民国廿四年四月叁日验讫"。正中偏左署私立复旦大学校长李登辉，钤正方形朱文"李登辉章"（1.5×1.5厘米）；法学院院长张志让，钤正方形朱文"张志让章"（1.2×1.2厘米）；经济学系主任李炳焕，钤正方形"李炳焕"朱文印（1.6×1.6厘米）。左侧为毕业日期"中华民国二十四年一月"，钤正方形朱文"教育部印"（7.4×7.4厘米）；印章右部贴国民政府印花税票一枚（伍角）；左侧下方贴毕业生毕业照，并打盖"复旦"圆形钢戳。

李登辉（1873—1947），著名教育家。字腾飞，祖籍福建厦门，出生于印度尼西亚。早年赴美留学。1905年至1936年出任私立复旦大学校长。李登辉在复旦执教和主持校务长达30余

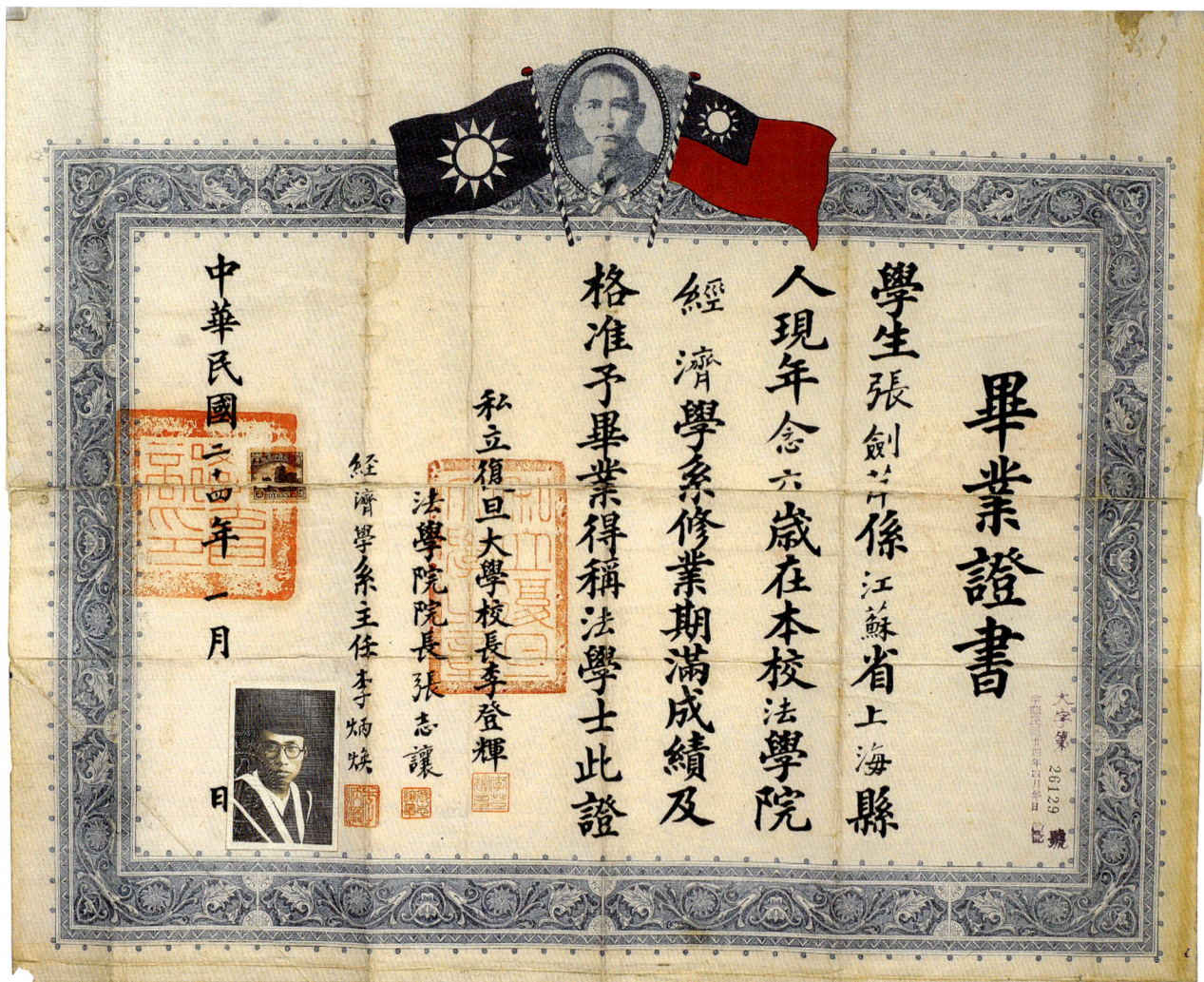

图录九〇　私立复旦大学毕业证书

年，对复旦的发展作出了杰出的贡献。他于1917年和1924年，二下南洋募捐集资，筹得巨款，建造办公楼，取名奕柱堂（1929年又扩建两侧，改作图书馆）；另外，还建造一座学生宿舍楼和一栋教师宿舍楼。由此，复旦的硬件设施大为改观，为复旦进一步扩大和发展提供了物质基础。李登辉在办学理念、延揽名师、系科扩大与改组、培养人才等方面，成绩卓著。他在复旦的影响和地位，仅次于马相伯。

图录九一：私立复旦大学毕业证明书　民国二十九年（1940）

纸本。高28.5厘米，宽20.5厘米。此件系商学院会计学系学生吴沪生（女，安徽盱眙县人，20岁）修习完毕所颁发的临时毕业证明书。证书偏左侧署私立复旦大学代理校长吴南轩，钤正方形朱文"私立复旦大学校长之印"（2.1×2.1厘米）；左侧为颁证日期"中华民国二十九年七月"，钤正方形朱文"私立复旦大学钤记"（5×5厘米）。证书编号"沪字第捌玖柒陆号"。

吴南轩（1893—1980），名冕，以字行，江苏仪征人。早年留学美国加利福尼亚大学，攻读教育心理学，获博士学位。回国后，任中央政治学校教务副主任、国民政府考试院考试委员会专员、中央派遣留学生管理委员会委员。1931年6月任清华大学校长，9月，被学生逐去。后任中央大学教授。1936年任复旦大学校长，1941年辞去，任监察院监察委员。1949年去台湾。著有《国际心理卫生运动史》、《儿童心理卫生》。

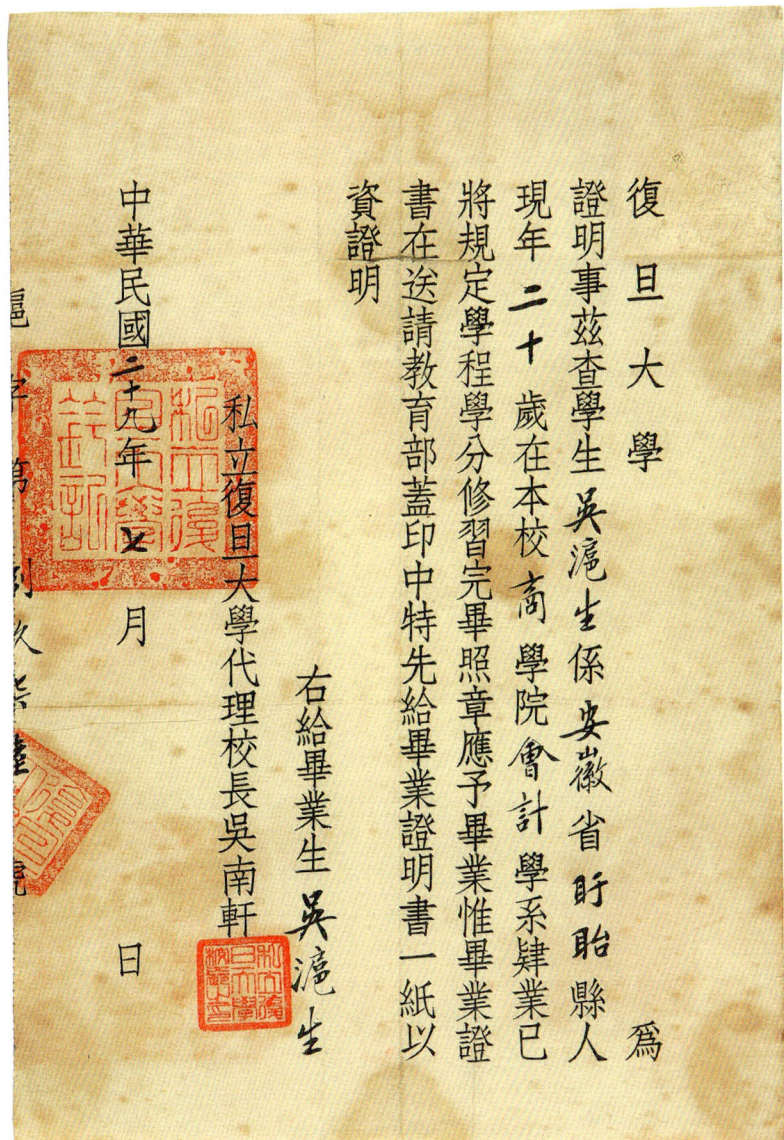

图录九一　私立复旦大学
毕业证明书

图录九二：国立复旦大学毕业证书　民国三十二年（1943）

纸本。高30.1厘米，宽50.5厘米。蓝宽带三层花纹图案框边，上方中间设孙中山头像，左右两旁为中华民国国旗和中国国民党党旗。此件系法学院经济学系学生汪希舜（四川长寿县——今为重庆市长寿区人，25岁）修业期满、成绩及格、准予毕业并授予法学士学位的毕业证书。

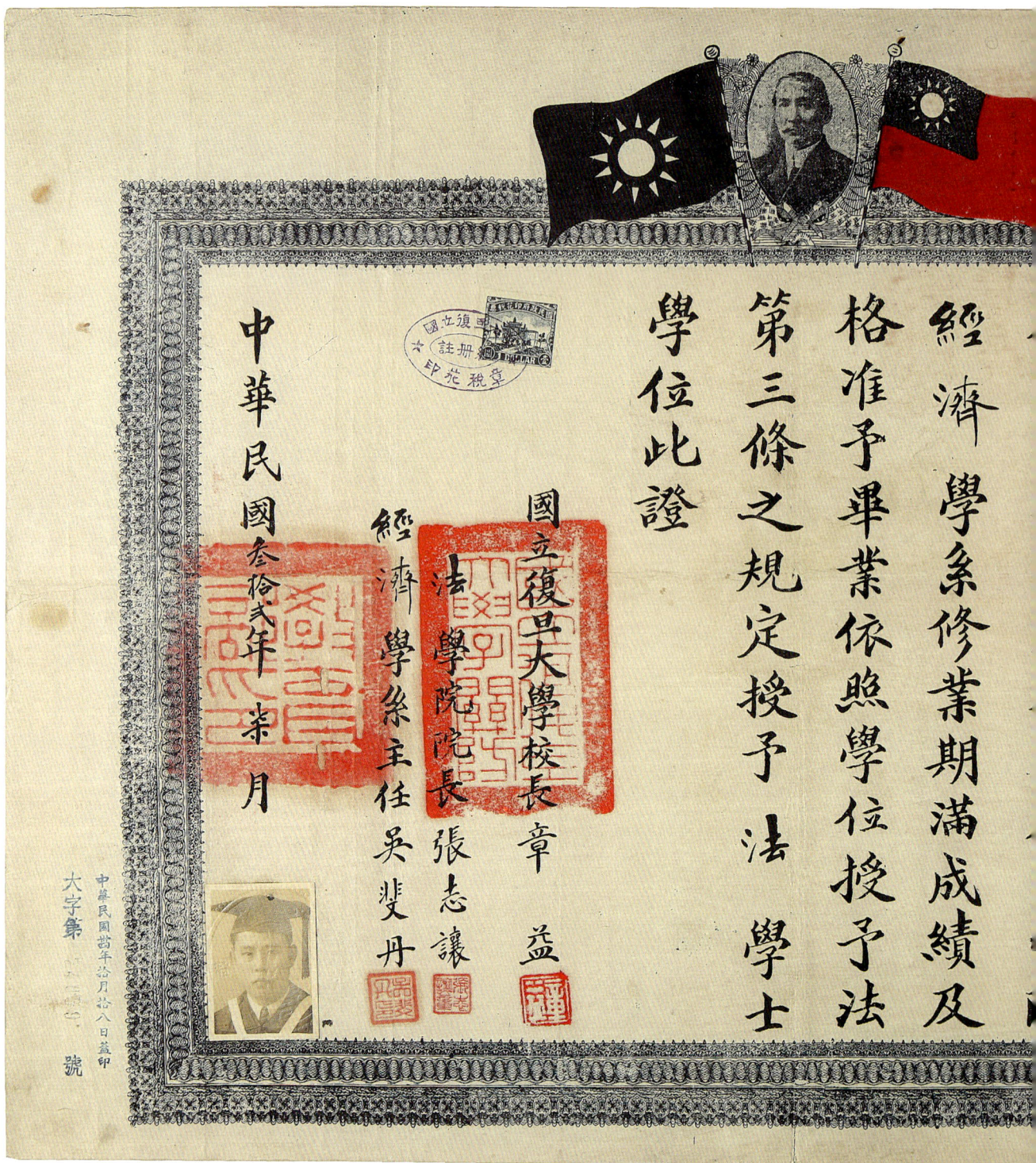

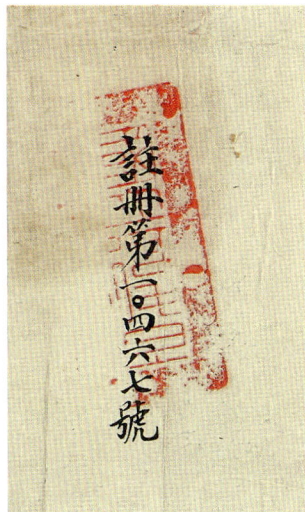

证书背面注册号

证书偏左侧正中钤长方形朱文"国立复旦大学关防"（8.8×5.8厘米），署国立复旦大学校长章益，钤正方形"章益"朱文印（1.5×1.5厘米）；法学院院长张志让，钤正方形朱文"张之让章"（1.2×1.2厘米）；经济学系主任吴斐丹，钤正方形朱文"吴斐丹印"（1.5×1.5厘米）。上方贴有国民政府印花税票一枚（壹圆），并盖椭圆形"国立复旦大学注册组印花税章"。左侧为毕业日期"中华民国叁拾贰年柒月"，钤正方形朱文"教育部印"（7.4×7.4厘米）；下方贴有汪希舜毕业照，打盖"国立复旦大学"圆形钢戳；左侧边框外为证书编号"大字第24059号"及验印日期"中华民国卅四年拾月拾捌日盖印"。注册第一〇四六七号（证书背面）。

章益（1901—1986），教育学专家。字友三，安徽滁州人。早年留学美国，获华盛顿州立大学教育学硕士学位。1927年归国，历任复旦大学教授兼预科主任、教育系主任、教务长，安徽大学文学院院长，上海劳动大学教育系教授兼主任。1942年至1949年出任复旦大学校长。建国后，任复旦大学校务委员会常务委员、外交系教授。

图录九二　国立复旦大学毕业证书

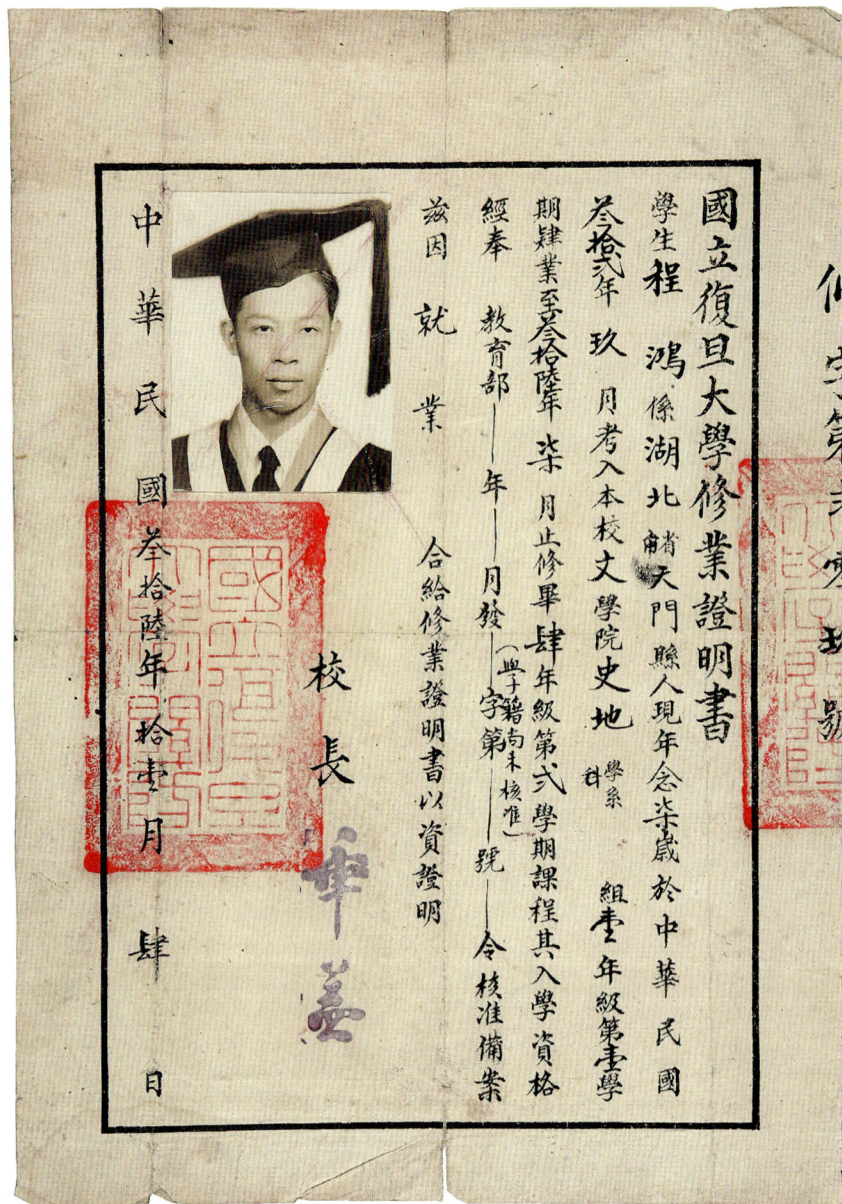

图录九三　国立复旦大学
修业证明书

图录九三：国立复旦大学修业证明书　民国三十六年（1947）

纸本。高28.5厘米，宽20.5厘米。深褐色线条框边。此件系文学院史地学系学生程鸿（湖北天门县人，27岁）肄业四年期满所发给的修业证明书。证书偏左侧署校长章益（签名章）；上方贴有程鸿的毕业照，打盖"复旦大学"圆形钢戳；左侧为开具证书日期"中华民国叁拾陆年拾壹月肆日"，钤长方形朱文"国立复旦大学关防"（8.8×5.8厘米）。证书编号"修字第贰零玖号"。

这实际是一张临时毕业证明书，在教育部验核的正式毕业证书未颁发前，先发此证，证明毕业生的学历资格，便于该生谋职就业。

图录九四：复旦大学毕业证书　1951年

纸本。高38.8厘米，宽45厘米。红粗细双线条框边，以黄色花纹图案作证书底色，并刊有美术体"为人民服务"五个大字。此件系农学院农艺系学生孙家淮（南京市人，23岁）肄业期满、成绩及格、准予毕业的毕业证书。证书右侧下方为证书验发日期"公历一九五二年贰月廿叁日，华东军政委员会教育部验发"。正中偏左钤正方形朱文"复旦大学印"（5.8×5.8厘米），署复旦大学校务委员会主任委员张志让（签名章）；校务委员会副主任委员陈望道（签名章）；农学院院长钟俊麟（签名章）。左侧上方贴有孙家淮半身照片，打盖"复旦大学"圆形钢戳；靠左侧边框为毕业日期"公历一九五一年七月"，钤正方形朱文"华东军政委员会教育部印"（6×6厘米）。证书编号"一九五一字第三三二号"

证书背面为孙家淮历年各科成绩表。第一学年（1947年度）学业总平均成绩70.13分；第二学年（1948年度）学业总平均成绩69.44分。第三学年（1949年度）学业总平均成绩75.76分。第四学年（1950年度）应修业的课程有9门，因该生在四年级上学期就参加军事干部学校学习，故

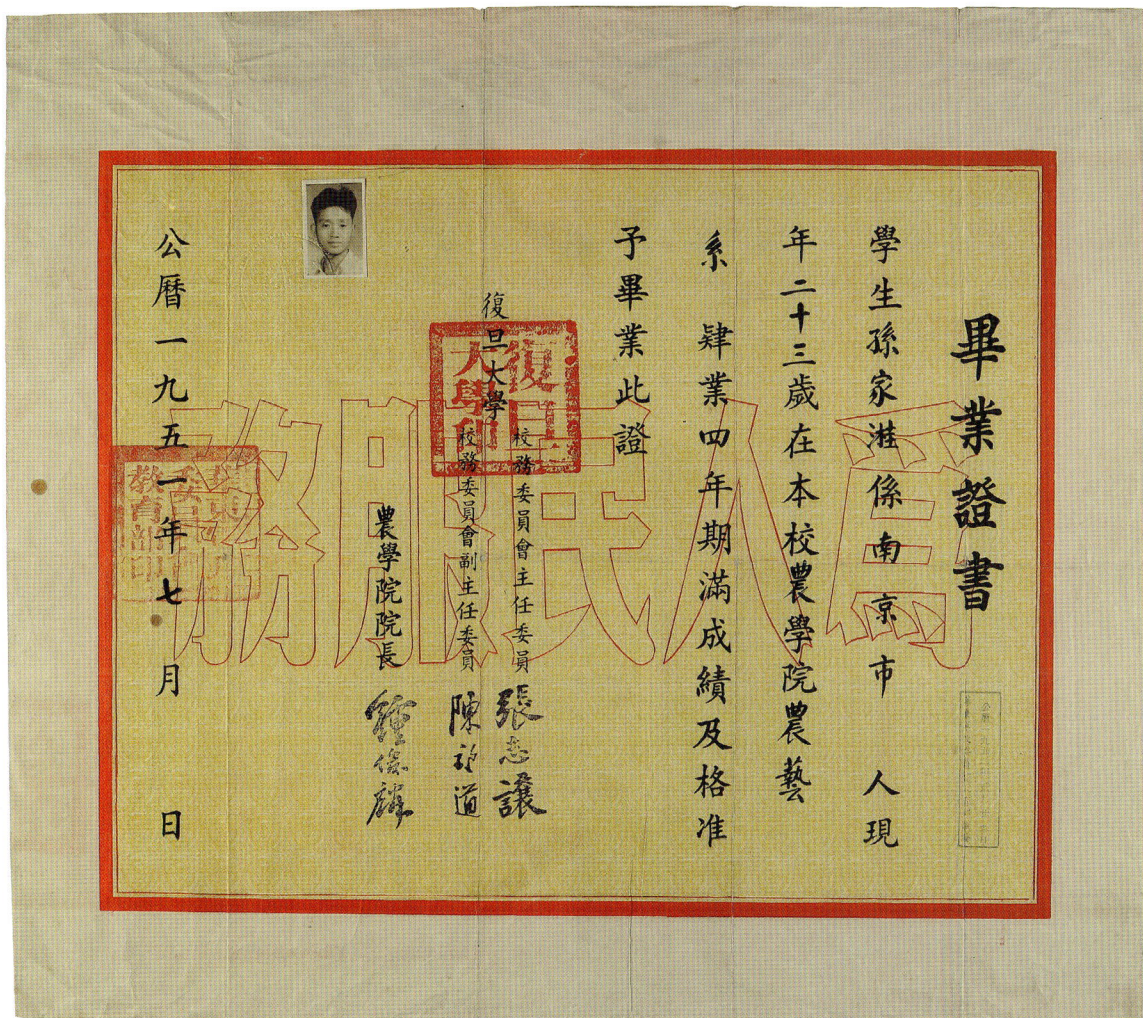

图录九四（1）　复旦大学毕业证书（正面）

歷年各科成績表

第一學年 （1947年度）			第二學年 （1948年度）			第三學年 （1949年度）			第四學年 （1950年度）			第　學年			第　學年			畢業成績	備考
科目	學分	成績	科目	學分	成績	科目	學分	成績	科目	學分	成績	科目	學分	成績	科目	學分	成績		一九五一年一月參加軍事幹部學校准予隨班畢業。
國　文	6	66.18			65	植物病理學	4	80	農場管理		3									
英　文	6	66.37			75	普通昆蟲學		70	農場論文		3									
化　學	6	77.5	體育衛生學		60	作物育種學			農學肥料問題		3									
植物學	6	65	普通遺傳學		68	作物學	3	72	水土保持		3									
普通論理學	4	73	化學	4	62.10			70	農場統計		6									
農場實習	4	67.5	土壤學	3	75	農具學		78	英文											
農場實習	3	62	農場管理	4	70	中國農民史		74.6	政治課程		1									
			新聞日報	3	70	有機化學	3	71	政治課程		2									
			生物統計	3	60	物理氣象	3	80.3	政治經濟學		4									
			造林學	3	88	氣象農業學	3	80												
						中國革命問題	3	70.5												

學業總平均成績	70.13		69.44		71.76				
實習學分累計	38		75		110		139		
體育成績	0	62.5	0	60	0	60			
附註：	附註：	附註：	附註：學校	附註：	附註：				

註冊組主任

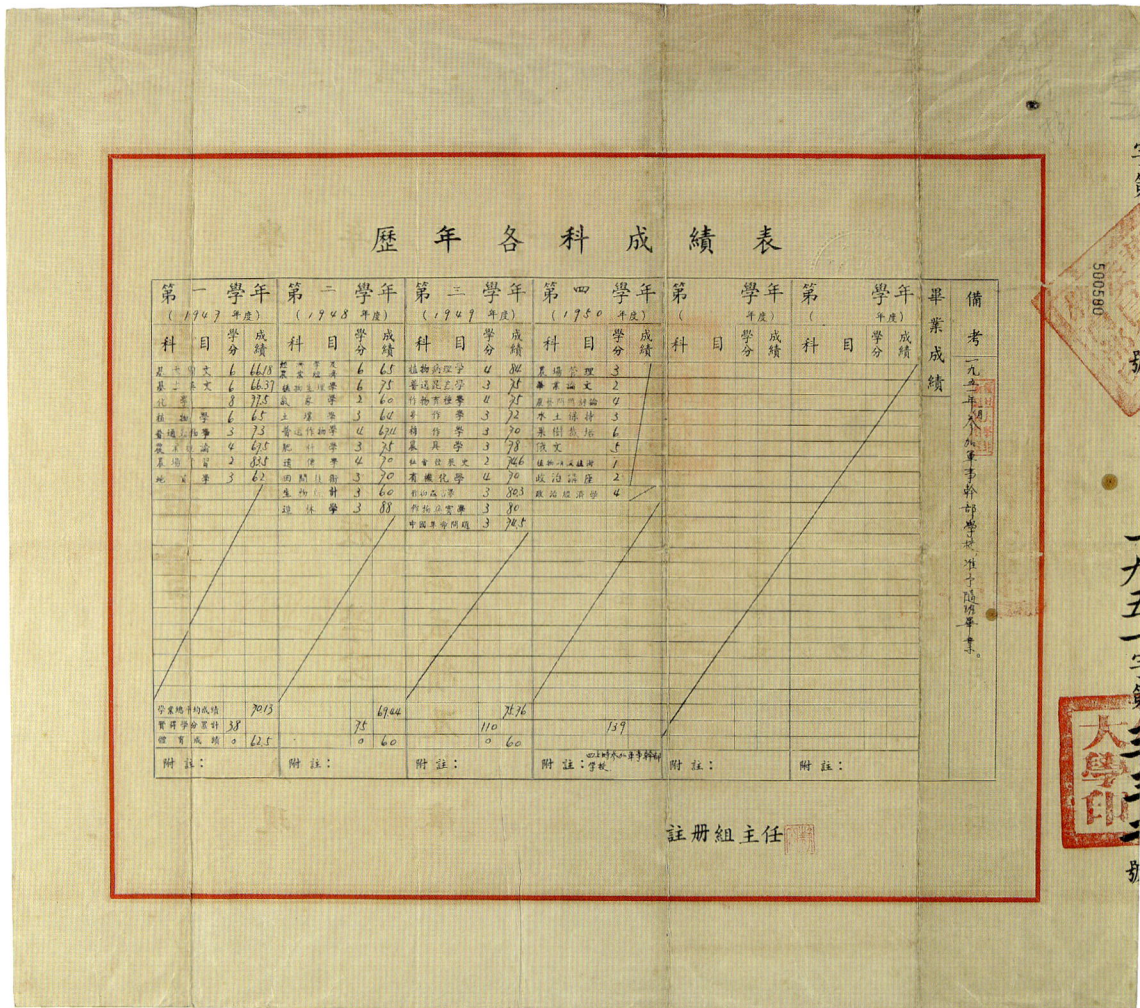

图录九四（2）　复旦大学毕业证书（背面）

第四学年没有成绩记录。孙家溎实得学分累计139学分，而毕业成绩未作记录。对此，复旦大学注册组在备考栏内作了注释：该生"一九五一年一月参加军事干部学校，准予随班毕业"。

张志让（1894—1878），著名法学家。号季龙，江苏武进（今常州市武进区）人。早年留学美国和德国攻读法学，获哥伦比亚大学硕士学位。1921年回国，从事法学教学和研究。先后任北京大学、东吴大学、复旦大学等高校法律系教授。1940年任复旦大学法学院院长兼校办刊物《文摘》主编。1949年后，历任复旦大学校务委员会主任委员、全国政协常委、最高人民法院副院长、中国政治法律学会副会长等职。

四一、同济大学

1907年5月20日，德国人宝隆在上海创立德文医学堂。1908年改称同济德文医学堂。1912年改为同济德文医工学校。1917年改为同济医工专门学校，首任中国籍校长阮尚介。1923年更名国立同济医工大学。1927年定名国立同济大学，校长张仲苏。1937年设医、工、理3学院。抗战期间，学校辗转迁移六次：首先从吴淞地区迁上海市区，二迁浙江金华，三迁江西赣县，四迁广西贺县八步镇，五迁云南昆明，六迁四川宜宾。抗战胜利后，1946年回迁上海，校长董洗凡。设医、工、理、文、法5学院。

1952年改组为以建筑工程类为主的工业大学。1978年以后，同济大学恢复和发展成为以工为主、理工结合，经、管、文、法各具特色的多学科综合性大学。

图录九五：国立同济大学毕业证书　民国三十三年（1944）

纸本。高39厘米，宽49.5厘米。深蓝线条框边，框外上方中间设孙中山头像，左右两旁原有中华民国国旗和中国国民党党旗，"文革"期间已被裁剪。此件系医学院学生张孝秩（浙江鄞县——今属宁波市鄞州区人，26岁）修业期满、成绩及格、准予毕业并授予医学士学位的毕业证书。证书偏左钤长方形朱文"国立同济大学关防"（8.8×6厘米），署国立同济大学校长丁文渊，钤正方形"国立同济大学校长"朱文印（1.7×1.7厘米）；医学院院长阮尚丞，钤正方形朱文"国立同济大学医学院院长之章"（1.5×1.5厘米）。左侧下方贴有张孝秩半身照，打盖"同济大学医学院"圆形钢戳；靠左侧边框为毕业日期"中华民国三十三年七月"。证书编号"卅二医字第玖号"。

张孝秩的毕业证书是在1949年11月之后颁发的。其依据是该证书的右上角和左下角盖有上海市有关教育部门的批示。右上角的批示："奉华东教育部教高学字第4224号通知转奉中央教育部高一字第453号批复之'解放前毕业的学生其毕业资格由各该校负责给予证明文件'之规定由校验发。"左下角的批示："一九四九年十一月补发上海市人民政府高等教育处验印。"这就是说，此证是1949年11月补报上海高教处验核后才发给毕业生张氏的。

毕业证书

学生張孝秩係浙江省鄞
縣人現年二十六歲在本校
醫學院   系修業
期滿成績及格准予畢業依
照學位授予法第三條之規
定授予醫學士學位此證

國立同濟大學校長丁文淵
醫學院院長阮尚丞

中華民國三十三年七月
日

一九四九年十一月補報上海
市人民政府高等教育處驗印

图录九五　国立同济大学毕业证书

　　丁文渊（1895—1957），字月波，江苏泰兴人。1919年同济医工专门学校医科毕业后，赴德国留学，获柏林大学医学博士学位。回国后，历任国民政府行政院参事、考试院参事、中国驻德大使馆参事、外交部专门委员、中央大学教授等职。1942年2月至1944年7月；1947年9月至1948年8月两次出任同济大学校长。1948年12月去台湾接收台北陆军医院。

图录九六：国立同济大学证明书 民国三十四年（1945）

纸本。高26.5厘米，宽17.5厘米。黑细线条框边。此件系医学院学生张孝秩（浙江鄞县人，28岁）修业期满、毕业考试成绩及格、实习完毕的毕业证明书。证书正中署国立同济大学校长徐诵明（签名章）；左侧为颁证日期"中华民国叁拾四年九月七日"，钤长方形朱文"国立同济大学关防"（8.8×6厘米）。注册号"注字第捌号"。

几点说明：1. 按常规，开具临时毕业证明书的时间一般应在毕业的当年，张孝秩于1944年7月毕业，而开具证明书却在1945年9月。有两种可能：一是当年开出的证明书丢失，后来补办；另一种可能是当年未开具证明书，而是推迟到1945年才补办。

2. 张孝秩于民国三十三年毕业，时年26岁，而民国三十四年开具的证明书却填写28岁，只隔一年，增加两岁，显然有误。

3. 按常规，签发证明书和颁发正式毕业证书的校长名字应是一致的，但这二张证书不是同一人签署，是由于丁文渊于1944年7月离任，而1945年9月开具的证明书是在徐诵明校长任内。

4. 徐诵明校长简介请见图录三六的文字说明。

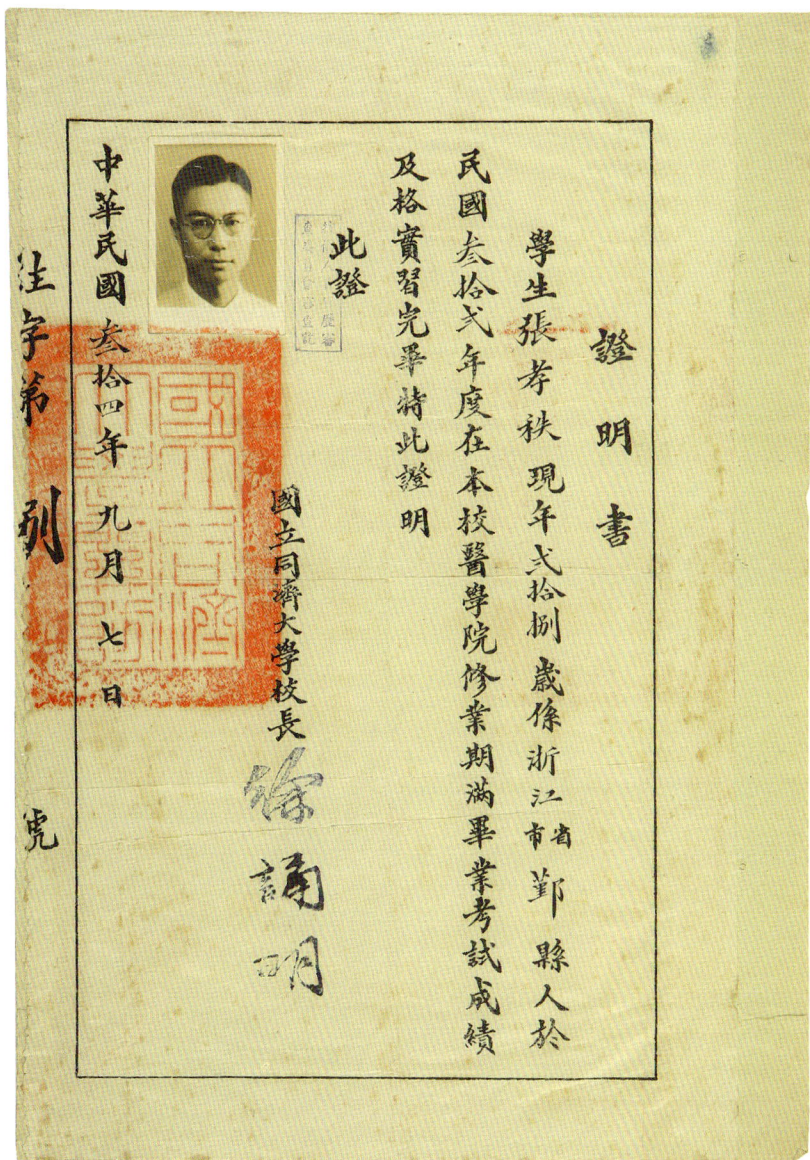

图录九六 国立同济大学证明书

四二、暨南大学

1906年在六朝古都南京薛家妙相庵创办了中国第一所国立华侨学府——暨南学堂。校名出自《尚书·禹贡》："东渐于海，而被于流沙，朔南暨，声教泛于四海。"意即把"声威教化传播到东、南、西、北四方"。由于学堂以吸收南洋华侨子弟就读为主，所以取名"暨南"，其意是把教化传到南洋。1911年10月暨南学堂停办，直到1917年11月，北京政府教育部才批准恢复。1918年暨南学堂在原校址复学，并改名国立暨南学校。1923年迁往上海，改名国立暨南商科大学。学校人数升至500余人，学科类别由5系增至8系。1927年，南京国民政府成立，学校改组为国立暨南大学，校长郑洪年。校训"忠信笃教"。设文、理、法3学院。抗战爆发后，学校迁入上海租界。1941年后，迁福建建阳，大部分侨生返回南洋。抗战胜利后，1946年迁回上海，校长李寿雍。设文、理、法、商4学院14个系。

新中国成立后，由于侨生生源锐减，上海暨大不得不再次停办，并入复旦大学。1958年由于华侨归国学习的愿望再次高涨，在广州华侨补习学校的基础上，重建暨南大学。1970年停办。1978年在广州重新恢复暨南大学。

图录九七：国立暨南大学学生修业证明书　民国二十六年〔1937〕

纸本。高26.5厘米，宽17.5厘米。此件系大学部法学院法科学系学生吴士徵（江苏太仓人，30岁）的修业证明书。证书偏左署校长何炳松（签名章），钤正方形"国立暨南大学校长"朱文印（1.7×1.7厘米）；上方贴有国民政府印花税票一枚（壹角）；左侧为颁证日期"中华民国廿六年五月十二日"，钤长方形朱文"国立暨南大学关防"（8.8×6厘米）；左下角贴有吴士徵半身照片，打盖"国立暨南大学"圆形钢戳。

这是一张补办的修业证明书。吴士徵于1930年入学，至1932年肄业，可能是原肄业证书丢失，间隔五年之后，补办了这份修业证明书。

何炳松（1890—1946），著名历史学家、教育家和出版家。字柏丞，浙江金华人。早年获美国普林斯顿研究所史学硕士学位。历任北京大学历史系教授、北高师英语科教授及史地系主任、商务印书馆副经理及《教育杂志》主编。1935年6月至1946年5月出任暨南大学校长。在办学理念上，他强调"要造成复兴民族之斗士"，"暨南比其他大学另有特殊之使命，将来本校同学，必须能向海外发展，能在外界立足"。1940年3月30日汪伪政权建立，指令上海各校停课"庆祝"，何校长明确表示："汉曹不两立，忠奸不并存"，坚决予以抵制。太平洋战争爆发，坚持上"最后一课"之后，组织师生南迁，并在抗战艰苦困难的条件下，坚持办学长达四年之久。1945年抗战胜利，当他积极筹备暨大迁回上海复校再展宏图时，不幸于1946年7月辞世。

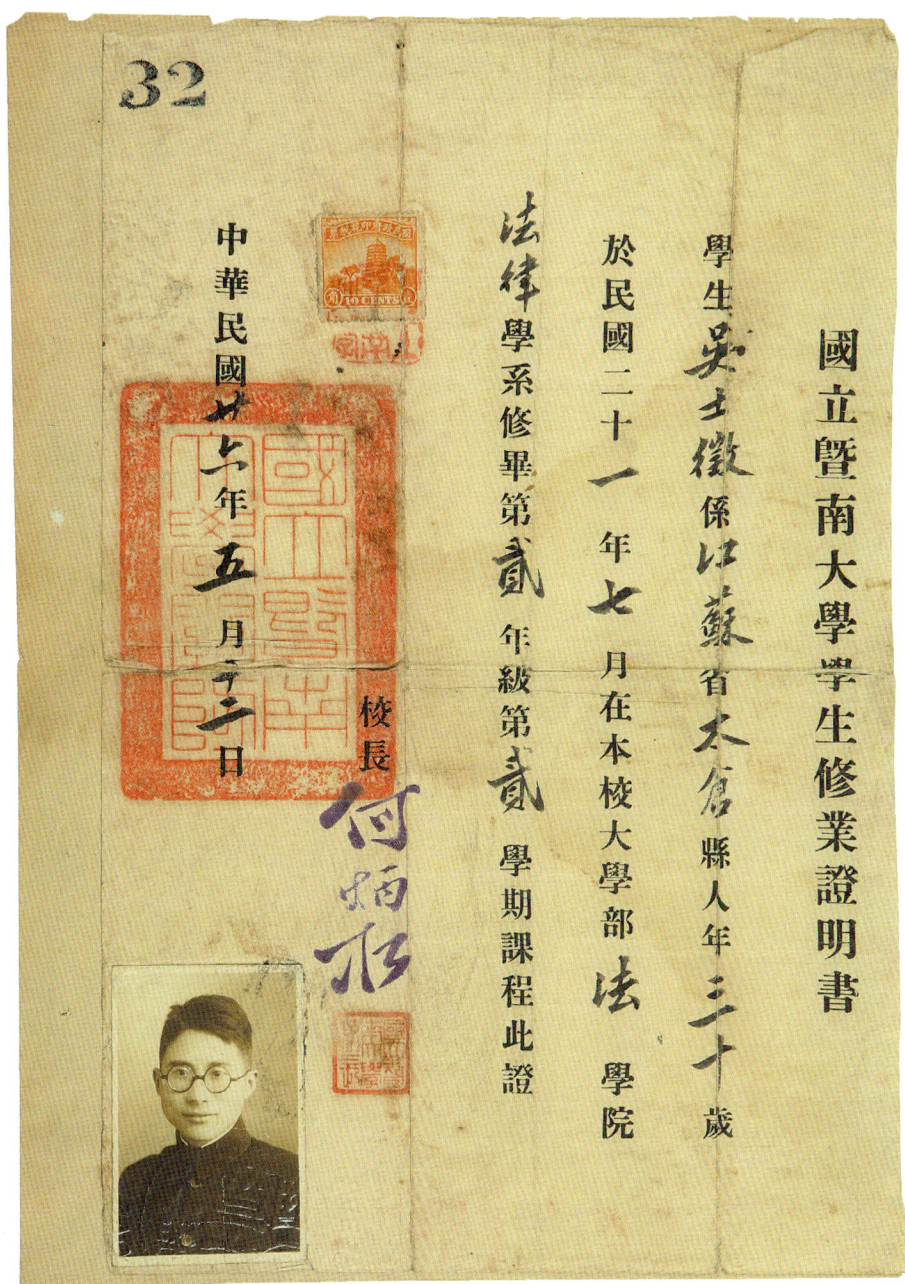

图录九七　国立暨南大学学生修业证明书

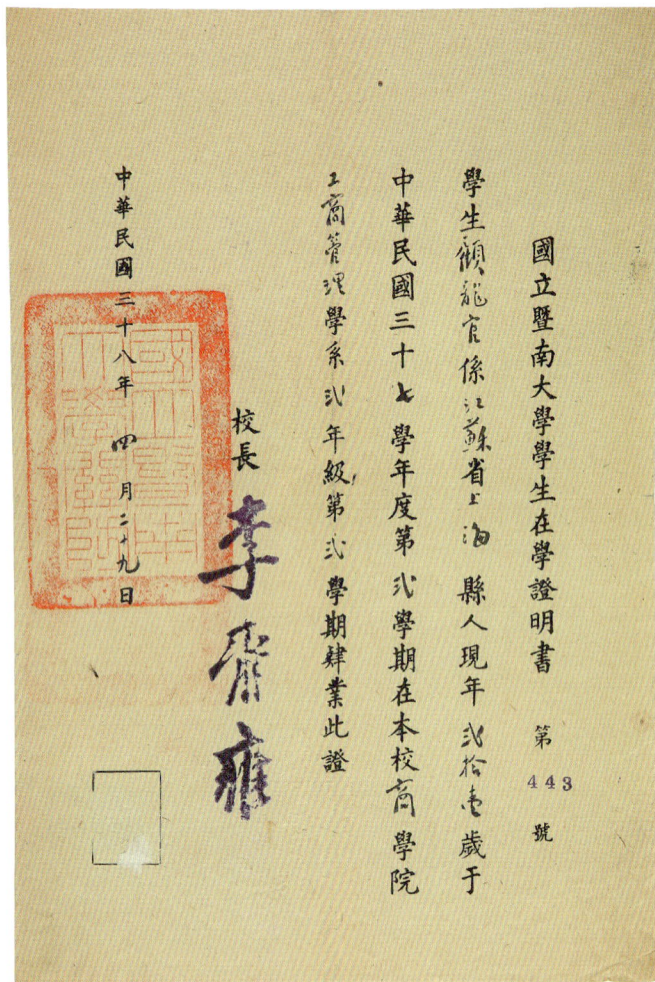

图录九八：国立暨南大学学生在学证明书　民国三十八年（1949）

纸本。高27.7厘米，宽18.6厘米。此件系商学院工商管理学系二年级学生顾龙官（江苏上海县——今为上海市闵行区人，21岁）于民国三十七学年度第二学期肄业的在学证明书。证书右下角为证书编号"第443号"；偏左侧署校长李寿雍（签名章）；左侧为开具证书日期"中华民国三十八年四月二十九日"，钤长方形朱文"国立暨南大学关防"（8.8×6厘米）；左下角原贴有顾龙官的半身照片，年久脱落，但打盖的"国立暨南大学"圆形钢戳印痕仍依稀可见。

图录九八　国立暨南大学学生在学证明书

附：顾龙官的成绩报告单

附：顾龙官三十六年度和三十七年度四个学期的成绩报告单（共三张，尚缺三十六年度第一学期成绩单）。三十六年度第二学期（1947—1948）11门课程，成绩平均分74.8分。三十七年度第一学期（1948—1949）11门课程，成绩平均分82.4分；第三十七年度第二学期（1948—1949）11门课程，成绩平均分75.3分。

两点说明：1. 这份在学证明书实际上是二年级学生顾龙官的一份肄业证明书。

2. 三张成绩报告单均盖有"中央银行资助金核讫"圆形蓝印，是由于顾龙官属于接受央行资助金的学生，故成绩单须呈央行审核钤记。

李寿雍（1902—1984），江苏盐城人。毕业于北京大学，曾赴英国牛津、伦敦大学研习财政经济学。回国后，历任中央大学教授、湖南大学文学院院长。1946—1949年出任国立暨南大学校长。上海解放前夕前往台湾，曾任国民党中央纪律委员会主任委员等职。

图录九九：国立暨南大学临时毕业证明书　民国三十八年（1949）

纸本。高32厘米，宽25.5厘米。黑粗细双线条框边。此件系商学院工商管理学系学生祁汉儒（江苏盐城县人，24岁）修业期满、毕业考试成绩及格发给的临时毕业证明书。证书右侧下角为证书编号"第1855号"；偏左侧署校长李寿雍（签名章）；左侧上方贴有祁汉儒的毕业照，打盖"国立暨南大学"圆形钢戳；靠左侧边框为颁证日期"中华民国叁拾捌年柒月"，钤长方形朱文"国立暨南大学关防"（8.8×6厘米）。

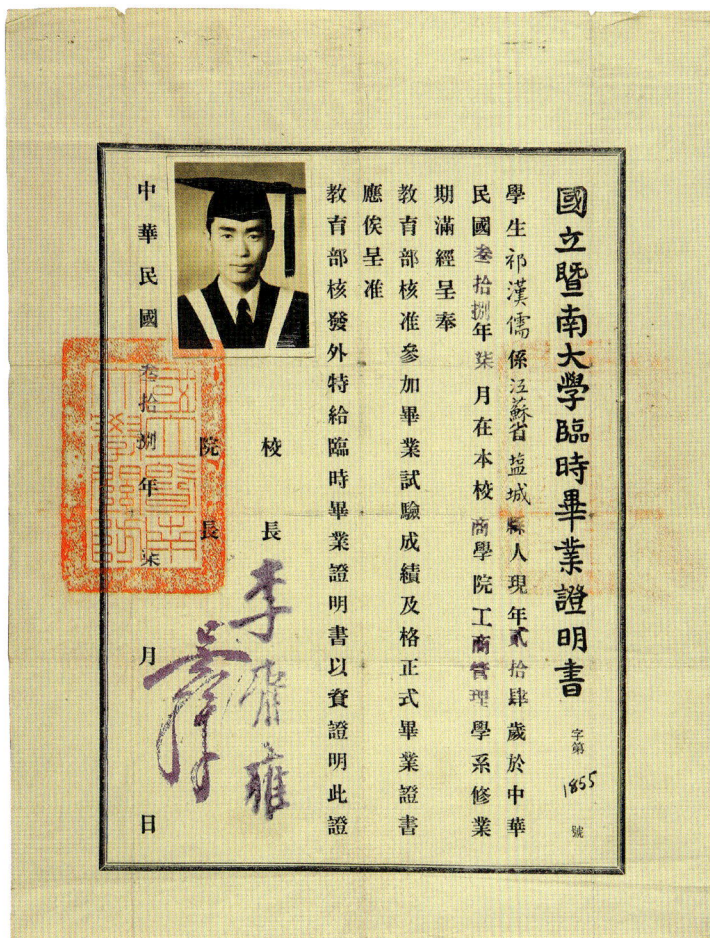

图录九九　国立暨南大学临时毕业证明书

四三、圣约翰大学（基督教会学校）

圣约翰大学是中国资格最老的著名教会大学之一。1879年美国基督教圣公会派遣俄籍犹太人施约瑟主教在沪西梵皇渡（今万航渡路）创办圣约翰书院。1896年改称圣约翰学堂。改组后的学堂，形成文理科、医科、神学科及预科的教学格局，成为当时上海唯一的高等学府。1905年改名圣约翰大学。其校训"学而不思则罔，思而不学则殆"。1937年后，曾一度与上海的沪江、杭州的之江和苏州的东吴三校合组"基督教联合大学"。1940年退出后独办。1942年，卜舫济退休改任名誉校长，由沈嗣良任校长。抗战胜利后，涂羽卿接任校长。1947年10月立案。新中国成立后，1951年被人民政府接管，但仍保留私立办学性质。1952年全国高校院系调整被撤销，院系各学科分别并入在沪的其他高校。校址划拨给华东政法学院使用。

圣约翰大学是一所拥有文、理、工、农、医5个学院的多学科的综合性大学，曾被中外人士誉为"东方的哈佛"。它不仅是最早在上海地区推行现代高等教育的先驱，而且在数十年间，为中国培养了一批外交、实业、人文、自然科学等领域的英才，如顾维钧、施肇基、王正廷、宋子文、荣毅仁、刘鸿生、潘序伦、林语堂、邹韬奋、贝聿铭等名家。

图录一〇〇：上海圣约翰大学毕业证书（英文版） 1942年

纸本。高43厘米，宽60厘米。证书内容：学生周萍（女），在本校修业期满、成绩及格准予毕业；已达到学位要求，授予文学士学位，并给予她在本校及他处通常给予与其取得同等地位者的权利、特权、尊严和荣誉。颁证日期：1942年6月6日于中国上海。署私立圣约翰大学校长沈嗣良（英文签字），打盖"圣约翰大学"火漆印记（直径6厘米）。证书左侧下方贴有周萍半身照片，并打盖"圣约翰大学"圆形钢戳（内设校训"学而不思则罔，思而不学则殆"字样）。

Saint John's University,
Shanghai, China.

Be it Known that the President and Faculty of the University have conferred upon
Chou Ping the degree of **Bachelor of Arts**
and have given her to enjoy all the rights, privileges, dignities and honors
which here and everywhere are customarily conceded to those who have been
admitted to the same rank.

In testimony whereof are affixed to this document the seal of the University,
and the signatures of the Officers of the University.

Given this 6th day of June in the year of Our Lord Nineteen hundred and Forty two.

W. P. Roberts
Representative of the Board of Trustees

Archie Tsen
Representative of the Board of Directors

Wm. Z. L. Sung
President

Lin Hung Chao
Dean

图录一〇〇　上海圣约翰大学毕业证书

　　沈嗣良（1896—1967），著名体育活动家。浙江宁波人。1919年圣约翰大学毕业。后赴美留学，获哥伦比亚大学教育管理硕士学位。1923年回国后，应聘为圣约翰大学教务长，兼体育部主任。曾任中华全国体育协进会名誉主任干事，后任总干事。1925年率中国体育代表团参加在菲律宾举行的第七届远东运动会。与王正廷、张伯苓等人筹办了在上海举行的第八届远东运动会。曾带领短跑名将刘长春参加第十届奥运会。1936年与王正廷一起率中国体育代表团参加在柏林举行的第十一届奥运会。抗日战争期间，出任圣约翰大学校长。抗战胜利后去美国定居，1967年逝世。

图录一〇一：上海圣约翰大学毕业证书（英文版）1943年

纸本。高43厘米，宽60厘米。证书内容：学生朱绍成在本校修业期满、成绩及格准予毕业；已达到学位要求，授予文学士学位，并给予他在本校及他处通常给予与其取得同等地位者的权利、特权、尊严和荣誉。颁证日期：1943年1月30日于中国上海。署私立圣约翰大学校长沈嗣良（英文签字），打盖"圣约翰大学"火漆印记（直径6厘米）。证书左侧下方贴有朱绍成毕业照，并打盖"圣约翰大学"圆形钢戳（内设校训"学而不思则罔，思而不学则殆"字样）。

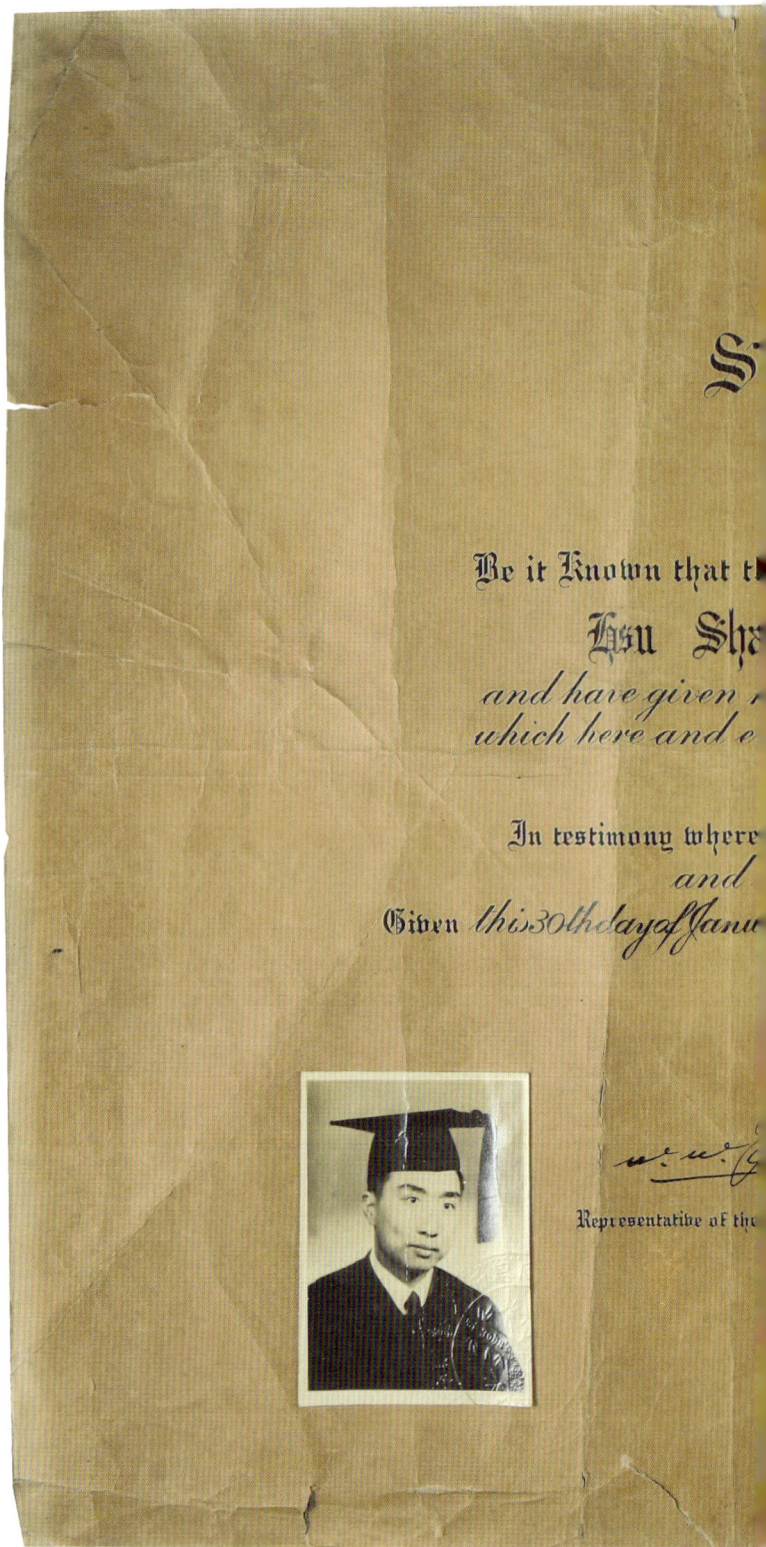

John's University,
Shanghai, China.

ent and Faculty of the University have conferred upon

n   the degree of   Bachelor of Arts

yoy all the rights, privileges, dignities and honors
e are customarily conceded to those who have been
mitted to the same rank

fixed to this document the seal of the University,
atures of the Officers of the University
e year of Our Lord Nineteen hundred and forty-three.

President

Dean

tors

图录一〇一　上海圣约翰大学毕业证书

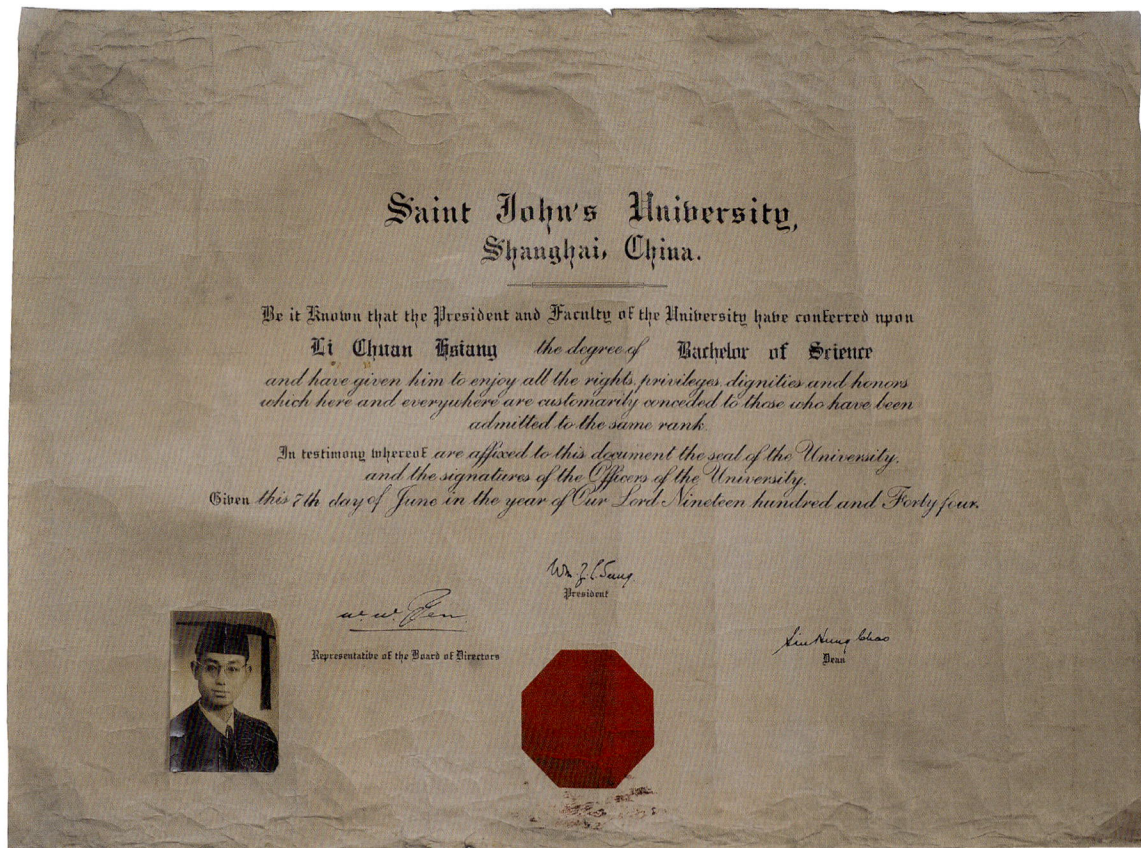

图录一〇二　上海圣约翰大学毕业证书

图录一〇二：上海圣约翰大学毕业证书（英文版）　1944年

纸本。高43.5厘米，宽61厘米。证书内容：学生李传祥在本校修业期满、成绩及格准予毕业；已达到学位要求，授予理学士学位，并给予他在本校及他处通常给予与其取得同等地位者的权利、特权、尊严和荣誉。颁证日期：1944年6月7日于中国上海。署私立圣约翰大学校长沈嗣良（英文签字），打盖"圣约翰大学"圆形火漆（直径6厘米）。证书左侧下方贴有李传祥毕业照，并打盖"圣约翰大学"圆形钢戳（内设校训"学而不思则罔，思而不学则殆"字样）。

图录一〇三：上海圣约翰大学毕业证书 民国三十六年（1947）

纸本。高43.5厘米，宽61.5厘米。此件系圣约翰大学医学院学生李传祥（浙江鄞县人，27岁）修业期满、成绩及格、准予毕业并授予医学博士学位的毕业证书。证书正中钤正方形朱文"私立圣约翰大学钤记"（5.8×5.8厘米），署私立圣约翰大学校长涂羽卿，钤正方形"涂羽卿"朱文印（1.4×1.4厘米）、代理医学院院长莫约西，钤正方形朱文"莫约西印"（2×2厘米）。左侧上方贴李传祥毕业照，并打盖"圣约翰大学"钢戳；下方打盖"圣约翰大学"火漆印记（直径6厘米）。颁证日期为"中华民国三十六年六月二十三日"。

涂羽卿（1895—1975），物理学家。湖北黄冈人。早年赴美国留学，获麻省工学院博士学位。曾任东南大学物理系教授，沪江大学物理系教授兼系主任，基督教青年会全国协会副总干事。1946—1948年出任圣约翰大学校长。

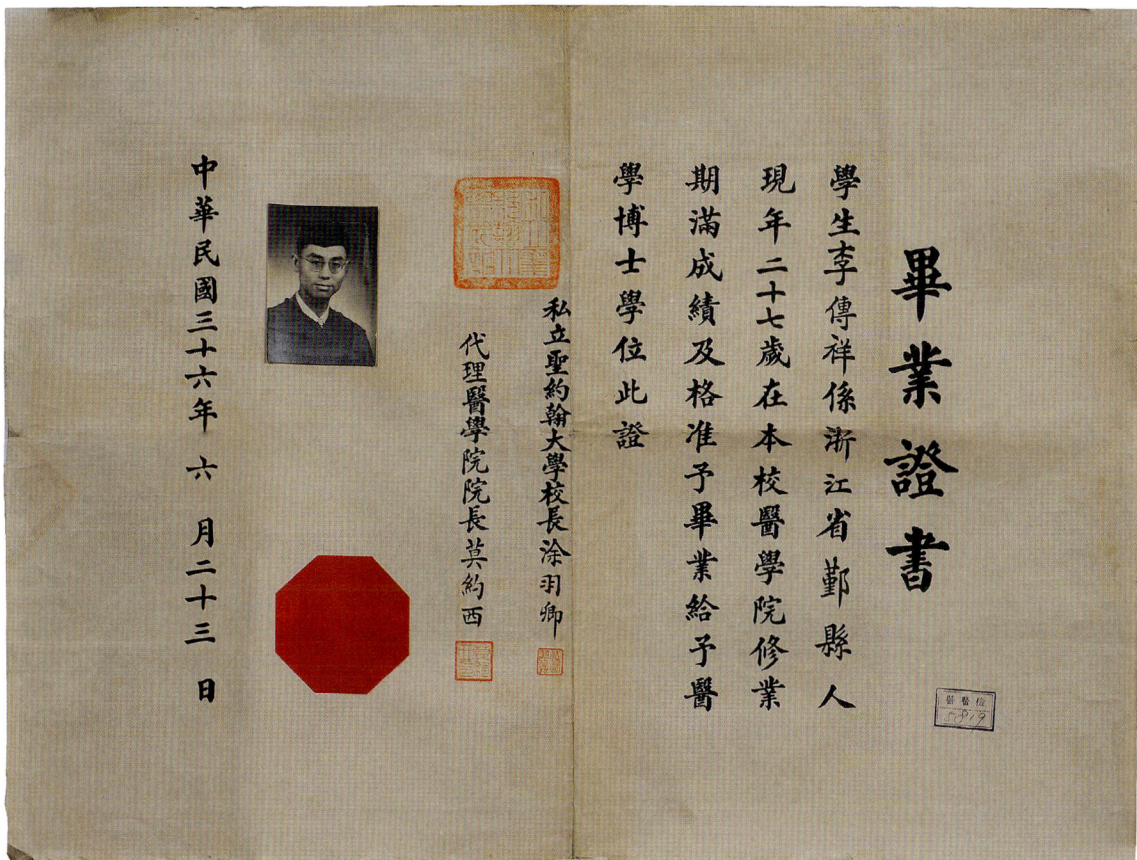

图录一〇三 上海圣约翰大学毕业证书

四四、沪江大学（基督教会学校）

沪江大学是美国基督教浸礼会于1906年在上海创立的教会大学。初名为浸会神学院，1911年更名上海浸会大学堂，1915年改名沪江大学。校训：信、义、勤、爱。1928年，校务由美国人改为中国人主持，刘湛恩出任校长。1929年3月立案。1942年内迁重庆。1943年春，沪江大学与苏州内迁的东吴大学合组联合法商学院。凌宪杨任商学院院长，盛振为任法学院院长。沪江的商学院和东吴的法学院商学和法学均为各自的强项，强强联合，社会影响很大。1946年返回上海复校。1951年人民政府接管后仍保留私立。1952年全国高校院系调整后被撤销，原址后为上海工学院（1979年后改上海工业大学）占用。1994年上海工业大学撤销，并入1983年组建的上海大学。

图录一〇四：私立沪江大学毕业证书　民国二十六年（1937）

纸本。高44.5厘米，宽49.3厘米。证书上端正中设孙中山头像，左右两旁为中华民国国旗和中国国民党党旗。此件系文学院政治学系学生何孝礼修业期满、成绩及格、准予毕业并授予学士学位之毕业证书。证书右侧下角为证书编号"大字第45593号"及验印日期"中华民国廿六年八月叁日验讫"。正中上方钤正方形朱文"上海私立沪江大学钤记"（5.2×5.2厘米），署私立沪江大学校长刘湛恩，钤正方形朱文"刘湛恩印"（1.2×1.2厘米）；文学院院长林立，钤正方形朱文"林立图记"（1.2×1.2厘米）。偏左侧上方贴国民政府印花税票三枚（每枚面值壹角）；下方贴何孝礼毕业照，打盖"私立沪江大学"钢戳；左侧为毕业日期"中华民国二十六年六月二十六日"，钤正方形朱文"教育部印"（7.4×7.4厘米）。

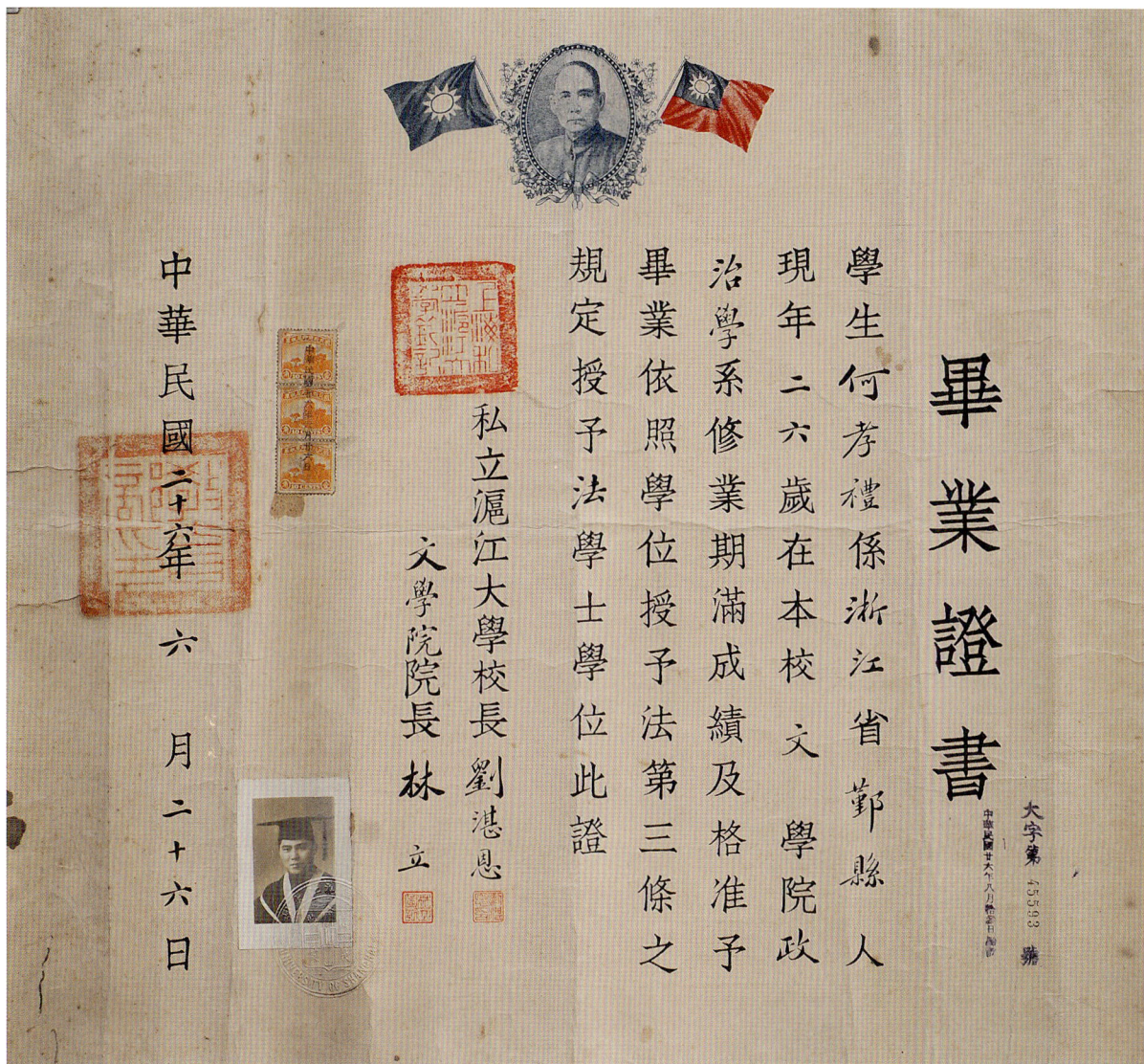

畢業證書

學生何孝禮係浙江省鄞縣人

現年二六歲在本校文學院政

治學系修業期滿成績及格准予

畢業依照學位授予法第三條之

規定授予法學士學位此證

私立滬江大學校長劉湛恩

文學院院長林立

中華民國二十六年六月二十六日

大字第 45593 號

图录一〇四　私立沪江大学毕业证书

　　刘湛恩（1895—1938），著名爱国教育家。湖北阳新人。1922年获美国哥伦比亚大学哲学博士学位。1928年出任沪江大学首任华人校长。他主张沪江大学"更为中国化"，致力于革新校务，强调师生团结、学术自由。1929年设文、理、教（育）3学院10系，从院长到系主任均由华人充任。1932年，刘先生创办了沪江商学院，又称城中区商学院，是沪江大学最负盛名的学院。抗战爆发后，他积极投入抗日救亡运动。1938年初，日伪妄图利诱他担任伪教育部长，被他断然拒绝。4月7日，惨遭日伪特务暗杀，以身殉国殉教。

私立滬江大學證明書

查學生蕭孫祺年二二歲 省上海市人

於民國三十年夏季在本校商學院商學

系修畢大學四年學程成績及格此證

（畢業證書經 教育部驗印發還後本證明書註銷）

校長樊正康

中華民國三十年六月五日

图录一○五　私立沪江大学（旅渝）证明书

图录一○五：私立沪江大学（旅渝）证明书　民国三十年（1941）

纸本。高26.7厘米，宽20.2厘米。此件系商学院商学系学生萧孙祺（上海市人，22岁）修业期满、成绩及格的临时毕业证明书。证书偏左侧署校长樊正康，钤正方形朱文"樊正康印"（1.9×1.9厘米）；左侧为颁证日期"中华民国三十年六月五日"，钤正方形朱文"上海私立沪江大学钤记"（5.2×5.2厘米）；左下角贴有萧孙祺半身照片，打盖"私立沪江大学"圆形钢戳（内设有"信义勤爱"校训图案）。证书编号"第叁肆柒号"。

樊正康1916年毕业于沪江大学。20世纪30年代为沪江大学首任中国籍教务长。1939—1945年出任沪江大学校长。1938年刘湛恩校长惨遭日伪杀害后，樊先生不顾个人安危，毅然继承刘校长遗志，临危受命，为沪江大学的保留和生存，以及抗战胜利的复校作出了贡献。

图录一〇六：私立沪江大学毕业证书　民国三十六年（1947）

纸本。高45.5厘米，宽61厘米。压模凹形线条框边。此件系商学院第二院建筑学科学生沈懿平（上海特别市人，26岁）修业期满、成绩及格、准予毕业的毕业证书。证书正中署私立沪江大学校长凌宪扬（签名章），钤正方形朱文"私立沪江大学校长章"（2.2×2.2厘米）；商学院院长郑世素（签名章），钤正方形朱文"私立沪江大学商学院第二院院长之章"（1.9×1.9厘米）；建筑学科主任伍子昂，钤正方形朱文"伍子昂印"（1.2×1.2厘米）。左侧为颁证日期"中华民国三十六年十月"，钤正方形朱文"上海私立沪江大学钤记"（5.2×5.2厘米）；左侧下方贴有沈懿平半身照片，打盖"私立沪江大学"圆形钢戳（内设有"信义勤爱"校训图案）。左侧下角蓝色印记，是沪江大学商学院第二院对证书所作的说明："该生于民国卅五年七月在本校城中区商学院建筑科毕业（该科与中国建筑师学会合办），此文凭系以前旧文凭掉换。"

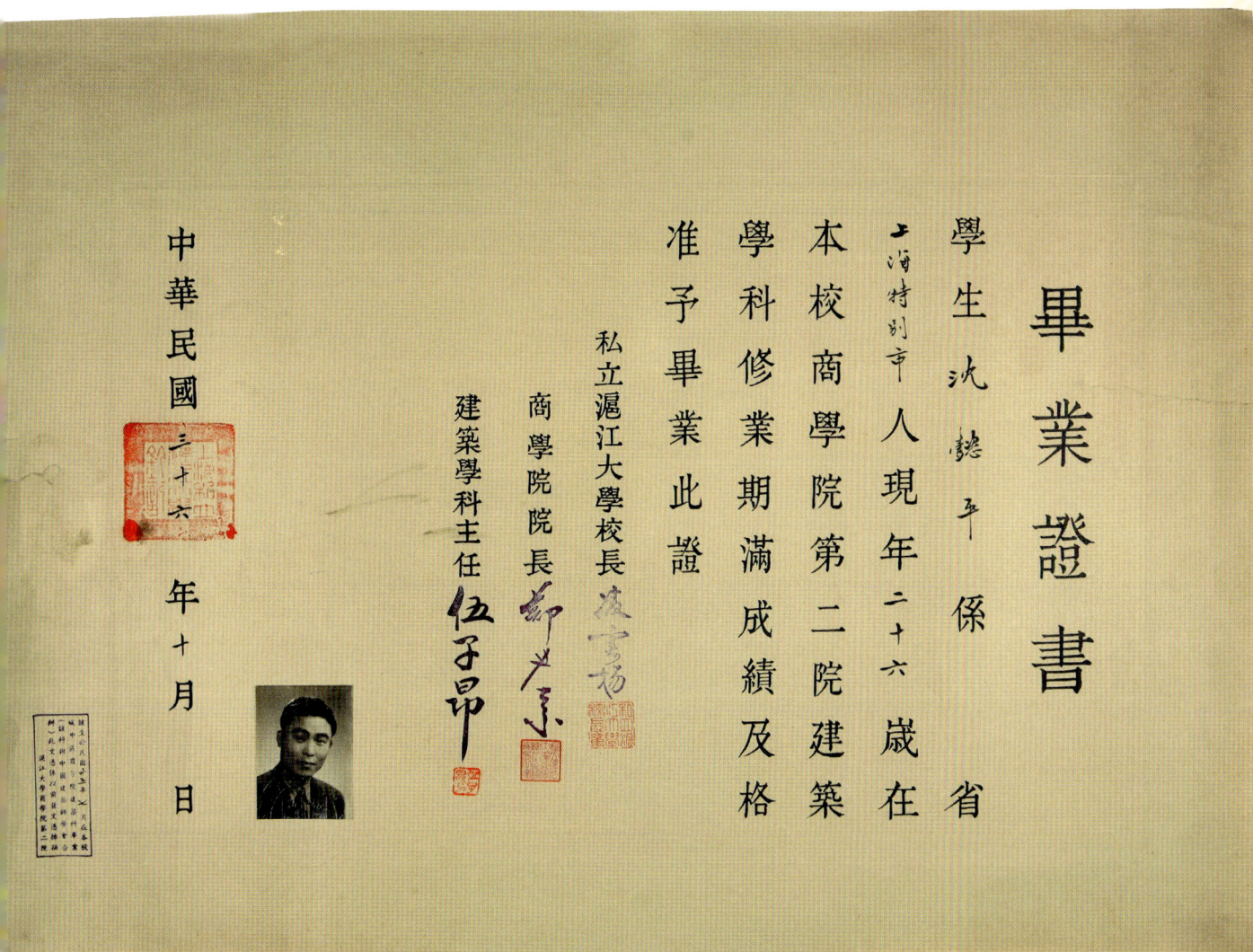

图录一〇六　私立沪江大学毕业证书

　　凌宪扬（1905—1960），出生于山东青岛的一个信奉基督教的家庭。1927年毕业于沪江大学商科；1929年获美国南加州大学工商硕士学位。1945—1949年出任沪江大学校长。抗战胜利后，竭力促成沪江大学回迁复员的重建工作。在教学上，兼工商管理学系主任，力主扩充沪江的传统强项商学院，提高淘汰率，以实现其"学术复员"。上海解放前夕，国民政府准备任命凌氏担任国民党的中央银行发行处处长，让他离开上海，被他拒绝。他表示："只要我对大学还有用，我就会坚守岗位。"1949年5月，由于种种原因，凌氏辞去校长职务。

　　图录一〇七：私立东吴大学沪江大学联合法商学院（旅渝）肄业证明书　民国三十四年（1945）

　　纸本。高26.2厘米，宽18.2厘米。此件系会计银行系学生曾渭贤（广东番禺——今为广州市番禺区人，25岁）的肄业证明书。证书右侧下角为证书编号"教字第壹玖壹号"，钤长方形朱文"私立东吴大学沪江大学联合法商学院教务长之章"（5.8×3.9厘米）；正中署法学院院长盛振为（签名章）、商学院院长凌宪扬（签名章）、教务长姚钱心（签名章）；左侧为颁证日期"中华民国卅四年六月廿一日"。左上方原贴有曾渭贤半身照，但已脱落。

私立東吳大學
瀘江大學聯合法商學院肄業證明書

查學生曾渭賢係廣東省番禺縣人現年弍拾伍歲現

在本院會計銀行系叁年級上學期肄業特此證明

法學院院長　盛振為

商學院院長　凌畫楊

教務長　姚錢心

中華民國卅四年六月廿一日

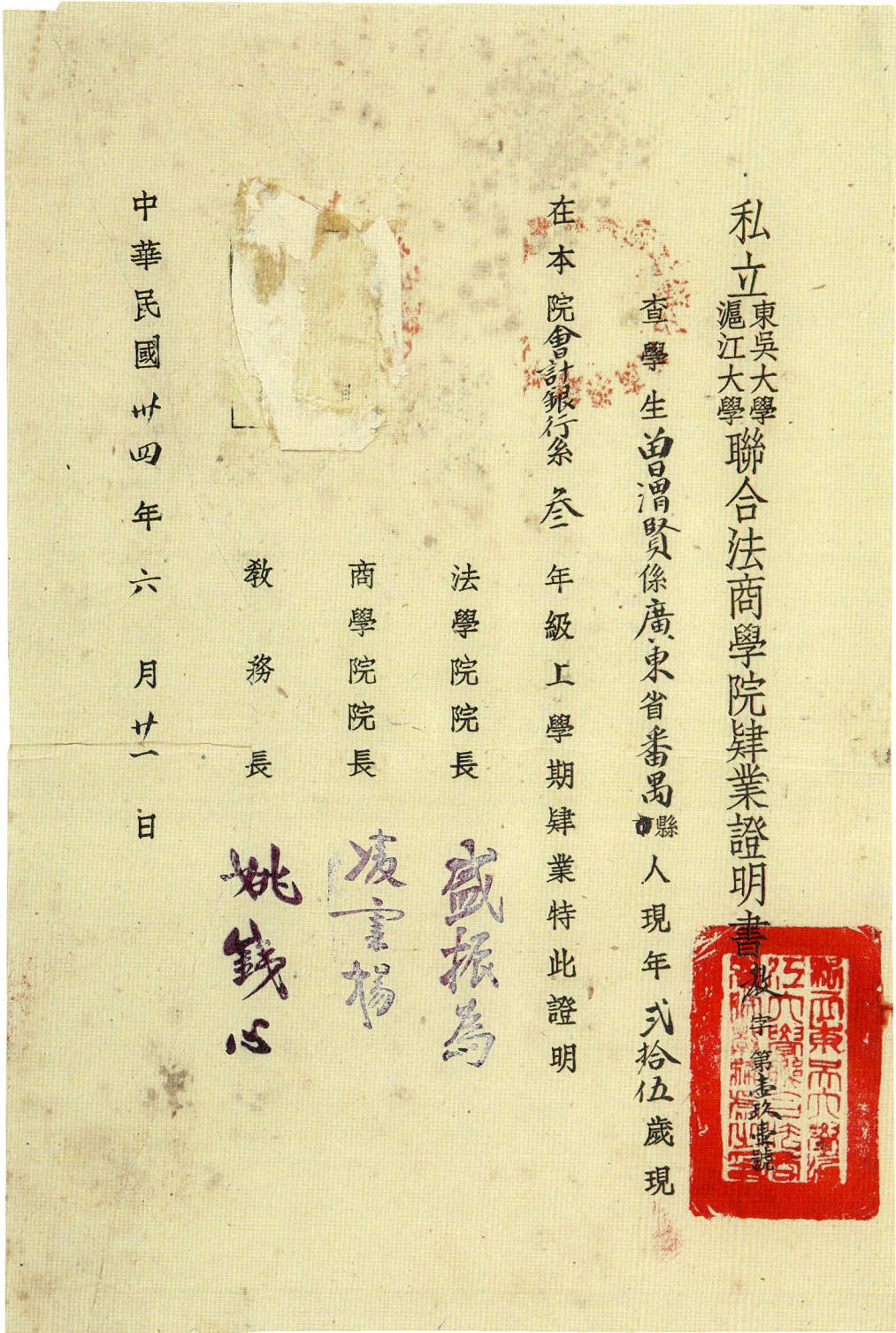

图录一〇七　私立东吴大学沪江大学联合法商学院（旅渝）肄业证明书

四五、震旦大学（天主教会学校）

1902年，法国天主教会在上海创办震旦学院，聘请马相伯为总理（校长）。1903年3月1日开学。1914年设有政法、理工和医学3科。1917年改称震旦大学。30年代设有法、理工、医、文4学院16系。1932年12月立案。1947年有文理、法、工、医4学院7系，校长胡文耀。

1951年人民政府接管后，仍为私立，震旦女子文理学院撤销并入。1952年撤销。原校址由新组建的上海第二医学院（今已并入上海交通大学）使用。

图录一〇八：私立震旦大学毕业证书　民国二十七年（1938）

纸本。高38.8厘米，宽49.5厘米。蓝色宽带花纹图案框边，边框四角刊有"震旦""UA"字样，边框外上方中间设孙中山头像，左右两旁为中华民国国旗和中国国民党党旗。此件系医学院学生金爱德（上海市人，24岁）修业期满、成绩及格、准予毕业并授予医学士学位的毕业证书。证书偏左侧边框内上方钤正方形朱文"私立震旦大学钤记"（5.4×5.4厘米），署上海私立震旦大学校长胡文耀，钤正方形朱文"胡文耀章"（1.4×1.4厘米）；医学院院长贝熙业，钤正方形朱文"私立震旦大学医学院院长章"（1.6×1.6厘米）。左侧上方贴有国民政府印花税票二枚（壹角和伍角），盖"私立震旦大学"横蓝条印；税票下方贴有金爱德半身照片，打盖"私立震旦大学"圆形钢戳。靠左侧边框为毕业日期"中华民国廿七年六月三十日"，钤正方形朱文"教育部印"（7.4×7.4厘米）；左上角为证书验印日期"中华民国廿九年十一月二十四日"，左下角为证书编号"大字第56800号"。

由于抗战时期的特殊原因，毕业日期与教育部的验印日期相隔二年零五个月，金爱德领取此正式毕业证书，应是毕业两年半之后。

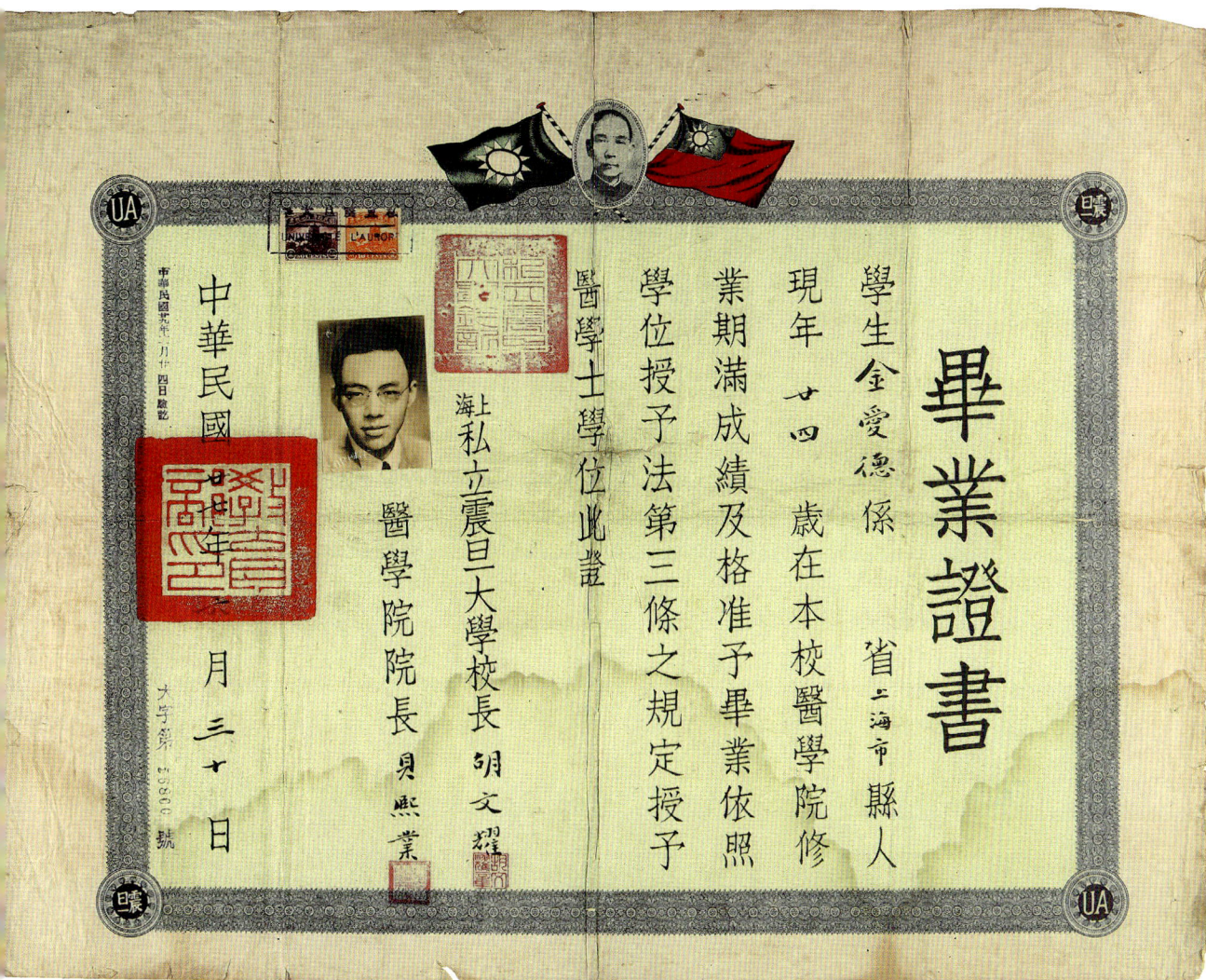

图录一〇八　私立震旦大学毕业证书

　　胡文耀（1883—?），字雪琴，浙江鄞县（今宁波市鄞州区）人。震旦学院毕业后，赴比利时留学，获鲁文大学理科博士学位。回国后，历任国立北京大学教授、上海国立中法工业专门学校教授兼代理校长等职。1930年出任震旦学院院长；1947年出任震旦大学校长。1951年人民政府接管学校后，胡文耀仍继续担任校长。

图录一〇九　上海震旦大学毕业证书

图录一〇九：上海震旦大学毕业证书（法文版）　1949年

纸本。高41.5厘米，宽49厘米。证书内容：学生施济珍小姐，浙江绍兴人，生于1926年。在本校医学院口腔专业修业期满、成绩及格准予毕业；已达到学位要求，授予医学士学位。颁证日期：1949年6月30日，震旦大学校长胡文耀（法文签字）签发于上海，钤正方形朱文"私立震旦大学钤记"（5.4×5.4厘米）。证书左上角贴有施济珍毕业照，并打盖"私立震旦大学"圆形钢戳。

图录 一一〇：私立震旦大学毕业证书　1951年

纸本。高39.8厘米，宽45.2厘米。红粗细双线条框边，黄色花纹图案作证书底色，并刊有美术体"为人民服务"五个大字。此件系法学院经济学系学生朱昭华（江苏金山县——今为上海市金山区人，22岁）肄业四年期满、成绩及格、准予毕业的毕业证书。证书正中钤正方形朱文"私立震旦大学钤记"（5.4×5.4厘米），署私立震旦大学校长胡文耀，钤正方形朱文"胡文耀章"（1.4×1.4厘米）；法学院院长漆琪生，钤正方形朱文"漆琪生印"（1.5×1.5厘米）。

左侧上方贴有朱昭华半身照片，打盖"私立震旦大学"圆形钢戳；靠左侧边框为毕业日期"公历一九五一年六月三十日"，钤正方形朱文"华东军政委员会教育部印"（6×6厘米）。证书编号"法字第伍壹叁玖号"。

证书背面为朱昭华历年各科成绩表。四学年共修39门课。第一学年（1947年度）学业总平均成绩71.1分；第二学年（1948年度）学业总平均成绩67分；第三学年（1949年度）学业总平均成绩74.3分；第四学年（1950年度）学业总平均成绩79.7分。朱昭华的实得学分累计162学分、毕业成绩73分。

图录一一〇 私立震旦大学毕业证书（正、背）

四六、大同大学

1912年，大同学院由"立达学社"胡敦复等人在上海创建，3月19日开学。大同校名取自《礼记》"在明明德，在新民，在善至止于大同"意。学院以"研究学术，明体达用"为宗旨，院长胡敦复。1922年改为私立大同大学，设文、理、商和教育4科。1928年设文、理、商3学院9系。1937年增设工学院。1947年有文、理、工、商4学院14系3科，校长胡刚复。1952年撤销，院系并入复旦、同济和交大等校。

大同大学在私立大学中属佼佼者之一。抗战爆发前后，在上海私立大学中的复旦（后改为国立）、大同、大夏、光华有"四大金刚"之称。

图录———：私立大同大学预科毕业证书　民国十四年（1925）

纸本。高34.3厘米，宽45.7厘米。此件系大同大学预科商科毕业生汪裕铎（安徽歙县人）的毕业证书。证书右侧上端钤正方形"大同大学"朱文印（5×5厘米）；正中署大同大学校长胡敦复，钤正方形朱文"胡敦复印"（2×2厘米）；正中偏左为颁证日期"中华民国十四年七月一日"。证书编号"大字豫科毕业证书第壹号"。

胡敦复（1886—1978），著名教育家。江苏无锡人。1904年赴美留学，入康奈尔大学哲学系学习天文、数学。回国后，曾任游美学务处总办、清华学校教务长。1912年与郁少华等10人创办立达学社，继而创建大同学院，任院长。1922年学院升格为大同大学，任校长。1937年日

大學豫科畢業證書

大學豫科畢業此證

安徽歙縣汪裕鐸 在本大學

大同大學校長胡敦復

中華民國十四年七月一日

右大學豫科畢業證書 一之一 授本大學

大學豫科商科最優等畢業生汪裕鐸

大學豫科畢業證書第 壹 號

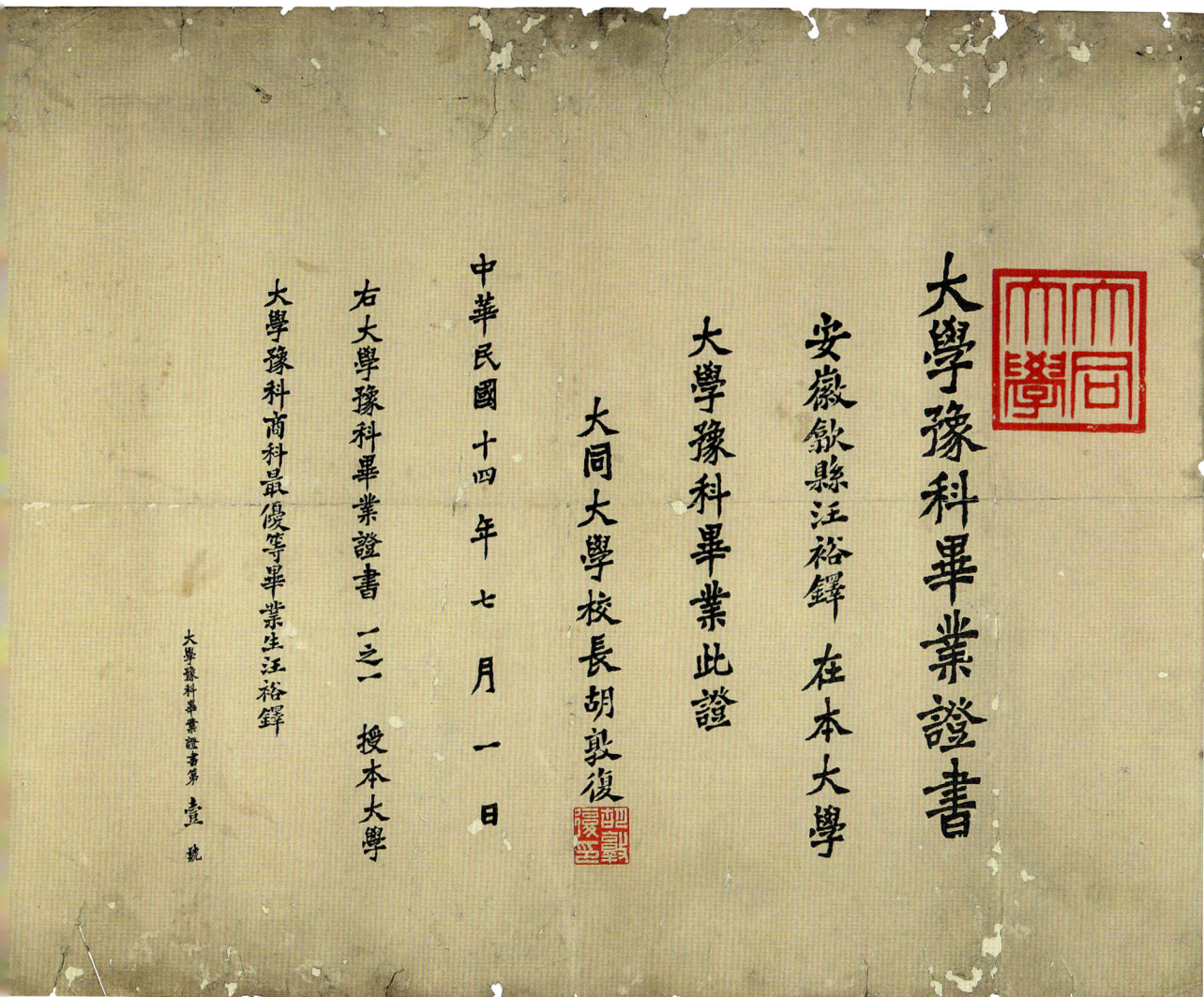

图录一一一 私立大同大学预科毕业证书

军侵入上海南市，大同校舍全遭兵燹，胡校长赁租界内律师大楼复课，并在新闻路自建校舍，增设附中。大同大学历时40年，从创始到辉煌，几乎每走一步都与胡敦复这个名字息息相关，因而他被世人称为"大同大学之父"。

1949年胡敦复去台湾，不久应美国华盛顿州立大学之聘，任客座教授。1961年退休。1978年12月1日病逝于西雅图，享年92岁。

图录一一二：私立大同大学别科毕业证书　民国十七年（1928）

纸本。高34厘米，宽45.2厘米。此件系大同大学别科理科毕业生朱仁（浙江吴兴人）的毕业证书。证书正中署大同大学校长曹惠群，钤正方形朱文"曹惠群印"（1.3×1.3厘米）；偏左侧为颁证日期"中华民国十七年七月一日"。左侧上方钤正方形"大同大学"朱文印（5×5厘米）；下方为证书编号"大学别科毕业证书第伍壹号"。

别科毕业生的程度相当于大专，学制三年。

曹惠群（1885—？），无机化学专家。字梁厦，江苏宜兴人。早年赴美留学，获伯明翰大学理学士学位。回国后，历任上海大同大学、国立暨南大学、复旦大学及同济大学化学教授、中华化学工业会会长、中华工业化学研究所所长等职。1928—1934年出任大同大学校长。

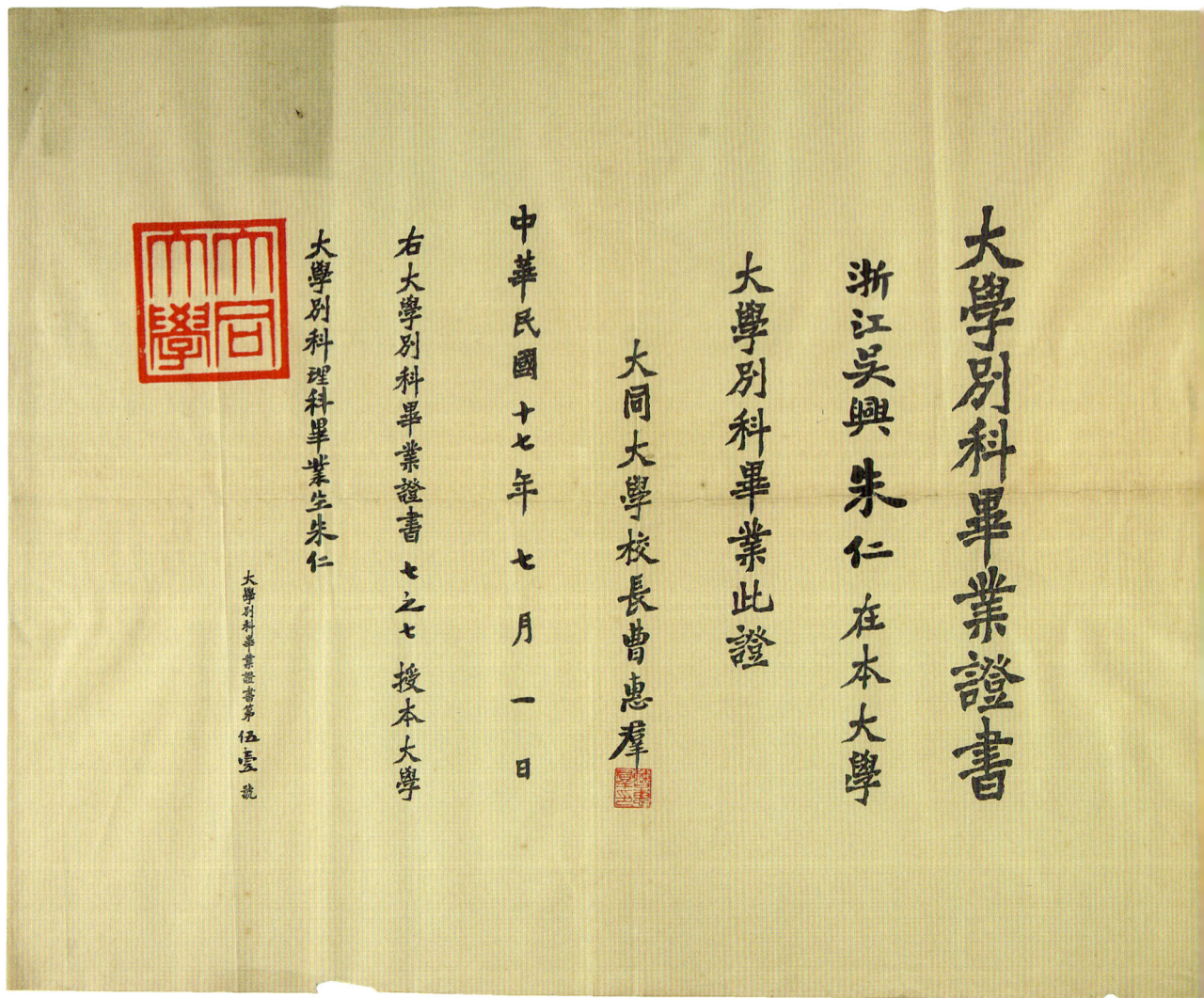

图录一一二　私立大同大学别科毕业证书

图录一一三 私立大同大学转学证明书

图录一一三：私立大同大学转学证明书 民国三十六年（1947）

纸本。高29.5厘米，宽35.5厘米。黑细线条框边。此件系英文专修科系学生邵鸿声（江苏泰兴人，21岁）的转学证明书。证明书上记录了邵鸿声的学习成绩。邵氏未参加第一学年（三十五年度）第一学期考试，故没有成绩。第二学期的各科成绩：国文学86分、英文选77分、高等修辞学63分、英文学76分、政治学66分、中国通史67分、伦理学33分、经济学79分。平均成绩68.38分。证书左侧上方贴有邵鸿声半身照片，打盖"私立大同大学"圆形钢戳；署上海市私立大同大学校长胡刚复（签名章）、教务长胡敦复（签名章）。靠左侧边框为证书开具日期"中华民国三十六年九月二十四日"，钤正方形朱文"上海私立大同大学钤记"（5.5×5.5厘米）。证书编号"转字第陆拾捌号"。

胡刚复（1892—1966），著名物理学家、教育家。曾用名文生、光复，江苏无锡人。1909年赴美留学。1913年获哈佛大学理学士学位，1914年获硕士学位，1918年获哲学博士学位。回国后，历任南京高等师范学校物理学教授，东南大学物理学系主任，厦门大学理学院院长，第四中山大学理学院院长，中央大学教授，北平研究院镭学研究所特约研究员，交通大学教授，浙江大学理学院院长，大同大学理学院院长、校长。1949年后，历任北洋大学、天津大学、南开大学等高校教授。胡刚复先生毕生致力于科学教育事业，与任鸿隽等人创建中国科学社，建立中国第一个物理实验室，培养了一大批著名科学家，如吴有训、严济慈、茅以升等名家。

图录一一四：私立大同大学毕业证书　1950年

纸本。高39.2厘米，宽45厘米。红粗细双线条框边，以黄色花纹图案作证书底色，并刊有美术体"为人民服务"五个大字。此件系工学院土木学系学生朱金海（上海市人，23岁）肄业四年期满、成绩及格、准予毕业的毕业证书。证书正中钤正方形朱文"上海市私立大同大学钤记"（5.3×5.3厘米），署私立大同大学校长平海澜，钤正方形朱文"平海澜印"（1.5×1.5厘米）；工学院院长关实之，钤正方形"关实之"朱文印（1.1×1.1厘米）。左侧上方贴有朱金海

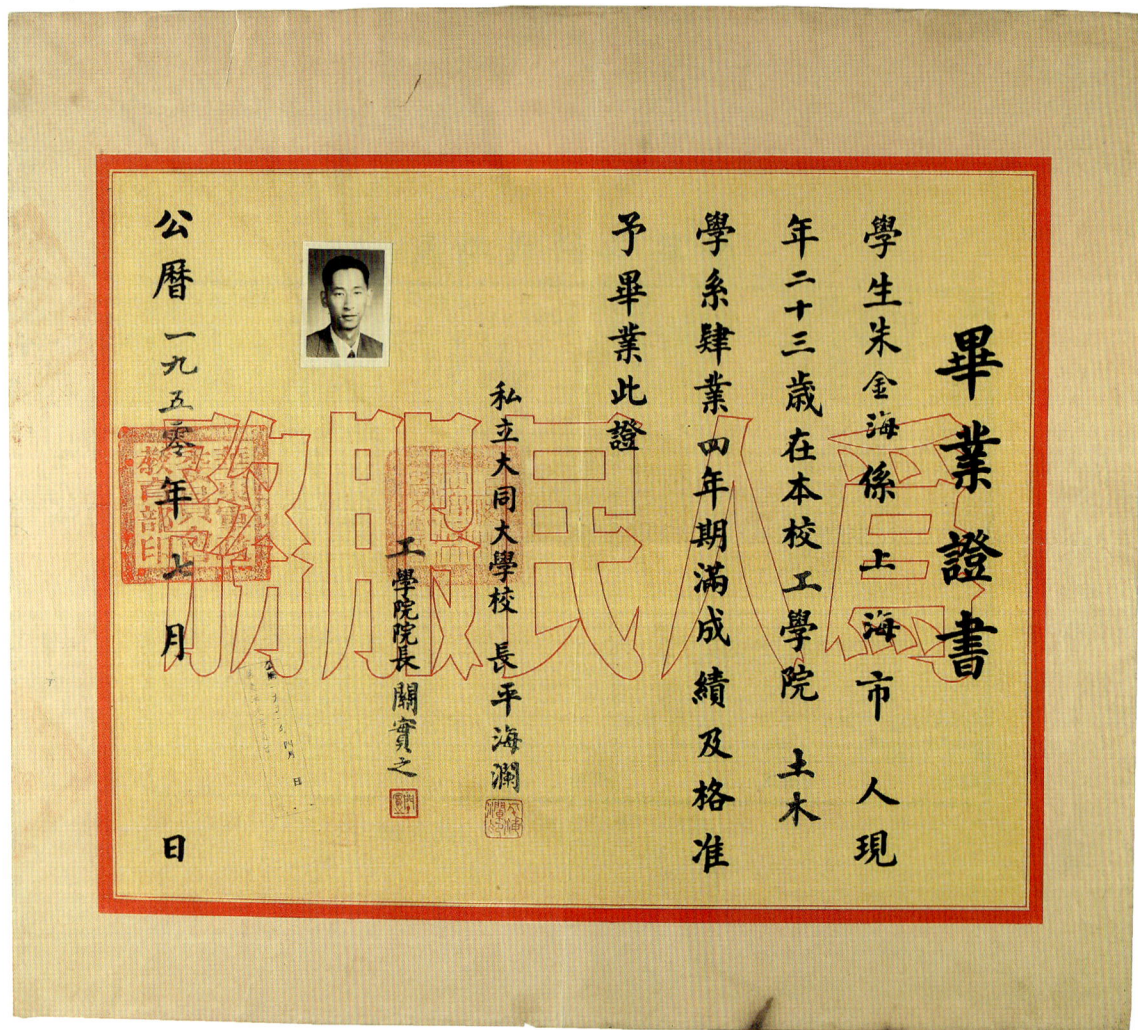

图录一一四（1）　私立大同大学毕业证书（正面）

歷年各科成績表

第一學年（1946年度）			第二學年（1947年度）			第三學年（1948年度）			第四學年（1949年度）			畢業成績	備考
科目	學分	成績	科目	學分	成績	科目	學分	成績	科目	學分	成績		
												73.45	

學業總平均成績	69.05		75.90		70.38		75.46
實得學分累計	40		82		124		167
體育成績							

附註：　　　附註：　　　附註：　　　附註：

註冊組主任

图录——四（2）　私立大同大学毕业证书（背面）

半身照片，打盖"私立大同大学"圆形钢戳；左下侧为验印日期"公历一九五一年四月华东军政委员会教育部验发"。靠左侧边框为毕业日期"公历一九五〇年七月"，钤正方形朱文"华东军政委员会教育部印"（6×6厘米）。证书编号"东教大字第壹壹伍伍号"、大同大学编号"第贰拾肆号"。

证书背面为朱金海历年各科成绩表。四学年共修39门课，第一学年（1946年度）学业总平均成绩69.05分；第二学年（1947年度）学业总平均成绩75.90分；第三学年（1948年度）学业总平均成绩70.38分；第四学年（1949年度）学业总平均成绩75.46分。朱金海实得学分累计167学分、毕业成绩73.45分。

平海澜（1885—1960），上海松江人。毕业于南洋公学。历任清华学堂教授，商务印书馆英文杂志编辑主任，大同大学教授、校长。1952年高校院系调整后，任华东师范大学教授。1960年7月，任上海市文史馆馆员，同年逝世。

四七、大夏大学

　　1924年8月，私立大夏大学由欧元怀在上海创立。校名系取"光大华夏"之意。校训"自强不息"。校长马君武。设文、理、法、商和教育5科。1933年改科为院，设文、理、法、商和教育5学院，校长王伯群。1937年后西迁江西、贵州。1946年在上海复校，仍为5学院15个系。校长欧元怀。

　　1952年撤销建制，与光华大学等组成华东师范大学。

　　图录一一五：私立大夏大学学生肄业证明书　民国二十四年（1935）

　　纸本。高24.7厘米，宽16厘米。此件系法学院学生李卓士（广东台山县人）修毕一年级课程的肄业证明书。证书右侧下角为证书编号"第141号"；正中署私立大夏大学校长王伯群（签名章），钤正方形朱文"大夏大学校长之图章"（2.2×2.2厘米）；左侧为颁证日期"中华民国廿四年八月十三日"，钤正方形朱文"上海私立大夏大学钤记"（5.5×5.5厘米）。左下侧原贴有李卓士照片，已脱落。

　　王伯群（1885—1944），社会活动家。名文选，字伯群，以字行，贵州兴义人。早年考入日本中央大学，专习政治经济学。留日期间加入中国同盟会。1926—1944年出任大夏大学校长。抗战爆发，大夏大学和复旦大学内迁，两校合为第一联合大学于江西庐山（后迁重庆）和第二联合大学于贵阳。王伯群任第二联合大学校长。1944年12月，日军攻占贵阳、独山、荔波等地时，王氏赴重庆商议大夏大学去留问题，不幸因胃溃疡复发，在重庆病逝。

大夏大學學生肄業證明書 第 141 號

學生李卓士籍隸廣東省台山縣於民國

廿三年九月攷入本校現在本校法學院

法律系第壹年級第貳學期肄業此證

私立大夏大學校長 王伯群

中華民國廿四年八月十三日

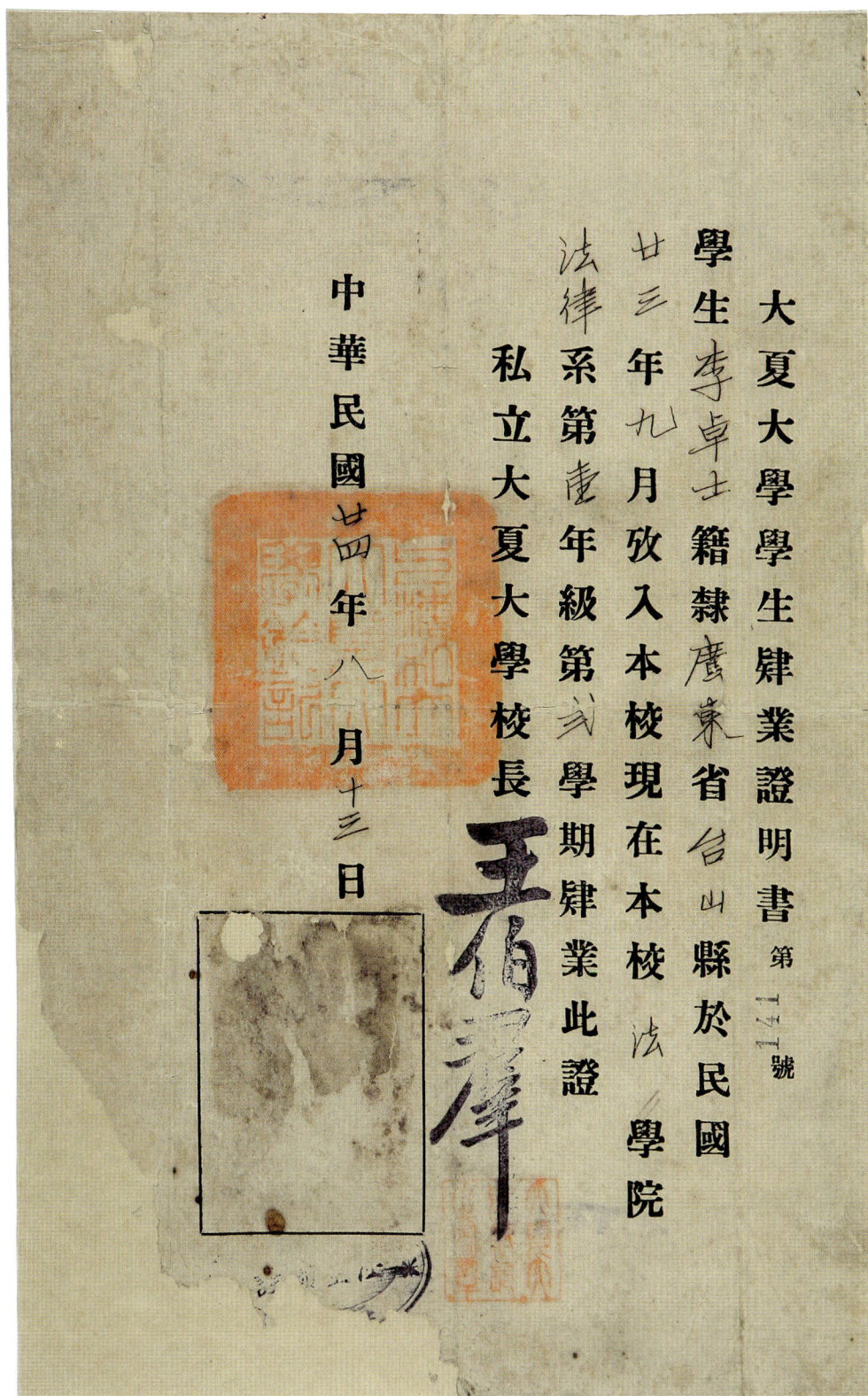

图录一一五　私立大夏大学学生肄业证明书

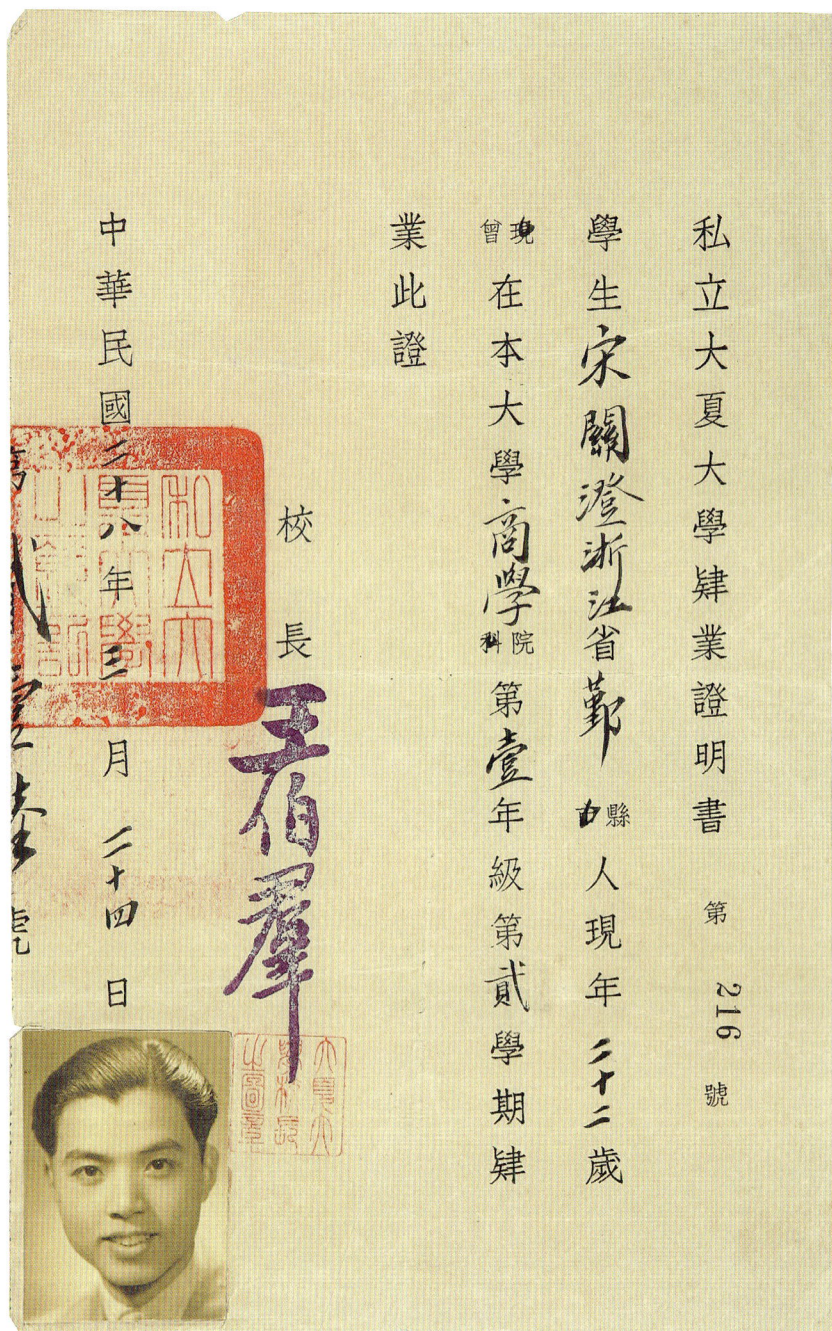

私立大夏大學肄業證明書 第 216 號

學生宋關澄浙江省鄞縣人現年二十二歲現曾在本大學商學院科第壹年級第貳學期肄業此證

校長 王伯群

中華民國二十八年三月二十四日

图录一一六　私立大夏大学学生肄业证明书

图录一一六：私立大夏大学学生肄业证明书　民国二十八年（1939）

纸本。高24.7厘米，宽16厘米。此件系商学院学生宋关澄（浙江鄞县人，22岁）一年级第二学期肄业的肄业证明书。证书右侧下角为证书编号"第216号"；偏左侧署校长王伯群（签名章），钤正方形朱文"大夏大学校长之图章"（2.2×2.2厘米）；左侧为颁证日期"中华民国二十八年三月二十四日"，钤正方形朱文"私立大夏大学之钤记"（5.5×5.5厘米）；左下侧贴有宋关澄半身照片。

图录一一七：私立大夏大学毕业证书　1950年补发

纸本。高38厘米，宽44厘米。红粗细双线条框边，以黄色花纹图案作证书底色，并刊有美术体"为人民服务"五个大字。此件系商学院工商管理学系学生徐仲钰（江苏吴县——今苏州市吴中区人，24岁）肄业四年期满、成绩及格、准予毕业的毕业证书。证书正中偏左署私立大夏大学校长欧元怀（签名章）；偏左下侧贴有徐仲钰毕业照，打盖"私立大夏大学"圆形钢戳；靠左侧边框为毕业日期"公历一九四二年七月"，钤正方形朱文"私立大夏大学之钤记"（5.5×5.5厘米）。

这是一张时隔9年之后补发的毕业证书。对此，该证书偏左侧上方作了说明："转奉中央教育部高一字第四五二号批复'解放前毕业的学生凡未领得毕业证书者，其毕业资格由各该校负责给予证明文件'本证书系于一九五〇年八月遵照上开批复补发。"

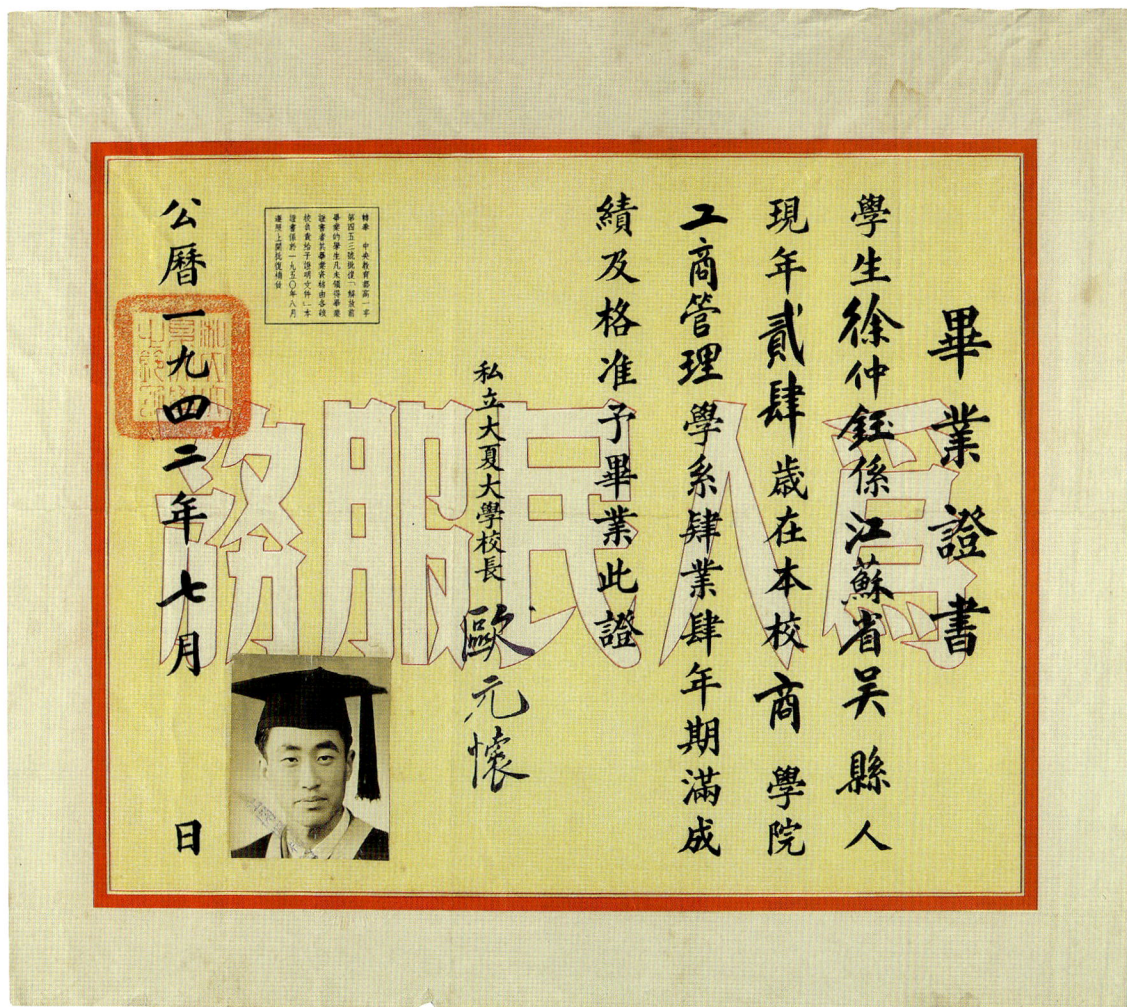

图录一一七　私立大夏大学毕业证书

私 立 大 夏 大 學

轉 學 證 書

1948年秋季第一學期			1949年春季第二學期			年　季第五學期			年　季第六學期		
學　程　名	成績分數	學分	學　程　名	成績分數	學分	學　程　名	成績分數	學分	學　程　名	成績分數	學分
基本國文	62	3	會計學	68	4						
經濟地理	60	3	基本國文	70	3						
補習英文	63	0	理則學	20	0						
經濟學	75	3	補習英文	0	0						
會計學	89	4	經濟學	0	0						
商算	64	4	商算	60	4						
體育	70	0									
共　計	17		共　計	11		共　計			共　計		
指　數	70.1		指　數			指　數			指　數		
備　註			備　註			備　註					

年　季第三學期			年　季第四學期			年　季第七學期			年　季第八學期		
學　程　名	成績分數	學分	學　程　名	成績分數	學分	學　程　名	成績分數	學分	學　程　名	成績分數	學分
共　計			共　計			共　計			共　計		
指　數			指　數			指　數			指　數		
備　註			備　註			備　註			備　註		

轉學原因　1 自請退學　2 勒令退學　3　　　教務長＿＿＿＿＿　　註冊主任＿＿＿＿＿＿

图录一一八：私立大夏大学转学证书　1952年

　　纸本。高26厘米，宽38厘米。此件系商学院工商管理系学生屠规扬（浙江鄞县人）转学证书。证书右侧署私立大夏大学校长欧元怀（签名章）；颁证日期为"一九五二年二月"，钤正方形朱文"私立大夏大学之钤记"（5.5×5.5厘米）。下方贴有屠规扬半身照片，并打盖"私立大夏大学"圆形钢戳。证书左侧为转学证书及各学程成绩。1948年秋季第一学年第一学期各科成绩：基本国文62分、经济地理60分、补习英文63分、经济学75分、会计学89分、商算64分、体育70分（不计学分），学业总平均68.8分。1949年春季第一学年第二学期各科成绩：会计学（下）68分、基本国文70分、理则学20分（不及格不计学分）、补习英文0（不计学分）、经济学0（不计学分）、商算60分。屠规扬两学期的学分累计28学分。证书编号"第壹伍伍壹号"。

　　欧元怀（1983—1978），字愧安。福建莆田人。早年获美国哥伦比亚大学硕士学位。历任厦门大学、上海光华大学、国立政治大学教授。1938年任贵阳大夏大学副校长。1945—1952年出任大夏大学校长。欧校长在大夏大学回迁复校、学科建设以及1949年迎接人民政府的接管等方面，做了大量工作。1952年全国院系调整后，担任华东师范大学心理学教授，从事心理学教学与研究工作。

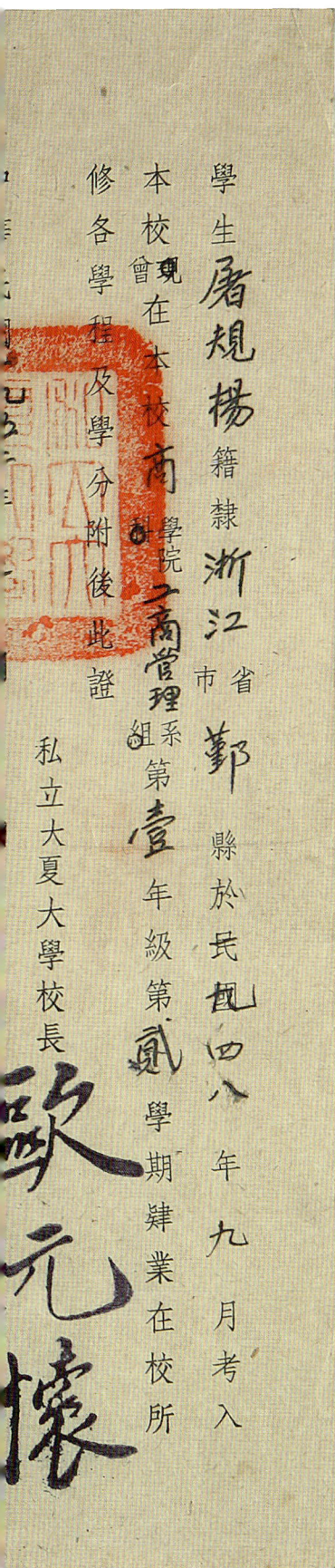

学生屠规扬籍隶浙江省鄞县於民国四八年九月考入本校曾现在本校商学院工商管理系组第壹年级第贰学期肄业在校所修各学程及学分附后此证

私立大夏大学校长 欧元怀

图录一一八　私立大夏大学转学证书

四八、光华大学

1925年9月，私立光华大学在上海开学。光华校名系取"光大中华"之意。校长张寿镛。设文、理、商、工4科。1937年抗战爆发后，先迁入上海租界，后迁四川成都。1946年在上海复校，设文、理、商3学院16系。校长朱公谨。

1952年撤销建制，与大夏大学等合组华东师范大学。

图录一一九（1）：私立光华大学毕业证书　民国十五年（1926）

纸本。高38.9厘米，宽49.8厘米。底板整纸刊有美术体"光华大学毕业证书"字样。此件系私立光华大学文科学生陈亮东（安徽桐城人，21岁）修业期满、成绩及格、准予毕业并授予文学士的毕业证书。证书正中偏左署光华大学校长张寿镛，钤正方形朱文"张寿镛印"（1.5×1.5厘米）；教务长朱经农，钤长方形"朱经农"朱文印（2×1.2厘米）；文科主任严恩椿，钤正方形"恩椿"朱文印（1.2×1.2厘米）。左侧为颁证日期"中华民国十五年七月三日"，钤长方形朱文"光华大学钤记"（9.2×6厘米）。证书编号"第一七七号"。

图录一一九（2）：私立光华大学毕业证书（英文版）　1926年

陈亮东英文版毕业证书的尺寸大小及内容与中文版一致。唯校长张寿镛、教务长朱经农及严思椿均以外文签名，并打盖"光华大学"火漆印记（直径5.3厘米）。

张寿镛（1876—1945），藏书家、校勘家。字泳霓，号伯颂、约园，浙江鄞县（今宁波市鄞州区）人。光绪举人。曾任宁波法政学堂监督。1925年在上海创办光华大学，任校长。藏书多达16万卷。著述甚丰，撰有《约园元明刊本编年书目》、《约园善本藏书志》及《诗史初稿》、《史学大纲》、《子学大纲》、《约园杂著》等。整理刊印《四明经籍志》八集。

畢業證書

學生陳亮東係安徽省桐城縣
人現年廿一歲在本校文科修
業期滿考查成績及格准予畢
業稱文學士此證

光華大學校長張壽鏞
教務長朱元蓀
文科主任嚴恩椿

中華民國十五年七月三日

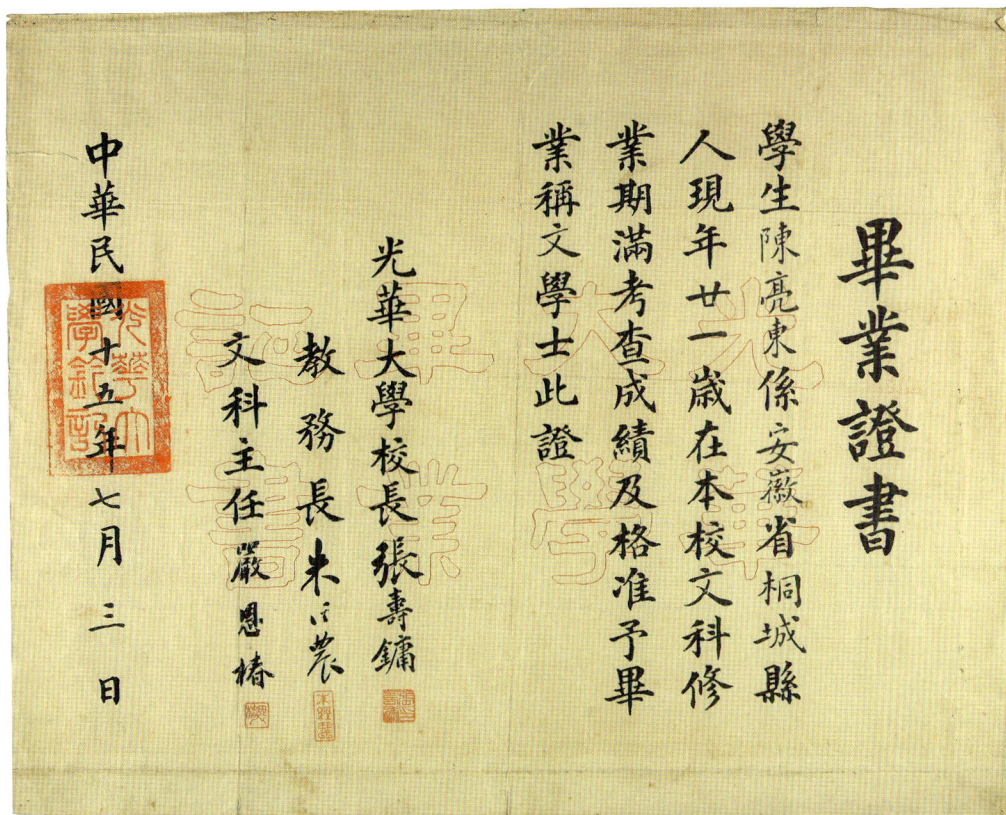

图录一一九（1） 私立光华大学毕业证书

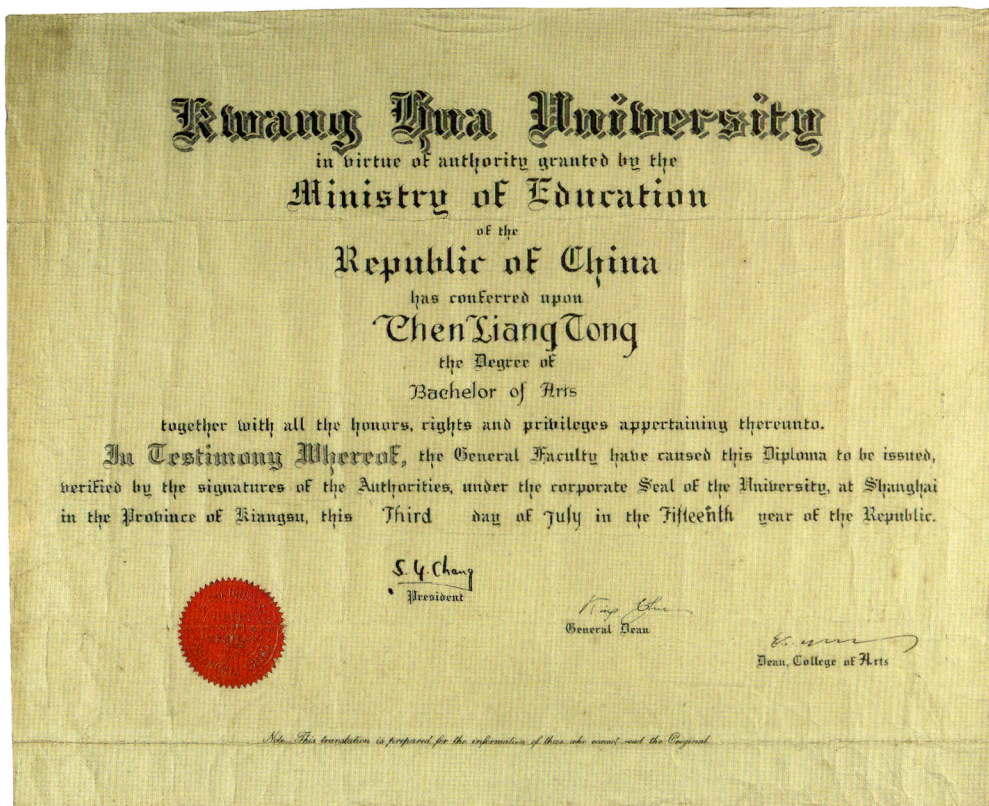

Kwang Hua University
in virtue of authority granted by the
Ministry of Education
of the
Republic of China
has conferred upon
Chen Liang Tong
the Degree of
Bachelor of Arts
together with all the honors, rights and privileges appertaining thereunto.

In Testimony Whereof, the General Faculty have caused this Diploma to be issued, verified by the signatures of the Authorities, under the corporate Seal of the University, at Shanghai in the Province of Kiangsu, this Third day of July in the Fifteenth year of the Republic.

S. Y. Chang
President

General Dean

Dean, College of Arts

Note. This translation is prepared for the information of those who cannot read the Original.

图录一一九（2） 私立光华大学毕业证书（英文版）

图录一二〇：私立光华大学毕业证书　1950年补发

纸本。高38.2厘米，宽44.7厘米。红粗细双线条框边，黄色花纹图案作证书底色。此件系文学院政治学系学生卢桐伯（浙江吴兴人，25岁）肄业四年期满、成绩及格、准予毕业的毕业证书。证书正中偏左署私立光华大学校长廖世承，钤正方形"廖世承"朱文印（1.2×1.2厘米）；文学院院长吕思勉，钤正方形朱文"吕思勉印"（1×1厘米）。左上侧贴有卢桐伯毕业照，打盖"光华大学"圆形钢戳；靠左侧边框为毕业日期"公历一九四二年六月"，钤正方形朱文"私立光华大学钤记"（5.3×5.3厘米）。

这是一张20世纪50年代初，由光华大学补发给毕业于1942年政治学系卢桐伯的毕业证书。对此，补发的证书作了文字说明（见证书左侧下端）："查本校自一九四〇年第一学期起至一九四八年第一学期止各届毕业生经呈奉华东军政委员会教育部一九五一年八月十一日教高字第〇〇七六三号批复，同意由校负责发给毕业证书。特此附注。"这就是说，在1940年第一学期（1940年9月—1941年2月）至1948年第一学期（1948年9月—1949年2月）期间的各届毕业生应补发毕业证书者，均由各该校负责补发。

廖世承（1892—1970），著名教育心理学家、中等教育学专家。字茂如，上海嘉定人。1915年清华学校毕业后公费留学美国勃朗大学，获博士学位。1919年回国后，历任南京高等师范学校教育系教授、光华大学教育系主任、中央大学教授兼教育社会系主任、湖南师范学院院长等职。1949年3月出任私立光华大学校长。1952年光华大学撤销建制，与大夏大学等合组华东师范大学，担任副校长。廖世承先生从事教育事业50年，参与多所师范院校的创建。他悉心研究师范教育理论，极力倡导教育实验，出版十余部专著，发表百余篇学术论文，对我国师范教育的发展作出了积极贡献。

畢業證書

學生盧桐伯係浙江吳興人現

年廿五歲在本校文學院政治

學系肄業四年期滿成績及格准

予畢業此證

私立光華大學校長 廖世承

文學院院長 呂思勉

四九、劳动大学

　　国立劳动大学的前身是1922年10月23日创立的上海大学。于右任出任首任校长。其办学宗旨为"养成建国人才，促进文化事业"。设中文、外文、社会3系及美术科。1927年5月遭封闭；同年5月由李石曾在上海大学原址建立国立劳动大学。该校具有慈善性质，免收学费，半工半读。其社会科学课程、自然科学课程和体力劳动各占三分之一。1932年初，因校舍遭侵华日军炸毁而停办。

　　图录一二一：国立劳动大学在学证明书　民国二十年（1931）

　　纸本。高29.2厘米，宽22.5厘米。黑色花纹图案框边。此件系工学院电机工程系学生钱燕喜（江苏江都县人，26岁）修业第三年级第一学期的在学证明书。证明书左侧署国立劳动大学校长及颁证日期"中华民国二十年十月五日给"，钤长方形朱文"国立劳动大学关防"（9×6厘米）。证书编号"劳字第贰佰叁拾贰号"。

　　王景岐（1882—1941），外交活动家。字石孙，号流星，福建闽侯人。早年两度赴法国留学，后入英国牛津大学，专攻国际法。1912年回国后，任外交部主事，兼任北京大学法科讲师。20世纪20年代，曾任驻比利时全权公使，为出席国联第七、八、九届大会的全权代表。1929年12月出任国立劳动大学校长。1936—1938年先后出任驻瑞典兼驻挪威全权公使和驻波兰全权公使。

在學證明書

學生 錢燕喜 係 江蘇省江都縣人現

年二十六歲在本校工學院電機工程系

第叁年級第壹學期修業此證

國立勞動大學校長

中華民國二十年十月五日給

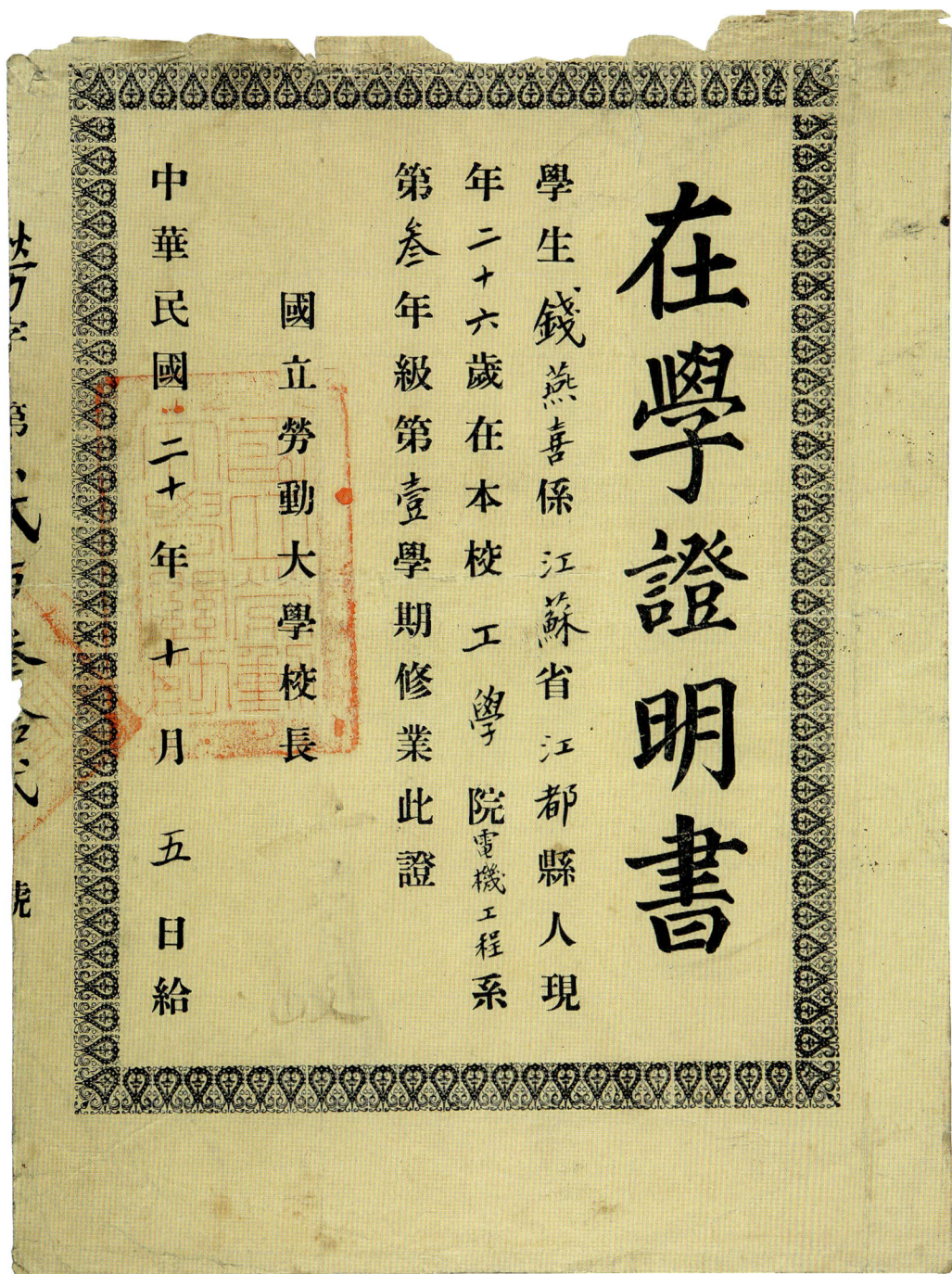

图录一二一　国立劳动大学在学证明书

五〇、上海商学院

1921年，上海商科大学建立，校长郭秉文。1922年设有5系1所。1927年成为第四中山大学商学院；1928年又改为中央大学商学院；1932年独立为国立上海商学院，首任院长徐佩琨，第二任院长裴复恒。抗战爆发后，避入上海租界。1941年暂改为私立。抗战胜利后，1946年国立上海商学院恢复，设7系，院长朱国璋。

1950年更名上海财经学院。1952年院系调整后扩大，姚耐任院长。1985年改称上海财经大学。

图录一二二：国立上海商学院毕业证书　民国二十五年（1936）

纸本。高41.3厘米，宽51.2厘米，红蓝双线条框边，四角各设中国国民党党徽一枚，边框上方中间设孙中山头像，左右两旁为中华民国国旗和中国国民党党旗。证书以浅蓝色作底色，并刊有美术体"毕业证书"字样。此件系会计系学生胡宝昌（浙江杭县——今杭州市余杭区人，23岁）修业期满、成绩及格、准予毕业并授予商学士学位的毕业证书。证书右侧为证书编号"大字第35053号"及验印日期"中华民国廿五年八月拾八日验讫"；正中偏左钤长方形朱文"国立上海商学院关防"（8.8×5.8厘米），署国立上海商学院院长裴复恒，钤正方形"国立上海商学院院长"朱文印（1.7×1.7厘米）。左侧上方贴有国民政府印花税票二枚（贰角和壹角），盖正方形朱文"国立上海商学院之章"（2.2×2.2厘米）；下方贴有胡宝昌毕业照片，打盖"国立上海商学院"圆形钢戳。靠左侧边框为毕业日期"中华民国二十五年三月"，钤正方形朱文"教育部印"（7.4×7.4厘米）。

裴复恒早年留学法国，获巴黎大学法学博士。1933年4月出任国立上海商学院院长。

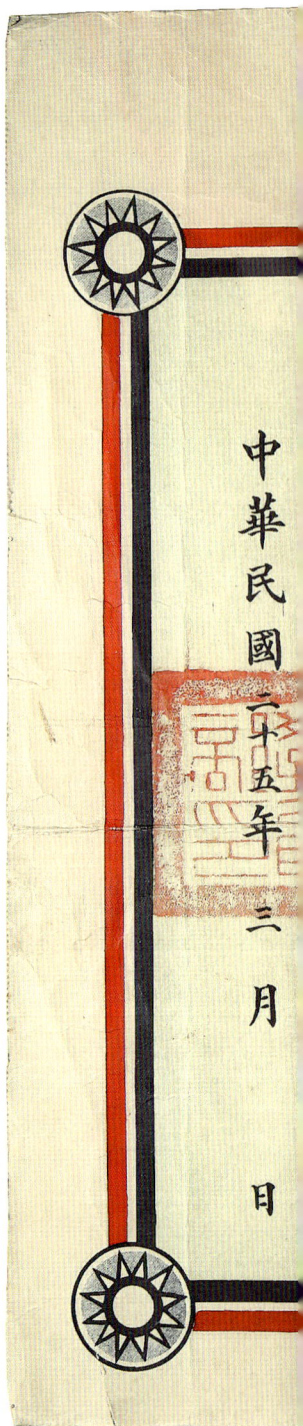

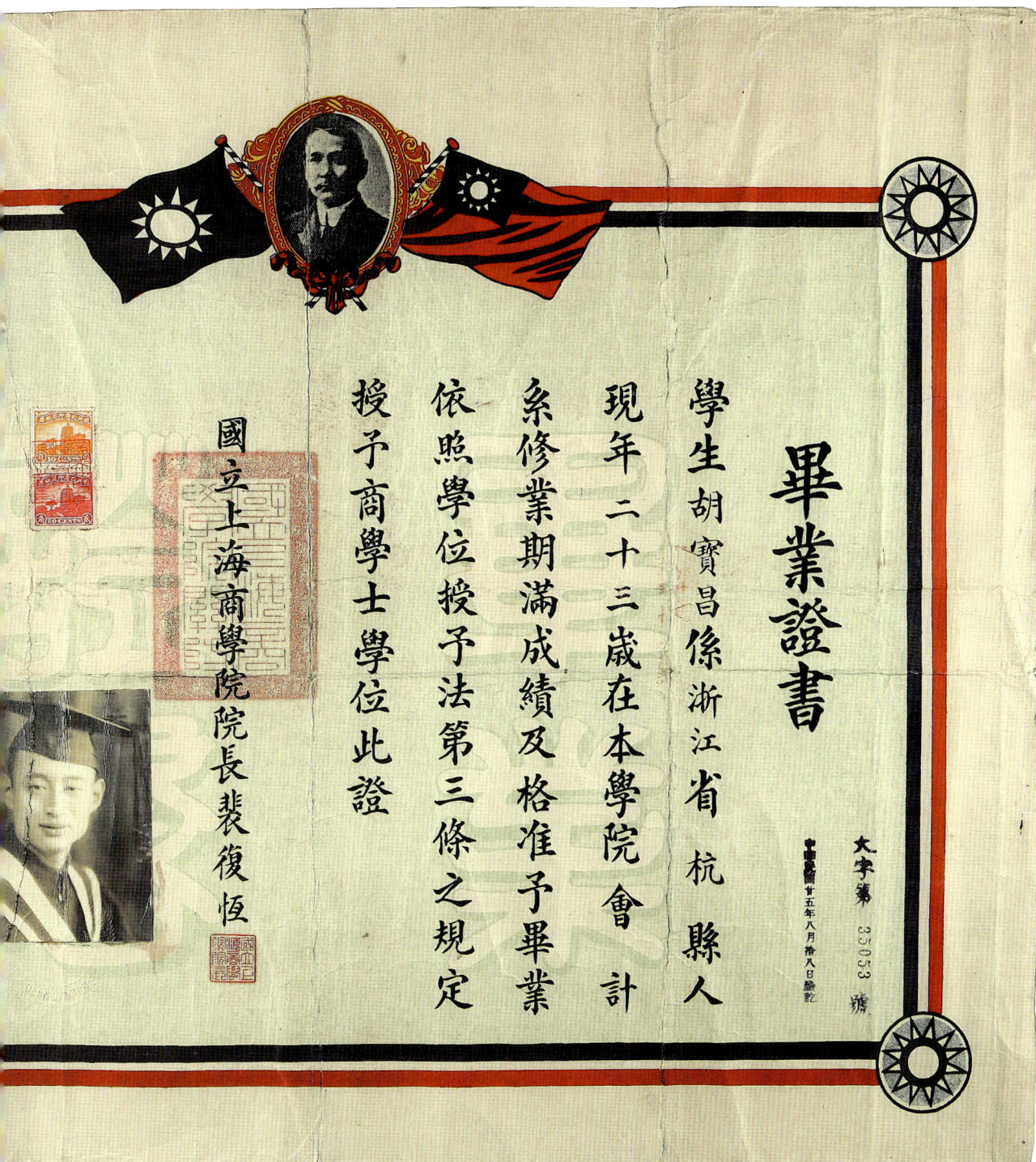

畢業證書

學生 胡寶昌 係 浙江省 杭 縣人

現年二十三歲在本學院會計

系修業期滿成績及格准予畢業

依照學位授予法第三條之規定

授予商學士學位此證

國立上海商學院院長裴復恆

大字第 35053 號

中華民國二十五年八月拾八日驗訖

五一、上海法学院

1926年上海法科大学创立，校长董绶经。大学部设政治、经济、法律3系。1929年改名私立上海法学院，院长褚辅成。1937年后迁往浙江、安徽、四川。1946年在上海设4系2科。

1951年撤销并入上海学院。1952年上海学院撤销，并入华东政法学院。

图录一二三：私立上海法学院（旅渝）毕业证明书　民国三十年（1941）

纸本。高26.5厘米，宽31厘米。黑花纹图案框边。此件系法学院大学部法律系学生黄以信（江苏崇明县人，24岁）修业期满、考查成绩合格、准予毕业的临时毕业证明书。证书偏左侧署私立上海法学院院长褚辅成，钤正方形朱文"褚辅成印"（1×1厘米）；左侧为颁证日期"中华民国三十年七月"，钤正方形朱文"私立上海法学院印"（7×7厘米）；下方贴有黄以信毕业照片，并打盖"私立上海法学院"圆形钢戳。

褚辅成（1873—1948），字慧僧，浙江秀水（今嘉兴）人。1904年赴日留学，翌年加入同盟会。回国后，曾任同盟会浙江支部长、国会众议院议员、广州护法国会副议长、浙江省宪法会议副议长。1928年出任上海法科大学校长；1929年改为上海法学院，仍继任院长。抗战期间，除担任1—3届国民参政会参政员、四川万县办事处主任外，还主持在万县设立的上海法学院分院。抗战胜利后，上海法学院回迁复校，仍由褚辅成任院长，直至1948年褚辅成逝世后，才由褚凤仪接任院长职。

畢業證明書

學生黃以信係江蘇省崇明縣人
現年二十四歲在本院大學部法律
系修業期滿攷查成績及格總平
均分數爲捌陸·壹柒分准予畢業茲
因畢業證書迭呈
教育部驗印一時不及發還爲便
利該生應用起見特先發給證明
書以資證明此證

私立上海法學院院長 沈輔成

中華民國三十年七月　月

图录一二三　私立上海法学院（旅渝）毕业证明书

五二、上海法政学院

1924年，以徐谦夫人开办的女子法校为基础，组建上海法政大学，徐谦任校长。设法律、政治和经济3系。1927年，郑毓琇任校长。1929年10月15日，改称私立上海法政学院。1934年章士钊任院长。院训"礼义廉耻"。1937年后，先迁上海租界，再迁安徽屯溪。1946年迁回上海复校。

1951年，与上海法学院、诚明文学院、新中国法商学院、新中国学院和光复商业专科学校等合并组建上海学院。1952年上海学院撤销，并入新建的华东政法学院。

图录一二四：私立上海法政学院毕业证书　民国三十一年（1942）

纸本。高42.5厘米，宽50.5厘米。深蓝色宽带花纹图案框边，四角各设一尊古罗马裁判员开庭的坐像。边框上方中间设孙中山头像，左右两旁为中华民国国旗和中国国民党党旗。此件系政治经济系学生杨雯君（女，浙江上虞人，27岁）修满规定学程、成绩及格、准予毕业并授予法学士学位的毕业证书。证书偏左侧钤正方形朱文"私立上海法政学院印"（6.8×6.8厘米），署私立上海法政学院院长王宠惠（签名章）、副院长李辛阳（签名章）、教务主任路式华（签名章）、系主任顾维熊（签名章）。偏左侧上方贴有中华民国印花税票一枚（贰拾圆），盖上海法政学院正方形朱文印章（2.2×2.2厘米）。靠左侧边框为毕业日期"中华民国三十一年六月"，下方贴有杨雯君毕业照，并打盖"私立上海法政学院"圆形钢戳。

王宠惠（1881—1958），著名法学家、外交活动家。字亮畴，广东东莞人。1900年天津北洋大学堂法律科第一批毕业生。早年赴日本和美国留学，获耶鲁大学法学博士学位，并取得英国律师资格。历任北京大学教授、复旦大学副校长、南京临时政府外交总长、国民政府司法部

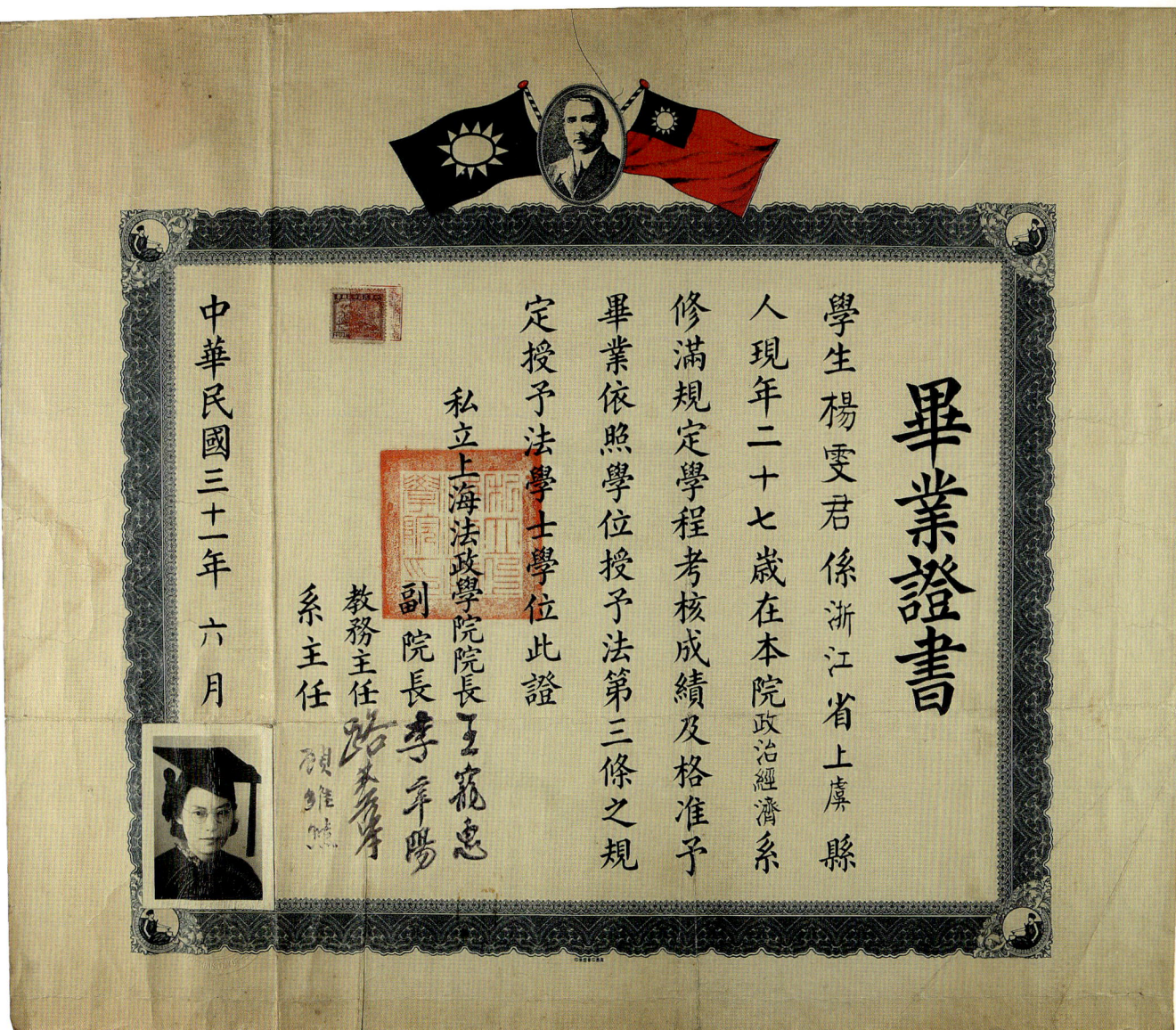

毕业證書

學生楊雯君　係浙江省上虞縣

人現年二十七歲在本院政治經濟系

修滿規定學程考核成績及格准予

畢業依照學位授予法第三條之規

定授予法學士學位此證

私立上海法政學院院長　王蘧惠

副院長　李年陽

教務主任　路□□

系主任　顧維熊

中華民國三十一年　六月

图录一二四　私立上海法政学院毕业证书

部长、外交部长等。曾任海牙常设国际法庭正法官。1945年参与制定联合国宪章。1937—1945年出任上海法政学院院长。抗战期间，他千方百计坚持办学，对学院的恢复和发展作出了积极的贡献。

五三、上海医学院

1927年，第四中山大学医学院在上海建立。1928年改称中央大学医学院。1932年，独立为国立上海医学院。院训"正谊明道"。1937年后迁往昆明、重庆。1946年返回上海恢复，院长朱恒璧。

1952年改名上海第一医学院，院长宫乃泉。后又改为上海医科大学，今称复旦大学上海医学院。

图录一二五：国立上海医学院毕业证书　民国三十一年（1942）

纸本。高40厘米，宽49.7厘米。红蓝粗双线条框边，上方中间设孙中山头像，左右两旁均为中华民国国旗，边框内以浅蓝色作底色，刊有篆书"毕业证书"字样。此件系上海医学院学生葛秦生（女，江苏嘉定县——今上海市嘉定区人，27岁）修业期满、成绩及格、准予毕业并授予医学士学位的毕业证书。证书正中钤长方形朱文"国立上海医学院关防"（8.8×6厘米），署国立上海医学院院长朱恒璧，钤正方形朱文"朱恒璧印"（1.7×1.7厘米）。偏左侧上方贴有中华民国印花税票一枚（伍拾圆）；下方贴有葛秦生半身照片，打盖"国立上海医学院"圆形钢戳。左侧为毕业日期"中华民国三十一年六月"，钤正方形朱文"教育部印"（7.4×7.4厘米）；下方为证书编号"大字第104048号"及教育部验印日期"中华民国卅八年一月七日"。

朱恒璧（1890—1987），著名医学教育家和药理学专家。江苏丹徒（今镇江市丹徒区）人。1916年毕业于上海哈佛医学院，曾先后两次赴美国哈佛大学、西奈大学进修病理学和药理学。1937年1月至1949年7月出任上海医学院院长。建国后，历任浙江医科大学药学系主任、中国数学药理专业委员会名誉主任委员等职。

畢業證書

學生葛秦生係江蘇省嘉定縣

人現年二十七歲在本學院修

業期滿成績及格准予畢業依

學位授予法第三條之規定授

予醫學士學位此證

國立上海醫學院院長 朱恆璧

中華民國三十一年 六 月 日

图录一二五 国立上海医学院毕业证书

五四、上海同德医学院

1918年，同德医学专门学校在上海创立，校长江逢治。1930年，改称中央大学医学院，院长顾毓琦。1932年院舍遭日本侵略军炸毁。1946年，同德医学院重建。1952年撤销并入上海第二医学院。1985年改为上海第二医科大学。2005年又改为上海交通大学医学院。

图录一二六：私立上海同德医学院毕业证书　民国二十年（1931）

纸本。高39.1厘米，宽54厘米。证书分左右版面，右边为中文版，左边为拉丁文版。此件系同德医学院学生陈蘋光（江苏溧阳县人，25岁）修业期满、考查成绩及格、准予毕业的毕业证书。证书右边中文版正中署院长庞京周，钤长方形"庞京周"朱文印（2.2×1厘米）；教务长曾立群，钤正方形"立群"朱文印（1.2×1.2厘米）。上方贴有民国政府印花税票一枚（伍角），钤正方形朱文"私立同德医学院之章"（3.2×3.2厘米）。颁证日期为"中华民国二十年七月"，钤正方形朱文"私立同德医学院之章"（7.2×7.2厘米）。

证书左边拉丁文版，版面尺寸大小及内容与中文版对称，唯颁证日期运用公历记录，院长、教务长用外文签名。证书打盖圆形"同德"钢戳（直径5.3厘米）。

庞京周（1897—？），江苏吴江人。1921年上海同济大学毕业。曾任济生医院医师及沪杭甬铁路医官、亚东医科大学教授。1925年出任私立同德医学专门学校校长；1930年2月，同德医学专门学校改称私立同德医学院，继任院长。1938年出任民国政府内政部技正；1941年任内政署技正。

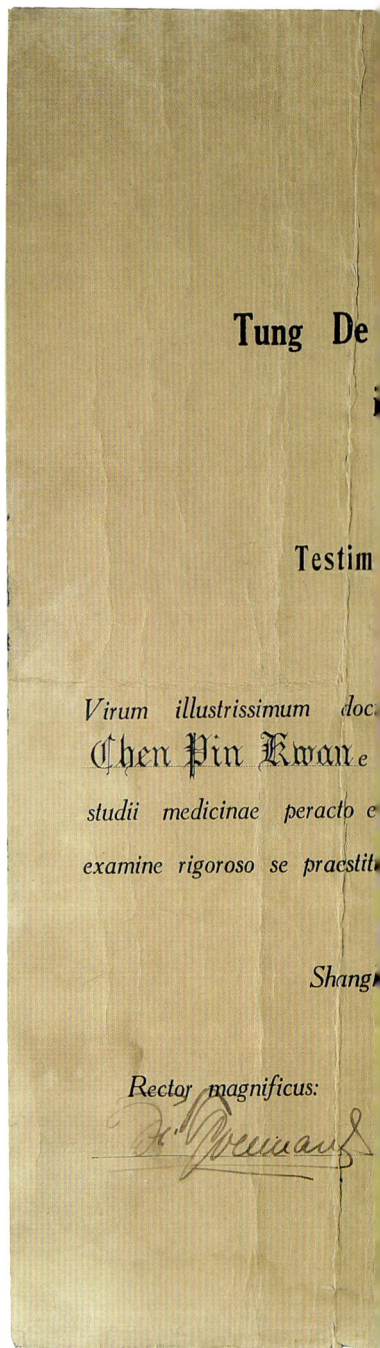

Tung De

Testim

Virum illustrissimum doc
Chen Pin Kwan
studii medicinae peracto e
examine rigoroso se praestit

Shang

Rector magnificus:

e Medicae

ai

bationis

datum medicinae, dominum

angsu , cursu ordinario

practice eptime instructum

nio probatur.

mensis July 1931.

Decanus:

私立上海同德醫學院畢業證書

學生陳蘋光係江蘇省溧陽縣人現

年二十五歲在本院修業期滿考查成績及格

準予畢業此證

中華民國二十年七月

月

日

院長龐京周

教務長曾立羣

五五、东南医学院

东南医科大学于1926年5月由郭琦元等第一批留学日本千叶医科大学的知识分子创建于上海，校长郭琦元。1930年改为私立东南医学院，院长张锡祺。一·二八淞沪抗战后，学校校舍被毁，师生坚持在沦陷区办学。抗战胜利后，学院迁至上海南市区制造局路，设有医学专业13个学科，学制6年。东南医学院从创建到新中国成立前的23年中，毕业生共1145人，其中在医学界有影响的专门人才有叶天星、钟之英、冯固、洪抡元、史敏言、谢炘、蒋本沂、李雨生、陈应谦、任国祥等名家。

1949年12月29日，学院迁至安徽怀远。1950年改为公立。1952年迁到合肥，改名安徽医学院。1985年改称安徽医科大学。

图录一二七：私立东南医学院证明书　民国三十年（1941）

纸本。高25.2厘米，宽24.2厘米。黑细双线条框边，四角饰以蝶式花纹图案。此件系东南医学院学生李永春（广东台山县人，26岁）修毕全部学程由学院开具的临时毕业证明书。证书右侧下方为证书编号"第柒壹号"；偏左侧署私立东南医学院院长郭琦元（签名章）。左侧为颁证日期"中华民国卅年七月一日"，钤正方形朱文"私立东南医学院钤记"（5.5×5.5厘米）；下方贴有李永春半身照片，打盖"私立东南医学院"圆形钢戳。左边框外下角附注："发给毕业证书或毕业证明书时，此项证明书即行撤销。"

郭琦元，1891年出生。早年毕业于日本千叶医科大学。回国后，曾任上海亚东医科大学教授。1926年创办东南医科大学。初创时，学校仅设专科，有学生400余人。1930年改称私立东南医学院，学制6年，并设附属东南医院，兼任院长。1932年"淞沪抗战"爆发，郭琦元带领师生积极奔赴战地，救护十九路军伤员。1937年日军侵华，带领师生以"中国红十字会战地服务团"

證明書

查學生李永春現年二十六歲係廣東省

台山縣人業已修畢本學院全部

學程畢業證書俟呈

部驗印手續完成後再行發給特

先證明此證

第柒壹號

中華民國卅年十月一日

教育部立案

私立東南醫學院院長 郭琦元

注一 發給畢業證書戊畢業證明
意一 書時此項證明書即行繳銷

图录一二七　私立东南医学院证明书

名义，开赴闸北前线，抢救伤病员。上海沦陷后，郭琦元被任命为中国红十字会战地救护总队负责人，奔赴抗日前线，辗转苏、浙、皖、云、贵、川等地，为战地护救工作作出重要贡献。1946年以后，在家乡创办医院，担任乡村医院业务院长，救死扶伤，医治穷困病人。郭先生崇高的医德，在他的家乡被广为传颂。

五六、持志学院

1924年，何世桢在上海创办持志大学，初设中文、英文、政治3系和商业专科。校训"力行近乎仁，好学近乎知，知耻近乎勇"。后改设文、法2科，国学、英文、政治、法律、商学和经济6系。1931年改称私立持志学院。1937年后被日本侵略军炸毁院舍后，学院进入租界上课。1939年学院被汪伪捣毁后停办。

图录一二八：私立持志学院毕业证书　民国二十七年（1938）

纸本。高42.5厘米，宽50厘米。黄色宽带白梅花纹图案框边，上方中间设孙中山头像，左右两旁为中华民国国旗和中国国民党党旗（两面旗被钢笔墨水涂抹）。证书底色为米黄小格图案，并刊有隶书"持志学院毕业证书"字样。此件系大学部法科法律系学生招汉明（广东南海县——今佛山市南海区人，26岁）修业期满、考查成绩及格、准予毕业并授予法学士学位的毕业证书。证书右侧下方为证书编号"大字第049048号"及验印日期"中华民国廿七年七月六日验讫"。正中偏左钤长方形朱文"私立持志学院之章"（10.1×6.1厘米），署持志学院院长何世桢，钤正方形白文"何世桢印"（蓝色，1.7×1.7厘米）。左侧上方贴有国民政府印花税票二枚（壹角和贰角），盖正方形朱文"私立持志学院校董会之章"（1.8×1.8厘米）；下方贴有招汉明半身照片，打盖"持志学院"圆形钢戳。靠左侧边框为毕业日期"中华民国二十七年二月一日"，钤正方形朱文"教育部印"（7.4×7.4厘米）。

何世桢（1894—？），字毅之、思毅，安徽望江人。五四运动时为东吴大学学生领袖，任上海学联会会长。东吴大学毕业后赴美国留学，获密西根大学法学博士学位。回国后，任东吴大学法科教授、上海大学学长（教务长）。1924年作为上海代表，参加国民党"一大"；同年

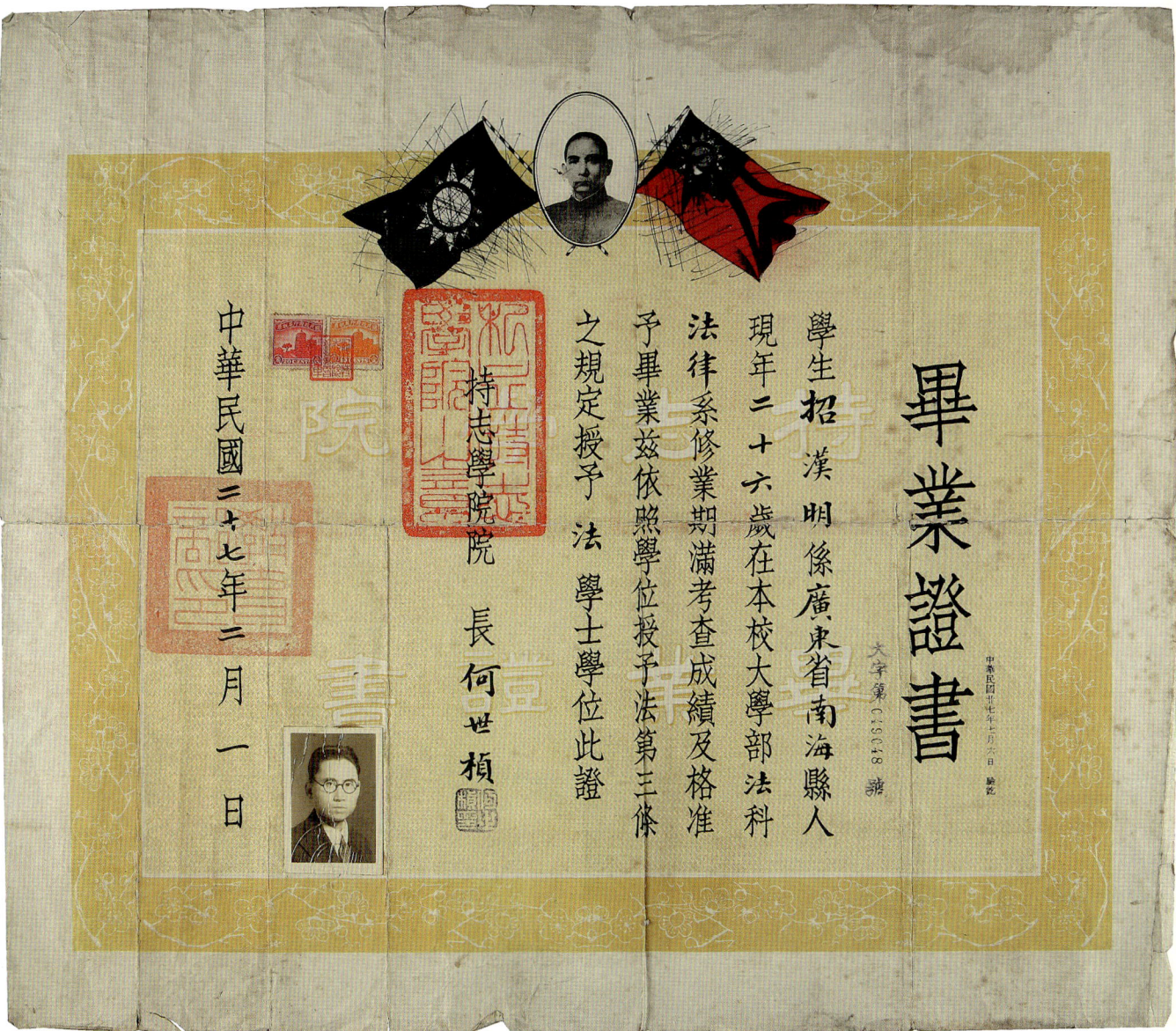

图录一二八　私立持志学院毕业证书

创办持志学院，任院长。 经一·二八和八一三事变，持志学院两度毁于炮火，吴院长率全校师生在租界内赁屋上课。抗战胜利后，何氏负责上海联系接收问题，并被选为国大代表。上海解放前夕，拒绝去台湾，留在上海迎接解放。

五七、立信会计专科学校

1928年1月，立信会计师事务所改称立信会计补习学校。1937年改名私立立信会计专科学校，校长潘序伦。校训"立信"。后在重庆、桂林、广州、南宁、衡阳、柳州、香港、南京、天津、北平、兰州等地设立分校。1942年，总校迁到重庆北碚。1945年后回迁上海，李鸿寿代理校长职务。

1952年撤销，并入上海财经学院。1980年上海立信会计专科学校恢复。1992年更名立信会计高等专科学校，不久又改称上海立信会计学院。

图录一二九：私立立信会计专科学校毕业证书　民国三十五年（1946）

纸本。高39.8厘米，宽49.7厘米。蓝色宽带多层花纹图案框边，上方中间设孙中山头像，左右两旁为中华民国国旗和中国国民党党旗。此件系立信会计专科学校学生张安寿（江苏武进县——今常州市武进区人，24岁）修业期满、成绩及格、准予毕业的毕业证书。证书偏左侧钤正方形朱文"私立立信会计专科学校钤记"（5.5×5.5厘米），署私立立信会计专科学校校长潘序伦，钤正方形"潘序伦"朱文印（1.4×1.4厘米）。偏左侧上方贴有国民政府印花税票一枚（壹圆）；左侧贴有张安寿半身照片，打盖"立信会计专科学校"圆形钢戳；靠左侧边框为毕业日期"中华民国叁拾伍年叁月"，钤正方形朱文"教育部印"（7.4×7.4厘米）；左下角为教育部证书编号"专字第13997号"及验印日期"中华民国卅六年二月八日盖印"。

潘序伦（1893—1985），著名会计学专家、教育家。字秩四，江苏宜兴人。1923年上海圣约翰大学毕业，不久被选送美国留学，先后获哈佛大学企业管理硕士学位和哥伦比亚大学哲学博士学位。回国后，曾任东南大学附设商科大学教务主任兼暨南大学商学院院长。1928年改任执行律师业务，设立潘序伦会计事务所及会计补习夜校。后更名为立信会计事务所和立信会计补习学校，向社会输送了数以万计的会计人才。从1937年开始，自筹资金，创办私立立信会计专科学校。潘氏亲自制定"信以立志、信以守身、信以处事、信以待人、毋忘立信，当必有成"为校训。1949年上海解放后，在他的关心下，立信继续为上海和全国培养了大批财会人

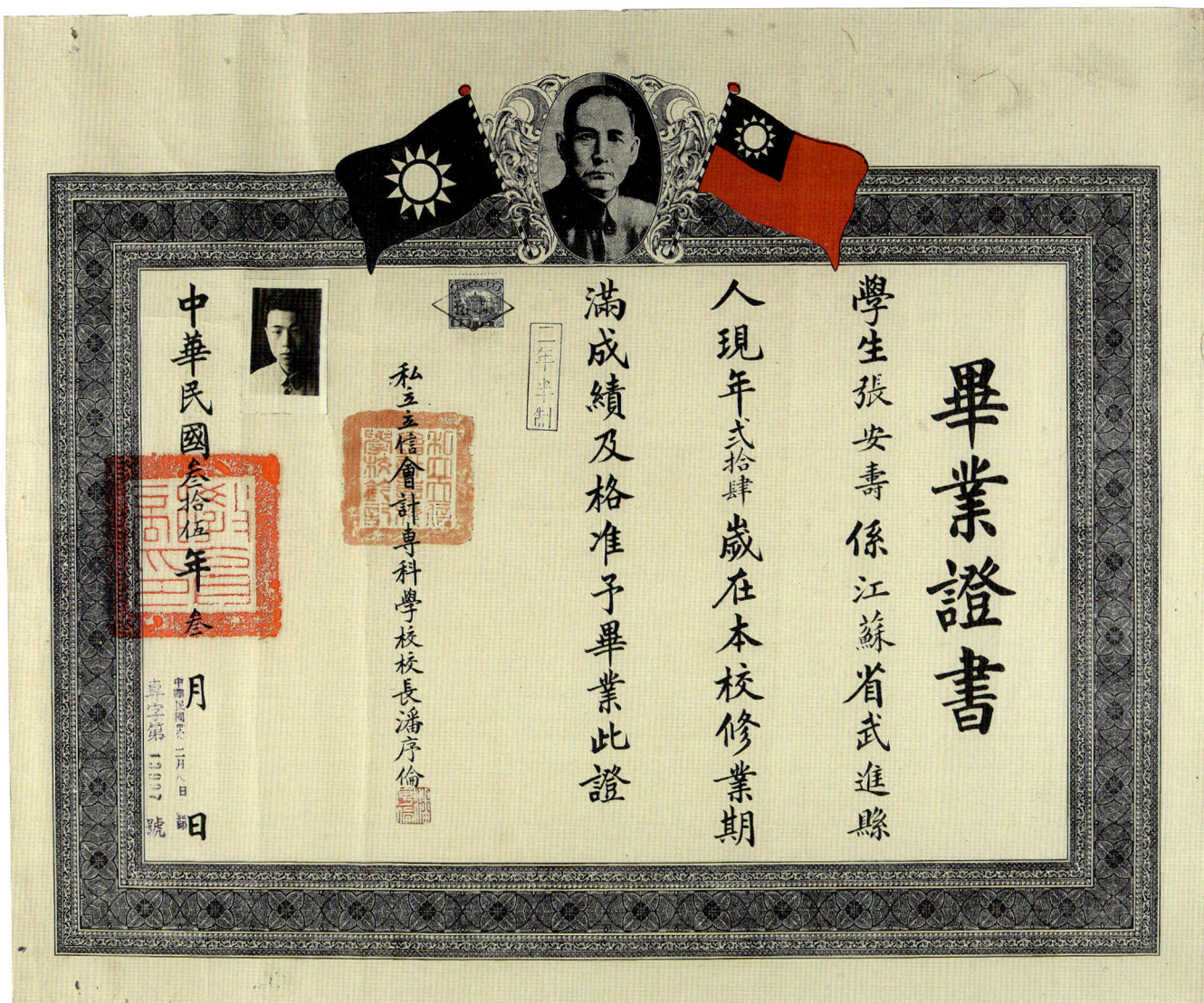

图录一二九　私立立信会计专科学校毕业证书

员。1952年全国高校院系调整，立信会计专科学校并入上海财经学院，潘序伦改任苏、美等会计书籍的编译工作。1980年上海立信会计专科学校恢复并附设职业学校，任名誉校长。潘序伦毕生从事会计学的教育、研究和实际工作，在会计学、审计学、财政学、经济学、金融、税法以及教育学等方面均有建树，被人们推崇为"中国会计之父"，在中国会计史上写下了光辉的一页。1985年10月，财政部特予颁发荣誉证书。1987年11月，他的半身铜像在立信校园落成。

五八、诚明文学院

1928年，正风文科大学在上海创建，仅设中文、历史两系。1929年改名私立正风文学院，停办历史系。院训为"忠信笃敬"。1940年改称私立诚明文学院，院长蒋维乔。1943年迁至江西上饶。1946年在上海恢复，设中文、外文、教育3系2专修科。1950年已有4系3科。1951年撤销并入上海学院。1952年上海学院撤销，并入复旦大学。

图录一三〇：私立诚明文学院毕业证书 1951年

纸本。高39.1厘米，宽45厘米。红粗细双线条框边，以黄白色花格图案作证书底色，并刊有美术体"为人民服务"五个大字。此件系会计专修科学生刘铸通（江苏川沙人，25岁）肄业期满、成绩及格、准予毕业的毕业证书。证书右侧下方为证书验发日期"公历一九五二年六月十五日，华东军政委员会教育部验发"。偏左侧钤正方形朱文"私立诚明文学院钤记"（5.4×5.4厘米），署私立诚明文学院院长蒋维乔（签名章）、主任汪育春（签名章）。左下侧贴有刘铸通半身照片，打盖"私立诚明文学院"圆形钢戳；靠左侧边框为毕业日期"公历一九五一年一月"，钤正方形朱文"华东军政委员会教育部印"（6×6厘米）。证书编号"诚专字第伍零零柒号"。

证书背面为刘铸通的历年各科成绩表。三学年共修25门课程。第一学年（1945年下至1946年上）学业总平均成绩76.4分；第二学年（1946年下至1947年上）学业总平均成绩81.5分；第三学年（1950年度）学业总平均成绩72.6分。刘铸通实得学分累计104学分、毕业成绩76.83分。

刘铸通于1945年秋入学，因中途休学（保留学籍），1950年度才肄业完毕，故毕业日期延至1951年。

蒋维乔（1873—1958），学者、佛学史家。字竹庄，别号因是子，江苏武进（今常州市武进区）人。20岁中秀才。江苏高等学堂肄业。1901年参加蔡元培组织的中国教育会。历任教育部秘书长、参事，江西、江苏教育厅长，商务印书馆编辑，国立东南大学代理校长、上海光华大学哲学教授等。1938年8月，兼任正风文学院院长；1940年正风文学院改称诚明文学院，担任院长。1951年学院撤销并入上海学院，蒋维乔调任气功疗养院院长和上海中医文献研究馆馆员。蒋氏从1922年开始，转而研究佛学，著述甚丰。著有《佛学大要》、《孔子与释迦》、《道教概说》、《中国佛教史》、《佛教概论》、《中国近三百年哲学史》等。

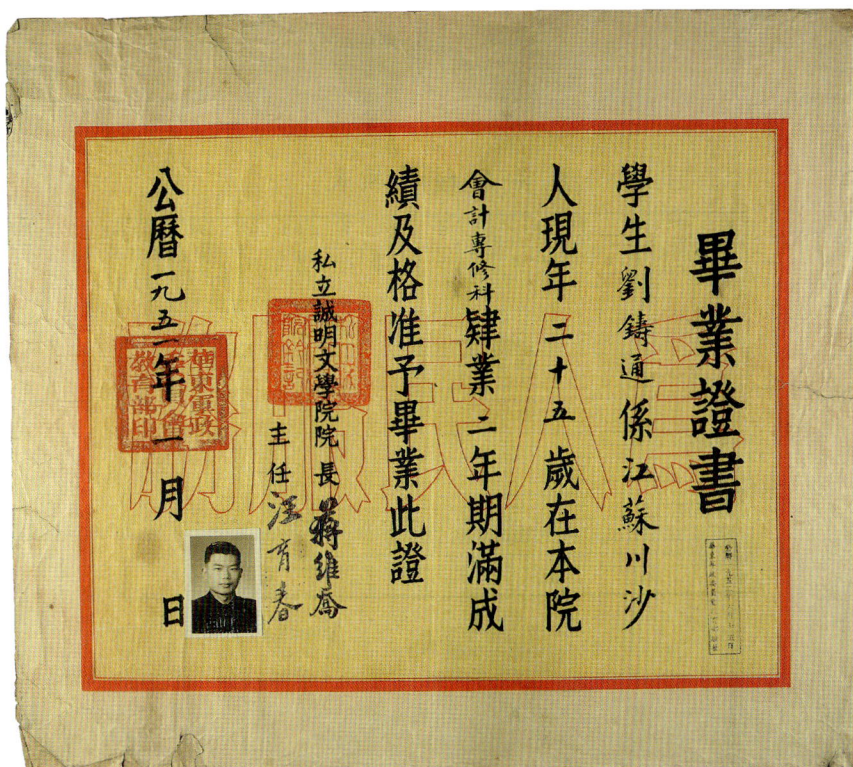

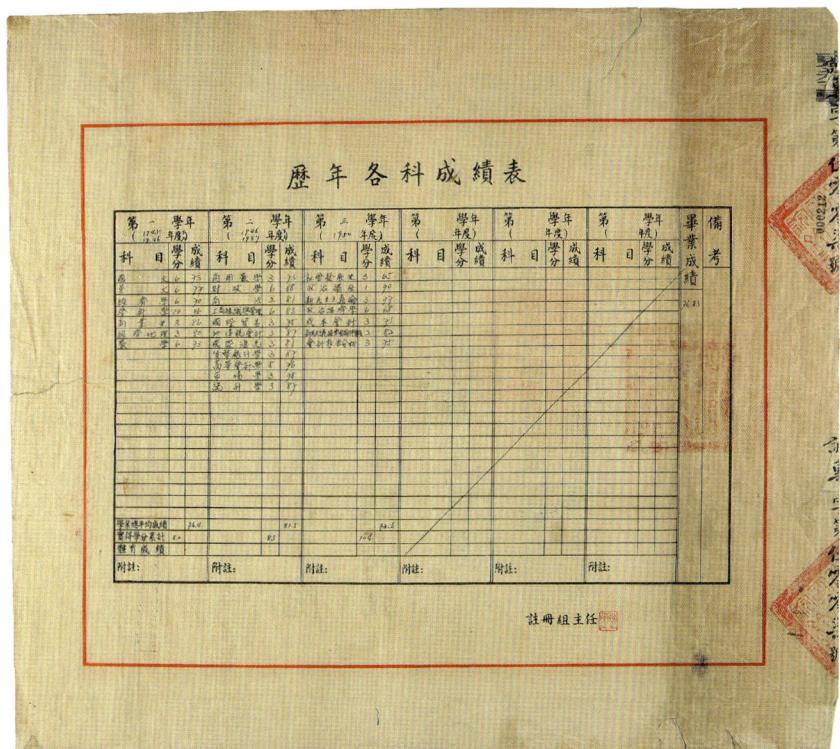

图录一三〇　私立诚明文学院毕业证书（正、背）

五九、华东纺织工学院

　　1938年创建的私立中国纺织工学院（后一度改名中国纺织工业专科学校）和1942年创办的私立上海纺织工业专科学校，在1951年合并组建华东纺织工学院，院长张方佐。1952年南通学院撤销，其纺织科并入，院长盛华。1985年改称中国纺织大学；1999年又改为东华大学。

　　图录一三一：华东纺织工学院毕业证书　1952年

　　纸本。高39.2厘米，宽45厘米。红粗细双线条框边，以黄色花纹图案作证书底色，刊有美术体"为人民服务"五个大字。此件系棉纺织工程系学生孙国梁（江苏无锡人，21岁）肄业四年期满、成绩及格、准予毕业的毕业证书。证书正中铃正方形朱文"华东纺织工学院印"（6×6厘米），署华东纺织工学院院长张方佐，铃正方形朱文"张方佐印"（1.4×1.4厘米）；副院长黄玠然，铃正方形朱文"黄玠然印"（1.3×1.3厘米）；副院长兼教务长钱宝钧，铃正方形"钱宝钧"朱文印（1.3×1.3厘米）。左侧上方贴有孙国梁半身照片，打盖"华东纺织工学院教务处"圆形钢戳；靠左侧边框为毕业日期"公历一九五二年七月"，铃正方形朱文"华东军政委员会教育部印"（6×6厘米）。证书验发日期"公历一九五三年八月十七日"；验印编号"东教院字第006880号"。学院证书编号"院纺字第陆肆号"。

　　证书背面为孙国梁的历年各科成绩表。四学年共修34门课，毕业成绩为76.98分。

　　两点说明：1. 该生于1949年9月入学，学制四年，应于1953年7月毕业。但遵照华东军政委员会教育部1952年1月12日教高（三）字第二〇〇二四〇号通知，该生提前一年于1952年7月毕业。（见该生成绩表备考栏的附注）

　　2. 四年课程，三年修毕。奉华东军政委员会教育部1952年2月16日教高（三）字第二〇〇八一八号通知，三年级下学期分成两个阶段，故第四学年的各科成绩为三年级下学期的第二阶

畢業證書

學生孫國樑係江蘇無錫

人現年二十一歲在本學院

棉紡織工程系肄業四年期

滿成績及格准予畢業此證

華東紡織工學院院長 張方佐

副院長 黃玠然

副院長 錢寶鈞

教務長 錢寶鈞

主任 張方佐

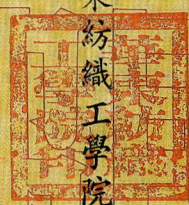

公曆一九五二年七月 日

图录一三一（1） 华东纺织工学院毕业证书（正面）

段的课程及成绩（见该生成绩表第四学年栏内说明）。

张方佐（1901—1980），著名纺织学专家和教育家。浙江鄞县（今宁波市鄞州区）人。1924年毕业于日本东京高等工业专科学校纺织科。抗战期间，在十分困难的条件下，创办了我国较早的纺织工业专科学校，为我国的纺织工业培养了大批人才。中华人民共和国成立后，任华东纺织管理局副局长，并曾兼任交通大学纺织系教授、系主任等。1951年，同钱宝钧等人组建我国第一所高等纺织学院，任院长至1952年。1955年筹建纺织科学研究院，任院长。1960年组建北京纺织工学院，任院长。曾任一、二、三届全国人大代表、全国纺织工程学会名誉理事长等。

图录一三一（2）　华东纺织工学院毕业证书（背面）

中·国·近·现·代·高·等·教·育·文·物·丛·书

近代中国高等院校修业证书图鉴

下

院校修业证书图鉴

顾问◎郝平

主编◎程道德

副主编◎聂圣哲　李铁虎　汤蕉媛

國家圖書館出版社

四川高等學堂

畢業文憑

優等生特　昌

自光緒三十年七月入學始迄
光緒三十三年五月止普通科
畢業此憑

學科	分數
人倫道德（經理大旨）	八十六
國文（中）	八十一
史地（中外）	九十一
地史（地）	八十四
幾何代數（三角博物）	八十七
數角（三）	七十六
物理（博物化學）	六十六
化學（物化法英）	九十八
法語（英法體合）	七十四
體操（合平）	十一
學制	
合計均	七十四
學期均	十七
總平均	七十七

四川總督部堂趙
四川提學使司提學使方
四川高等學堂總理胡

光緒三十三年六月初一日授

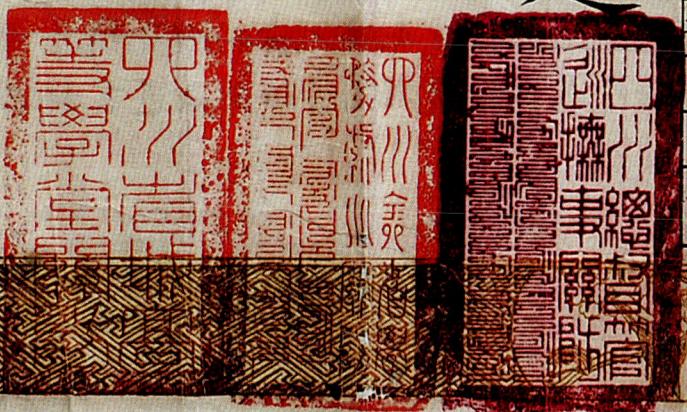

教師銜名

督　督　庶務　國文教習兼教務　經學倫理兼國文　歷史兼國文　地理　法制　前算術　前歷史地理兼國文　英文　法文　譯講兼數學　譯講兼東文　譯講兼英文　譯講兼英文　前譯講兼東文　前譯講兼東文　體操　前體操　前體操　監督　監督　監督　前監督　前監督　前檢

外國
教習銜名

物理化學英文　英文德文　數學　物理數學　博物　數理化數學　前外國歷史地理　前理化數學　前數學經濟　前法制經濟　前東文經濟

督長　督長　教習

查學　學學　教學　學學　學學　教習

教習　教習　教習　教習　教習　教習　教習　教習

胡季峻　吳元昌　羅言　陸慎道　劉行春　冀元恩　邵從書　吳嘉謨　馮皇　周本聘周　潘廷震　王錫芳　曹湘　王席善　毛天豐　張錫培　張宗典　卓清福　李凌　林邦　何文　譚雲詩　馮紫　朱輝　龍成　藍爾松　進來重二　三本重清　辻信一二　和田喜八郎

史彌德生　鄧天昭　吳和　趙增瑞　裴良深

山川早水　吉田義靜　原清民　池永太六郎

江苏

六〇、南京大学（中央大学）

1. 中央大学

国立中央大学的前身是1902年由张之洞创办的三江师范学堂。1905年改名两江师范学堂；1915年易名南京高等师范学校；1921年并入国立东南大学。1927年，东南大学、河海工程大学、江苏法政大学、江苏医科大学、上海商科大学和南京农科大学合并组建第四中山大学。1928年改称江苏大学，不久又改名国立中央大学。校长朱家骅。抗战爆发后，中央大学西迁重庆。抗战胜利后，1946年迁回南京复校。校长吴有训。1949年初，设文、理、法、工、农、医和教育7学院34个系科。

图录一三二：国立中央大学毕业证书　民国二十三年（1934）

纸本。高38厘米，宽49厘米。蓝线条框边，上方中间设孙中山头像，左右两旁为中华民国国旗和中国国民党党旗。此件系中央大学文学院社会学系学生朱政福（安徽舒城县人，24岁）修业期满、成绩及格、准予毕业并获文学士学位的毕业证书。证书右侧下方为教育部验印编号"大字第27931号"及验印日期"中华民国廿四年八月拾七日"。正中偏左钤长方形朱文"国立中央大学关防"（8.9×5.4厘米），署国立中央大学校长罗家伦，钤正方形"罗家伦"朱文印（1.9×1.9厘米）；教务长陈剑翛，钤正方形"陈剑翛"朱文印（1.8×1.8厘米）；文学院长汪东，钤正方形"汪东"朱文印（1.8×1.8厘米）。左侧中部贴有国民政府印花税票一枚（伍角）；下方贴朱政福半身照片，打盖"国立中央大学"圆形钢戳；靠左侧边框为毕业日期"中华民国二十三年七月"，钤正方形朱文"教育部印"（7.4×7.4厘米）。

罗家伦（1897—1969），教育家、政治宣传家。字志希，浙江绍兴人。早年赴欧美留学。

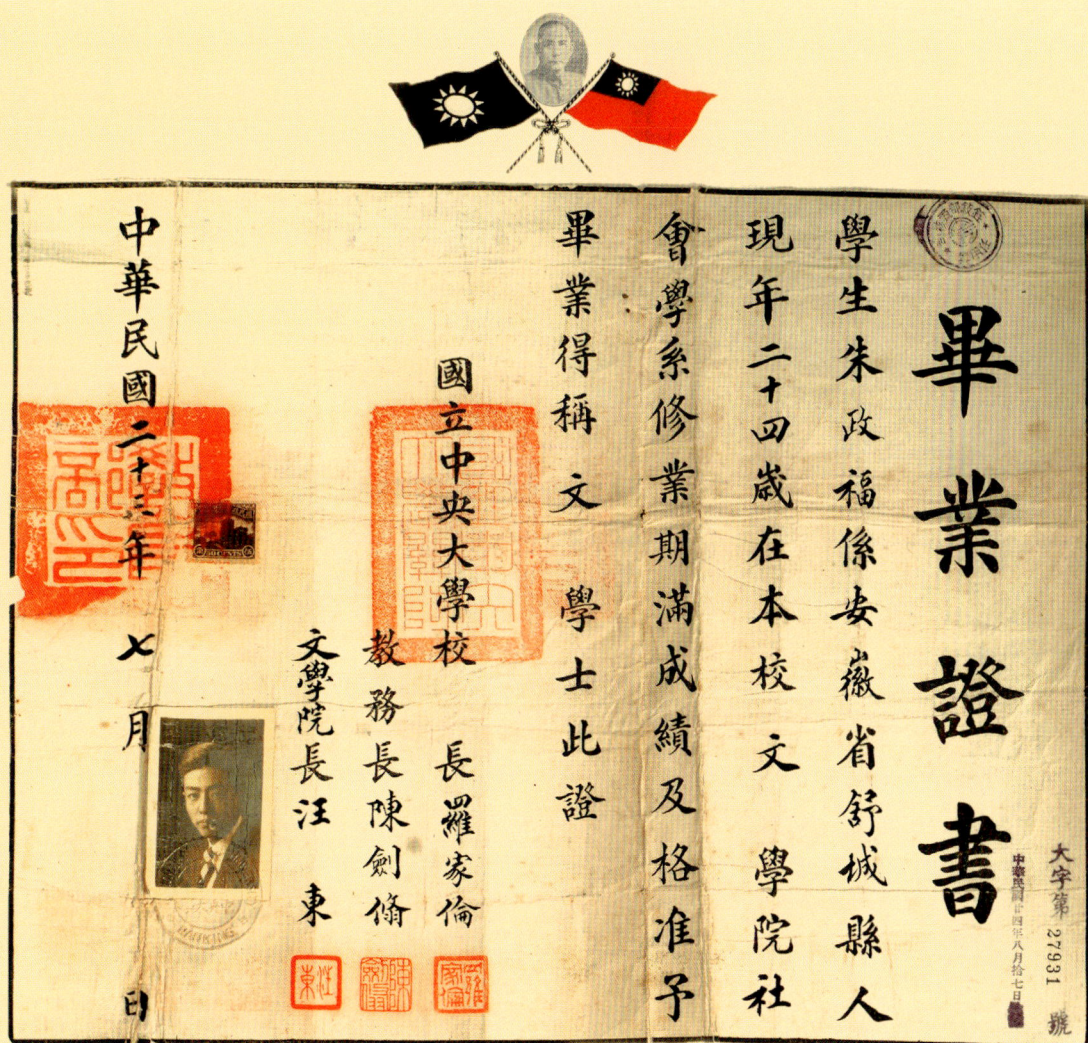

图录一三二 国立中央大学毕业证书

五四运动北大学生领袖之一。1928年出任国立清华大学首任校长。在提高中国教师和中国课程的地位、建立新的清华研究机构以及深入开展学术研究等方面，成绩卓著。罗氏离开清华之后，于1932—1941年出任国立中央大学校长。这九年，尤其是抗战前五年，无论在办学理念、调整院系设置、延聘名师、活跃学术、培养人才等方面，都取得巨大成绩，应该说是中央大学发展的黄金时期。

图录一三三：国立中央大学修业期满证明书　民国三十八年（1949）

纸本。高28.3厘米，宽19.7厘米。此件系工学院水利工程学系学生鲍成（湖北京山县人，25岁）修业期满的证明书。证书右侧下方为证书编号"第629号"。正中钤正方形"国立中央大学校务维持委员会章"（蓝色印记，4.1×4.1厘米），署国立中央大学校务维持委员会常务委员孙本文，钤正方形"孙本文"朱文印（1.2×1.2厘米）；常务委员熊子容，钤正方形朱文"熊子容印"（1.1×1.1厘米）；常务委员刘世超，钤正方形"刘世超"朱文印（1.4×1.4厘米）；军事代表赵卓，钤正方形"赵卓"朱文印（1.5×1.5厘米）。正中上方贴有鲍成毕业照，打盖"国立中央大学"圆形钢戳；左侧为颁证日期"中华民国三十八年七月"，钤长方形朱文"国立中央大学关防"（8.9×5.9厘米）。

鲍成于民国三十八年七月修毕四年课程并参加毕业考试，因考试成绩在结算中，特先发给该生修业期满的证明书，以资证明。

孙本文（1892—1979），著名社会学专家。字时哲，江苏吴江人。1918年毕业于北京大学。1921年赴美国留学，攻读社会学。1925年获纽约大学研究院社会学博士学位。回国后，历任大夏大学、复旦大学社会学教授，中央大学社会学教授兼系主任、教务长、师范学院院长。1949年春，中央大学教授会组织校务维持委员会，被推为常务委员，主持校务工作。1952年全国高校院

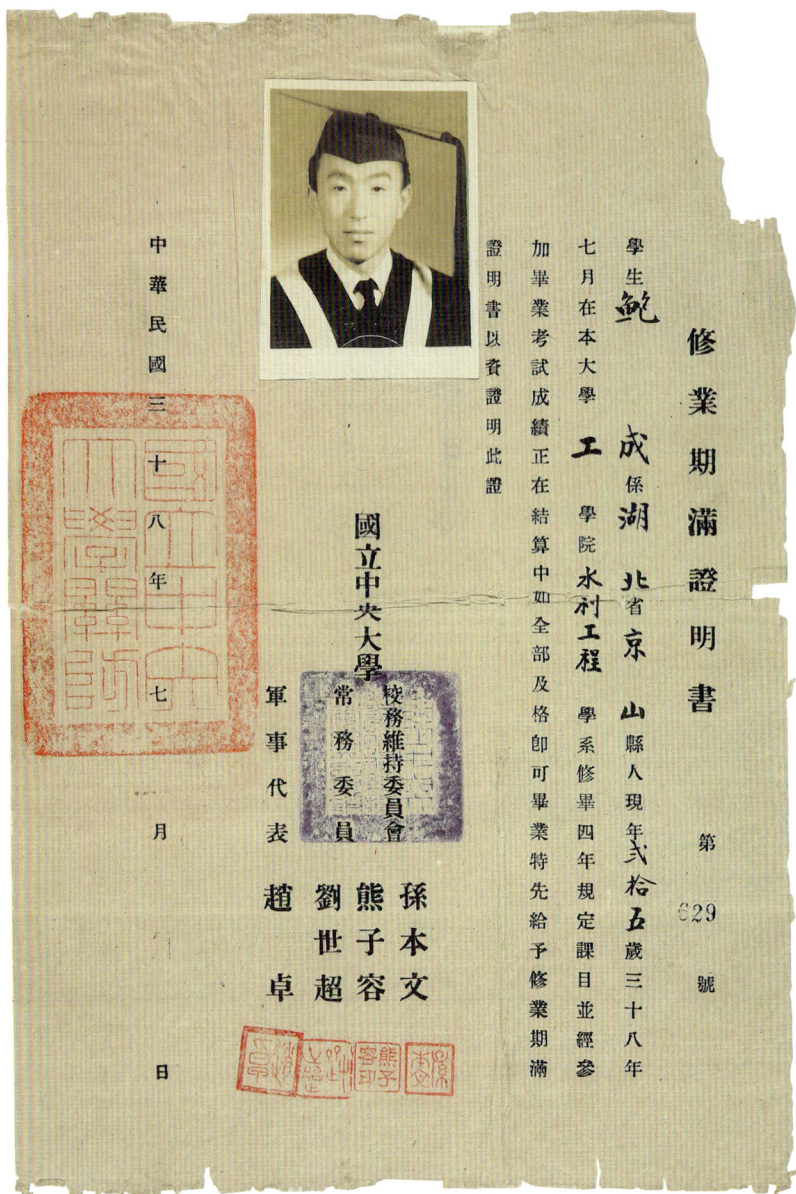

图录一三三　国立中央大学修业期满证明书

系调整后，任南京大学地理系统计学教授、南京市经济学会副会长等。孙氏毕生致力于社会学的教学与研究，对中国社会学学科的发展作出了积极的贡献。

2. 南京大学

1949年4月南京解放，5月，人民政府接收中央大学；8月8日，国立中央大学更名国立南京大学；10月，又定名为南京大学。1952年全国高校院系调整，南京大学调整为一所拥有13个系、2个专修科的文理科综合性大学。校长潘菽。

图录一三四：南京大学毕业证书　1951年

纸本。高38.5厘米，宽45.3厘米。红粗细双线条框边，以黄白相间花纹图案作证书底色，并刊有美术体"为人民服务"五个大字。此件系师范学院艺术学系（绘画组）学生李英（河北

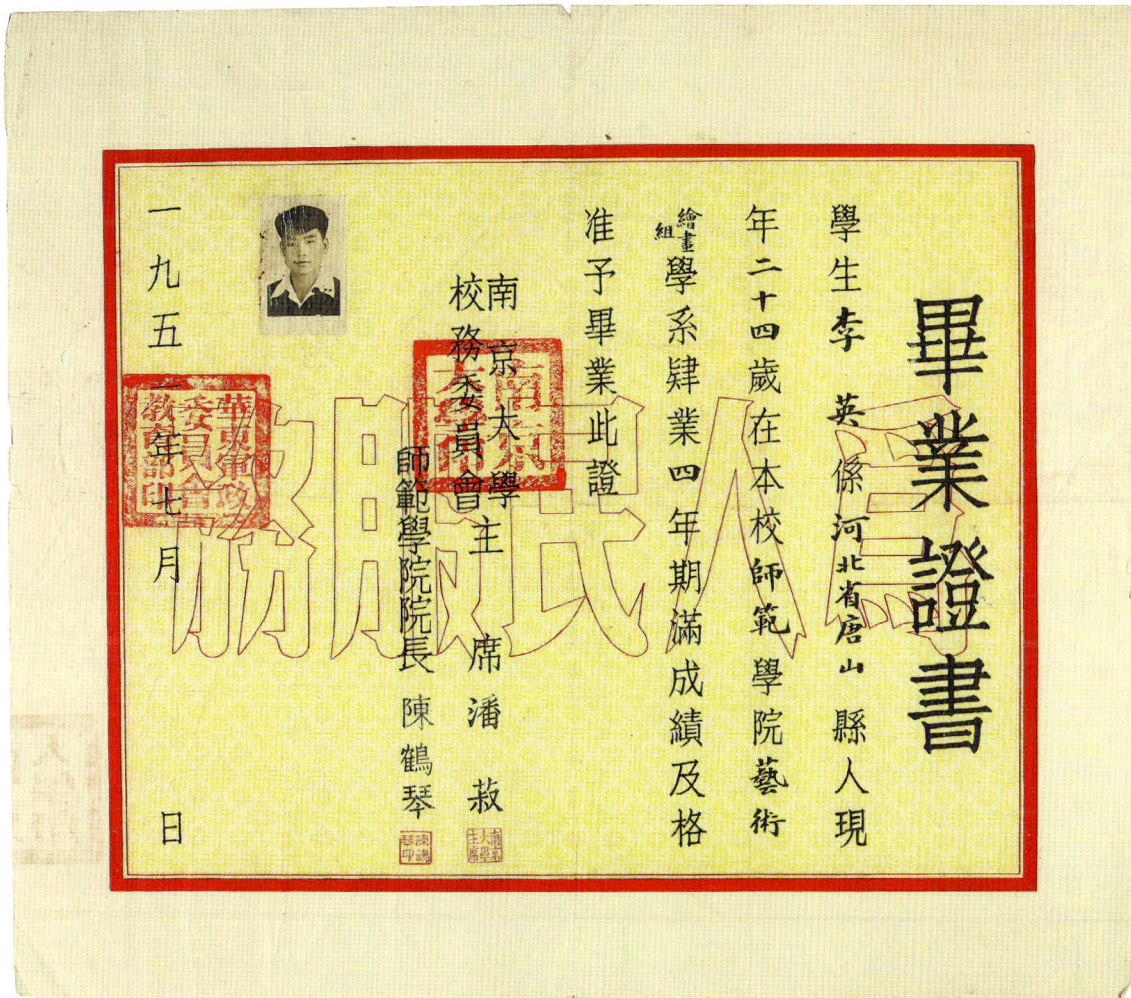

图录一三四（1）　南京大学毕业证书（正面）

歷年各科成績表

第三學年 (一九四九年度)			第四學年 (一九三〇年度)			第一學年 (一九四六年度)			第二學年 (一九四七年度)			第三學年 (一九四八年度)			第　學年 (　年度)			畢業成績	備考
科目	上學期 學分 成績	下學期 學分 成績	科目	上學期 學分 成績	下學期 學分 成績	科目	上學期 學分 成績	下學期 學分 成績	科目	上學期 學分 成績	下學期 學分 成績	科目	上學期 學分 成績	下學期 學分 成績	科目	上學期 學分 成績	下學期 學分 成績	八一九九	

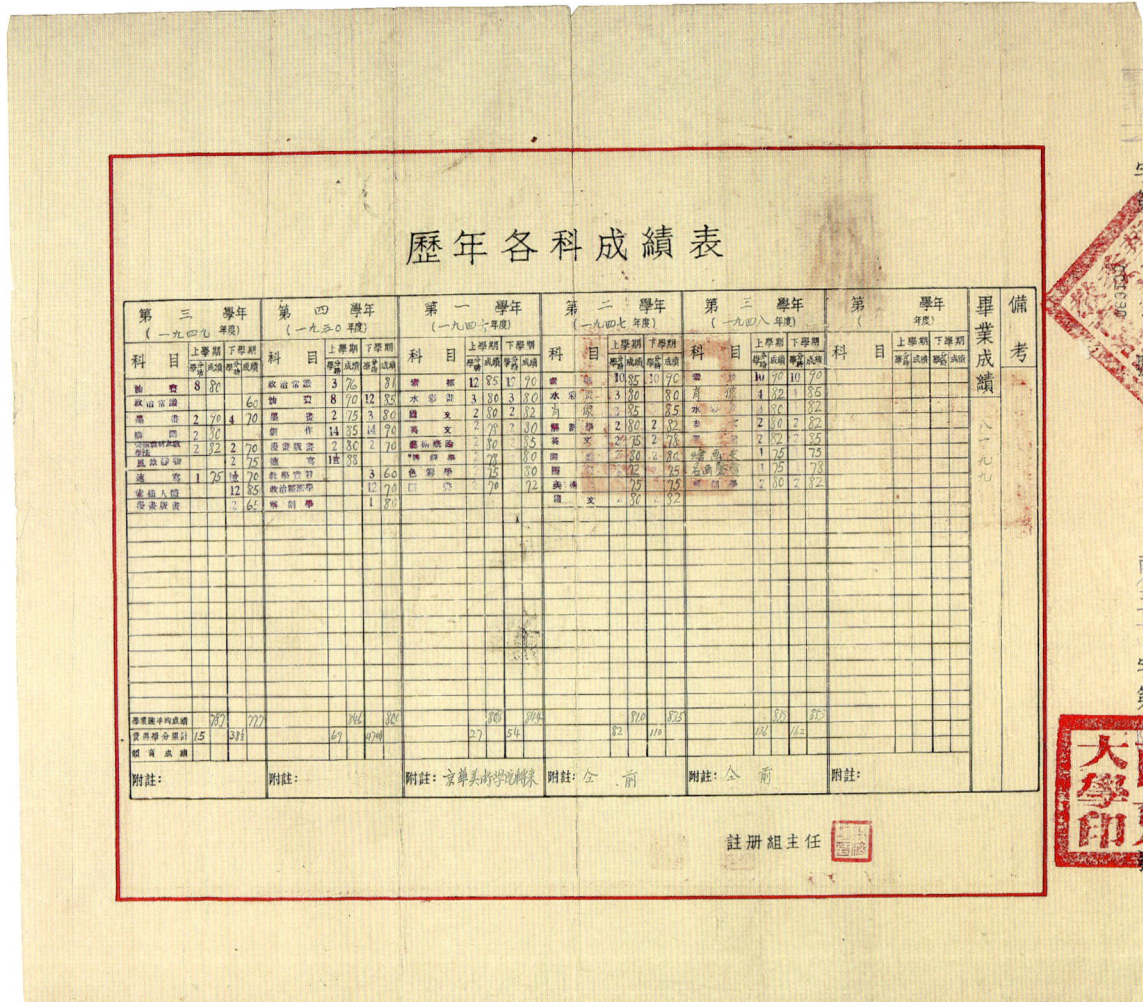

图录一三四（2）　南京大学毕业证书（背面）

唐山人，24岁）肄业四年期满、成绩及格、准予毕业的毕业证书。证书正中钤正方形朱文"南京大学印"（6×6厘米），署南京大学校务委员会主席（校长）潘菽，钤正方形"南京大学主席"朱文印（1.4×1.4厘米）；师范学院院长陈鹤琴，钤正方形朱文"陈鹤琴印"（1.3×1.3厘米）。左侧上方贴有李英半身照片，打盖"南京大学教务处"圆形钢戳；靠左侧边框为毕业日期"公历一九五一年七月"，钤正方形朱文"华东军政委员会教育部印"（6×6厘米）。华东军政委员会教育部证书验印编号"东教大字第001090号"。

证书背面为李英历年各科成绩表。李英于1946年考入京华美术学院，前三个学年（1946年度至1948年度）均在京华美术学院完成学业，各科成绩均被南京大学认可并记录。从1949年度开始，李英转学南京大学艺术系。由于转学，李氏多念一年，完成南大第三学年开设的9门课程，所以在这张成绩表中出现两个第三学年的成绩记录。

第一学年（1946年度）学业总平均成绩上学期80.8分、下学期84.4分。第二学年（1947年度）学业总平均成绩上学期81分、下学期83.5分。第三学年（1948年度）学业总平均成绩上学期83.9分、下学期85.3分。1949年转学南京大学艺术系的第三学年（1949年度）学业总平均成绩上学期78.7分、下学期77.7分。第四学年（1950年度）学业总平均成绩上学期84.6分、下学期80分。李英毕业成绩81.99分。

潘菽（1897—1988），著名心理学家、教育家。原名有年，曾用名潘叔，字水菽，江苏宜兴人。1920年毕业于北京大学哲学门（系）。1921年赴美留学，获芝加哥大学哲学博士学位。1927年回国后，一直在中央大学任心理学教授、系主任。1949年起，先后任南京大学教务长、校务委员会主席、校长（1952年至1958年）等职。1955年中国科学院首批学部委员、中国心理学会会长、中科院心理研究所所长、九三学社中央委员会副主席。潘菽先生毕生从事心理学的教学与研究，成就卓著，博得学界的高度赞誉。

图录一三五：南京大学毕业证书　1952年

纸本。高39.8厘米，宽45.7厘米。红粗细双线条框边，以黄白相间水波纹图案作证书底色，

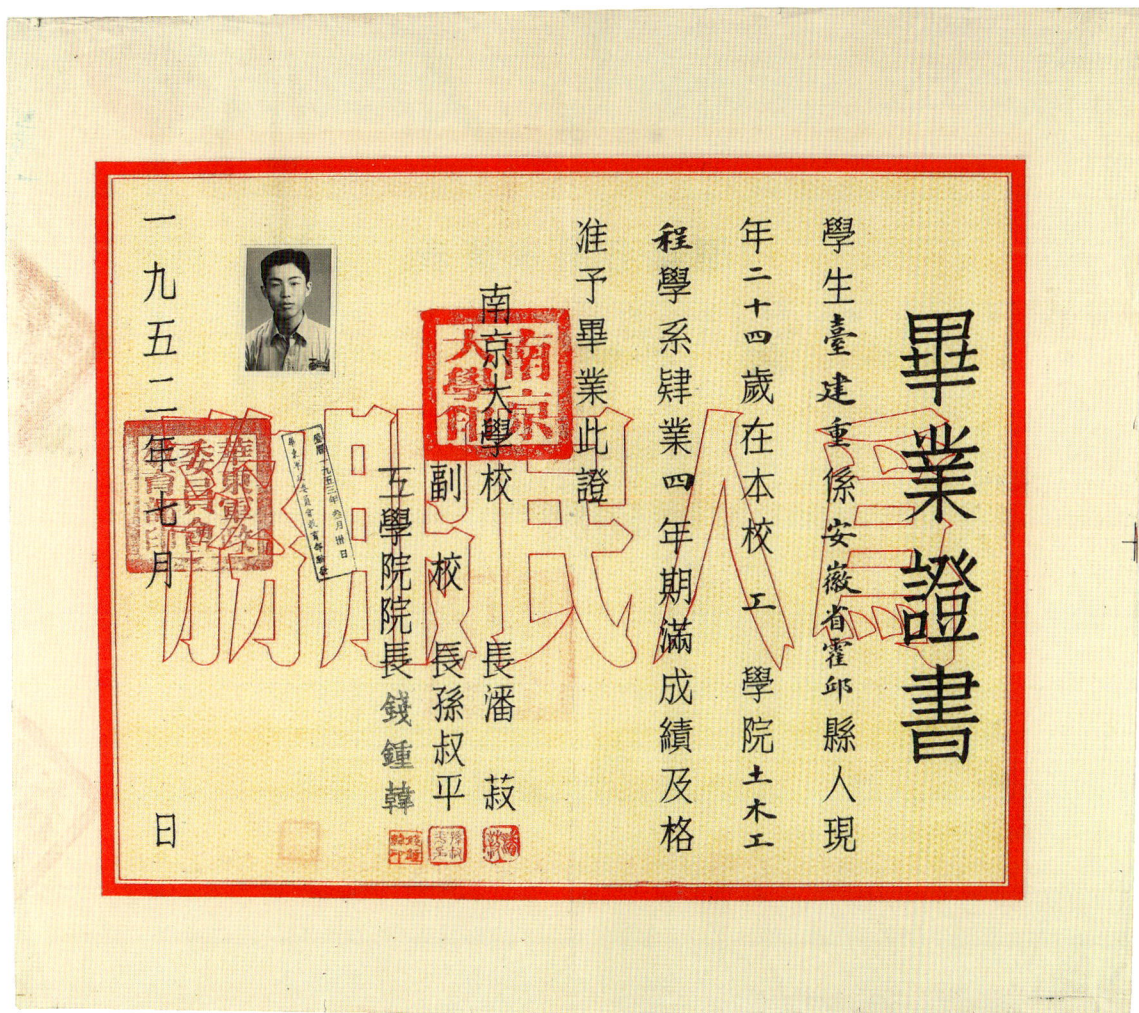

图录一三五（1）　南京大学毕业证书（正面）

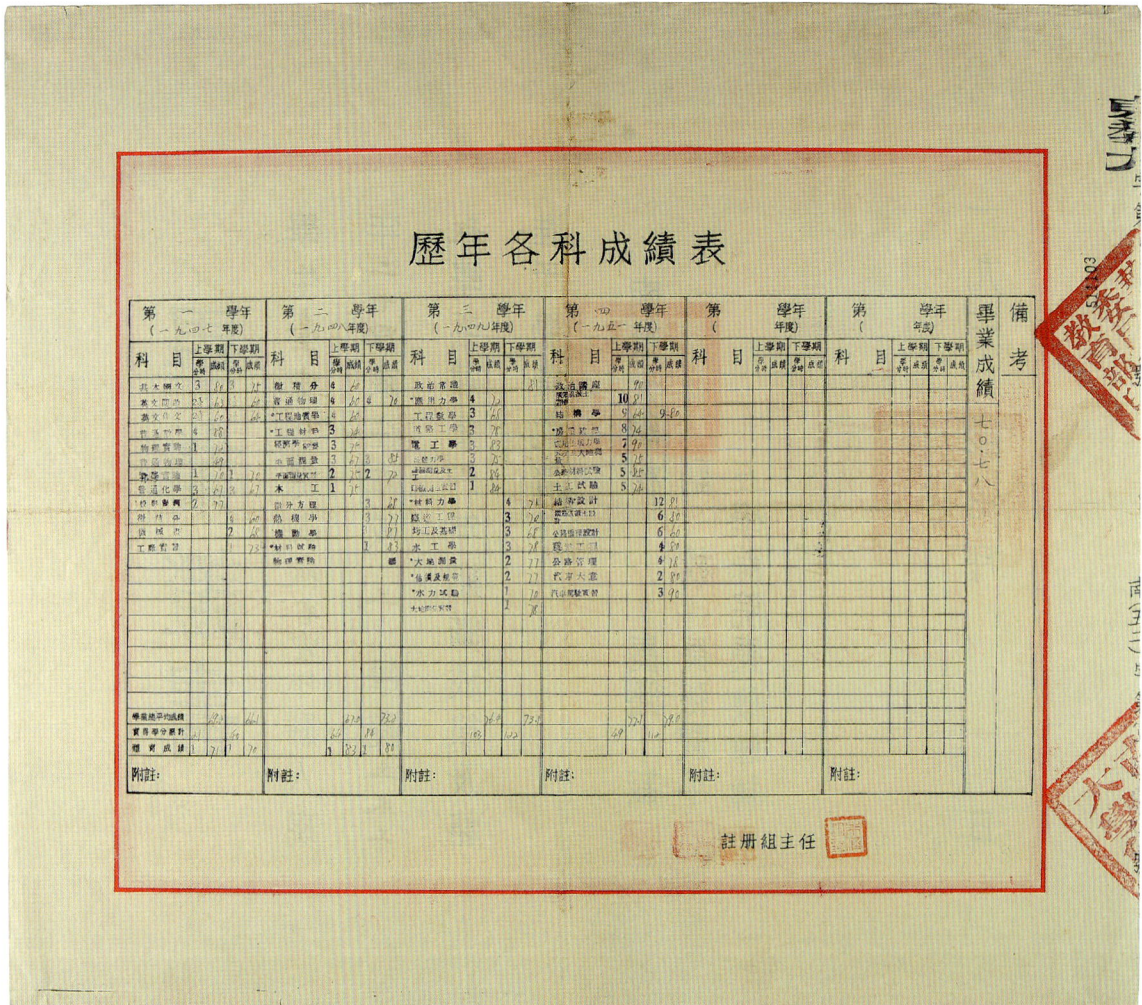

图录一三五（2）　南京大学毕业证书（背面）

并刊有美术体"为人民服务"五个大字。此件系工学院土木工程系学生台建重（安徽霍邱县人，24岁）肄业四年期满、成绩及格、准予毕业的毕业证书。证书正中偏左钤正方形朱文"南京大学印"（6×6厘米），署南京大学校长潘菽，钤正方形"潘菽"朱文印（1.5×1.5厘米）；副校长孙叔平，钤正方形朱文"孙叔平印"（1.5×1.5厘米）；工学院院长钱钟韩，钤正方形朱文"钱钟韩印"（1.3×1.3厘米）。左侧上方贴有台建重半身照片，打盖"南京大学教务处"圆形钢戳；靠左侧边框为毕业日期"公历一九五二年七月"，钤正方形朱文"华东军政委员会教育部印"（6×6厘米）。华东军政委员会教育部证书验印编号"东教大字第511103号"，验发日期"公历一九五三年叁月卅日"。

　　证书背面为台建重历年各科成绩表。四学年共修47门课。第一学年（1947年度）学业总平均成绩上学期69.2分、下学期66.1分；第二学年（1948年度）学业总平均成绩（上）67分、（下）73.2分；第三学年（1949年度）学业总平均成绩（上）76.4分、（下）73.1分；第四学年（1951年度）学业总平均成绩（上）77.1分、（下）79分。台建重的毕业成绩70.78分。

六一、江苏法政专门学校

江苏公立法政专门学校创建于民国初年，校址在江宁城内红纸廊。学制为预科一年、本科三年。本科设有法律科和政治经济科。课程设置：预科开设法学通论、经济原论、伦理学、心理学、国文、外国文（英语和日语择其一）、西洋史、体操、政治地理等9门课程。法律科开设有宪法、行政法、罗马法、刑律、民律、高法、破产法、刑事诉讼律、民事诉讼律、国际公法、国际私法、刑事政策学、法制史、法理学、比较法史、财政学、外国语（英语和日语择其一）等17门课程。政治经济科开设有商法概论、经济史、财政学等23门课程。招收学生条件，预科为中学校毕业；本科须法政专门学校预科毕业。学生学费，本科每学年20元，预科10元。膳食自理，住宿费每月6角。每年招收新生100名。

图录一三六：江苏公立法政专门学校毕业证书　民国十一年（1922）

纸本。高38.7厘米，宽41厘米。褐色宽带水波纹图案框边，边框四角设四对双鱼图案，以浅绿色花纹作证书底色，并刊有篆书"江苏公立法政专门学校"字样。此件系政治经济本科生张祖荫（江苏武进县人，27岁）修业期满、考查成绩及格、准予毕业的毕业证书。证书右侧钤有正方形朱文"江苏教育厅印"（7.4×7.4厘米）。偏左侧署江苏公立法政专门学校校长王汝圻，钤正方形朱文"王汝圻印"（1.5×1.5厘米）；左侧为毕业日期"中华民国十一年六月"，钤长方形朱文"江苏公立法政专门学校钤记"（9.8×6.1厘米）；左侧边框处贴有中华民国印花税票一枚（伍角），框下角为验印日期"中华民国十一年六月二十三日江苏教育厅验讫"。

毕业生张祖荫于1919年9月入学，1922年6月毕业，修业3年，修毕23门课程：宪法、行政法、政治学、刑律、国际公法、民律概论、商法概论、货币银行论、农业政策、工业政策、商业政策、交通政策、殖民政策、财政学、统计学、簿记学、国法学、政治史、外交史、经济史、商业史、保险学、英语等。

王汝圻（1880—？），字甸伯，江苏阜宁人。早年毕业于日本早稻田大学政治经济科。回

毕业证书

学生张祖荫係江蘇省武進

縣人現年二十七歲在本校

政治經濟本科修業期滿考

查成績及格准予畢業此證

江蘇公立法政專門學校校長王汝圻

中華民國十一年六月　日

民國十一年六月三十三日
江蘇教育廳驗訖記

印刷廠印紙官立省蘇江

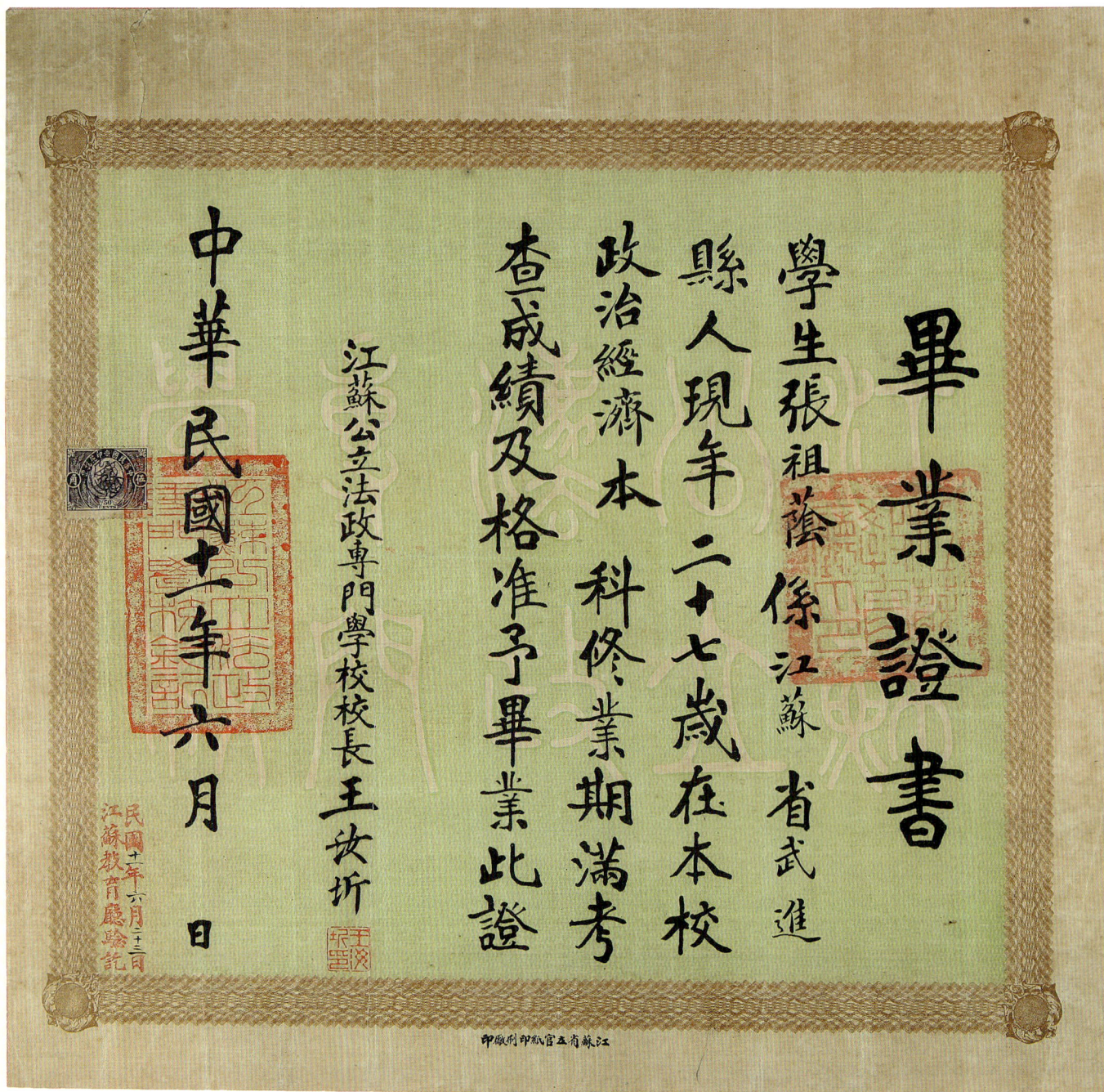

图录一三六　江苏公立法政专门学校毕业证书

国后，历任江苏省立法政专门学校校长、江苏省立第一商业学校校长、众议院议员等职。20世纪30年代任上海法政学院教授。

六二、金陵大学（基督教会学校）

金陵大学的前身是美国基督教会于1888年在南京创办的汇文书院。1910年宏育书院并入汇文书院，更名金陵大学堂，后又改名金陵大学。1927年中国籍人士陈裕光出任私立金陵大学校长。校训为"诚、真、勤、仁"。1930年设有文、理、农3学院。1937年后迁往四川成都。1946年返回南京复校。

1951年，私立金陵女子文理学院并入私立金陵大学，合并后改为公立。1952年全国高校院系调整被撤销，金陵大学文理学院与南京大学文理学院以及部分学校的院系合并，校址划归南京大学。

图录一三七：私立金陵大学证明书 民国二十八年（1939）

纸本。高29.5厘米，宽17.5厘米。此件系金陵大学文学院国文专修科学生饶成钧于民国二十七

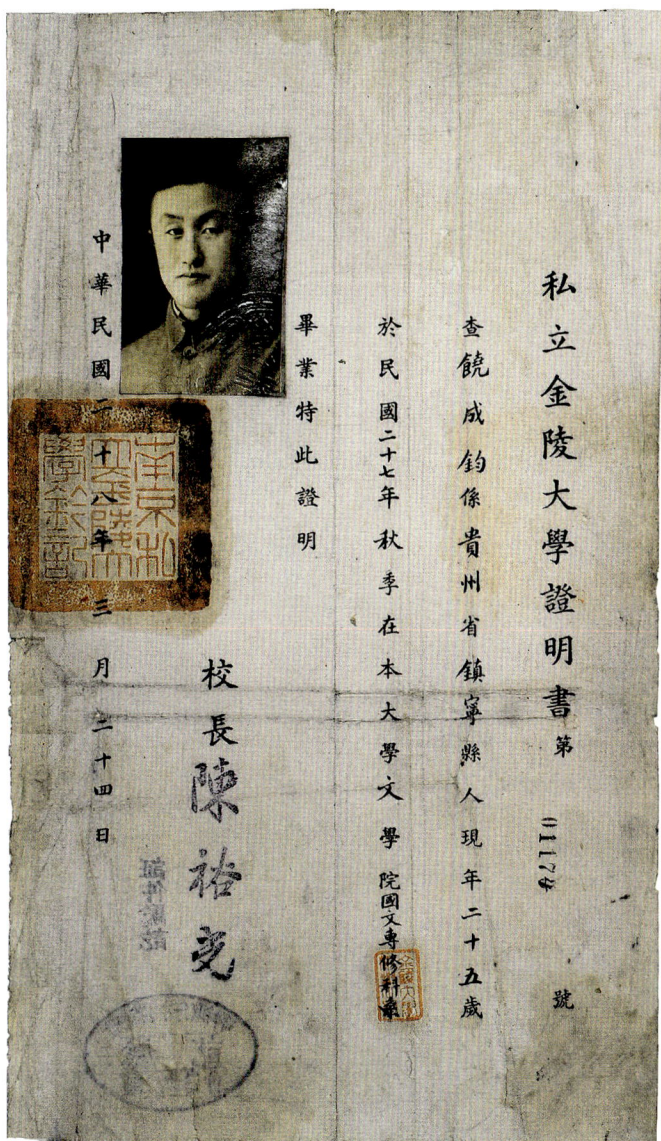

图录一三七 私立金陵大学证明书

年秋毕业的学历资格证明书。证书右侧下方为证书编号"第01174号";左侧署校长陈裕光（签名章）；颁证日期为"中华民国二十八年三月二十四日"，钤正方形朱文"南京私立金陵大学钤记"（5.5×5.5厘米）。

陈裕光（1893—1989），著名教育家、化学家。字景唐，原籍浙江鄞县（今宁波市鄞州区），出生于南京市。早年赴美攻读化学，获哥伦比亚大学博士学位。1927—1952年担任金陵大学校长，历时25年。陈校长上任后，十分注重中国教育主权，是第一个向中国政府请求立案并获批准的教会大学。金陵大学文、理、农三院嵯峨，英语文学和中国文化研究成绩卓著，尤其农林学科堪称中国之先驱，享誉海内外。他不仅在行政管理体制上进行卓有成效的改革，而且在教学上推行"三一制"，即教学、科研和推广三合一制度。美国对外人在华所办大学ABC编类中，金陵大学是中国唯一的一所A类大学，故金大享有"江东之雄"、"钟山之英"之盛誉。当1989年这位教育界的元老仙逝时，著名历史学家章开沅教授说过一句耐人寻味的话：从某种意义上说，陈先生的谢世，象征着中国教会大学的终结。由此可见，陈裕光校长在中国教会大学史乃至中国教育史上占有无以替代的地位，是一位对中国高等教育作出重大贡献的著名校长。

图录一三八（1）：私立金陵大学毕业证明书　1950年

纸本。高24.7厘米，宽16厘米。黑细线条框边。此件系农学院农业专修科学生叶超麟（浙江永嘉县人，22岁）肄业二年期满、成绩及格、准予毕业的临时毕业证明书。证书右侧下方为证书编号"第11401号"；偏左侧署私立金陵大学校长陈裕光（签名章）；靠左侧边框为颁证日期"公历一九五〇年八月九日"，钤正方形朱文"南京私立金陵大学钤记"（5.4×5.4厘米）。左上方贴有中华人民共和国印花税票四枚（每枚面值壹佰元），并盖有圆形"印花税讫"蓝印记；左下方贴有叶超麟的半身照片，打盖"私立金陵大学"圆形钢戳。

证书正中有两行蓝印文声明："此证自填发之日起有效期间以六个月为限，俟毕业证书颁发时，凭此证换领。"这里说的证明书六个月有效期，是按一般上级教育部门验印期不超过六个月为限，但实际情况是叶超麟领取正式毕业证书时已超过了一年零一个月（请见下列叶超麟毕业证书的验发日期）。

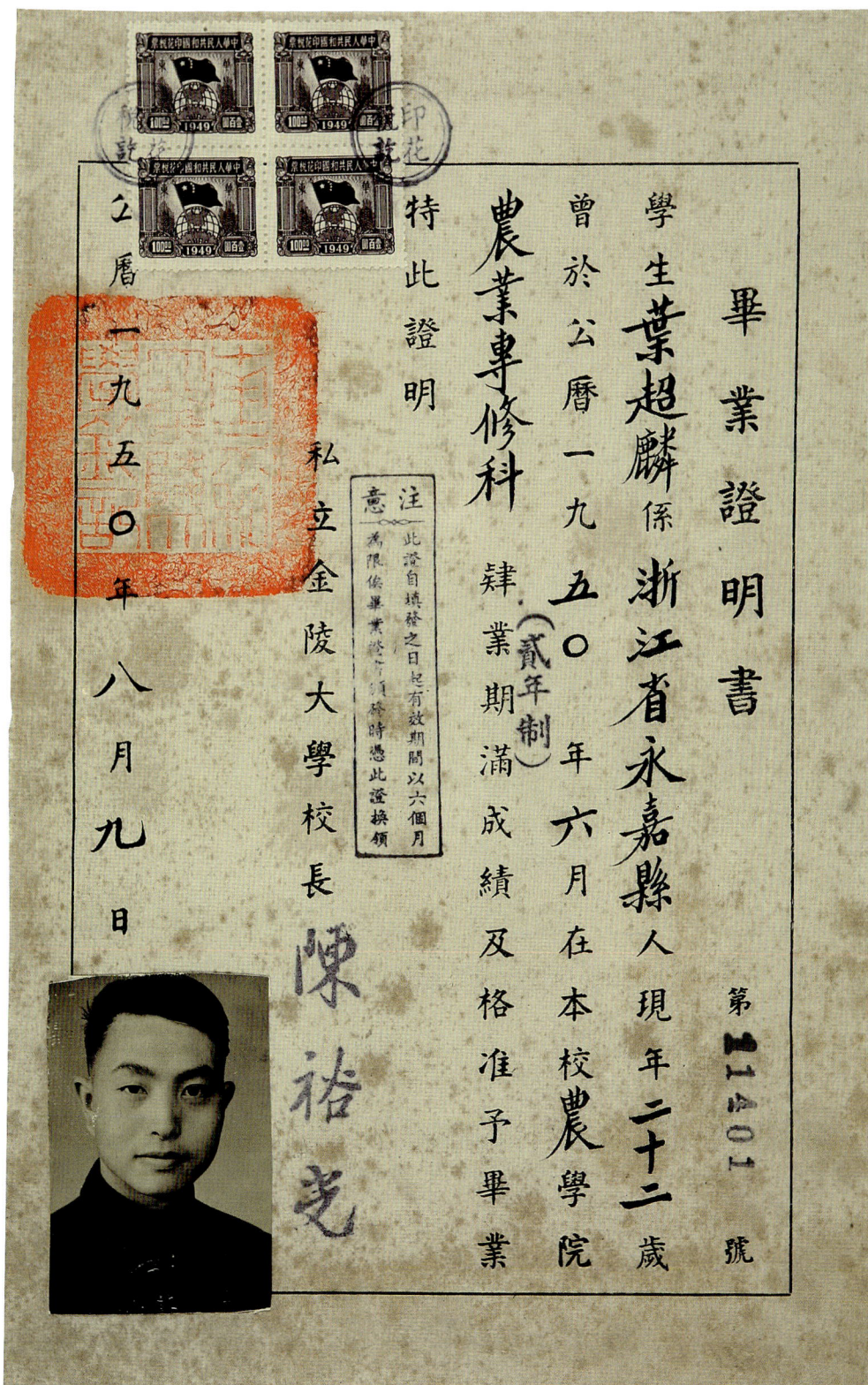

畢業證明書

第 11401 號

學生葉超麟係浙江省永嘉縣人現年二十二歲

曾於公曆一九五〇年六月在本校農學院

農業專修科（貳年制）肄業期滿成績及格准予畢業

特此證明

注意 此證自填發之日起有效期間以六個月為限俟畢業證書領得須繳回此證時憑此證換領

私立金陵大學校長 陳裕光

公曆一九五〇年八月九日

图录一三八（2）：私立金陵大学毕业证书　1950年

纸本。高39厘米，宽45厘米。红粗细双线条框边，以黄花间白底作证书底色，并刊有美术体"为人民服务"五个大字。此件系农学院农业专修科学生叶超麟（浙江永嘉县人，22岁）肄业二年期满、成绩及格、准予毕业的毕业证书。证书正中钤正方形朱文"南京私立金陵大学钤记"（5.4×5.4厘米），署私立金陵大学校长陈裕光，钤正方形朱文"陈裕光印"（1.4×1.4厘米）；农学院院长孙文郁，钤正方形朱文"孙文郁印"（1.8×1.8厘米）。左侧偏上贴有叶超麟半身照片，打盖"私立金陵大学"圆形钢戳；靠左侧边框为毕业日期"公历一九五〇年七月三日"，钤正方形朱文"华东军政委员会教育部印"（6×6厘米）。华东军政委员会教育部验印

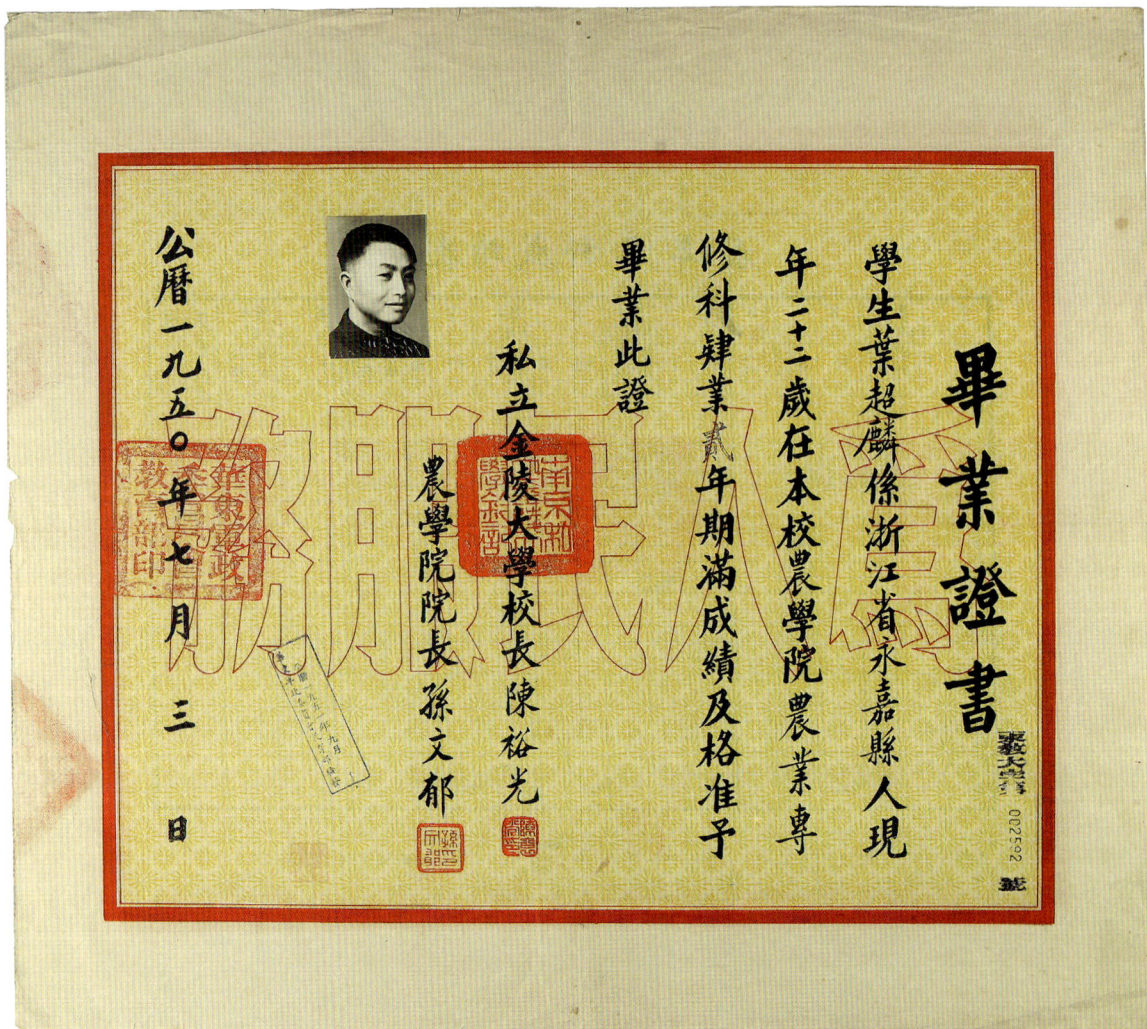

图录一三八（2-1）　私立金陵大学毕业证书（正面）

歷年各科成績表

第一學年 (一九四八學年度)			第二學年 (一九四九學年度)			第（ ）學年 年度			第（ ）學年 年度			第（ ）學年 年度			第（ ）學年 年度			畢業 成績	備考
科目	學分	成績	科目	學分	成績	科目	學分	成績	科目	學分	成績	科目	學分	成績	科目	學分	成績		
應用文概要（一）	3	3	普通地質及地史論	3	95														
英　文（一）	3	5	財產法	3	88														
高等植物學	4	2	作物育種學（一）	3	72														
土壤學	3	5	測量學	3	51														
栽培學	4	4	蔬菜園藝學	3	71														
農具學	2	4	果樹園藝學	3	68														
農村社會學	之	4	花卉園藝學	3	66														
園藝學通論	3	4	農業會計成本論	3	73														
農場實習	1	3	新民主主義論	3	65														
造林學通論	3	3	土地肥沃度	3	P														
應用文概要（二）	3	3	作物育種學	4	75														
英　文	3	4	農場管理	4	79														
肥料學	3	3	畜牧學	3	83														
作物學各論	3	3	農產貿易學	2	84														
農業氣象學	2	4	園藝設計實習	1	80														
植物編理學	3	3	植物病理學通論	之	56														
農村經濟學概論	3	3	造園學	之	74														
農場實習	1	4	實用英文學	3	82														
造林學各論	之	4	暑期實習	0	P														
																		34	
學業總平均成績	52	3.4		50	74.1													74.1	
實得學分累計	52			102															
體育成績	52	3																		
附註：			附註：			附註：			附註：			附註：			附註：				

註册組主任

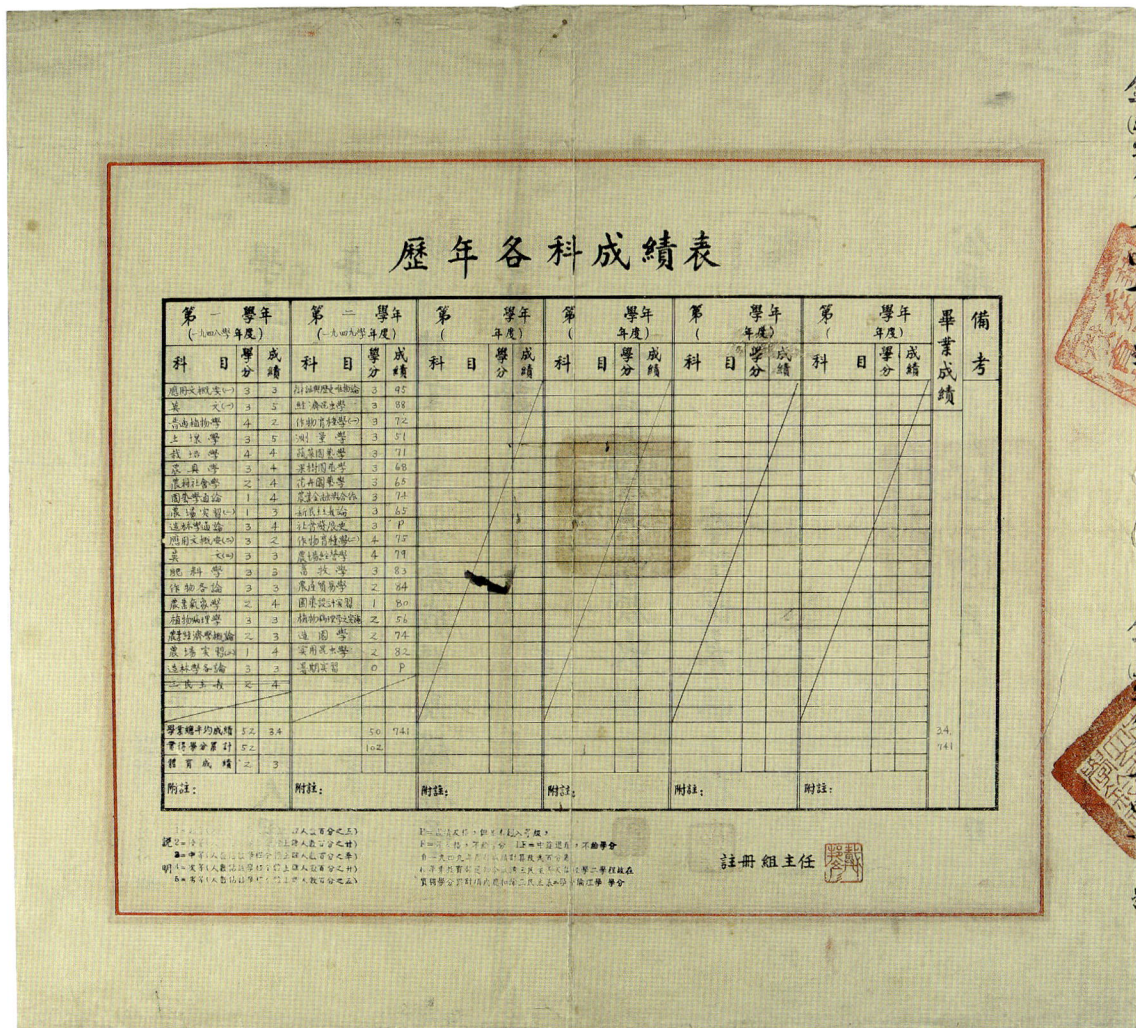

图录一三八（2-2）　私立金陵大学毕业证书（背面）

编号"东教大字第002592号"，验发日期"公历一九五一年九月"。

证书背面为叶超麟学年各科成绩表。两学年共修33门课。第一学年（1948学年度）学业总平均成绩（按五分制）3.4分；第二学年（1949学年度）学业总平均成绩（百分制）74.1分。叶超麟实得学分累计102学分，毕业成绩3.4分（五分制）、74.1分（百分制）。金陵大学学生成绩分为超等、优等、中等、次等和劣等五个等级，叶氏属于中等成绩。

图录一三九：金陵大学毕业证书 1952年

纸本。高38.8厘米，宽45.5厘米。红粗细双线条框边，以黄色花卉图案作证书底色，并刊有美术体"为人民服务"五个大字。此件系农学院园艺学系学生靳文光（河北藁城县人，29岁）肄业四年期满、成绩及格、准予毕业的毕业证书。证书正中钤正方形朱文"金陵大学印"（5.8×5.8厘米），署金陵大学校务委员会主任委员李方训，钤正方形朱文"李方训印"（1.3×1.3厘米）；副主任委员吴贻芳，钤正方形"吴贻芳"朱文印（1.1×1.1厘米）。左侧上方贴有靳文光半身照片，打盖"南京金陵大学"圆形钢戳；靠左侧边框为毕业日期"公历一九五二年一月二十五日"，钤正方形朱文"华东军政委员会教育部印"（6×6厘米）。华东军政委员会教育部验印编号"东教大字第510139号"；金陵大学证书编号"金（52）字第二十三号"。

证书背面为靳文光历年各科成绩表。靳文光于1944年考入汪伪国立中央大学，肄业一年，于1946年转入国立中央大学园艺系，肄业四年，故成绩表记录了靳氏五个学年的各科成绩。其

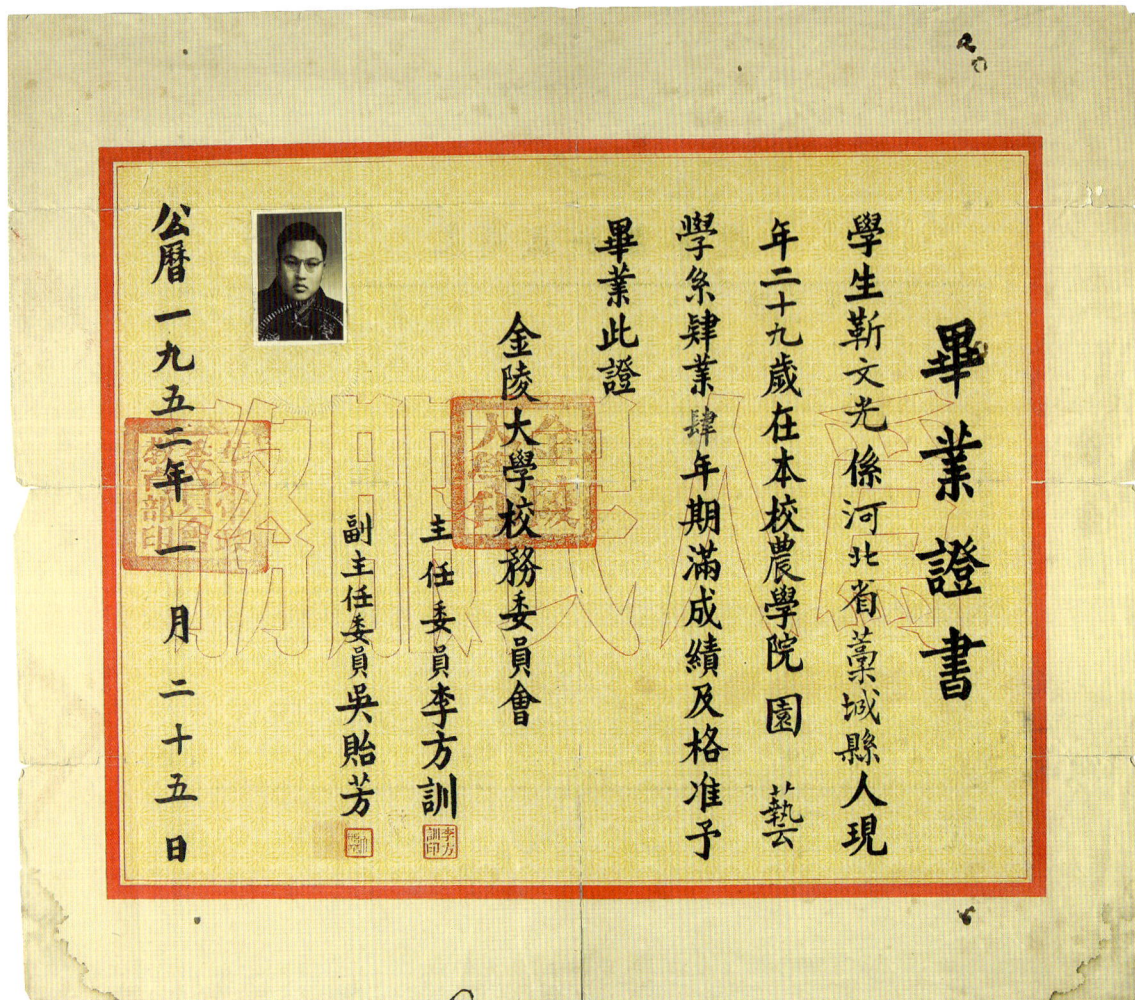

图录一三九（1） 金陵大学毕业证书（正面）

图录一三九（2） 金陵大学毕业证书（背面）

间，1948年度第二学期又借读于中山大学，其成绩也记录在第三学期成绩表栏内。靳文光的毕业成绩为3.3分（五分制）和70.6分（百分制）。

李方训（1902—1962），著名化学家。江苏仪征人。1925年毕业于金陵大学。1928年赴美留学，获西北大学化学博士学位。回国后，历任金陵大学教授、理学院院长、中国化学会常务理事等。1948年获美国西北大学荣誉科学博士学位，并获得该校"金钥匙"。1949年后，历任金陵大学校务委员会主任、南京大学副校长、1955年中国科学院首批学部委员、全国政协委员等。

六三、金陵女子文理学院（基督教会学校）

1915年，美国基督教会创建的金陵女子大学在南京东南绣花巷李鸿章花园旧址开学。设有文、理两科。1928年，校务由美国人转交中国人主持，由吴贻芳出任首任校长。1930年校名改称私立金陵女子文理学院。1937年后迁往四川成都。1946年迁回南京。1951年，学院并入金陵大学，改为公立。1952年高校院系调整金大被撤销，原金陵女子文理学院校址成为南京师范学院（今名南京师范大学）院址。

金陵女子文理学院办学很有特色，设有14个系科。文科主修系为中文、外语、历史、社会学、音乐、体育、哲学等；理科主修系为生物学、化学、数学、物理、地理、家政、医预科和护预科等。其中社会学系和家政系办得最为成功，社会评价很高。学院从1919年至1951年，毕业人数为999人，世称999朵玫瑰。其中，1931年毕业生188人，有106人从事教育工作，其中15人担任女子学校校长，8人担任教务长或校务监督。

图录一四○：私立金陵女子文理学院毕业证书　民国三十二年（1943）

纸本。高34厘米，宽44.2厘米。黑宽带花纹图案框边，上方中间设孙中山头像，左右两旁为中华民国国旗和中国国民党党旗。此件系体育专修科学生沈菁莹（女，吉林永吉县人，28岁）修业二年期满、成绩及格、准予毕业的毕业证书。证书正中钤正方形朱文"私立金陵女子文理学院钤记"（5.4×5.4厘米），署私立金陵女子文理学院院长吴贻芳，钤正方形朱文"金陵女子文理学院院长之章"（1.9×1.9厘米）；体育专修科主任陈琏采。偏左侧上方贴有国民政府印花税票四枚（各面值壹角），加盖椭圆形"金陵女子文理学院院长办公室"蓝色印章；下方贴有沈菁莹半身照片，加盖椭圆形"金陵女子文理学院院长办公室"蓝色印章；靠左侧边框为毕业日期"中华民国三十二年六月"，钤正方形朱文"教育部印"（7.4×7.4厘米）。教育部验印编号"东教大字第82252号"，验印日期"中华民国卅六年七月十二日盖印"。

毕业生沈菁莹毕业日期与颁领毕业证书日期整整间隔四年，缘于战争环境的限制。

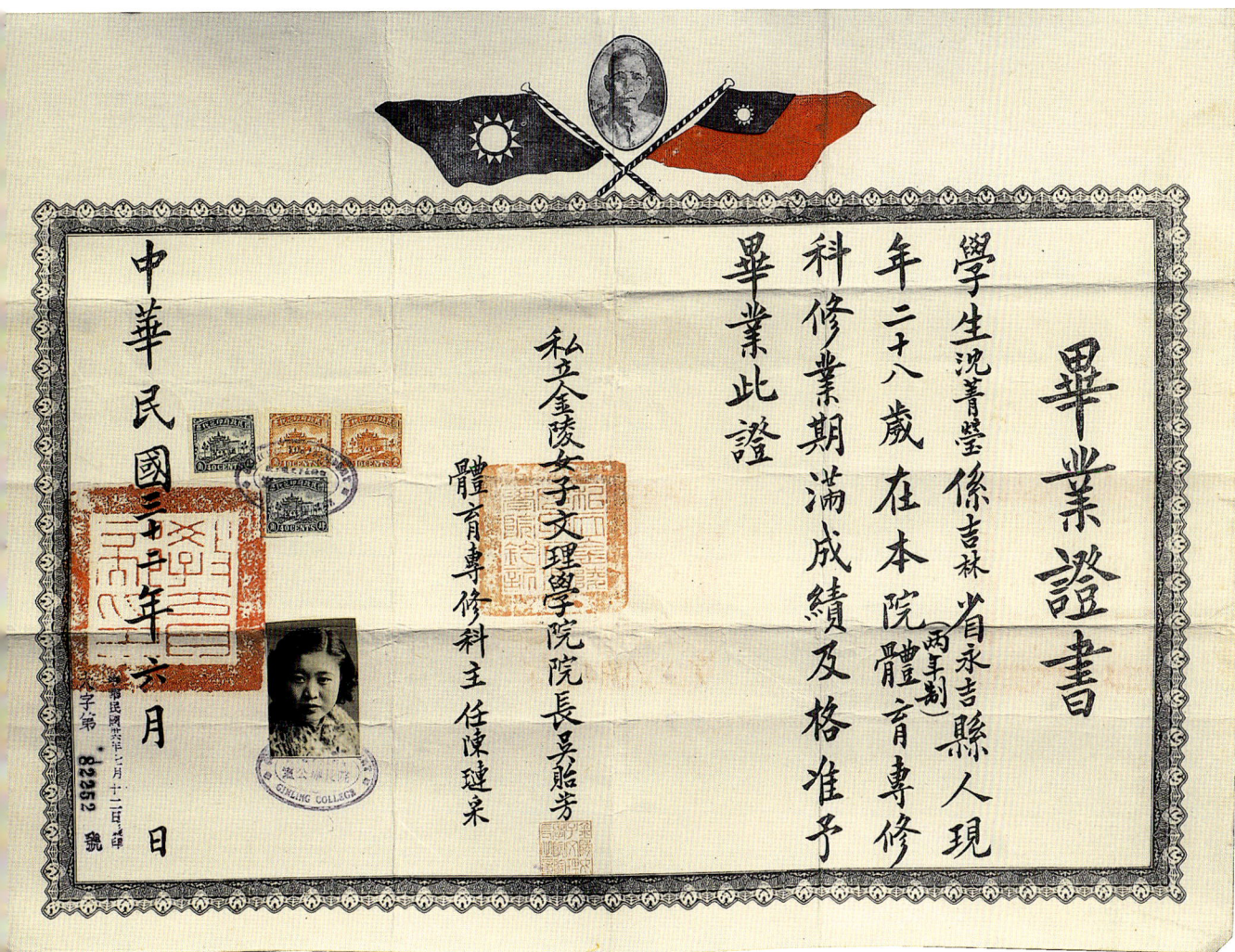

图录一四〇　私立金陵女子文理学院毕业证书

毕业证书

学生沈菁莹係吉林省永吉县人现年二十八歲在本院體育專修科（兩年制）修業期滿成績及格准予毕業此證

私立金陵女子文理學院院長吳貽芳

體育專修科主任陳建業

中華民國三十四年六月　日

字第82252號

　　吴贻芳（1893—1985），著名教育家、社会活动家。女，浙江杭州人。早年获美国密歇根大学哲学博士学位。1928年回国，出任金陵女子大学第一任华人校长。校训：厚生。吴贻芳诠释"厚生"二字的涵义是："人生的目的不光是为了自己活着，而是要用自己的智慧和能力来帮助他人和社会，这样不但有益于别人，自己的生命也因之而更加丰满。"吴校长主持金陵女子文理学院长达24年，无论从办学理念、学科设置，还是教学管理，都有一整套适应女生接受高等教育的规章制度，教学办得有声有色，培养出来的学生，德才兼备，深受社会各界欢迎，往往供不应求。

　　1945年她以教育家和无党派人士代表的身份，作为中国代表团成员，出席旧金山联合国制宪会议，并代表中国在《联合国宪章》上签字。在中国代表团9名正式代表中，吴贻芳是唯一的女性，这是中国女性的骄傲。

　　吴贻芳校长对中国女子高等教育作出重要贡献，被学界誉为"巾帼楷模"。她的业绩在中国教会大学史上占有重要的一席。

图录一四一：私立金陵女子文理学院毕业证书　民国三十四年（1945）

纸本。高44厘米，宽35.7厘米。黑宽带花纹图案框边，上方中间设孙中山头像，左右两旁为中华民国国旗和中国国民党党旗。此件系金陵女子文理学院体育专修科学生李恩生（女，四川南部县人，21岁）修业二年期满、成绩及格准予毕业的毕业证书。证书正中偏左钤正方形朱文"私立金陵女子文理学院钤记"（5.4×5.4厘米），署私立金陵女子文理学院院长吴贻芳，钤正方形朱文"金陵女子文理学院院长之章"（1.9×1.9厘米）。左侧上方贴有国民政府印花税票一枚（叁圆）；靠左侧边框为毕业日期"中华民国卅四年六月"。

这是一张未呈教育部验印的证书。

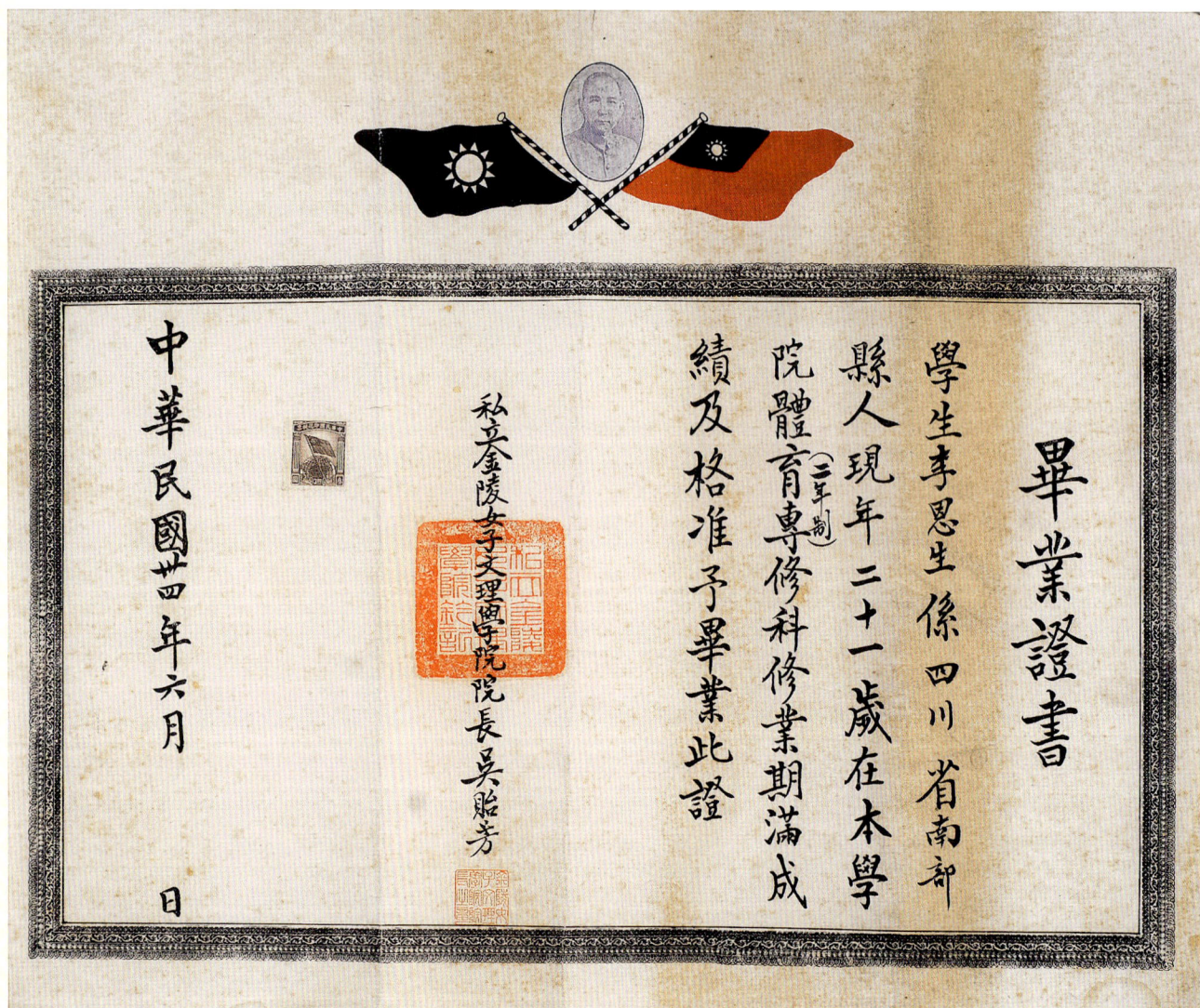

图录一四一　私立金陵女子文理学院毕业证书

六四、无锡国学专修学校

1920年施肇曾在江苏无锡创办国学专修馆，馆长唐文治。1927年一度改名国文大学，不久又改名为无锡国学专门学院。1928年国民政府核准立案。1930年更名无锡国学专修学校，仍由唐文治任校长。1937年后内迁到湖南长沙、湘乡，广西桂林、北流等地。1946年返回无锡复校。

1949年新中国成立后，改名私立无锡中国文学院。1950年无锡中国文学院与国立社会教育学院、江苏省立教育学院合组苏南文化教育学院。1952年苏南文化教育学院与东吴大学文理学院、江南大学数理系合并组建苏南师范学院，院址苏州。不久，定名江苏师范学院。1982年江苏师范学院改名苏州大学至今。

图录一四二：私立无锡国学专修学校毕业证书　1949年

纸本。高37.8厘米，宽45.3厘米。红粗细双线条框边，黄色水波纹图案作证书底色，并刊有美术体"为人民服务"五个大字。此件系国学专修科学生刘则文（江苏萧县人。27岁）肄业三年期满，成绩及格、准予毕业的毕业证书。证书正中钤正方形朱文"私立无锡国学专修学校钤记"（5.3×5.3厘米），署私立无锡国学专修学校校长唐文治，钤正方形朱文"唐文治印"（1.4×1.4厘米）。靠左侧边框为毕业日期"公历一九四九年七月"，钤正方形朱文"华东军政委员会教育部印"（6×6厘米）；左侧下端贴有刘则文半身照片，并打盖"私立无锡国学专修学校"圆形钢戳。华东军政委员会教育部验印编号"东教专字第001007号"，验发日期"公历一九五一年十二月"；无锡国学专修学校证书编号"第壹壹捌号"。

证书背面为刘则文三个学年的各科成绩表。第一学年（1946年度）散文、作文、中国文学史、史记、论语、孟子、国学概论、西洋文学史、楚辞、诗选、文字学、老子等课程学业总平均成绩71.07分；第二学年（1947年度）韩非子、中国文化史、词选、传记文学、修辞学、史通、诗经、哲学概论等课程学业总平均成绩71.14分；第三学年（1948年度）中国哲学史、文学批评、昭明文选、教育学、音韵学、理则学、墨子等课程及毕业论文学业总平均成绩76.13分。刘则文实得学分累计110学分，毕业成绩79.26分。

图录一四二　私立无锡国学专修学校毕业证书（正、背）

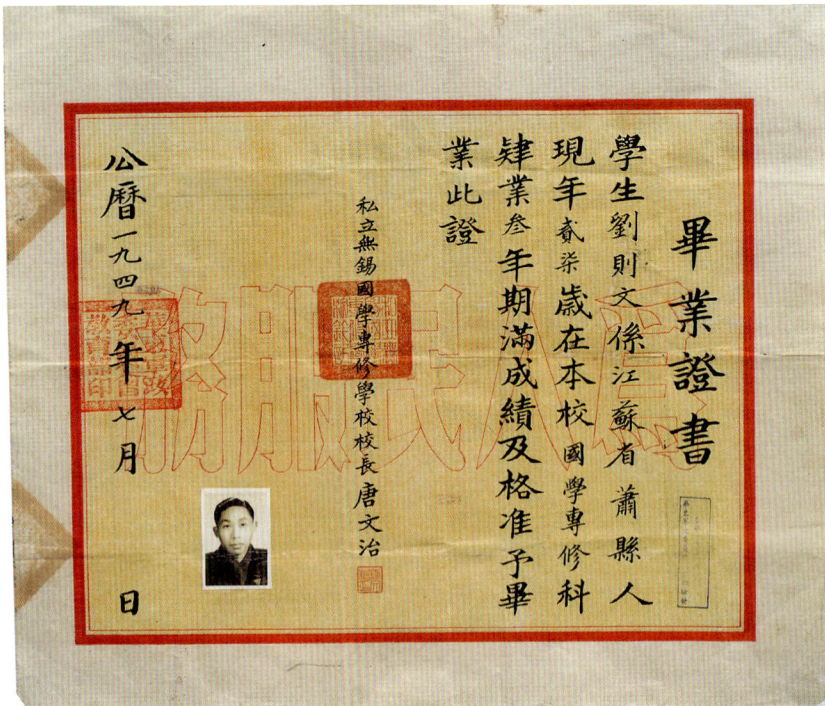

唐文治（1865—1954），著名教育家、文学家。字颖侯，号蔚之，江苏太仓人。光绪进士。历任农工商部尚书、邮传部上海高等实业学堂（今交通大学前身）监督（校长）、江苏教育总会会长。1920年辞卸交大校务后，出任无锡国学专修学校校长。抗战期间曾一度随校西迁桂林。1938年因病回沪，后设立国专分校，亲主校务。1949年新中国成立后，国专更名为"中国文学院"，仍任校长。1953年被聘为上海文史馆馆员。唐文治擅长散文，精通经学，毕生致力于中国教育事业，培养了大批国学人才，为中华传统文化的传承与发展作出了重要贡献。

六五、东吴大学（基督教会学校）

1901年3月20日，美国基督教会在苏州创办的东吴大学堂开学。学堂系由苏州博习和宫巷两书院与上海中西书院合并组建。苏州设文、理两科，上海设法科。1927年，中国籍杨永清任校长。1929年，私立东吴大学设文、理、法3学院12系。1937年后，先迁上海租界，后迁广东、重庆。1946年在苏州复校。东吴大学为中国东南著名高等学府，在法学界有"南有东吴，北有朝阳"之誉。

1952年东吴大学撤销，校址成为苏南师范学院（后改江苏师范学院，1982年改名苏州大学）院址。

又，1954年在台湾恢复"东吴大学"。设有文、理、法商3学院20余系。

图录一四三：私立东吴大学毕业证明书　1952年

纸本。高26.4厘米，宽26.4厘米。红花纹图案框边。此件系法学院会计系学生金洁民（浙江杭州人，26岁）修业期满、成绩及格、应准毕业的临时毕业证明书。证书右侧下方为证书编号"（52）法字第222号"。正中署东吴大学校长杨永清（签名章）；副校长钟伟成（签名章）；副校长潘慎明（签名章）；法学院院长杨兆龙（签名章）。左侧上方贴有金洁民半身照片；靠左侧边框为颁证日期"公历一九五二年九月"，钤正方形朱文"私立东吴大学钤记"（5.5×5.5厘米）。

杨永清（1890—1956），别号惠庆，浙江镇海（今宁波市镇海区）人。1909年东吴大学毕业，后赴美留学，获华盛顿大学法学士学位和文学硕士学位。1927年出任东吴大学校长。就任之后，改校训为"养天地正气，法古今完人"，正式兼收女生。1930年获美国佛罗里达南方学院荣誉博士学位。抗战爆发后，坚持办学，将学校迁至上海慕尔堂开课。太平洋战争爆发，去美国工作。1947年回国，重新主持东吴大学校务。中华人民共和国成立后，仍担任东吴大学校长至1952年。

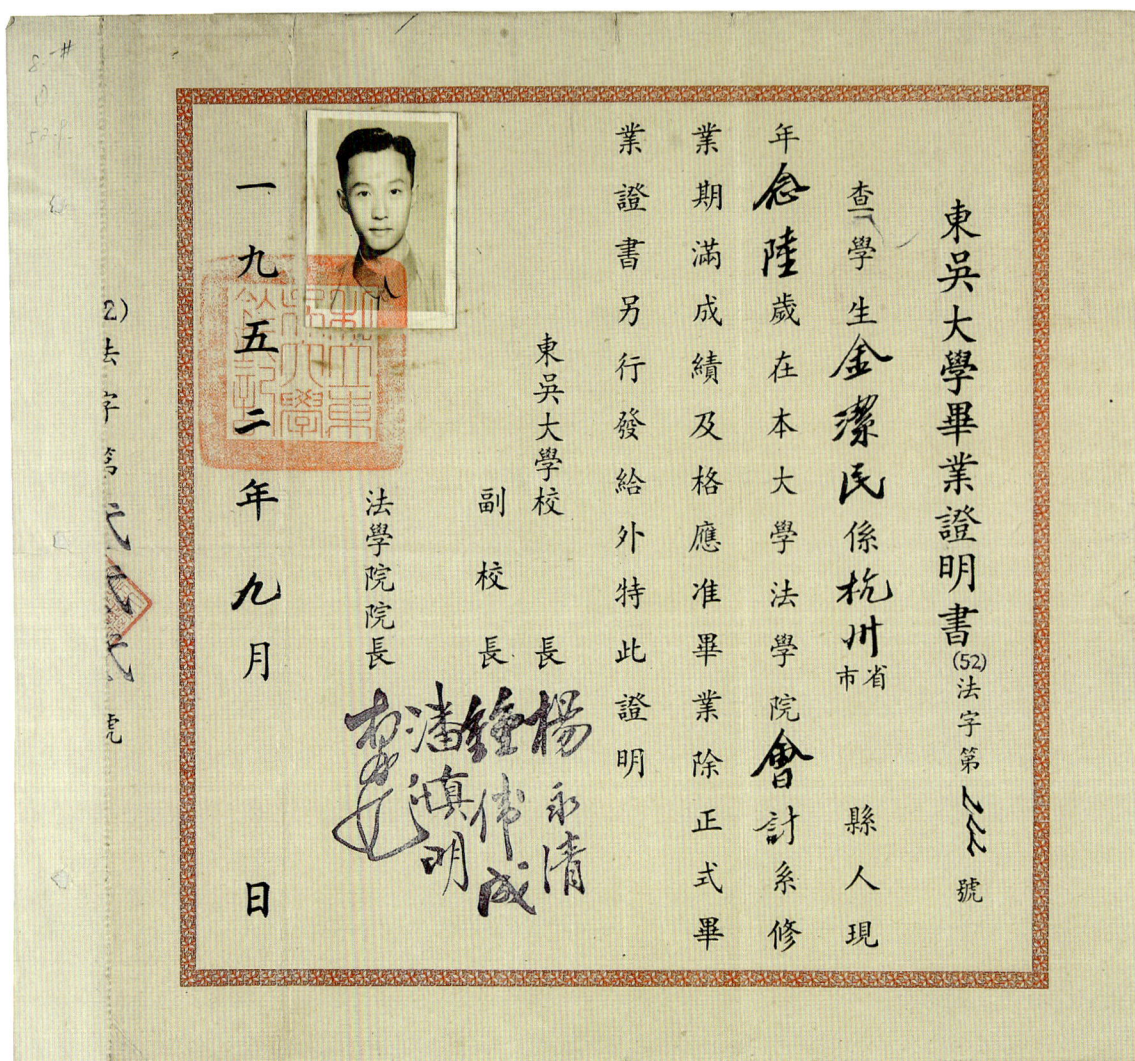

图录一四三 私立东吴大学毕业证明书

六六、江苏教育学院

1928年创立的江苏大学民众教育学院于1930年与劳农学院合并，定名江苏省立教育学院，院长高阳。设有民众教育和农事教育系科。1937年后，先后迁往长沙、桂林。1946年返回无锡复校，院长童润之。

1950年，与国立社会教育学院、无锡中国文学院合并组建苏南文化教育学院，原建制撤销。1952年并入江苏师范学院。1982年，江苏师范学院改名苏州大学。

图录一四四：江苏省立教育学院毕业证书　民国二十五年（1936）

纸本。高40.3厘米，宽50.5厘米。证书上端正中设孙中山头像，左右两旁为中华民国国旗和中国国民党党旗。此件系民众教育学系学生雷桂英（女，云南昆明人，25岁）修业期满、成绩及格、准予毕业并授予教育学士学位的毕业证书。证书右侧下方为教育部验印编号"大字第38666号"及验印日期"中华民国廿五年十一月廿七日验讫"。证书左侧钤长方形朱文"江苏省立教育学院关防"（8.8×5.3厘米），署江苏省立教育学院院长高阳，钤正方形白文"践四高阳之印"（2×2厘米）；上方贴有国民政府印花税票三枚（每枚面值壹角），加盖正方形朱文"教育学院文书校对之章"（1.7×1.7厘米）；下方贴有雷桂英半身照片，打盖"江苏省立教育学院"圆形钢戳。证书最左边为毕业日期"中华民国二十五年七月"，钤正方形朱文"教育部印"（7.4×7.4厘米）。

高阳（1892—1943），教育家。字践四，江苏无锡人。苏州东吴大学毕业后，赴美留学，

图录一四四　江苏省立教育学院毕业证书

获康奈尔大学硕士学位。1917年回国后，历任暨南大学教授、教务长兼商科主任，中国公学大学部教务长、江苏中央大学区立民众教育学院院长、江苏省立教育学院院长。抗战爆发后，率全校师生赴桂林，在七星岩复学。1941年因经费拮据，学院暂时停办。1941年7月，任广西大学教授、校长。

六七、中央国术馆

中央国术馆是国立国术体育师范专科学校的前身，于1928年在南京城东孝陵卫建立。1933年改名"中央国术体育传习所"，直属国民政府行政院。不久又改名"中央国术体育专科学校"，系三年制专科。1939年迁离南京，更名"国立国术体育专科学校"，校长张之江。先后迁往湖南长沙，广西桂林、龙州，越南河内，云南昆明等地。1944年改称"国立国术体育师范专科学校"，增设五年制师范科，迁址重庆北碚。1946年又迁往天津北站河北体育场，吴文忠任校长。1949年8月，撤销并入河北省立师范学院（今河北师范大学前身）。

图录一四五：中央国术馆国考证书　民国十七年（1928）

纸本。高52厘米，宽55.8厘米。褐色宽带多层花纹图案框边，上方中间设孙中山头像，左右两旁为中华民国国旗和中国国民党党旗，两角各设一面中华民国国旗，旗中央刊有篆书方形"术"字。此件系吴图南（河北通县——今北京市通州区人，26岁）参加第一届国术考评定成绩的国考证书。证书正中署考试委员长张之江（签名章）、评判长李烈钧（签名章）；左侧为颁证日期"中华民国十七年十月"，钤长方形朱文"中央国术馆之关防"（9×6厘米）。证书编号"第叁贰号"。

证书框边之外，右侧为"总理遗训"："无论是个人或团体或国家，要有自卫的能力，才能够生存。"国术馆的宗旨为："本馆遵行总理遗训，以恢复固有技能，发扬民族精神，强身强种、自卫卫国为目的。"左侧为国术馆馆规："一、遵守党义国法；二、铲除宗派恶习；三、务要俭苦忠勤；四、严绝酒色烟赌；五、养成博爱和平；六、切戒贪嫉骄惰。"边框下方为馆训："强身强种、卫国卫民。"

证书背面为孙中山遗嘱及馆长和副馆长的誓词。

吴图南（1903—1989），中国一代太极拳宗师。原姓乌拉汗，名乌拉布，蒙古族，出生于直隶北通州（今北京市通州区）。早年就读京师大学堂。历任南京中央大学、西北师范学院、上海中法工学院、中央国术体育师范专科学校、西北联合大学、北平艺术专科学校教授，国民

图录一四五（1）　中央国术馆国考证书（正面）

体育实施方案理事委员、故宫博物院专门委员。新中国成立后，历任北京市文史研究馆馆员、中国武术协会委员、北京市武术协会副主席等职。

　　吴图南不仅是太极拳名家，而且还精通考古、文史、心理学和经络学，并通英、法两门外语。民国时期，出版了《科学化的国术太极拳》、《内家拳太极功玄玄刀》、《太极刀》、《太极剑》、《国术概论》等著作。吴图南毕生致力于中国武术的教育与研究，普及传播长寿和太极拳知识，业绩卓著，对中国传统武术的继承和发展作出了突出贡献，被中外誉为"太极泰斗"。

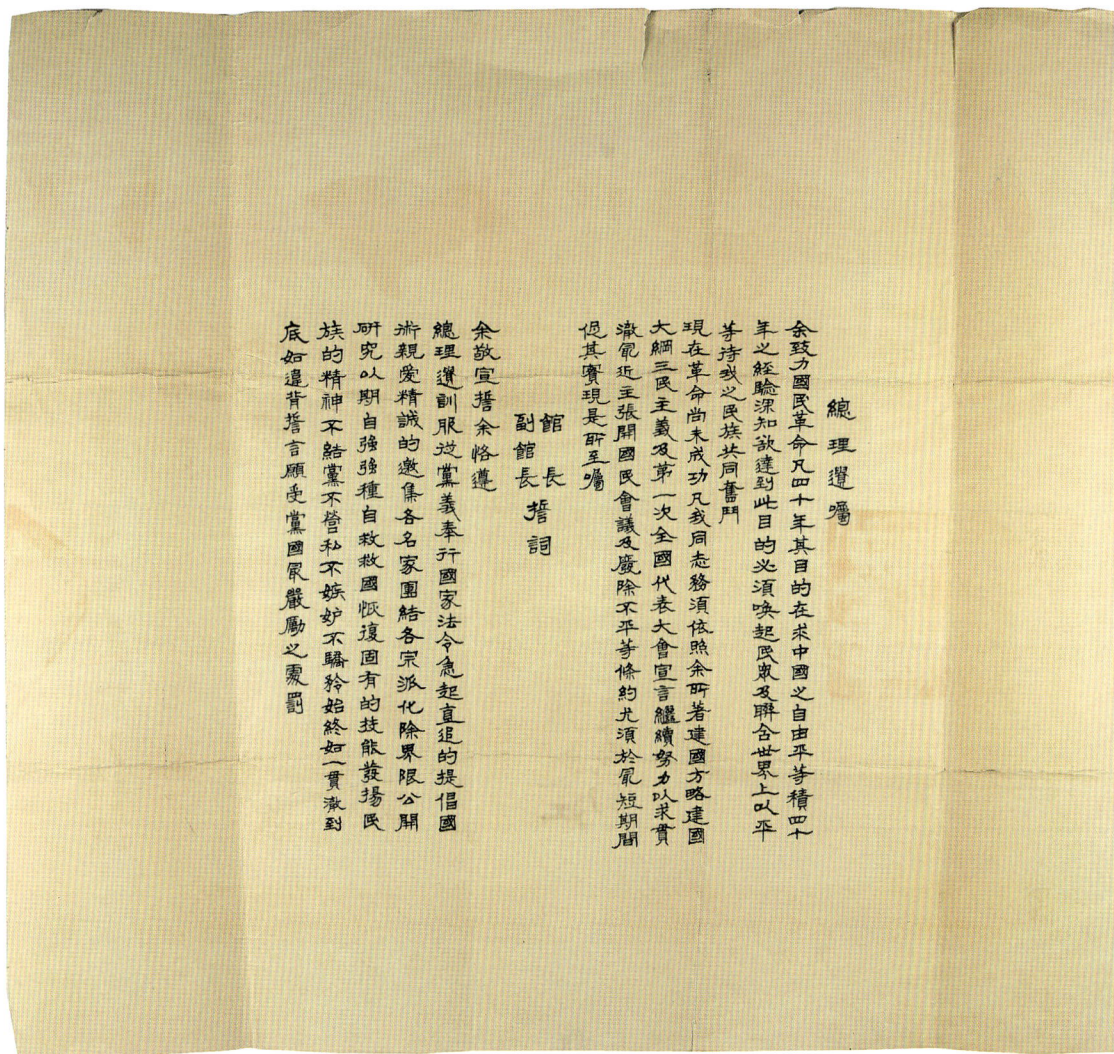

图录一四五（2） 中央国术馆国考证书（背面）

總理遺囑

余致力國民革命凡四十年其目的在求中國之自由平等積四十
年之經驗深知欲達到此目的必須喚起民眾及聯合世界上以平
等待我之民族共同奮鬥
現在革命尚未成功凡我同志務須依照余所著建國方略建國
大綱三民主義及第一次全國代表大會宣言繼續努力以求貫
徹最近主張開國民會議及廢除不平等條約尤須於最短期間
促其實現是所至囑

館　長
　　　誓詞
副館長

余敬宣誓余恪遵
總理遺訓服遵黨義奉行國家法令急起直追的提倡國
術親愛精誠的邀集各名家團結各宗派化除界限公開
研究以期自強強種自救救國恢復固有的技能發揚民
族的精神不結黨私不嫉妒不驕矜始終如一貫澈到
底如違背誓言願受黨國最嚴勵之霽罰

　　张之江（1882—1966），爱国军事将领。字紫岷，号子姜，河北盐山刘老人村（今属黄骅市）人。清末曾参加滦州起义。民国时期，历任国民军西北边防督办、国民政府军事委员会委员、国民政府委员、国民革命军总司令部高级参谋团主任、国民党中央执行委员会委员等职。张氏从小喜欢习武，酷爱中华武术。1928年国民革命军完成北伐之后，张氏离开军界，创办了中央国术馆，任馆长。张之江为弘扬国术事业和培养我国国术精英，作出了重大贡献。新中国成立后，任全国政协委员、中国国民党革命委员会中央委员。

六八、南通学院

著名实业家张謇在清末民初创建的南通农业大学、南通医科大学和南通纺织科大学三校，于1928年合并组建私立南通大学，校长张孝若。1930年，改称私立南通学院，院长仍为张孝若。1937年后，辗转迁到上海、湖南。1946年回迁江苏南通，院长张渊扬。1949年设有农艺、农业经济、畜牧兽医、纺织工程、染化工程和医学等5系1科。

1952年南通学院撤销，分别并入扬州苏北农学院（后称江苏农学院，今并入扬州大学）、南通苏北医学院（后改南通医学院，今并入南通大学）和上海华东纺织工学院（后改名中国纺织大学，今名东华大学）。

图录一四六：私立南通学院肄业证明书　民国三十年（1941）

纸本，南通学院用笺。高25.6厘米，宽17.5厘米。此件系农科农艺系学生徐伟（江苏吴县——今苏州市吴中区人，22岁）于民国二十七年至三十年度四年级第一学期肄业的肄业证明书。证书正中署南通学院院长郑瑜（签名章）；左侧为颁证日期"中华民国三十年十二月"，钤正方形朱文"南通学院钤记"（5×5厘米）。

郑瑜（生卒年月不详），1940—1942年出任南通学院院长。

南 通 學 院 用 牋

字第　號第　頁　地址 上海江西路四五一號

肄業證明書

為證明事查學生徐偉係江蘇省吳縣人現年念二歲至

民國三十年度第壹學期止在本學院農科農藝系劃

年級第壹學期修業期滿成績及格合給此書以資証明此證

南通學院院長 鄭 瑜

中華民國三十年十二月

中華民國　年　月　日

電話 一七〇四九號

図录一四六　私立南通学院肄业证明书

六九、政治大学

1927年5月20日，中国国民党中央党务学校在南京创建，校长蒋介石。1929年改称中国国民党中央政治学校。1937年后，先后迁往江西庐山、湖南芷江和四川巴县。1946年11月，迁回南京复校。中央干部学校并入，组建政治大学。设文、法、政经3学院10系。1947年4月7日，国立政治大学正式开学。在西康、甘肃、青海和绥远等省设有分校。首任校长仍为蒋介石，继任校长顾毓琇。校训为"亲爱精诚"。

1949年4月，政治大学被停办解散。

1954年7月，政治大学在台北复校。设有文、法、商等学院20余系。

图录一四七：国立政治大学毕业证明书　民国三十七年（1948）

纸本。高37.9厘米，宽42.2厘米。蓝粗细双线条框边。此件系高等科第十三期学生赵师善（天津人，37岁）受训期满、成绩及格、准予毕业的毕业证明书。证书偏左署国立政治大学校长顾毓琇（签名章）；高等科主任张忠道（签名章）、副主任张中堂（签名章）。左下方贴有赵师善半身照片，打盖"国立政治大学"圆形钢戳；靠左侧边框为颁证日期"中华民国三十七年二月"，钤长方形朱文"国立政治大学关防"（8.9厘米×5.9厘米）。证书编号"高字第肆肆号"。

这是一份国民政府公务员培训班发给毕业生的毕业证明书。按照国民政府有关录用公务员的规定，国家公务员首先必须经过公务员高等考试初试通过后，再经过公务员培训班培训。培训班合格毕业后，还要经过公务员考试再试。赵师善于民国三十五年（1946）高等考试司法官考试初试及格后，经过培训班培训，毕业后，持此毕业证明书再参加司法官考试再试，如果通过，才能被有关政府机构录用。

國立政治大學畢業證明書

學生趙師善現年三十七歲河北省天津縣
人經三十五年第二次高等考試司法官
考試初試及格在本校高等科第十三期
受訓期滿成績及格並經參與司法官考
試再試除高考及格證書由
考試院發給暨畢業證書另行印發外特
予畢業證明書以資證明

國立政治大學校　長　顧毓琇

高等科主　任　張志道

副主任　任中堂

中華民國三十七年二月　　日

高字第　津　號

图录一四七　国立政治大学毕业证明书

顾毓琇（1902—2003），著名教育家、电工学家、文学家。字一樵，江苏无锡人。早年获美国麻省理工学院科学博士学位。历任清华大学教授、工学院院长，中央大学、交通大学、政治大学等高校校长，美国麻省理工学院教授，美国科学院委员，"中央研究院"院士。

七〇、临时大学

据国民政府教育部1945年10月16日所颁《设立临时大学补习班办法》的规定，"临时大学"系专为抗战胜利前沦陷区日伪大专院校肄业生或毕业生甄审和安置而设立的。从1946年开始，甄审工作分为南京、上海、武汉、广州、杭州、天津六区举行。具体办法：1. 对"收复区敌伪专科以上学校肄业生，经登记甄审合格后，由教育部按其甄审成绩编定相当年级，发给转学证明书，分发相当学校肄业"。2. 对"收复区敌伪专科以上学校毕业生，经登记甄审及格者，由各区甄审委员会以二个月至三个月补习后，发给证明书。该项证明书由部予以验明，可认为相当于专科以上学校毕业证书"。3. "甄试科目以国文、英文、三民主义为共同必试科目……其余各科系每一年级考试重要专门科目两种为原则。"至于在临时大学补习和甄审的时间，短则数月，长则一两年，视学生个人补习科目多少和甄试成绩合格与否而定。

图录一四八：南京甄审区甄审及格证明书　民国三十六年（1947）

纸本。高38.7厘米，宽49.7厘米。蓝色宽带多层花纹图案框边，边框四角各饰一枚中国国民党党徽，上方中间设孙中山头像，左右两旁为中华民国国旗和中国国民党党旗。此件系南京甄审区学生凌祖荫（江苏金坛县人，28岁）甄审成绩及格给予二年制农业专修科毕业资格的甄审及格证明书。证书偏左侧署南京国民政府教育部部长朱家骅（签名章）；左侧上方贴有中华民国印花税票一枚（面值壹仟圆），下方贴有凌祖荫半身照片，打盖"教"字头圆形钢戳；靠左侧边框为颁证日期"中华民国三十六年五月"，钤正方形朱文"教育部印"（7.2×7.2厘米）。证书编号"京甄字第贰肆肆号"。

朱家骅（1893—1963），教育家、地质学家、社会活动家。字骝先，浙江吴兴（今湖州市

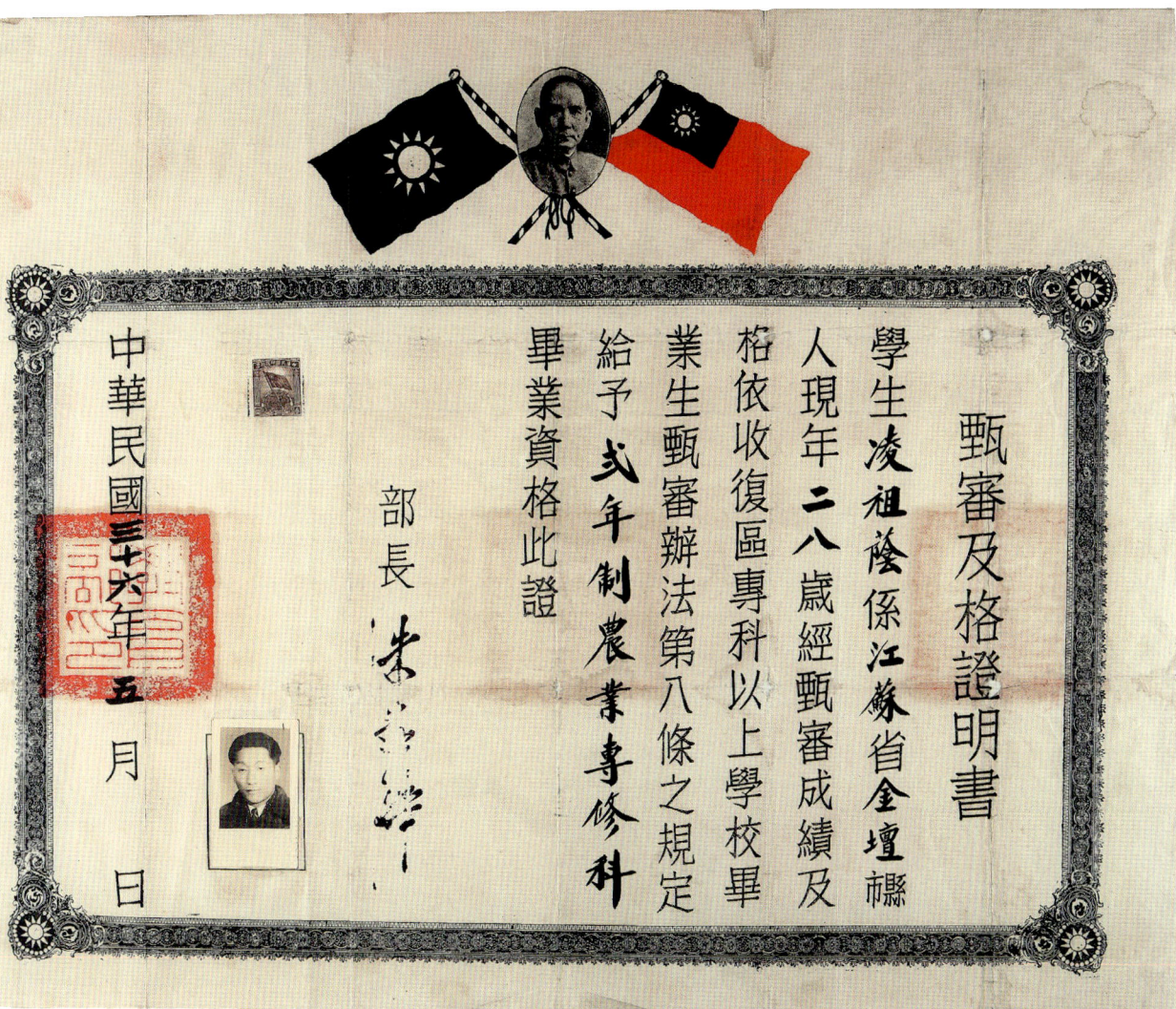

吴兴区）人。早年赴德国留学，获柏林大学哲学博士学位。1935年第一届和1940年第二届中央研究院评议员，1948年首届中央研究院院士。历任北京大学地质学教授兼德文系主任，中山大学、中央大学校长，两任国民政府教育部部长（1931—1932年；1944—1948年）。

業生甄審辦法第八條之規定

給予大學教育學院外國語文學系

畢業資格此證

部長朱 家驊

中華民國三七年十月 日

予甄字育書壹零玖叁虎

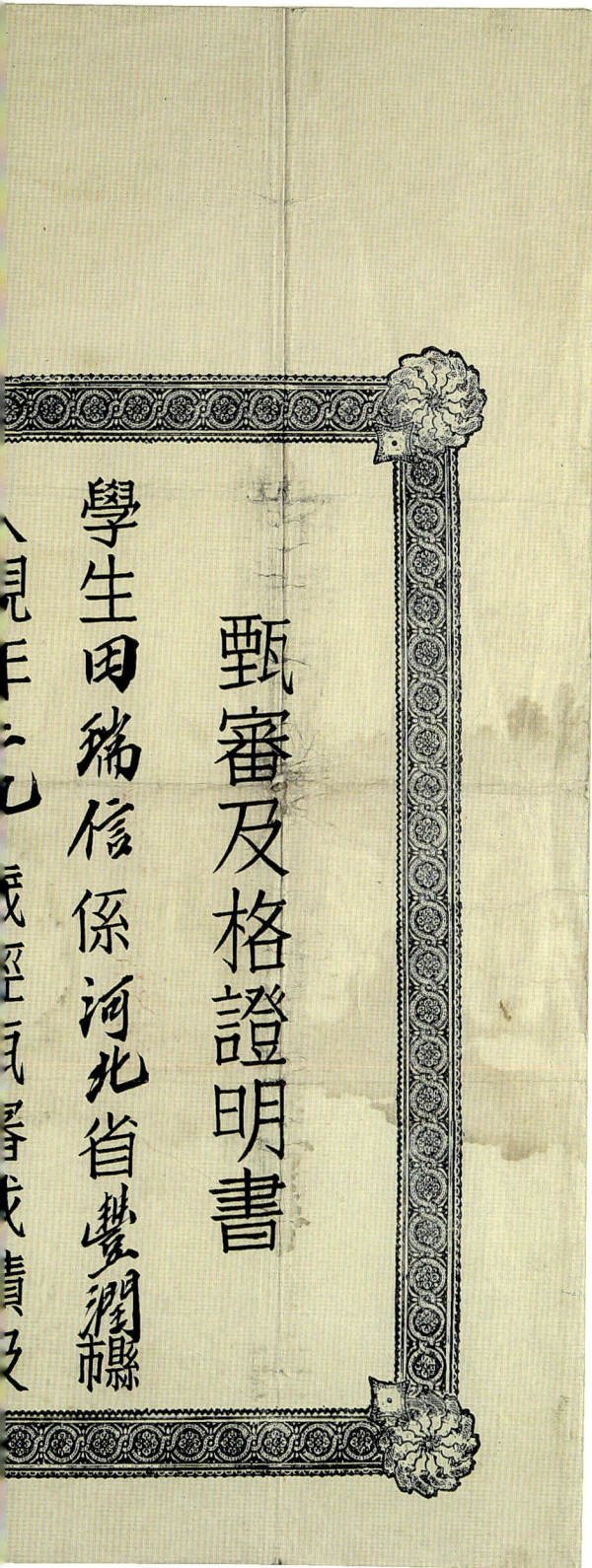

图录一四九：平津甄审区甄审及格证明书　民国三十七年（1948）

纸本。高38.2厘米，宽49.7厘米。蓝色宽带多层花纹图案框边，边框四角饰葵花图案，上方中间设孙中山头像，左右两旁为中华民国国旗和中国国民党党旗。此件系平津甄审区学生田瑞信（河北丰润县——今唐山市丰润区人，29岁）甄审成绩及格给予大学教育学院外国语文学系毕业资格的甄审及格证明书。证书偏左署南京国民政府教育部长朱家骅（签名章）；左侧下方贴有田瑞信半身照片，打盖"教"字头圆形钢戳；靠左侧边框为颁证日期"中华民国三十七年十月"，钤正方形朱文"教育部印"（7.2×7.2厘米）。证书编号"平甄字第壹陆零玖号"。

图录一四九　平津甄审区甄审及格证明书

七一、江南大学

1947年8月，私立江南大学在江苏无锡创办，10月开学。设文、农、理工3学院9系。

1952年江南大学撤销，农科并入扬州苏北农学院（后称江苏农学院，今并入扬州大学），理科并入苏州苏南师范学院（后称江苏师范学院，今为苏州大学），工科并入上海华东化工学院（今名华东理工大学）。

2001年，无锡轻工大学、江南学院和无锡教育学院合并，重新组建江南大学。

图录一五〇（1）：私立江南大学临时毕业证明书1952年

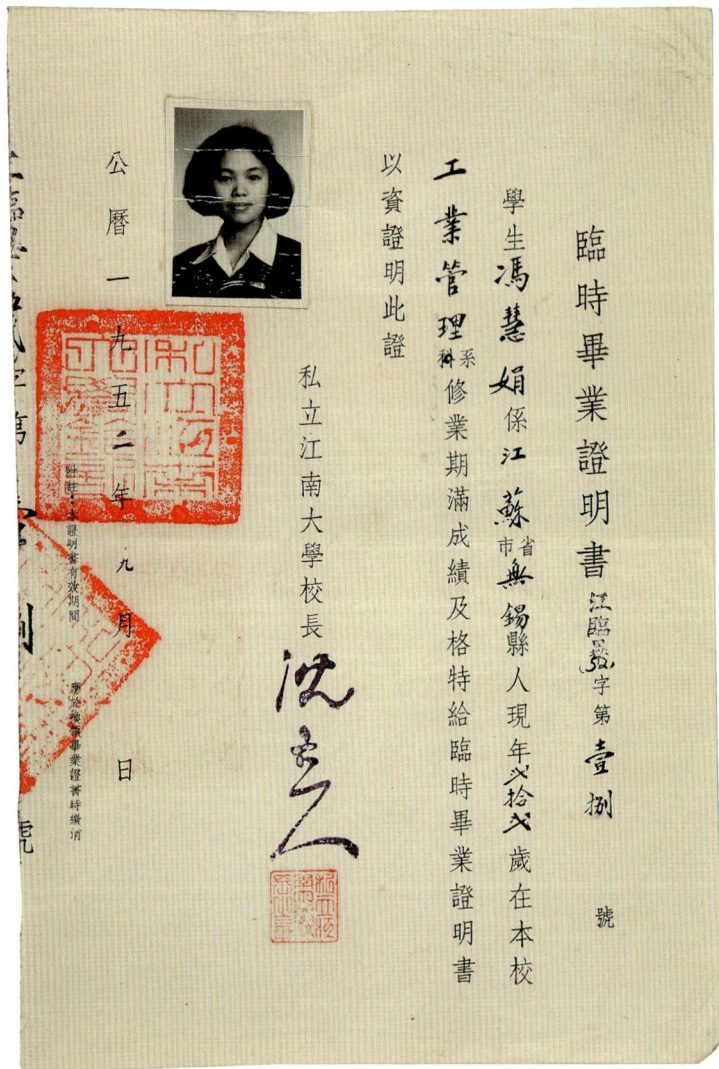

纸本。高26.4厘米，宽18.3厘米。此件系工业管理系学生冯慧娟（女，江苏无锡人，22岁）修业期满、成绩及格、先行发给的临时毕业证明书。证书右侧下方为证书编号

图录一五〇（1）　私立江南大学临时毕业证明书

"江临毕（52）字第壹捌号"；正中署私立江南大学校长沈立人，钤正方形朱文"私立江南大学校长之章"（1.8×1.8厘米）；偏左侧上方贴有冯慧娟半身照片，打盖"无锡私立江南大学"圆形钢戳；左侧为颁证日期"公历一九五二年九月"，钤正方形朱文"私立江南大学钤记"（5.4×5.4厘米）。

图录一五〇（2）：私立江南大学毕业证书　1952年

纸本。高39.3厘米，宽49.6厘米。红粗细双线条框边，以黄色水波纹图案作证书底色，并刊有美术体"为人民服务"五个大字。此件系工业管理系学生冯慧娟（女，江苏无锡人，22岁）肄业四年期满、成绩及格、准予毕业的毕业证书。证书正中偏左钤正方形朱文"私立江南大学钤记"（5.4×5.4厘米），署私立江南大学校长沈立人，钤正方形"沈立人"朱文印（1.3×1.3

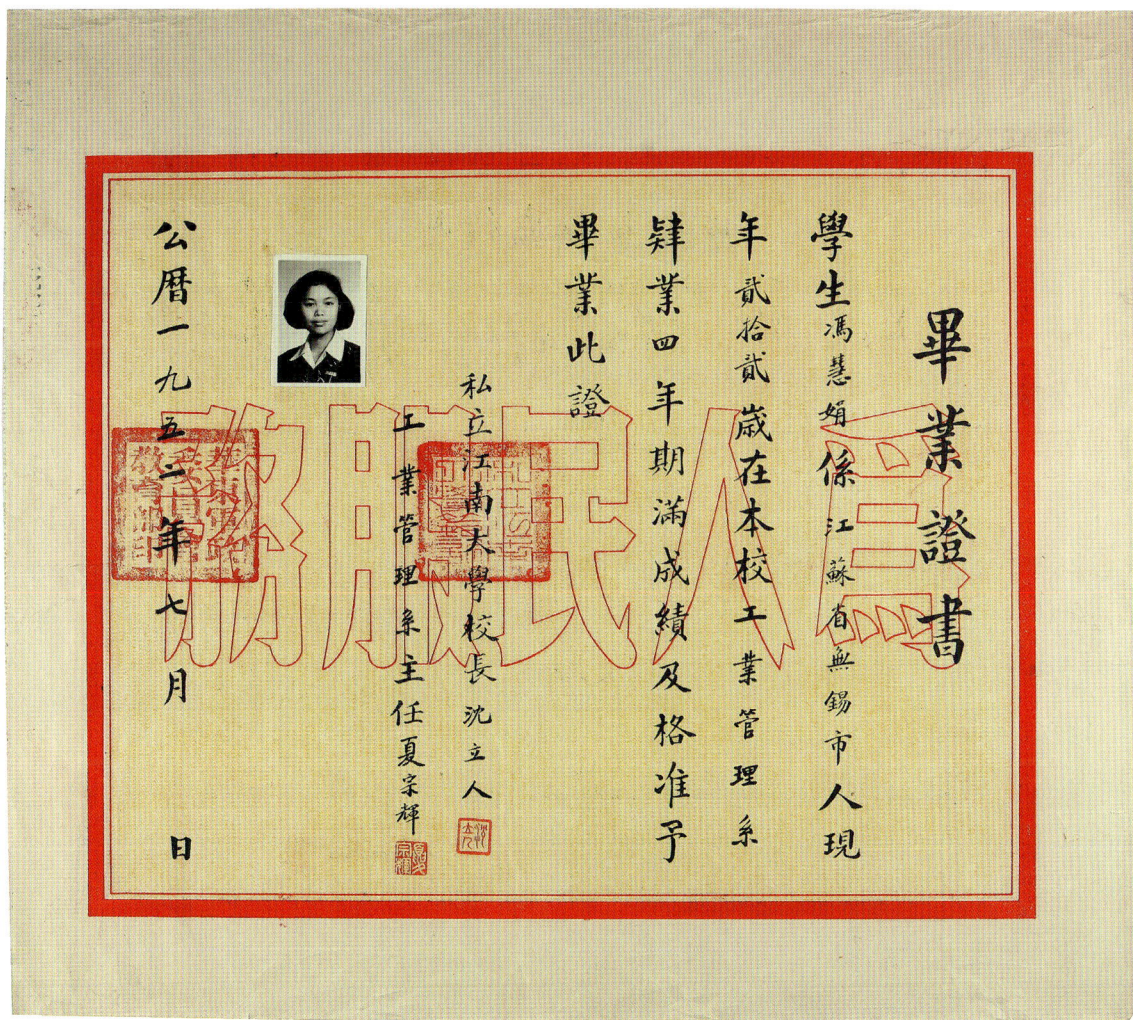

图录一五〇（2-1）　私立江南大学毕业证书（正面）

图录一五〇（2-2） 私立江南大学毕业证书（背面）

厘米）；工业管理系主任夏宗辉，钤正方形"夏宗辉"朱文印（1.2×1.2厘米）。左侧上方贴有冯慧娟半身照片，打盖"无锡私立江南大学"钢戳；靠近左侧边框为毕业日期"公历一九五二年七月"，钤正方形朱文"华东军政委员会教育部印"（6×6厘米）。华东军政委员会教育部验印编号"东教大字第001548号"；江南大学证书编号"第拾柒号"。

证书背面为冯慧娟历年各科成绩表。四学年共修40门课。第一学年（1948年度）学业总平均成绩76.31分；第二学年（1949年度）学业总平均成绩86.16分；第三学年（1950年度）学业总平均成绩83.43分；第四学年（1951年度）学业总平均成绩86.23分。冯慧娟实得学分累计154学分，毕业成绩83.03分。

浙 江

七二、浙江大学

浙江大学的前身是1897年在杭州成立的求是书院，由杭州知府林启兼任书院总办。1901年，改为求是大学堂，总理劳乃宣。1902年又改称大学堂。1903年再改称浙江高等学堂，至1908年才开办正科。1912年易名浙江高等学校。

1927年8月，在杭州组建第三中山大学，校长蒋梦麟。浙江工业和农业两专门学校撤销并入，改设工、农2学院。1928年7月改名为国立浙江大学，设文理、工、农3学院11系。校训"求是"。1937年后外迁至江西、广西、贵州。1946年在杭州复校，校长竺可桢。国立浙江大学成为一所拥有文、理、法、工、农、医和师范7学院24系，9个研究所，1个研究室和2000名学生的著名综合性大学，被誉为"东方剑桥"。

1952年调整为多科性的工业大学，校长沙文汉。改革开放以后，浙江大学与清华大学一起被国家列为综合改革的试点高校。经过一系列改革，浙江大学已成为一所学科门类齐全的综合性大学。

图录一五一：国立浙江大学毕业证书　民国二十二年（1933）

纸本。高37厘米，宽46.9厘米。黑细条花纹图案框边，上方中间设孙中山头像，左右两旁为中华民国国旗和中国国民党党旗。此件系工学院电机工程学系学生胡道济（四川荣昌县人，24岁）修业期满、成绩及格、准予毕业并授予工学士学位的毕业证书。证书右侧下方为教育部验印编号"大字第15423号"及验印日期"中华民国廿二年拾月廿六日验讫"。正中钤长方形朱文"国立浙江大学关防"（9×6厘米），署国立浙江大学校长郭任远，钤正方形朱文"郭任远印"（1.5×1.5厘米）；工学院院长薛绍清，钤正方形朱文"薛绍清印"（1.1×1.1厘米）。左侧上方贴有国民政府印花税票一枚（面值伍角），盖椭圆形"国立浙江大学注册组"印花税章；下方原贴有毕业生半身照片，但已脱落；靠左侧边框为毕业日期"中华民国二十二年六月"，钤正方形朱文"教育部印"（7.4×7.4厘米）。

胡道济（1909—？），高压输变电专家。四川荣昌人。1933年毕业于浙江大学电机系。

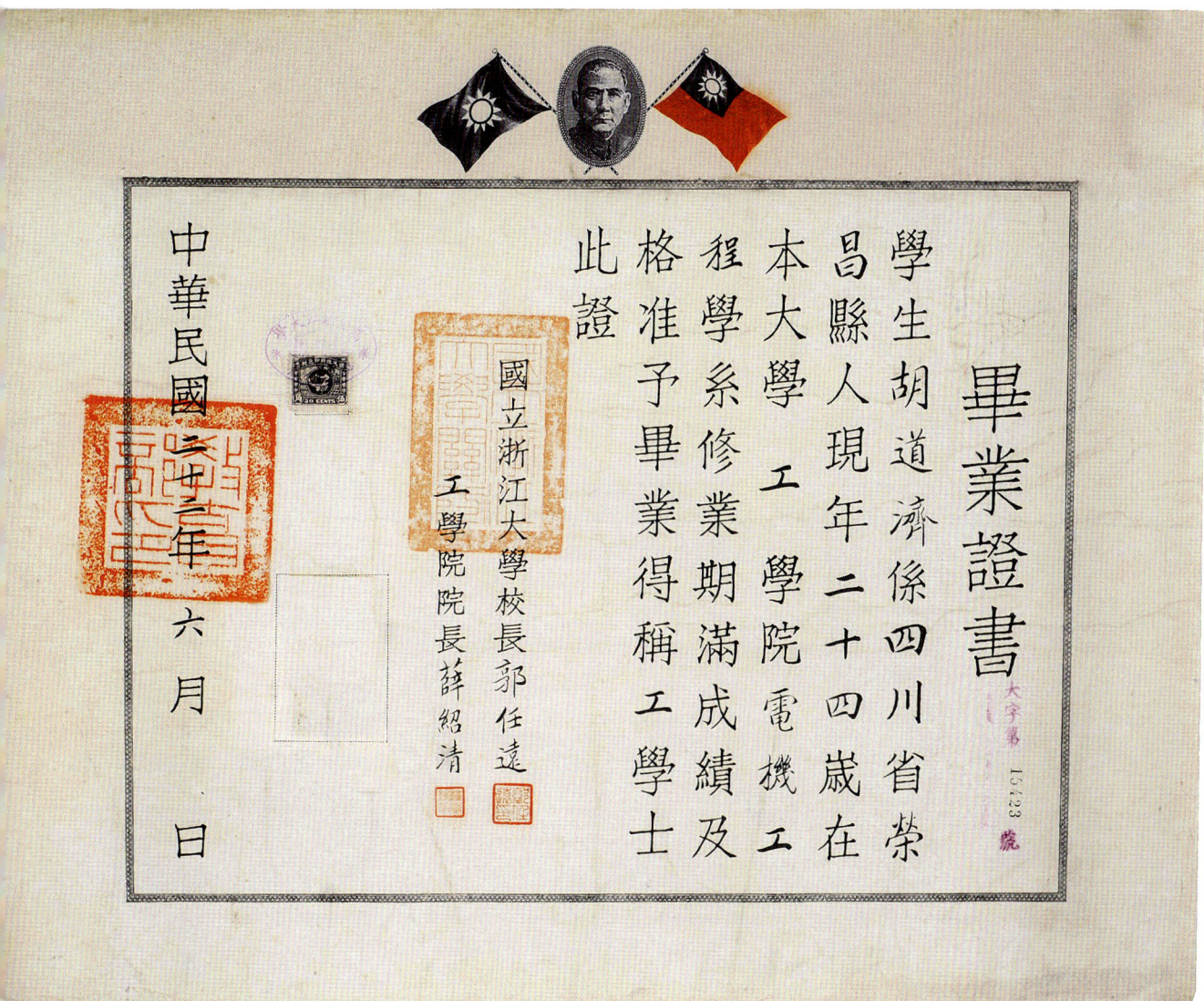

毕業證書

學生胡道濟係四川省榮昌縣人現年二十四歲在本大學工學院電機工程學系修業期滿成績及格准予畢業得稱工學士此證

國立浙江大學校長郭任遠
工學院院長薛紹清

中華民國二十二年六月　日

图录一五一　国立浙江大学毕业证书

1957年主持设计武汉长江大跨越输电工程。主持我国第一条33万伏及第一条50万伏输变电工程的研究、设计和完善化工作。撰有《武汉长江1872米的大跨越147.5米钢筋混凝土高塔设计》、《降低500千伏线路造价的十项措施》等论文。

　　郭任远（1898—1970），著名心理学家。广东汕头人。早年获美国加利福尼亚大学哲学博士学位。1923年回国，曾任复旦大学心理学教授，创办心理学系。后任该校副校长。1926年辞去副校长职务，从事哺乳类及鸟类胚胎行为发生和发展的实验研究。1933—1936年出任浙江大学校长兼生物系主任。1935年第一届中央研究院评议员。1946年后定居香港。

图录一五二：国立浙江大学临时毕业证明书　民国三十七年（1948）

　　纸本。高26.8厘米，宽19厘米。此件系工学院化学工程学系学生张勤汉（江苏金山县——今上海市金山区人，24岁）修业期满、成绩及格、特先行发给的临时毕业证明书。此证书有效期为一年，换领正式毕业证书时缴销。证书右侧下方为证书编号"第203号"。正中署国立浙江大学校长竺可桢，钤正方形"竺可桢"朱文印（1.2×1.2厘米）；工学院院长王国松，钤正方形朱文"王国松章"（1.2×1.2厘米）。左侧为颁证日期"中华民国三十七年六月"，钤长方形朱文"国立浙江大学关防"（9×6厘米）。

　　竺可桢（1890—1974），著名教育家、气象学专家。字藕舫，浙江绍兴人。1910年赴美留学，1918年获哈佛大学博士学位。1935年第一届中央研究院评议员；1948年首届中央研究院院士；1955年中国科学院首批学部委员。历任中央研究院气象研究所所长、浙江大学校长（1936—1949）、中国科学院副院长、中国科学技术协会副主席、中国地理学会理事长等职。

　　竺可桢先生是中国气象学界和地理学界的一代宗师，是近代中国大学校长的杰出代表，具有世界影响的科学家和教育家。

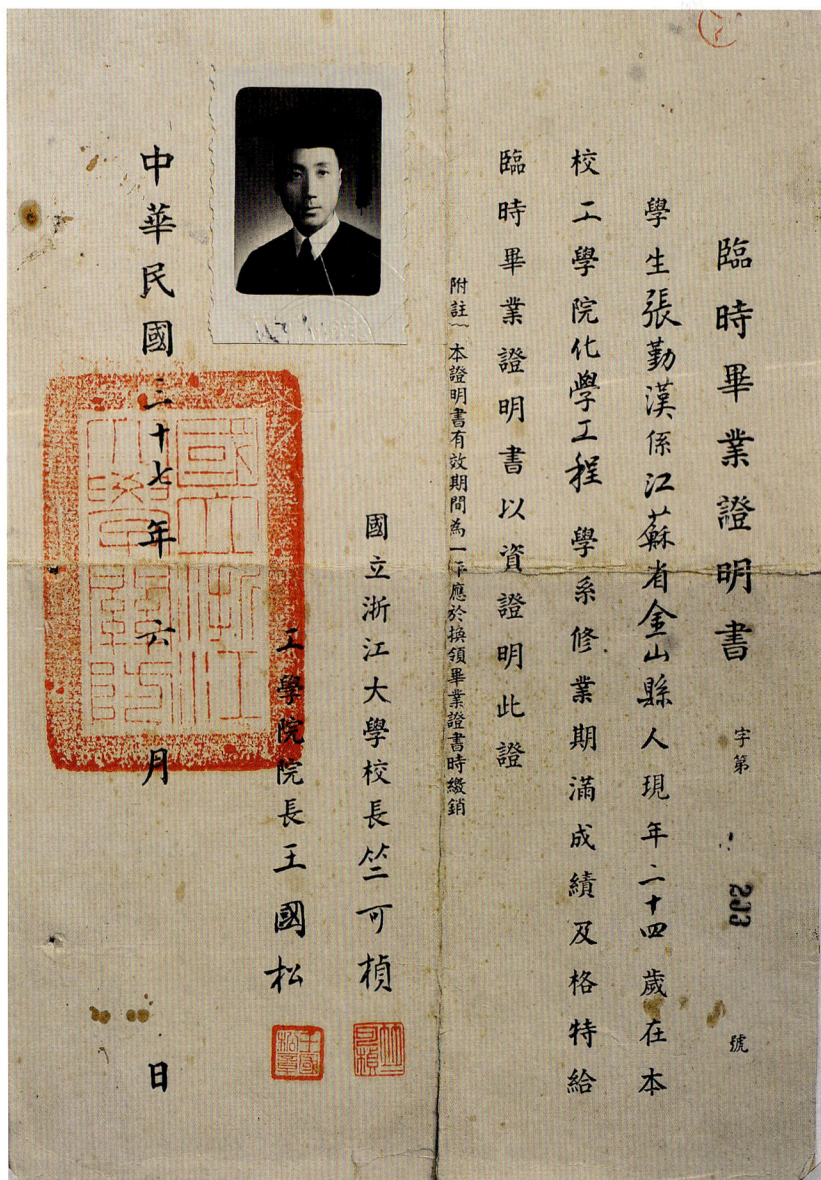

图录一五二　国立浙江大学临时毕业证明书

图录一五三：浙江大学毕业证书　1952年

纸本。高38.2厘米，宽44.3厘米。红粗细双线条框边，以黄色花纹图案作证书底色，并刊有美术体"为人民服务"五个大字。此件系工学院电机工程学系学生高亨德（女，浙江杭州市人，21岁）肄业三年期满、成绩及格、准予毕业的毕业证书。证书正中署浙江大学校长王国松，钤正方形"王国松"朱文印；上方为证书验印日期"公历一九五三年叁月卅日验，华东军政委员会教育部验发"。偏左侧上方贴有高亨德半身照片，打盖浙大圆形钢戳；靠左侧边框为毕业日期"公历一九五二年八月"，钤正方形朱文"华东军政委员会教育部印"（6×6厘米）和正方形朱文"浙江大学印"（5.8×5.8厘米）。华东军政委员会教育部验印编号"东教大字第006357号"；浙大证书编号"第伍捌玖号"。

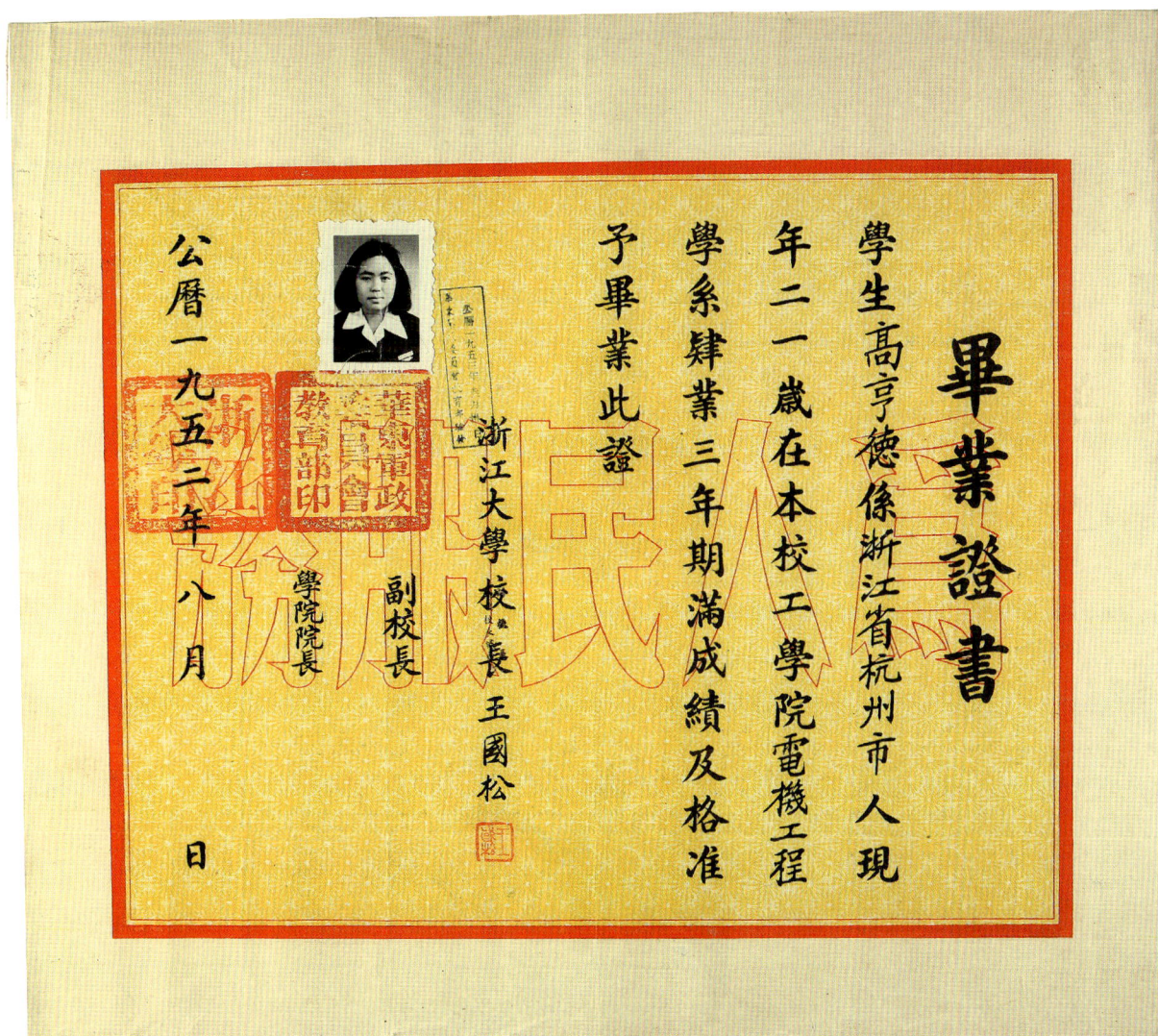

图录一五三（1）　浙江大学毕业证书（正面）

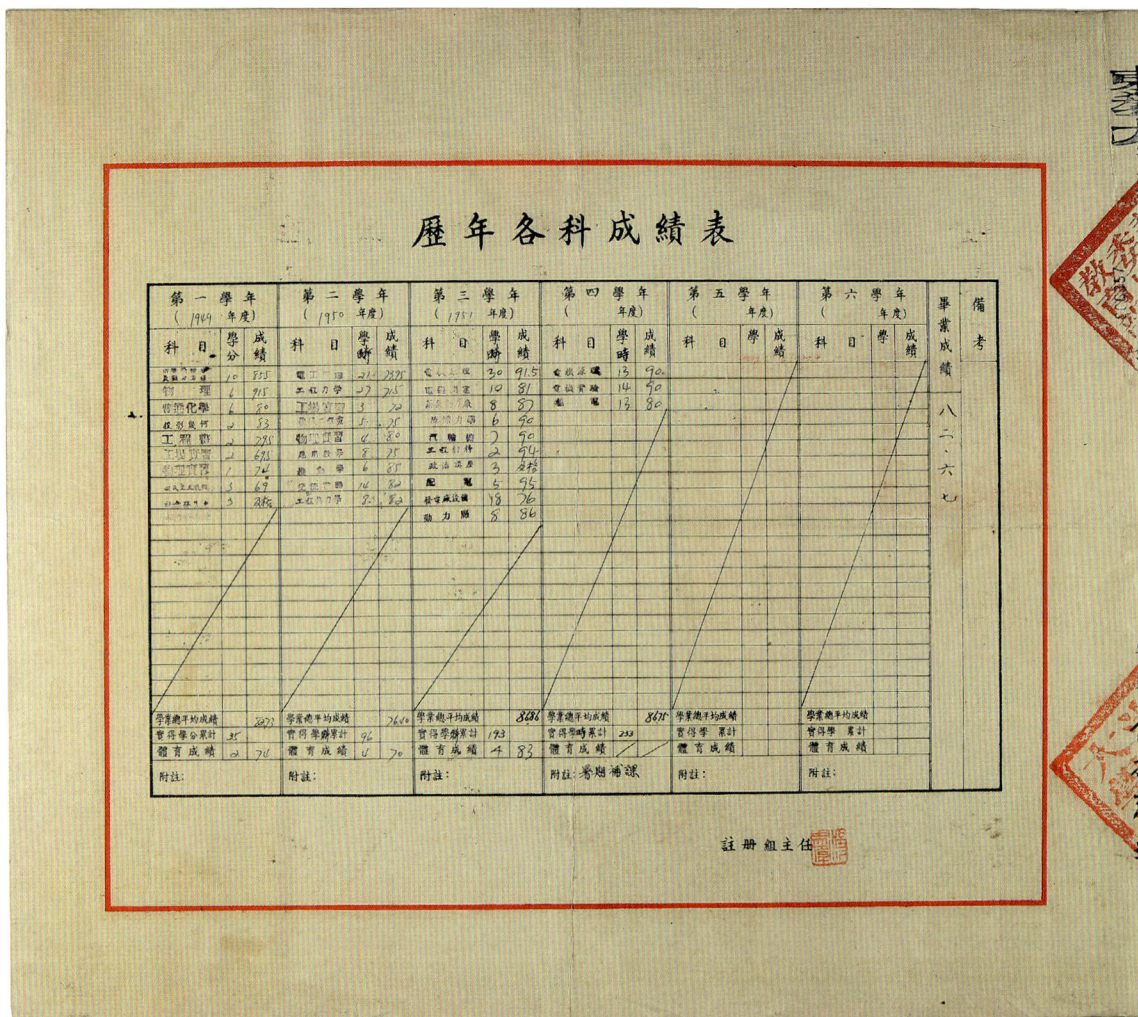

图录一五三（2） 浙江大学毕业证书（背面）

　　证书背面为高亨德历年各科成绩表。三学年共修27门课。第一学年（1949年度）学业总平均成绩82.73分；第二学年（1950年度）学业总平均成绩76.40分；第三学年（1951年度）学业总平均成绩86.86分。1952年上半年学业总平均成绩86.75分。高亨德实得学时累计233学时，毕业成绩82.67分。

　　王国松（1902—1983），中国电机工程专家。浙江温州人。1925年毕业于浙江工业专门学校电机科。1930年赴美国康奈尔大学攻读电机工程学，1933年获哲学博士学位。回国后，任浙江大学电机系副教授、教授、系主任、工学院院长。中华人民共和国成立后，出任浙江大学副校长、校长。后任浙大电机系教授、学术委员会顾问，中国电机工程学会、电工技术学会顾问等职。

七三、之江文理学院（基督教会学校）

1911年美国基督教会在杭州建立之江学堂。1914年，改称之江大学。设文、理2科。1930年，改建为私立之江文理学院。校训"诚、仁"。1937年，先后迁往上海租界、浙江金华、福建、贵州、重庆等地。1945年，曾与沪江、东吴两大学在重庆合组法商学院。1946年回杭州复校，并恢复为私立之江大学。设文理、工、商等学院。校长李培恩。

之江大学于1951年被人民政府接管；1952年院系调整后撤销。工、商学院先后调出，以文理学院为基础，组建浙江师范学院。1958年又改建为杭州大学，成为文理科综合大学。1998年撤销并入浙江大学。

图录一五四：私立之江文理学院毕业证书　民国二十九年（1940）

纸本。高37.5厘米，宽48厘米。蓝粗细多线条框边，上方中间设孙中山头像，左右两旁为中华民国国旗和中国国民党党旗。此件系文科经济学系学生陈又新（福建长乐县人，23岁）修业期满、成绩及格、准予毕业并授予法学士学位的毕业证书。证书正中偏左钤正方形朱文"私立之江文理学院钤记"（5.3×5.3厘米），署浙江杭州私立之江文理学院院长李培恩，钤正方形朱文"李培恩印"（1.4×1.4厘米）；代理院长明思德，钤正方形朱文"明思德章"（1.2×1.2厘米）。偏左上方贴有国民政府印花税票三枚（每枚面值贰角），盖"之江文理学院印花税讫"蓝色印章；下方贴有陈又新毕业照。靠左侧边框为毕业日期"中华民国二十九年六月"，钤正方形朱文"教育部印"（7.4×7.4厘米）；左侧下方为教育部验印编号"大字第79615号"及验印日期"中华民国卅六年二月廿一日盖印"。

陈又新领取临时毕业证明书是民国二十九年（1940），而领取正式毕业证书是在民国

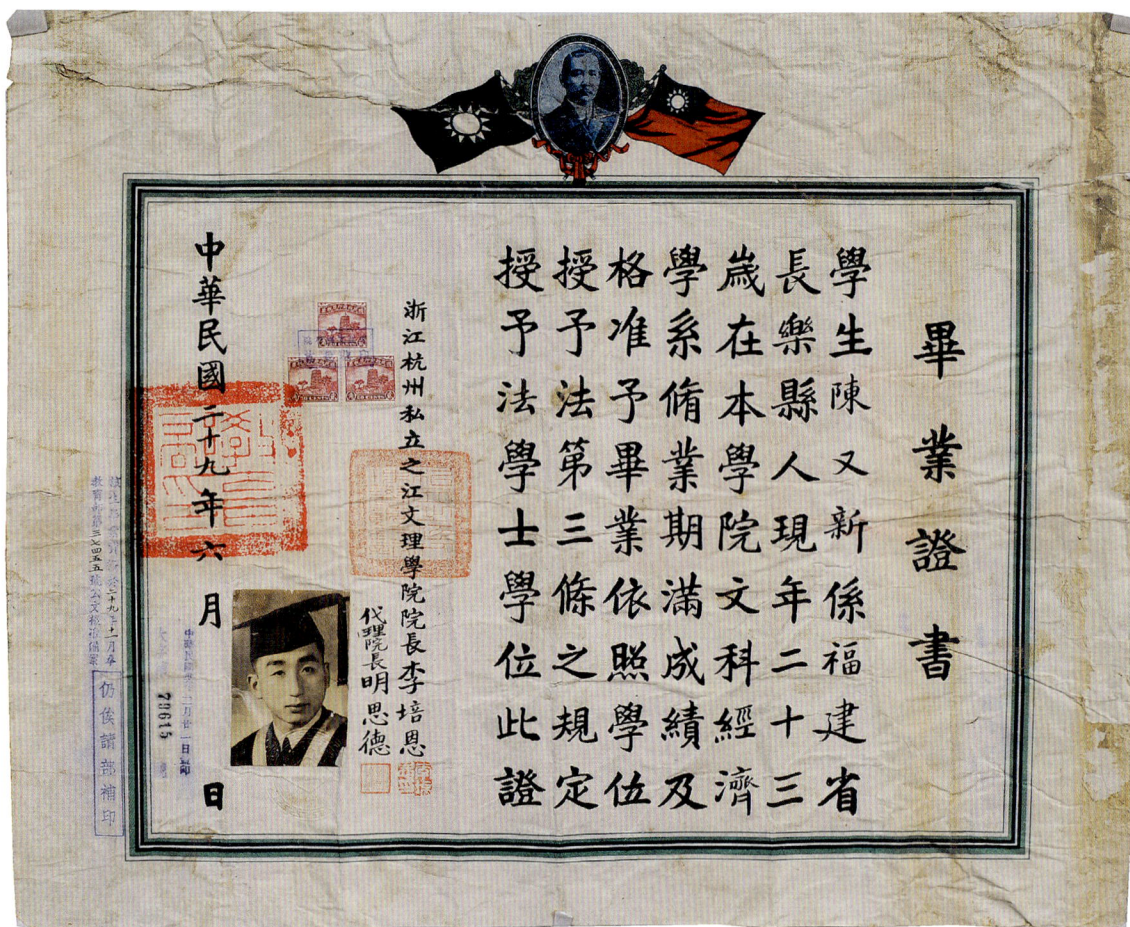

图录一五四　私立之江文理学院毕业证书

三十六年（1947），间隔七年，主要原因是抗战时期，呈请国民政府审核验印时间不能按正常期限办理。

李培恩（1889—?），浙江杭县（今并入杭州市余杭区）人。毕业于之江大学、东吴大学。后赴美留学，获纽约大学文学博士学位。1922年回国后，历任上海商务印书馆编辑，国立暨南大学、私立持志大学商科主任兼经济系主任，沪江大学教授、商科主任。1931年出任之江文理学院院长。抗战期间，学院院长曾一度由明思德代理；战后复校，仍由李培恩任院长。

安徽

七四、安徽大学

安徽大学于1928年4月10日在安庆创办。1929年1月改称安徽省立大学，设文、理、法3学院9系。1930年6月，定名安徽省立安徽大学。1937年后外迁湖北。1946年复校，改为国立安徽大学，校长杨亮功。设文、理、法、农4学院14系。1949年10月迁芜湖市，同安徽学院合并，校名恢复为安徽大学。1952年院系调整，学校改设师范、农学二院。1954年，农学院迁至合肥，成立安徽农学院；师范学院仍留芜湖，成立安徽师范学院；经济、法律等系并入华东有关院校。1958年在合肥市重建安徽大学，为省属重点综合性大学。

图录一五五：安徽省立安徽大学（旅鄂）肄业证明书　民国二十七年（1938）

纸本，安徽大学用笺。高28.4厘米，宽20.2厘米。此件系理学院物理系学生陆明镇（湖北武昌县——今武汉市武昌区人，24岁）因奉令停课发给肄业三年的证明书。证书偏左署代理安徽省立安徽大学校长汪洪法（签名章）；左侧为颁证日期"中华民国廿七年四月"，钤长方形朱文"安徽省立安徽大学关防"（8.2×5.5厘米）；下方贴有陆明镇半身照片，但已脱色。

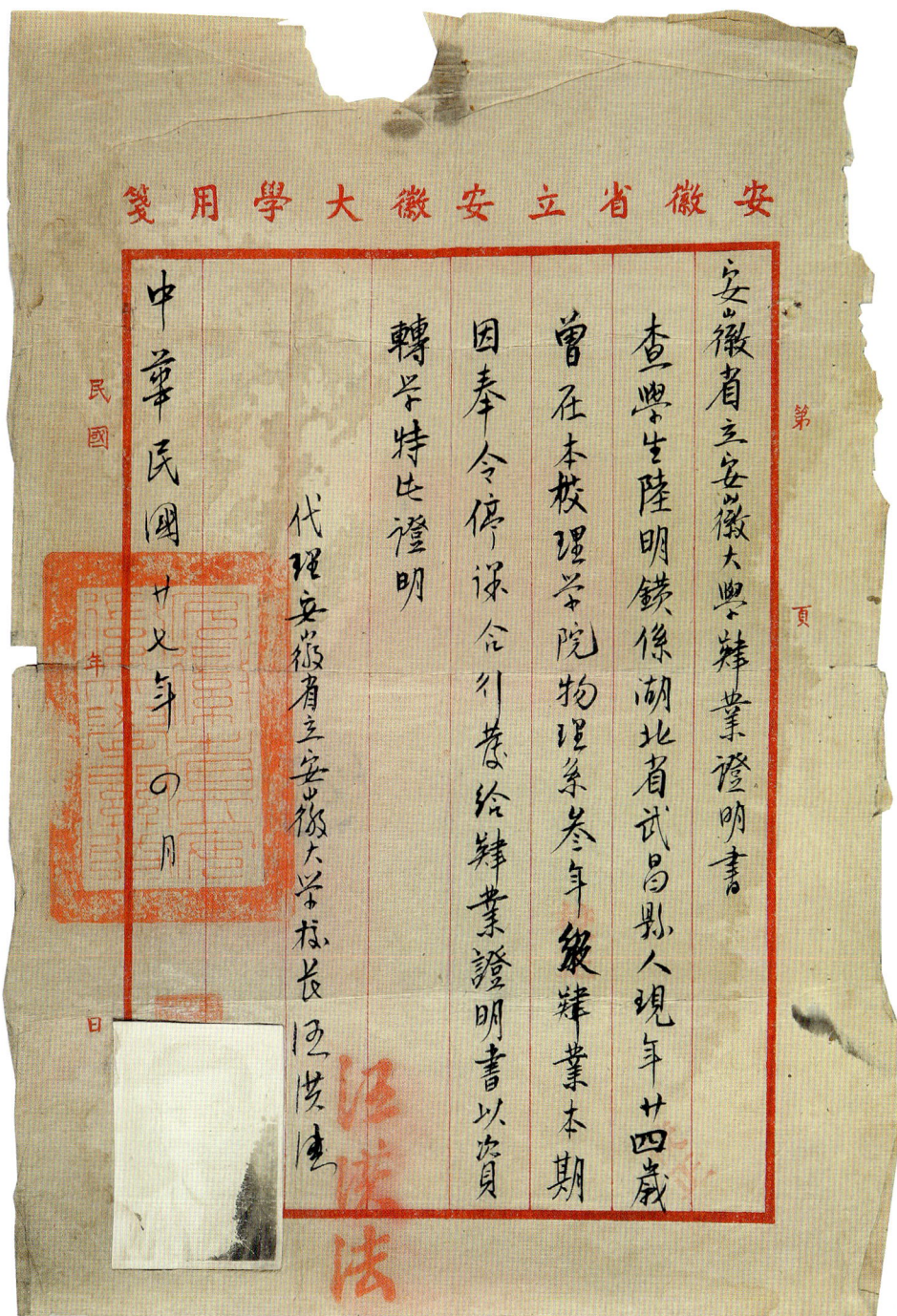

安徽省立安徽大學用箋

第　頁

安徽省立安徽大學肄業證明書

查學生陸明鑅係湖北省武昌縣人現年廿四歲

曾在本校理學院物理系叄年級肄業本期

因奉令停課令引慈給肄業證明書以資

轉學特此證明

代理安徽省立安徽大學校長　汪洪法

中華民國　廿八　年　○　月　○　日

民國　年

图录一五五　安徽省立安徽大学（旅鄂）肄业证明书

图录一五六：国立安徽大学在校学生证明书　民国三十七年（1948）

纸本。高26.2厘米，宽19厘米。此件系法学院经济学系学生邵鸿声（江苏泰兴县人，22岁）肄业二年发给的在校学生证明书。证书右侧下方为证书编号"安字第1496号"；偏左侧署校长杨亮功（签名章）；上方贴有邵鸿声半身照片，打盖"安徽大学"圆形钢戳；左侧为开具证明书日期"中华民国三十柒年拾壹月贰拾玖日"，钤长方形朱文"国立安徽大学关防"（9×6厘米）。

杨亮功（1897—1992），教育家。又名量工，字保铭，安徽巢州（今巢湖市居巢区）人。1922年赴美留学，1927年获纽约大学哲学博士学位。回国后，曾任国立第四中山大学教授兼文科主任、上海中国公学副校长。1929年9月任安徽大学文学院院长兼代校长。1930年6月至1931年6月任安徽大学校长。1931年秋任北京大学教授兼任教育系主任。1948年复任国立安徽大学校长。1949年去台湾，历任台湾师范学院教授兼教育系主任、"监察院"秘书长，"考试院"院长等职。

图录一五七：安徽大学修业证明书　1952年

纸本。高25.4厘米，宽16.7厘米。此件系物理系学生张淮（江苏泰县——今泰州市区人，20岁）于1951年度壹年级第壹学期修业期满、成绩及格的修业证明书。证书

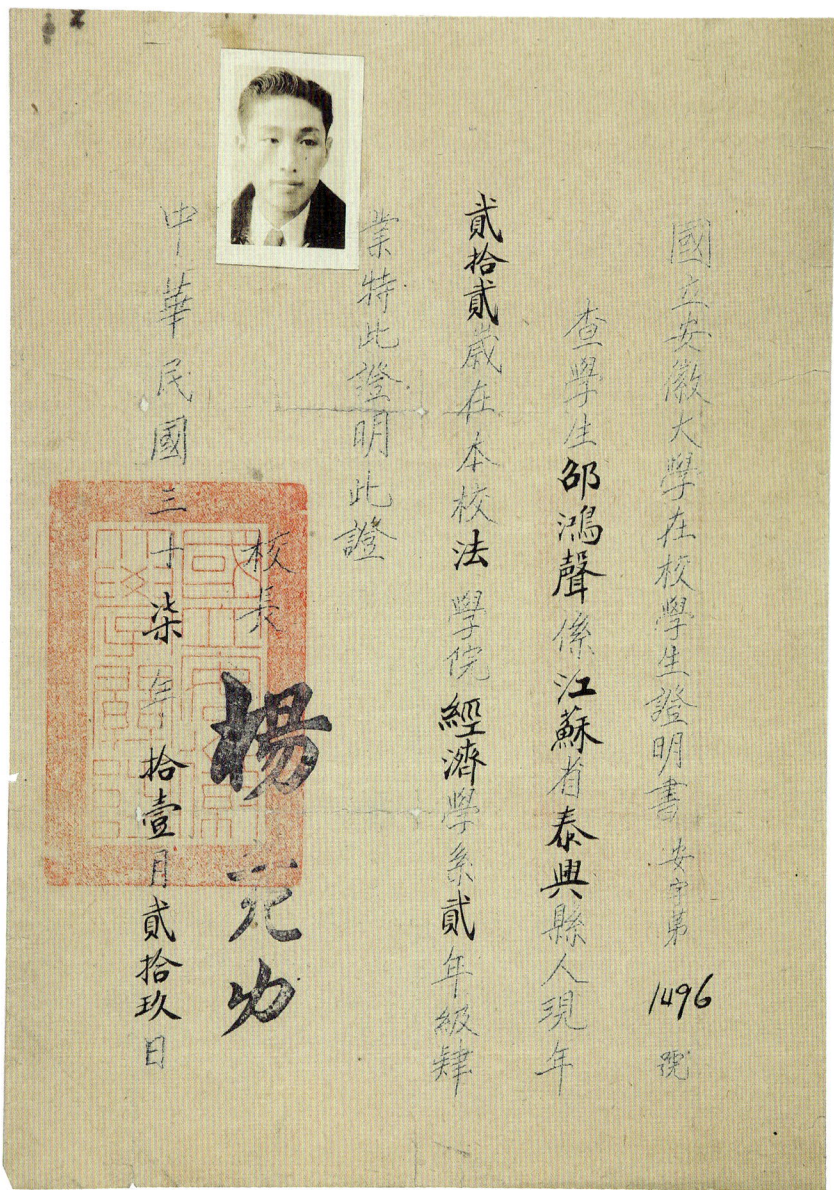

图录一五六　安徽大学修业证明书　1952年

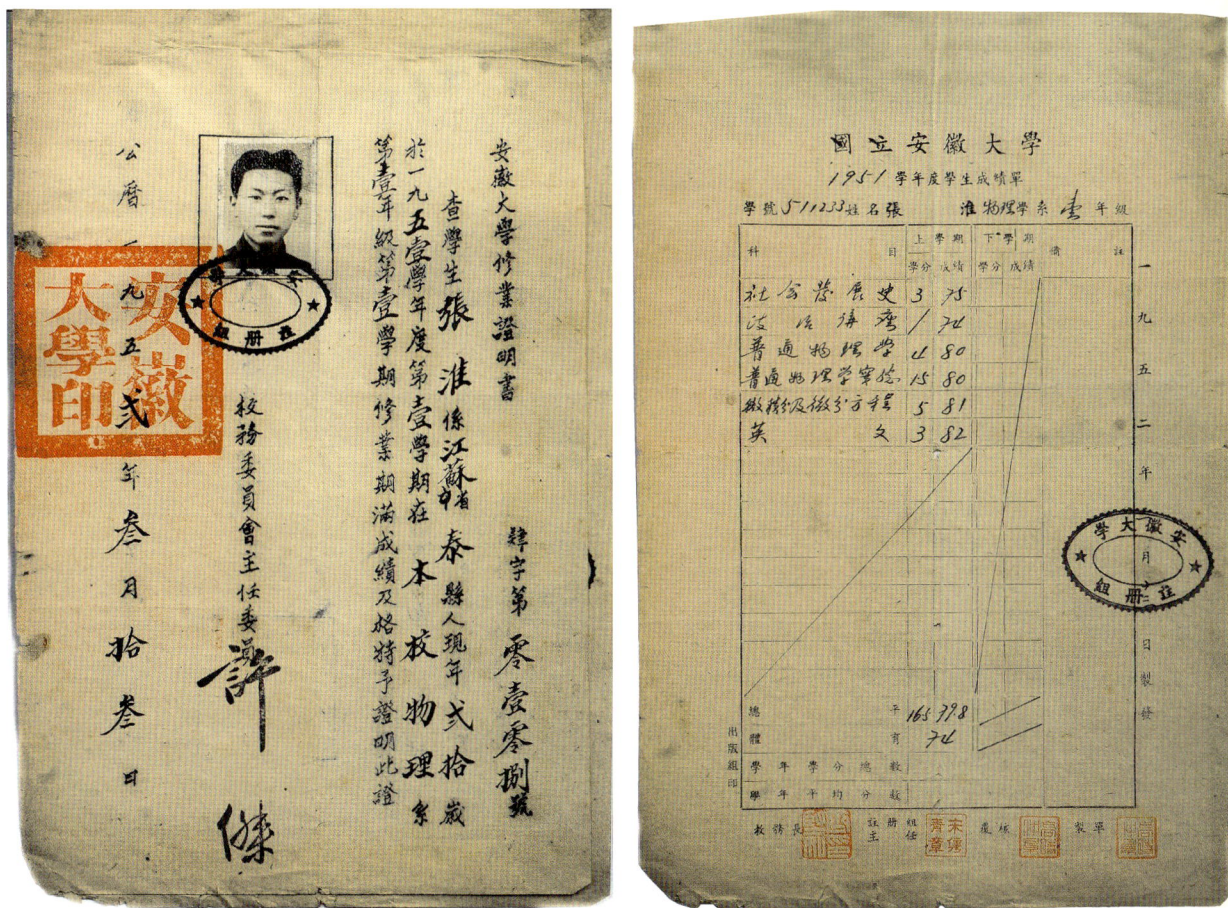

图录一五七　安徽大学修业证明书

附　张淮成绩单

右侧下方为证书编号"肆字第零壹零捌号"；偏左侧署校务委员会主任委员许杰（签名章）；左上方贴有张淮半身照片，盖椭圆形"安徽大学注册组"蓝色印章；左侧为开具证明书日期"公元一九五弍年叁月拾叁日"，钤正方形朱文"安徽大学印"（6×6厘米）。

　　附：张淮1951年度一年级上学期成绩单：学业总平均成绩79.8分；16.5学分。各科成绩：社会发展史75分、政治讲座74分、普通物理学实验80分、微积分及微分方程81分、英文82分；体育74分（不计入学业总平均分）。

　　许杰（1901—1989），著名地质学家、地层古生物学家。字心语，安徽广德人。1925年毕业于北京大学地质系。历任中央研究院地质研究所研究员、云南大学教授，安徽大学教授、校务委员会主任委员和校长（1949年10月至1954年2月），1955年中国科学院首批学部委员、地质部副部长、中国地质科学院院长等职。在笔石地层等研究中颇多建树。

七五、安徽学院（安徽临时政治学院）

安徽学院的前身是1940年10月成立于安徽立煌（今金寨）的安徽省立临时政治学院。学院设有4个系，院长刘真如。1942年学院改名安徽省立师范专科学校。1943年又改为安徽省立安徽学院，设6系，院长刘廼敬。1945年迁合肥，1946年再迁芜湖。设9系3科，院长程演生、李相勖等。1949年安徽大学和安徽学院两校合并于芜湖，定名安徽大学。1952年芜湖校址组建安徽师范学院。1972年改名安徽师范大学。

图录一五八：安徽省立临时政治学院毕业证书　民国三十一年（1942）

纸本。高28.6厘米，宽39.2厘米。蓝色粗线条框边，上方中间设孙中山头像，左右两旁为中华民国国旗和中国国民党党旗。此件系教育学系学生朱家骥（安徽太湖县人，20岁）修业一年期满、成绩及格、准予毕业的毕业证书。证书正中署安徽省立临时政治学院院长刘廼敬；教务主任刘继宣，钤正方形朱文"刘继宣印"（1.3×1.3厘米）。偏左侧上方贴有国民政府印花税票一枚（肆角）；下方贴有朱家骥半身照片；靠左侧边框为颁证日期"中华民国三十一年七月二日"。证书编号"第013号"。

刘廼敬（1893—1968），安徽巢县人。1928年获哥伦比亚大学教育硕士学位。回国后，历任金陵大学教授、文学院院长、教务长，安徽师范学院教授、院长。1949年之后，任安徽大学教授、教育系主任。

畢業證書

學生朱家驥係安徽省太湖縣
人現年二十歲在本院教育
學系修業壹學年期滿成績及格
准予畢業此證

安徽省立臨時政治學院院長劉廼敬

教務主任劉繼宣

中華民國三十一年七月二日

字第〇三號

图录一五八　安徽省立临时政治学院毕业证书

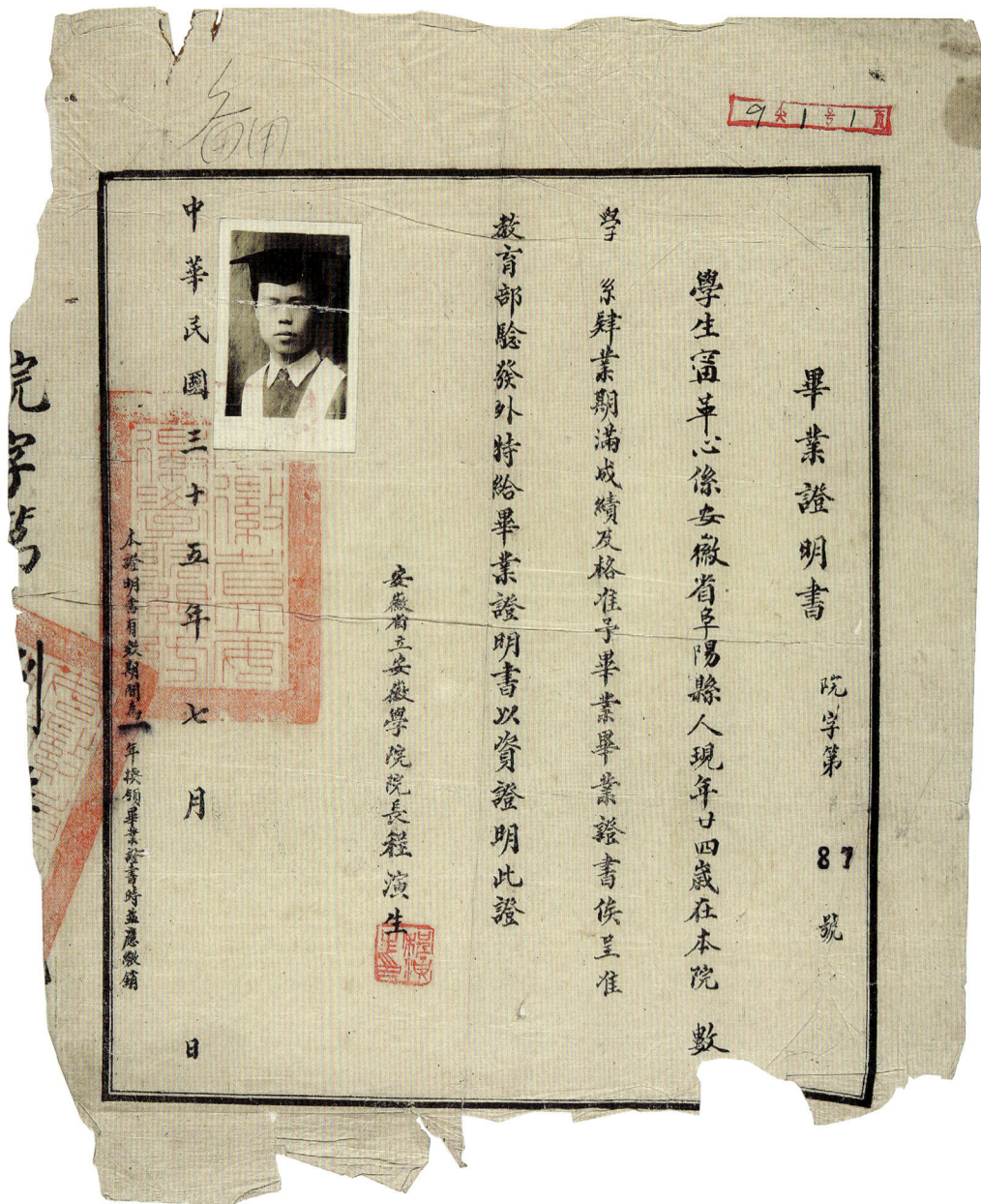

图录一五九　安徽省立安徽学院毕业证明书

图录一五九：安徽省立安徽学院毕业证明书　民国三十五年（1946）

纸本。高30.2厘米，宽16.3厘米。黑粗细双线条框边。此件系数学系学生宁革心（安徽阜阳人，24岁）肄业期满、成绩及格、准予毕业的临时毕业证明书。证明书右侧下方为证书编号"院字第87号"；正中偏左署安徽省立安徽学院院长程演生，钤正方形朱文"程演生印"（1.5×1.5厘米）；左侧上方贴有宁革心毕业照片；靠左侧边框为颁证日期"中华民国三十五年七月"，钤长方形朱文"安徽省立安徽学院关防"（8.3×5.2厘米）。此证明书有效期为一年，换取正式毕业证书时缴销。

程演生（1888—？），安徽怀宁（今安庆）人。早年留学法国，获文学博士学位。历任北京大学、暨南大学教授，安徽省立第一师范学校校长、省立安徽大学校长、国民政府外交部特派专使、安徽通志馆副馆长等职。1946—1947年出任安徽学院院长。程氏在20世纪30年代很有名望，其名字曾收录于1931年出版的《当代中国名人录》。

图录一六〇：安徽省立安徽学院临时毕业证明书存根　民国三十五年（1946）

纸本。高30.2厘米，宽24.8厘米。黑细线条框边。此件系外国语文学系学生汤柏林（安徽无为县人，29岁）肄业期满、成绩及格、准予毕业的临时毕业证明书存根。证明书存根正中署安徽省立安徽学院院长程演生；靠左侧边框为颁证日期"中华民国三十五年七月"，钤长方形朱文"安徽省立安徽学院关防"（8.3×5.2厘米）；下方贴有汤柏林毕业照片，盖菱形"安徽省立安徽学院注册组教务处"朱文印。证书编号"院字第伍叁号"。本证明书有效期为一年。

证明书存根均为各校存档，流入社会甚少。存根的内容与证书相同。从这张存根可了解证书正式文本与证书存根相匹配的全貌。（参照图录一五九院字第捌柒号）

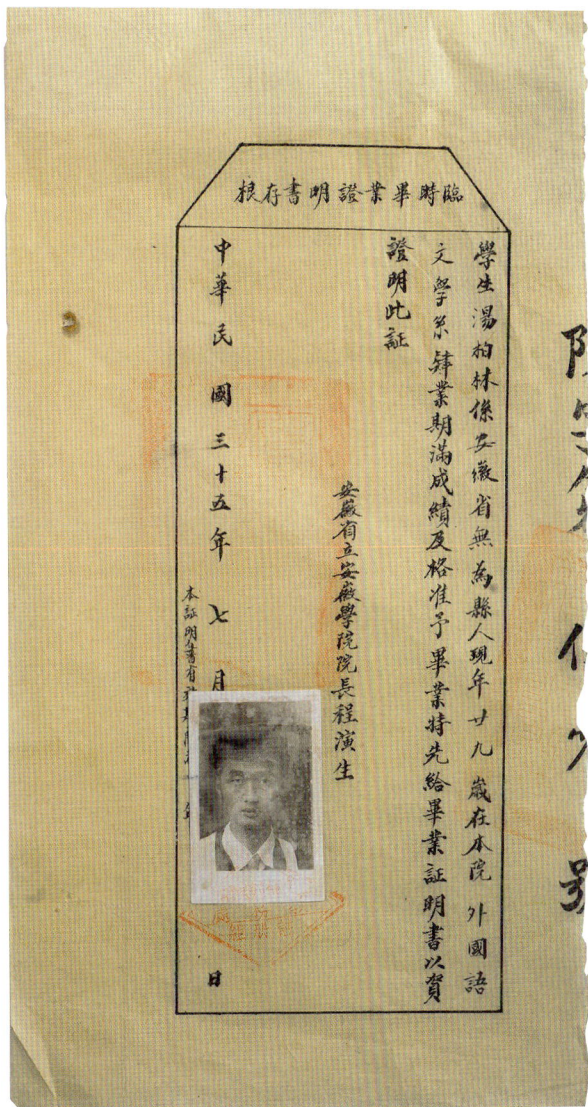

图录一六〇　安徽省立安徽学院临时
毕业证明书存根

图录一六一：安徽省立安徽学院临时毕业证明书　民国三十八年（1949）

纸本。高30.3厘米，宽27.7厘米。此件系教育系学生赵保伟（河南罗山县人，22岁）修业期满、成绩及格的临时毕业证明书。证书右侧下方为证书编号"教己字第80号"；偏左侧署安徽省立安徽学院院长李相勖（签名章）；上方贴有赵保伟毕业照片；左侧为颁证日期"中华民国三十八年"，钤长方形朱文"安徽省立安徽学院关防"（8.3×5.2厘米）。此证明书有效期一年，换领正式毕业证书时应予缴销。

李相勖（1902—1971），教育学家。安徽桐城县人。1924年赴美留学，主修中等教育研究。1927年获加利福尼亚大学硕士学位。回国后，历任东南大学教授、训导长，安徽学院教授、院长等职。

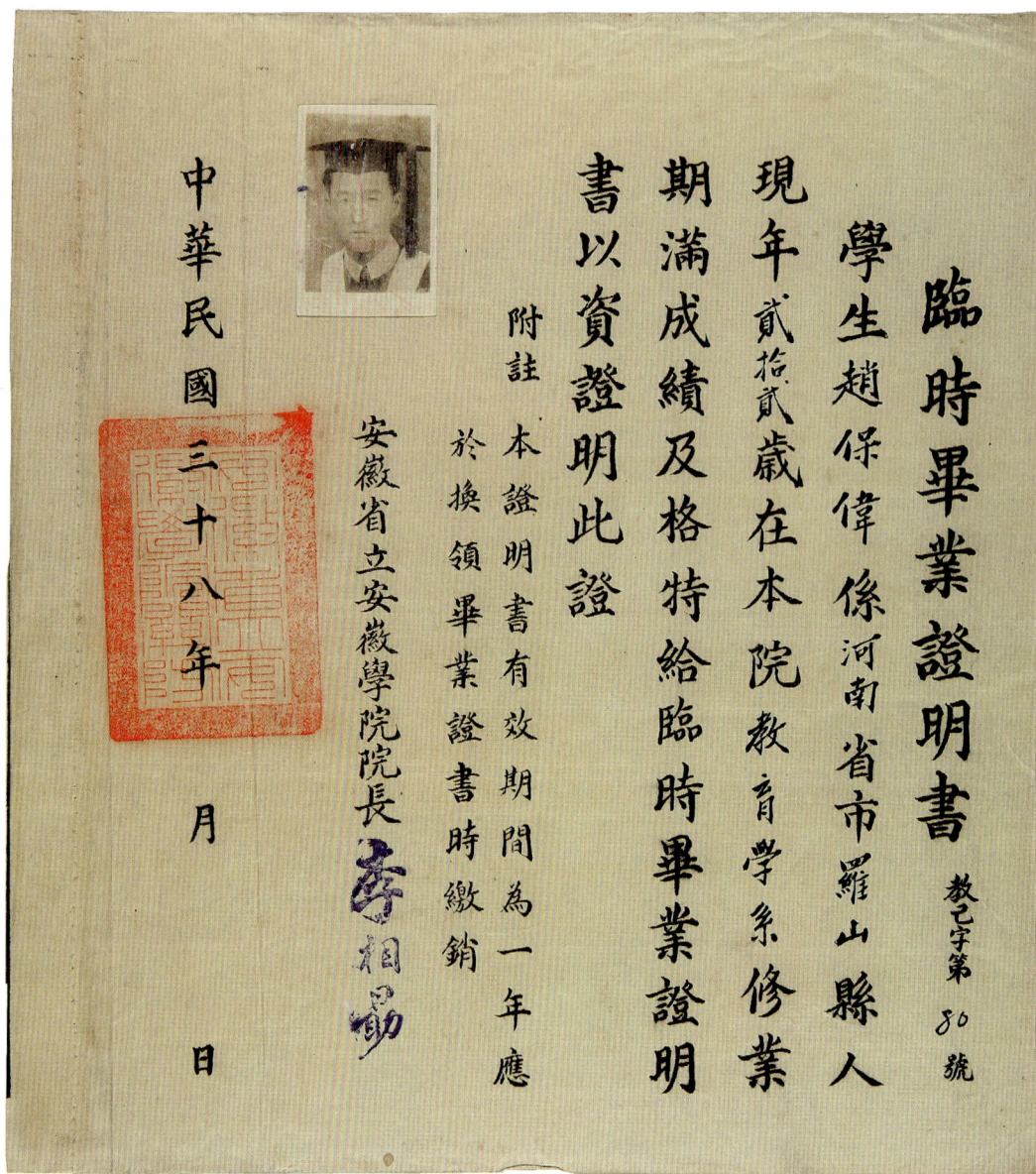

图录一六一　安徽省立安徽学院临时毕业证明书

福 建

七六、华南女子文理学院（华英女学堂）

　　华南女子文理学院的前身是美国基督教会于1908年在福州设立的华英女学堂，校长程吕底亚（美国传教士）。入民国，改称华英女学校。1914年改名华南女子学院，设立大学部，授大学一、二学年课程。1917年招收大学本科，学制四年。1933年定名私立华南女子文理学院，院长王世静，设7系1科。1937年后迁往南平；1946年回迁福州。

　　1951年人民政府接管后，与私立福建协和大学合并组建福州大学。1953年9月5日，改称福建师范学院。1972年又改为福建师范大学。

　　图录一六二：华英女学堂（华南女子学院）毕业文凭（英文版）　1916年

　　纸本。高22厘米，宽26厘米。此件系华英女学堂学生翁美秀（女）修完本校董事会规定的课程、考试成绩及格特授予的毕业文凭。董事长刘易斯（英文签名）、校长程吕底亚（英文签名）。颁证日期：1916年6月26日。

　　程吕底亚，女，美国人，毕业于美国晨边学院。1904年受美国基督教会派遣到中国福建清县龙田镇传教。1908年在福州创建华英女学堂，任校长。1914年改名为华南女子学院，担任院长。程吕底亚主持校务17年（1908—1925），为学院建成一座教学楼、两座宿舍楼；与此同时，她为学校由预科班转升为本科班，做了大量工作。1917年设大学本科，1921年第一届大学本科大学生毕业。该院毕业生质量较高，已达到美国州立大学的水平。1925年程吕底亚退休，由卢爱德博士接任校长职务。为纪念程吕底亚对学院所作出的贡献，学院决定将教学楼命名为程氏楼。

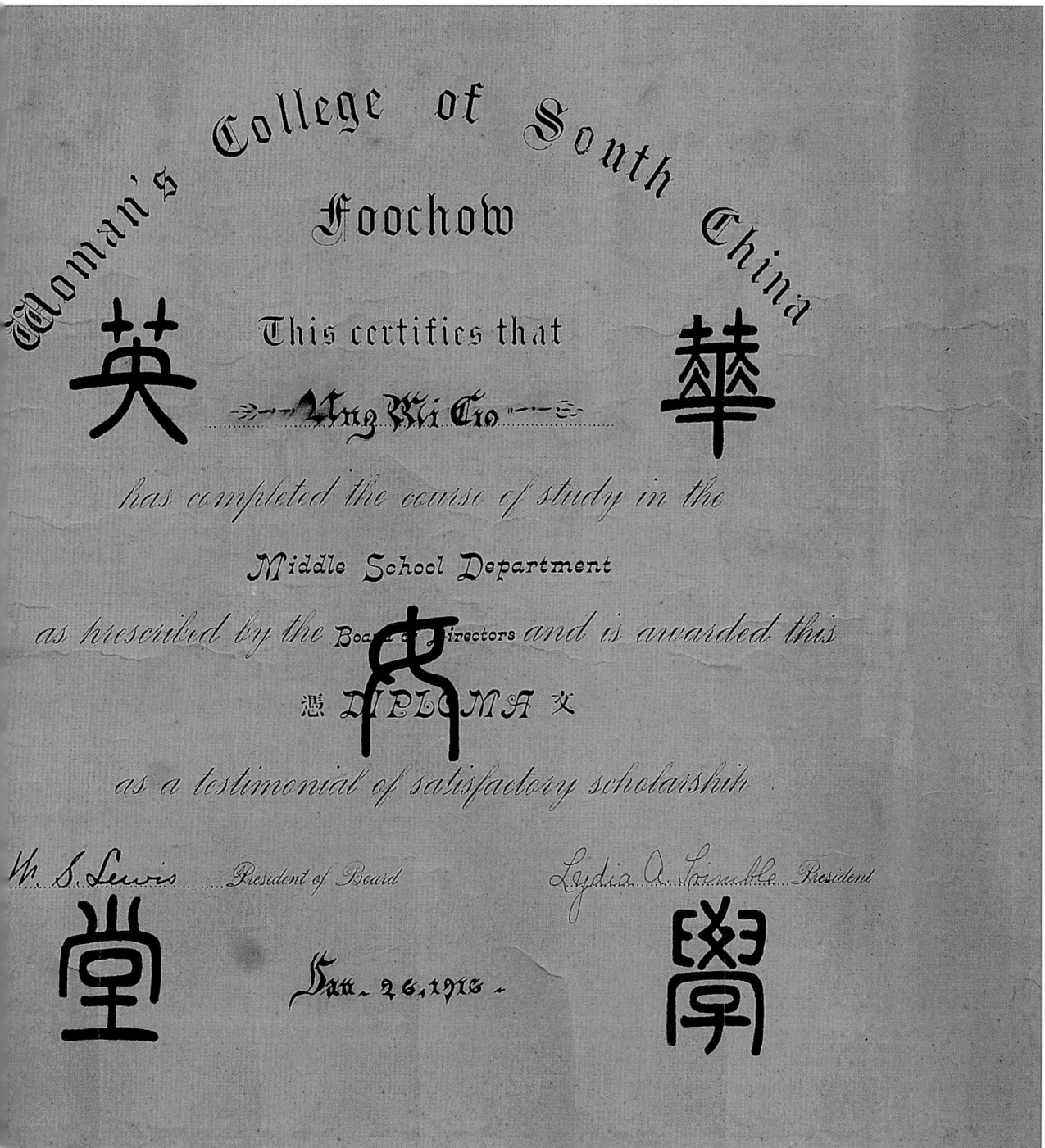

Woman's College of South China
Foochow

英 華

This certifies that

~ Ung Wi Co ~

has completed the course of study in the

Middle School Department

as prescribed by the Board of Directors and is awarded this

憑 DIPLOMA 文

as a testimonial of satisfactory scholarship

M. S. Lewis   President of Board   Lydia A. Trimble   President

堂 學

Jan. 26, 1915.

图录一六二　华英女学堂（华南女子学院）毕业文凭

照學位授予法第三條之規定授

予教育學士學位此證

私立華南女子文理學院院長王世靜

中華民國二十五年六月二十五日

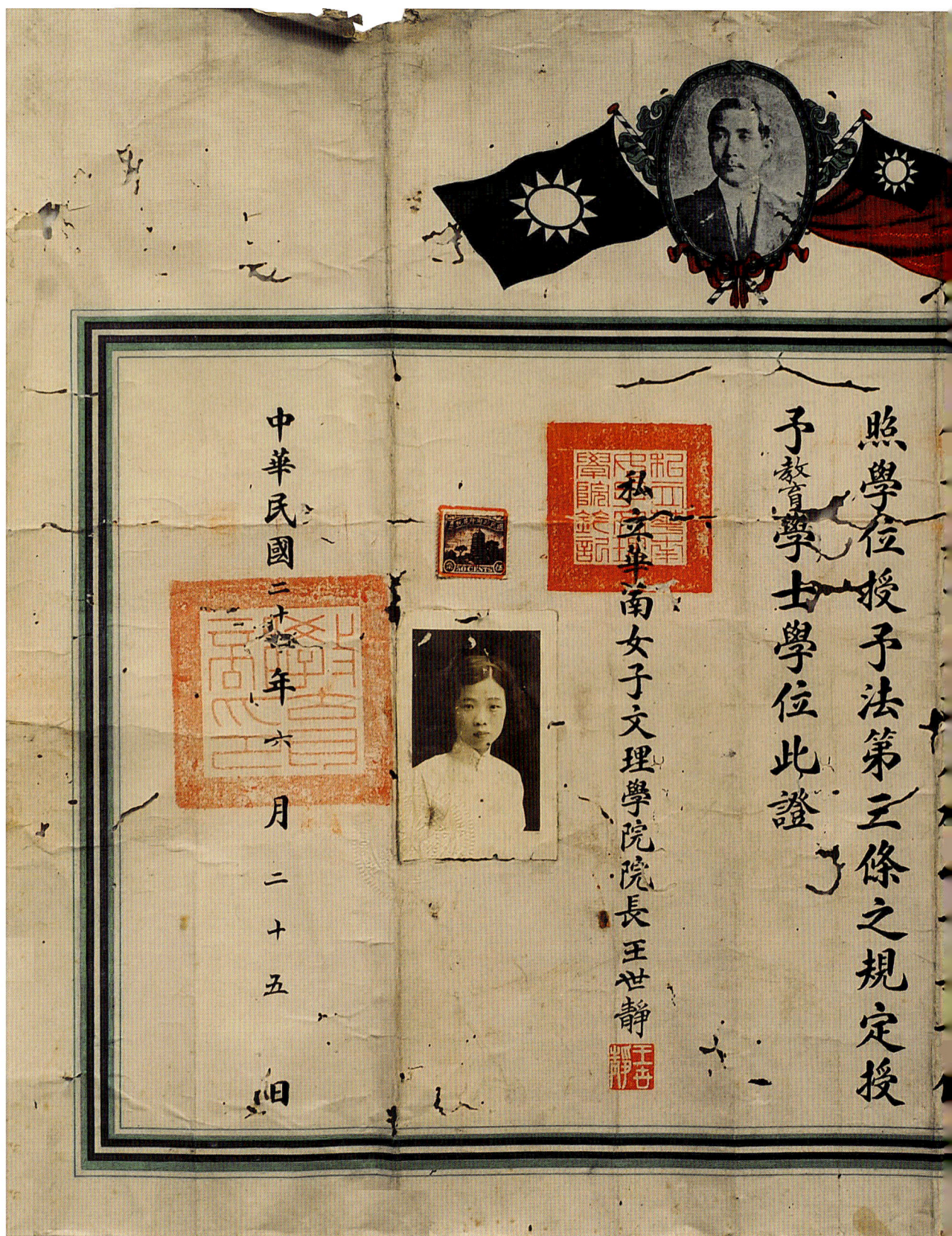

图录一六三　华南女子文理学院毕业证书

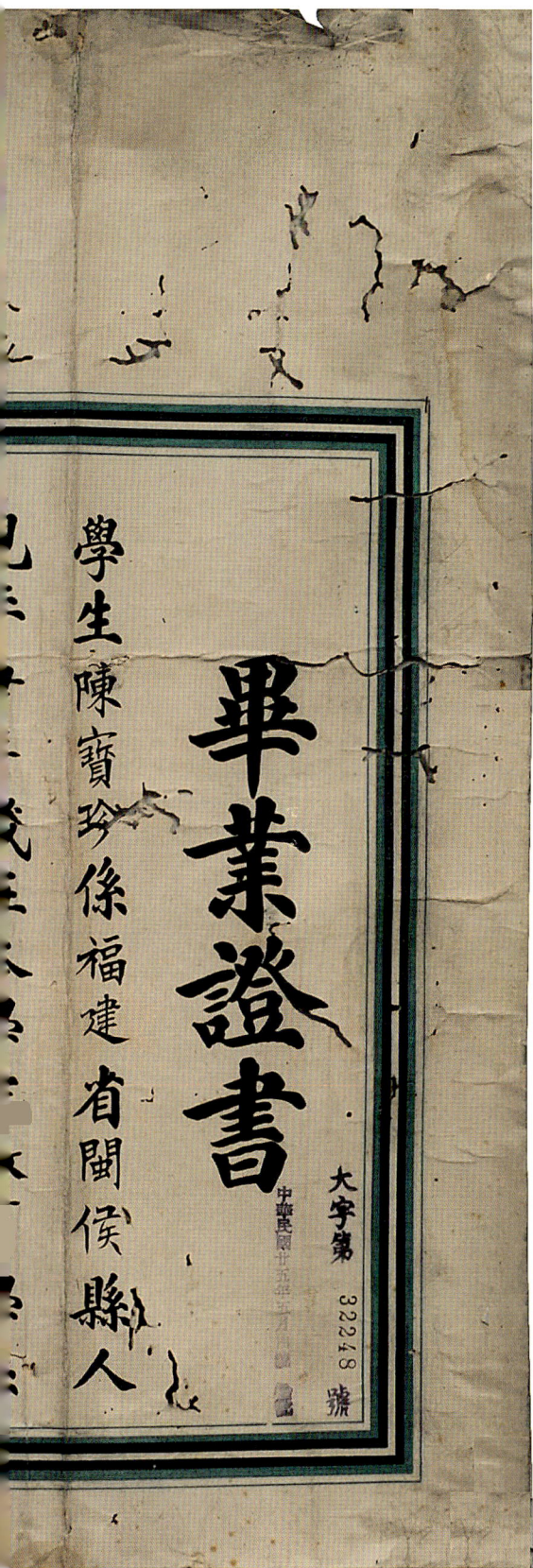

图录一六三：华南女子文理学院毕业证书　民国二十四年（1935）

　　纸本。高38.8厘米，宽49厘米。深蓝浅蓝两色粗细线条框边，上方中间设孙中山头像，左右两旁为中华民国国旗和中国国民党党旗。此件系教育学系学生陈宝珍（女，福建闽侯人，23岁）修业期满、成绩及格、准予毕业并授予教育学士学位的毕业证书。证书右侧下方边框内为教育部验印编号"大字第32248号"及验印日期"中华民国廿五年五月四日验讫"；正中上方钤正方形朱文"私立华南女子文理学院钤记"（5×5厘米），署私立华南女子文理学院院长王世静，钤正方形"王世静"朱文印（2×2厘米）；左侧上方贴有国民政府印花税票一枚（伍角）和陈宝珍半身照片，并打盖"私立华南女子文理学院"圆形钢戳；靠左侧边框为毕业日期"中华民国二十四年六月二十五日"，钤正方形朱文"教育部印"（7.4×7.4厘米）。证书编号"第贰号"。

　　王世静（1897—1983），著名教育家。女，福建闽侯人。1923年获美国密执安大学硕士学位。回国后，任华南女子文理学院教授、校务长。1925年出任院长至1951年。王世静主持校务长达20余年，致力于学校的巩固与发展，业绩突出。1934年经美国纽约州立大学认可，使学校具有文学士、理学士两学位的授予权。为加强学校的师资队伍，曾两度赴美为学校募捐和招聘获博士学位的校友回校任教。

　　新中国成立后，历任省政协一至四届政协常委、福州大学校务委员会副主任委员、福建师范学院副院长兼图书馆馆长等职。

七七、厦门大学

厦门大学是由著名爱国华侨领袖陈嘉庚建立的中国近代教育史上第一所由华侨创办的私立综合性大学。1921年4月6日正式开办。陈嘉庚聘请林文庆任校长。校训"止于至善"。1924年有文、理2科12系。1929年有文、理、法、商和教育5学院19系。1937年，改为国立厦门大学，校长萨本栋。后迁长汀。1946年在厦门复校，校长汪德耀。设有文、理、法、工、商5学院17系。

1952年厦门大学调整为以文、理科为主的综合性大学。王亚南任校长。

图录一六四：厦门大学在校生修业证明书　民国十三年（1924）

纸本。高24.8厘米，宽15.5厘米。此件系商科正式班学生黄德元（江西兴国县人）第一年级肄业的修业证明书。证书右侧下方为证书编号"第四十二号"。正中偏左署厦门大学注册部主任傅式说，钤正方形朱文"厦门大学注册部主任之图章（2×2厘米）；商科主任王毓祥，钤正方形朱文"厦门大学商科主任之图章（2×2厘米）。左侧为颁证日期"中华民国十三年五月二十一日"。

王毓祥，字祉伟，湖南衡阳人。早年赴美留学，获纽约大学硕士学位。回国后，历任国立东南大学商科、吴淞中国公学商科及国立暨南学校商科教授，厦门大学商科主任、交通部电信学校校长、上海大夏大学秘书兼校务发展委员会主席等职。

在校證明書 第四十二號

學生黃德元籍隸江西省興國縣於民國十一年九

月攷入本校現在本校商科正式班第一年級肄業

此證

厦門大學註冊部主任 傅式說

商科主任 王毓祥

中華民國十三年 五月 二十一 日

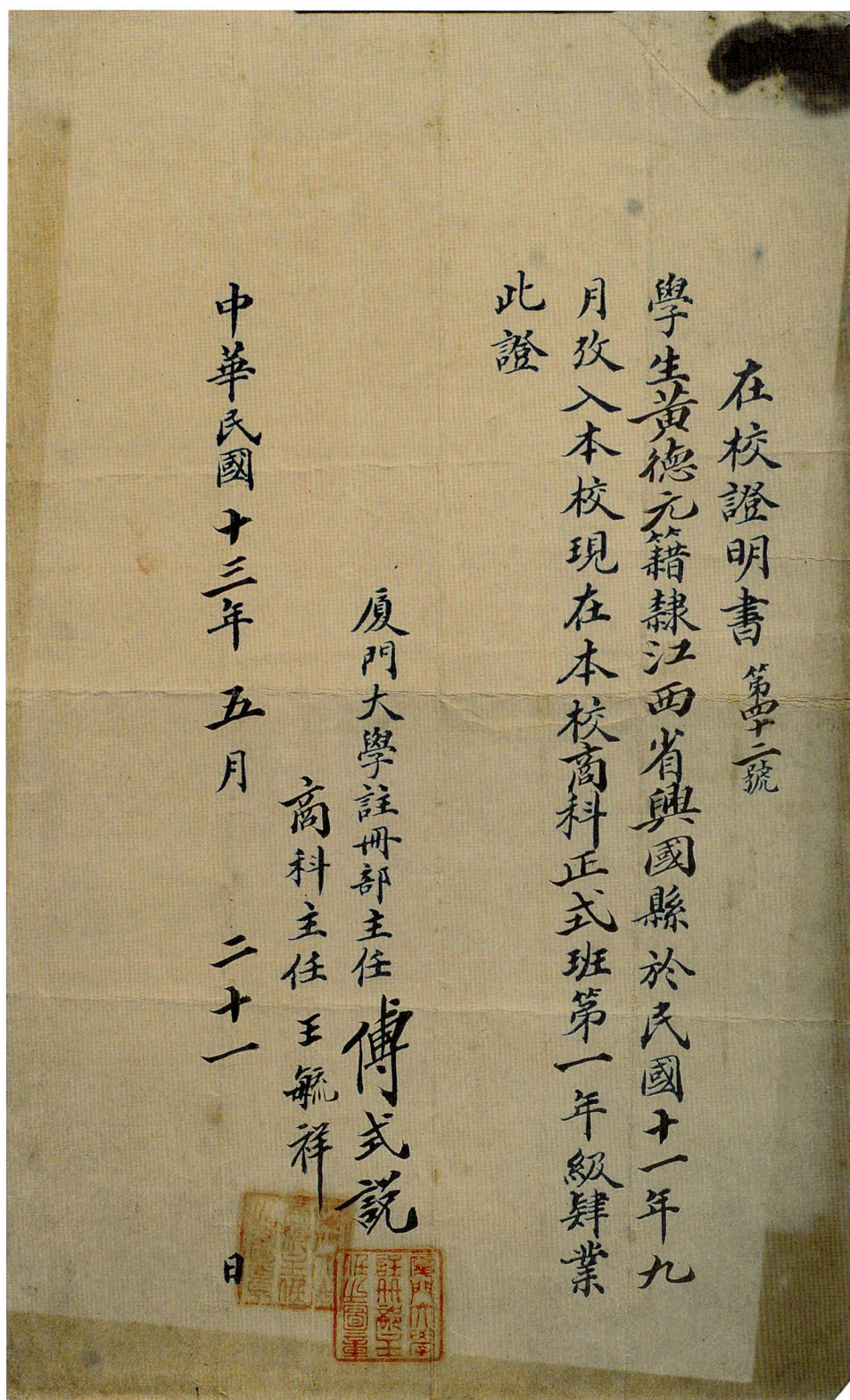

图录一六四　厦门大学在校生修业证明书

臨時畢業證明書

學生李斯特係福建省莆田市縣人現年弍拾歲在本

校工學院機械工程科系修業期滿經考核學業成績合格准

予畢業除正式畢業證書應俟呈准 教育部核發外特給臨時

畢業證明書以資證明此證

附註：本證明書有效期間為壹年過期作廢

公元一九五二年捌月　　　　日

厦門大學校長王亞南

图录一六五：厦门大学临时毕业证明书　1952年

纸本。高26.2厘米，宽21.3厘米。此件系工学院机械工程系学生李斯特（福建莆田人，20岁）修业期满、学业成绩合格、准予毕业发给的临时毕业证明书。证书偏左署厦门大学校长王亚南，钤正方形朱文"王亚南印"（1.2×1.2厘米）；上方贴有李斯特半身照片；左侧为颁证日期"公元一九五二年八月"，钤正方形朱文"厦门大学印"（6×6厘米）。证书编号"第叁叁叁号"。此证有效期一年，过期作废。

王亚南（1901—1969），著名马克思主义经济学家、教育家。又名王海邨，湖北黄冈人。1926年毕业于武汉中华大学教育系。1929年在日本东京研究马克思主义经济学，并从事著作和翻译。1941年任中山大学经济系教授兼系主任，1944年任福建省研究院社会科学研究所所长。建国后，历任厦门大学校长（1952—1969）、1955年中国科学院首批学部委员、福建省教育工会主席、福建省哲学社会科学联合会主席、全国人大代表等职。王亚南出任厦门大学校长期间，锐意改革，将财经学科办得很有特色，不仅成为重点学科，而且在全国高校同类专业中享有盛誉。

七八、福建协和大学（基督教会学校）

1915年，美国基督教会在福州创办协和学院。1922年设文、理2科。1937年后迁往邵武。1942年改称私立福建协和大学，设文、理、农3学院10系。1946年迁返福州，校长杨昌栋。1951年人民政府接办后，与私立华南女子文理学院合并组成公立福州大学。1952年撤销。1958年重组福州大学。

图录一六六：私立福建协和大学肄业证明书　民国三十六年（1947）

纸本，私立福建协和大学教务处用笺。高27.2厘米，宽17.7厘米。此件系理学院化学系学生吴伯爵（福建晋江县人，20岁）修毕一年级第二学期课程的肄业证明书。证书偏左侧署代校长陈锡恩（签名章）；上方贴有吴伯爵半身照片；左侧为颁证日期"中华民国三十六年六月四日"，钤正方形朱文"私立福建协和大学钤记"（5×5厘米）。

证书右上角盖有"金陵大学三十六年秋季招生验讫"蓝色圆戳，说明吴伯爵曾持此证明书转学报考金陵大学。

陈锡恩（1902—？），福建福州人。早年毕业于福建协和大学。后赴美留学，入哥伦比亚大学攻读教育学，获硕士学位。1927年回国，任福州协和大学教授、教务长兼教育学院院长。1937年再度赴美，入南加州大学继续教育学研究，获博士学位。随后应聘为该校教育学院教授兼亚洲文化学系主任。抗战胜利后回国，任福建协和大学代校长、校长。后因南加州大学催促其返美，故再度返回南加州大学任教。1974年退休前，南加州大学授予其荣誉博士衔。此后，任南加州大学中国协会会长、美国华学教师学会会长等职。

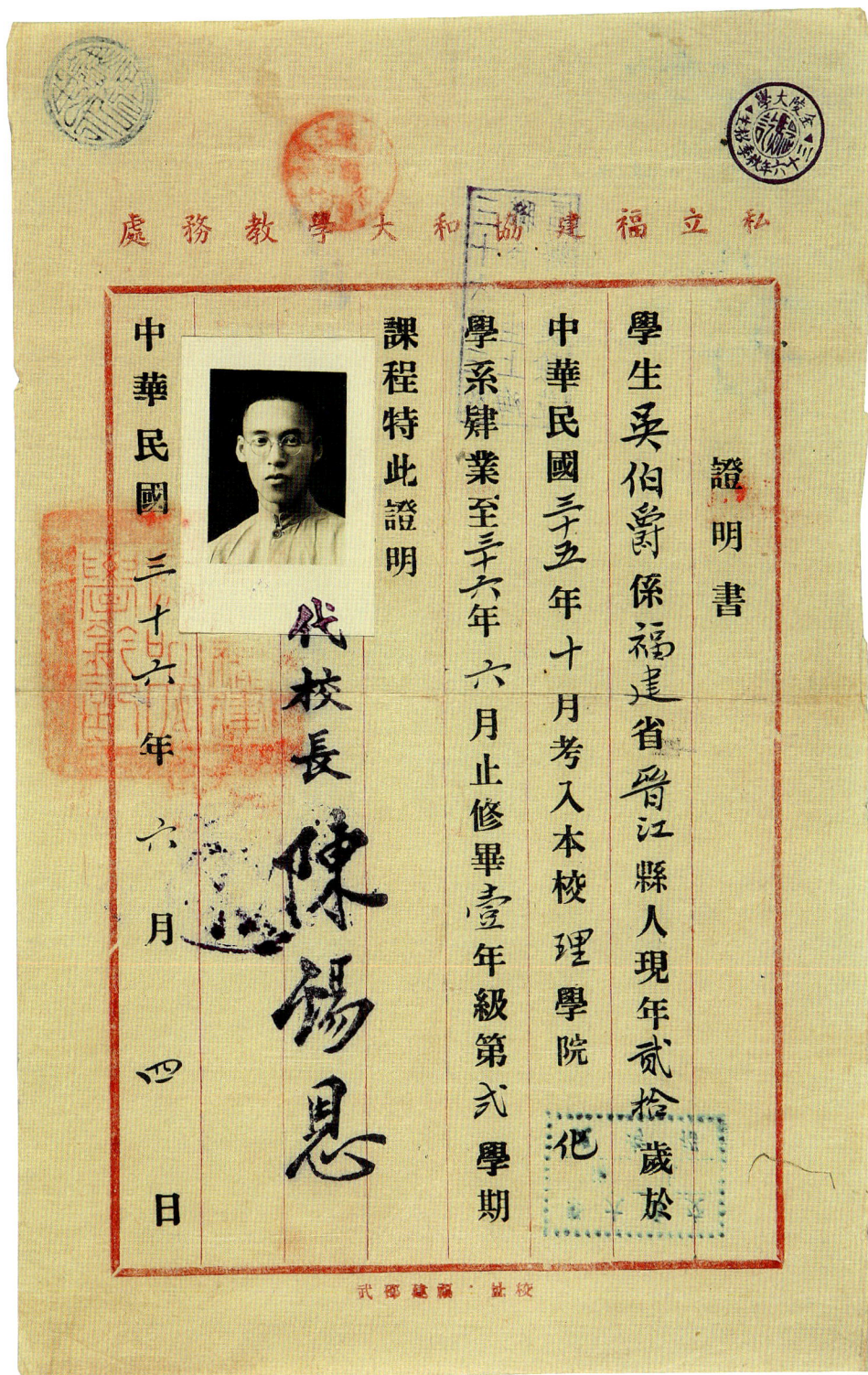

私立福建協和大學教務處

證明書

學生吳伯爵係福建省晉江縣人現年貳拾歲於

中華民國三十五年十月考入本校理學院

學系肄業至三十六年六月止修畢壹年級第貳學期

課程特此證明

代校長 陳錫恩

中華民國 三十六 年 六 月 四 日

校址 廣東建甌武

图录一六六　私立福建协和大学肄业证明书

图录一六七：私立福建协和大学学业成绩证明书 1950年

纸本。高22.4厘米，宽29.8厘米。黑细线条框边。证书内容（从右至左）：学生林心坚，福建厦门市人，女，29岁，曾于培英女中中学毕业。1943年9月考入福建协和大学，1947年6月离校。入学资格经奉教育部1945年12月发"高字第伍壹伍零贰号令"核准备案。林心坚肄业八学期，共修141学分，学业成绩平均76.5分。品行端正。主修农业教育。颁证日期为"公元一九五〇年七月廿七日"，钤"私立福建协和大学教务处章"（正方形朱文印，2.2×2.2厘米），署私立福建协和大学教务长陈景磐，钤"陈景磐印"（正方形朱文印，1×1厘米）具。附注：成绩等第：甲等90—100；乙等80—89；丙等70—79；丁等60—69；戊等50—59；己等49分以下。戊等得补考一次，己等不得补考。本校毕业生应修138学分。附注栏下方贴有林心坚毕业照片，打盖协和大学圆形钢戳。

证书背面为林心坚四学年秋春两季学业成绩表。一年级（1943—1944）秋季总平均68.93

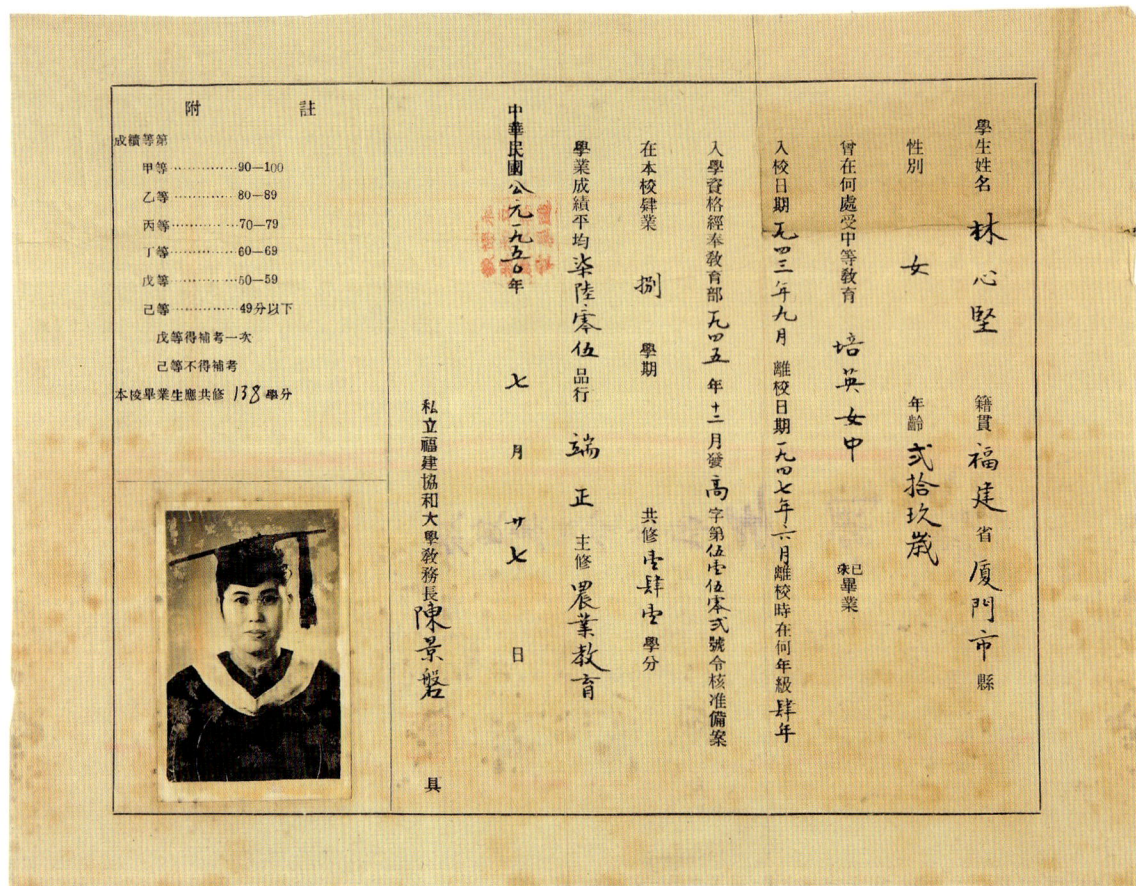

图录一六七（1） 私立福建协和大学学业成绩证明书（正面）

图录一六七（2） 私立福建协和大学学业成绩证明书（背面）

分、春季总平均72.31分；二年级（1944—1945）秋季总平均72.58分、春季总平均75.83分；三年级（1945—1946）秋季总平均82.42分、春季总平均72.42分；四年级（1946—1947）秋季总平均82.66分、春季81.30分。（各门课程的具体分数请见图表）

此件系协和大学毕业生林心坚毕业三年后补办的毕业成绩和历年各科成绩的证明书。其毕业成绩76.5分，属于丙等；四学年累计141学分。按该校规定，共修138学分即可毕业，该生显然已修够规定的学分。

七九、福建学院

　　福建学院的前身是1911年在福州建立的福建法政学堂。民国初年，改为福建公立法政专门学校。1925年后停办，组建福建大学。1929年，改建为私立福建学院，设政治、法律、经济3系，院长何公敢。1937年后迁往闽清、浦城。院长林仲易。1946年回迁福州，院长郭公木，设法、商2科。1951年撤销建制，法、商2科分别并入厦门大学和福州大学。

　　图录一六八：私立福建学院肄业证明书　民国二十九年（1940）

　　纸本，私立福建学院用笺。高28.6厘米，宽20.1厘米。此件系政治系学生田功伟（福建闽侯人，23岁）修业三年的肄业证明书。证书正中署私立福建学院院长林仲易，钤正方形朱文"林仲易印"（1.5×1.5厘米）；左侧为颁证日期"中华民国二十九年七月"，钤正方形朱文"私立福建学院钤记"（5.4×5.4厘米）；下方贴有田功伟半身照片，打盖"私立福建学院"圆形钢戳。

　　林仲易（1893—1981），原名秉奇，号竹西，福建福州人。福建法政学堂首届毕业生，后保送日本留学，1920年日本早稻田大学毕业。回国后，任北平《晨报》编辑、代总编辑，积极宣传五四新思潮。先后任燕京大学讲师、民国学院教授。1936—1943年出任福建学院院长。在任内，正值抗战时期，学院历经四次搬迁，林氏克服种种困难，坚持办学，为学院在战后复校奠定了基础。新中国成立后，历任全国政协委员、民盟中央宣传部副部长、《光明日报》总经理、最高人民法院顾问等职。

私 立 福 建 學 院

肄業證明書

學生田功偉係福建省閩侯縣人現年

二十三歲確在本院政治系修滿三年

上期特此證明

右給學生田功偉收執

私立福建學院院長林仲易

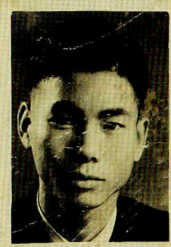

中華民國二十九年七月　　日

図录一六八　私立福建学院肄业证明书

图录一六九：私立福建学院毕业证书 1951年

纸本。高39.3厘米，宽44.3厘米。红粗细双线条框边，黄色水波纹图案作证书底色，并刊有美术体"为人民服务"五个大字。此件系经济学系学生孙昌贤（福建闽侯人，28岁）肄业四年期满、成绩及格、准予毕业的毕业证书。证书偏左侧钤正方形朱文"私立福建学院关防"（5.8×5.8厘米），署私立福建学院院长何公敢（签名章）；下方贴有孙昌贤半身照片，打盖"私立福建学院"圆形钢戳；靠左侧边框为毕业日期"公历一九五一年七月卅一日"，钤正方形朱文"华东军政委员会教育部印"（6×6厘米）。华东军政委员会教育部验印编号"东教院字第壹伍玖号"，验印日期"公历一九五一年十月"验发。福建学院证书编号"经字第拾壹号"。

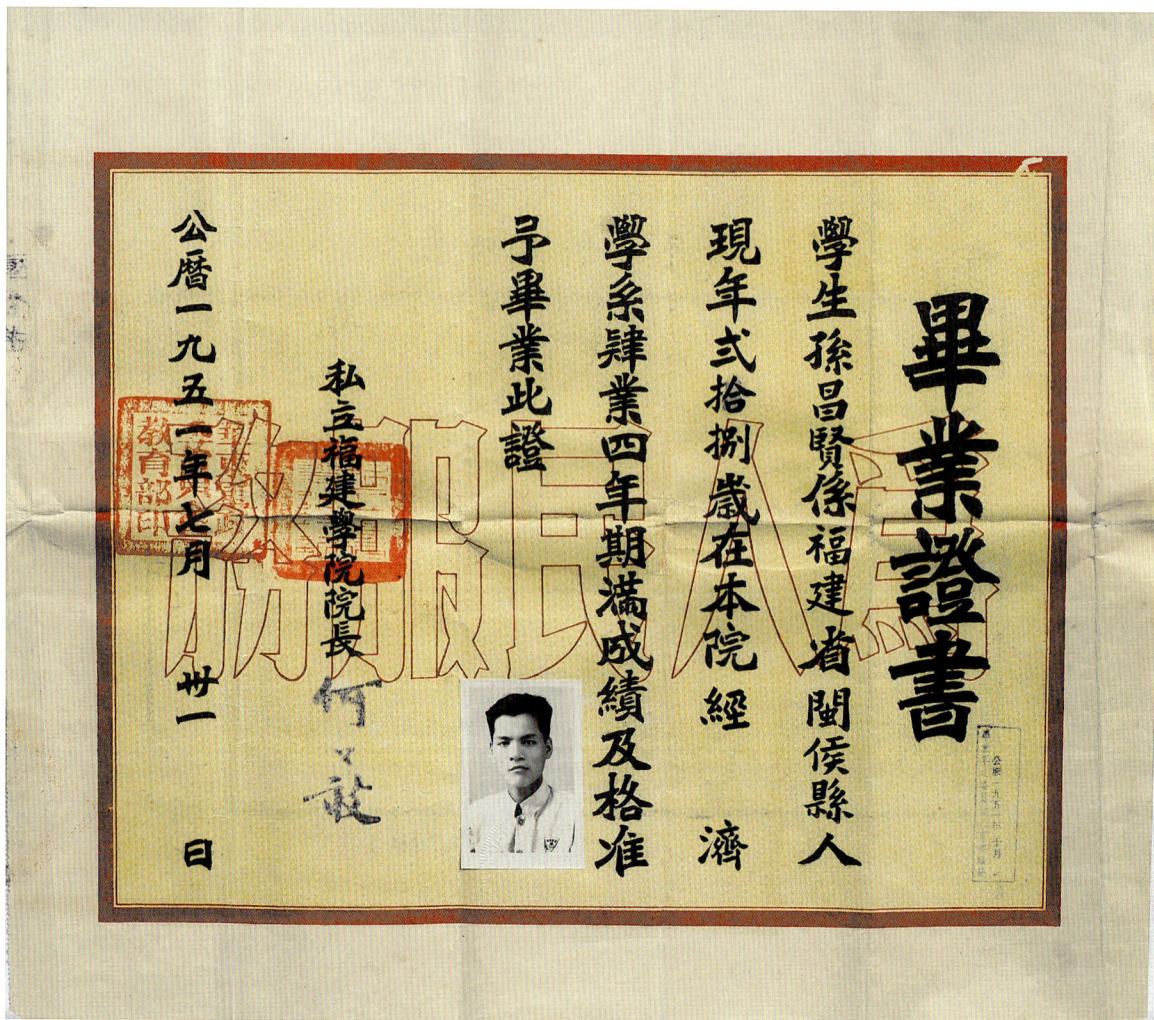

图录一六九（1） 私立福建学院毕业证书（正面）

歷年各科成績表

圖錄一六九（2） 私立福建学院毕业证书（背面）

证书背面为孙昌贤历年各科成绩表。四学年共修35门课。第一学年（1947年度）学业总平均成绩72.1分；第二学年（1948年度）学业总平均成绩76分；第三学年（1949年度）学业总平均成绩74.9分；第四学年（1950年度）学业总平均成绩75.1分。孙昌贤实得学分累计154学分、毕业成绩74.5分。

何公敢（1888—1977），名崧龄，以字行，福建闽侯人。早年留学日本，入东京帝国大学经济学系，获学士学位。回国后，历任上海商务印书馆编辑、福建省教育厅长、福建省政府委员兼财政厅厅长等职。1929年至1933年出任福建学院院长。中华人民共和国成立后，历任全国政协委员、民盟福建省委副主委、福建省司法局局长等职。1950—1951年兼任福建学院院长。

八○、福建农学院

福建省立农学院于1940年11月创办，校长严家显。设农艺、园艺、森林、植物病虫害、农业经济5个系。校址在永安县。抗战胜利后迁福州。1949年8月更名福建农学院，校长林礼铨。1951年又改为厦门大学农学院。1952年全国高校院系调整，厦门大学农学院和福州大学农学院合并，组建福建农学院。设农学、园艺、森林3系和农学、果树蔬菜、林业3个专业。

1994年1月，福建农学院更名为福建农业大学。福建农业大学是一所以农科为主，农学、工学、经济学相结合的综合性农业大学。2000年，福建农业大学与设在南平的福建林学院合并，组建福建林业大学。

图录一七○：福建省农学院毕业证书　1950年

纸本。高37.5厘米，宽44.8厘米。红粗细双线条框边，黄色花纹图案作证书底色，并刊有美术体"为人民服务"五个大字。此件系农业经济学系学生周维栋（福建连江县人，29岁）肄业四年期满、成绩及格、准予毕业的毕业证书。证书正中偏左钤正方形朱文"福建农学院印"（6×6厘米），署福建省农学院院长林礼铨，钤正方形朱文"林礼铨印"（1.5×1.5厘米）；农学经济学系主任包望敏，钤正方形朱文"包望敏印"（1.4×1.4厘米）。左侧下方贴有周维栋半身照片，打盖"福建省农学院"钢戳；靠左侧边框为毕业日期"公历一九五○年六月"，钤正方形朱文"福建省人民政府文教厅印"（6×6厘米）。证书编号"第伍拾伍号"。

证书背面为周维栋历年各科成绩表。四学年共修39门课。第一学年（1946年度）学业总平均成绩74.13分；第二学年（1948年度）学业总平均成绩78.77分；第三学年（1948年度）学业总平均成绩77.5分；第四学年（1949年度）学业总平均成绩84.11分。周维栋实得学分累计140学分、毕业成绩78.32分。

林礼铨，福建南平人。1923年获美国艾奥瓦州立大学农学硕士学位。回国后，历任福建省立农事试验场场长、福建省立农林中学校长、福建省立福州高级农业职业学校校长、福建协和大学农学系主任。1949年2月至1951年6月，出任福建省立农学院院长。

畢業證書

學生周維棟係福建省連江縣人現
年貳拾玖歲在本學院農業經濟
學系肄業四年期滿成績及格准
予畢業此證

福建省農學院院長林禮鈴

農業經濟學系主任包望敏

公曆一九五〇年六月　日

歷年各科成績表

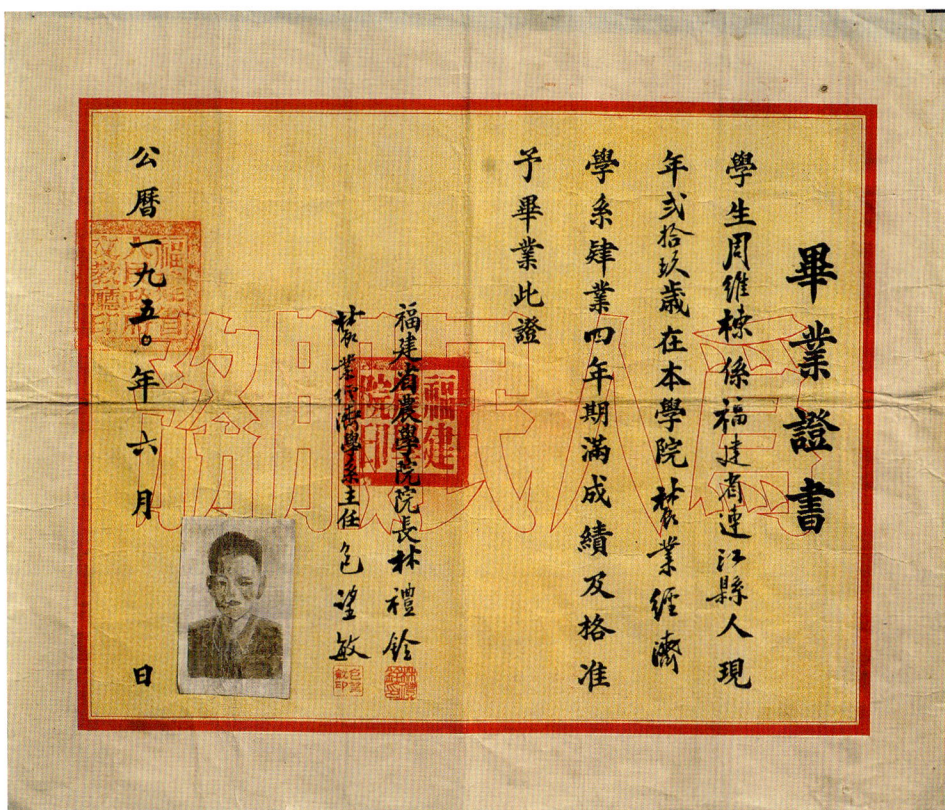

第一學年 （1946年度）		第二學年 （1947年度）		第三學年 （1948年度）		第四學年 （1949年度）		畢業成績	備考
科目	學分 成績	科目	學分 成績	科目	學分 成績	科目	學分 成績		

教務主任　　　　　　註冊組主任

图录一七〇　福建省农学院毕业证书（正、背）

八一、福建医学院

福建省立医学院的前身是1937年6月创建于福州市的福建省立医学专科学校。1938年6月，学校迁至沙县。1939年8月定名为福建省立医学院。抗战胜利后，1946年1月，学院迁回福州。医科学习年限6年，医学专修科为5年。1949年前，福建省立医学院办学10年，毕业生仅279人。

中华人民共和国成立后，学院由人民政府接办，改名为福建医学院。1970年医学院迁至泉州，同福建中医学院合并，改名福建医科大学。1978年迁回福州。1982年更名福建医学院；1996年又改为福建医科大学至今。

图录一七一：福建省立医学院毕业证书　1952年

纸本。高38.7厘米，宽45厘米。红粗细双线条框边，黄色花纹图案作证书底色，并刊有美术体"为人民服务"五个大字。此件系医学本科学生郑维嫣（女，福建莆田县人，31岁）肄业六年期满、成绩及格、准予毕业的毕业证书。证书正中偏左钤正方形朱文"福建医学院印"（5.9×5.9厘米），署福建省立医学院院长黄震亚，钤正方形朱文"黄震亚章"（1.4×1.4厘米）；偏左上方贴有郑维嫣半身照片，打盖"福建医学院"圆形钢戳和"福建省人民政府教育厅"圆形钢戳；靠左侧边框为毕业日期"公历一九五二年七月"，钤正方形朱文"福建省人民政府教育厅印"（6×6厘米）。证书编号"医字第肆零壹号"。

证书背面为郑维嫣历年各科成绩表。六学年共修40门课。第一学年（1946年度）学业总平均成绩68.5分；第二学年（1947年度）学业总平均成绩77.2分；第三学年（1948年度）学业总平均成绩82.2分；第四学年（1949年度）学业总平均成绩84分；第五学年（1950年度）学业总平均成绩81.6分；第六学年（1951年度）妇产科专科实习成绩及格。郑维嫣实得学分累计260学分、毕业成绩78.82分。

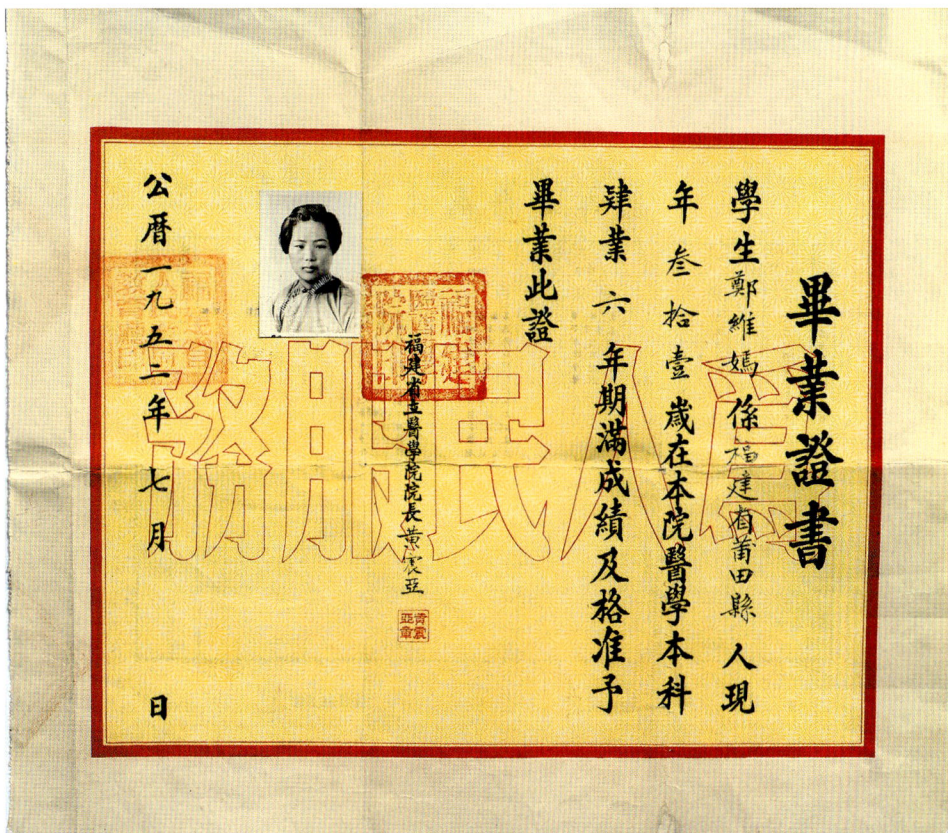

图录一七一　福建省立医学院毕业证书（正、背）

八二、福州大学

福州大学的前身是基督教会私立福建协和大学和华南女子文理学院。1951年两校合并，组建福州大学。设有文、理、农3个学院。1953年9月，福州大学撤销，原址改建为福建师范学院。1972年改称福建师范大学。

图录一七二：福州大学毕业证明书　1951年补办

纸本，福州大学用笺。高28.2厘米，宽20.5厘米。此件系卢美德（女，福建莆田人）于1939年6月在前华南女子文理学院化学系修毕学程毕业补办的毕业证明书。证书正中署福州大学化学系主任余宝笙，钤正方形朱文"余宝笙印"（1.3×1.3厘米）；左侧为开具证明书日期"公历一九五一年四月廿四日"，钤椭圆形朱文"福州大学化学系章"。

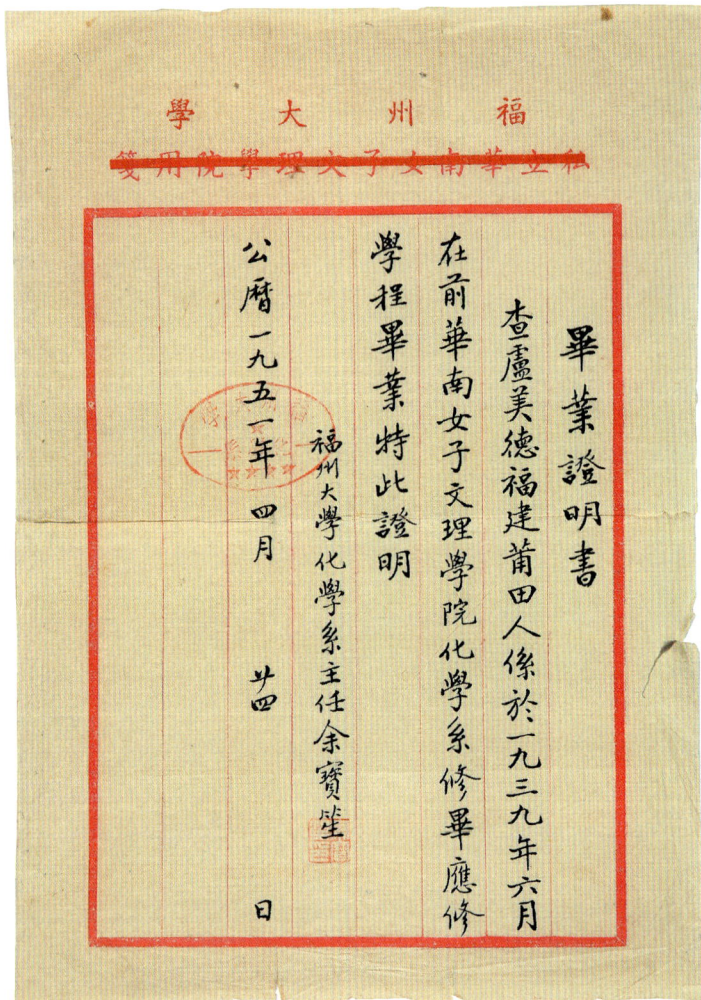

余宝笙（1903—？），女，福建莆田人。信奉基督教。早年赴美留学，先入哥伦比亚大学，获化学学士学位；后入霍普金斯大学，获生物化学博士学位。1937年回国任华南女子文理学院教授兼化学系主任。中华人民共和国成立后，历任福州大学教授兼化学系主任、全国政协委员、全国人大代表、福建省科协委员、福建师范大学学术委员会副主任。

图录一七二　福州大学毕业证明书

江西

八三、江西农业专门学校

江西农业专门学校的前身是1905年创建于南昌的江西实业学堂。1907年，更名江西高等农业学堂。1912年改为江西高等农林学校，不久又改为江西农业专门学校。1914年，定名江西公立农业专门学校。1927年成为中山大学农业专门部，后又独立为江西省立农业专门学校。该校设专门科和附设甲种农林讲习科。专门科下设农学科（预科和本科）、林学科（预科和本科）；讲习科下设预科、农学科、林学科。学制：预科一年，本科两年。1931年更名江西省立农艺专科学校。1940年并入中正大学农学院。1949年成为南昌大学农学院。1952年组建江西农学院；1969年撤销并入江西共产主义劳动大学（1958年成立）；1980年改名江西农业大学。

图录一七三：江西省立农业专门学校毕业证书　民国十七年（1928）

纸本。高51.2厘米，宽53.5厘米。蓝色宽带多层花纹图案框边，上方中间设孙中山头像，左右两旁为中华民国国旗和中国国民党党旗。此件系林学专门科学生李庭伦（江西雩都县人，23岁）修满规定学程、考试及格、准予毕业的毕业证书。证书正中有大学院验印日期"中华民国十七年九月六日大学院验讫"，钤正方形朱文"大学院印"（7.5×7.5厘米）。正中偏左署江西省立农业专门学校校长徐莹石，钤正方形朱文"徐莹石印"（1.5×1.5厘米）；林科主任黄范孝，钤正方形朱文"黄范孝印"（1.5×1.5厘米）。左侧上方原贴有四枚中华民国印花税票，已脱落；靠左侧边框为毕业日期"中华民国十七年七月"，钤长方形朱文"江西省立农业专门学校之章"（9×6厘米）；左下角贴有李庭伦半身照片。证书编号"林字第柒号"。

关于大学院的创建与终止问题：1927年国民政府定都南京后，蔡元培等人倡导"教育行政与教育学术合而为一"，提出在中央设大学院以替代以往的教育部。1927年6月，国民政府正式设立大学院，任命蔡元培为大学院院长。但新的尝试仅实行一年零五个月就被取消，1928年11月国民政府设教育部取代大学院。上述毕业证书由大学院验印，是在大学院未被教育部取代的前夕。

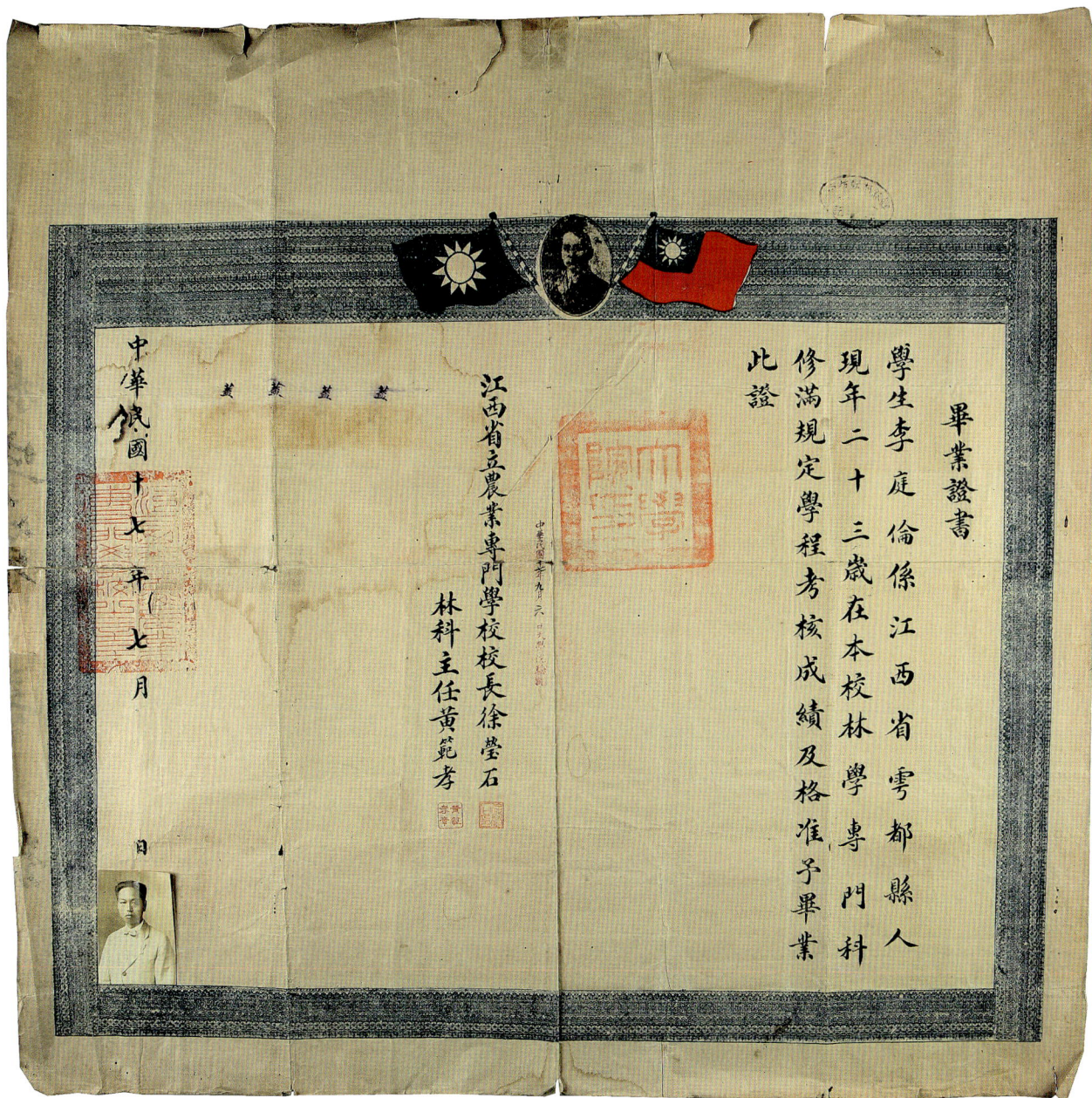

图录一七三　江西省立农业专门学校毕业证书

　　李庭伦从民国十四年八月（1925年8月）入学至民国十七年七月（1928年7月）毕业，林学科修业三年。修业的课程有：修身、国文、德语、数学、博物、物理、气象学、化学、经济、图画、体操、造林学、森林保护学、森林利用学、森林测量学及林价算法、森林工学、森林经理学、林产制造学、林政及森林法规、狩猎论、农学大意、林业实习等22门课。

八四、江西工业专科学校

江西省立工业专科学校的前身是1911年创办于南昌的江西工业学堂，1913年改为甲种工业学校。1923年又恢复为江西公立工业专门学校。1927年并入江西中山大学为工业专门部。不久，独立出去办学。1931年改名为江西省立工业专科学校。1938年后，先后迁至赣州和于都。1945年返回南昌复校。1949年8月并入南昌大学。

图录一七四：江西省立工业专科学校毕业证明书　民国三十四年（1945）

纸本。高30.1厘米，宽34.7厘米。深蓝色纹框边。此件系五年新制专科部土木工程科学生章钤（江苏武进县人，21岁）修业期满、考查成绩及格、准予毕业的毕业证明书。证书偏左署江西省立工业专科学校校长李右襄，钤正方形"江西省立工业专科学校校长"朱文印（1.5×1.5厘米）；左侧为颁证日期"中华民国三十四年七月"，钤长方形朱文"江西省立工业专科学校关防"（8.3×5.7厘米）；下方贴有章钤半身照片，打盖"江西省立工业专科学校"圆形钢戳。证书编号"专字第肆号"。

李右襄（1899-1951），江西南昌人。20世纪40年代出任江西省立工业专科学校校长。

畢業證明書

學生章　鈐　係江蘇省武進縣人現年
貳拾壹歲在本校（新制專科五年）部土木工程科修
業期滿考查成績及格准予畢業因畢
業證書一時趕辦不及特先給此證明
書以資證明此證

江西省立工業專科學校校長李右襄

中華民國三十四年七月

日給

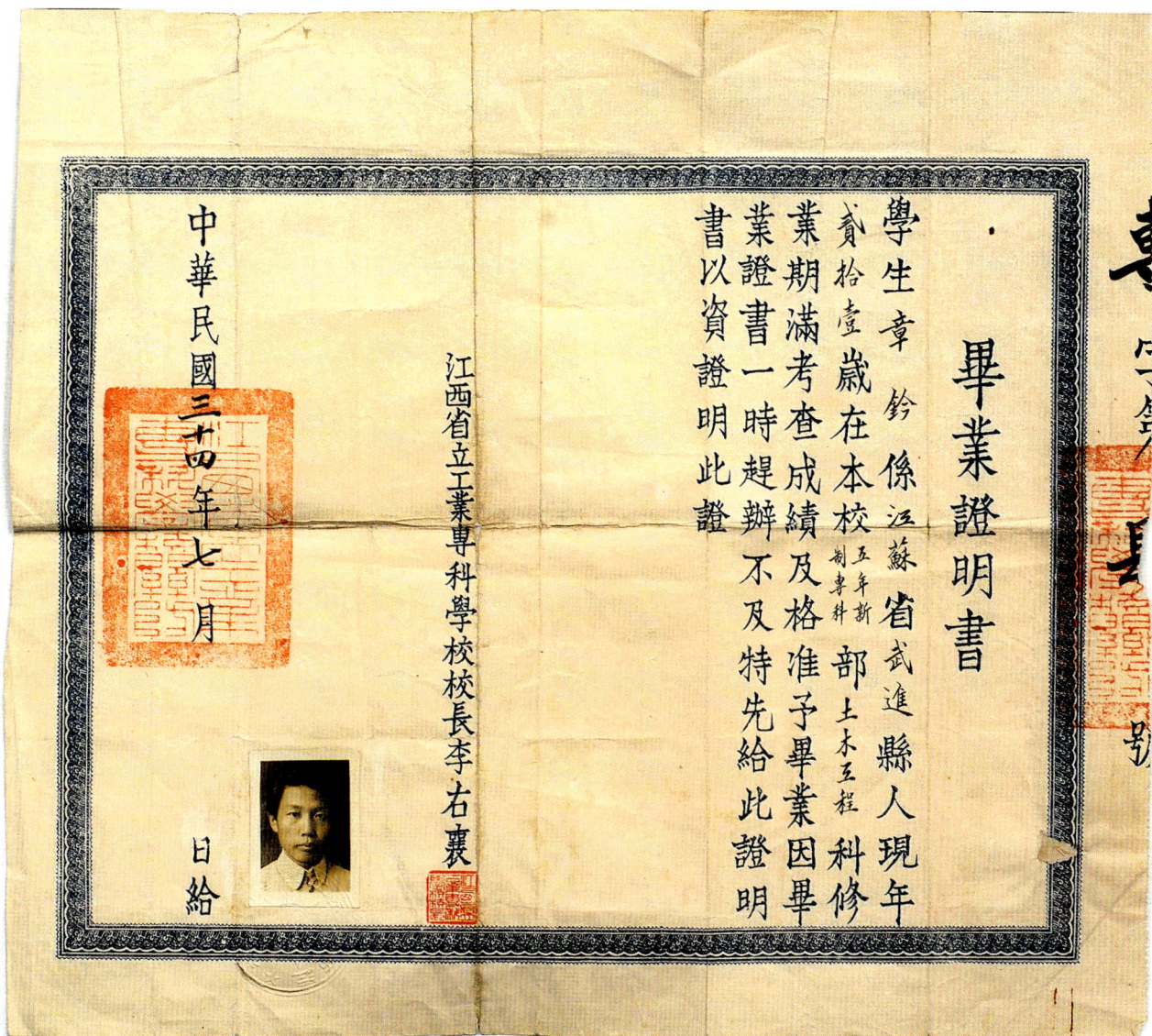

图录一七四　江西省立工业专科学校毕业证明书

八五、中正大学

1940年10月31日，国立中正大学在江西泰和开学，校长胡先骕。设文、理、法、工、农5学院9系。1945年迁往南昌。1949年8月，中正大学与江西省立工业、农业、水利等5个专科学校合并，组建南昌大学。1953年南昌大学撤销。

图录一七五：国立中正大学临时毕业证明书　民国三十六年（1947）

纸本。高30厘米，宽38厘米。黑线条框边。此件系文法学院经济学系学生范橘晖（福建长汀县人，25岁）修业期满、成绩及格特给的临时毕业证明书。证书偏左侧署教育部督学、代理国立中正大学校务吴兆棠，钤正方形"国立中正大学校长"朱文印（1.7×1.7厘米）；上方贴有范橘晖毕业照，打盖"南昌国立中正大学"圆形钢戳；靠左侧边框为颁证日期"中华民国三十六年七月"，钤长方形朱文"国立中正大学关防"（9×6厘米）。证书编号"正字第肆零伍零号"。此证有效期为一年，领取毕业证书时缴销。

吴兆棠（1905—1964），字昭说，安徽休宁人。毕业于上海同济大学德文科，旋即东渡，入日本早稻田大学政治经济学部。1934年奉派德国研究教育及考察青年组训；同年入柏林大学哲学研究院教育研究所研习。1938年获柏林大学博士学位。回国后，任国民党中央训练团教务组组长兼国立中正大学教育系教授。1946年任教育部特设南京临时大学教务长。1947年春，任教育部简任督学；同年4月，任南昌国立中正大学代理校长。1949年去台湾。

臨時畢業證明書

學生范橘暉係福建省市長汀縣人

現年二十五歲在本校文法學院 經濟

學系修業期滿成績及格特給臨時畢業

證明書以資證明此證

附註 本證明書有效期間為壹年應於
領換畢業證書時繳銷

教育部督學 吳兆棠
代理國立中正大學校務

中華民國三十六年七月 日

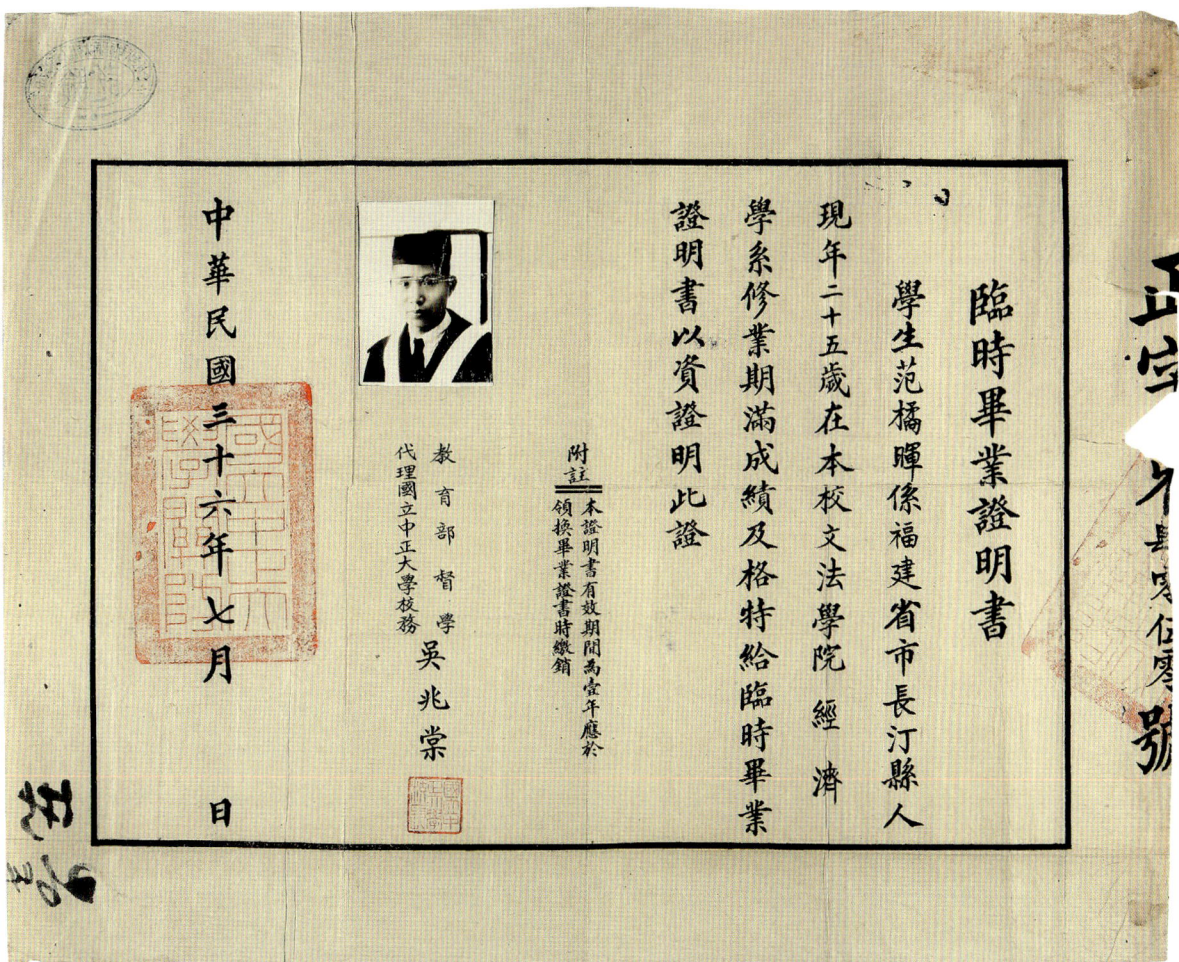

图录一七五　国立中正大学临时毕业证明书

八六、南昌大学

南昌大学是江西师范学院的前身，于1949年8月以国立中正大学为基础，先后并入江西省立工业专科学校、农业专科学校、体育师范专科学校、水利专科学校和兽医专科学校组建的。设文法、理、工、农4学院16系8个专科。1951年南昌大学增设师范部。1952年全国高等院系调整后，1953年南昌大学撤销，在旧址重组江西师范学院。1983年改称江西师范大学。

又，1958年5月，在南昌组建江西大学。1993年以江西大学为基础，重建南昌大学。至今发展成为拥有文、理、法、工、医等学院的多学科综合性大学。

图录一七六：南昌大学毕业证书　1950年

纸本。高39厘米，宽45.5厘米。红粗细双线条框边，以黄色花卉图案作证书底色，并刊有美术体"为人民服务"五个大字。此件系农学院农艺学系学生张国荃（江西安义县人，29岁）肄业四年期满、成绩及格、准予毕业的毕业证书。证书正中钤正方形朱文"南昌大学印"（6×6厘米），署南昌大学校务委员会主任委员刘乾才，钤正方形朱文"刘乾才印"（1.5×1.5厘米）；农学院院长杨惟义，钤正方形"杨惟义"朱文印（1.4×1.4厘米）。偏左侧上方贴有张国荃半身照片，打盖"国立南昌大学"圆形钢戳；靠左侧边框为毕业日期"公历一九五〇年七月"，钤正方形朱文"中南军政委员会教育部之印"（6×6厘米）。证书编号"南大字第壹叁零号"。

证书背面为张国荃历年各科成绩表。四学年共修30门课。第一学年（1946年度）学业总平均成绩77.51分。第二学年（1947年度）学业总平均成绩80.58分。第三学年（1948年度）学业总

畢業證書

學生張國荃係江西省安義縣人現
年二十九歲在本校農學院農藝
學系肄業四年期滿成績及格准
予畢業此證

南昌大學

農學院院長楊惟義

校務委員會
主任委員劉乾才

公曆一九五〇年七月　日

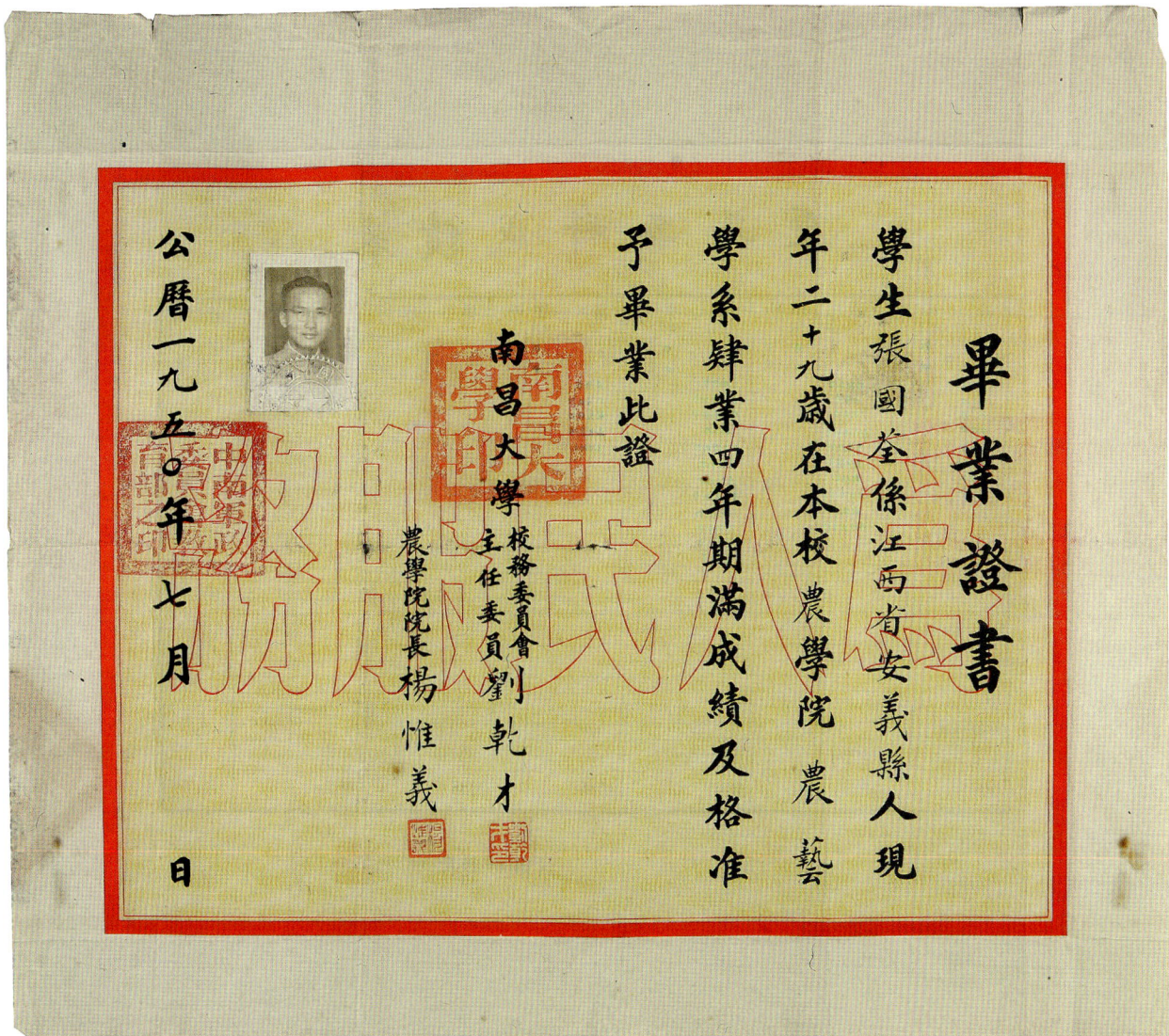

图录一七六（1）　南昌大学毕业证书（正面）

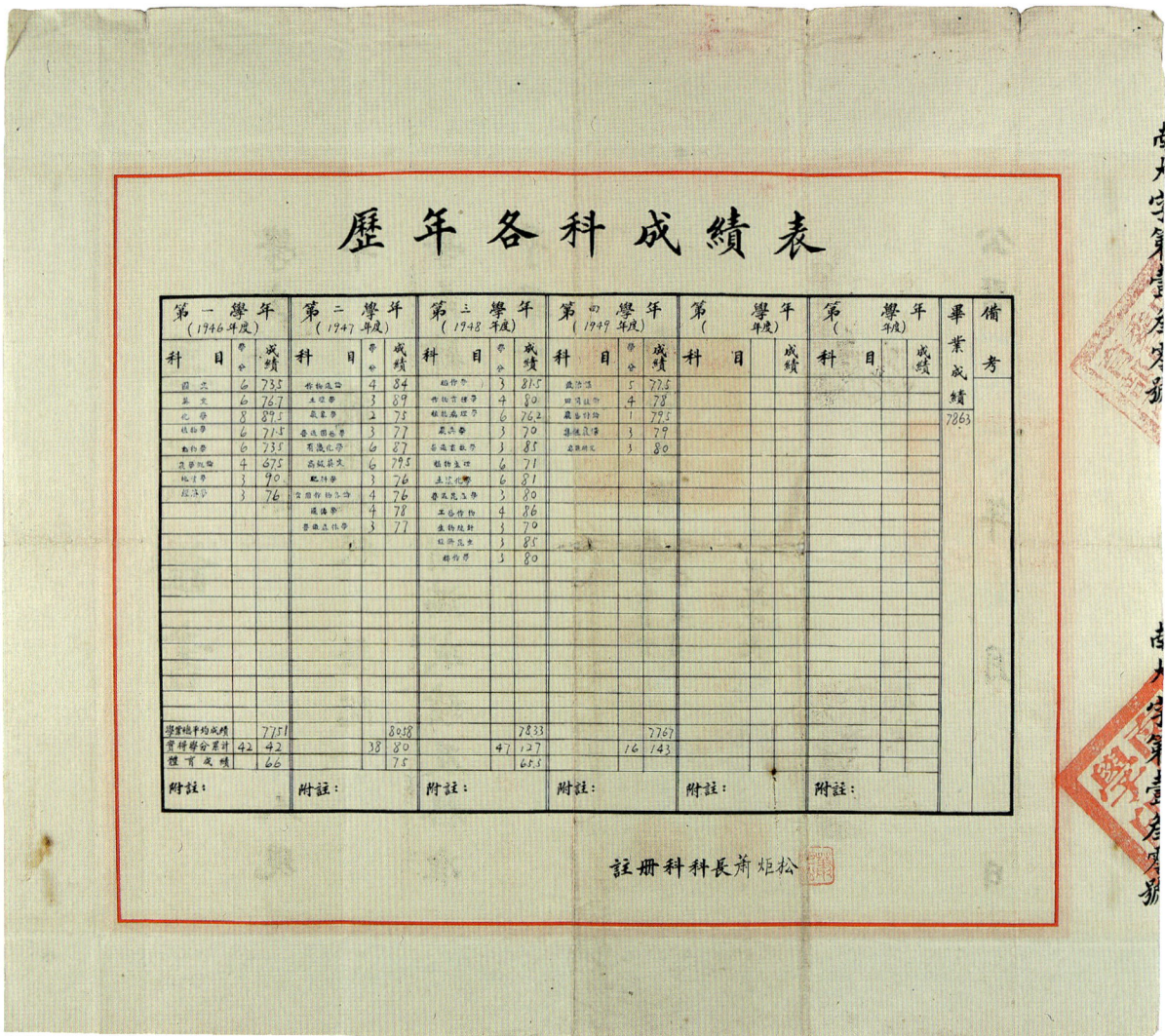

歷 年 各 科 成 績 表

第一學年 (1946年度)		第二學年 (1947年度)		第三學年 (1948年度)		第四學年 (1949年度)		第 學年 (年度)		第 學年 (年度)		備考
科目 學分	成績	科目 學分	成績	科目 學分	成績	科目 學分	成績	科目 學分	成績	科目 學分	成績	畢業成績
國文 6	73.5	植物生理 4	84	组织學 3	81.5	政治學 5	77.5					78.63
英文 6	76.7	土壤學 3	89	市村行怔学 4	80	田間技術 4	78					
化學 8	89.5	農業學 2	75	植物病理學 6	76.2	農業經济 4	79.5					
植物學 6	71.5	普通園艺學 3	77	昆蟲學 3	70	作物育種 3	79					
动物學 6	73.5	有機化學 6	87	農業氣象學 3	85	農業研究 3	80					
農學概論 4	67.5	高級英文 6	79.5	植物生理 6	71							
地質學 3	90	經济學 3	76	土壤化學 6	81							
經济學 3	76	應用作物生态 4	76	春玉米生怔 3	80							
		遗传學 4	78	工藝作物 4	86							
		普通遗传學 3	77	生物統計 3	70							
				經济作物 3	85							
				栽作學 3	80							
學業總平均成績	77.51		80.58		78.33		77.67					
實得學分累计 42	42	38	80	47	127	16	143					
體育成績	66		75		65.5							
附註:		附註:		附註:		附註:		附註:		附註:		

註册科科長 萧炬松

图录一七六（2） 南昌大学毕业证书（背面）

平均成绩78.33分。第四学年（1949年度）学业总平均成绩77.67分。张国荃实得学分累计143学分，毕业成绩78.63分。

刘乾才（1902—1994），江西宜丰县人。早年留学美国，专攻电机，获普渡大学硕士学位。回国后，历任湖南大学教授，中正大学机电系教授兼主任。1950年2月出任南昌大学校务委员会主任委员。1953年南昌大学撤销，调任华中工学院任副院长，1980年任顾问。

山 东

八七、齐鲁大学（山东基督教共合大学）

1. 山东基督教共合大学广文学堂

山东基督教共合大学广文学堂是齐鲁大学的前身，1904年由美国北长老会在登州办的文会馆与英国浸礼会在青州办的广德学堂合并组成的。校址在潍县东郊乐道院。

图录一七七：山东基督教共合大学广文学堂毕业文凭　宣统三年（1911）

纸本。高76厘米，宽52厘米。文凭上方刊"山东基督教共合大学"校名。此件系广文学堂学生潘天爵（青州府安邱县人）完成本学堂六年文理学科课程给予的毕业文凭。该生成绩为"上上"等。文凭右侧下方署代理馆主蔡方特（W.P.Chaefaut手签）；左侧署三位教员的手签（外文）。左侧下方打盖"山东基督教共合大学"火漆印记（直径7.5厘米）。

该文凭虽未注明颁证日期为宣统何年，但从潘天爵光绪三十二年（1906）入学，并学完6年课程来推算，毕业日期应是宣统三年（1911）。

广文学堂大学部的课程主要有两大类：圣道文学和天化格算。具体有：四书五经、策论经义、中国史记、万国通鉴、福音合参、天道溯源、省身指掌、救世之妙、是非学、心灵学、富国策、圆锥曲线、微积分、代数学、天文学、地理学、地理志、地石学、测量学、化学、文学、乐法、体操等。

SHANTUNG CHRISTIAN UNIVERSITY

College of Arts and Science

This Diploma certifies that Pan Tun Djueh has completed the course of study required in this College for graduation in Arts and Science

廣文學堂文憑

山東基督教共合大學設
廣文學堂於濰邑專以道
德實學教育人才今有山東
省青州府安邱縣潘天爵
按本學堂六年課程學完
考准理合給予文憑以示
獎勵

教員

Harold G Whitcher
Horace E Chandle
J. J. Heeren

宣統　年　月　日

西歷千九百　年　月　日

舘主

Wm P. Chalfant
(Acting) President.

图录一七七　山东基督教共合大学广文学堂毕业文凭

图录一七八：山东基督教共合大学广文学堂专科毕业文凭　民国初年

纸本。高76厘米，宽52厘米。文凭上方刊"山东基督教共合大学"校名。此件系广文学堂化学专科学生潘天爵学完考准化学专科学程给予的化学专科毕业文凭。

这是一张潘天爵未曾领取的空白文凭。因为既无学董、馆主和教员的签字，也没有该校钢戳和打盖火漆的痕迹，更无民国初年颁证的具体日期。潘氏于1911年毕业后，转入该校化学专科学习，学习二至三年，从时间上来推算，其化学专科毕业应是中华民国三年（1914）前后。

图录一七八　山东基督教共合大学广文学堂专科毕业文凭

2. 齐鲁大学

　　1917年，潍县广文学堂、青州共合神道学堂迁至济南并入共合医道学堂，组成基督教齐鲁大学，由美、英、加（拿大）等十几个差会共同参与管理。是年9月新校正式开学。至20世纪20年代，学校设有文学院、工学院和神学院。1931年设有文、理、医3学院9系。抗战爆发后，内迁四川成都。1946年迁回济南。1951年由人民政府接管。1952年院系调整时被撤销，分别并入山东大学、山东师范学院和山东医学院。原校址划归山东医学院使用。

　　图录一七九：基督教齐鲁大学毕业证书　民国十九年（1930）

　　纸本。高44.7厘米，宽41厘米。证书上方刊"基督教齐鲁大学"校名。此件系医科学生陈尚海（湖北随县——今随州市曾都区人，26岁）修业期满、成绩及格、准予毕业的毕业证书（补

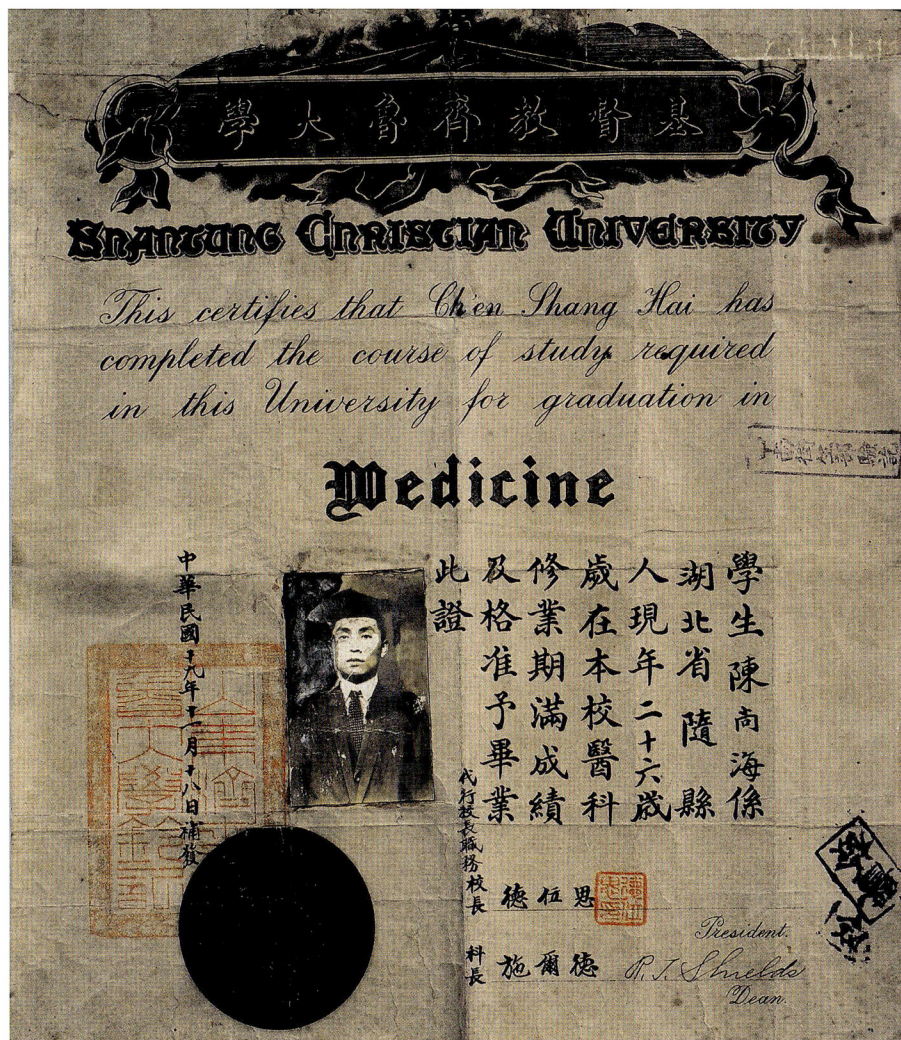

图录一七九　基督教齐鲁大学毕业证书

发）。证书正中偏右侧下方署代理校长德位思，钤正方形朱文"德位思印"（1.2×1.2厘米）；科长施尔德R. T. Shields手签（施尔德1877年出生，是美国南长老会传教医师。1905年来中国，始在苏州工作，后任齐鲁大学医学院教授兼医科系主任。卒于1958年）。左侧下方为证书补发日期"中华民国十九年十一月十八日补发"，钤长方形朱文"山东济南齐鲁大学钤记"（9.6×6.7厘米）。证书左下侧贴有陈尚海毕业照及打盖"基督教齐鲁大学"火漆印记（直径6.5厘米）。

图录一八〇：齐鲁大学文理科修业证书
民国十八年（1929）

纸本，齐鲁大学文理科用笺。高27.4厘米，宽21.3厘米。此件系文理科生物系学生庄灿章（福建惠安人，23岁）肄业一年的修业证书。证书正中署齐鲁大学代理文理科长胡约瑟，钤正方形朱文"胡约瑟印"（1.1×1.1厘米）；左侧为开具修业证书日期"中华民国十八年六月二十七日"，钤长方形朱文"山东济南齐鲁大学文理科印"（8×5厘米）。

附：民国十八年七月十九日齐鲁大学文理科长胡约瑟致金陵大学农科注册处信函。这是一件齐鲁大学推荐庄灿章于秋季转入金大农科的介绍信。信函由齐大文理科长胡约瑟亲笔签发。

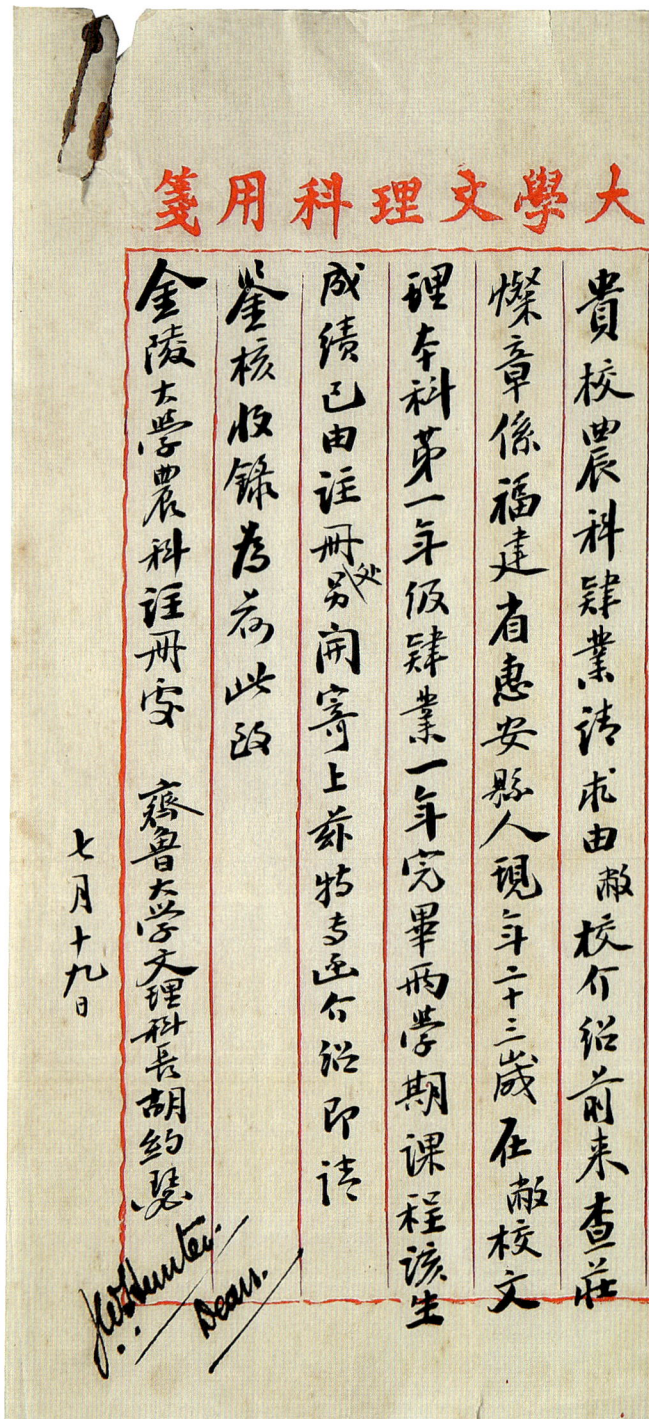

SHANTUNG CHRISTIAN UNIVERSITY
TSINAN, CHINA

THE SCHOOL OF ARTS AND SCIENCE

Office of the Dean   Tsinan

修業證書

莊燦章福建惠安人現年二十三歲於

民國十七年秋季考入本校文理本科生物

系第一年級肄業一年功課完畢特

此證明

齊魯大學代理文理科長胡約瑟

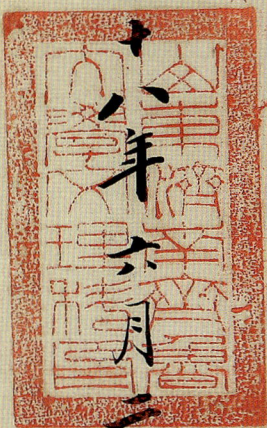

民國十八年六月二十七日

图录·一八〇　齐鲁大学文理科修业证书（附胡约瑟致金陵大学农科注册处函）

八八、山东大学

1901年建立山东大学堂于济南。1904年改称山东高等学堂，1905年开办正科班。1912年改为山东高等学校。1914年停办。

1926年8月，省立山东大学建立，系由工专、农专、商专、矿专、法专、医专等校合并组成。校长王寿彭。1928年改为国立山东大学。1929年，私立青岛大学撤销并入。1930年迁到青岛，改名国立青岛大学，校长杨振声。1932年恢复国立山东大学名称，校长赵太侔。设文理和工、农3个学院。1937年迁往四川。

1946年在青岛恢复，设文、理、工、农、医5个学院。1951年，华东大学撤销并入。1952年改建为以文理科为主的综合性大学。山东大学后迁校址于济南。

图录一八一：山东大学临时毕业证明书　1951年

纸本。高27厘米，宽34.6厘米。黑细双线条框边。此件系农学院农艺系学生陈汇海（山东威海市人，25岁）肄业四年期满、考查成绩及格、准予毕业的临时毕业证明书。证书正中署山东大学校长华岗，钤正方形"华岗"朱文印（1.5×1.5厘米）；副校长童第周，钤正方形朱文"童第周印"（1.5×1.5厘米）；副校长陆侃如，钤正方形朱文"陆侃如印"（1.5×1.5厘米）。左侧上方贴有陈汇海半身照片，打盖"山东大学"圆形钢戳；靠左侧边框为颁证日期"公历一九五一年七月"，钤正方形朱文"山东大学印"（5.9×5.9厘米）。证书编号为"临字第壹壹陆号"。左框外附注："（1）在正式毕业证书颁发后，临时毕业证明书作废；（2）凭临时毕业证明书换领正式毕业证书。"

华岗（1903—1972），历史学家。原名少峰，字西园，浙江衢县（今衢州市）人。1925年

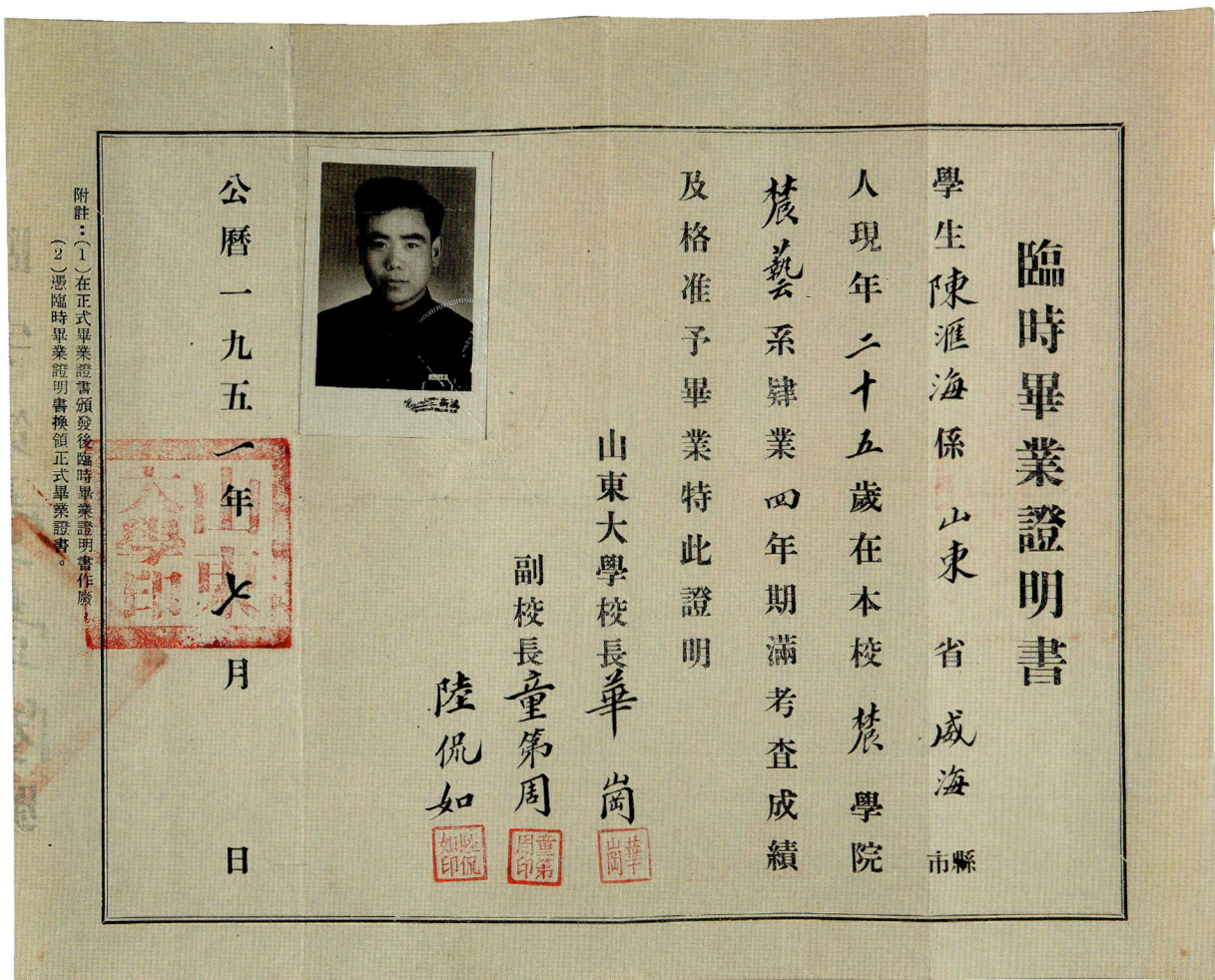

临時畢業證明書

學生陳澁海係山東省威海市縣人現年二十五歲在本校農學院農藝系肄業四年期滿考查成績及格准予畢業特此證明

山東大學校長華崗

副校長童第周

陸侃如

公曆一九五一年七月　日

附註：（1）在正式畢業證書頒發後臨時畢業證明書作廢。
（2）憑臨時畢業證明書換領正式畢業證書。

图录一八一　山东大学临时毕业证明书

加入中国共产党。第一次和第二次国内革命战争时期，历任浙江、江苏、顺直（今河北）等省团委书记、团中央宣传部长、中共中央组织局宣传部长等职。抗战爆发后，曾任《新华日报》总编辑、中共南方局宣传部长。中华人民共和国成立后，任山东大学教授、校长兼党委书记。创办《文史哲》杂志，并任社长。著有《中国民族解放运动史》、《太平天国革命战争史》、《苏联外交史》、《自然科学发展史略》等。

图录一八二：山东大学毕业证书　1951年

纸本。高39.5厘米，宽45.4厘米。红粗细双线条框边，以黄色花纹图案作证书的底色，并刊有美术体"为人民服务"五个大字。此件系农学院农艺系学生陈汇海（山东威海市人，25岁）肄业四年期满、成绩及格、准予毕业的毕业证书。证书右侧下方为验印日期"公历一九五一年十一月，华东军政委员会教育部验发"；正中钤正方形朱文"山东大学印"（5.9×5.9厘米），署山东大学校长华岗（签名章）、副校长童第周（签名章）、副校长陆侃如（签名章）、农学院院长陈瑞泰（签名章）；左侧上方贴有陈汇海半身照片，打盖"山东大学"圆形钢戳；靠左侧边框为毕业日期"公历一九五一年七月"，钤正方形朱文"华东军政委员会教育部印"（6×

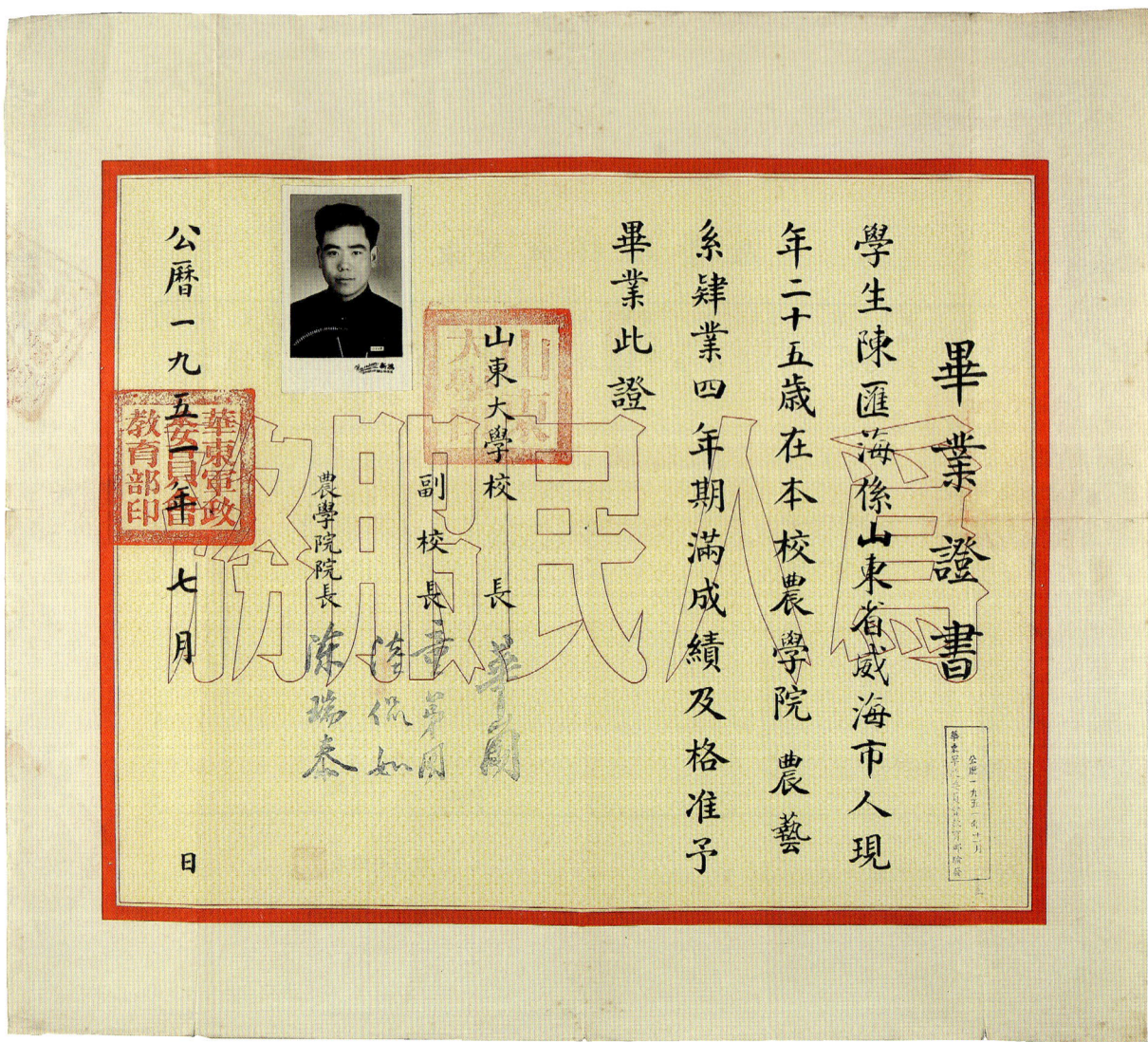

图录一八二（1）　山东大学毕业证书（正面）

歷 年 各 科 成 績 表

图录一八二（2）　山东大学毕业证书（背面）

6厘米）。华东军政委员会教育部验印编号"东教大字第陆壹肆号"，山东大学证书编号"山字第壹壹柒号"。

证书背面为陈汇海历年各科成绩表。第一学年（1947年度）学业总平均成绩65.2分；第二学年（1948年度）学业总平均成绩74.1分；第三学年（1949年度）学业总平均成绩75.87分；第四学年（1950年度）学业总平均成绩72.5分。陈汇海实得学分累计156学分、毕业成绩71.9分。

八九、山东农学院

　　山东农学院的前身是1906年创建于济南的山东高等农林学堂。1912年，改称高等农业专门学校。1915年，定名山东公立农业专门学校。1926年，成为山东大学农科。1928年，划为青岛大学农学院。1946年，山东大学农学院在青岛大学复校，设农艺、园艺、水产3个系。

　　1947年在济南原农专校址重建山东省立农学院。1948年济南解放后，山东农林专科学校并入。1950年定名山东农学院。1952年院系调整后，重组山东农学院。1958年，迁校于泰安。1983年，改名山东农业大学。

图录一八三：山东农学院修业证明书　1950年

纸本。高34厘米，宽33.7厘米。蓝色双层宽带花纹图案框边。此件系森林专修班学生李秀章（山东齐东县人，19岁）修毕第一学年第一学期的修业证明书。证书右侧下方为证书编号"农字第叁拾伍号"；偏左侧署副院长华山（签名章）；靠左侧边框为颁证日期"公历一九五〇年十二月十五日"，钤正方形朱文"山东农学院"（6×6厘米）。

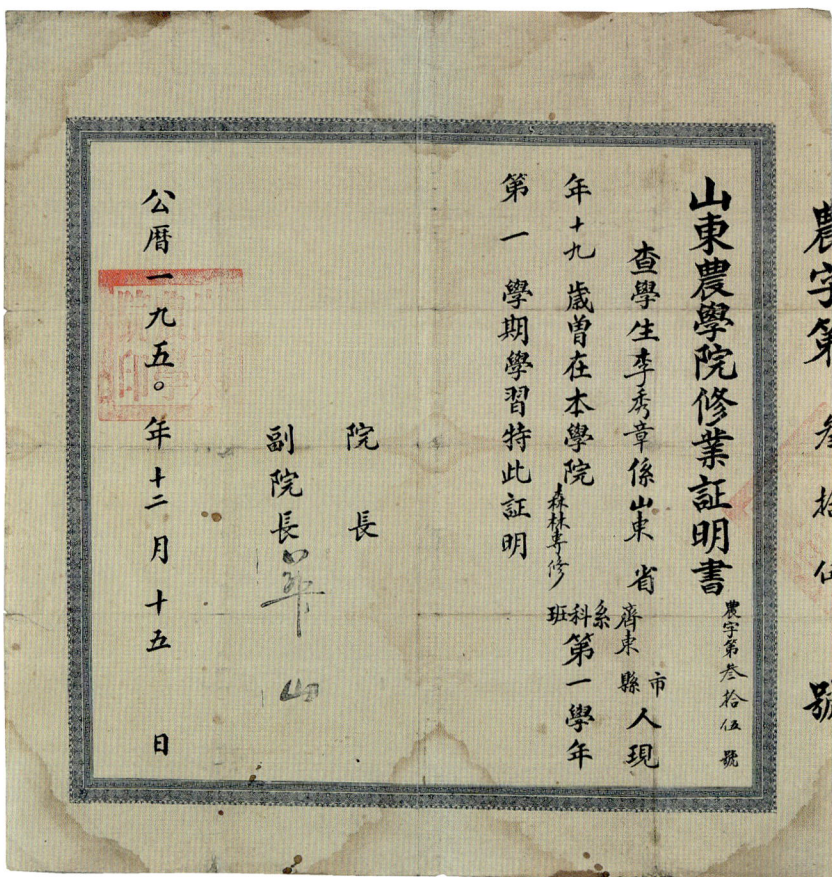

图录一八三　山东农学院修业证明书

河 南

九○、河南大学

河南大学的前身是留学欧美预备学校，1912年在开封贡院旧址开学。创办人是当时河南的教育家林伯襄。1922年改建为中州大学，校长张鸿烈。1927年，更名河南省立中山大学。1930年又改称省立河南大学，校长李敬斋。后设文、理、法、农、医5学院16系。1937年后迁鸡公山、镇平、嵩县和荆紫关。1942年改为国立河南大学，时任校长王广庆。校训"明德、新民，止于行善"。1945年一度迁陕西宝鸡，不久就回迁开封，时任校长田培林。设文、理、法、工、农、医6学院，共有学生1990人。1948年曾一度迁江苏苏州。1949年迁回开封，重组文教、农、医和行政4个学院。1953年河南大学与平原师范学院合并，定名河南师范学院。1956年改名开封师范学院。1979年又改名河南师范大学。1984年恢复河南大学名称。

图录一八四：河南省立河南大学毕业证明书　民国二十五年（1936）

纸本。高26厘米，宽26.8厘米。黑粗细双线条框边。此件系文学院社会学系学生张运增（河南滑县人，25岁）修业期满、成绩及格给予的临时毕业证明书。证书偏左侧署注册主任张松涛，钤正方形朱文"张松涛印"（1.6×1.6厘米）；教务长孙德中，钤正方形朱文"孙德中印"（1.2×1.2厘米）。右上方贴有国民政府印花税票三枚（每枚面值贰角）、左上方贴有张运增半身照片，打盖"河南省立河南大学"圆形钢戳；靠左侧边框为颁证日期"中华民国二十五年七月二十日"，钤长方形朱文"河南省立河南大学关防"（8.5×5.6厘米）。证书编号"毕字第伍捌壹号"。

河南省立河南大學畢業證明書

學生張運增年二十五歲係河南省

滑縣人在本校文學院社會學

系修業期滿於二十五年六月考

試畢業各科成績及格特此證明

中華民國二十五年七月二十日

教務長孫德中

註冊主任張松濤

圖錄一八四　河南省立河南大学毕业证明书

图录一八五　河南省立河南大学毕业证书

图录一八五：河南省立河南大学毕业证书　民国二十七年（1938）

纸本。高39.3厘米，宽49.7厘米。黑宽带花纹图案框边，上方中间设孙中山头像，左右两旁为中华民国国旗和中国国民党党旗。此件系文学院教育学系学生李耀卿（湖北钟祥县人，25岁）修业期满、成绩及格、准予毕业并授予教育学士学位的毕业证书。证书正中钤长方形朱文"国立河南大学关防"（8.8×6厘米），署河南省立河南大学校长刘季洪，钤正方形"国立河南大学校长"朱文印（1.8×1.8厘米）；文学院院长萧一山，钤正方形朱文"河南大学文学院院长章"（2.2×2.2厘米）。偏左侧上方贴有国民政府印花税票一枚（壹圆），下方贴有李耀卿半身照片，打盖"河南省立河南大学"圆形钢戳；靠左侧边框为毕业日期"中华民国二十七年六月"，钤正方形朱文"教育部印"（7.4×7.4厘米）。左侧下角为教育部验印编号"大字第67952号"，验印日期"中华民国卅三年七月六日"。河南大学证书编号"毕字第叁拾捌号"。

证书左侧边框内下角钤有朱文声明："省立关防缴销，借用国立关防，特此声明。"李耀卿毕业时间是在民国二十七年（1938），而发证时间是在民国卅三年（1944），两者相差六年。在此期间，河南省立河南大学改为国立，而李氏是在省立河大期间毕业，应钤省立河大关防，但因河大由省立改为国立，省立关防已缴销，只能借用国立关防。

刘季洪（1904—1989），江苏丰县人。曾获美国华盛顿大学教育硕士、圣若望大学荣誉法学博士。1935年6月至1938年10月出任河南大学校长。后曾任国民政府教育部司长、西北大学校长等职。1949年去台湾后，先后任台湾师范大学教授兼教育系主任、台湾政治大学校长等职。

图录一八六：河南大学毕业证书　1951年

纸本。高38.6厘米，宽44.3厘米。红粗细双线条框边，黄色水波纹图案作证书底色，并刊有美术体"为人民服务"五个大字。此件系水利系学生何子淦（河南西华县人，30岁）肄业二年期满、成绩及格、准予毕业的毕业证书。证书正中署河南大学校长嵇文甫（签名章）、副校长张柏园（签名章）；偏左侧上方贴有何子淦半身照片，打盖"河南大学"圆形钢戳；靠左侧边框为毕业日期"公历一九五一年七月"，钤正方形朱文"中南军政委员会教育部印"（6×6厘

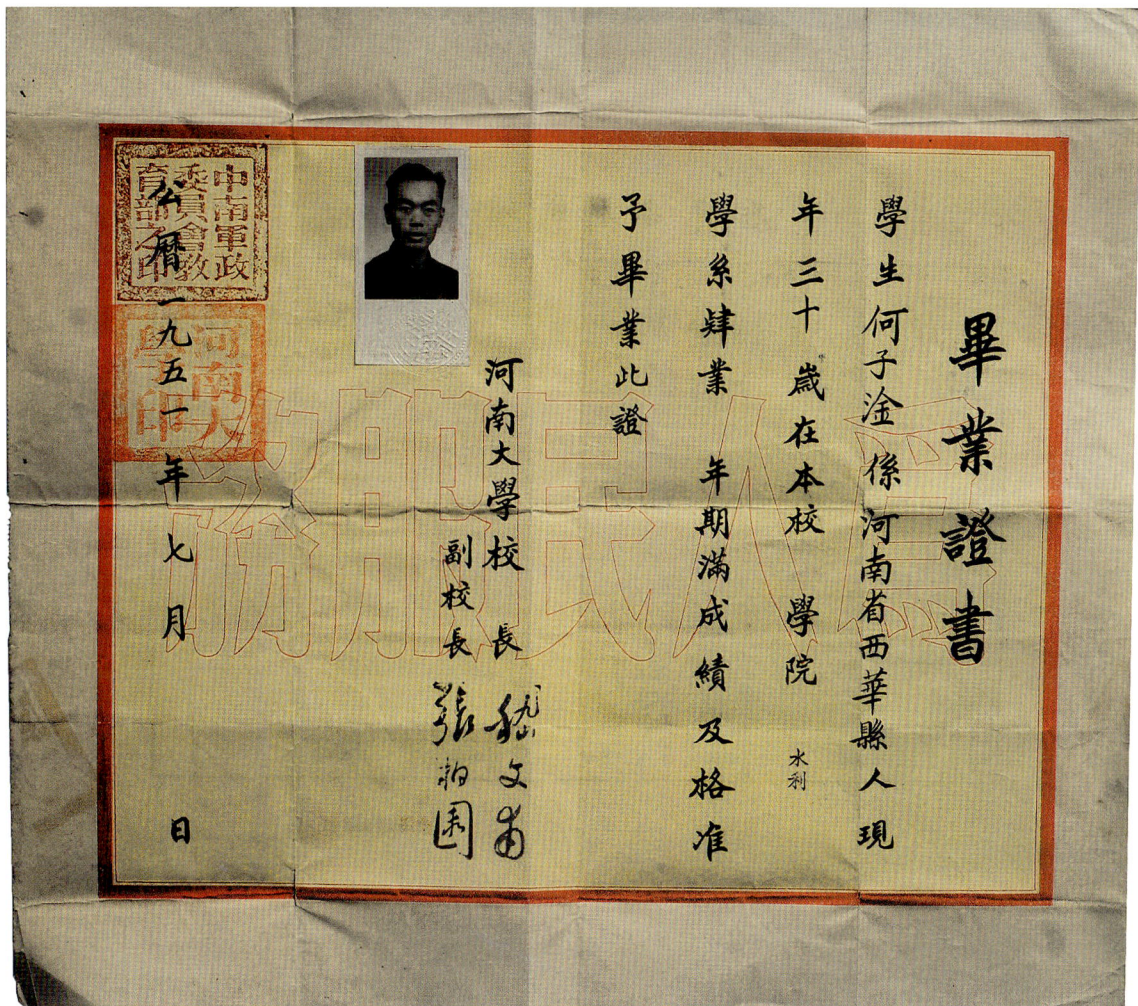

图录一八六（1）　河南大学毕业证书（正面）

图录一八六（2） 河南大学毕业证书（背面）

米）、钤正方形朱文"河南大学印"（5.9×5.9厘米）。证书编号"水字第叁柒号"。

证书背面为何子淦两个学年的成绩表。第一学年（1949年度）水利学、结构学、钢筋混凝土学、圬工基础学、水文学、测量学等课程，学业总平均成绩80.8分；第二学年（1950年度）河工学、曲线与土方、灌溉工程、钢筋混凝土计划、给水工程、土壤力学、筑路工程、水工设计学、结构设计学等课程，学业总平均成绩75.7分。毕业成绩应是78分。

嵇文甫（1895—1963），著名哲学家。原名嵇明，以字行，河南汲县（今卫辉市）人。1918年毕业于北京大学哲学系。1926年入苏联莫斯科中山大学学习。回国后，在北京大学、北京女子师范大学执教。曾任河南大学教授、文史系主任及文学院院长。1949年后，参与创办中原大学。1950年10月至1956年8月出任河南大学校长。为1955年中国科学院首批学部委员。1956年任郑州大学校长，并兼任河南省副省长等职。

嵇文甫教授在河南大学执教23年期间，致力于哲学史、中国政治思想史的研究，著作甚丰，在国内学界颇有影响。

九一、平原师范学院

河南大学理工学院是平原师范学院的前身。1950年，在新乡组建平原师范学院，院长赵纪彬。时新乡为新建平原省会，至1952年平原省建制撤销。1953年改为河南师范学院第二院，代院长嵇文甫。1956年改名新乡师范学院。1985年更名河南师范大学。

图录一八七：平原师范学院毕业证书　1952年

纸本。高39厘米，宽45.5厘米。红粗细双线条框边，黄色花格纹作证书底色，并刊有美术体"为人民服务"五个大字。此件系中国语文训练班学生杨元鼎（山东铜北县人，27岁）肄业期满、成绩及格准予毕业的毕业证书。证书正中钤正方形朱文"平原师范学院印"（6×6厘米），署平原师范学院院长赵纪彬（签名章）、中国语言系主任钱天起（签名章）。偏左侧上方贴有中华人民共和国印花税票四枚（每枚面值伍分），盖菱形朱文"花印"章；贴有杨元鼎半身照片，打盖"平原师范学院"圆形钢戳。靠左侧边框为毕业日期"公历一九五二年二月"，钤正方形朱文"中央人民政府教育部印"（7×7厘米）。证书编号"平训字第陆号"。

证书背面为杨元鼎学习四个月的各科成绩。共学习5门课：新民主主义论77分、文艺学77.6分、新文学史75分、中国语文概论78.6分、教材教法66分。学业总平均成绩75.28分、实得学分累计47学分。从学习的课程来看，学院举办各种短期训练班是为培训中学教员之需。

赵纪彬（1905—1982），著名哲学史家、教育家。河南内黄人。曾在复旦大学、东北大学、东吴大学、山东大学工作和任教。1949年后，历任山东大学校务委员会副主任、平原省政府秘书长、平原师范学院院长、中国科学院河南分院副院长、河南省政协副主席等职。

赵纪彬是平原师范学院的创始人之一。他对中国唯物史和无神论史有多年的研究和深湛的见解，出版哲学著作15种，300万字，发表有学术价值的论文120余篇。这些著述，在中国哲学界颇有影响。

畢業證書

學生楊元鼎係山東省銅北縣人現
年二十七歲在本院中國語文訓練
班肄業四個月期滿成績及格准
予畢業此證

平原師範學院院長
中國語文系主任

公曆一九五二年二月　日

歷年各科成績表

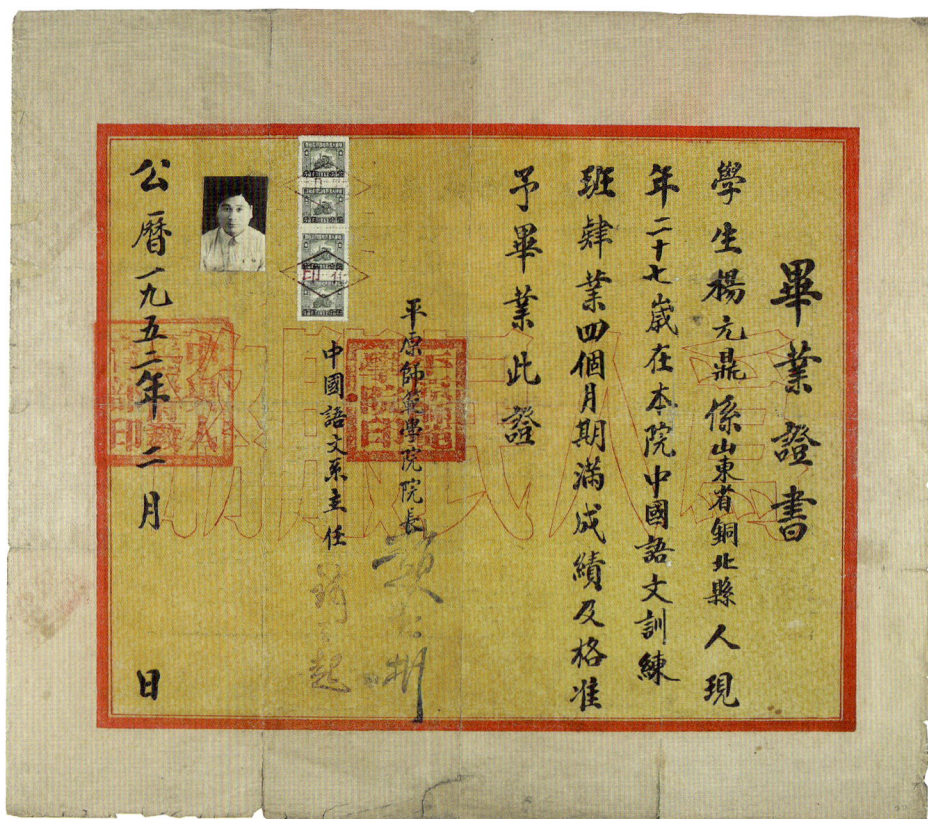

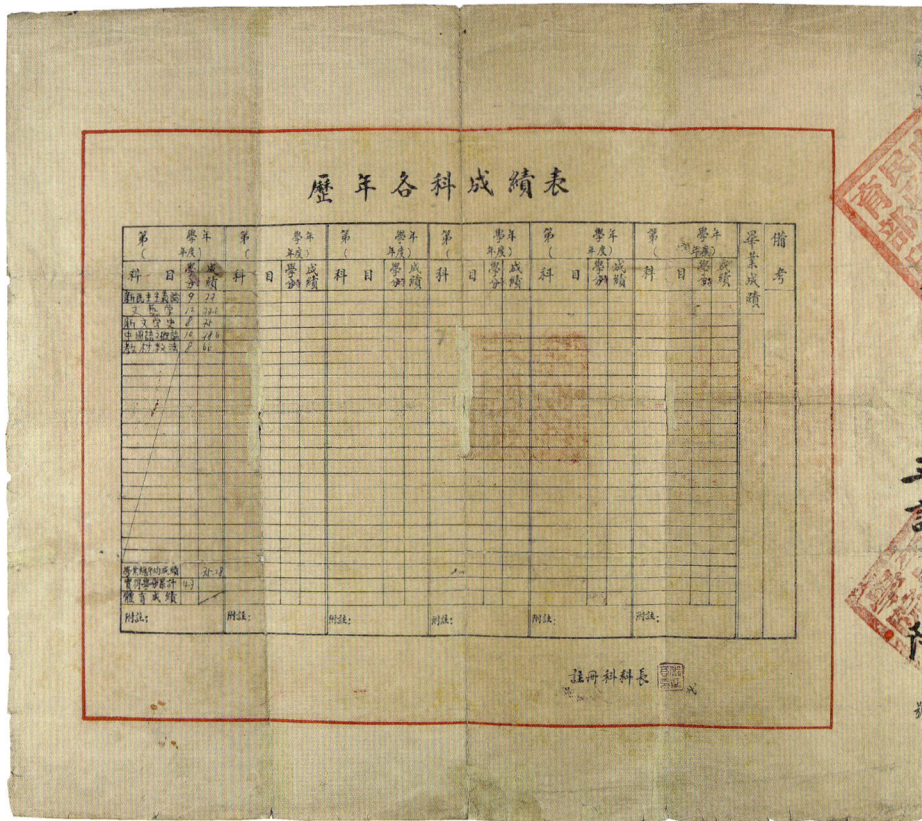

图录一八七　平原师范学院毕业证书（正、背）

湖 北

九二、武汉大学（武昌高等师范学校）

　　武汉大学创立于民国二年（1913），始名武昌高等师范学校，校长贺孝齐。设国文史地、英语、数学化学、博物地学4个部。1922年改为8个系。1923年改名为国立武昌师范大学。1924年又易名为武昌大学，校长石瑛。1926年组建国立武昌中山大学，设文、理、法、商、医、预科（文科部、理科部）等6科。1928年7月，原国立武昌中山大学改建为国立武汉大学，以风景秀丽的武昌珞珈山作为武大的新校址。1929年王世杰出任武大校长。1938年西迁四川乐山。抗战胜利后于1946年回迁武昌复校，时任校长周鲠生。设文、理、法、工、农、医6学院21个系和8个研究所，在校生1700多人，教师近300人，馆藏图书15万册。武汉大学成为"民国五大名校"之一。

　　中华人民共和国成立后，武汉大学受到党和政府的高度重视。党的"一大"代表、著名哲学家和经济学家、中国科学院首批学部委员李达教授担任校长，使武大的办学规模、教学质量和科研水平等方面都得到显著的提高。

1. 武昌高等师范学校

　　图录一八八：国立武昌高等师范学校毕业证书　民国十二年　（1923）

　　纸本。高38厘米，宽43厘米。黑宽带多层花纹图案框边，绿色花纹图案作证书底色，框内刊有篆书"国立武昌高等师范学校毕业证书"字样。此件系英语部学生张三元（江西吉水县人，24岁）修业期满、考查成绩及格、准予毕业的毕业证书。证书整版分上下两个版面，以横线为界，上为中文版，下为英文版。中文版上方边框外正中贴有中华民国印花税票一枚（面值伍角）；边框内正中钤长方形朱文"武昌高等师范学校之章"（9.2×5.6厘米）。偏下方署校长

图录一八八　国立武昌高等师范学校毕业证书

张继煦（签名），钤正方形朱文"张继煦印"（1.2×1.2厘米）；教务主任黄际遇（签名）；学系主任陈辛恒（签名）。颁证日期"中华民国十二年六月三十日"。英文版的内容与中文版相同，唯校长张继煦、教务主任黄际遇、学系主任陈辛恒的名字均以外文手签。

张继煦（1876—1956），字春霆，湖北枝江人。1902年赴日本留学，入弘文书院师范科。加入同盟会。入民国，历任湖北省立第一师范校长、北京政府教育部普通教育司司长、安徽教育厅厅长、武昌高等师范学校校长（1922—1924年）、湖北省通志馆总纂、国立湖北师范教务长兼国文系主任等职。

2. 武汉大学

图录一八九：国立武汉大学毕业证书　民国二十五年　（1936）

纸本。高40厘米，宽48.2厘米。蓝色花纹图案框边，上方中间设孙中山头像，左右两旁为中华民国国旗和中国国民党党旗。此件系法学院法律学系学生宋志伊（湖南沅陵县人，25岁）修业期满、成绩及格、准予毕业并授予法学士学位的毕业证书。证书右侧框内上方饰葵花形"武大"三彩徽章图案，下方为教育部验印编号"大字第30026号"及验印日期"中华民国廿五年九月卅日验讫"。正中钤长方形朱文"国立武汉大学关防"（9×6厘米），署国立武汉大学校长王星拱（签名章）；教务长皮宗石（签名章）；法学院院长杨端六（签名章）。左侧上方原贴有三枚国民政府印花税票已脱落，下方贴有宋志伊半身照片，打盖"国立武汉大学"圆形钢戳；靠左侧边框为毕业日期"中华民国二十五年七月"，钤正方形朱文"教育部印"（7.4×7.4厘米）。

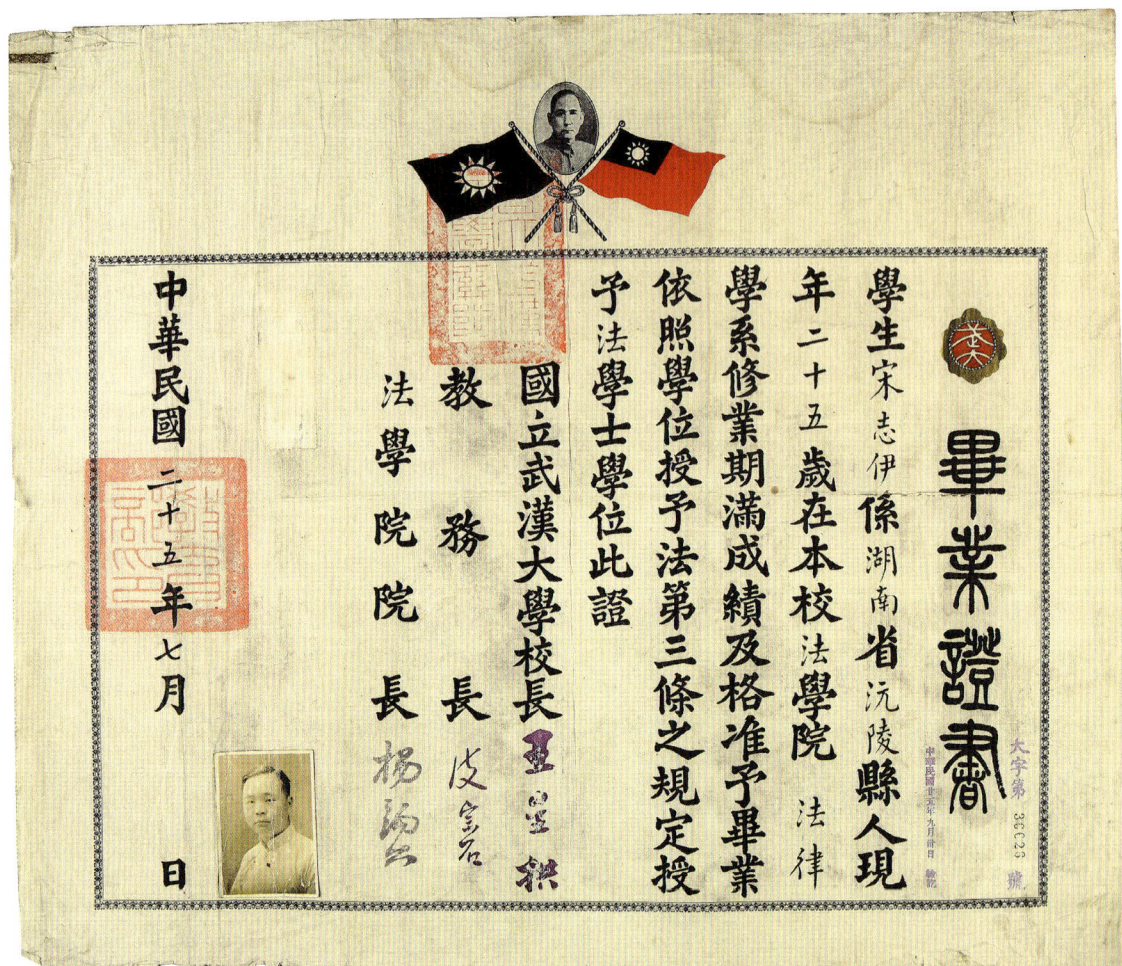

图录一八九　国立武汉大学毕业证书

王星拱（1887—1950），著名教育家、科学家。字抚五，安徽怀宁人。早年获英国伦敦理工大学硕士学位。1933年继王世杰之后，出任武汉大学校长历时12年，对武汉大学的发展，作出了巨大贡献。20年代末，武大初创时只有3个学院，到1936年扩大为文、法、理、工、农5个学院15个系和2个研究所，图书馆藏书14万册，教师约150人。尤其是学术研究，十分活跃。20年代"科学与玄学"的大论战中，王星拱作为科学派的代表，坚持"一切事物可知"、"科学可以解决人生观"的观点，在学术界影响很大。抗战爆发后，他主持武汉大学西迁四川乐山，在各高校搬迁中受损最小。在办学条件极度困难的条件下，招揽贤才，进行教学与科研，培养了一批英才。世人评论："武汉大学乐山时期的辉煌，王星拱当居首功。"

图录一九〇（1）：国立武汉大学毕业生临时证明书　民国二十九年（1940）

纸本。高33.5厘米，宽36.8厘米。黑粗细双线条框边。此件系工学院土木工程学系学生饶华梗（湖北广济县——今武穴市人，27岁）修业期满、成绩及格发给的临时毕业证明书。证书正

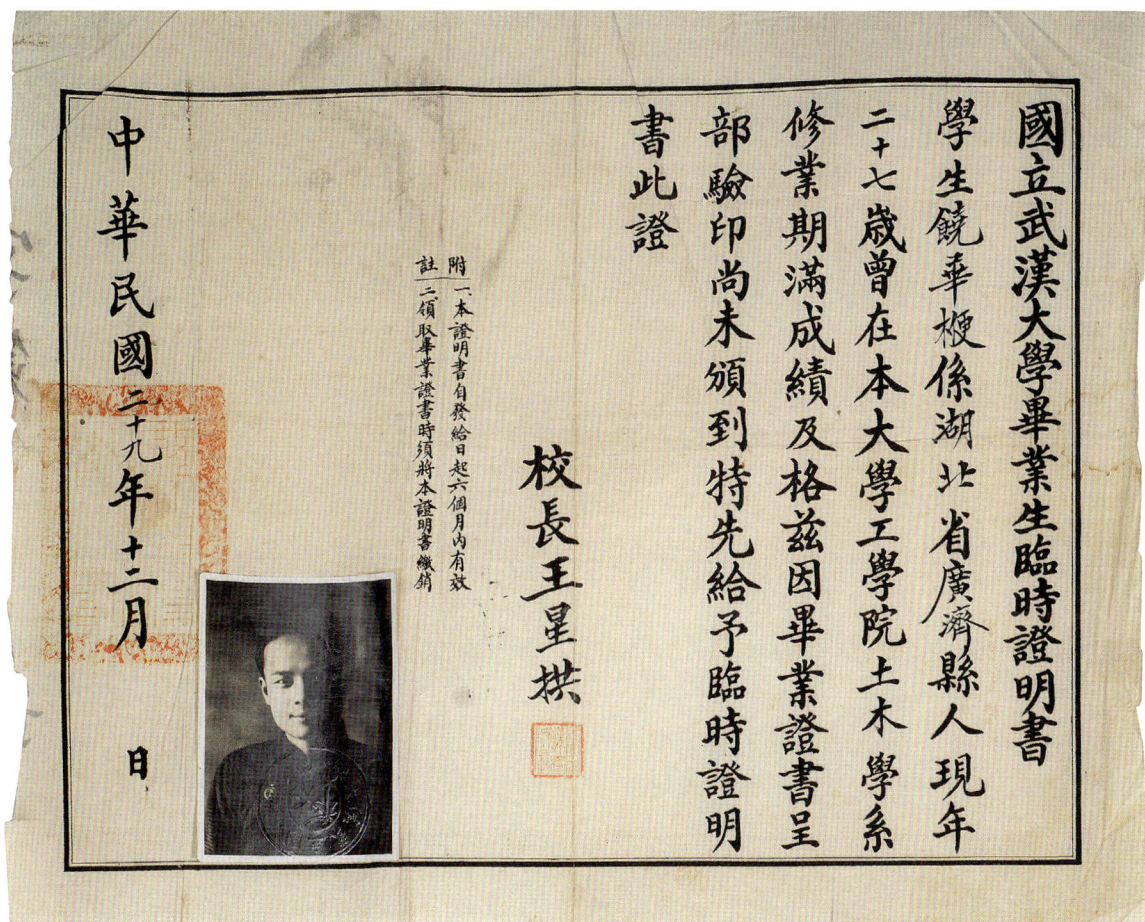

图录一九〇（1）　国立武汉大学毕业生临时证明书

中偏左署校长王星拱，钤正方形"国立武汉大学校长"朱文印（1.7×1.7厘米）；靠左侧边框为颁证日期"中华民国二十九年十二月"，钤长方形朱文"国立武汉大学关防"（9×6厘米）；左侧下方贴饶华梗半身照片，并打盖"国立武汉大学注册部"圆形钢戳。

附注：（1）本证明书自发给日起六个月内有效；（2）领取毕业证时须将本证明书缴销。

图录一九○（2）：国立武汉大学毕业证书　民国二十九年（1940）

纸本。高41.2厘米，宽46.2厘米。深蓝花纹图案框边，上方中间设孙中山头像，两旁为中华民国国旗和中国国民党党旗。证书右侧框内上方饰葵花形"武大"三彩徽章图案。此件系工学院土木工程学系学生饶华梗（湖北广济县——今武穴市人，27岁）修业期满、成绩及格、准予毕业并授予工学士学位的毕业证书。证书正中偏左钤正方形朱文"国立武汉大学关防"（9×6厘米），署国立武汉大学校长王星拱（签名章）；教务长曾瑊益（签名章）；工学院院长邵逸周（签名章）。左侧上方贴国民政府印花税票一枚（壹圆），加盖椭圆形"国立武汉大学教务处"蓝印章，下方贴饶华梗半身照片，打盖"国立武汉大学注册处"圆形钢戳；靠左侧边框为毕业日期"中华民国二十九年七月"，钤正方形朱文"教育部印"（7.4×7.4厘米）；左侧下角为教育部验印编号"大字第65578号"及验印日期"中华民国卅二年拾月拾伍日验讫"。

上述两张证书均同属毕业资格证件。临时毕业证明书的颁证日期是民国二十九年（1940）十二月，并规定此证明书的有效期为半年。实际情况是正式毕业证书的颁证时间为民国三十二年十月十五日，两者间隔两年零九个月。据此，临时毕业证明书的有效期作半年的规定，在抗战的特殊情况下，显然不切实际。

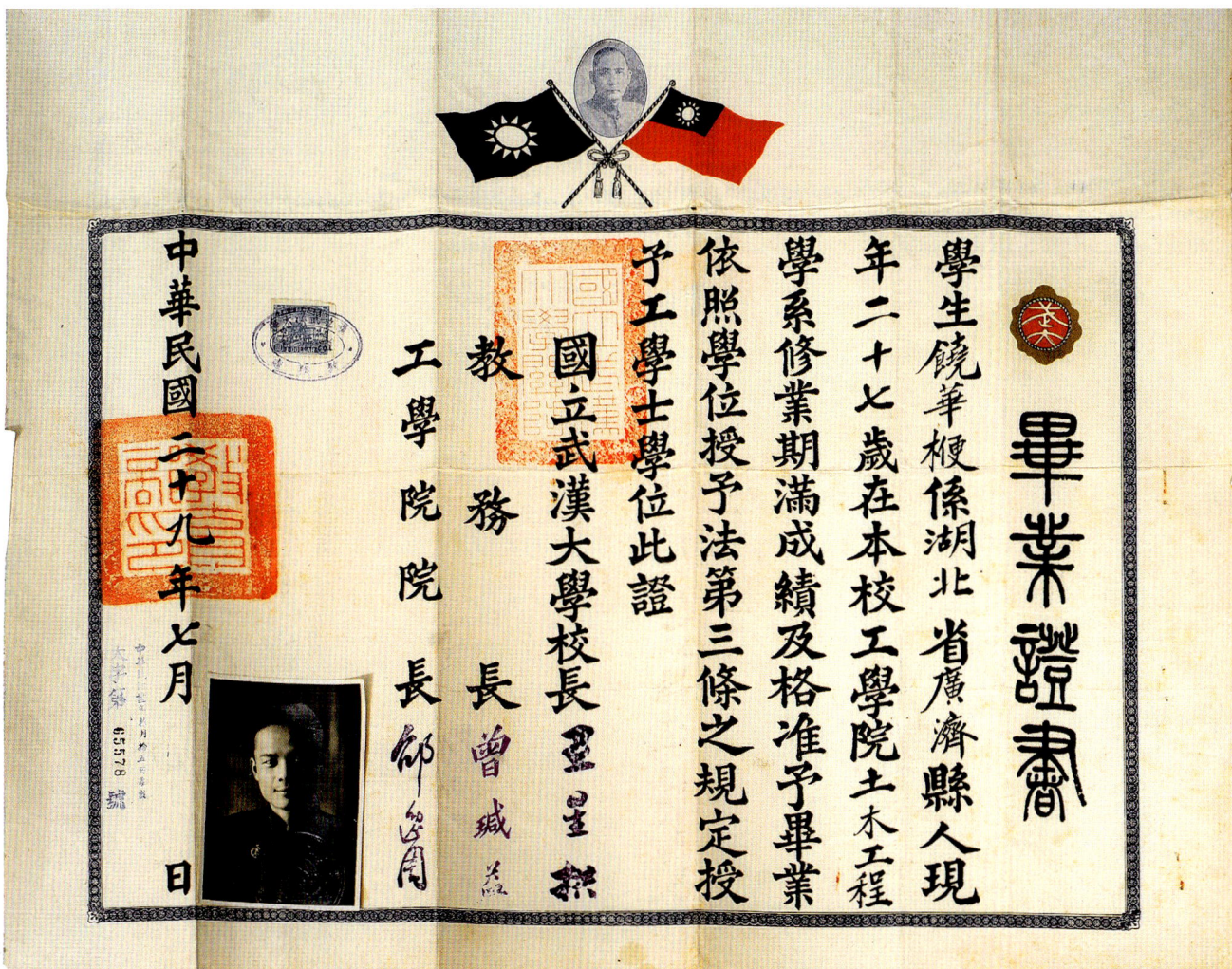

畢業證書

學生饒華梗係湖北省廣濟縣人現
年二十七歲在本校工學院土木工程
學系修業期滿成績及格准予畢業
依照學位授予法第三條之規定授
予工學士學位此證

國立武漢大學校長王星拱

教務長曾璥

工學院院長邵逸周

中華民國二十九年七月　　日

大字第
65578
號

九三、湖北教育学院

1930年，湖北省立乡村师范学院在武昌建立。1931年改名湖北省立教育学院，设2系3科。1941年，在湖北战时省会恩施重建湖北省立教育学院，院长张伯谨。1944年，改组为国立湖北师范学院，设8个系，院长叶叔良。1946年，迁沙市，时任院长汪奠基。1948年迁武昌。

1949年湖北省立教育学院重新组建，接收原湖北师范学院全部。李实任院长。1952年高校院系调整，改为湖北教师进修学院。1954年又改为湖北师范专科学校。1956年更名武汉师范专科学校。1958年改建为武汉师范学院。1984年改称湖北大学。

图录一九一：湖北省立教育学院毕业证明书 民国二十三年（1934）

纸本。高35.5厘米，宽43.5厘米。紫色宽带多层花纹图案框边。此件系民众教育专修科学生曾建勋（湖北武昌县——今武汉市武昌区人，28岁）修毕规定学分、并经毕业考试先行发给的临时毕业证明书。证书左侧署湖北省立教育学院院长罗廷光，钤正方形"湖北省立教育学院院长"朱文印（1.5×1.5厘米）；靠左侧边框为颁证日期"中华民国二十三年八月"，钤长方形朱文"湖北省立教育学院关防"（8.8×5.7厘米）。

罗廷光，字炳之，江西吉安人。曾获美国哥伦比亚大学教育硕士学位。1933年9月至1935年1月出任湖北省立教育学院院长。

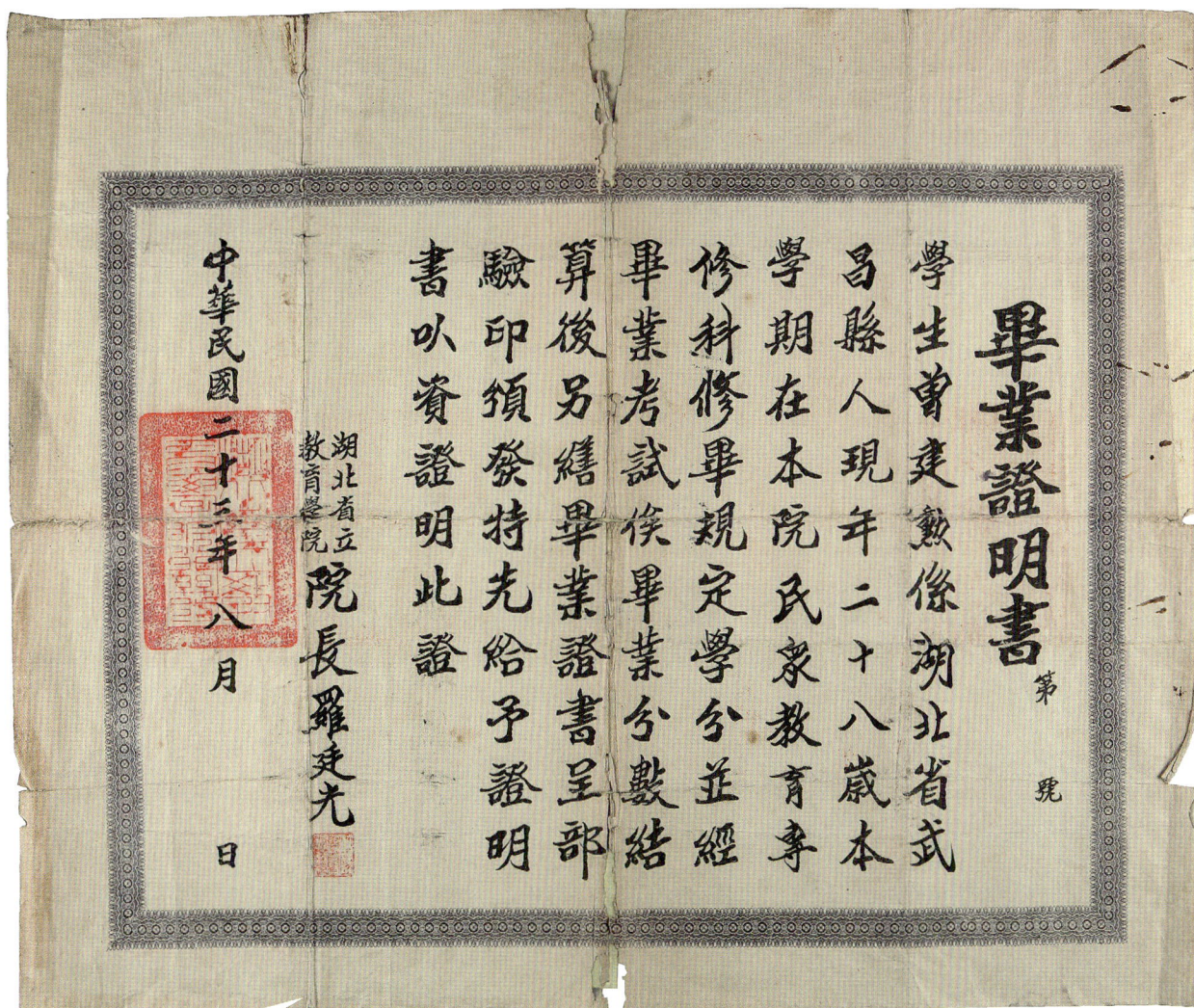

畢業證明書　第　號

學生曾建勳係湖北省武
昌縣人現年二十八歲本
學期在本院民眾教育事
修科修畢親定學分並經
畢業考試俟畢業分數結
算後另繕畢業證書呈部
驗印頒發持先給予證明
書以資證明此證

湖北省立
教育學院　院長羅廷光

中華民國二十三年八月　日

九四、武昌中华大学

1912年，私立中华学校创建于湖北武昌，校长陈宣怀。1913年改办为中华大学。1926年停办。1928年恢复私立武昌中华大学，时任校长陈时。1929年设有文、理、商3学院11系2科。1938年后迁往宜昌、重庆。1946年回迁武昌，校长刘文岛。1947年有文、理、商3学院8系。1952年中华大学撤销，原有院系并入华中师范学院、武汉大学等高校。

图录一九二：私立武昌中华大学毕业证书　民国二十五年（1936）

纸本。高32厘米，宽39.5厘米。绿黑线条图案框边，边框上方中间设孙中山头像，原左右两旁有中华民国国旗和中国国民党党旗，已人为剪毁。此件系中华大学附设高级普通科学生喻德润（湖北黄陂县——今武汉市黄陂区人，30岁）修业期满、成绩及格、准予毕业的毕业证书。证书正中钤正方形朱文"湖北私立武昌中华大学钤记"（5.5×5.5厘米），署私立武昌中华大学校长陈时（签名章）、主任汪厚和（签名章）。偏左侧上方贴有国民政府印花税票一枚（壹角），加盖正方形"中华大学"蓝色印章（1.7×1.7厘米），下方贴有喻德润半身照片，打盖"私立武昌中华大学"圆形钢戳；靠左侧边框为毕业日期"中华民国二十五年一月"，钤正方形朱文"湖北省教育厅印"（6.5×6.5厘米）。证书编号"华字第陆陆伍陆号"。

陈时（1890—1953），字叔澄，湖北黄陂（今武汉市黄陂区）人。早年留学日本，获法学学士学位。回国后，热心教育事业。1917年5月出任武昌中华大学校长、董事长，直至1945年离

畢業證書

學生喻德潤係湖北省

黃陂縣人現年三十歲

在本校附設高級普通科

修業期滿成績及格准

予畢業此證

私立武昌

中華大學校長陳時

主任汪厚和

中華民國二十五年十一月

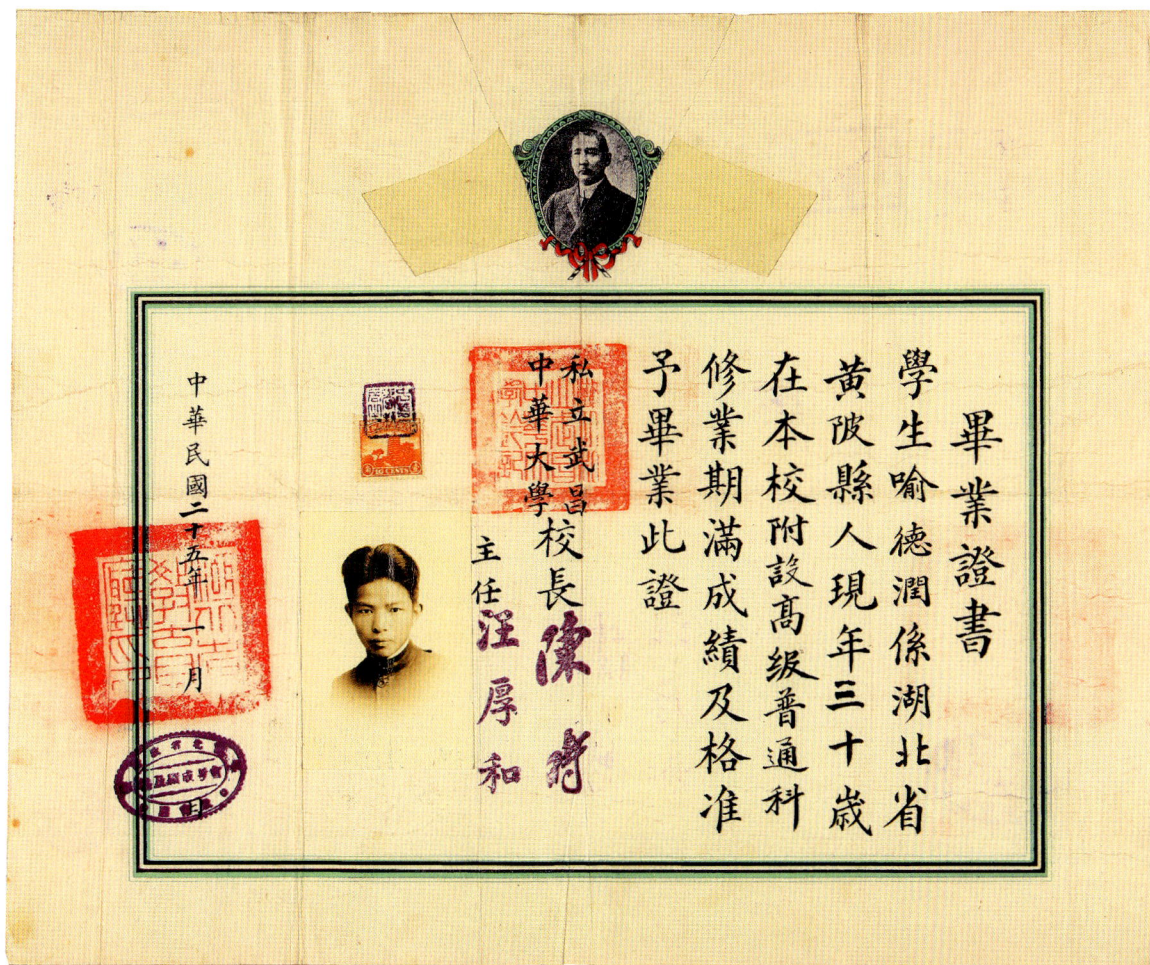

图录一九二　私立武昌中华大学毕业证书

开学校。陈氏还曾任湖北省教育会理事等职。陈时主持中华大学校务长达28之久，无论是在中华大学的初创时期，还是二三十年代的发展时期，以及抗战南迁艰辛办学时期，都付出极大的心血，对中国高等教育事业作出了贡献。

图录一九三：私立武昌中华大学毕业证书　1951年

纸本。高39.2厘米，宽45.5厘米。红粗细双线条框边，黄色花纹作证书底色，并刊有美术体"为人民服务"五个大字。此件系教育学系学生李崇士（女，江苏淮阴县人，23岁）肄业四年期满、成绩及格、准予毕业的毕业证书。证书正中偏左上方钤正方形朱文"私立武昌中华大学印"（5.9×5.9厘米），署私立武昌中华大学校务委员会主任委员任启珊（签名章）、副主任委员严士佳（签名章）。左侧上方贴李崇士半身照片，并打盖"私立武昌中华大学"圆形钢戳；靠左侧边框为毕业日期"公历一九五一年六月"，钤正方形朱文"中南军政委员会教育部印"（5.9×5.9厘米）。中南军政委员会教育部验印编号"华字第伍零零玖陆号"。

证书背面为李崇士历年各科成绩表。四学年共修39门课。第一学年（1947年度）学业总平均成绩76.4分；第二学年（1948年度）学业总平均成绩72.9分；第三学年（1949年度）学业总

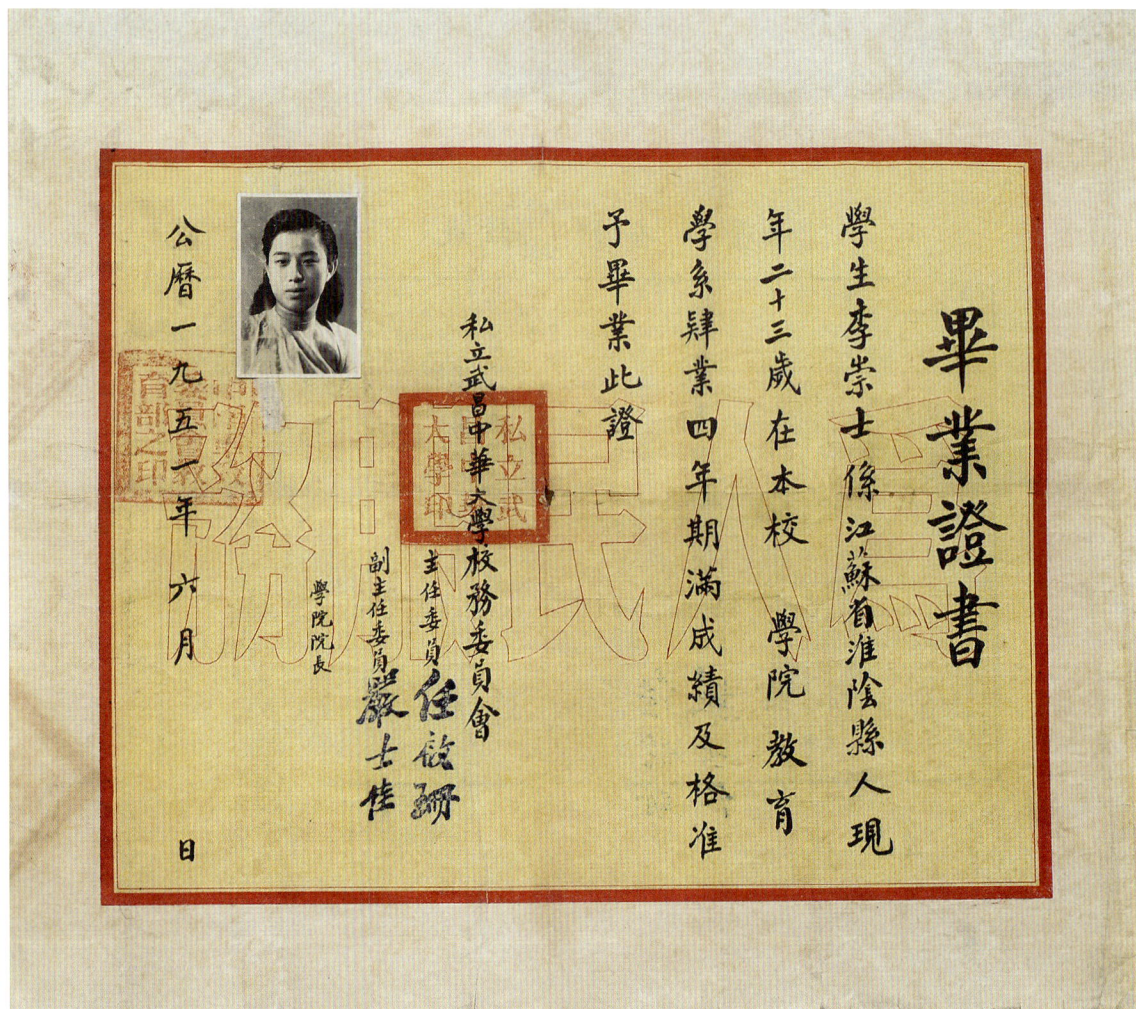

图录一九三（1）　私立武昌中华大学毕业证书　（正面）

图录一九三（2） 私立武昌中华大学毕业证书（背面）

平均成绩76.4分；第四学年（1950年度）学业总平均成绩75.1分。李崇士四学年学分累计152学分、毕业成绩75.2分。

任启珊（1888—?），字松如。辛亥革命后，任《中华民国公报》、《武昌群报》、《民心报》撰述。之后，历任湖北整理财政委员会委员、湖北省教育会主席、广东通志馆纂修、持志学院教授、中山大学法学院教授、武昌中华大学教授及校务委员会主任委员等职。

九五、中原大学

中原大学于1948年7月在河南宝丰建立，校长范文澜。同年12月迁开封。1949年5月迁湖北武昌。设文艺、财经、政治和教育4个学院。1953年中原大学撤销。文艺学院独立为中南文艺学院（1951年）；财经学院并入中南财经学院；政治学院并入中南政法学院；教育学院并入华中大学（1951年）。

图录一九四：中原大学毕业证书　1949年

纸本。高26厘米，宽33.3厘米。黑花纹图案框边，框内刊有美术体"中原大学"字样。此件系中原大学贰分部第伍拾陆队学员刘丕扬（平原省孟县——今河南省孟州市人，27岁）修业期满、成绩及格准予毕业的毕业证书。证书正中偏左署中原大学校长范文澜（签名章）、副校长潘梓年（签名章）；靠左侧边框为颁证日期"公历一九四九年十二月五日"，铃正方形朱文"中原大学钤记"（8×8厘米）。证书编号"叁贰贰"。

校长范文澜的简介请见图录七〇的文字介绍。

畢業證書

學生劉玉揚現年二十七歲

係平原省　孟　縣人

在本校武分部第伍拾陸隊　修業

期滿成績及格准予畢業

此證

中原大學校長　范文瀾

副校長　潘梓年

中華民國

公元一九四九年十二月五日

图录一九四　中原大学毕业证书

九六、武昌文华图书馆专科学校

文华图书馆专科最初本为私立文华大学之一系，1921年由美国基督教圣公会韦棣华女士倡办。1925年，文华大学改为华中大学，文华图书馆专科成为该校文华图书科。1927年私立华中大学停办，文华图书专科独立。1929年定名私立武昌文华图书馆专科学校，校长沈祖荣。1938年后迁往重庆。1947年回迁武昌。1953年撤销，并入武汉大学。

图录一九五：私立武昌文华图书馆专科学校毕业证书　1950年

纸本。高38.5厘米，宽44.6厘米。红粗细线条框边，黄色水波纹图案作证书底色，并刊有美术体"为人民服务"五个大字。此件系图书馆学科学生陈美如（女，江苏南京市人，27岁）肄业二年期满、成绩及格、准予毕业的毕业证书。证书正中上方刊有朱文说明"该科系二年制，入学资格高中毕业"。正中偏左钤正方形朱文"私立武昌文华图书馆专科学校钤记"（5.4×5.4厘米），署私立武昌文华图书馆专科学校校长沈祖荣，钤正方形"沈祖荣"朱文印（1.2×1.2厘米）；左侧下方贴有陈美如半身照片，打盖"武昌文华图书馆专科学校"圆形钢戳；靠左侧边框为毕业日期"公历一九五〇年七月"，钤正方形朱文"中南军政委员会教育部印"（5.9×5.9厘米）。证书编号"国专字第壹伍壹号"。

证书背面为陈美如两个学年各科成绩表。二学年共修25门课。第一学年（1948—1949年度）学业总平均成绩74.67分；第二学年（1949—1950年度）学业总平均成绩80.5分。陈美如实得学分累计51学分、毕业成绩77.59分。

成绩表各课程中有圕经营法、圕行政、圕民教事业，其中"圕"字应是含有"图书馆"之意的拼造字。

畢業證書

學生陳美如係江蘇省南京市人現年二七歲在本校圖書館學科肄業貳年年期滿成績及格准予畢業此證

該科係二年制入學資格高中畢業

私立武昌文華圖書館學專科學校校長沈祖榮

公曆一九五零年七月日

图录一九五（1）　私立武昌文华图书馆专科学校毕业证书（正面）

歷年各科成績表

第一學年 (1948-1949年度)			第二學年 (1949-1950年度)			第（　）學年年度			第（　）學年年度			第（　）學年年度			第（　）學年年度			備考
科目	學分	成績	科目	學分	成績	科目	學分	成績	科目	學分	成績	科目	學分	成績	科目	學分	成績	畢業成績
參考書	4	78.5	西文參考書	4	83.75													73.59
西文編目法	4	84.25	中文編目法	4	83.75													
圖解法	4	76.5	中文編目法	4	67													
實習	2	85	西書選讀	2	79.7													
目錄學	4	76.5	西書分類	4	52.3													
西書分類	4	80.25	圖書行政	4	75													
打字	4	69.5	圖書選擇法	2	78.6													
圖書排檢法	4	80.4	檔案編目法	4	55.2													
英文	6	64.75	期刊編目法	4	64.7													
校文	2	85.5	校文課	3	80													
國文	4	69.5	學術管理	2	59.5													
			實習	3	85													
			英文	5	66.75													
			國文	6	91.75													
			裝訂整理	2	86													
			音樂		75													
學年總平均成績	74.67			80.5														
習得學分累計	39			51														
體育成績	75			70														
附註：			附註：			附註：			附註：			附註：			附註：			

註册組主任

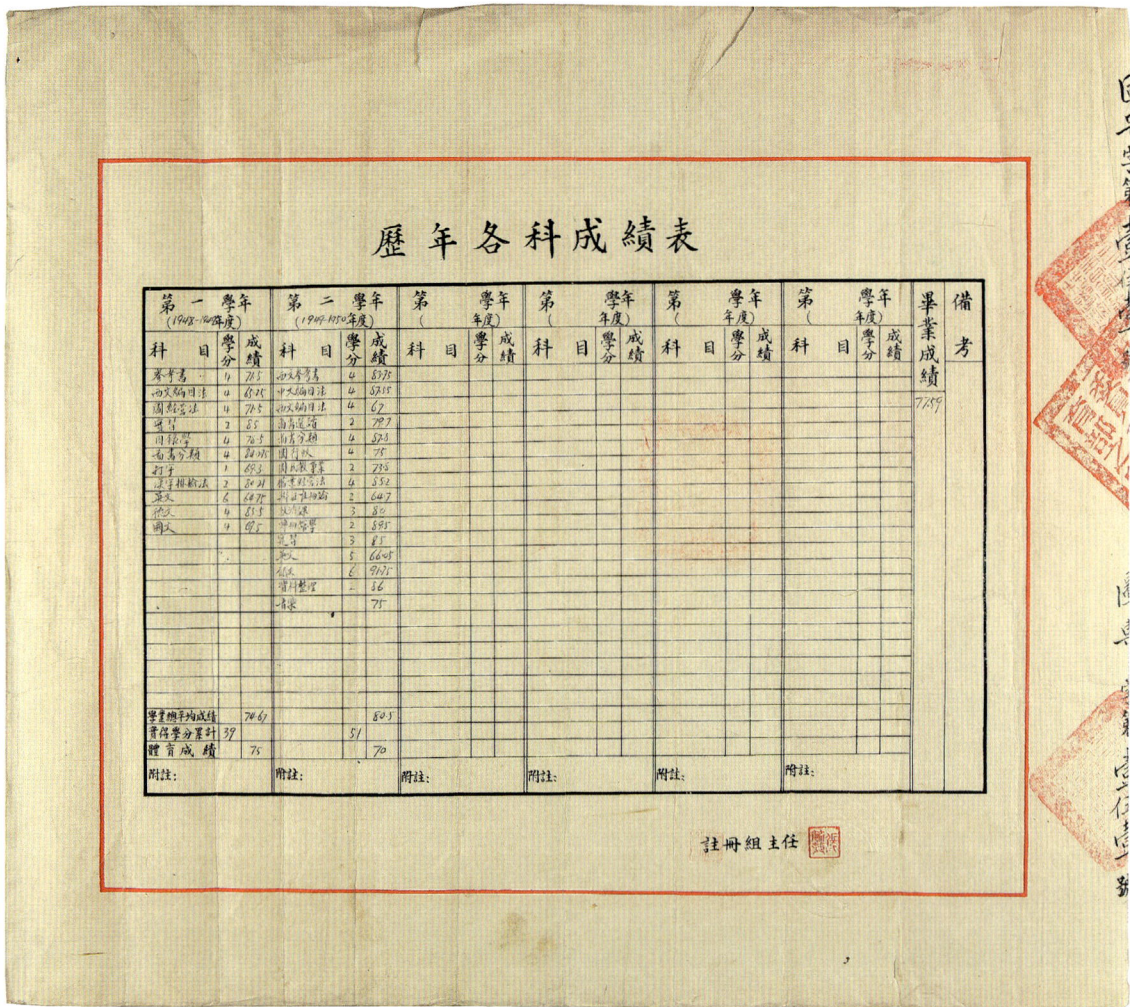

图录一九五（2）　私立武昌文华图书馆专科学校毕业证书（背面）

沈祖荣（1883—1976），著名图书馆学教育家。字绍箕，湖北宜昌人。1905年于武昌文华书院毕业后，参加书院藏书室工作。1914年赴美国留学，入纽约州立图书馆学校攻读图书馆学。1917年回国后，协助美国人韦棣华创办文华大学图书科，兼任图书科教授。1925年当选为中华图书馆协会董事部董事及执行委员。1929年任私立武昌文华图书馆专科学校校长。抗战爆发，率师生迁移重庆，在办学条件艰难的环境下，坚持办学。抗战胜利后，迁返武昌复校。1949年后，继任文华图书馆专科学校校长。1953年该校并入武汉大学后，任武汉大学教授。沈先生毕生从事图书馆学的教学与研究，半个多世纪，业绩突出，被学界誉为"中国图书馆学教育之父"。

湖　南

九七、湖南大学

　　湖南大学的前身是1903年创建的湖南高等学堂。1911年高等学堂停办。1912年湖南优级师范学堂迁入岳麓书院，改为湖南高等师范学校。1917年高师停办。1924年湖南教育界知名人士发起筹建湖南大学，于1926年合并当时的工业、商业、法政3个专门学校成立省立湖南大学，2月1日在岳麓书院正式开学。校长雷铸寰。设理、工、法、商4科。1927年，撤销法、商2科，改称湖南工科大学。1928年恢复省立湖南大学，设文、理、工3科，校长任凯南。1929年改为文、理、工3学院10系。校训为："忠孝廉洁，整齐严肃。"1937年改为国立湖南大学，校长皮宗石。1938年后迁辰溪。1945年迁回长沙，时任校长胡庶华。设有文、理、法、商、工5学院20系。1949年，民国大学、克强学院等撤销并入湖南大学，遂成7学院24系。1952年湖南大学撤销。

　　1959年重建湖南大学。80年代初，成为拥有4个系23个专业的多科性的工科大学。如今，湖南大学已是一所以工为主，兼有理、文、管、商学科的综合性的全国重点大学之一。

　　图录一九六：湖南省立湖南大学预科修业证书　民国二十一年（1932）

　　纸本。高37.2厘米，宽39厘米。蓝色宽带多层花纹图案框边，边框四角各饰一枚中国国民党党徽，上方中间设孙中山头像，左右两旁中华民国国旗和中国国民党党旗。此件系预科学生宋志伊（湖南沅陵县人，21岁）的修业证书。证书右侧上方钤长方形朱文"湖南省立湖南大学关防"（8.8×5.8厘米）。左侧署校长曹典球，钤正方形"湖南省立湖南大学校长"朱文印（1.5×1.5厘米）；左上方贴有国民政府印花税票三枚（每枚面值壹角）；靠左侧边框为颁证日期"中华民国二十一年七月"，钤长方形朱文"湖南大学之印"（8×5.7厘米）；左下角贴有宋志伊半身照片，打盖"湖南大学"圆形钢戳。证书编号"字第玖叁号"。

　　宋志伊于民国十八年（1929）秋入学，预科3年，民国二十一年（1932）预科毕业。此件预科修业证书只记录宋氏第三学年（1931—1932年度）一、二学期的各科成绩。第一学期各科成绩：党义96分、国文100分、英文78分、数学82分、文字学91分、世界史94分、世界地理90分、

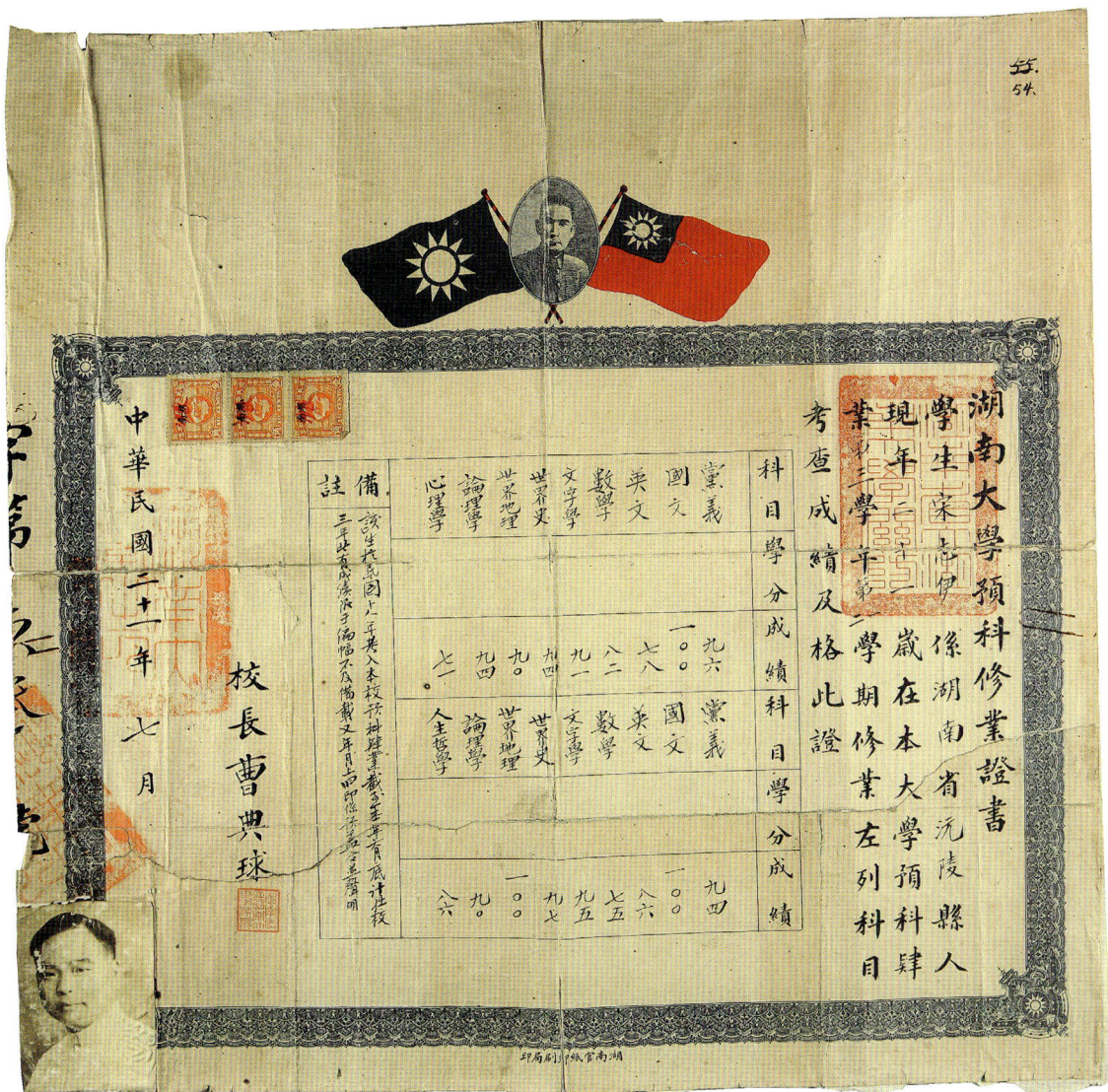

图录一九六 湖南省立湖南大学预科修业证书

论理学94分、心理学71分。第二学期各科成绩：党义94分、国文100分、英文86分、数学75分、文字学95分、世界史97分、世界地理100分、论理学90分、人生哲学86分。宋志伊两个学期学业总平均成绩89.9分。

曹典球（1877—1960），教育家。湖南长沙人。曾参与清末维新运动。1908—1911年任湖南高等实业学堂监督，创办矿业、土木、机械、应用化学本科。入民国，组织湖南育群学会，与美国雅礼会合办湘雅医学院。1923年创办文艺书院。曾两任湖南省教育厅厅长。1931年3月—1932年10月出任湖南大学校长；1945—1949年任湖南大学教授。中华人民共和国成立后，历任湖南军政委员会顾问、省政府参事，省一、二、三届政协常委，湖南省文史馆副馆长等职。

图录一九七：国立湖南大学临时毕业证明书　民国三十七年（1948）

纸本。高37.7厘米，宽36厘米。黑粗细双线条框边。此件系工学院矿冶工程学系学生陈迪杰（湖南湘乡县人，27岁）修业期满、成绩及格先行发给的临时毕业证明书。证书正中偏左署国立湖南大学校长胡庶华，钤正方形朱文"胡庶华印"（1.6×1.6厘米）；工学院院长何之泰，钤正方形朱文"何之泰印"（1.2×1.2厘米）。左侧上方贴有陈迪杰毕业照，打盖"湖南大学"圆形钢戳；靠左侧边框为颁证日期"中华民国叁拾柒年柒月"，钤长方形朱文"国立湖南大学关防"（8.8×5.9厘米）。证书编号"工矿字第叁零号"。

胡庶华（1886—1968），著名教育家、冶金学家。字春藻，湖南攸县人。早年赴德国留学，获柏林工业大学冶金工程师职称。回国后，任汉阳兵工厂厂长、国民政府上海炼钢厂厂长。1929年后，历任湖南大学、同济大学、重庆大学、西北大学等高校校长。胡庶华一生与湖南大学关系密切，曾"五莅湖大，三任校长"。胡校长在任内，亲自制定办学方针、校训、校徽、校歌，延揽名师，扩充教学设施，提高教学质量，使湖南大学发展为一所拥有文、法、理、工、商5学院20系1个研究所和3个专修科的多学科的综合性大学，并列为"民国时期十大名校"之一。1949年后，任北京钢铁学院教授兼图书馆馆长。

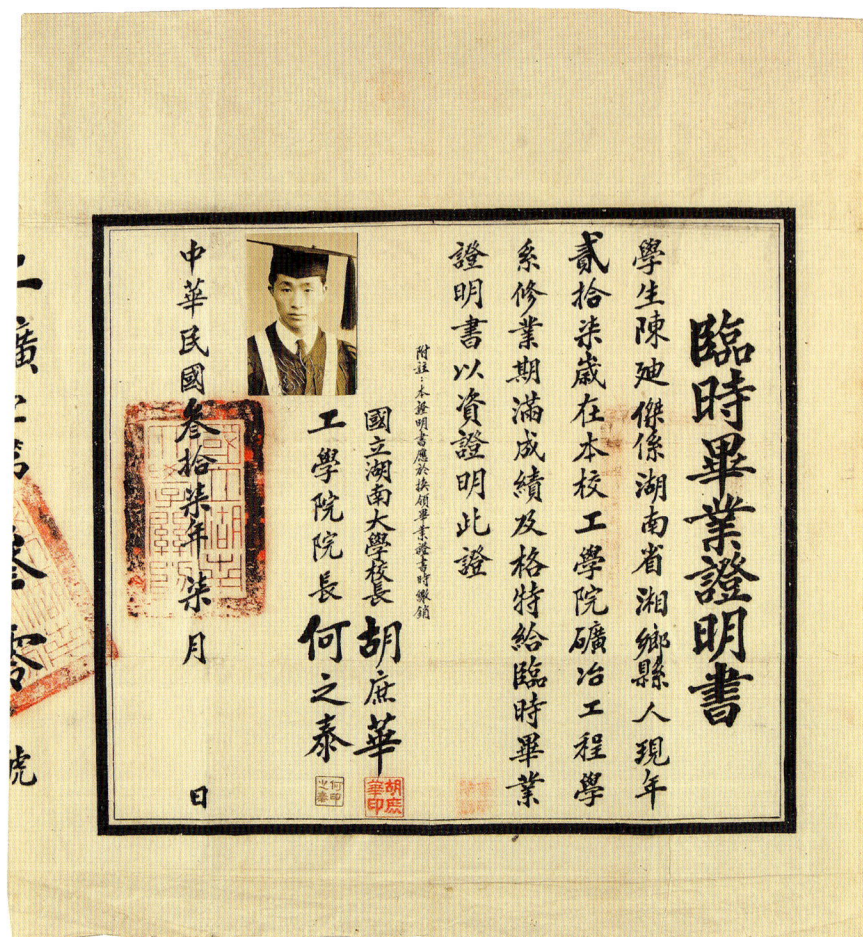

图录一九七　国立湖南大学临时毕业证明书

广　东

九八、中山大学

20世纪初，孙中山先生一手创办了"一文一武"两所学校——中山大学和黄埔军校。1924年2月，孙中山下令"将国立高等师范、广东法科大学、广东农业专门学校合并改为国立广东大学"。校长邹鲁。校训"博学、审问、慎思、明辨、笃行"。1925年孙中山先生逝世后，1926年7月17日，国立广东大学更名为国立中山大学，戴传贤、邹鲁、许崇清等人先后出任校长。设文、法、理、农、医5学院16系。1938年后，学校曾迁至云南澄江，湖南宜章，粤北乐昌、连县、兴宁、梅县和罗定等地。抗战胜利后，1945年秋迁回广州石牌原址复校。时任校长王星拱。中山大学在1949年达到文、理、法、工、农、医和师范7学院31个系的规模。新中国成立后，由国立中山大学定名为中山大学。

中山大学是唯一的一所由世纪伟人孙中山亲手创立并以其英名命名的文理科为基础的综合性大学。因此，它在近代中国高等教育史上占有独特的地位。

图录一九八：国立中山大学毕业证书　民国二十六年（1937）

纸本。高40厘米，宽49.2厘米。浅棕色花纹图案框边。边框四角各饰国立中山大学圆形五彩徽章图案，上边框中间设孙中山头像，两旁为中华民国国旗和中国国民党党旗。此件系理学院化学系学生雷启贤（广东台山县人，25岁）修业期满、成绩及格、准予毕业并获理学士学位的毕业证书。证书右侧边框内下方为教育部验印编号"大字第047420号"及验印日期"中华民国二十六年十二月十日"。正中偏左钤长方形朱文"国立中山大学关防"（8.8×5.8厘米），署国立中山大学校长邹鲁（签名章），钤正方形朱文"国立中山大学校长章"（1.1×1.1厘米）；理学院院长刘俊贤（签名章），钤正方形朱文"国立中山大学理学院院长章"（1.2×1.2厘米）。靠左侧边框为颁证日期"中华民国二十六年七月一日"，钤正方形朱文"教育部印"（7.4×7.4

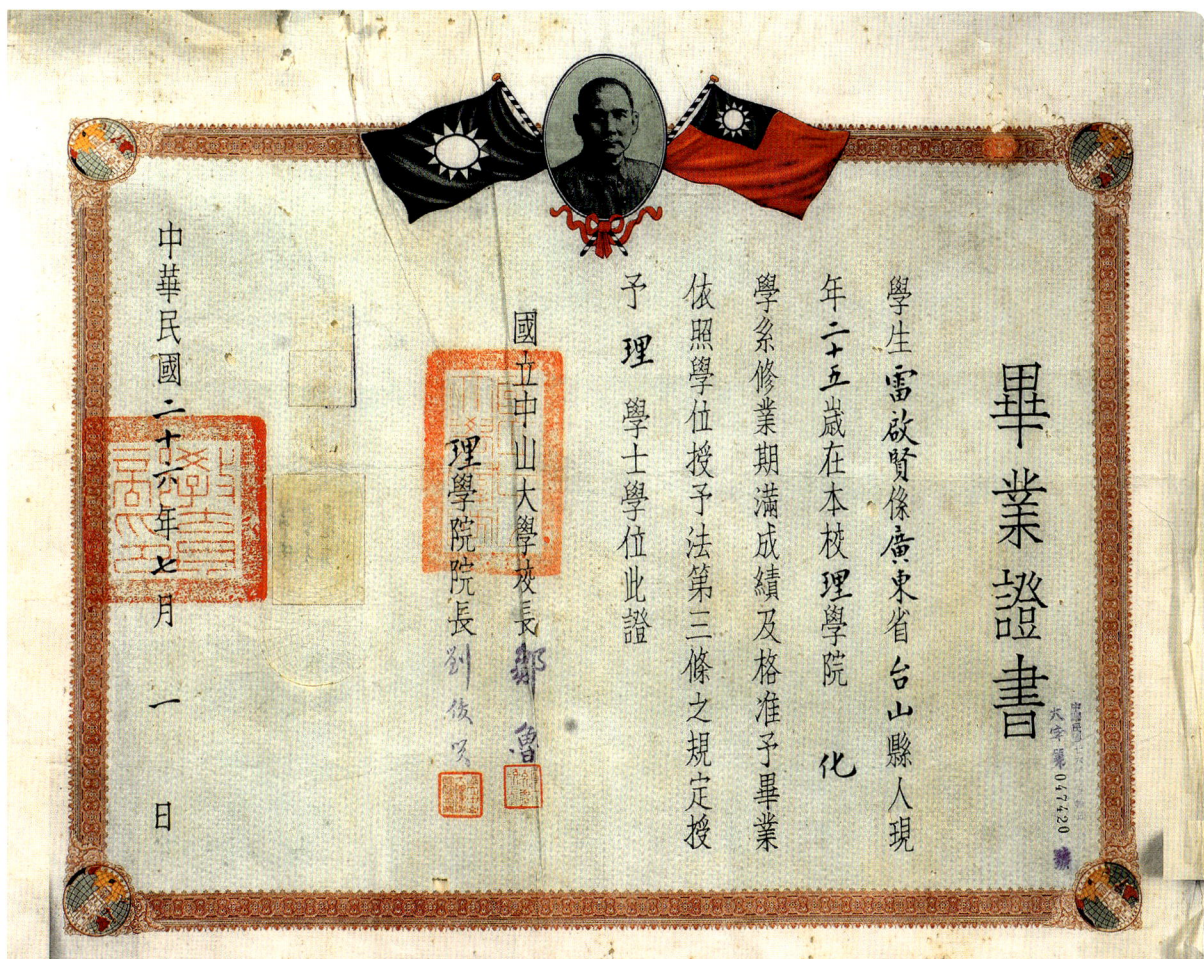

图录一九八　国立中山大学毕业证书

厘米）。框内原贴有的税票和毕业生半身照，均已脱落。

　　邹鲁（1885—1954），社会活动家。原名澄生，字海滨，广东大埔人。国民党元老。早年参加黄花岗起义。1924—1925年和1932—1940年两度出任中山大学校长。邹鲁不仅对初创国立广东大学作出了重要贡献，而且在30年代第二次主持国立中山大学时，业绩尤为卓著。1937年，中山大学已是拥有文、理、法、工、农、医、师范7个学院和1所研究院的综合性大学。尤其是研究院的成立，成为中山大学居于全国名牌大学前沿的重要标志。今日中山大学之辉煌，与30年代奠定的学术基础是密不可分的。

图录一九九：国立中山大学临时毕业证明书　民国三十六年（1947）

纸本。高27厘米，宽31.8厘米。黑粗细双线条框边。此件系师范学院公民训育学系学生颜长荡（福建永春县人，29岁）修业期满先行发给的临时毕业证明书。证书右侧下方为证书编号"师字第肆玖号"。偏左侧署国立中山大学校长王星拱，钤正方形"国立中山大学校长"朱文印（1.6×1.6厘米）；师范学院院长蔡乐生，钤正方形"师范学院院长"朱文印（1.7×1.7厘米）。左侧上方贴有颜长荡毕业照，打盖"国立中山大学"圆形钢戳（直径4.7厘米）；靠左侧边框为颁证日期"中华民国叁拾陆年柒月"，钤长方形朱文"国立中山大学关防"（8.8×5.8厘米）。

两点说明：

1. 证书附注："本证明书有效期间为五年，逾期作废。换领正式毕业证书时，并应缴销。"有效期定为五年，有悖常规。其主要原因，可能是当时处于战争时期，而中山大学又在边远南方，故放宽证明书的有效期限。正如抗战时期，在边远大后方的高校所颁发的临时毕业证明书，有的不作有效期的期定（即无限期）。

2. 圆形钢戳的图案按国立中山大学徽章图案设计，较为独特。其整体版面饰地球仪图案，上端弧形横面刻有"国立中山大学"字样；正中为中山大学主楼，并刻有两行行书"行之匪艰，知之惟艰"（参见图录一九八证书边框四角徽章图案）。

王星拱（1887—1950），著名教育家、科学家。1945—1948年出任国立中山大学校长（王星拱的简历请参见图录一八九文字介绍）。

临時畢業證明書　　　　師字第肆玖號

學生顏長盈係福建省永春縣人現年二十九歲在

本校師範學院公民訓育學系修業期滿經呈

教育部核准參加畢業試驗成績及格正

式畢業證書應俟呈准　教育部核發外特給

臨時畢業證明書以資證明此證

　　國立中山大學校長王星拱

　　師範學院院長蔡樂生

附

註　本証明書有效期間為五年逾期作
　　廢換領正式畢業證書時並應繳銷

中華民國叁拾陸年　　月　　日

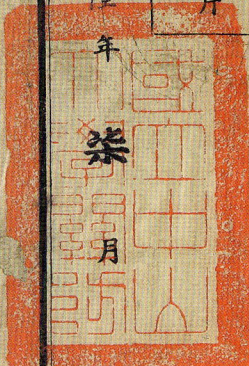

图录一九九　国立中山大学临时毕业证明书

九九、岭南大学（基督教会学校）

　　1888年，美国基督教人士哈巴在广州沙基创设格致书院；1900年迁往澳门，更名岭南学堂。1904年迁回广州河南康乐村建校。1916年建成文理科大学。1921年增设农科。1927年，私立岭南大学设文、理、农3学院。首任中国人校长钟荣光。1930年7月向国民政府注册立案。1936年已拥有文、理、商、工、农、医6个学院。1938年李应林任校长。后迁香港、曲江、梅县等地。1945年秋迁回广州。1949年设有文、理工、农、医4学院16系。1952年岭南大学撤销，院系多并入中山大学，校址为中山大学占用。1967年香港重新组建岭南学院，后改称岭南大学。

　　图录二〇〇：私立岭南大学修业证明书　民国十九年（1930）

　　纸本。高22.5厘米，宽14.2厘米。此件系农科学院农科畜牧系学生冯松林（广东开平县人，22岁）的修业证明书。证书右侧上端打盖"广州私立岭南大学"圆形钢戳。偏左侧署校长钟荣光（手签），钤圆形"钟荣光"朱文印（直径1.3厘米）；副校长李应林（手签），钤正方形"李应林"朱文印（1.7×1.7厘米）；注册处处长周文刚（手签），钤正方形"周文刚"朱文印（1.1×1.1厘米）。左侧为颁证日期"中华民国十九年壹月十四日"，钤正方形朱文"私立岭南大学校之印"（7×7厘米）。

　　冯松林于1918年2月至1919年6月在校肄业，共得56学分，操行评定为良。

　　钟荣光（1866—1942），著名教育家。字惺可，广东香山（今中山市）人。1894年甲午科举人。1896年在广州加入兴中会。1927年8月，岭南大学教育主权全部收回，更名私立岭南大学，由中国人钟荣光出任校长，成为中国第一所由外国教会设立而收归华人自办的大学。钟荣光校长担任校长10年，接任时只有文理学院，先后增设了农学院、工学院、商学院，医学院以及神学院等，使岭南大学成为拥有6学院30个系的多学科综合性大学。他的业绩与贡献，无人可替代，故有"岭大之父"之誉。

私立嶺南大學修業證明書

學生馮松林現年二十二歲係廣東省開平縣人於民

國十七年二月入校在農科學院農科畜牧系

肄業至十八年六月止共計及格五十六學分得五十六積

點操行良在十八年六月畢業得○○○學位此證

校

校長李應林

長鍾榮光

註冊處處長周久剛

中華民國十九年十二月十四日

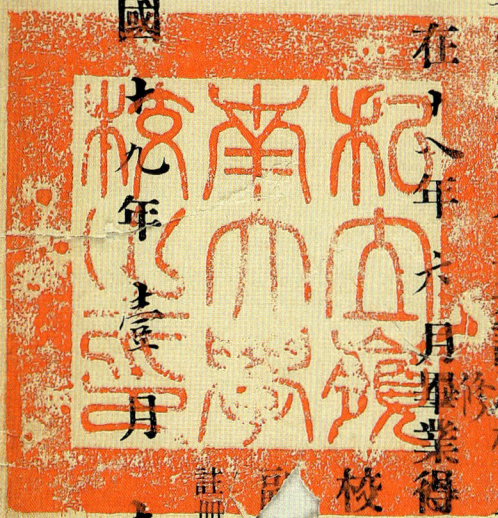

图录二〇〇　私立岭南大学修业证明书

图录二〇一：私立岭南大学学生转学证明书　1950年

纸本。高26.8厘米，宽38.5厘米。此件系文学院商学经济学系商学组学生道良生（江苏镇江人，22岁）修毕三年级一、二学期课程要求转学的转学证明书。证书右侧下方为证书编号"注（38）字第一〇二号"。左侧署校长陈序经，钤正方形"陈序经"朱文印（1.6×1.6厘米）；教务长冯秉铨，钤正方形蓝色印文"冯秉铨印"（1.3×1.3厘米）。颁证日期为"一九五〇年二月六日"，钤正方形朱文"私立岭南大学钤记"（5.3×5.3厘米）。

道良生于第二学年（1948—1949年度）下学期由私立之江大学转学岭大文学院经济学系，就读一年，要求转学他校，故岭大开具此转学证明书。但不知何故，道氏并未转学，而是继续在岭大修业，直至毕业（见图录二〇二道氏的毕业证书）。

私立嶺南大學學生轉學證明書 註〈38〉字第 一○二 號

學生道良生現年廿二歲江蘇省鎮江縣人於中華民國一九四九年

二月考入本校文學院商學經濟學系商學組三年級第壹學期

肄業至一九五○年一月止修畢三年級第二學期課程其入學資格經奉

教育部　年　月　日發　字第　　號　令核准備案茲

據呈請轉學他校應予照准合將該生肄業成績表列於下

學年及學期＼科目	第一學期 成績	學分	第二學期 成績	學分
高級會計學	80	3	85	3
市政統計學	65	4		
市場統計學	64	3		
貨幣銀行學	70	3		
商工社會統計學	83	3	65	3
國貿易原理	75	3		
國際貿易	86	3		
成本會計	90	3		
銀行會計	80	3		
中國經濟史	91	3		
總操行 平行	72.4 乙	19	82.8 乙	18
備註				

图录二〇二：私立岭南大学毕业证书　1951年

　　纸本。高39.5厘米，宽45厘米。红粗细双线条框边，黄色花纹图案作证书底色，并刊有美术体"为人民服务"五个大字。此件系文学院经济学系学生道良生（江苏镇江人，22岁）肄业四年期满、成绩及格、准予毕业的毕业证书。证书正中钤正方形朱文"私立岭南大学之印"（5.9×5.9厘米），署私立岭南大学校长陈序经（签名章）；文学院院长王力，钤正方形朱文"王力之印"（1.6×1.6厘米）。左侧上方贴有道良生半身照片，打盖"广州私立岭南大学"圆形钢戳；靠左侧边框为毕业日期"一九五一年七月十四日"，钤正方形朱文"中南军政委员会教育部之印"（6×6厘米）。证书编号"岭字第贰肆贰号"。

　　证书背面为道良生历年各科成绩表。四学年共修35门课。第一学年（1947—1948年度）上下学期学业总平均成绩76.1分；第二学年（1948—1949年度）上下学期学业总平均成绩69.7分；第三学年（1949—1950）上下学期学业总平均成绩78分；第四学年（1950—1951）上下学期学业总平均成绩76.8分。道良生实得学分累计138学分（补习英文4学分不计入学分总数内），毕业成

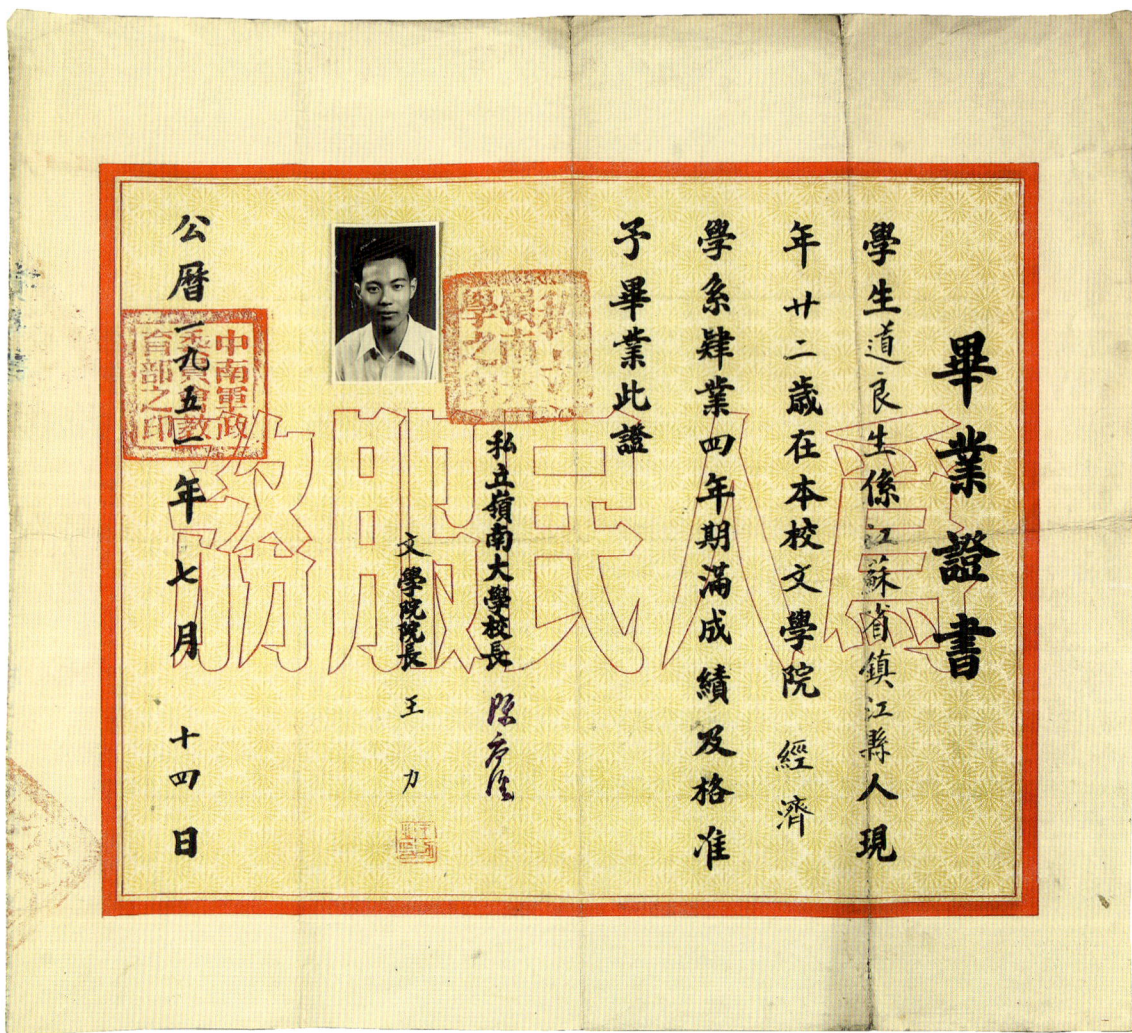

图录二〇二（1）　私立岭南大学毕业证书（正面）

歷年各科成績表

图录二〇二（2）　私立岭南大学毕业证书（背面）

绩75.6分。

　　道良生于1949年度由私立之江大学转入岭南大学攻读经济学，一二两个学年的学分和各科成绩均依据之江大学转学成绩单记入历年各科成绩表。

　　陈序经（1903—1967），著名历史学家、社会学家、教育家、东南亚问题专家。海南文昌人。早年赴美留学，获伊利诺斯大学博士学位。回国后，先后担任岭南大学、南开大学教授，西南联大教授兼法商学院院长，南开大学经济研究所所长、教务长。1948—1952年出任岭南大学校长。陈校长任内，广揽名师，如国学大师陈寅恪、著名语言学家王力等，不仅为岭大的学科建设与发展提供了学术支持，而且也为中山大学的学科发展提供了一流的师资资源。1952年全国高校院系调整，岭南大学并入中山大学，陈氏随即调任中山大学副校长。1963年暨南大学在广州重建后，又调任为暨南大学校长。1964年夏从暨大调到南开大学担任副校长。

一〇〇、广东国民大学

1925年，私立广东国民大学创建于广州，校长陈志濂。初设文、商2科；1930年设有文、法、工、商4学院。校长吴鼎新。校训"诚"。1938年后，迁开平、曲江、茂名、和平等地。1945年秋回迁广州。设有文、法、工3学院。1951年，与广州大学、文化大学等合并组成私立华南联合大学。1952年华南联合大学撤销，院系并入中山大学和华南师范学院（今名华南师范大学）。

图录二〇三：私立广东国民大学修业证明书　民国二十八年（1939）

纸本。高27厘米，宽19厘米。此件系法学院政治学系学生谭锦涛（广东台山县人，24岁）第二学年修业期满、成绩及格的修业证明书。证书偏左侧署广东国民大学校长吴鼎新，钤正方形朱文"吴鼎新印"（1.3×1.3厘米）；法学院院长朱勉公，钤正方形"朱勉公"朱文印（1.3×1.3厘米）。左侧为颁证日期"中华民国二十八年十二月"，钤正方形朱文"广东国民大学之印"（7.2×7.2厘米）。

吴鼎新（1876—1964），字济芳，号在民，广东开平人。京师大学堂师范博物科毕业。入民国后，历任广东高等师范教务长、广西省教育厅长。1928年出任广东国民大学校长。曾赴国外考察教育、募捐，创办华侨中学。抗战时期，先后在香港、开平等地设立国民大学分校。20世纪50年代初期，侨居英属北婆罗洲（今马来西亚沙巴州）。1955年返寓香港至终。

修業證明書

學生譚錦濤廣東省台山縣人現年二十四歲在本

校法學院 政治 學系第二學年修業期滿考試

成績及格特此證明

此證

中華民國二十八年十二月日

廣東國民大學校校長吳鼎新

法學院院長朱勉公

图录二〇四：私立广东国民大学学业成绩证明书　　民国三十年（1941）

纸本。高35.2厘米，宽37厘米。蓝色宽边花纹图案框边，框内以黄色作底色，上方中间设孙中山头像，左右两旁为中华民国国旗和中国国民党党旗。此件系法学院附设警监训练班学员邝刚毅（广东台山县人，22岁）训练一年期满、考核成绩及格发给的成绩证明书。证书偏左侧钤正方形朱文"私立广东国民大学钤记"（5.4×5.4厘米），署私立广东国民大学校长吴鼎新（签名章），钤正方形朱文"私立广东国民大学校长章"（1.7×1.7厘米）；左侧上方贴有国民政府印花税票二枚（每枚面值壹角）、下方贴有邝刚毅半身照片，打盖"广东国民大学"圆形钢戳；靠左侧边框为毕业日期"中华民国三十年七月"，钤正方形朱文"广东省教育厅印"（6.5×6.5厘米）。教育厅验印编号"韶职字第3508号"，验印日期"卅一年十一月十八日验讫"。

邝刚毅训练一年，修业15门课程。各科成绩：宪法70分、民法概要63分、刑法概要75分、警察学73.5分、监狱学67.5分、违警法70分、监狱法规67分、刑事政策76.6分、公牍72.5分、地方自治法规60分、刑诉概要77分、犯罪学75分、勤务要则70分、警察法规78分、户籍法76分。学业总平均成绩71.4分。

图录二〇四　私立广东国民大学学业成绩证明书

學業成績證明書

學生鄺剛毅係廣東省台山縣人
現年二十二歲在本校法學院附設
警監訓練班訓練壹年滿畢業考
核成績及格合發給成績證明書
此證

計開

憲　法七〇〇分　　違警法七〇〇分　　刑訴概要七七〇分
民法概要六三〇分　監獄法規六七〇分　犯罪學六五〇分
刑法概要七五〇分　刑事政策七六六分　勤務要則七〇〇分
警察學七三五分　　公　　績七二五分　警察法規七八〇分
監獄學（七五八分）地方自治法規六〇〇分　戶籍法六六〇分

私立廣東國民大學校長

一〇一、广州大学

1927年3月2日，私立广州大学成立，校长金曾澄。设文、法2科。1931年设有文、理、法3学院7系，校长陈炳权。1938年后迁开平、台山、曲江、连县、罗定、兴宁等地。1945年秋回迁广州，校长王志远。设文法、理工、商3学院11系。1951年与国民大学、文化大学等合并组建私立华南联合大学。1952年华南联合大学撤销后，院系并入中山大学和华南师范学院（今华南师范大学）。

图录二〇五：私立广州大学结业证明书　民国三十二年（1943）

纸本，十行信笺。高28厘米，宽21厘米。此件系广州大学附设计政训练班会计组学员曾渭贤（广东番禺——今广州市番禺区人，24岁）训练期满、成绩及格的结业证明书。证书右侧下方为证书编号"桂分字第陆拾号"。偏左侧署广州大学校长陈炳权，钤正方形"陈炳权"朱文印（1.9×1.9厘米）；班主任黄文衮，钤正方形"黄文衮"朱文印（2×2厘米）；分班主任冯圣广，钤正方形朱文"冯圣广印"（2.2×2.2厘米）。左侧为颁证日期"中华民国三十二年七月三十日"，钤正方形朱文"私立广州大学钤记"（5.1×5.3厘米）。此证明书由桂林分校颁发。附注："本证明书有效期间以六个月为限，并须于换领正式毕业证书时缴回注销。"

陈炳权（1895—2000），教育家。字公达，广东台山县人。1924年获美国哥伦比亚大学经济学硕士学位。回国后，曾任财政部、统计部统计处统计长、国立广州大学教授、广州农民运动讲习所兼任统计学和群众心理学教员。1926年筹办广东大学专修学院并任院长。1927年广州大学正式成立后，陈炳权主张采用委员制，由其任主任委员兼教务主任。他主持校务，主张中国大学教育要走"通才教育"的道路。1931年陈炳权改任校长，大力推行"职业教育"，广州大学成为华南各大学开展"职业教育"之最。抗战期间，他主张实行战时教育，在各地设立分校，学生达5000多人。抗战胜利后复校，筹集资金，扩大学校的规模。

陈炳权从事大学教育50余年，殚精竭虑地创办广州大学，有"桃李不言，下自成蹊"之誉。2000年在美国谢世，享年95岁。

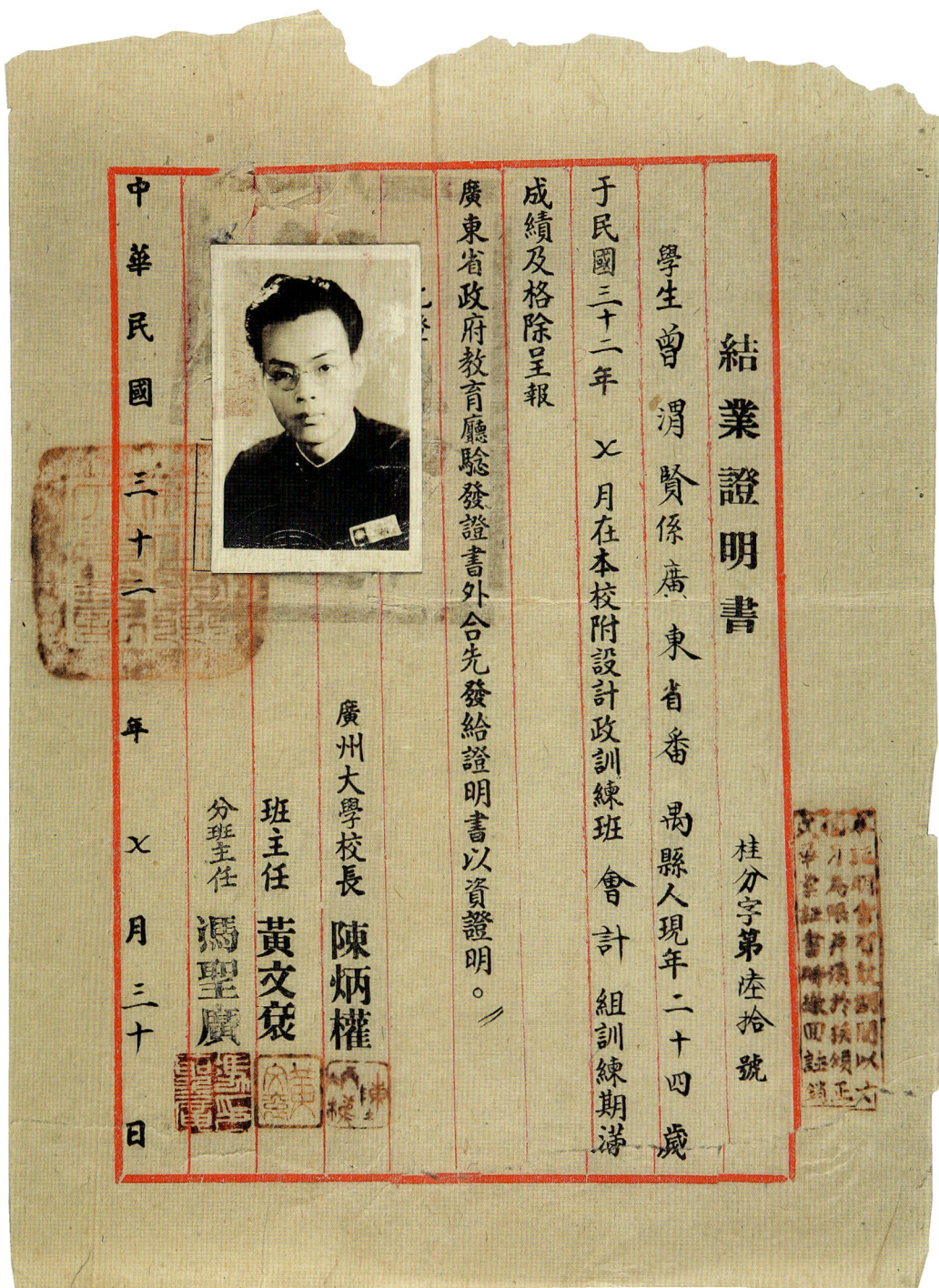

結業證明書

學生 曾渭賢 係廣東省番禺縣人現年二十四歲

于民國三十二年 × 月在本校附設計政訓練班會計組訓練期滿

成績及格除呈報

廣東省政府教育廳驗發證書外合先發給證明書以資證明。

廣州大學校長 陳炳權

班主任 黃文袞

分班主任 馮聖廣

中華民國 三十二 年 × 月三十 日

桂分字第陸拾 號

图录二〇六：私立广州大学毕业证明书　三十六年（1947）

纸本。高30.1厘米，宽31厘米。黑粗细双线条框边。此件系广州大学附设计政训练班会计组学员温帼铮（女，广东鹤山县人，21岁）修业一年期满、考查及格、准予毕业的毕业证明书。证书右侧下方为证书编号"穗临字第三五三号"。正中署私立广州大学代校长王志远（签名章）、附设计政训练班兼代主任黄毅芸（签名章）。偏左侧下方贴有温帼铮半身照片，打盖"私立广州大学"圆形钢戳；靠左侧边框为颁证日期"中华民国三十六年六月"，钤正方形朱文"私立广州大学钤记"（5.2×5.2厘米）。

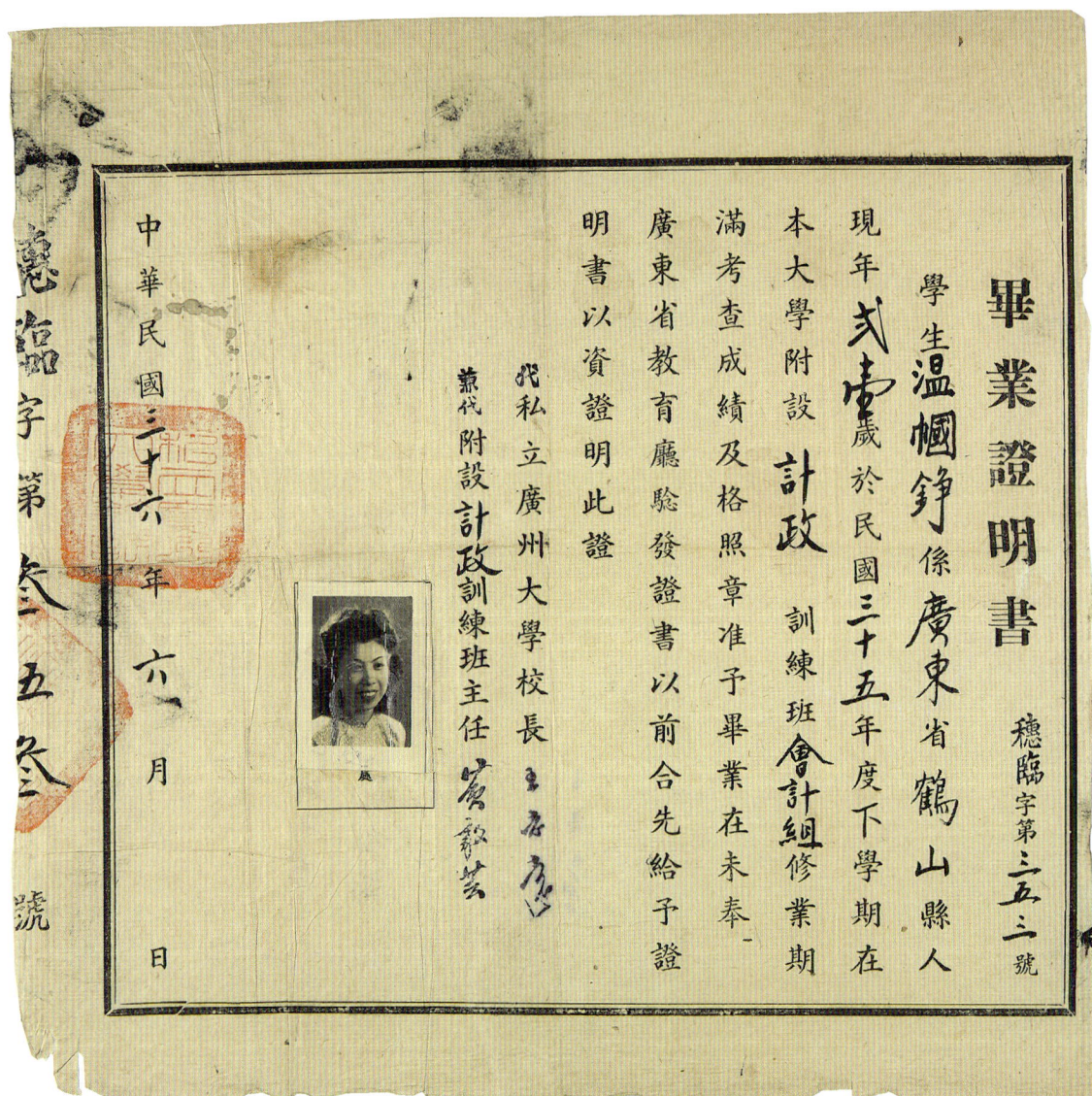

图录二〇六　私立广州大学毕业证明书

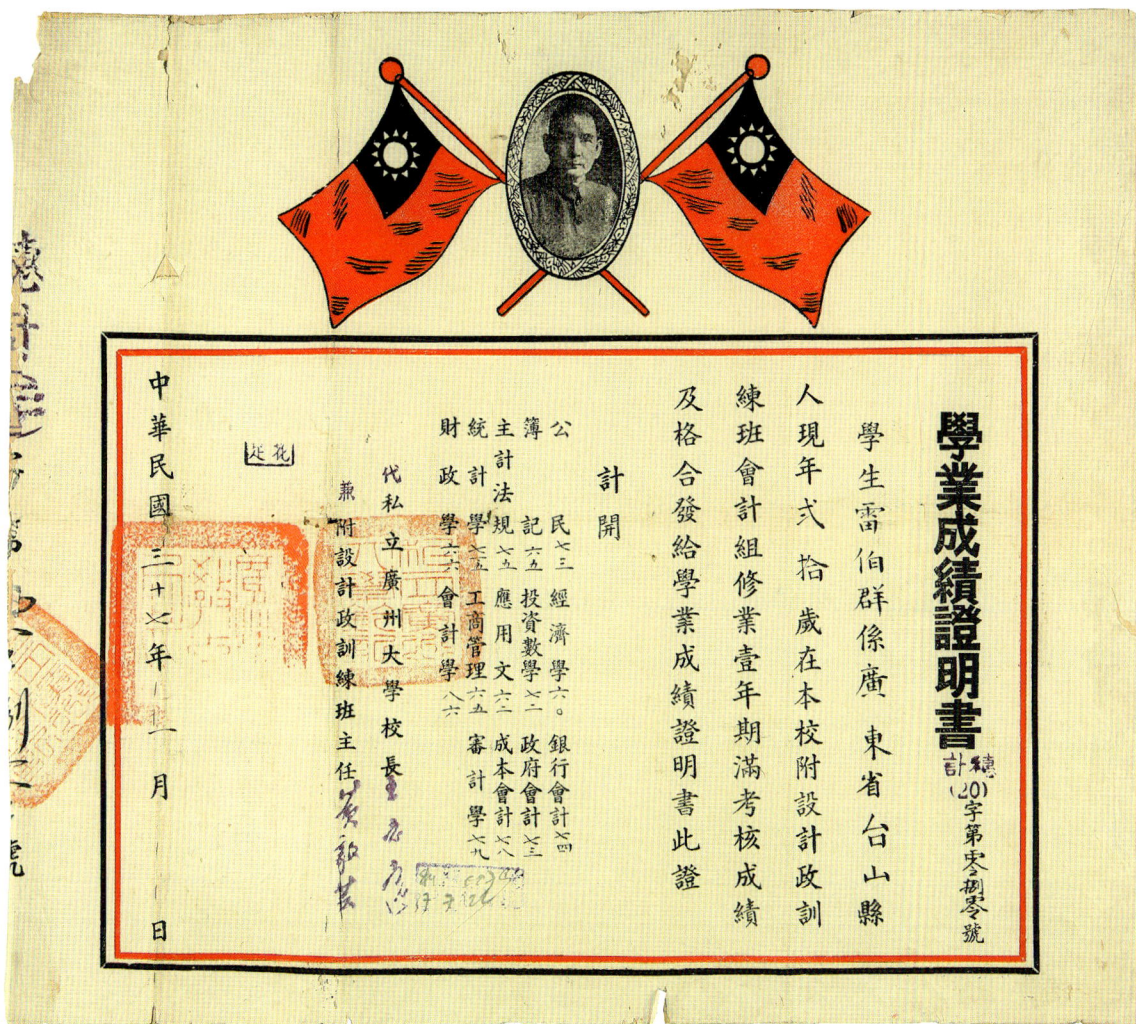

图录二〇七　私立广州大学学业成绩证明书

图录二〇七：私立广州大学学业成绩证明书　民国三十七年（1948）

纸本。高30.6米，宽35.5厘米。红蓝双线条框边，上方中间设孙中山头像，左右两旁为中华民国国旗和中国国民党党旗。此件系广州大学附设计政训练班会计组学员雷伯群（广东台山县人，20岁）修业一年期满、考核成绩及格的学业成绩证明书。证书右侧下方为证书编号"穗计（20）字第零捌零号"。偏左侧正中钤正方形朱文"私立广州大学钤记"（5.2×5.2厘米），署私立广州大学代校长王志远（签名章）；附设计政训练班兼主任黄毅芸（签名章）。靠左侧边框为结业日期"中华民国三十七年一月"，钤正方形朱文"广州市教育局印"（6×6厘米）。证书上的税票及毕业生的照片均已脱落，惟"广州大学"圆形钢戳的印痕仍可见。

雷伯群训练一年，修业14门课程。各科成绩：公民73分、簿记65分、主计法规75分、统计学75分、财政学66分、经济学60分、投资数学72分、应用文62分、工商管理65分、会计学86分、银行会计74分、政府会计73分、成本会计78分、审计学79分。学业总平均成绩71.6分。

一〇二、广东工业专科学校

广东工业专科学校的前身是创始于1910年的广东工艺局。1918年改为广东工艺学校，旋即改称广东省立第一甲种工业学校。1924年升格为广东省立工业专门学校。1930年改名广东省立工业专科学校，校长崔廷瓒。1938年后停办。

1944年，广东省立工业专科学校在高要重建，校长谭孟衍。1952年撤销，并入华南工学院（今华南理工大学）。

图录二〇八：广东工业专科学校证明书　1951年

纸本。高38厘米，宽44.5厘米。红粗细双线条框边，黄色花纹图案作证书底色，并刊有美术体"为人民服务"五个大字。这是一纸新中国成立前毕业生的毕业资格证明书。二年制水利工程科学生陈康茵（广东中山县人，现年25岁）于1948年7月修业期满毕业，但未颁发毕业证书。根据中央教育部有关新中国成立前毕业生证书可由其毕业的学校负责给予证明文件的指示，广东工业专科学校给他颁发证书，以资证明陈康茵的学历资格。证书右侧下方为证书的编号"47水字第17号"。左侧署校长（兼代）黄友谋（签名章），钤正方形朱文"黄友谋印"（2×2厘米）；副校长袁镇沂（签名章），钤正方形"袁镇沂"朱文印（1.8×1.8厘米）。左上方贴有陈康茵半身照片，打盖"广东工业专科学校"圆形钢戳；靠左侧边框为颁证日期"一九五一年五月一日"，钤正方形朱文"广东工业专科学校印"（6×6厘米）。

黄友谋（1909—1988），广东梅县人。1937年毕业于日本京都帝国大学，获理学士学位。回国后，历任广东省立勷勤工学院教员、广东省立文理学院理化系教授兼系主任、台湾气象局局长等职。中华人民共和国成立后，历任广东文理学院临时院务委员会主任并兼代广东工业专门学校校长、暨南大学副校长、中山大学副校长、全国人大代表、省人大常委会副主任、九三学社广东省委员会主任等职。

廣東工業專科學校證明書

47 水字第17號

查學生陳康苗現年貳拾伍歲廣東省中山
縣人一九四八年七月在本校全年制水利工程
科畢業茲根據廣東省文教廳一九五零年十一
月三日高字第十二三零號通知轉奉中央教育
部一九五零年五月十一日高一字第三四九號
文件：「關於高等學校解放前畢業生證書概
不由教育（文教）部驗印頒發可由其畢業的
學校負責給予證明文件」之指示由本校發給
此證明書以資證明此證

校長 黃友謀

副校長 袁鎮沂

一九五一年 三月 一日

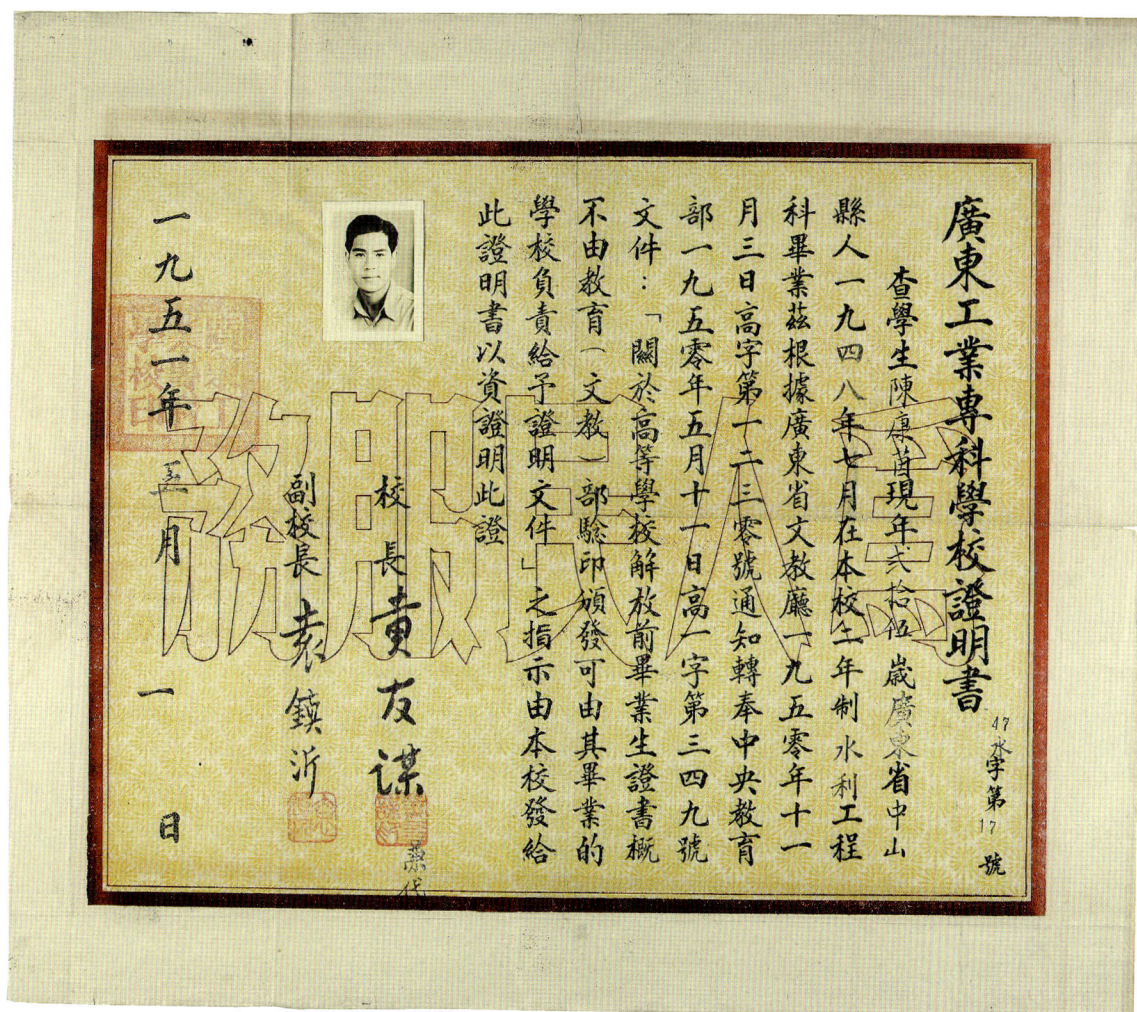

图录二〇八　广东工业专科学校证明书

一〇三、华南联合大学

广州私立国民大学（1924年创建）、广州大学（1927年创建）和文化大学（即前中华文法学院，1942年创建，1949年改名文化大学）等校合并，于1951年组成私立华南联合大学。

1951年华南联合大学教育系并入华南师范学院，现发展为华南师范大学。

1952年华南联合大学理工学院合并升格为华南工学院，现发展为华南理工大学；华南联合大学部分文理系科并入中山大学。

图录二〇九：私立华南联合大学毕业证书　1952年

纸本。高38.8厘米，宽40.1厘米。框边设计图案呈现出新中国成立后的一派欣欣向荣的丰收景象。四周设麦穗图案，上边框正中饰五角星，左右两角各设四面中华人民共和国国旗；左右边框中部为工农兵立像，背景工厂林立，和平鸽在天空飞翔；下边框正中为农民耕地、知识青年下乡支农的画面。此件系财经学院附设财经技术训练班银行组学员余燊森（广东台山县人，29岁）修业一年期满、成绩及格、准予毕业的毕业证书。证书右侧下方为证书编号"财训三字第一三九〇号"。正中钤正方形朱文"私立华南联合大学印"（5.9×5.9厘米），署代理私立华南联合大学校长李章达（签名章）；副校长陈汝棠（签名章）、古文捷（签名章）；代理院长朱瓒琳（签名章）、班主任郑汉祥（签名章）。左侧上方贴有余燊森半身照片，打盖"私立华南联合大学"圆形钢戳；靠左侧边框为毕业日期"公元一九五二年七月"，钤正方形朱文"广东省人民政府文教厅之印"（6×6厘米）。

畢業證書

財訓三字第一三九〇號

學生余燊森係廣東省台山縣人
現年弍拾玖歲在本校財經學院附
設財經技術訓練班銀行組修業壹年
期滿成績及格准予畢業
此證

代理私立華南聯合大學校長　李章達
副校長　陳沁榮
代理院長　古文捷
班主任　鄭漢權
朱灣琳

公元一九五二年教 X月　日

廣東省人民政府教育廳印

图录二〇九　私立华南联合大学毕业证书

　　李章达（1890—1953），社会活动家。字南溟，广东东莞人。早年加入中国同盟会，参加武昌起义和讨袁运动。曾任孙中山警卫团团长、国民党农民部部长、福建省政府秘书长。抗战时期，赴香港负责中国民主同盟总支部工作。1948年1月，任中国国民党革命委员会常务委员兼主任秘书。中华人民共和国成立后，历任中央人民政府委员、广东省政府副主席、广东省政协副主席、广州市副市长、代理私立华南联合大学校长等职。

广　西

一〇四、广西大学

1927年，省立广西大学在梧州建立，1928年10月10日开学，校长马君武。1929年因粤桂军阀战争而停办。1931年6月，广西大学恢复。1932年设有理、工、农3学院。1936年增设文法学院和医学院。后文法学院迁桂林，农学院迁柳州。校本部设桂林，理工学院亦迁桂林。1939年8月，广西大学由省立改为国立。1944年迁往融县、贵州榕江。1945年迁回广西，时任校长李运华。

1949年有文、法商、理工和农4学院19个系，教师270多人，学生2300多人。1953年广西大学停办，教职工、学生连同仪器设备、图书分别并入省内外其他院校。1958年为适应广西社会主义建设发展的需要，在南宁重建广西大学。

图录二一〇：国立广西大学(旅黔)毕业证书　民国三十三年〔1944〕

纸本。高40.6米，宽49厘米。蓝色宽边花纹图案框边，上方中间设孙中山头像，左右两旁为中华民国国旗和中国国民党党旗。此件系法商学院经济学系学生朱晓光（广东台山县人，25岁）修业期满、成绩及格、准予毕业并授予法学士学位的毕业证书。证书偏左侧上方钤长方形朱文"国立广西大学关防"（9×6厘米），署国立广西大学校长陈剑脩，钤正方形"国立广西大学校长"朱文印（1.7×1.7厘米）；法商学院院长庄泽宣（签名章）。左侧上方贴有中华民国印花税票一枚（壹佰圆），盖菱形"印花"蓝印章，下方贴有朱晓光半身照片，打盖"广西大学"圆形钢戳；靠左侧边框为毕业日期"中华民国叁拾叁年柒月"，钤正方形朱文"教育部印"（7.4×7.4厘米）；左边框内下角为教育部验印编号"大字第81517号"及验印日期"中华民国卅六年九月十九日盖印"。广西大学证书编号"经毕字第零零贰伍号"。

朱晓光于民国三十三年七月毕业，而广西大学向教育部呈验证书的时间是民国三十六年四月，教育部于九月十九日验毕。这就是说，朱晓光从毕业到领取毕业证书间隔三年多时间。抗战时期，在边远大后方高校毕业生的毕业证书，一般均在抗战胜利回迁复校后呈请教育部验

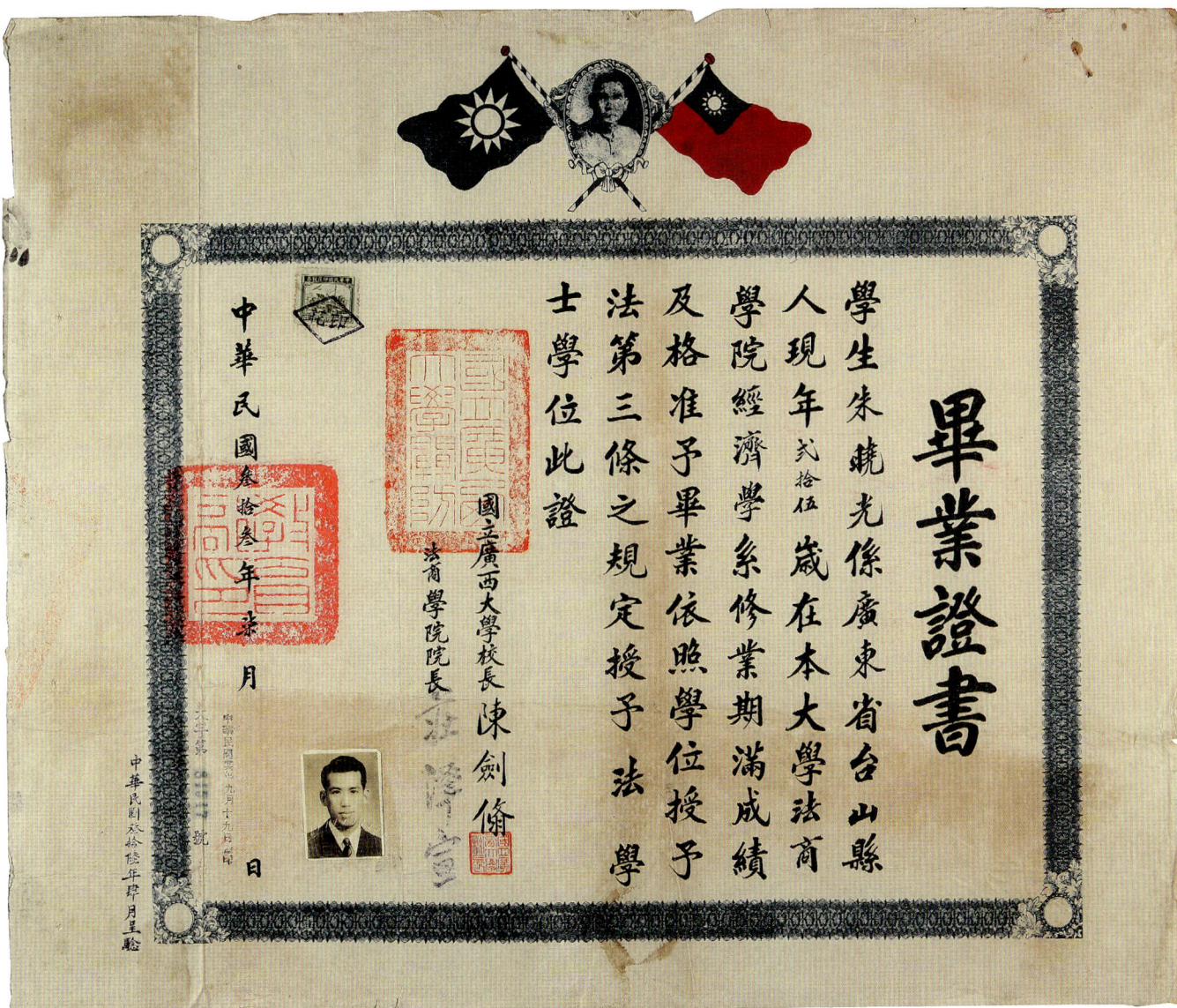

图录二一〇 国立广西大学（旅黔）毕业证书

印，故正式毕业证书的颁证时间不能按常规办理，这种现象在当时较为普遍。

陈剑修（1896—? ），名宝锷，以字行，江西遂川人。早年赴英国留学，获伦敦大学硕士学位。回国后，历任北京大学、北京女子师范大学、中国大学、武汉大学教授，中央大学教授兼教务长、西北联合大学筹委会常委、南京市教育局局长、江西省和湖北省教育厅厅长等职。1946年4月至1949年3月出任国立广西大学校长。

一〇五、桂林师范学院

国立桂林师范学院的前身是广西师范专科学校。1936年广西师专并入广西大学。1941年重建广西师专，后来改名为桂林师范学院、南宁师范学院。1950年再次并入广西大学。1953年全国高校院系调整，广西大学撤销，在广西大学原址（桂林市南郊将军桥）组建广西师范学院。1954年学院迁至桂林市王城新址。1984年改称广西师范大学。

图录二一一：国立桂林师范学院在学证明书　民国三十三年（1944）

纸本。高29.5厘米，宽24.5厘米。黑细线条框边。此件系理化科学生苏凤英（福建永定县人，21岁）第一学年第二学期肄业的肄业证明书。证书正中偏左署国立桂林师范学院院长曾作忠，钤正方形朱文"广西国立师范学院院长章"（1.5×1.5厘米）；左侧上方贴有苏凤英半身照片，钤朱文"教务处"印（2.5×4厘米）；靠左侧边框为颁证日期"中华民国三十三年六月廿五日"，钤长方形朱文"广西国立师范学院关防"（8.8×5.8厘米）。证书编号"在字第陆壹肆号"。

曾作忠（1895—1971），教育家。早年赴美留学，1934年获博士学位。回国后，历任暨南大学、复旦大学、大夏大学、圣约翰大学等校教授。1941年10月至1948年2月出任桂林师范学院院长、南宁师范学院院长。曾院长主持院务期间，正值抗战和解放战争时期，他与全院师生辗转流离，推动抗日救国民主运动的开展，使学校被誉为大西南民主运动的堡垒。新中国成立后，先后担任广西大学文学院院长、中国心理学会理事、湖南大学师范学院教授等职。

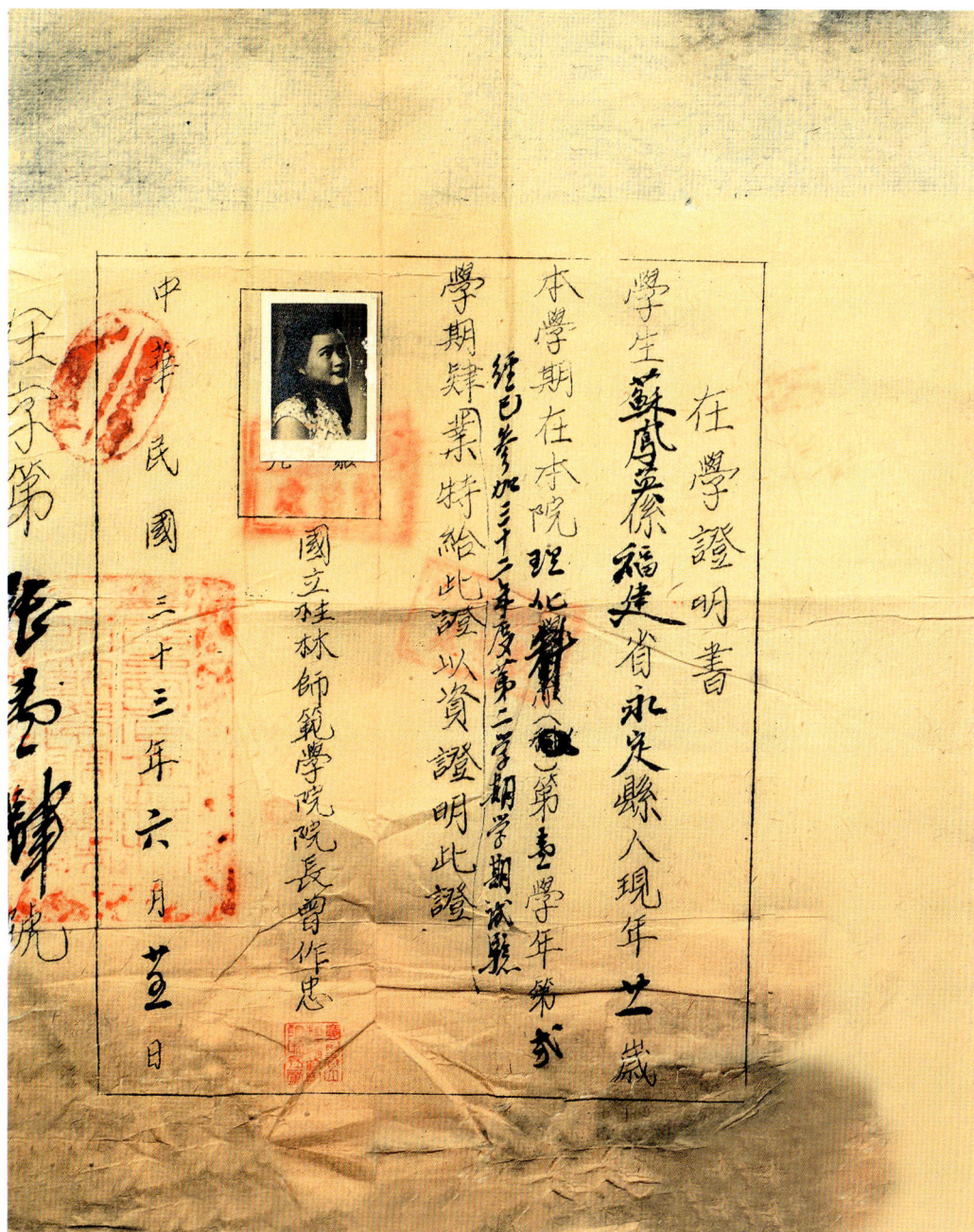

图录二一一　国立桂林师范学院在学证明书

一〇六、广西医学院

广西省立医学院于1934年11月在南宁创建。建院初期，只设医疗专业，学制六年，同时附设专修科和助理护士班。1936年7月并入广西大学，改为广西大学医学院。半年后，又从广西大学分出，改成广西军医学校。1938年冬，迁至田阳县那坡镇。1939年初改名广西省立医药专科学校；10月，重新恢复为广西省立医学院。1940年5月，院址迁桂林。抗战后期，学校曾两度疏散，先迁融水，后迁三江，又经平乐、梧州、昭平等地。抗战胜利后，回迁复校。

1949年11月广西解放，校名改为广西省立医学院。1953年，改称广西医学院。1992年更名为广西医科大学。

图录二一二：广西省立医学院毕业证书　民国三十四年（1945）

纸本。高40.3米，宽48.3厘米。黑粗细双线条框边，上方设孙中山头像，左右两旁为中华民国国旗和中国国民党党旗。此件系医学院学生潘步权（广西岑溪县人，27岁）修业期满、成绩及格、准予毕业并授予医学士学位的毕业证书。证书正中钤长方形朱文"广西省立医学院关防"（8.5×5.8厘米），署广西省立医学院院长叶培，钤正方形"广西省立医学院院长"朱文印（1.5×1.5厘米）；偏左侧上方贴有中华民国印花税票一枚（伍拾圆），加盖菱形朱文"广西省立医学院印讫"；靠左侧边框为毕业日期"中华民国三十四年一月"。证书编号"毕字第玖壹号"。

叶培（1910—　　），呼吸道病毒性医学专家。广西融水县人。1937年获德国汉堡大学医学博士学位。1939年回国，历任上海宝隆医院医师、广西军医医院医师、广西省立医学院院长兼附属医院院长（1946年1月至1948年8月）及省立高级护士学校校长等职。中华人民共和国成立后，历任广西卫生厅副厅长兼自治区人民医院院长、全国人大代表、全国政协委员、广西壮族自治区政协副主席、中德医学协会广西分会理事长等职。在医学上，他创建小儿呼吸道病毒疾病研究室，成为国内第八个能分离合胞病毒的实验室。

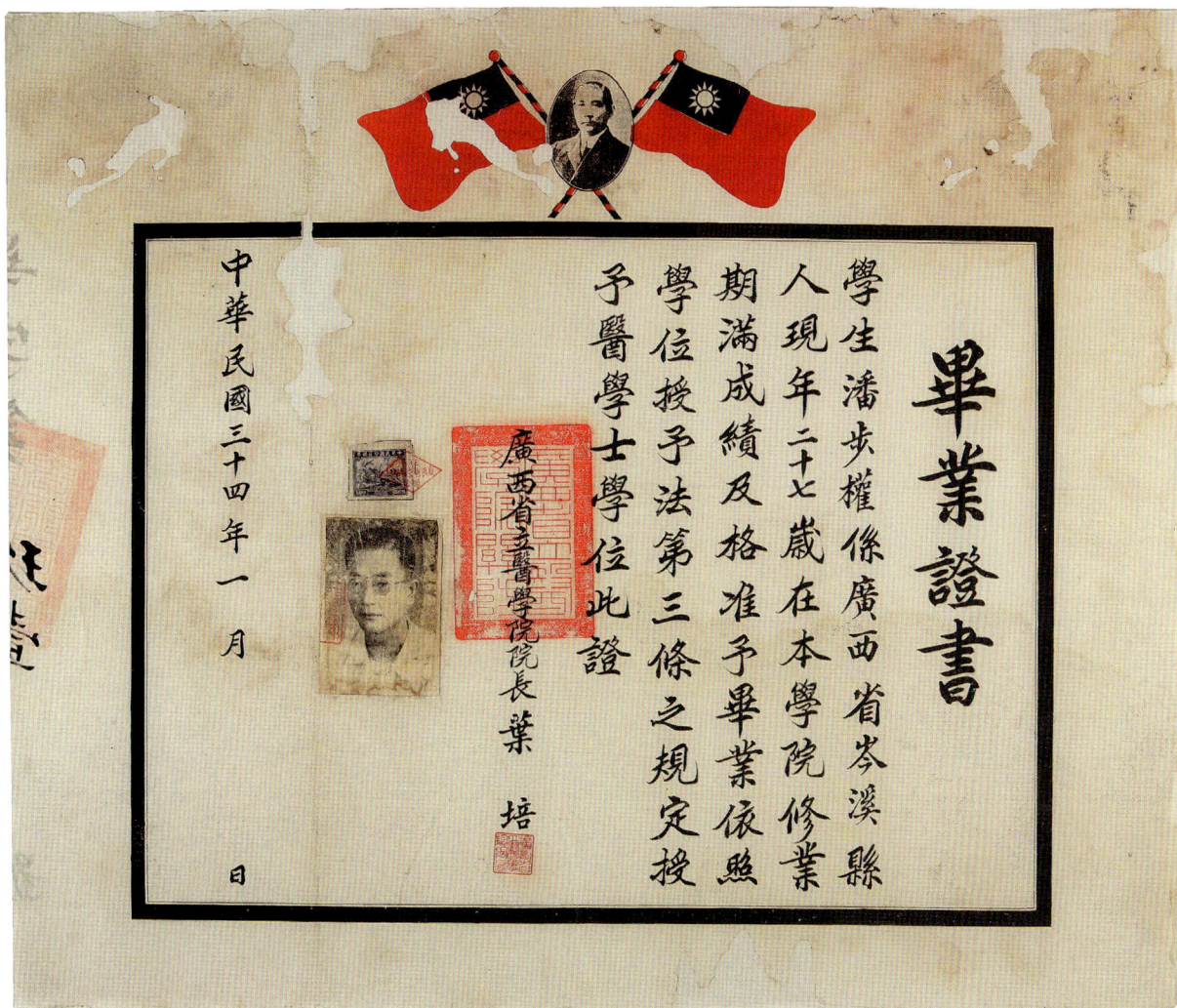

毕業證書

學生潘步權係廣西省岑溪縣

人現年二十七歲在本學院修業

期滿成績及格准予畢業依照

學位授予法第三條之規定授

予醫學士學位此證

廣西省立醫學院院長葉 培

中華民國三十四年一月 日

图录二一二　广西省立医学院毕业证书

图录二一三：广西省立医学院修业证明书　民国三十八年（1949）

纸本。高29.5厘米，宽58.5厘米。此件系医本科学生朱光瑟（广西博白县人，22岁）于民国三十五年九月（1946）至民国三十八年七月（1949）修毕三年级第二学期课程的修业证明书。证书偏左侧署广西省立医学院院长孙荫坤，钤正方形"广西省立医学院院长"朱文印（1.6×1.6厘米）；教务主任李落英，钤正方形"李落英"朱文印（1.2×1.2厘米）。颁证日期为"中华民国叁拾捌年拾月"，钤长方形朱文"广西省立医学院关防"（8.5×5.8厘米）。证书编号"修字第捌捌号"。左侧是证明书的存根，其内容与证明书的正式文本相同。既然存根与正式文本相连，说明朱光瑟并未领取此修业证明书。

朱光瑟肄业三年（6个学期）的成绩表。三学年共修27门课。第一学年（1946年9月—1947

修字第 捌捌 號

中華民國叁拾捌年拾月

修業證明書

學生朱光瑟現年二十二歲廣西省博白縣人於中華民國叁拾五年九月考入本院醫本科第壹年級第壹學期肆業至叁拾捌年柒月止修畢三年級第二學期課程其入學時所繳之高中畢業證明書業經呈由廣西省政府轉報教育部尚未奉發還茲因戰事關係離院合給證明書為之證明並將該生在院肆業成績表列於下

廣西省立醫學院
院長孫蔭坤
教務主任李落英

中華民國叁拾捌年拾月 日

中華民國叁拾捌年拾月 日

廣西省立醫學院 院長孫蔭坤

教務主任李落英

學年度	第一學年 第一學期學期成績	第二學期學期成績	第五學年度 學分

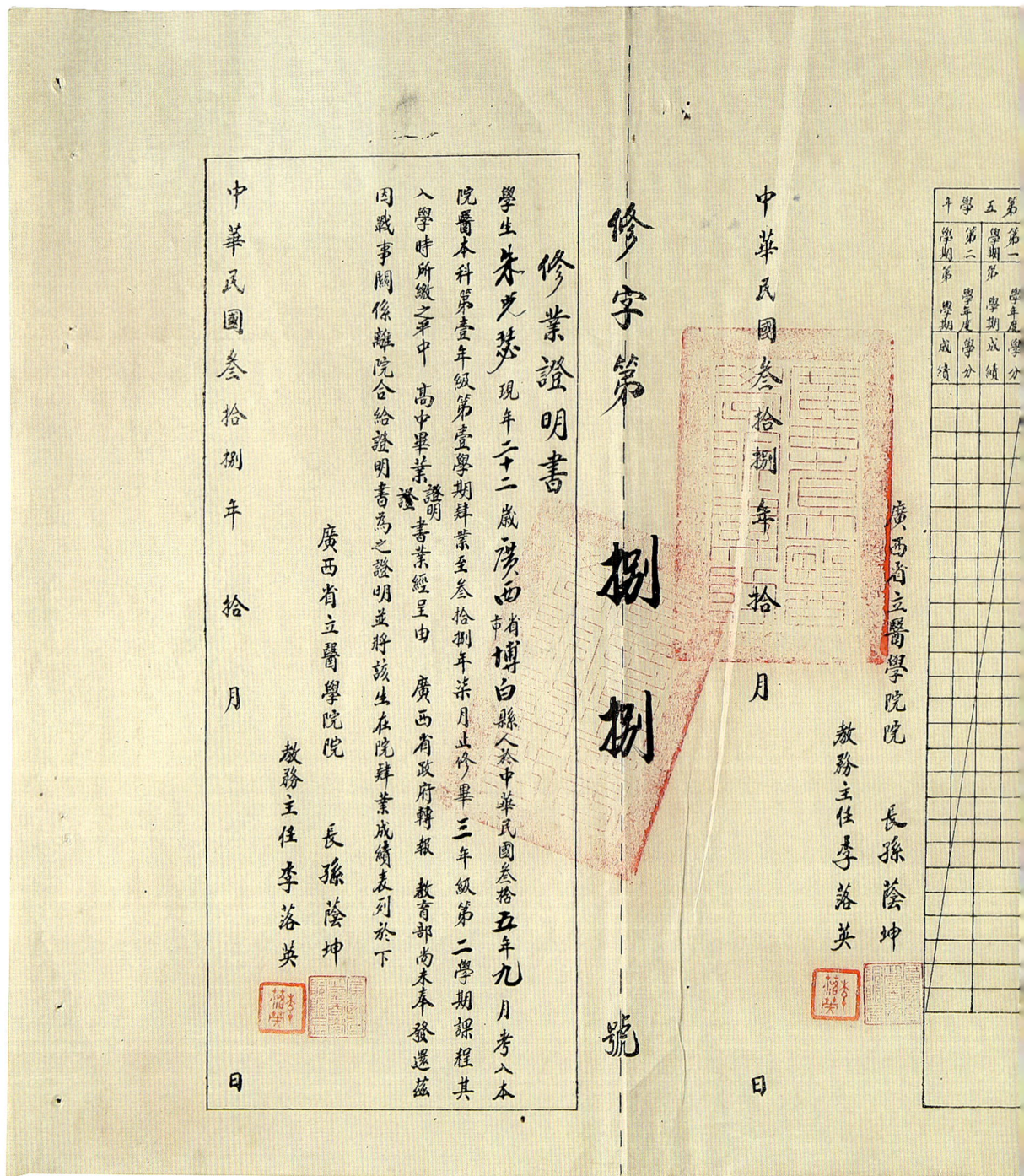

年7月）上下学期总平均分数（上）76分、（下）70.8分；第二学年（1947年9月—1948年7月）上下学期总平均分数（上）68.3分、（下）64.9分；第三学年（1948年9月—1949年7月）上下学期总平均分数（上）68.8分、（下）70.8分。朱光瑟操行成绩乙，学分累计168学分，肄业成绩

修業證明書

學生朱光瑟現年貳貳歲廣西省博白縣人於中華民國叁拾伍年玖月考入本
院醫本科第壹年級第壹學期肆業至叁拾捌年柒月止修畢叁年級第貳學期課程其
入學時所繳之平樂中學高中畢業證書業經呈由
　　廣西省政府轉報　教育部尚未奉發還藍
因戰事關係離院合給證明書為之證明並將該生在院肆業成績表列於下

第四學年		第三學年		第二學年		第一學年		科目
學分	成績	學分	成績	學分	成績	學分	成績	
			79	理生學	65 62.2	文 英	65 65	國文
內科學	72	物化生學	68.3 63.3	文	64	文 分析	70.3	英德
熱帶病學	69	藥理學	67 77	化析學	66.3	數學	92	德文
小兒科學	82	細菌學	62.5 74.8	機有化學	92	物生學	73.6	學數
婦產科	64	病理學	62	胎胚學	70 84	物理學		倫理學
皮膚花柳科	64	寄生蟲學	62	組織學	84 77	普通化學		普通化學
外科學	81	解剖學	62 74	解剖學	73.3 77	理則學		理則學
放射學	61.6	神經系解剖學	62	組織學		生物化學		組織學
中國醫史		組織學	67	生理學		生理學		生理學
藥理學	65	戰時救護訓練	67	分析化學		心理學		心理學
寄生蟲學	74			心理學	60	戰時救護訓練		護病學訓練
眼科學				生物學	65			生理學
婦產科學								

								備註
學分總數	31	21	學分總數	34	27	學分總數	25 30	
平均分數	70.8	68.8	平均分數	64.9	68.3	平均分數	70.8 76 74	
三民主義成績			三民主義成績			三民主義成績		
軍訓成績	65	70	軍訓成績	70 76	軍訓成績	78 80		
體育成績	乙	乙	體育成績	乙 乙	操行成績	乙 乙		

图录二一三　广西省立医学院修业证明书

69.9分。

孙荫坤，江苏无锡人。留德医学博士。医学教授。1948年至1949年11月出任广西省立医学院院长。

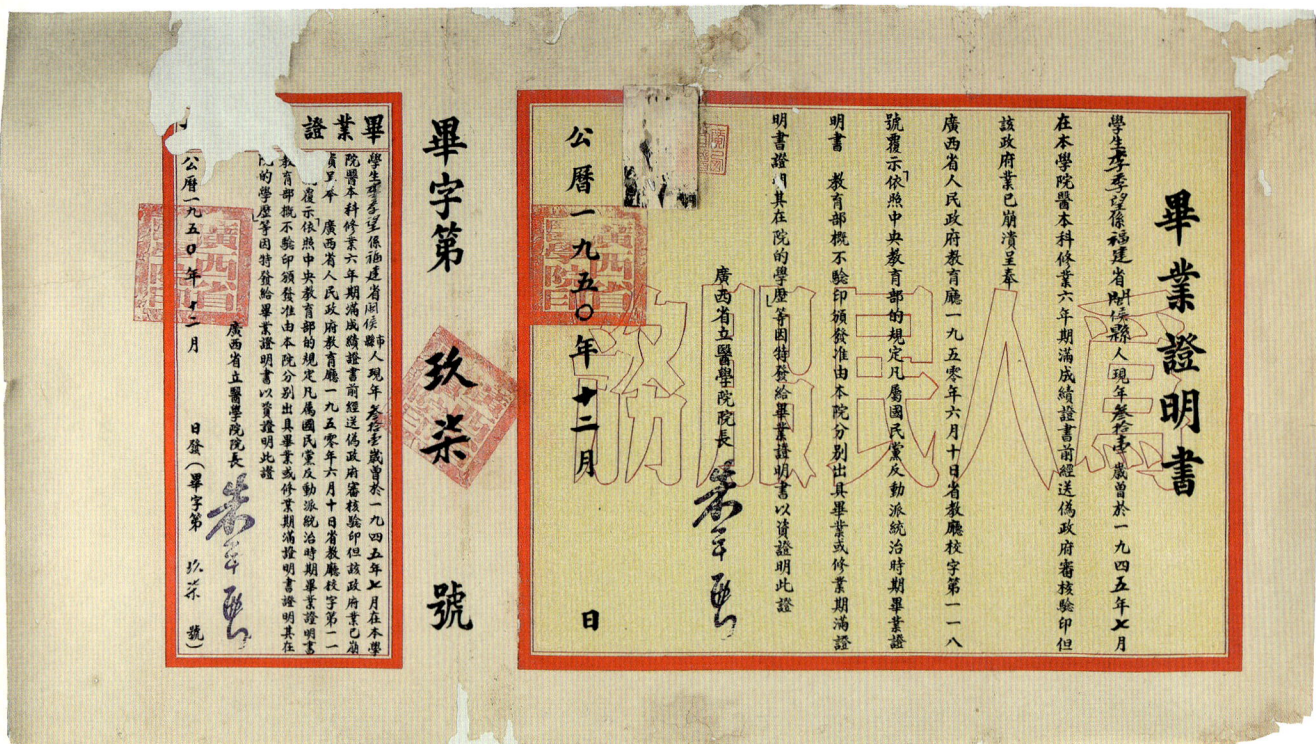

图录二一四　广西省立医学院毕业证明书

图录二一四：广西省立医学院毕业证明书　1950年

纸本。高38.2厘米，宽68.5厘米。红粗细双线条框边，黄色花纹图案作证书底色，并刊有美术体"为人民服务"五个大字。这是一件证明新中国成立前毕业生的毕业资格证明书。前广西省立医学院本科生李季望（福建闽侯人，31岁）于1945年7月修业六年期满毕业，但未颁发毕业证书。根据中央教育部有关新中国成立前毕业生证书可由其毕业的学校负责给予证明文件的指示，广西省立医学院按规定由学校开具证明书，以资证明李季望的毕业学历资格。证书偏左署广西省立医学院院长朱平亚（签名章）；左上方贴有李季望照片（影像已全部退色），加盖正方形朱文"广西省医学院印"（印文只一半清晰，2.7×2.7厘米）；靠左侧边框为颁证日期"一九五〇年十二月"，钤正方形朱文"广西省医学院印"（6×6厘米）。证书编号"毕字第玖柒号"。证书左侧是证明书的存根，其内容与证明书的正文文本相同。存根与正文文本相连保存下来，说明李季望并未领此件证明书。

朱平亚（1920—　），女，江苏人。1949年12月至1951年1月出任广西省立医学院院长。

重 庆

一〇七、重庆大学

1929年10月12日，重庆大学建立，首任校长刘湘。1933年设有文、理、农3学院7系。1935年5月，成为四川省立重庆大学，时任校长胡庶华。1937年设有理、工、商3学院10系。1944年改为国立重庆大学，校长张洪沅。1949年设有文、理、法、商、工、医6学院21个系科。

1952年全国高校院系调整，文、理、法、商、医5学院13系相继调出。此后，重庆大学调整为多科性工科大学。

图录二一五：国立重庆大学临时毕业证明书　民国三十七年（1948）

纸本。高32.4厘米，宽23.9厘米。黑粗细双线条框边。此件系工学院电机工程系学生邹鸿举（湖南岳阳人，24岁）修业期满、毕业试验成绩及格先行发给的临时毕业证明书。证书偏左署国立重庆大学校长张洪沅（签名章）；工学院院长冯简，钤正方形朱文"冯简印"（1×1厘米）。左侧上方贴有邹鸿举毕业照，打盖"国立重庆大学"圆形钢戳；靠左侧边框为颁证日期"中华民国叁柒年柒月"，钤长方形朱文"国立重庆大学关防"（9×5.8厘米）。证书编号"大字第叁陆零玖伍号"。附注："本证明书有效期间为壹年，过期作废。换领正式毕业证书时，须将此证书缴还。"

臨時畢業證明書

學生 鄒鴻舉 係湖南省岳陽縣人現年貳肆歲在本校工學院電機工程系修業期滿業經呈奉教育部核准參加畢業試驗成績及格正式畢業證書應俟呈准教育部核發外特給臨時畢業證明書以資證明此證

國立重慶大學校長 張洪沅

工學院院長 馮簡

中華民國叁拾年柒月 日

附註 本證明書有效期間為壹年逾期作廢領正式畢業證書時須將此證書繳還

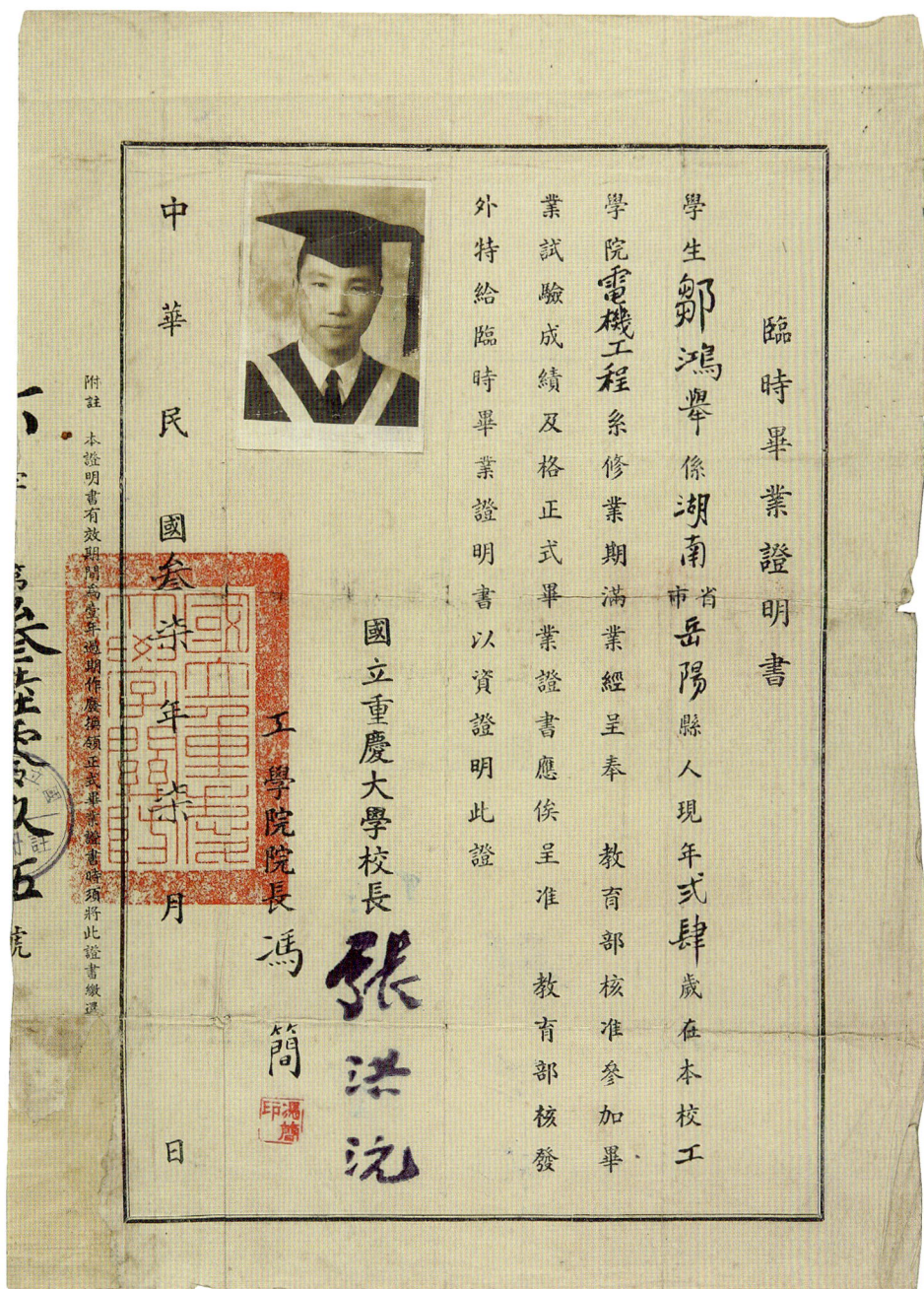

图录二一五　国立重庆大学临时毕业证明书

张洪沅（1902—1992），著名化工专家。四川华阳（今属双流）人。1924年清华学校毕业。后赴美留学，攻读化学工程，1930年获麻省理工学院博士学位。同年，与他人在麻省理工学院创建中国化学工程学会，担任学会主席。回国后，历任中央大学、南开大学化学工程系教授，四川大学化学系主任、理学院院长。1941年9月至1949年11月出任重庆大学校长。张洪沅教授学术造诣颇深，是我国化学工程教学用书的开拓者。他所作的论文《接触法硫酸及反应速度的研究》，为接触法硫酸生产设备设计的合理化奠定了理论基础，其所得的公式被称为"张氏公式"。

四　川

一〇八、四川大学（四川高等学堂、成都大学）

四川大学的前身是1902年底创建于成都的四川高等学堂，总理胡峻。1912年改称四川高等学校。1919年停办。1926年改组重建，成为国立成都大学。1927年，国立成都高等师范学校改建为国立成都师范大学。同年，四川公立国学院、法政专门学校、外国语专门学校、工业专门学校和农业专门学校合并组成公立四川大学。1931年，国立成都大学和成都师范大学，以及公立四川大学的中文、外文和法政三科合并组建国立四川大学，校长王兆荣。设文、理、法3学院11系。1939年迁峨嵋，1943年回迁成都。时任校长黄季陆。至1949年，国立四川大学设有文、理、法、工、农、师范6学院25系。

1950年，国立四川大学更名为四川大学。1956年，四川大学成为一所在文学、史学、宗教学、数学、生物学等方面具有明显优势的文理科综合性大学。

1. 四川高等学堂（1902—1919）

图录二一六：四川高等学堂毕业文凭　光绪三十三年（1907）

纸本。高51.8厘米，宽66.5厘米。边框图案奇特：饰黄彩花纹，左右两侧配以松鹤、松鹿图，上方正中设有大小三只麒麟，顶部书"四川高等学堂"校名，左右两旁各饰一面四爪龙旗。此件系四川高等学堂普通科学生特昌修业期满、成绩优等的毕业文凭。文凭右侧偏上钤长方形朱文"四川省城高等学堂关防"（9.7×5.8厘米）。学生特昌三年修业课程有：人伦道德、经学大义、国文、中国历史、中国地理、外国历史、外国地理、几何、代数、三角、物理、化学、法制、英语、法语、体操等。毕业考试平均80分，6个学期考核成绩平均74分，总平均77分。文凭偏左侧署四川总督部堂赵（尔巽），钤长方形汉满朱文"四川总督管巡抚事关防"（10×6.4厘米）；四川提学使司提学使方，钤长方形汉满朱文"四川全省学务发布关防"（9.5×5.3厘米）；四川高等学堂总理胡（峻），钤长方形朱文"四川省城高等学堂关防"（9.7×5.8

堂學等高川四

畢業文憑

優等生特昌

自光緒三十年七月入學始造
光緒三十三年五月止普通科
畢業此憑

學科	分數
國文	八十六
中外史地	七十八
代數	八十二
三角	九十
博物	八十一
物理	七十
化學	七十六
法語	八十九
英語	九十
體操	八十三
計	八百三十五
均平	八十三
每學期均平	八十四
均平總	八十七

四川總督部堂趙

四川提學使司提學使 方

四川高等學堂總理 胡

光緒三十三年六月初一日授

教師銜名
監督
監學
教習

図录二一六　四川高等学堂毕业文凭（正、背）

厘米）。靠左侧边框为颁证日期"光绪三十三年六月初一日授"。

文凭背面是校长、总务长、教务长及教授名单。该校先后延聘中国教授20名，外籍教授10名。其名师数量之多，在清末省一级高等学堂中名列前茅。

胡峻（1870—1909），近代教育家。字雨岚，号贞庵，四川成都人。1895年5月2日参加"公车上书"之义举。光绪二十一年（1901）进士，授编修。1902年底至1909年出任四川高等学堂总理（校长）。其间，曾赴日考察。回国后，设教育研究会，立模范小学，置各项师范，创法政及体育等专门学校，为四川旧式学堂向新式学校的转型奠定了基础。

2. 成都大学（1926—1931）

图录二一七：国立成都大学毕业证明书　民国十八年（1929）

纸本。高31.5厘米，宽31.3厘米。行文全部以毛笔书写。此件系成都大学第一类预科学生夏振扬（浙江嘉善县人，19岁）二年修业期满、考查成绩及格特发的毕业证明书。证书偏左署国立成都大学校长张澜，钤长方形"张澜"朱文印（1.2厘米×9毫米）；左侧为颁证日期"中华民国十八年七月"，钤长方形朱文"国立成都大学校章"（9.3×6厘米）。

张澜（1872—1955），中国民主革命家。字表方，四川南充人。清末秀才。早年留学日本东京弘文书院。曾领导四川保路运动。辛亥革命后，任军政府川北宣慰使、四川省省长等职。1926—1931年出任国立成都大学校长。抗战时期，被聘为国民参政会参政员。1941年发起组织中国民主政团同盟，被推为主席。1944年民主政团同盟改称中国民主同盟，继任主席。新中国成立后，任中央人民政府副主席、全国人大常委会副委员长、全国政协副主席等职。

國立成都大學 為

發給證明書事茲有學生夏振揚係浙

江省嘉善縣人現年十九歲在本校第

一類預科二年級修業期滿考查成績

及格准予發給證書此證

右給學生夏振揚准此

國立成都大學校長張 瀾

中華民國十八年七月 日

图录二一七 国立成都大学毕业证明书

3. 四川大学

图录二一八：国立四川大学毕业证书　民国二十八年（1939）

纸本。高44厘米，宽48厘米。蓝宽带多层花纹图案框边；以黄色花纹图案作证书底色，并刊有篆书"国立四川大学毕业证书"字样；上方中间设孙中山头像，左右两旁为中华民国国旗和中国国民党党旗。此件系法学院政经系学生王宜珍（女，四川内江县人，24岁）修业期满、成绩及格、准予毕业并授予法学士学位的毕业证书。证书正中偏左钤长方形朱文"国立四川大学关防"（8.8×5.9厘米），署国立四川大学校长程天放，钤正方形"国立四川大学校长"朱文印（1.7×1.7厘米）；法学院院长曾天宇，钤正方形"法学院院长"朱文印（1.6×1.6厘米）。左侧上方贴有中华民国印花税票三枚（每枚面值贰角）、下方贴有王宜珍毕业照，打盖"国立四川大学"圆形钢戳；靠左侧边框为毕业日期"中华民国二十八年七月六日"，钤正方形朱文"教育部印"（7.4×7.4厘米）。教育部验印编号"大字第56348号"及验印日期"中华民国廿九年八月拾叁日验讫"；四川大学证书编号"大字第壹伍玖号"。

程天放（1899—1967），原名学愉，江西新建人。早年赴美国和加拿大留学，1926年获加拿大都朗度大学政治学博士学位。回国后，历任复旦大学、大夏大学、中央大学教授，安徽省政府主席，国民党中央宣传部部长，浙江大学校长，驻德国大使，四川大学校长（1938—1943），中央政治学校教育长，立法院立法委员等职。1949年去台湾。曾任"教育部"部长、"考试院"副院长等职。

图录二一八　国立四川大学毕业证书

正本附件 10类 5一号

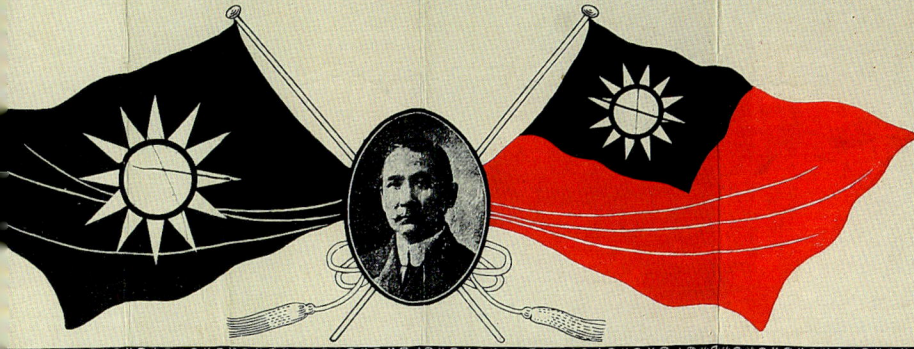

畢業證書

學生王宜珍係四川省内江縣人現
年二十四歲在本校法學院政經學
系修業期滿成績及格准予畢業依
照學位授予法第二條之規定授予
法學士學位此證

國立四川大學校長程天放

法學院院長曾天宇

學生王仁即係四川省　　縣人現年　　　

參參歲於公曆一九四九年一月在本校

——學院——學系商學組修業期

滿成績及格准予畢業此證

四川大學臨時校務委員會主任委員

謝文炳

公曆一九五壹年十二月　　日發

交字第　號

畢業證書

图录二一九：四川大学毕业证书　1951年

纸本。高38.1厘米，宽42.2厘米。红线条框边，黄色花纹图案作证书底色，并刊有美术体"四川大学"字样。此件系商学组学生王仕明（四川荣县人，33岁）修业期满、成绩及格、准予毕业的毕业证书。证书偏左侧署四川大学临时校务委员会主任委员谢文炳，钤正方形"谢文炳"朱文印（1.5×1.5厘米）；上方贴有中华人民共和国印花税票一枚（由面值贰仟圆改为暂作拾圆）和王仕明毕业照，并打盖"四川大学"圆形钢戳；靠左侧边框为颁证日期"公历一九五壹年十二月发"，钤正方形朱文"四川大学印"（6×6厘米）。证书编号"校字第叁伍肆柒号"。

谢文炳（1900—1989），曾用笔名问笔、文友，湖北汉川人。1914年入清华学堂。1922年留学美国斯坦福大学和康奈尔大学，攻读美英文学。回国后，历任成都大学、安徽大学、厦门大学、暨南大学、武汉大学、燕京大学、光华大学、四川大学等高校文科教授。抗战时期曾同刘盛亚、萧军、李劼人等办过《文艺后防》、《抗战文艺》等杂志。中华人民共和国成立后，1950—1952年出任四川大学校务委员会主任委员（校长），后任川大教授至终。

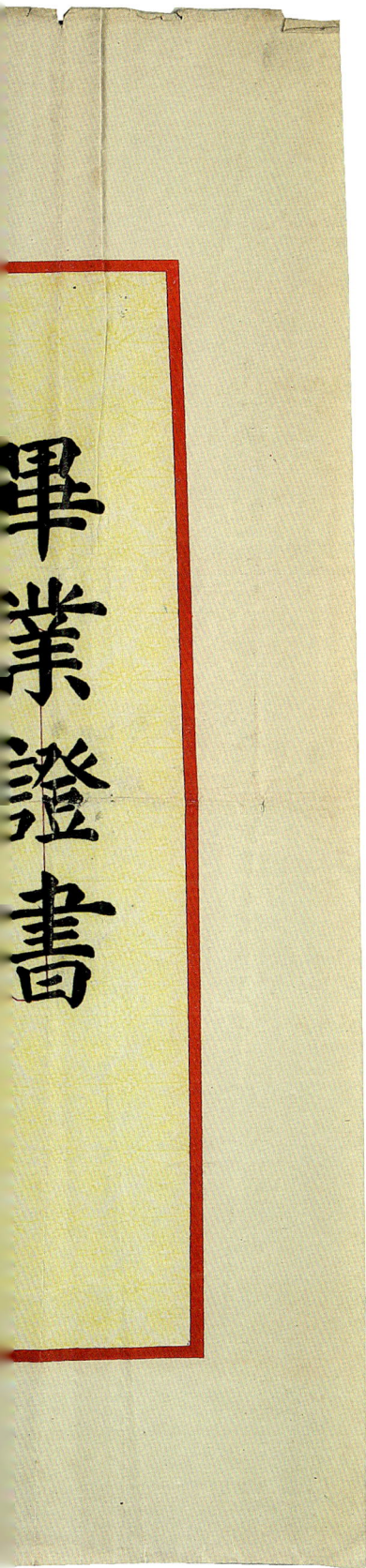

图录二一九　四川大学毕业证书

一〇九、华西协合大学（基督教会学校）

　　1905年，美英基督教会在成都筹办华西协合大学。由于此校是由美、英、加拿大三国基督教会的五个差会共同开办的，故名华西协合大学。经过五年的准备，1910年3月11日成立大学部，校长为美国人毕启。私立华西协合大学初设文、理、教育3科，后增设医科、牙科。1933年立案后，中国人张凌高任校长，设文、理、医3学院。校训"仁智忠勇，清慎勤和"。1947年设文、理、医、牙4学院26系6个附属医院。

　　1951年10月6日改为公立华西大学。1952年高校院系调整中，文、理学院调出。1953年10月6日以医、牙学院为基础，组建四川医学院。1987年更名华西医科大学。2000年撤销并入四川大学。

　　图录二二〇：私立华西协合大学证明书　民国二十九年（1940）

　　纸本。高32厘米，宽32厘米。黑粗细双线条框边。此件系文学院哲学教育学系学生邓维邦（女）修学期满、毕业考试及格、准予毕业的临时毕业证明书。证书正中署校长张凌高，钤正方形朱文"私立华西协合大学校长之章"（1.7×1.7厘米）；文学院院长罗忠恕，钤正方形朱文"华西协合大学文学院院长章"（1.7×1.7厘米）。左侧下方贴有邓维邦毕业照，打盖"华西协合大学"圆形钢戳；靠左侧边框为颁证日期"中华民国二十九年六月"，钤正方形朱文"私立华西协合大学钤记"（5×5厘米）。证书编号"华字第贰贰壹号"。

私立華西協合大學證明書

查本校文學院哲學教育學系學生鄧維邧修學

期滿經畢業考試及格准予畢業除將畢業

證書呈請

教育部驗印外合先給予證明書一俟正式

畢業證書頒到時該生即以此證呈請交換

此證

校長 張凌高

院長 羅忠恕

民國二十九年 六月 日

图录二二一　私立华西协合大学转学证明书

　　图录二二一：私立华西协合大学转学证明书　民国三十六年（1947）

　　纸本。高27.3厘米，宽37.5厘米。此件系文学院教育学系学生唐汝林（安徽巢县人，20岁）修毕二年级一学期课程的转学证明书。证书正中署校长张凌高（签名章）；左侧为颁证日期"中华民国三十六年一月"，钤长方形朱文"私立华西协合大学关防"（8.8×5.8厘米）。

　　张凌高（1890—1955），四川璧山县人。1919年于私立华西协合大学毕业，获文学士学位。1922年获美国芝加哥西北大学文学硕士学位；1933年获美国祖儒大学哲学和神学博士学位。回国后，曾任华西协合大学教授、副校长。1932—1947年出任私立华西协合大学校长。张校长在任期间，主持调整、充实院系的专业结构，增聘一批我国著名教授来校执教，提高了教学、科研质量。尤其在抗战期间，中央大学医学院、金陵女子文理学院、齐鲁大学、东吴大学、燕京大学、协和医学院等名校部分院系相继西迁，与华西协合大学联合办学，使华西协合大学得到空前发展。抗战胜利后，华西协合大学已成为国内负有盛名的综合性大学。张凌高校长精心经营华西协合大学15年，使这所大学得到不断扩大与发展，功不可没。

贵 州

一一〇、贵州大学

1902年在贵阳创办贵州大学堂，1904年改为高等学堂，1906年停办。1928年又在贵阳建立省立贵州大学，校长周恭寿。1930年停办。

1941年，国立贵州农工学院建立，设6系。1942年8月，以农工学院为基础，增设文理、法商两个学院，组建国立贵州大学，张廷休为校长。校训"坚毅笃实"。1944年迁遵义。1945年回贵阳。1948年设有文理、法商、农、工4学院16系。1953年贵州大学撤销，原址改建为贵州农学院。

1958年重建贵州大学。

图录二二二：国立贵州大学临时毕业证明书　民国三十六年（1947）

纸本。高26.9厘米，宽33厘米。黑粗细双线条框边。此件系文理学院数理学系学生葛德念（安徽合肥人，27岁）修业期满、成绩及格特给的临时毕业证明书。证书正中署国立贵州大学校长张廷休（签名章），钤正方形"国立贵州大学校长"朱文印（1.7×1.7厘米）；文理学院院长张廷休（签名章）。左侧上方贴有葛德念毕业照，打盖"国立贵州大学"圆形钢戳；靠左侧边框为颁证日期"中华民国叁陆年柒月"，钤长方形朱文"国立贵州大学关防"（8.9×5.9厘米）。证书编号"贵数理字第壹号"。附注："本证明书有效期间为一年，应于换领毕业证书时缴销。"

张廷休（1898—1961），字梓铭，贵州安顺人。1933年先后赴英国伦敦、德国柏林研习历

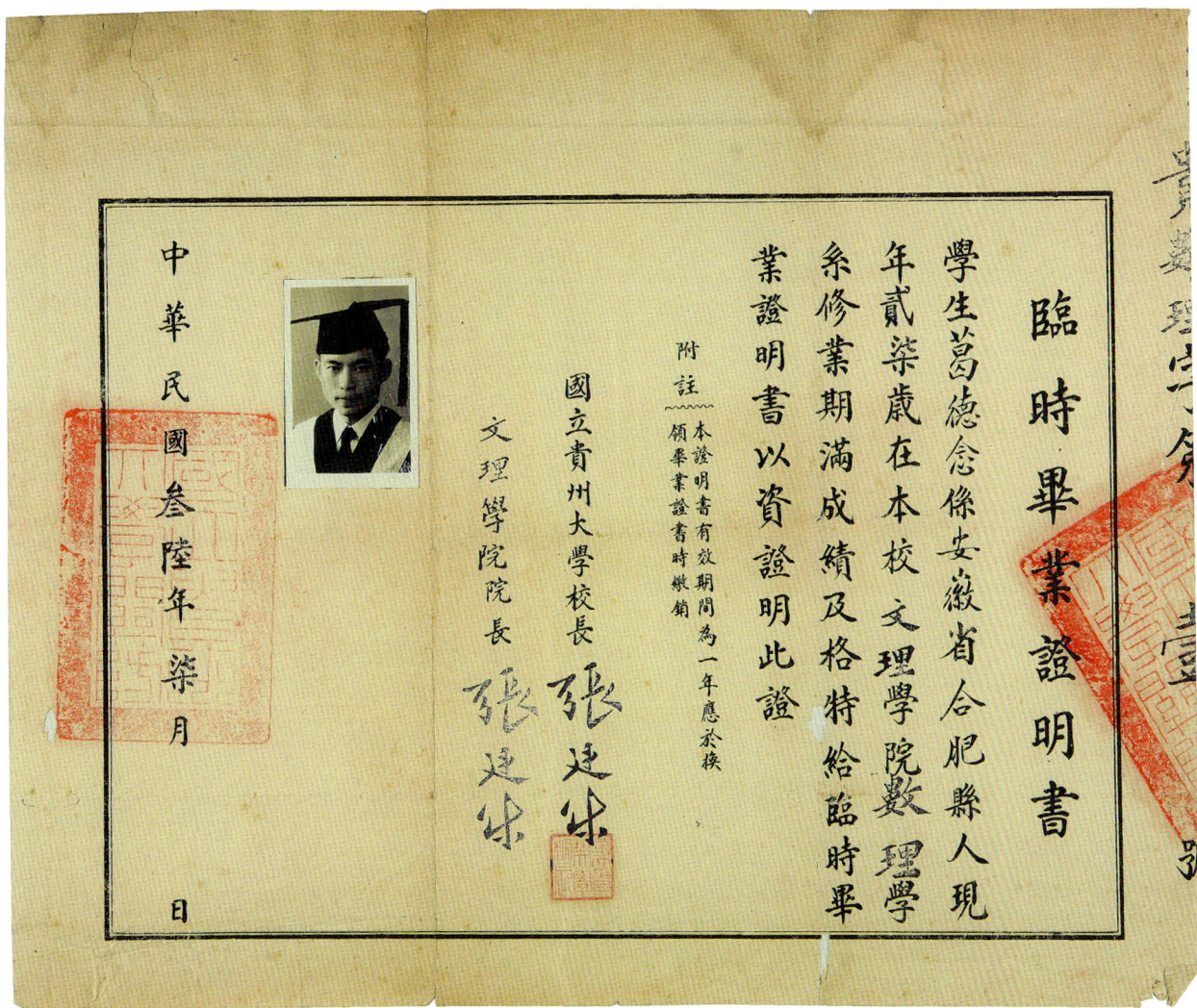

图录二二二　国立贵州大学临时毕业证明书

史、经济。回国后，任国民政府教育部主任秘书、教育部蒙藏教育司司长等职。1942年8月，创立贵州大学，并担任校长至1949年。中华人民共和国成立前夕去台湾。

图录二二三：国立贵州大学先修班肄业证明书　民国三十八年（1949）

　　纸本，国立贵州大学用笺。高28.1厘米，宽20.7厘米。此件系贵州大学附设大学先修班学生陆恒钧（江苏宿迁县人，19岁）肄业一年的肄业证明书。证书右侧下方为证书编号"贵班肄字第贰玖号"；左侧署校长张廷休（签名章）。颁证日期"中华民国三十八年六月"，钤长方形"国立贵州大学关防"（8.9×5.9厘米）。证书左侧上方原贴有学生照片，已脱落，但加盖的椭圆形"国立贵州大学先修班"蓝色印章"先修班"三字清晰可见。

　　先修班类似大学预科。抗战时期，在边远的大后方办大学先修班的数量相对比较多，主要是吸收沦陷区的青年学生。

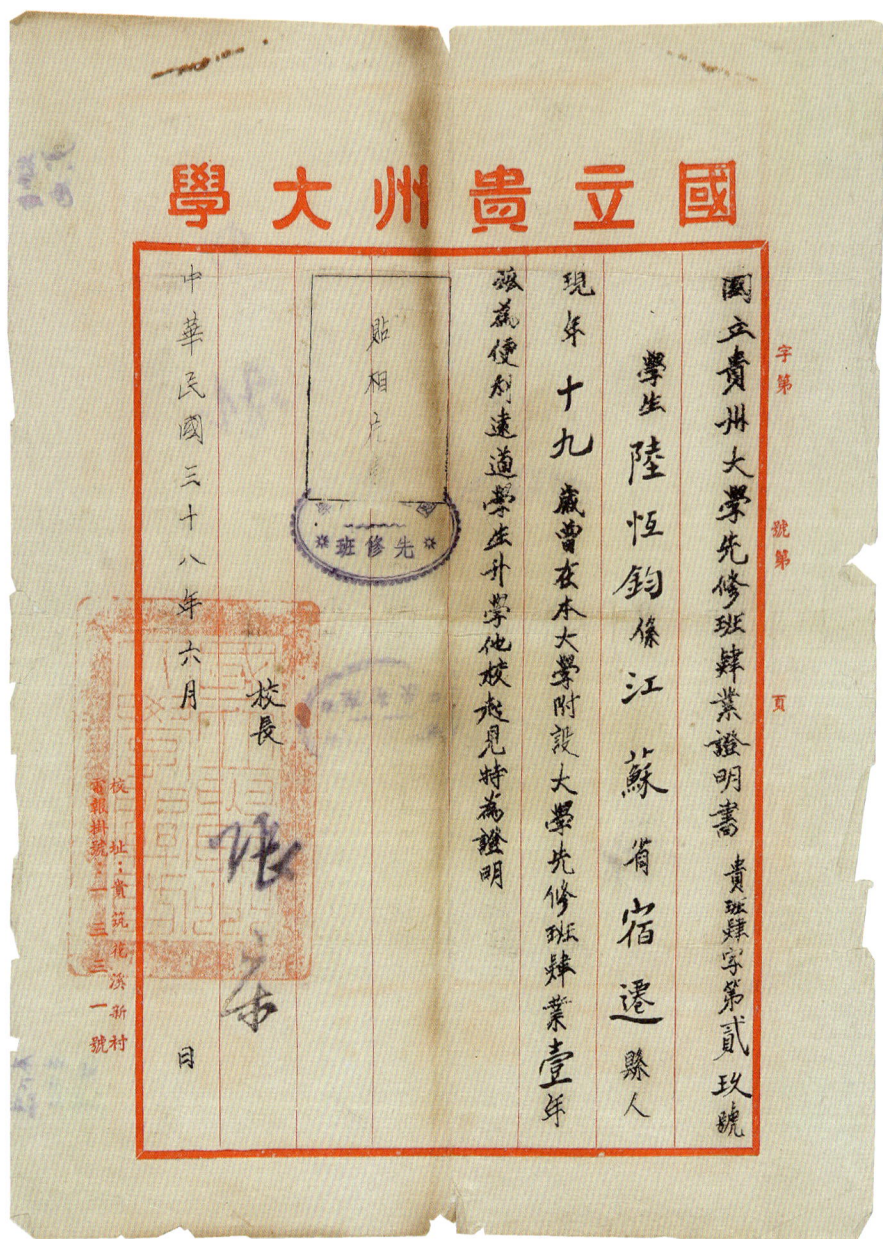

图录二二三　国立贵州大学先修班肄业证明书

一一一、交通大学贵州分校

抗战期间，交通大学上海分部主体迁往重庆；唐山分部和北平分部迁至贵州遵义。抗战胜利后，内迁的交通大学返沪复校。

图录二二四：国立交通大学贵州分校毕业证书　民国三十五年（1946）

纸本。高29厘米，宽44.3厘米（剪裁后现有尺寸）。蓝色宽边花纹图案框边，上方原设有孙中山头像及中华民国国旗和中国国民党党旗，均已剪毁。此件系唐山工程学院土木工程系学生

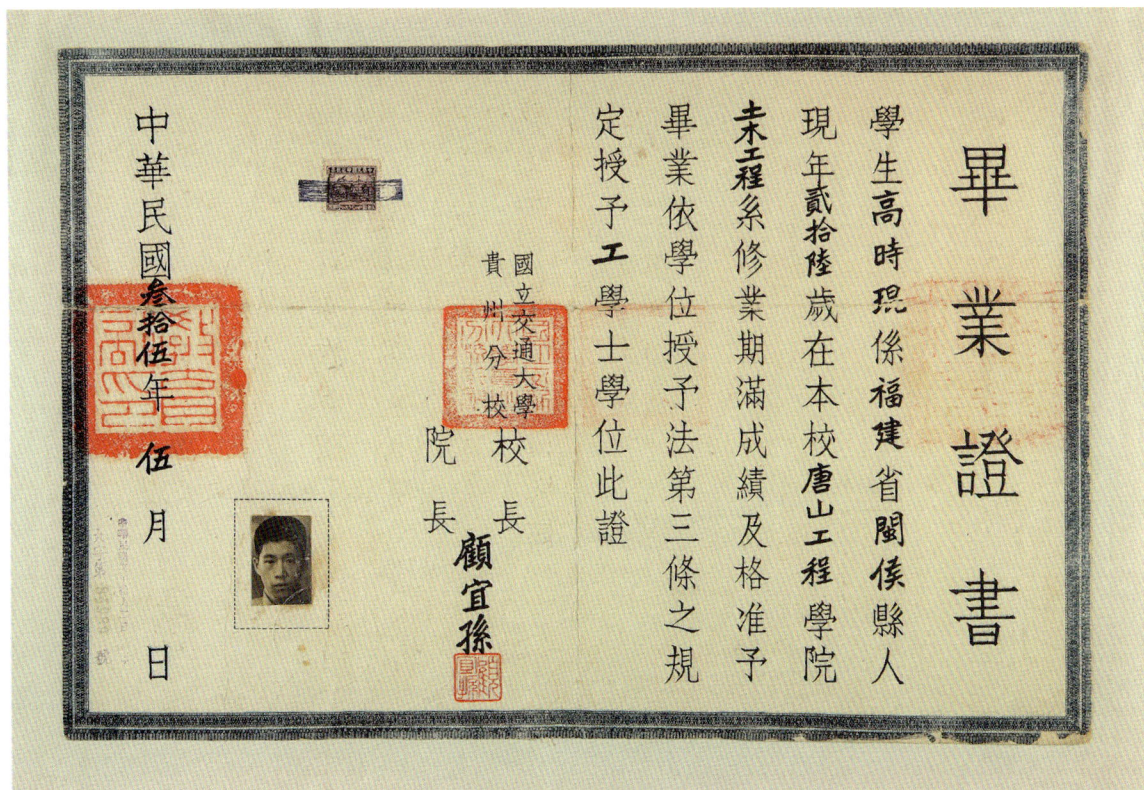

图录二二四　国立交通大学贵州分校毕业证书

高时琨（福建闽侯人，26岁）修业期满、成绩及格、准予毕业并授予工学士学位的毕业证书。证书正中钤正方形朱文"国立交通大学贵州分校钤记"（5.3×5.3厘米），署国立交通大学校长顾宜孙，钤正方形"顾宜孙"朱文印（2×2厘米）；左侧上方贴有中华民国印花税票一枚（贰佰圆），下方贴有高时琨照片，打盖"交通大学贵州分校"圆形钢戳；靠左侧边框为毕业日期"中华民国叁拾伍年伍月"，钤正方形朱文"教育部印"（7.4×7.4厘米）。教育部验印编号为"大字第84989号"，验印日期"中华民国卅六年拾月二日验讫"。

顾宜孙（1897—1968），教育家、工程结构学专家。早年赴美国康奈尔大学土木科深造，获博士学位。1946年被任命为唐山工学院院长。1949年后，为唐山铁道学院副院长兼教务长，桥梁隧道工程系主任、教授等职。曾任一、二、三届全国人大代表。

一一二、贵阳师范学院

1941年10月20日，国立贵阳师范学院开学。初设4系3科，院长王克仁。1944年迁遵义。1945年回贵阳。1947年设6系1科。

1985年3月18日，贵阳师范学院改称贵州师范大学。

图录二二五：贵阳师范学院毕业证书 1950年

纸本。高39.1厘米，宽44.4厘米。红粗细双线条框边，黄色花卉图案作证书底色，并刊有美术体"为人民服务"五个大字。此件系体育专修科学生冯瑞生（四川西充县人，22岁）肄业期

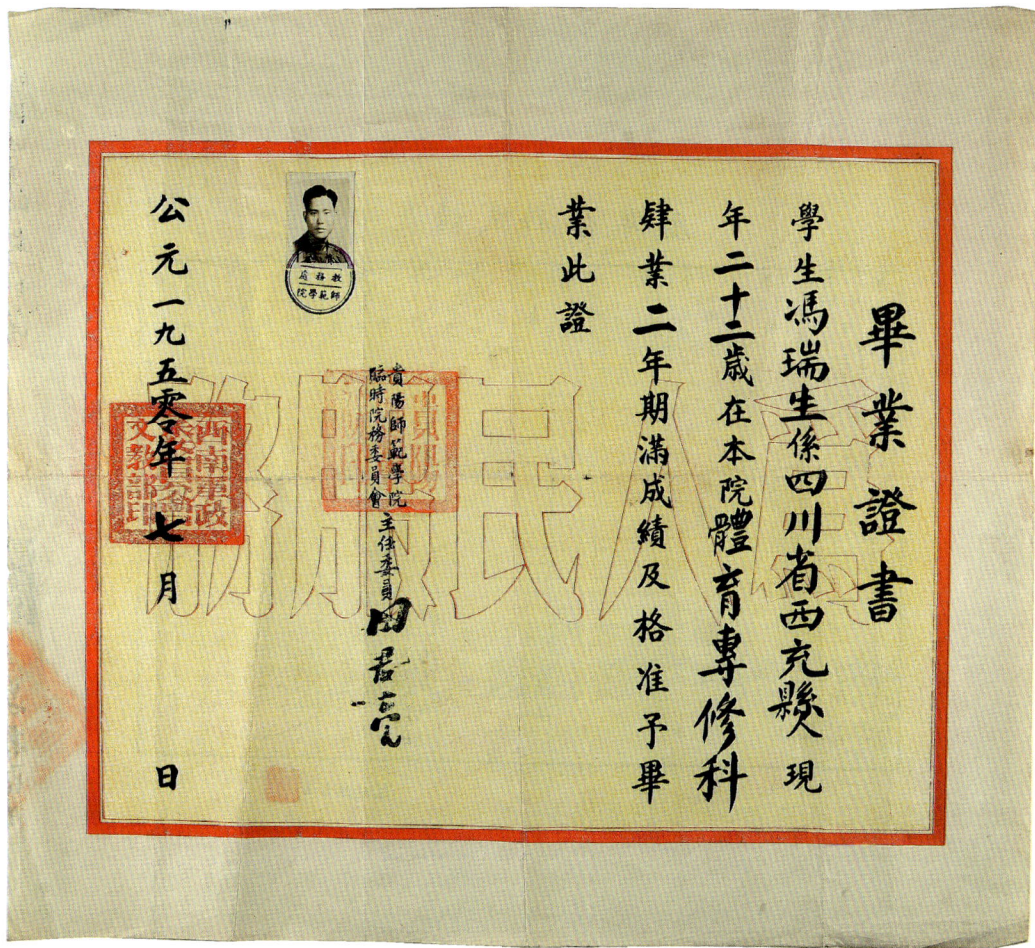

图录二二五（1） 贵阳师范学院毕业证书（正面）

歷年各科成績表

第一學年(1948年度) 科目	學分	成績	第二學年(1949年度) 科目	學分	成績	第( )學年年度 科目	學分	成績	第( )學年年度 科目	學分	成績	第( )學年年度 科目	學分	成績	第( )學年年度 科目	學分	成績	畢業成績	備考
生物物學	5	63	教育行政	3	78.5														72.5
教育心理	6	74.5	體格保健	2	74														
體育概論	6	81.2	應用文	2	68														
教育概論	6	66.5	體育法及																
應用副刊	4	70	教材研究	2	76														
倫理學科	8	66.9	體育法則法																
作法講習	4	71	反應法學	2	68														
社會教育	3	73	歷史哲學物理																
運動法別表	4	70	國語注音符號	3	73.8														
國文	6	66.5		3	85														
中等教育	3	75	體育運動法規法	3	83														
哲案	2	65	體育行政	8	70														

學業總平均成績 70.6　實得學分累計 65　體育成績　｜　學業總平均成績 74.4　實得學分累計 27　體育成績

附註：……1951.7.5

證書組主任〔印〕

图录二二五（2）　贵阳师范学院毕业证书（背面）

满、成绩及格、准予毕业的毕业证书。证书正中偏左钤正方形朱文"贵阳师范学院印"（5.9×5.9厘米），署贵阳师范学院临时院务委员会主任委员田君亮（签名章）；左侧上方贴有冯瑞生半身照片，加盖"贵阳师范学院教务处"圆形蓝印章；靠左侧边框为毕业日期"公元一九五零年七月"，钤正方形朱文"西南军政委员会文教部印"（5.9×5.9厘米）。文教部验印编号"文高字第贰柒贰贰号"；贵阳师院证书编号"贵师院字第柒拾陆号"。

证书背面为冯瑞生二学年各科成绩表。二学年共修20门课。第一学年（1948年度）学业总平均成绩70.6分；第二学年（1949年度）学业总平均成绩74.4分。冯瑞生实得学分累计92学分、毕业成绩72.5分。

田君亮（1894—1987），原名景奇，以字行，贵州平塘人。1919年毕业于日本早稻田大学政治经济学系。1921年回国后，加入中华革命党。1923年回贵州，任贵州公立法政专门学校教授兼教务长。曾先后任贵州大塘、石柱、务川等县县长和贵州大学教授等职。1949年后，历任贵州大学教授、校委会常委，贵州省教育厅厅长兼贵阳师范学院临时院务委员会主任委员，贵州大学校长，贵州省副省长，省文史馆馆长等职。

云　南

一一三、云南大学

云南大学的前身是在清朝昆明贡院旧址上于1922年12月8日创办的私立东陆大学，校长董泽。1925年设文、工2科5系。1930年改为云南省立东陆大学，校长华秀升。1932年设立文理、工、师范3个学院。1934年9月，改称省立云南大学，校长何瑶。1937年设有文法、理工、医3学院，熊庆来任校长。1938年7月1日，改为国立云南大学。1940年后，部分学院外迁嵩明、会泽、呈贡。1946年回迁昆明。1947年设文法、理、工、农、医5学院17系3科。

1951—1956年，云南大学工、农、医、法有关院系陆续调出，成为以文理科为主的综合性大学。

图录二二六：国立云南大学临时毕业证明书　民国三十四年（1945）

纸本。高26厘米，宽23.5厘米。此件系工学院土木工程学系学生赵连璋（云南昆明人，23岁）修业期满、毕业试验成绩及格特颁给的临时毕业证明书。证书右侧下方为证书编号"临字第一〇四八号"；偏左侧署校长熊庆来（签名章）；左侧为颁证日期"中华民国叁拾肆年玖月拾叁日"，钤长方形朱文"国立云南大学关防"（8.9×5.9厘米）。附注："本证明书有效期间为壹年，过期作废；换领正式毕业证书时须应缴销。"

熊庆来（1893—1969），著名数学家。字迪之，云南弥勒人。早年留学比利时、法国，获巴黎大学理学博士。曾任东南大学、清华大学教授，并创办东南大学和清华大学数学系，任系主任。1937—1949年出任云南大学校长。新中国成立后，任中科院数学研究所研究员、学术委员会委员及函数论研究室主任。熊先生是最早把近代数学引进中国的先驱者之一。他致力于开展整函数、亚纯函数、代数体函数及正规族的研究工作，培养了一批优秀的科学人才，如严济慈、华罗庚、杨乐、张广厚等物理学家和数学家。

國立雲南大學臨時畢業證明書

張字第一〇四八號

學生趙道瓊係雲南省昆明縣人現年貳拾叁歲在本校工學院

土木工程學系修業期滿經呈奉

教育部核准參加畢業試驗成績及格正式畢業證書應候呈准

教育部核〇〇時給臨時畢業證明書以資證明此證

附註：本證明書有效期間為壹年過期作廢換領正式畢業證書時應繳銷

校長　藍□□

院長

中華民國叁拾肆年玖月拾叁日

图录二二六　国立云南大学临时毕业证明书

一一四、西南联合大学

西南联大是抗战爆发后由北大、清华和私立南开大学南迁联合办学的一所多学科的综合性大学。三校于1937年8月在湖南长沙组成临时大学。11月1日长沙临时大学正式开学，设文理、法商、工、医4学院17个系。1938年长沙临时大学撤销，三校迁往云南，5月4日在昆明组建国立西南联合大学。1941年设有文、理、法商、工、师范5学院26系。1946年秋，北大、清华和南开返平津复校，西南联大才告结束。在抗战的艰苦岁月里，西南联大为我国培养出一批国内外知名学者和许多建国后急需的优秀人才。诺贝尔奖获得者杨振宁先生和李政道先生就是西南联大培养出的佼佼者。国立西南联合大学曾有过空前的辉煌，将永远载入中国高等教育史册。

图录二二七：国立西南联合大学毕业证书　民国三十一年（1942）

纸本。高38.5厘米，宽49.5厘米。蓝线条框边，上方中间设有孙中山头像，左右两旁为中华民国国旗和中国国民党党旗。此件系理学院化学系学生李士谔（四川华阳县——后并入双流县人，21岁）修业期满、成绩及格、准予毕业并授予理学士学位的毕业证书。证书正中偏左钤长方形朱文"国立西南联合大学关防"（9×6厘米），署国立西南联合大学常务委员梅贻琦，钤正方形朱文"梅贻琦印"（1.3×1.3厘米）；常务委员蒋梦麟，钤正方形朱文"蒋梦麟印"（1.4×1.3厘米）；常务委员张伯苓，钤正方形朱文"张伯苓印"（1.3×1.3厘米）；理学院院长吴有训（签名章）。证书左上侧贴有国民政府印花税票一枚（壹圆），左下侧贴有学生李士谔半身照片，打盖"联大"圆形钢戳；靠左侧边框为毕业日期"中华民国叁拾壹年柒月"，钤正方形朱文"教育部印"（7.4×7.4厘米）。靠左侧边框内下角为教育部验印编号"大字第24928号"及验印日期"中华民国卅五年一月三号验讫"。

从上述国民政府教育部验印证书的时间上来看，颁发证书的具体时间应是1946年1月3日，而李士谔毕业的时间是在1942年7月，两者间隔三年半，其原因与抗战时期的特殊环境有关。从

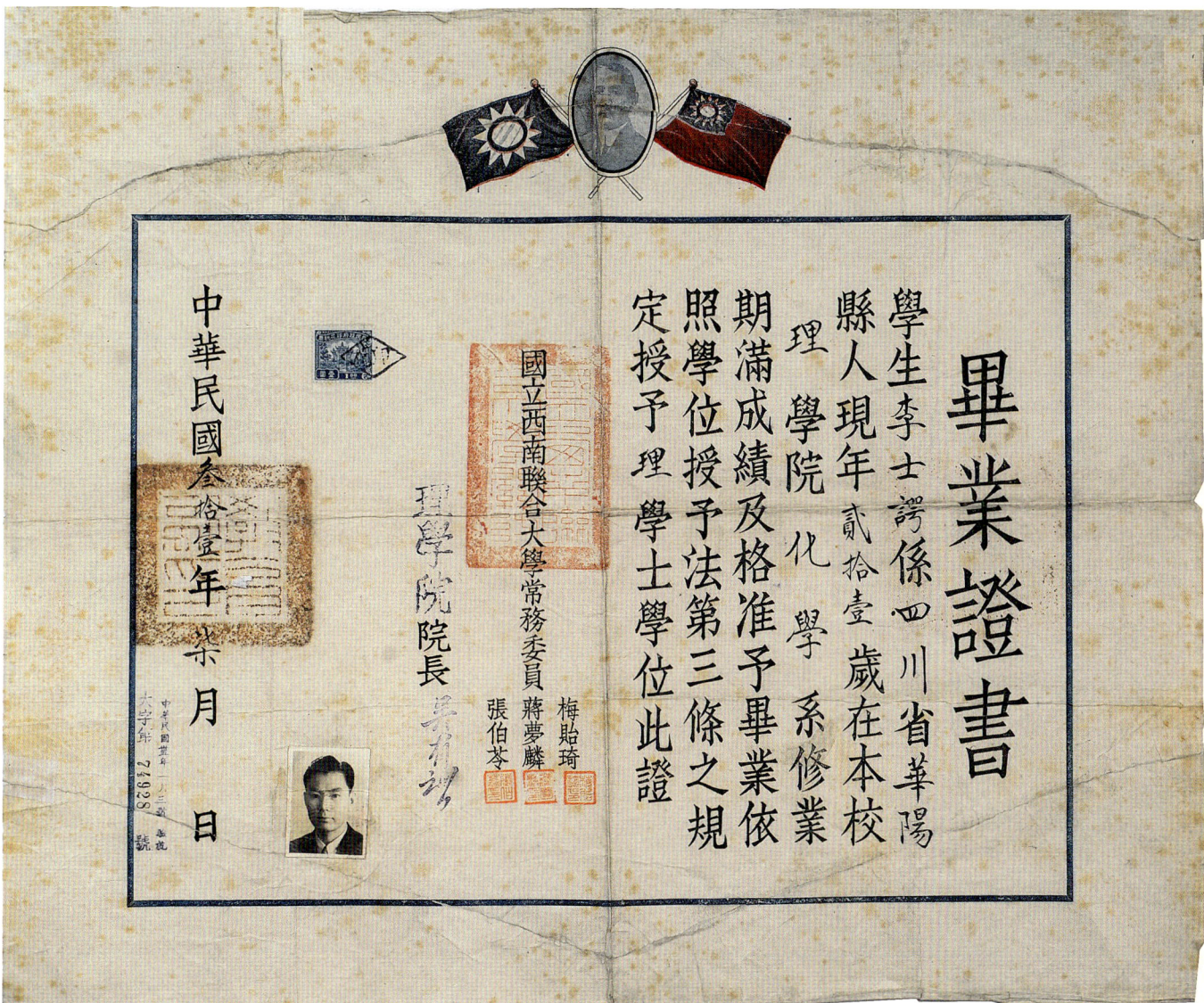

毕業證書

學生李士諤係四川省華陽縣人現年貳拾壹歲在本校理學院 化學 系修業期滿成績及格准予畢業依照學位授予法第三條之規定授予理學士學位此證

國立西南聯合大學常務委員 梅貽琦 蔣夢麟 張伯苓

理學院院長 吳有訓

中華民國叁拾壹年 柒月 日

一些证书实物来看，40年代初期毕业的西南联大学生的正式毕业证书都是延至重庆国民政府还都南京前后发给的。

西南联大的最高行政机构是校常务委员会。由清华大学校长梅贻琦、北京大学校长蒋梦麟和南开大学校长张伯苓担任常务委员，联合行使校长职责。三位校长在中国现代教育史上的地位仅次于蔡元培先生（梅贻琦、蒋梦麟、张伯苓的简介分别参见图录一五、七、六〇的文字介绍）。

图录二二八：国立西南联合大学转学证明书　民国三十五年（1946）

纸本。高25.3厘米，宽18.3厘米。黑细线条框边。这份证书的内容分两部分：右侧为证明学生身份，起通行证作用。因西南联大于1946年5月4日结束，该生转学南开大学由昆明至天津，沿途军警关隘可凭此证放行。左侧为西南联合大学工学院化学工程系学生邓佩鑫（湖南长沙人，22岁）修毕第二年级第二学期课转入南开大学所开具的转学证明书。证书正中钤长方形朱文"国立西南联合大学关防"（9×6厘米）。左右两侧均署有国立西南联合大学常务委员梅贻琦，钤正方形朱文"梅贻琦印"（1.3×1.3厘米）；常务委员傅斯年，钤正方形朱文"傅斯年印"（1.3×1.3厘米）；常务委员张伯苓，钤正方形朱文"张伯苓印"（1.3×1.3厘米）。左侧上方贴有邓佩鑫半身照片，盖"国立西南联合大学教务处"蓝色竖条印。靠左右两侧边框为颁证日期"中华民国三十五年五月一日"。证书编号"复字第肆号"。左侧下端附注："此联由学生持往分入之学校报到。"证书偏左侧正中盖有长方形印章，声明："如三十四年度学年成绩有二分之一不及格情形，该生应作退学论，此项证明无效。"

傅斯年（1896—1950），著名历史学家。字孟真，山东聊城人。五四运动北京大学学生领袖之一，天安门游行总指挥。早年赴英国和德国留学。1935年第一届中央研究院评议员，1948年首届中央研究院院士。历任中山大学教授兼文学院院长，中央研究院历史语言研究所专任研究员、所长，中央研究院总干事，北京大学兼职教授等职。1945—1946年代理北京大学校长。在此期间，为北大的复员做了大量工作，为胡适校长顺利主持北大校务铺平了道路。1949年1月，任"国立台湾大学"校长。1950年12月20日在台湾病逝。

為證明事茲有本大學學生鄧佩鑫現年貳拾貳歲係湖南省長沙縣人現在本大學工學院化學工程學系肄業茲因復員由昆明隨校北遷或轉入他校至希沿途軍警關隘憑證放行須至證明者

中華民國三十五年 五 月 一 日

國立西南聯合大學常務委員
梅貽琦
傅斯年
張伯苓

為證明事茲有本大學學生鄧佩鑫現年貳拾貳歲係湖南省長沙縣人應於本年五月修畢工學院化學工程學系第貳年級第貳學期課程現因本校奉令結束該生志願改入貴大學繼續肄業合行填給此項證明書以便該生持赴貴大學報到此致

大學

中華民國三十五年 五 月 一 日

國立西南聯合大學常務委員
傅斯年
梅貽琦
張伯苓

如三十四年產學年成績有二分之一不及格情形該生應作退學論此項證明無效

此聯由學生持往分發入學之校報到

中華民國三十五年 五 月 一 日

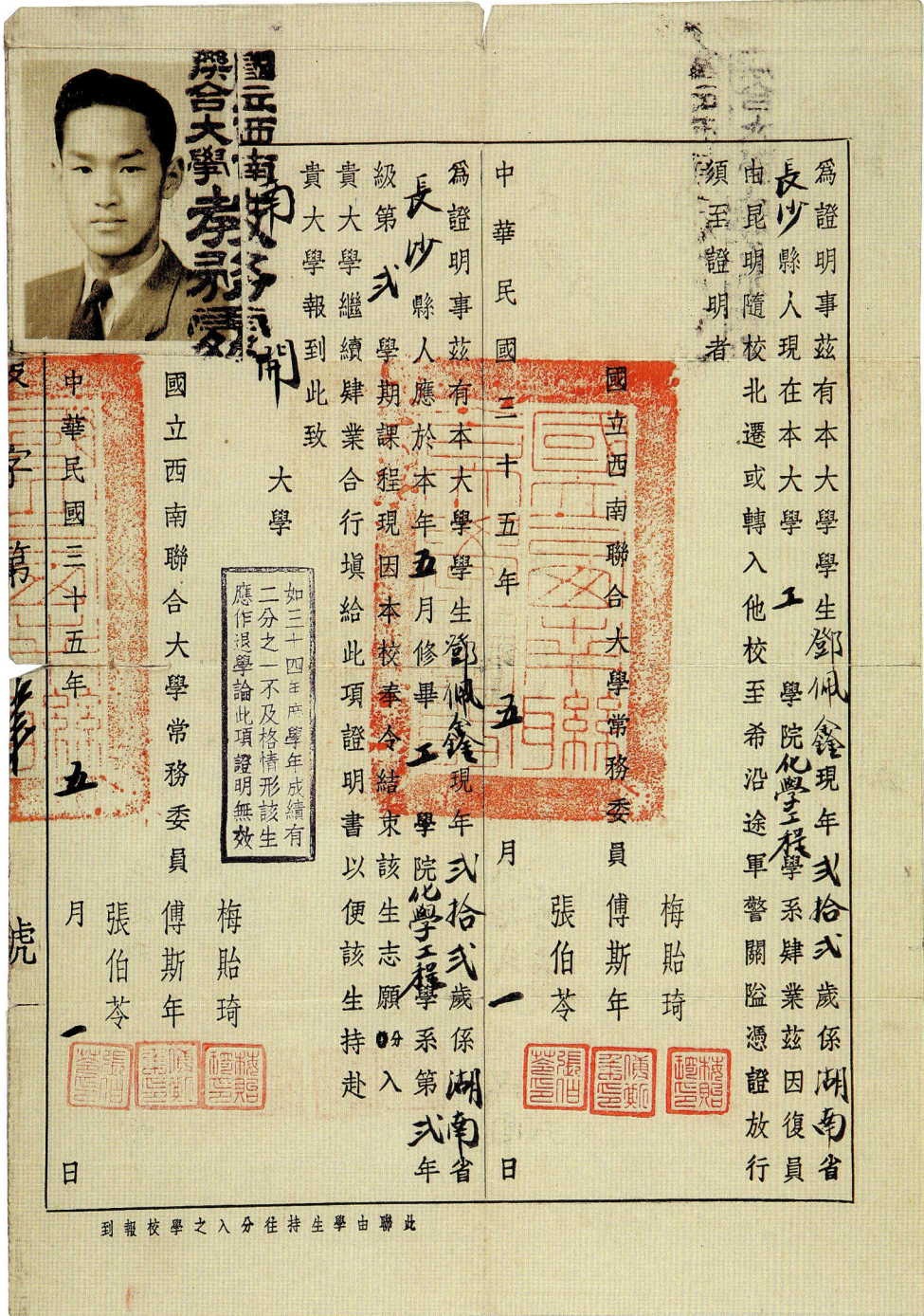

图录二二八　国立西南联合大学转学证明书

图录二二九：国立西南联合大学毕业证明书　民国三十五年（1946）

纸本。高25厘米，宽18厘米。黑线条框边。此件系工学院土木工程学系学生罗镇球（湖南湘潭人，24岁）修业期满、考核成绩及格、准予毕业的临时毕业证明书。证书偏左侧署国立西南联合大学常务委员梅贻琦，钤正方形朱文"梅贻琦印"（1.3×1.3厘米）；常务委员傅斯年，钤正方形朱文"傅斯年印"（1.3×1.3厘米）；常务委员张伯苓，钤正方形朱文"张伯苓印"（1.3×1.3厘米）。左侧上方贴有罗镇球半身照片，打盖"联大"圆形钢戳；靠左侧边框为颁证日期"中华民国叁拾伍年伍月贰拾叁日"，钤长方形朱文"国立西南联合大学关防"（9×6厘米）。证书编号"文字第2919号"。附注："本学年因复员关系，第二学期提前于一月开学，并提前于五月结束。"

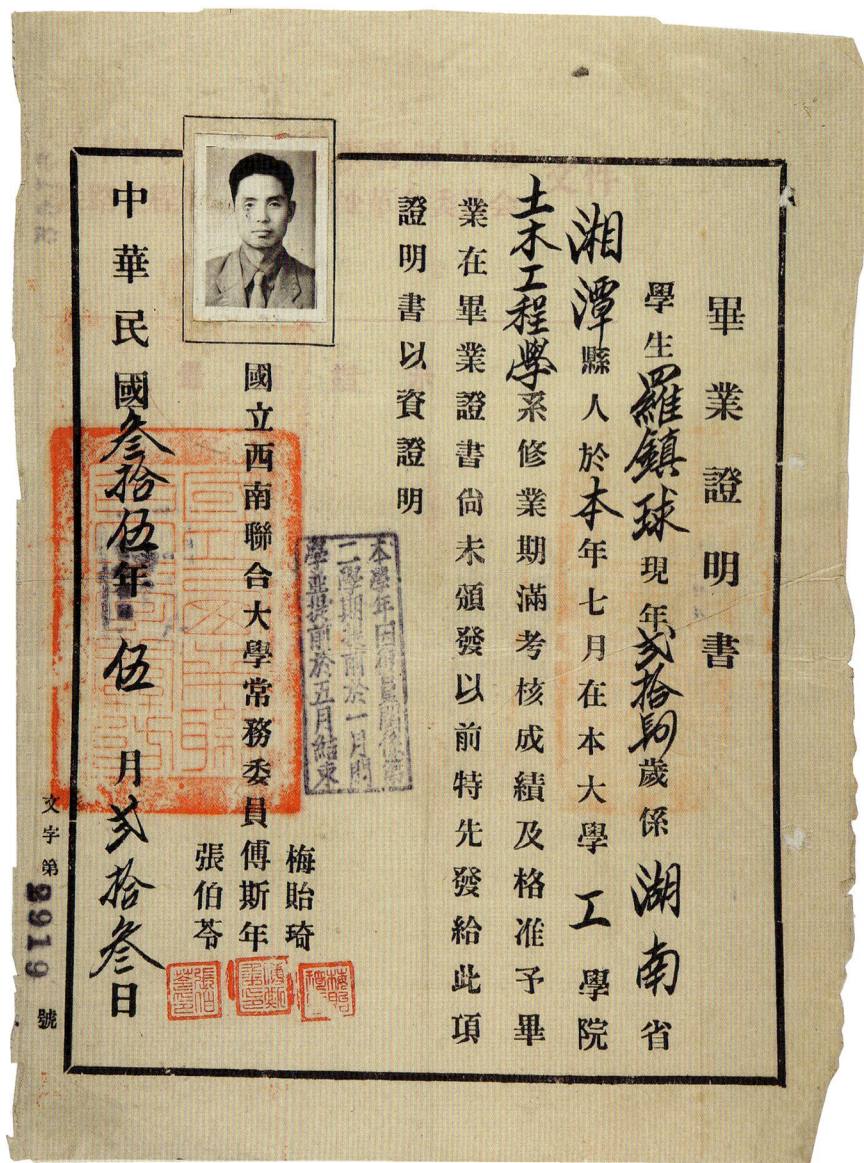

图录二二九　国立西南联合大学毕业证明书

陕西

一一五、西北大学

1902年，陕西大学堂创立。1912年，以陕西高等学堂等校为基础，在西安设立西北大学。设文、法、商、农4科，校长钱鸿钧。1914年改为陕西法政专门学校。1915年停办。1924年重组西北大学，校长傅铜。设法科、工科、国文、蒙文、政治、经济等专修科，学制4年。1927年改建为西安中山学院，后又改名西安中山大学，1931年不复存在。

1937年，迁西安的北平大学、北平师范大学和北洋工学院合组西安临时大学。1938年迁离西安，来到陕南，改称国立西北联合大学。1939年改名国立西北大学，校长胡庶华。设文、理、法商3学院12系。1946年回迁西安，设文、理、法、医4学院15系。1954年西北大学成为以文、理科为主的综合性大学。

图录二三〇：国立西北大学毕业证书　民国二十九年（1940）

纸本。高39.4厘米，宽49.8米。黑线条框边，上方中间设孙中山头像，左右两旁为中华民国国旗和中国国民党党旗。此件系理学院生物学系学生许辰生（女，河北清苑县人，25岁）修业期满、成绩及格、准予毕业并授予理学士学位的毕业证书。证书正中钤长方形朱文"国立西北大学关防"（8.9×6厘米），署国立西北大学校长胡庶华，钤正方形"国立西北大学校长"朱文印（1.7×1.7厘米）。左侧上方贴有国民政府印花税票三枚（每枚面值贰角），加盖菱形蓝色"国立西北大学印花章"；下方贴有许辰生半身照片，加盖圆形"国立西北大学"蓝色印章。靠左侧边框为毕业日期"中华民国二十九年六月"，钤正方形朱文"教育部印"（7.4×7.4厘米）。教育部验印编号"大字第66708号"，验印日期"中华民国卅三年三月拾六日验讫"。西北大学证书编号"西字第壹壹零号"。附注："原系国立北平师范大学学生，修业四年师大课程，与师大毕业生具有同等资格。"

胡庶华（1886—1968），教育家、冶金学家。1939年8月至1940年8月出任国立西北大学校长（详见图录一九七文字介绍）。

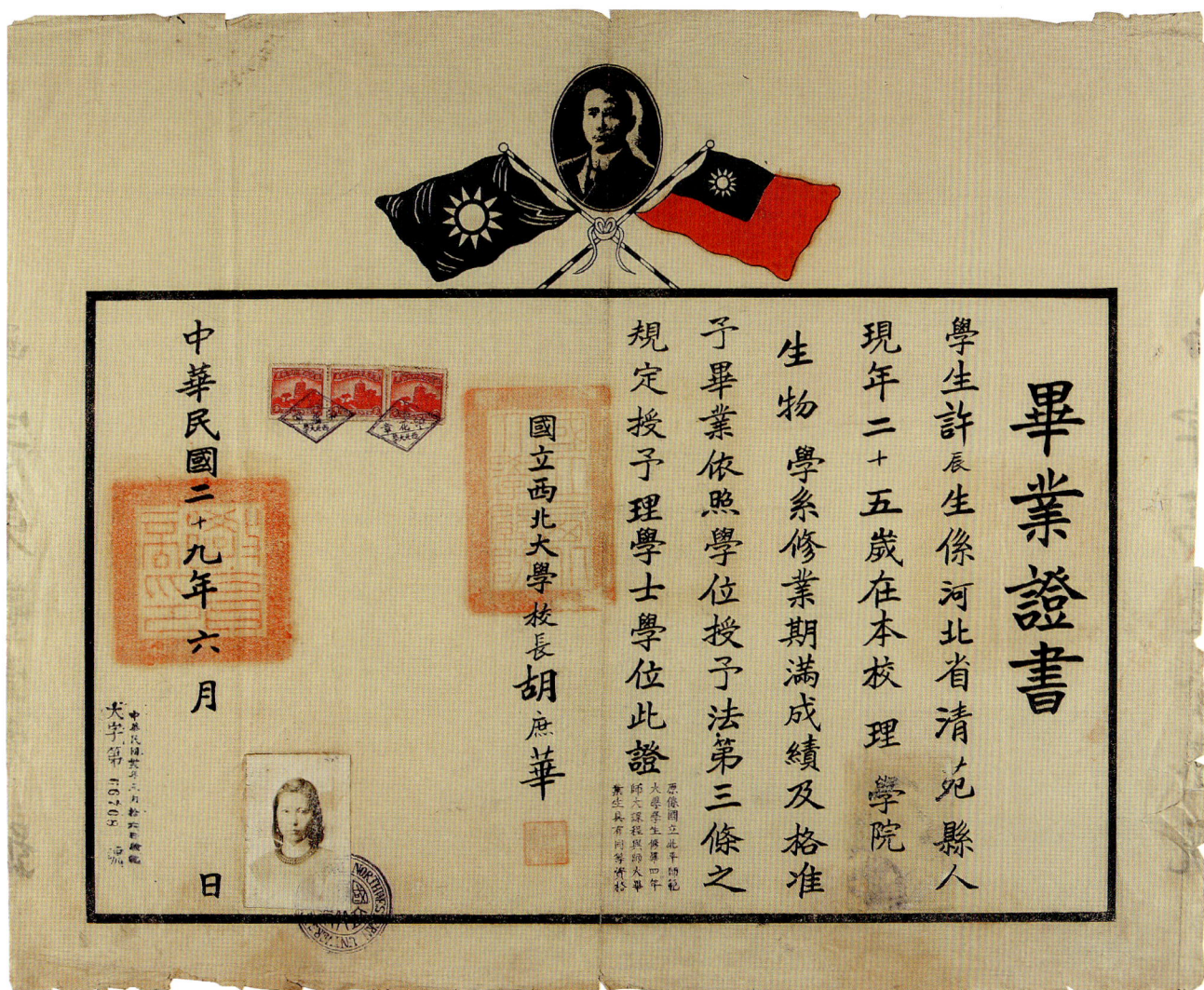

图录二三〇　国立西北大学毕业证书

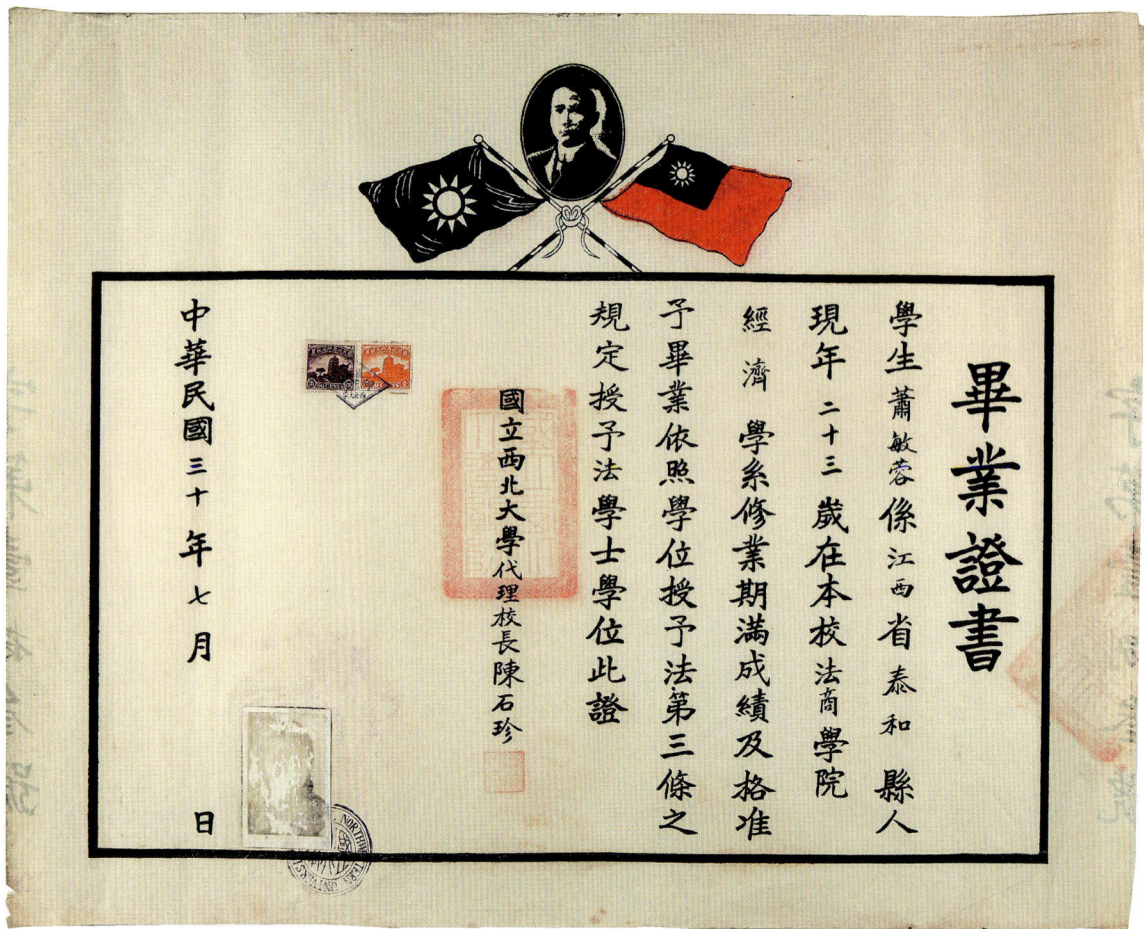

图录二三一　国立西北大学毕业证书

图录二三一：国立西北大学毕业证书　民国三十年（1941）

纸本。高39.2厘米，宽50厘米。黑线条框边，上方中间设孙中山头像，左右两旁为中华民国国旗和中国国民党党旗。此件系法商学院经济学系学生萧敏蓉（女，江西泰和县人，23岁）修业期满、成绩及格、准予毕业并授予法学士学位的毕业证书。证书正中钤长方形朱文"国立西北大学关防"（8.9×6厘米），署国立西北大学代理校长陈石珍，钤正方形"国立西北大学校长"朱文印（1.7×1.7厘米）。左侧上方贴有国民政府印花税票二枚（壹角和伍角），加盖菱形蓝色"国立西北大学印花章"；下方贴有萧敏蓉半身照片（已不清晰），加盖圆形"国立西北大学"蓝色印章；靠左侧边框为毕业日期"中华民国三十年七月"。证书编号"西字第壹捌叁号"。

陈石珍，曾任国民政府教务部参事。1940年10月至1942年10月3日代理国立西北大学校长。其主持校务期间，积极推行北大蔡元培校长"思想自由，兼容并包"的办学方针，积极整顿校纪，安定教学秩序。仅1941年间，他广揽教授、讲师20余人，并先后对图书馆和大礼堂进行修建，添置不少图书、仪器设备。后因一批学生转移陕北及学潮之故，被迫离职。

图录二三二：国立西北大学毕业证书 民国三十四年（1945年）

纸本。高37厘米，宽47.2厘米。黑线条框边，上方中间设孙中山头像，左右两旁为中华民国国旗和中国国民党党旗。此件系理学院地质地理学系学生李耀曾（河南南阳人，26岁）修业期满、成绩及格、准予毕业并授予理学士学位的毕业证书。证书正中偏左钤长方形朱文"国立西北大学关防"（8.9×6厘米），署国立西北大学校长刘季洪，钤正方形"国立西北大学校长"朱文印（1.7×1.7厘米）；理学院院长赵进义，钤正方形"国立西北大学理学院院长"朱文印（1.7×1.7厘米）。左侧上方贴有国民政府印花税票一枚（贰角），加盖蓝色菱形"国立西北大学印花章"；下方原贴有李耀曾半身照，已全部退色，但西北大学圆形钢戳部分痕迹仍可见。靠左侧边框为毕业日期"中华民国叁拾肆年陆月"，钤正方形朱文"教育部印"（7.4×7.4厘米）。教育部验印编号"大字第82945号"，验印日期"中华民国卅六年七月三拾日盖印"；西北大学证书编号"毕字第捌肆号"。

该生是来自沦陷区的流亡学生，靠贷款缴纳膳宿等费用。在证书正面载有该生在校四学年间"贷金总数陆万伍千伍百肆拾捌圆壹角叁分"。在证书背面，刊有《贷金偿还办法》三条：

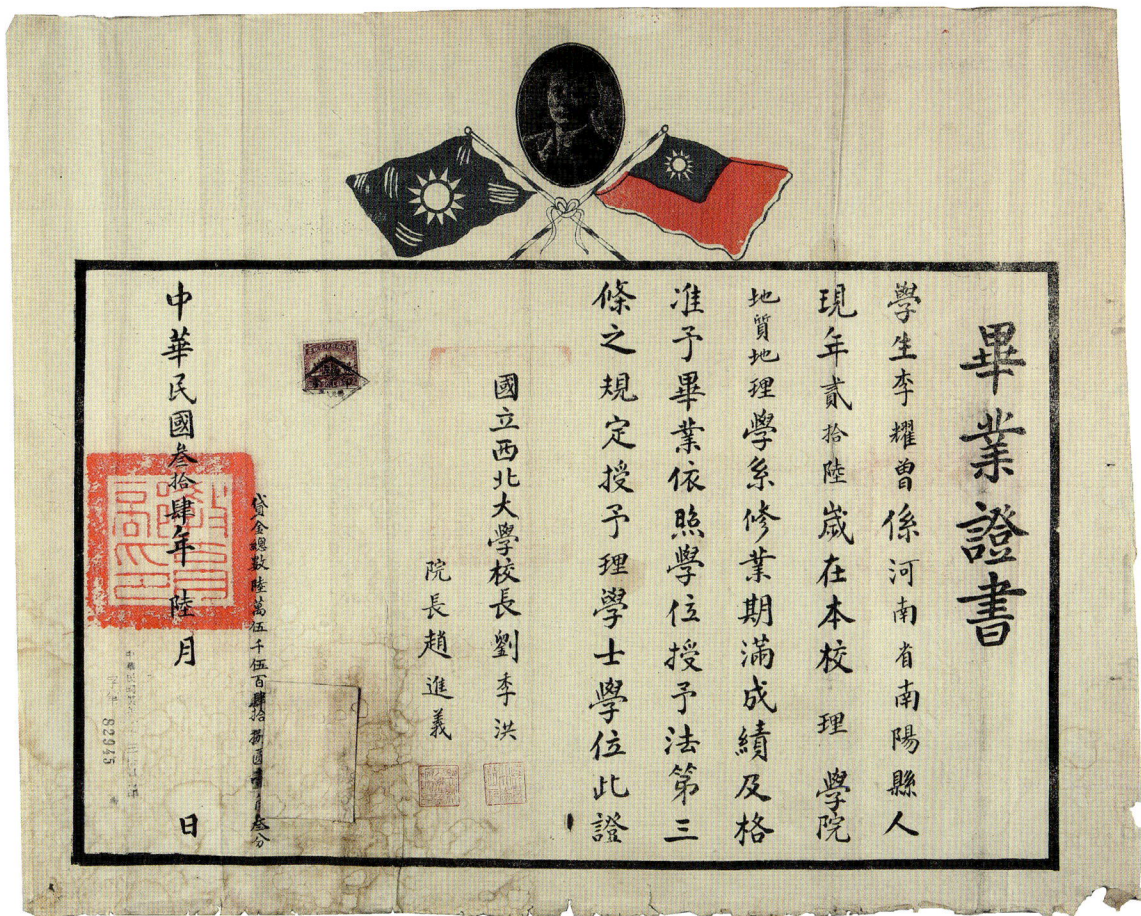

图录二三二（1） 国立西北大学毕业证书（正面）

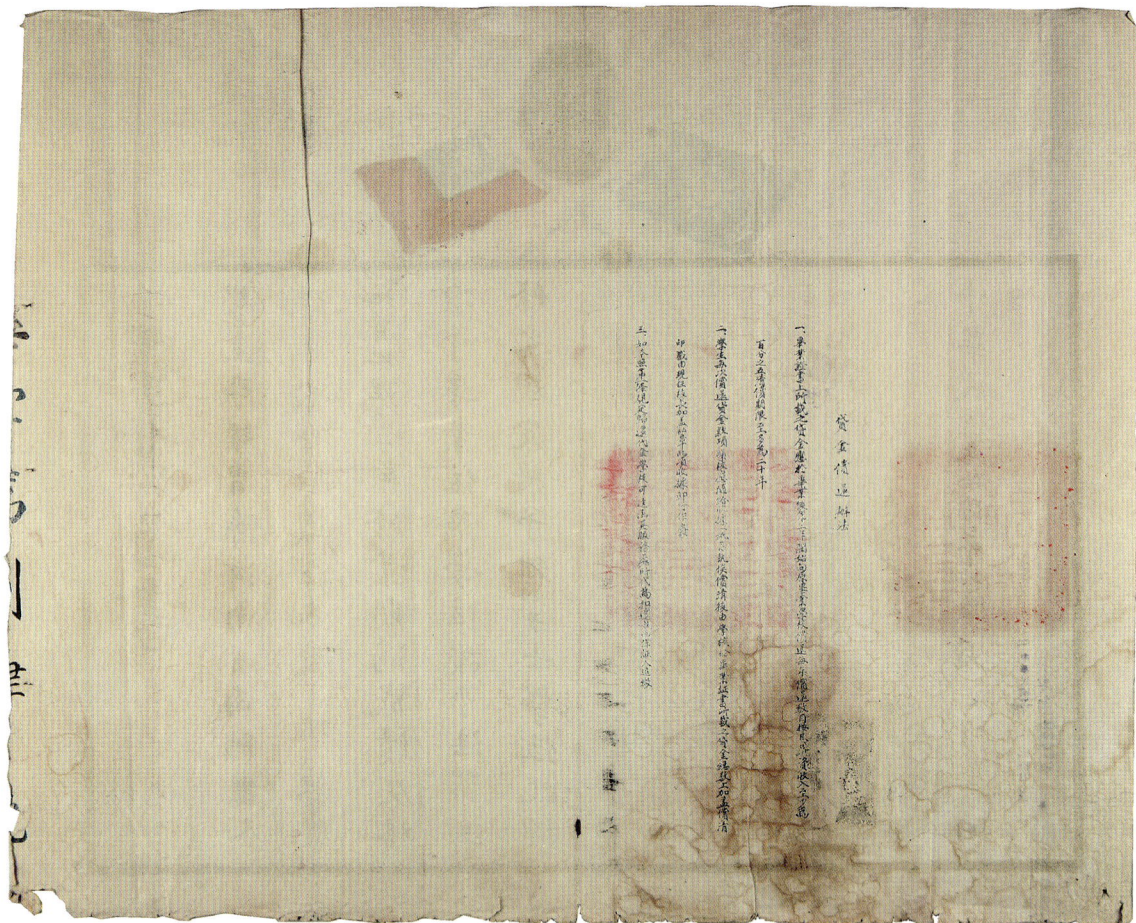

图录二三二（2）　国立西北大学毕业证书（背面）

一、毕业证书上所载之贷金，应于毕业后第三年开始向原毕业学校偿还。每年偿还数目按其薪资收入至少为百分之五，清偿期限至多为二十年。二、学生每次偿还贷金款项，学校应随给收据一纸存执，俟偿清后，由学校于毕业证书所载之贷金总数上加盖偿清印戳，由现任校长加盖私章，此项收据即行作废。三、如本照第一条规定，归还贷金学校可径函其服务处所代为扣还或向保证人追缴。

　　上述三条还贷办法，战后很难实行。以李耀曾贷金为例，李氏于1945年毕业，3年后即1948年开始还贷，每年按薪金5%还贷，20年内还清。且不说在20年期间物价上涨指数如何，1948年与1945年相比，物价上涨指数数千倍井喷式暴涨，李氏贷金即使一次还清，6万多元还有多少含金量呢？可见，规定战后3年还贷，既难执行，也无实际意义。

　　刘季洪（1904—1989），著名化学家、教育家。1944年7月至1947年11月出任国立西北大学校长。在任期间，强调上课纪律和考试纪律，提出"提高课程标准"，要"使西大成为名符其实的西北最高学府"的治学目标（详见图录一八五的文字介绍）。

图录二三三：国立西北大学毕业证书　民国三十四年（1945）

纸本。高37厘米，宽47.5米。黑线条框边，上方中间设孙中山头像，左右两旁为中华民国国旗和中国国民党党旗。此件系法商学院经济学系学生徐玉麒（察哈尔万全县——今河北张家口市人，23岁）修业期满、成绩及格、准予毕业并授予法学士学位的毕业证书。证书正中偏左钤长方形朱文"国立西北大学关防"（8.9×6厘米），署国立西北大学校长刘季洪，钤正方形"国立西北大学校长"朱文印（1.7×1.7厘米）；法商学院院长曹国卿，钤正方形"国立西北大学法商学院院长"朱文印（1.7×1.7厘米）。左侧上方贴有国民政府印花税票一枚（贰角），加盖蓝色菱形"国立西北大学印花章"；下方贴有徐玉麒半身照片（不清晰），打盖"国立西北大学"圆形钢戳；靠左侧边框为毕业日期"中华民国叁拾肆年陆月"。证书编号"毕字第壹玖肆号"。

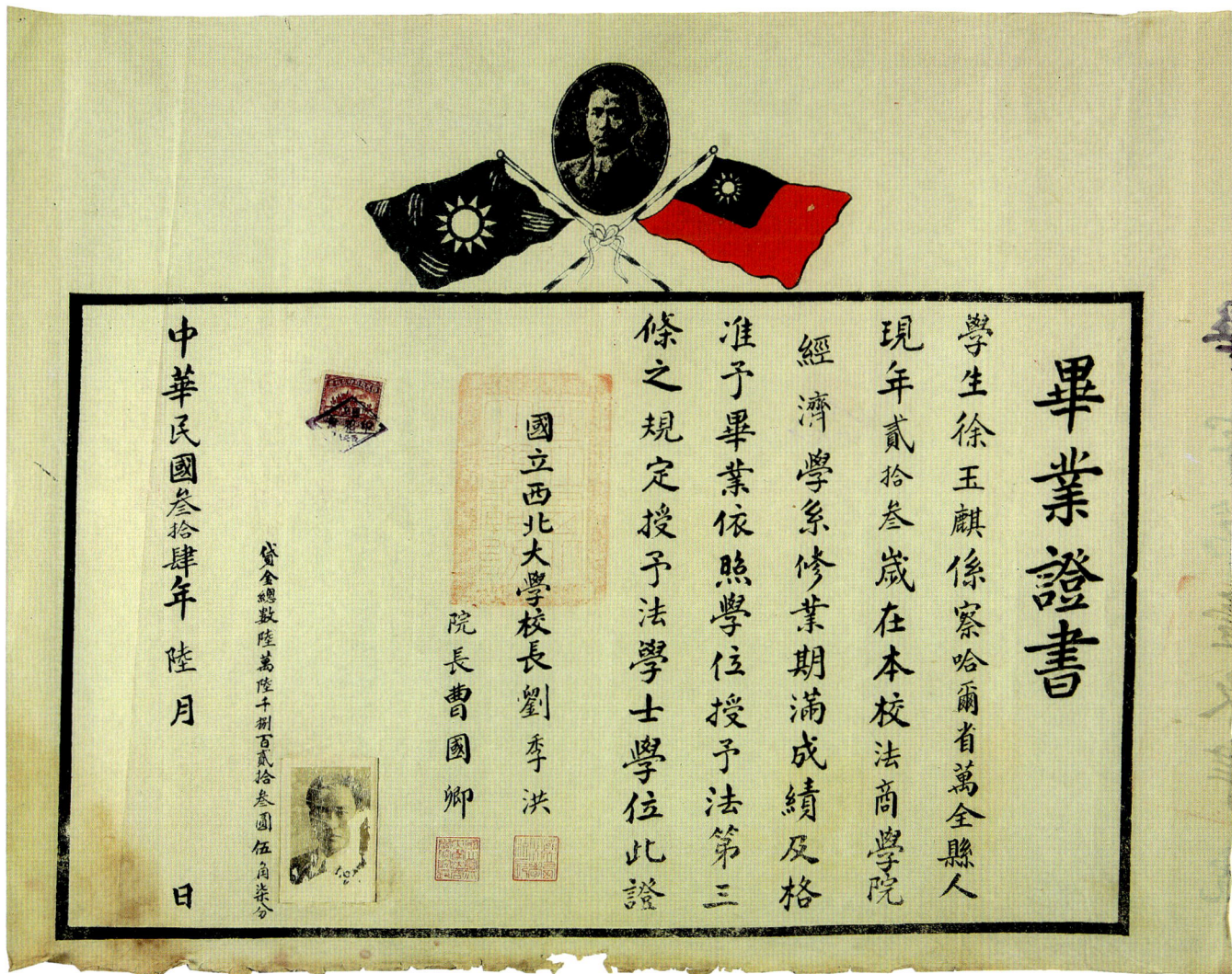

图录二三三（1）　国立西北大学毕业证书（正面）

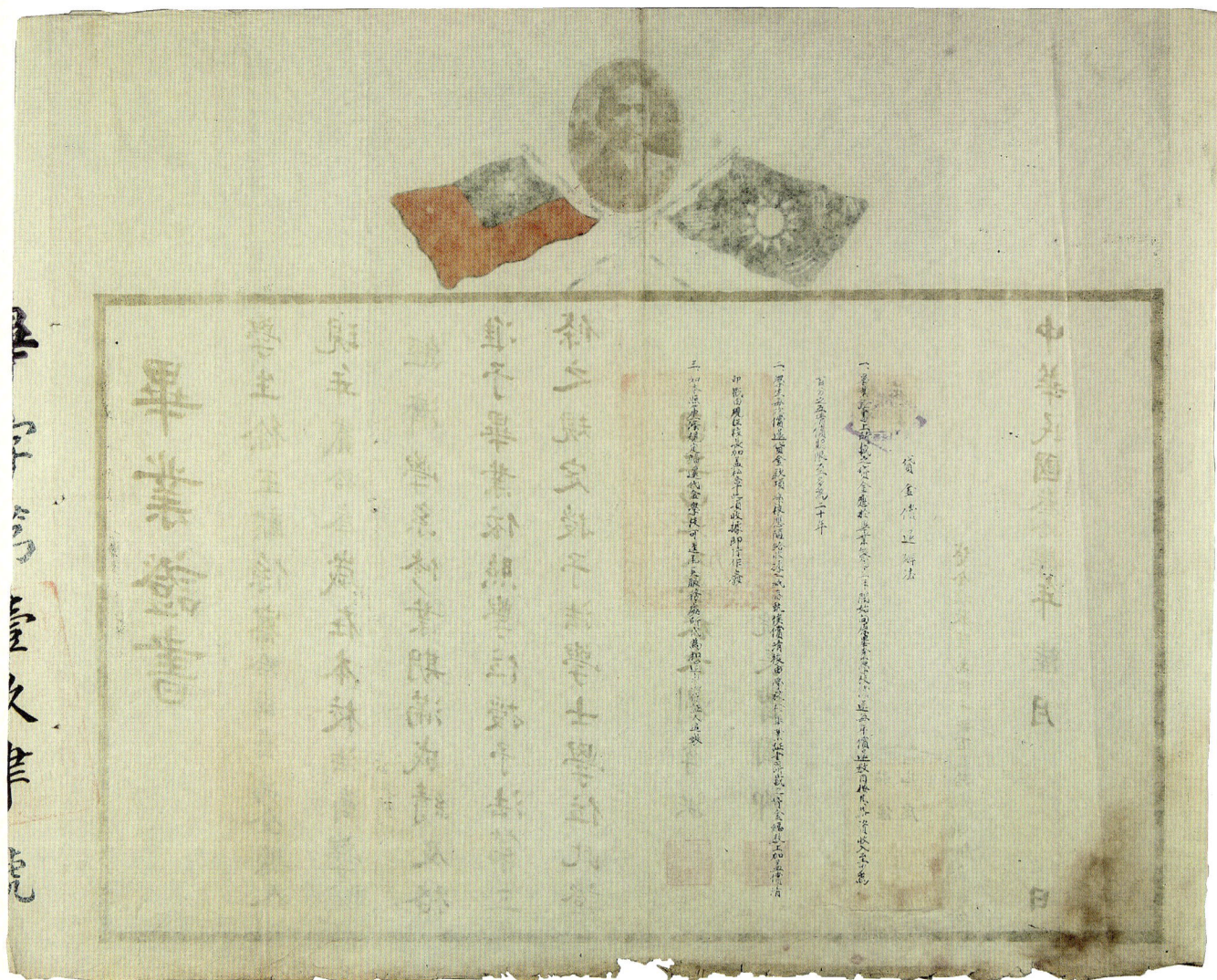

图录二三三（2）　国立西北大学毕业证书（背面）

　　徐玉麒是来自东北的流亡学生，四学年共贷金"陆万陆千捌百贰拾叁圆伍角柒分"。证书背面刊有《贷金偿还办法》三条，其内容与图录二三二的文字介绍雷同。

一一六、西北工学院

西北工学院成立于1938年7月，由北洋工学院、北平大学工学院、东北大学工学院和焦作工学院合并组成。在陕西城固开学，院长赖琏。设土木、矿冶、机械、电机、化学、纺织、水利、航空和工业管理等9个系。以"公诚勇毅"为院训。1946年院本部迁咸阳。1955年又迁往西安。1957年由西北工学院和西安航空学院合并，组成西北工业大学。设飞机系、发动机系、船舶设备系、航空热加工系、化工系、宇航系、无线电及电子工程系、航空自动控制系等8个系，逐步发展成为多科性的以航空专业为主的理工结合的工业大学。如今的西北工业大学已成为以工为主，工、理、管、文相结合的多科性科技大学，是中国唯一兼具航空、航天、航海特色的国家重点大学。

图录二三四：国立西北工学院毕业证明书　民国二十八年（1939年）

纸本。高35.7厘米，宽25.3厘米。黑线条框边。此件系土木工程学系工程组学生孙继葆（辽宁沈阳人，25岁）修业四年期满、考核成绩及格、准予毕业的临时毕业证明书。证书正中偏左署代理院长赖琏，钤正方形"国立西北工学院院长"朱文印（1.7×1.7厘米）；左侧下方贴有孙继葆毕业照，加盖圆形"国立西北工学院"蓝色印章；靠左侧边框为颁证日期"中华民国二十八年七月"，钤长方形朱文"国立西北工学院关防"（8.9×6厘米）。证书编号"第贰伍号"。附注："将来凭此证明书换取毕业证书。"

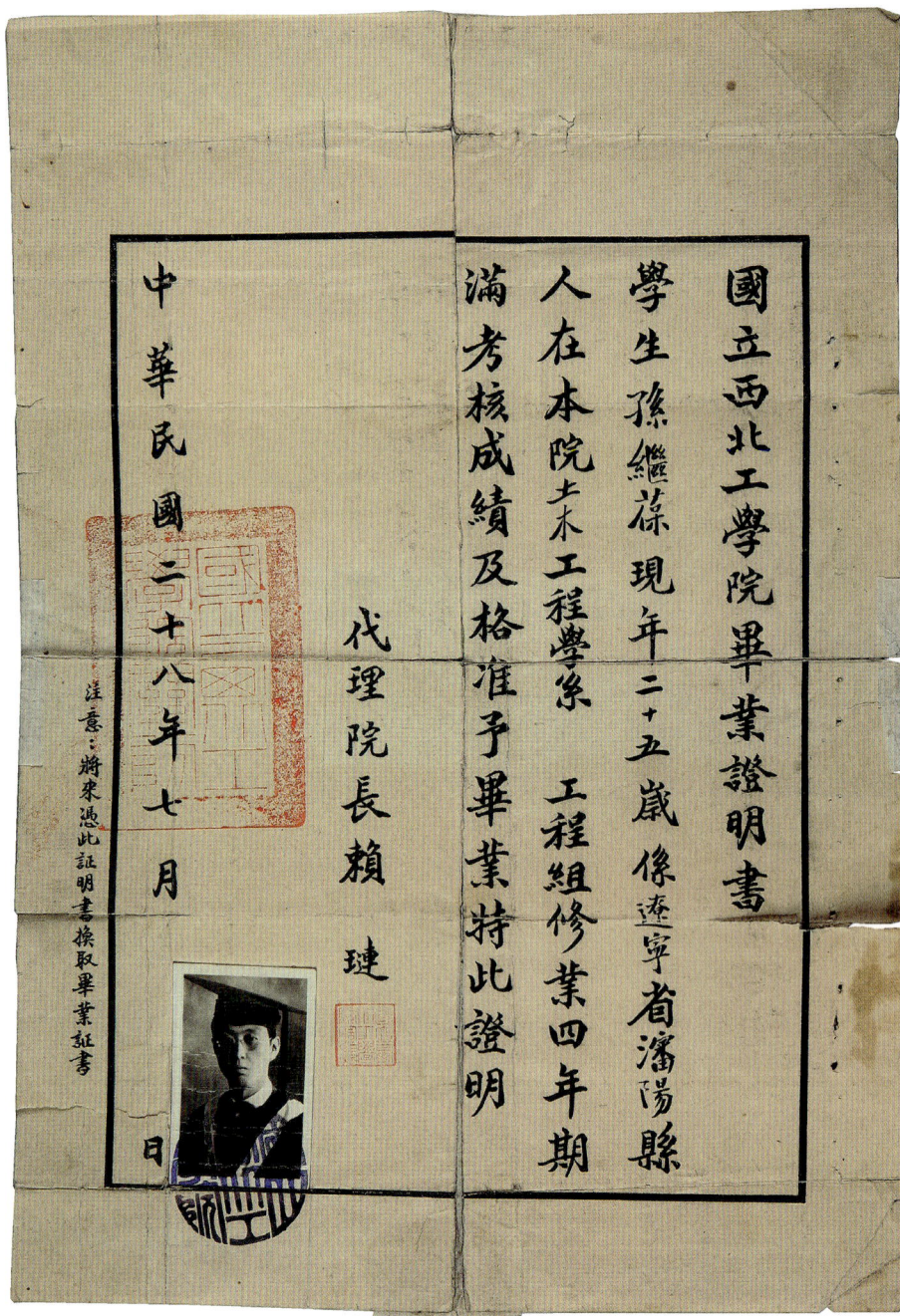

图录二三四　国立西北工学院毕业证明书

赖琏（1900—1983），字景瑚，笔名觉仙，福建安定人。1919年赴美留学，先后获伊利诺大学机械工程学士，康奈尔大学机械工程硕士。1926年回国，历任《京报》总编辑，上海兵工厂总工程师，中央大学、中央政治大学教授，《中央日报》总编辑，国民党中央执委会执行委员。1939年至1944年出任西北工学院院长。1948年赴美国，后在乔经柯特大学任教，期间创办《华美通讯社》、《华美日报》。1953年入联合国秘书处，任中文组主任。1978年去台湾定居。

甘　肃

一一七、甘肃学院

1909年，甘肃法政学堂建立。1918年改建为甘肃公立法政专门学校。1927年11月改为甘肃学院，院长马鹤天。1928年4月扩建为兰州中山大学，校长马鹤天。设法学、文学、教育3系和国文、艺术2个专修科。1930年改为甘肃大学。1931年又改称甘肃省立甘肃学院。设有文史、法律、教育3系和农业、艺术、医学、银行4个专修科。1944年更名国立甘肃学院。1946年8月1日，国立甘肃学院和西北医学院兰州部分合组国立兰州大学，校长辛树帜。设文、理、法、医4学院。1954年后兰州大学成为文理科综合性大学。

图录二三五：国立甘肃学院肄业证明书　民国三十四年（1945）

纸本。高27厘米，宽28厘米。铅笔线条框边，行文全部手书。此件系政治经济学系学生刘淑文（山东峄县——今枣庄市峄城区人，21岁）于1944年8月至1945年7月修毕一年级第二学期课程的肄业证明书。证书正中署院长宋恪（签名章）；靠左侧边框为开具证明书日期"中华民国三十四年八月"，钤正方形朱文"国立甘肃学院关防"（9×6厘米）。

国立甘肃学院肄業證明書

學生劉淑文現年貳拾壹歲係山東省嶧縣人

於中華民國叁拾叁年八月考入本院政治經濟

學系壹年級第壹學期肄業至三十四年七月止修

畢壹年級第貳學期課程特此證明

此證

院長 宗惕

中華民國三十四年八月　　日

图录二三五　国立甘肃学院肄业证明书

一一八、西北师范学院

西北师范学院原名为国立西北师范学院，其前身为"七七事变"后西迁的原北平师范大学。1938年，西迁的国立北平师范大学、北平大学和北洋工学院在陕西固城建立西北联合大学，并以北师大为基础设立师范学院。1939年8月，西北联合大学改组，正式成立国立西北师范学院。1941年春，筹建西北师范学院兰州分院，同年12月，兰州分院正式开学。1944年，国立西北师范学院全部迁至兰州。1945年抗战胜利后，北平师范大学师生300余人返回北平复校。新中国成立前的西北师范学院，设有国文、英文、史地、数学、理化、博物、教育、体育、家政等9个系，劳作、体育2个专修科和1个师范研究所。

1949年8月，随着兰州解放，国立西北师范学院更名为西北师范学院。1958年改为甘肃师范大学。1981年9月，恢复原名西北师范学院。1988年5月，更名为西北师范大学。

图录二三六：西北师范学院毕业证书　1952年

纸本。高38厘米，宽46厘米。红粗细双线条框边，黄色花纹图案作证书底色，并刊有美术体"为人民服务"五个大字。此件系生物专修科学生高慕陶（陕西榆林县人，36岁）肄业一年期满、成绩及格、准予毕业的毕业证书。证书右侧下方为证书编号"兰专（52）字第2114号"。正中上方钤正方形朱文"西北师范学院印"（6×6厘米），署西北师范学院院长徐劲，钤正方形"徐劲"朱文印（1.3×1.3厘米）；副院长李化方，钤正方形"李化方"白文印（1.5×1.5厘米）；副院长徐褐夫，钤正方形"徐褐夫"朱文印（1.7×1.7厘米）。左侧上方贴有高慕陶半身照片，并打盖"西北师范学院"圆形钢戳；靠左侧边框为毕业日期"公历一九五二年七月"，钤正方形朱文"西北行政委员会教育部印"（6×6厘米）

毕业证书

学生高慕陶係陕西省榆林縣人現年

参拾陸歲在本院生物專修

科肆業壹年期滿成績及格准予

畢業此證

公曆一九五二年七月　日

西北師範學院院長　徐勤

副院長　李化方

徐禄夫

第（五二）字第0114號

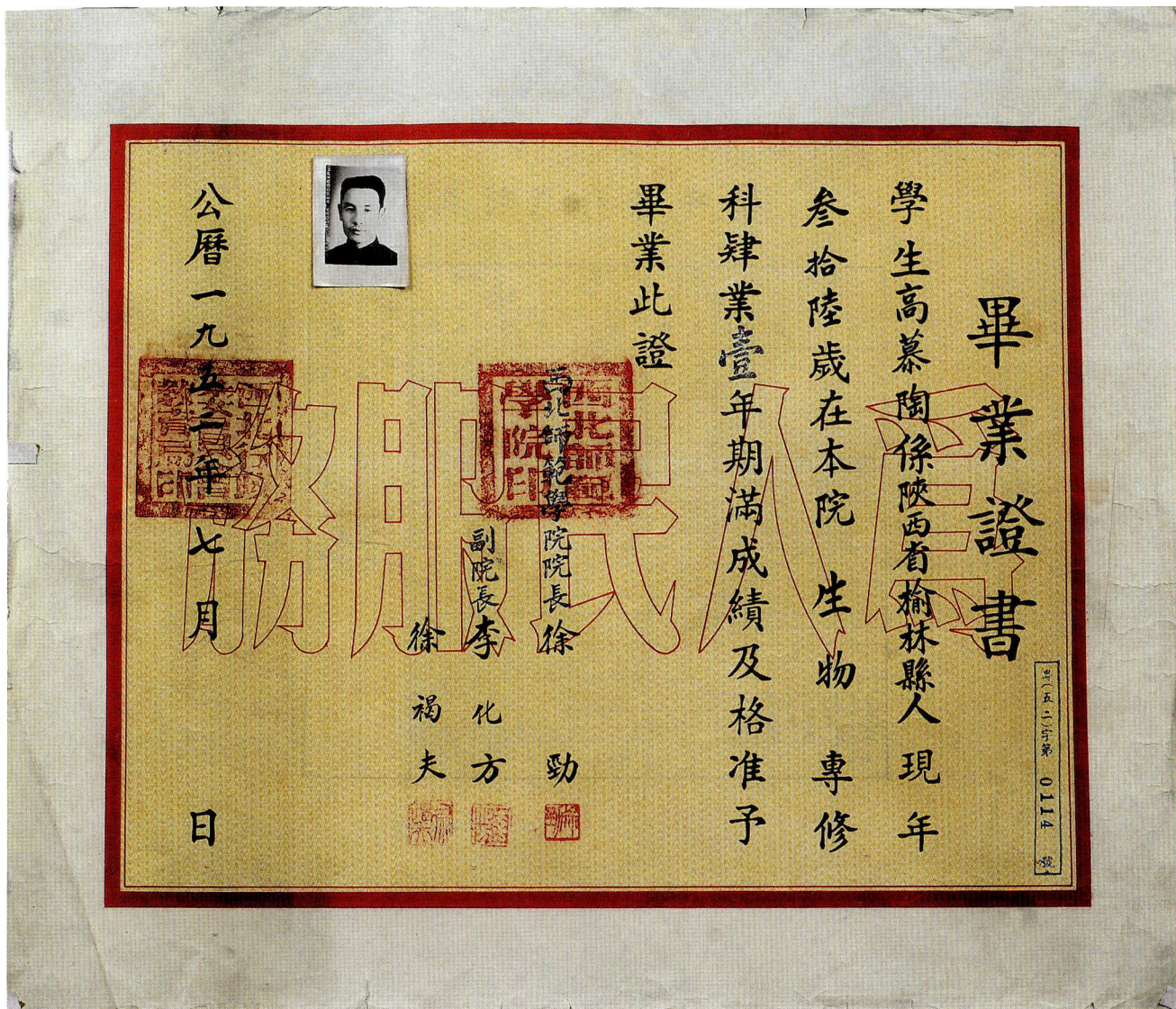

图录二三六　西北师范学院毕业证书

　　徐劲（1894—1982），教育家。云南景东人。1938年毕业于陕北公学院。历任陕甘宁边区政府教育厅代理秘书长、督学主任、边区行知中学校长、西北大学文学院教授兼秘书长。新中国成立后，历任西北师范学院院长（1951—1958年）、中国科学院兰州分院副院长、中国科学院西北分院副院长等职。

台　湾

一一九、台湾大学

1928年，台北帝国大学创立，设文政、理农2学部。1945年设文政、理、农、医5个学部。

1945年日本投降后，国民政府教育部接收了台北帝国大学，于11月15日更名国立台湾大学，改设文、理、法、工、农、医6学院24个系，校长罗宗洛。

图录二三七：国立台湾大学毕业证书　民国三十七年（1948）

纸本。宽边花纹图案框边，边框四角刊"台湾大学"字样，上方中间设孙中山头像，左右两旁为中华民国国旗和中国国民党党旗。此件系工学院机械工程学系学生蔡国智（台湾省台南市人，25岁）修业期满、成绩及格、准予毕业并授予工学士学位的毕业证书。证书正中偏左钤长方形朱文"国立台湾大学关防"，署国立台湾大学校长庄长恭，钤正方形白文"庄长恭印"；工学院院长魏喦寿，钤正方形白文"魏喦寿印"。左侧上方贴有中华民国印花税票一枚（旧台币拾圆），下方贴有蔡国智半身照片，打盖"台大"圆形钢戳；靠左侧边框为毕业日期"中华民国叁拾柒年柒月"，钤正方形朱文"教育部印"（7.4×7.4厘米）。教育部验印编号"台高字第100363号。此证书下框边下边框角"大学"二字有残缺。

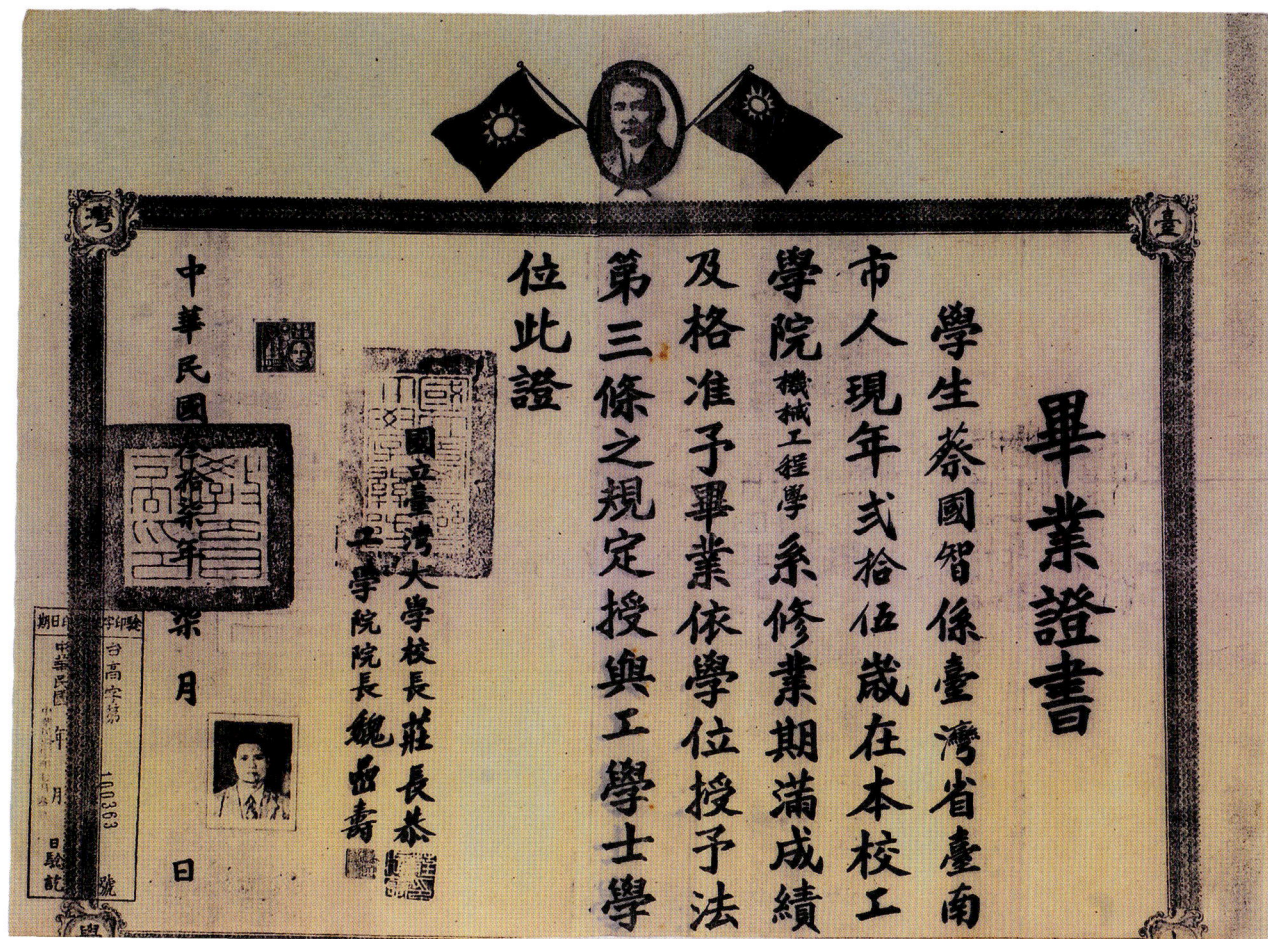

图录二三七　国立台湾大学毕业证书

毕業證書

學生蔡國智係臺灣省臺南市人現年弍拾伍歲在本校工學院機械工程學系修業期滿成績及格准予畢業依學位授予法第三條之規定授與工學士學位此證

國立臺灣大學校長莊長恭
工學院院長魏嵒壽

中華民國　　年　　月　　日

庄长恭（1894—1962），著名化学家。字不可，福建泉州人。早年获芝加哥大学博士学位。1935年第一届中央研究院评议员，1940年第二届中央研究院评议员，1948年首届中央研究院院士。历任东北大学化学系主任、中央大学理学院院长、中央研究院化学研究所所长。1948年6—12月出任国立台湾大学校长。1949年后，历任中国科学院有机化学研究所所长、1955年中科院首批学部委员、国务院科学规划委员会委员、全国人大代表等职。庄长恭对中国用微量分析方法研究有机物的组成以及培养有机化学领域的人才方面，作出了重要贡献。

附录：
中华民国北京政府、国民政府军事学校

一、保定陆军军官学校

保定陆军军官学校的前身为清末保定陆军军官学堂。中华民国成立后，改名为保定陆军军官学校。1912年8月开始招生，10月20日开学。学制两年。前后共办9期，至1923年停办，共培养军官6523人。军校直接隶属于陆军部，为中华民国北京政府时期全国规模最大的军事院校。历届校长有蒋方震、曲同丰、王汝贤、杨祖德、贾德耀、张鸿绪、孔树林等。

图录一：陆军军官学校毕业证书　　民国八年（1919）

纸本。高41.3厘米，宽44.5厘米。红线条框边。此件系第六期步兵科学生杜光晨毕业试验及各项成绩及格特给的毕业证书。证书右侧下方贴有杜光晨毕业照。正中偏左侧署陆军总长靳云鹏（签名章）；校长杨祖德，钤正方形朱文"杨祖德印"（1.1×1.1厘米）。左侧上方贴有中华民国印花税票一枚（伍角）；靠左侧边框为颁证日期"中华民国八年二月"，钤正方形陆军军官学校朱文印（8.5×8.5厘米）。证书编号"步字第陆百零九号"。

说明：左侧上方贴有杜光晨毕业证书照片。

杨祖德（1880—1919），山东潍坊人。毕业于日本士官学校第三期辎重科。曾任陆军速成学堂教官，保定陆军军官学校辎重科科长。1917年1月，任保定陆军军官学校校长。1919年冬病逝。

畢業證書

陸軍軍官學校第六期

步兵科學生杜光晨

茲經畢業試驗各項操

行學術均屬及格特給

證書

陸軍總長靳雲鵬

校長 楊祖德

中華民國八年二月　日

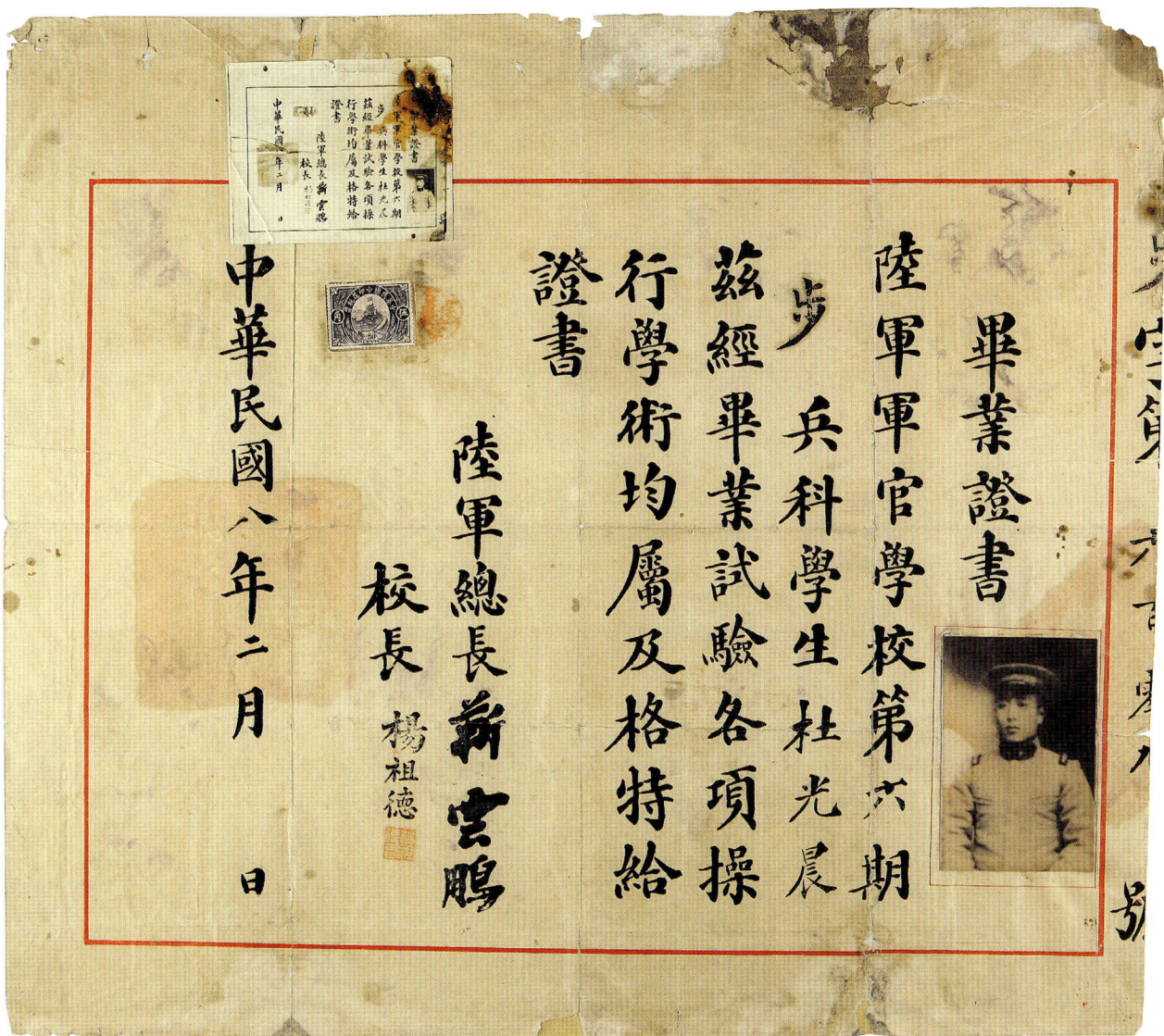

图录一　陆军军官学校毕业证书

二、中央陆军军官学校

中央陆军军官学校的前身是1924年6月16日创建的中国国民党陆军军官学校（即黄埔军校）。1927年4月，南京国民政府筹建中央军事政治学校，1928年改定校名为中央陆军军官学校，简称中央军校。3月6日正式开学，蒋介石兼任校长。抗战爆发后，迁至四川。曾在洛阳、武汉、广州、昆明等地设立分校。1946年改名为陆军军官学校，校长关麟征。

1949年迁往台湾高雄凤山，设四年制大学部和三年制专科部。

图录二：中央陆军军官学校毕业证书　民国十八年（1929）

纸本。高45.1厘米，宽46厘米。绿色粗细双线条框边；边框四角刊有楷书"亲爱精诚"四字校训，边框外上方中间设孙中山头像，左右两旁为中华民国国旗和中国国民党党旗，并刊有"总理遗嘱"。此件系第七期步兵科学生许昊仁修业期满、成绩及格特给的毕业证书。偏左侧署校务委员会委员：张学良、戴传贤、何应钦、蒋中山、阎锡山、胡汉民、吴敬恒、朱培德，钤正方形"中央陆军军官学校校务委员会"朱文印（2.4×2.4厘米）；靠左侧边框为颁证日期"中华民国十八年十二月"，钤长方形朱文"中央陆军军官学校关防"（8.8×6.4厘米）。证书编号"第叁佰陆拾陆号"。

中央陸軍軍官學校畢業證書

總理遺囑

余致力國民革命凡四十年其目的在求中國之自由平等積四十年之經驗深知欲達到此目的必須喚起民眾及聯合世界上以平等待我之民族共同奮鬥現在革命尚未成功凡我同志務須依照余所著建國方略建國大綱三民主義及第一次全國代表大會宣言繼續努力以求貫徹最近主張開國民會議及廢除不平等條約尤須於最短期間促其實現是所至囑

精　親

茲有本校第七
期步兵科學生
許昊仁修業期
滿成績及格特
給證書

中華民國十八年十二月　日

校務委員會委員

張學良
戴傳賢
何應欽
蔣中正
閻錫山
胡漢民
吳敬恆
朱培德

誠　愛

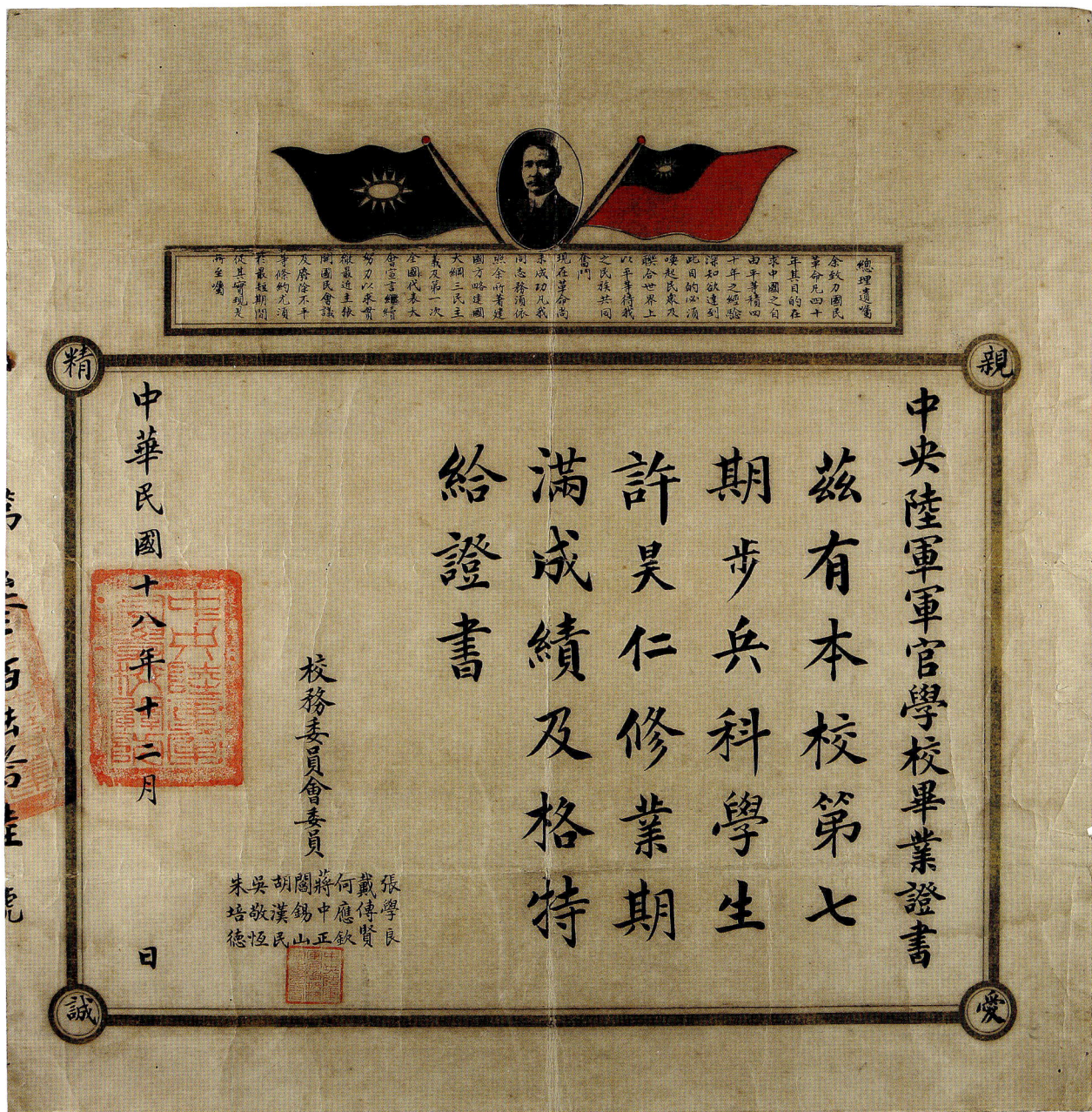

図录二　中央陆军军官学校毕业证书

图录三　中央陆军军官学校毕业证书

图录三：中央陆军军官学校毕业证书　　民国二十九年（1940）

纸本。高30.7厘米，宽31.2厘米。蓝色多层花纹宽带图案框边。边框四角各设中国国民党党徽一枚，边框外上方中间设孙中山头像，左右两旁为中华民国国旗和中国国民党党旗。此件系第十六期第十八总队步兵科学生杨枝华（云南蒙化县——今巍山彝族回族自治县人，18岁）修业期满、成绩合格特给的毕业证书。证书正中署中央陆军军官学校校长蒋中正，钤正方形"中央陆军军官学校校长"朱文印（2.5×2.5厘米）；校务委员会委员：蒋中山、吴敬恒、戴传贤、冯玉祥、阎锡山、何应钦、唐生智、程潜、李宗仁、白崇禧、邓锡侯、龙云、余汉谋、陈诚、张治中，钤正方形"中央陆军军官学校校务委员会"朱文印（2.3×2.3厘米）；教育长陈继承，钤正方形"中央陆军军官学校教育长"朱文印（2.2×2.2厘米）。靠左侧边框为颁证日期"中华民国二十九年八月一日"，钤长方形朱文"中央陆军军官学校关防"（10.5×7.2厘米）；上方贴有国民政府印花税票二枚（每枚面值壹圆）。证书编号"十六、十八步字第叁玖捌号"。

蒋介石（1887—1975），学名志清，后改名中正，字介石，浙江奉化人。1907年保定陆军速成学堂肄业。次年去日本学习军事，加入同盟会。历任黄埔军校校长、国民革命军总司令、中央陆军军官学校校长（1927—1947）、国民党总裁、同盟国中国战区最高统帅、国民政府主席、中华民国总统等职。

图录四：陆军军官学校军官训练班毕业证书　民国三十七年（1948）

纸本。高31.7厘米，宽34厘米。黄色宽边"工十"组合图案框边。框外上方中间设孙中山头像，左右两旁均为中华民国国旗；边框内刊有美术体"亲爱精诚"四字校训。此件系军官训练班第十五期学生杨昭明（河南南阳人，23岁）修业三个月期满、成绩合格特给的毕业证书。证书正中署校长关麟征，钤正方形"陆军军官学校校长"朱文印（2.5×2.5厘米）；左侧为颁证日期"中华民国三十七年六月"，钤正方形朱文"陆军军官学校印"（7.4×7.4厘米）；靠左侧边框上方贴有中华民国印花税票一枚（台币拾圆），加盖菱形朱文"印花"章；下方原贴有杨昭明的照片，已脱落，但加盖的圆形"陆军军官学校"蓝色印章仍可见。证书编号"立班四（一）字第○四三号"。

关麟征（1905—1980），字雨东，陕西鄠县（今户县）人。民国期间，历任中央陆军第二十五师师长、第九战区第十五集团军总司令、云南省警备司令、陆军总司令、陆军军官学校校长（1947—1949）等。

陸軍軍官學校軍官訓練班畢業證書

茲有本校軍官訓練班第十五期

學生楊昭明年二十三歲河南省

南陽縣人修業三月期滿成

績合格特給此證

校長 關麟徵

中華民國三十七年八月　日

貼相片

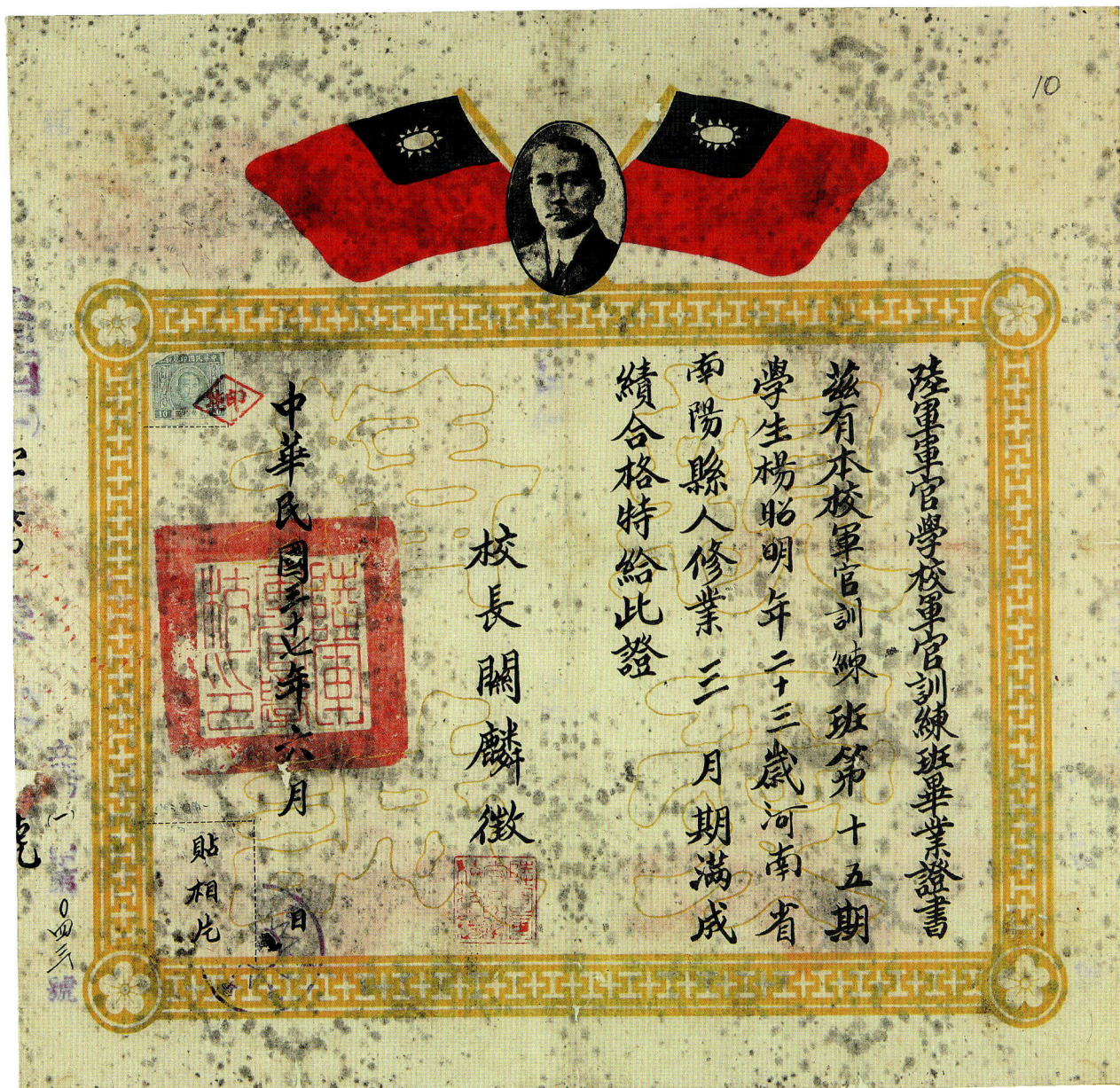

图录四　陆军军官学校军官训练班毕业证书

三、陆军大学

1928年6月由中华民国北京政府的陆军大学校改编而成。校址初设于北京，1932年移至南京。1937年抗战爆发后，先后迁湖南长沙、桃园，贵州遵义，重庆沙坪坝等地。1947年一部分留重庆，大部分迁回南京。1949年先迁广州，再迁台湾新竹。历届校长：黄慕松、杨杰、蒋中正、蒋百里、徐永昌等。

1969年撤销。

图录五：陆军大学校函授处证书　　民国二十六年（1937）

纸本。高38.5厘米，宽45.5厘米。深绿色双层宽带花纹图案框边，外层框边四角各饰中国国民党党徽一枚，内层框边四角刊有篆书"陆军大学"校名；上方中间设孙中山头像，左右两旁为中华民国国旗和中国国民党党旗；边框内以绿色作底色，并刊有篆书"陆军大学校函授处证书"字样。此件系函授处学员谷良民修业期满、成绩及格发给的毕业证书。证书偏左侧署兼任陆军大学校校长、陆军大学校函授处主任蒋中正，钤正方形"陆军大学校长"朱文印（2×2厘米）；靠左侧边框为颁证日期"中华民国二十六年七月"，钤长方形朱文"陆军大学校之关防"（10.1×6.3厘米）。证书编号"函字第贰柒伍号"。

陸軍大學校函授處證書

茲有本處肄業學員谷良民

在本處修業期滿成績及格合

行發給證書此證

中華民國二十六年 七 月 日

兼任 陸軍大學校校長
陸軍大學校函授處主任 蔣中正

图录五　陆军大学校函授处证书

四、陆军步兵学校

1931年2月在南京筹办陆军步兵学校，1932年1月正式开学。抗战爆发后，迁往贵州遵义。抗战胜利后，迁回南京汤山。1948年迁往台湾。历届校长王俊、蒋中正、周洪恩等。

图录六：陆军步兵学校修学证书　民国二十九年（1940）

纸本。高33.4厘米，宽29厘米。黑粗细双线条框边，上方中间设孙中山头像，左右两旁为中华民国国旗和中国国民党党旗。此件系迫击炮训练班第十五期学员白逸瑞（广西人，20岁）修业期满、修毕规定课程所颁发的修学证书。证书偏左侧署军训部长白崇禧，钤正方形"国民政府军事委员会军训部部长"朱文印（2.5×2.5厘米）；校长蒋中正（签名章），钤正方形"陆军步兵学校校长"朱文印（1.7×1.7厘米）。靠左侧边框为颁证日期"中华民国二十九年四月"，钤正方形朱文"国民政府军事委员会陆军部印"（7×7厘米）；左侧边框下方原贴有白逸瑞照片已全部退色，但打盖的"陆军步兵学校"圆形钢戳印痕仍清晰可见。证书编号"训步字第壹伍零零号"。

白崇禧（1893—1966），字健生，广西桂林人，回族。历任国民政府军训部部长、桂林行营主任、国防部部长、华中军政长官公署长官等职。

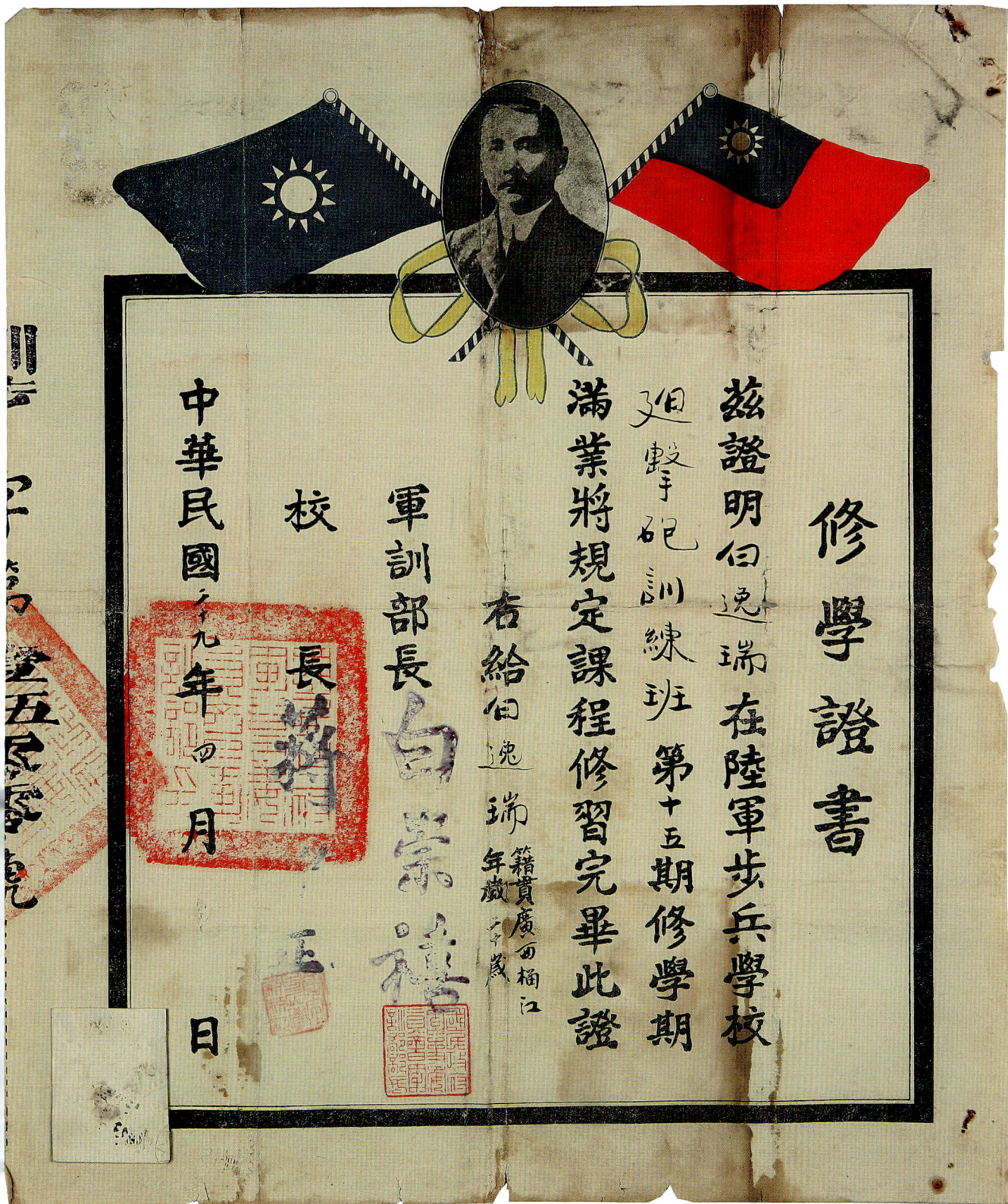

修學證書

茲證明伯逸瑞在陸軍步兵學校

迫擊砲訓練班第十五期修學期

滿業將規定課程修習完畢此證

查給伯逸瑞籍貫廣西榴江

年歲二十歲

軍訓部長白崇禧

校長蔣

中華民國二十九年四月

日

五、中央警官学校

中华民国北京政府于1917年在北京建立高等警官学校。其前身是1901年创办的京师警务学堂，1912年改名警察学校。南京国民政府于1928年将该校改制为相当于专科学校。1930年迁到南京。1936年，高等警官学校改建为中央警官学校。校训"诚"。1937年后迁到重庆，1946年回迁南京。1949年后迁到台湾桃园龟山。1957年改设大学部和专修科。1996年改名"中央警察大学"。

图录七：中央警官学校证明书　　民国二十九年（1940）

纸本。高29.5厘米，宽27.8厘米。黑粗细双线条框边。此件系正科学生王增骙（安徽五河县人，22岁）第六期毕业所颁发的临时毕业证明书。证书偏左侧署校长蒋中正（签名章）、教育长李士珍（签名章）；靠左侧边框为颁证日期"中华民国二十九年九月"，钤长方形朱文"中央陆军军官学校关防"（8.8×5.2厘米）。证书编号"正六字第贰捌陆号"。

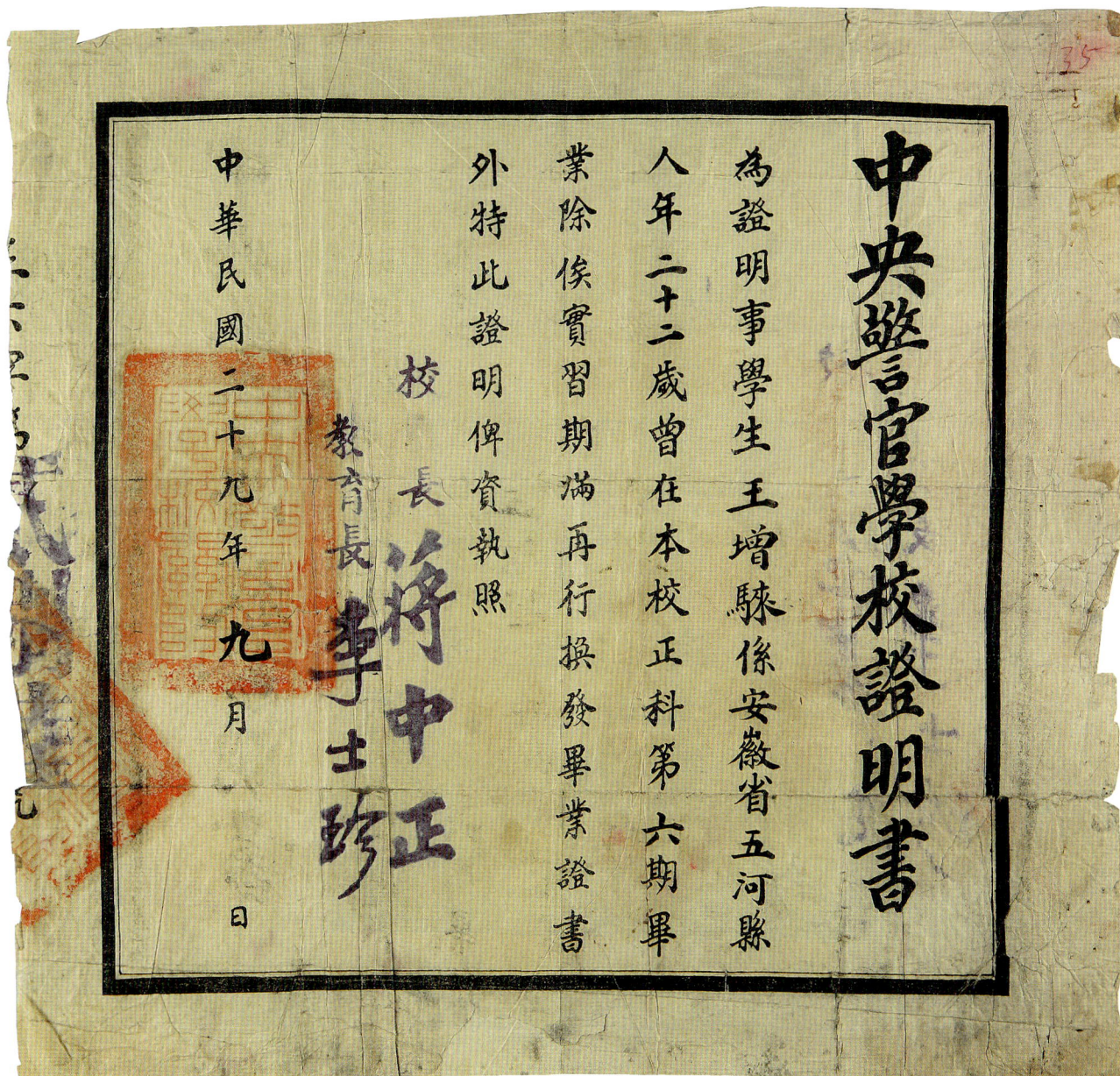

中央警官學校證明書

為證明事學生王增駢係安徽省五河縣

人年二十二歲曾在本校正科第六期畢

業除俟實習期滿再行換發畢業證書

外特此證明俾資執照

校長 蔣中正

教育長 李士珍

中華民國二十九年九月 日

后　记

　　我们于2002年在北京大学图书馆举办了"中国近现代高等院校校长墨迹展"，展出了140位名校校长墨宝。这次展出，观者如潮，著名教育家的人格魅力，以及他们的办学理念、严谨的治学精神深深地震撼了广大观众。称赞之余，观众也提出不少有关中国近现代高等教育史上的问题。他们的询问，促使我们迫切需要读一点中国高等教育历史，研究一点高教史上的问题。从书本资料入手，教育学专家们早已系统地研究过，并有一批研究成果问世，自然不可能沿着这条路子走。如何入手？只能另辟蹊径，从物入手，以物说人，以人叙事，以事寻物。衡量一所高校办学质量高低，一要看这所学校的师资状况，有多少大师级学者；二要看这所学校培养人才的状况，培养出多少精英和有用之才。名校之所以成"名"，界定的标准，应该主要是看这两条。因此，我们最早收藏高校文物，重点收集高校毕业证书和聘书。在方法上，收藏与研究同步进行，边搜集，边整理研究，边发表短篇研究成果。经过七八年的努力，收藏中国近现代高等教育的文物，已形成三大系列：中国近代高等院校修业证书系列；中国近现代高校聘书及教授传道授业的文物资料系列；中国近现代高校规章典籍、同学录及其他文物系列。三大系列，准备在三五年内编著出版三部中国近现代高等教育文物图书。第一部图书——《近代中国高等院校修业证书图鉴》（上下册），经过编著者们的共同努力，已完成书稿，并交付国家图书馆出版社排印出版。

　　《图鉴》的编写，程道德教授负责全书的统编和修业证书图录文字内容的编写；李铁虎研究员负责编写院校的历史沿革和部分早期毕业证书的考订；聂圣哲教授和汤蕉媛老师负责编写高等院校校长的简介和部分毕业生毕业后事业上的成就介绍。

在编写过程中，得到教育部副部长郝平教授，北京大学国际关系学院赵宝煦教授、经济学院张友仁教授、中文系陈平原教授、校史馆郭建荣教授、教育学院陈洪捷和陈学飞教授、外国语学院王明珠教授、艺术学院戴行钺教授，以及北京师范大学教育学部孙邦华教授的指导和帮助，陈平原教授欣然为这套丛书作序；也得到北京市教育志委员会、四川大学苏州研究院、绩溪航佳集团以及收藏家任明忠先生的赞助；台湾大学校史馆提供1948年台大毕业证书照片；毕树政先生协助查找资料以及国家图书馆出版社孙彦编审的精心编排，使本书得以顺利付梓，谨此，一并深表谢忱。

《图鉴》收录237件修业证书，基本涵盖了民国时期中国的国立大学和私立大学（包括教会大学）。但由于私人收藏条件有限，省立和私立学院、专科学校颁发证书的涵盖面很不够，尤其清末民初的修业证书存世量极少，难以寻觅，故入编的证书图录尚缺甚多，敬请读者谅解。以实物为基础，从一个侧面研究中国近现代高等教育史，是一次新的尝试，错误之处在所难免，敬请学界同仁批评指正。

编著者

2010年1月